Wulf Rauer

Elternkurs Starke Eltern – Starke Kinder®: Wirkungsanalysen bei Eltern und ihren Kindern in Verknüpfung mit Prozessanalysen in den Kursen – eine bundesweite Studie

ERZIEHUNG SCHULE GESELLSCHAFT

herausgegeben
von
Winfried Böhm, Wilhelm Brinkmann,
Jürgen Oelkers, Michel Soëtard, Michael Winkler

BAND 45

Elternkurs Starke Eltern – Starke Kinder®:
Wirkungsanalysen bei Eltern und ihren Kindern in
Verknüpfung mit Prozessanalysen in den Kursen –
eine bundesweite Studie

ERGON VERLAG

Wulf Rauer

Elternkurs Starke Eltern – Starke Kinder®: Wirkungsanalysen bei Eltern und ihren Kindern in Verknüpfung mit Prozessanalysen in den Kursen – eine bundesweite Studie

───────

ERGON VERLAG

Der Deutsche Kinderschutzbund, Bundesverband e. V. hat diese Publikation mit einem Druckkostenzuschuss unterstützt.

Bibliografische Information der Deutschen Nationalbibliothek
Die Deutsche Nationalbibliothek verzeichnet diese Publikation in der
Deutschen Nationalbibliografie; detaillierte bibliografische Daten sind
im Internet über http://dnb.d-nb.de abrufbar.

Bibliographic information published by the Deutsche Nationalbibliothek
The Deutsche Nationalbibliothek lists this publication in the
Deutsche Nationalbibliografie; detailed bibliographic data are available
in the Internet at http://dnb.d-nb.de.

© 2009 ERGON Verlag GmbH, 97074 Würzburg
Das Werk einschließlich aller seiner Teile ist urheberrechtlich geschützt.
Jede Verwertung außerhalb des Urheberrechtsgesetzes bedarf der Zustimmung des Verlages. Das gilt insbesondere für Vervielfältigungen jeder Art, Übersetzungen, Mikroverfilmungen und für Einspeicherungen in elektronische Systeme.
Gedruckt auf alterungsbeständigem Papier.
Umschlaggestaltung: Jan von Hugo
Satz: Matthias Wies, Ergon Verlag

www.ergon-verlag.de

ISBN 978-3-89913-509-1
ISSN 1432-0258

Inhaltsverzeichnis

1 Einleitung 9

2 Erziehungskompetenz und Elternkurse – eine Einführung 13

3 Der Elternkurs Starke Eltern – Starke Kinder® im Spiegel bisheriger
  Untersuchungen 19
  3.1 Einleitung 19
  3.2 Die Studien 19
  3.3 Einschätzungen von Experten 32
  3.4 Zusammenfassung und erste Folgerungen
      für eine Evaluationsstudie 34

4 Fragestellungen der Evaluation 37

5 Design und Untersuchungsmethoden 41
  5.1 Das Untersuchungsdesign 41
  5.2 Erhebungsmethoden 45
    5.2.1 Erhebungsverfahren für die Eltern 45
      5.2.1.1 Erwartungen und Erfahrungen der Kurseltern 46
      5.2.1.2 Erziehungsstil, Erziehungsverhalten und
              Beurteilung elterlicher Selbstwahrnehmungen 47
      5.2.1.3 Beurteilung der Kinder durch ihre Eltern 53
      5.2.1.4 Elternskalen für die Beurteilung der
              Prozesswahrnehmung im Elternkurs 55
      5.2.1.5 Erhebung der Eltern-Kind-Interaktionen 56
    5.2.2 Erhebungsverfahren für die Kinder 59
      5.2.2.1 Elternwahrnehmung durch die Kinder 60
      5.2.2.2 Selbstwahrnehmung der Kinder 63
    5.2.3 Erhebungsverfahren für die Elternkursleitungen 64
      5.2.3.1 Erwartungen und Erfahrungen 64
      5.2.3.2 Skalen für die Elternkursleitungen für
              die Beurteilung des Prozesses im Kurs 66
    5.2.4 Beobachtungsverfahren für die Prozesse im Kurs 68

6 Durchführung der Untersuchung und Auswertung der Daten 71

7 Beschreibung der realisierten Untersuchungsgruppen 79

8 Analyse der eingesetzten Instrumente 95

    8.1   Analyse der Fragebogenskalen der Eltern 96
    8.2   Analyse der Fragebogenskalen der Kinder 111

9 Ergebnisse der Fragebogenuntersuchungen der Eltern 117
    9.1   Alle Eltern der Elternkurse 117
    9.2   Der Vergleich von Elternkursgruppe und Wartegruppe 129

10 Ergebnisse der Fragebogenuntersuchungen der Kinder 143
    10.1 Alle Kinder der Eltern aus den Elternkursen 143
    10.2 Der Vergleich von Kindern der Kurs- und Wartegruppeneltern 147

11 Verknüpfung von Eltern-Kind-Daten aus Fragebögen 155

12 Follow-up der Elternbefragung 163
    12.1 Alle Eltern der Elternkurse 163
    12.2 Der Vergleich von Elternkursgruppe und Wartegruppe 174

13 Eltern-Kind-Interaktionen 189
    13.1 Entwicklung der Ratingskalen 189
    13.2 Analyse der durchgeführten Ratings 196
    13.3 Der Vergleich der Elternkursgruppe und der Wartegruppe 205

14 Zusammenfassung der Ergebnisse zu Wirkungen
       des Elternkurses insgesamt 209

15 Analysen der kursbezogenen Daten 217
    15.1 Herkunft und Gewinnung der Elternkurse
           und ihrer Wartegruppen 217
    15.2 Beurteilungen der Elternkursleitungen 220
    15.3 Die Kursabende aus Sicht der Eltern 233
    15.4 Prozessdaten zu den Kursen 240
         15.4.1 Beurteilungen der Elternkursleitungen
               zu den drei Themensitzungen 240
         15.4.2 Beurteilungen der Eltern zu den drei Themensitzungen 250
         15.4.3 Die Kursabende aus Sicht der Evaluatoren 258
    15.5 Die drei Sichtweisen zu den Kursabenden im Vergleich 268
    15.6 Versuch einer Erklärung von Unterschieden
           in den Erfolgsmaßen der Kurse 279
         15.6.1 Kurserfahrungen der Eltern als Erfolgskriterium 280
         15.6.2 Veränderungen der Eltern als Erfolgskriterium 289
         15.6.3 Beurteilungen der Kursleitungen als Erfolgskriterium 309
         15.6.4 Die Erfolgskriterien in der Zusammenschau 318

16 Schlussbemerkungen 329

Literaturverzeichnis 331

Abbildungs- und Tabellenverzeichnis... 337

Anhang A: Tabellen... 353

Anhang B: Ratingskalen 431
       I TANGRAM.. 431
           Kooperation – Dirigismus, Lenkung............................ 431
           Liebevolle Zuwendung und Achtung –
           Emotionale Kälte und Missachtung............................. 433
           Gelassenheit – Stress... 435
           Starke kognitive Förderung –
           Mangel an kognitiver Förderung.................................. 437
       II Soziales Problem 439
           Verbindlichkeit, Grenzen, Struktur – Beliebigkeit, Chaos......... 439
           Vollständiges einfühlendes Verstehen –
           Mangel an einfühlendem Verstehen 441
           Kooperation – Dirigismus, Lenkung............................ 443
           Liebevolle Zuwendung und Achtung –
           Emotionale Kälte und Missachtung............................. 445

1 Einleitung

Der Deutsche Kinderschutzbund hat im Jahr 2000 mit der bundesweiten Verbreitung des Elternkurses Starke Eltern – Starke Kinder® begonnen. Dieses präventive und universelle Programm hat seither eine weite Verbreitung gefunden. Es gibt eine professionelle Ausbildung für zukünftige Elternkursleitungen und Standards zur Durchführung der Kurse, auf die alle ausgebildeten Anbieter vertraglich festgelegt werden.

Im Zuge der sehr schnellen Verbreitung hat es mehrfach kleinere Untersuchungen und eine groß angelegte Studie zur Evaluation des Elternkurses gegeben (Kapitel 3 dieses Berichts). Unter den für die Sicherung der Standards verantwortlichen Koordinatorinnen in den beteiligten Bundesländern, in den Landesverbänden des DKSB sowie im Bundesverband entwickelte sich im Verlauf von einigen Jahren Einigkeit darüber, dass eine erneute, möglichst repräsentative und umfassendere Evaluation zu diesem Erfolgsprodukt des DKSB durchgeführt werden sollte. Diese soll einerseits nachweisen, dass der Besuch der Elternkurse Wirkungen bei Eltern und möglichst auch bei Kindern zeigt, eine wesentliche Voraussetzung für eine begründete Verbreitung, und gleichzeitig Hinweise für Optimierungen des Kurses liefern.

Es gab mehrfach Anläufe eine solche Evaluation an ausgewiesene Experten zu vergeben. Alle diese Bemühungen sind an den finanziellen Möglichkeiten des Verbandes gescheitert. Externe Finanzierungsquellen konnten ebenfalls nicht erschlossen werden. In dieser Situation entstand die aus der Not geborene Idee, mit einem kleinen Etat und unter unentgeltlicher Beteiligung von Hochschullehrern und deren studentischen Ressourcen eine kleinere, aber dennoch solide Evaluationsstudie durchzuführen.

Die Gruppe der möglichen Forscherinnen und Forscher reduzierte sich aus vielen nachvollziehbaren Gründen recht schnell. Am Ende blieben Prof. Dr. Heeg von der Universität Bremen und der Autor dieses Berichts übrig. In gemeinsamen Sitzungen mit den Koordinatorinnen und Geschäftsführungen der später beteiligten fünf Landesverbände des DKSB wurde die Evaluation geplant und ein Antrag an die Deutscher Kinderschutzbund Stiftung für zwei Förderjahre (2006 und 2007) gestellt. Diesem Antrag wurde stattgegeben, indem für beide Jahre jeweils 20 000 Euro für die Evaluation zur Verfügung gestellt wurden. Dieser Betrag entspricht einem kleinen Bruchteil der Summe, die für eine externe Evaluation hätte zur Verfügung gestellt werden müssen. Zusätzlich konnten einige Mittel der Universität Bremen für die Evaluatorinnen eingesetzt werden. Sämtliche Ausgaben sind für die Bezahlung der Organisatoren vor Ort sowie der Studierenden, die nach einer entsprechenden Ausbildung die Datenerhebung durchgeführt haben, verwendet worden.

Die Evaluation hat sich ein anspruchsvolles Ziel gesetzt. Es sollen alle Stufen des Ausbildungs- und Durchführungskonzepts empirisch untersucht werden. Dazu werden vier Ebenen unterschieden: Die erste Ebene betrifft die Ausbildung von erfahrenen Elternkursleitungen zu Trainerinnen und Trainern, die nach erfolgreichem Abschluss dann selbst Elternkursleitungen ausbilden dürfen. Diese Ausbildung kann allein von der Person durchgeführt werden, die dieses Kurskonzept mitentwickelt, adaptiert und das Ausbildungshandbuch geschrieben hat. Ein konkreter Durchgang dieser Ausbildung wird mit Hilfe verschiedener empirischer Methoden dokumentiert und ausgewertet. Für diese Ebene der Evaluation gibt es bisher keine vergleichbare Untersuchung.

Die zweite Ebene betrifft die Ausbildung der Elternkursleitungen, die nach erfolgreichem Abschluss selbst Elternkurse durchführen dürfen und sollen. In jedem der fünf beteiligten Bundesländer soll einmal eine solche Ausbildung untersucht werden. Auch hier werden die Veranstaltungen mit empirischen Verfahren dokumentiert und analysiert, um Stärken und Schwächen dieser Ebene untereinander und im Vergleich zur ersten Ebene zu erkennen.

Zunächst bestand der Plan, mit der Evaluation der jeweils nächsten Ebene erst zu beginnen, wenn die jeweils ausgebildeten Fachkräfte selbst als Leitungen tätig werden. Der Vorteil hätte darin bestanden, dass die vermutlich feststellbare Varianz der Erfolgskriterien auch auf der nächsten Ebene zu Unterschieden führen würde. Mit Hilfe solcher Daten hätte eine Wirkungskette von der Ausbildung zur Trainerin bis zu den Wirkungen bei Eltern und vielleicht sogar Kindern rekonstruiert werden können. Die zeitlichen Abläufe und der Förderungszeitraum ließen eine solche Evaluation nicht zu. Nicht einmal für die Ebenen eins und zwei konnte eine derartige Verknüpfung hergestellt werden.

Schon früh zeigte sich bei der Planung des komplexen Evaluationsdesigns, dass eine gemeinsame Planung, Durchführung und Auswertung, wie sie zunächst vorgesehen war, an den Ressourcen der beiden beteiligten Hochschullehrer scheitern musste. Es wurde deshalb eine Teilung des Projektes vorgenommen. Prof. Dr. Heeg ist allein zuständig für die Evaluation der Ebenen eins und zwei. Der Autor dieses Berichts übernimmt die alleinige Verantwortung für die folgenden Ebenen drei und vier.

Die Ebene drei betrifft die Durchführung von Elternkursen. Es handelt sich bei den Elternkursleitungen nicht um solche, deren Ausbildung auf Ebene zwei untersucht worden ist. Auf der Ebene drei werden die Erwartungen und Erfahrungen der Elternkursleitungen erfasst sowie drei thematische Abende, die von besonderer Bedeutung für den Kurs sind, von den Kursleitungen beurteilt, von den Eltern bewertet und von je zwei geschulten Beobachtern dokumentiert. Damit werden erstmalig Informationen über Inhalte und Arbeitsmethoden in den Kursen empirisch gewonnen. Weiterhin werden mit Hilfe von Befragungen Wirkungen des Kursbesuches auf die Eltern analysiert.

Die **Ebene vier** betrifft das tatsächliche Erziehungsverhalten der Eltern vor und nach dem Kurs, das sie in der konkreten Interaktion mit ihrem Kind zeigen. Außerdem werden die Erlebensweisen der Kinder erfragt, um abzuschätzen, ob diese letztlich auch vom Kursbesuch ihrer Eltern profitieren. Dieser Anspruch wird für Elternkurse meist impliziert, aber selten bei den Kindern selbst untersucht.

Zwischen den Ebenen drei und vier können Beziehungen untersucht werden, weil es sich um die Kinder der Eltern handelt, die an den Kursen teilgenommen haben. Es sind außerdem Analysen möglich, ob sich die Kurse in ihren Wirkungen unterscheiden und von welchen Kursmerkmalen dies gegebenenfalls abhängt. Damit wird es eher möglich sein, Stärken und Schwächen der Kurse zu dokumentieren und Folgerungen für eine Optimierung zu ziehen.

Die Instrumentierung für die Ebenen drei und vier ist zur Jahresmitte 2006 abgeschlossen worden. Die tatsächlichen Durchführungen auf diesen Ebenen haben sich so sehr zeitlich verschoben (vgl. Kapitel 6), dass kein Kurs im Jahr 2006 stattgefunden hat und die letzten Daten erst Mitte Dezember 2007 eingegangen sind. Die Follow-up Befragung der Eltern ist im Mai 2008 abgeschlossen worden.

Der vorliegende Bericht ist ein Abschlussbericht, in dem zunächst die Daten der Befragungen der Eltern und der Kinder aus der ersten und zweiten sowie der Follow-up Erhebung vorgestellt werden. Die Verknüpfungen mit den übrigen Untersuchungsmerkmalen sowie die Analysen des Geschehens in den Kursen lassen abschließende Bewertungen zu, die immer Bestandteil einer Evaluation sind. Aus der Gliederung werden die verschiedenen Teile dieses Berichts ersichtlich.

Es sei an dieser Stelle allen jenen gedankt, die ideell und materiell am Zustandekommen mitgewirkt haben. In erster Linie sind das die Eltern und ihre Kinder, die sich dem mühsamen aufwändigen Unterfangen der Untersuchungen gestellt haben. Der Dank geht ebenfalls an die Elternkursleitungen, die sich mutig mit der Beobachtung ihrer Kursdurchführung einverstanden erklärt haben. Die Besprechungen mit den Geschäftsführungen und Koordinatorinnen der Landes- und des Bundesverbandes des DKSB sind hilfreich für Planung, Durchführung und Auswertung gewesen. Zu danken ist auch den Studierenden, die sich in das Abenteuer dieser Untersuchungen begeben haben.

Ein ganz besonderer Dank geht an die Hamburger Forschungspraktikantinnen Bente Johannsen, Antje Ruge, Daniela Vogel und Birgit Wandersleben, die jede im Rahmen ihres Forschungspraktikums 500 Stunden Arbeit in diese Evaluation eingebracht haben und zusätzlich in einem anderen Bundesland die Untersuchungen durchgeführt haben, als die dortigen Evaluatoren ausfielen. Birgit Wandersleben hat sogar ein zweites Forschungspraktikum in dieses Projekt investiert. Ohne die sehr intensive Unterstützung dieser Studentinnen des Studienganges Diplom Pädagogik bei der Datenerhebung und der Auswertung gäbe es zentrale Teile dieser Evaluation nicht. Hervorzuheben ist der besondere Einsatz von Birgit Wandersleben, die auch über ihre Praktikumstätigkeit hinaus bereits bei der Entwicklung des Instrumentariums, der Kontrolle aller wichtigen Termine und

Datenorganisationen sowie der Gestaltung von Tabellen und des Textes dieses Berichts weit über das Normale hinaus gewirkt hat.

Zu danken ist auch der Studentin Anne Enghusen, die in Hamburg die Datenerhebung sorgfältig mit durchgeführt hat.

Ohne die großzügige Unterstützung der Deutscher Kinderschutzbund Stiftung hätte keine Evaluation stattfinden können. Die Stiftung hat so einen sehr wertvollen Beitrag für die relevante Frage erbracht: Welche Prozesse und Wirkungen können für den Elternkurs Starke Eltern- Starke Kinder® als typisch und gesichert bezeichnet werden?

2 Erziehungskompetenz und Elternkurse – eine Einführung

Es gibt seit mehreren Jahrzehnten keinen Zweifel daran, dass elterliches Erziehungsverhalten von großer Bedeutung für die psychosoziale Entwicklung von Kindern ist. Hohe Erziehungskompetenz ist entwicklungsförderlich für Kinder, ein Mangel an erziehungskompetentem Verhalten ist dagegen entwicklungshemmend für Kinder und stellt einen hohen Risikofaktor für die Entwicklung externalisierender Verhaltensprobleme bei Kindern dar. In zahlreichen internationalen Studien sind diese Zusammenhänge immer wieder festgestellt worden. Es gibt verschiedene Modelle, die dieses Beziehungsgeflecht kategorisieren und begrifflich fassen. Zwei dieser Modelle sollen hier kurz vorgestellt werden.

Der Wissenschaftliche Beirat für Familienfragen (2005) hat das Modell der autoritativen Erziehung in Anlehnung an frühe Arbeiten von Baumrind (1971) aufgegriffen und zur Grundlage seiner Expertise gemacht. Im Rahmen der durch das KJHG im § 1 festgelegten Erziehungsziele Selbstverantwortung und Gemeinschaftsfähigkeit des Heranwachsenden hat er festgelegt, dass es sich um eine Beziehung zwischen Erziehenden und Kindern handelt, die

- „Kinder in ihren individuellen Besonderheiten respektiert und wertschätzt,
- Kindern Möglichkeiten für neue Erfahrungen und eigenständiges Handeln eröffnet und
- Kinder einbindet in ein Beziehungsnetz wechselseitiger Rücksichtnahme und des aufeinander Angewiesen-Seins."

(Wissenschaftlicher Beirat für Familienfragen 2005, 18). Im Rahmen dieser Beziehungsqualität wird autoritative Erziehung näher spezifiziert: „'Autoritative Erziehung' impliziert also das Miteinander von Verbundenheit und Unterstützung sowie Grenzziehung und Autonomie und sieht dieses als unabdingbar, sollen Eigenverantwortlichkeit *und* Gemeinschaftsfähigkeit auf Seiten der Kinder aufgebaut werden können. Einer einseitig ausgelegten Variante ich-bezogener Selbstentfaltung wird damit eine klare Grenze gesetzt. Für diese Erziehungshaltung ist die Formulierung „*Freiheit in Grenzen*" (Schneewind 2002a, 2002b) vorgeschlagen worden..." (Wissenschaftlicher Beirat für Familienfragen 2005, 18).

Die benannten Zielsetzungen und die Konkretisierungen des zeitgemäßen und spezifischen Erziehungsverhaltens der Eltern müssen jeweils in aktuellen Bezügen neu verhandelt werden. „Doch hält es der Beirat für nicht vorstellbar, dass etwa künftige Modelle von Erziehung von der Auffassung abweichen könnten, gelingende Erziehung müsse eingebettet sein in eine Beziehung wechselseitiger Anerkennung, emotionaler Zuwendung und klarer Kommunikation über wünschenswerte und nicht wünschenswerte Handlungsweisen im menschlichen

Zusammenleben. Die Aufgabe kompetenter Eltern und anderer Erzieherinnen und Erzieher besteht darin, diesen Beziehungskontext im erzieherischen Zusammenleben mit den Kindern und Jugendlichen, für die sie Verantwortung übernommen haben, zu entfalten und zu gestalten" (Wissenschaftlicher Beirat für Familienfragen 2005, 19).

Der Wissenschaftliche Beirat hat auf diesem Grundverständnis von Erziehung seine Expertise zur „Stärkung familialer Beziehungs- und Erziehungskompetenzen" (2005, 5) aufgebaut. Sie beinhaltet neben der wissenschaftlichen Grundlegung aller Aussagen zur Erziehung und deren Bedingungen auch Folgerungen für die Steigerung der Erziehungskompetenz durch präventive Maßnahmen (s. u.).

Zur näheren Beschreibung kompetenter Erziehung gehören wie bereits angedeutet nach heutigem auf empirischen Analysen beruhendem Forschungsstand mindestens drei Komponenten oder auch Faktorenbündel. Es handelt sich dabei um 1. elterliche Unterstützung und Wertschätzung, die sich in Zuneigung, Wärme und Akzeptanz ausdrückt, 2. Grenzziehung oder Verhaltenskontrolle, die Fordern und Grenzensetzung beinhaltet und die sich als Verantwortung für das Kind, Forderungen an das Kind und Beaufsichtigung des Kindes manifestiert und 3. die Gewährung von Autonomie des Kindes, die sich sowohl auf emotionale Autonomie als auch Handlungsautonomie des Kindes also auf dessen Eigenständigkeit bezieht, die dem Kind viele Entscheidungsmöglichkeiten bietet. Sofern diese Komponenten elterlicher Erziehungskompetenz in angemessenem Ausmaß realisiert werden, tragen sie zu einer gesunden psychosozialen Entwicklung des Kindes bei.

Entwicklungshemmend für die Kinder bzw. abweichendes Verhalten der Kinder fördernd sind die Komponenten 1. inkonsistentes Elternverhalten verbunden mit harten Disziplinierungsmaßnahmen, 2. geringe elterliche Aufsicht über die Kinder und 3. ein Bestrafungsverhalten, das von körperlichen Strafen bis zur gewaltförmigen Erziehung reicht. In zahlreichen Studien sind diese Merkmale immer wieder als bedeutsam für eine risikoreiche psychosoziale Entwicklung von Kindern identifiziert und bestätigt worden (Beelmann & Rabe 2007).

Tschöpe-Scheffler (2003, 2005) hat die vorliegende Literatur in etwas abgewandelter Weise zusammengefasst. Sie hat das Modell der Fünf Säulen der Erziehung entwickelt, das auf der einen Seite aus den Erziehungskomponenten besteht, die als entwicklungsförderlich angesehen werden, und auf der anderen Seite die Gegenpole der entwicklungshemmenden Erziehungsfaktoren enthält. Sie nennt den autoritativen Erziehungsstil demokratisch oder sozial-integrativ (Tausch & Tausch 1998). Die Säulen der entwicklungsförderlichen Erziehung sind Emotionale Wärme, Achtung, Kooperation, Verbindlichkeit und Allseitige Förderung. Die entsprechenden Gegenpole der entwicklungshemmenden Erziehung sind Emotionale Kälte/ emotionale Überhitzung, Missachtung, Dirigismus, Beliebigkeit und Mangelnde Förderung/ einseitige (Über-)Forderung/ Perfektionismus. Im Wesentlichen handelt es sich um Faktoren, die in Einklang mit der oben vorgestellten Modellierung des Wissenschaftlichen Beirates für Familienfragen stehen. Die stärkere Ausdifferenzierung in die fünf Säulen, die in erster Linie auf der zusätzlichen Aufnahme der kognitiven Förderung basiert, erlaubt eine weitere diagnostische Aufschlüsselung der realisierten Erziehungsverhaltensweisen von Eltern. Allerdings liegen keine empirischen Analysen für dieses Gesamtmodell der fünf Säulen vor, die dessen Struktur und das Zusammenspiel der verschiedenen Komponenten überprüfen. Dennoch handelt es sich um ein schlüssiges Konzept, das eine gute Grundlage bietet für die Entwicklung diagnostischer Fragestellungen zur Erziehungskompetenz sowie für die Evaluation von Bemühungen, die Erziehungskompetenz von Eltern zu steigern.

Angebote im Elternbildungsbereich gibt es in Deutschland in großer Zahl und inhaltlicher Breite. Dieser Sachverhalt ist zuletzt von Lösel et al. (2006) in einer groß angelegten repräsentativen Studie dokumentiert worden. Viele dieser Angebote zielen direkt oder indirekt auf eine Verbesserung der Erziehungskompetenz. Es gibt allerdings so gut wie keine empirisch gesicherten Belege dafür, dass die intendierten Wirkungen auch nachprüfbar eintreten. Bei der Suche nach entsprechenden tauglichen Studien für eine parallel durchgeführte Metaanalyse solcher Wirkungsstudien, sind die Autoren lediglich auf 27 verwertbare Untersuchungen aus den letzten drei Jahrzehnten gestoßen (bis zum Jahr 2005). Offensichtlich liegt hier ein ganz erhebliches Forschungsdesiderat vor. Erst in den letzten drei Jahren sind vermehrt Studien zu solchen Projekten publiziert worden, die entweder die Erziehungskompetenz von Eltern steigern wollten oder direkt auf das Verhalten von Kindern einwirken, meist solchen, die bereits dissoziales Verhalten, externalisierende Verhaltensprobleme manifestieren.

Der Wissenschaftliche Beirat für Familienfragen (2005) hat die verschiedenen Möglichkeiten der direkten Einflussnahme auf die Erziehung von Eltern in Anlehnung an einschlägige Klassifikationen kategorisiert. Eine erste Unterscheidung ist die Kategorisierung in präventive und therapeutische Interventionsformen. Präventive Interventionsansätze dienen der Verhinderung bzw. Vorbeugung von Entwicklungsrisiken der Kinder durch eine generelle Verbesserung der Erziehungskompetenzen von Eltern. Therapeutische Interventionsansätze tragen zur Behebung bereits eingetretener manifester Störungsbilder bei Kindern bei.

Die Gruppe der präventiven Maßnahmen wird in drei weitere Untergruppen aufgeteilt. Universelle Präventionsansätze sind für Familien vorgesehen, bei denen es bisher keinerlei Auffälligkeiten gibt. Mit diesen Ansätzen und Programmen sollen Eltern in ihrem Erziehungsverhalten, ihren Erziehungsstilen und Erziehungshaltungen gestärkt und unterstützt werden, um vorbeugend entwicklungsförderliche Bedingungen für Kinder zu schaffen. Für die alltäglichen Erziehungsprobleme, die viele Eltern manchmal überfordern, sollen vorhandene Ressourcen der Eltern gestärkt und Schwierigkeiten der Umsetzung behoben werden.

Ein solches universelles Präventionsprogramm ist nach seinem Anspruch und nach Meinung von Experten, die dieses Programm inhaltlich analysiert haben

(Tschöpe-Scheffler 2003, 2005, Wissenschaftlicher Beirat für Familienfragen 2005), der Elternkurs Starke Eltern – Starke Kinder® des Deutschen Kinderschutzbundes, dessen Evaluation in diesem Bericht vorgestellt wird. Dieser Kurs unterscheidet sich von anderen universellen Präventionsangeboten für Eltern nicht zuletzt dadurch, dass er eine explizite Hilfe für die Verwirklichung einer gewaltfreien Erziehung von Kindern bieten will. Mit dem seit 2000 verabschiedeten gesetzlichen Anspruch der Kinder auf eine gewaltfreie Erziehung (BGB §1631, Absatz 2), gibt es einen gesteigerten Anspruch auf und eine entsprechende Nachfrage nach Angeboten, eine solche gewaltfreie Erziehung auch lernen und in den Erziehungsalltag transferieren zu können.

Selektive Präventionsangebote sind dazu angelegt, bereits vorhandenes eher entwicklungshemmendes Erziehungsverhalten zu beeinflussen. Die Zielgruppe sind also nicht mehr alle Erziehenden sondern nur solche, bei denen die Risiken einer ungünstigen Entwicklung des Kindes erhöht sind, weil biologische oder soziale Risikofaktoren vorhanden sind.

Indizierte Präventionsangebote sind für solche Familien vorgesehen, in denen die Kinder bereits als kritisch beurteilte Verhaltensauffälligkeiten zeigen, externalisierende Verhaltensprobleme oder andere Abweichungen sich schon manifestiert haben. In diesen Fällen reicht es meist nicht mehr aus, allein mit den Eltern zu arbeiten, es hat sich als notwendig und deutlich effektiver herausgestellt, wenn die Kinder in die Maßnahmen einbezogen werden. Es gibt recht unterschiedliche Programme, die in diese Kategorie multimodaler Präventions- und Interventionsansätze gehören. Der Übergang zu therapeutischen Interventionen ist fließend, d. h. es gibt keine wirklich scharfen Kriterien zur Differenzierung der beiden letztgenannten Interventionsformen.

Präventionsprogramme unterscheiden sich also wesentlich auch nach den Zielgruppen, für die sie konzipiert sind. Universelle Programme, die idealtypisch von allen Bevölkerungsteilen wahrgenommen werden sollen, treffen eher auf eine Klientel, die im Regelfall an einer Optimierung ihrer oft schon recht günstigen Ausgangslage in Bezug auf verschiedene Komponenten der Erziehungskompetenz interessiert ist. Dieser Sachverhalt spielt eine große Rolle bei der Wirkungsanalyse solcher Angebote. Wenn Eltern schon mit überdurchschnittlichen Ausgangswerten in eine Evaluation gehen, dann sind die Möglichkeiten einer Steigerung dieser Werte im Verlauf eines Kurses nur begrenzt gegeben. Der Nachweis möglicher Wirkungen ist erschwert, weil die zur Erfassung der Erziehungskomponenten ausgewählten Instrumentarien häufig keine Steigerung positiver (Deckeneffekt) bzw. Verminderung ungünstiger Werte mehr zulassen (Bodeneffekt). Diese Situation stellt sich bei indizierten und vor allem bei selektiven Präventionsmaßnahmen ganz anders dar. Bei diesen sind prinzipiell schon allein aus messtechnischen Gründen größere Effekte möglich.

Diese Problematik ist von zentraler Bedeutung, wenn es um den Nachweis von Wirkungen der verschiedenen vielfältigen Präventionsansätze geht. Zunehmend wird zu Recht gefordert und auch immer öfter berücksichtigt, dass die Wirksamkeit eines Elternbildungsangebotes und damit auch von Elternkursen nachgewiesen sein muss (Brezinka 2003, Heinrichs et al. 2002, Lösel et al. 2006, Tschöpe-Scheffler 2005, Wissenschaftlicher Beirat für Familienfragen 2005). Dies gilt nach übereinstimmender Meinung bereits für den Zeitpunkt vor der Verbreitung des Präventionsangebotes. Nach Implementierung des Konzepts in der Praxis hat dann mindestens eine weitere Evaluation unter Praxisbedingungen stattzufinden, die erst Aufschluss darüber gibt, ob das Angebot sich auch unter alltäglichen Bedingungen als tauglich hinsichtlich der angestrebten Ziele erweist. Für den überwiegenden Teil der Familienbildungsmaßnahmen gibt es derartige evidenzbasierte Wirksamkeitsbelege nicht.

Eine sehr gute Möglichkeit bei vorhandenen tauglichen Studien einen Überblick und vor allem verallgemeinerbare Befunde zu dokumentieren bietet die Metaanalyse. In dieser werden alle gehaltvollen Studien eines bestimmten Interventionsbereiches bis zu einem Zeitpunkt zusammengestellt und statistisch analysiert. Zieht man diese besonders verlässlichen Befunde internationaler und deutschsprachiger Studien heran, dann lassen sich einige Verallgemeinerungen in Bezug auf die hier thematisierten Interventionsansätze ziehen (Beelmann 2006, Beelmann & Rabe 2007, Brezinka 2003, Heinrichs et al. 2002, Heinrichs et al. 2007, Layzer et al. 2001, Lösel et al. 2006, Wissenschaftlicher Beirat für Familienfragen 2005).

In Wirkungsstudien mit Kontrollgruppen zeigen sich folgende Befunde:

- Im Erziehungsverhalten kleine bis mittlere Effekte
- In den selteneren Follow-up Untersuchungen eine deutliche Reduzierung der Effekte
- Universelle Programme weisen niedrigere Effekte als indizierte Programme auf
- Die Effekte von Programmen ausschließlich für Eltern sind bei Kindern klein
- Multimodale Programme erzielen eher größere Effekte als isolierte Angebote
- Strukturierte, kognitiv-behaviorale Programme sind effektiver
- Programme, die konkrete Verhaltenskompetenzen vermitteln und üben, fallen günstiger aus
- Je früher kindbezogene Maßnahmen beginnen desto besser
- Durchführung der Programme in Elterngruppen ist günstiger
- Gegenseitige Unterstützung der Eltern ist von Vorteil
- Leitung der Programme durch professionelles Personal ist besser
- Berichtetes Erziehungsverhalten von Eltern stärker verändert als allgemeine Persönlichkeitsveränderungen

Es gibt allerdings zahlreiche Differenzen in den verschiedenen Untersuchungsbereichen zwischen den Studien, die Effekte sind recht heterogen. Die Qualitäten der Untersuchungen streuen zudem über ein recht weites Spektrum. Auch die hier wiedergegebenen Ergebnisse sind nur grobe Richtwerte.

Sehr wenig ist bekannt über die Prozessqualität der Präventionsmaßnahmen. Auch für die reinen Elternkurse gibt es fast keine Untersuchungen darüber, was tatsächlich in den Kursen stattfindet und wie dieses realisiert wird. Hier sind im Vergleich zur Therapieforschung (Grawe 1998, 2004) noch erhebliche Lücken zu schließen. Die im Mittel eher geringen Effektstärken der Wirkungen können auch darin begründet sein, dass die Qualitätskontrolle noch so wenig etabliert ist, dass bei größeren Untersuchungen auch deutlich weniger geeignete Kursanbieter teilnehmen. Dies entspricht dann zwar eher der vor Ort gegebenen Realität der Kursdurchführungen, für eine Verbesserung dieser Situation stehen ohne sorgfältige und aufwändige Prozessforschung aber keine Daten zur Verfügung, die für eine Optimierung der Stärken und eine Verringerung der Schwächen eines Kurses genutzt werden können.

Es gibt also zahlreiche Fragestellungen zu Präventionsangeboten wie Elternkursen, die nur mit Hilfe sorgfältiger empirischer Untersuchungen geklärt werden können.

3 Der Elternkurs Starke Eltern – Starke Kinder® im Spiegel bisheriger Untersuchungen

3.1 Einleitung

Der Elternkurs Starke Eltern – Starke Kinder® als ein universelles Präventionsprogramm ist an verschiedenen Orten mit unterschiedlichen Fragestellungen untersucht worden. Im Folgenden werden die Studien mit ihren Ergebnissen knapp dargestellt und einer kritischen Würdigung unterzogen, die von externen Personen bzw. Institutionen durchgeführt worden sind. Die Würdigung ist an den fünf Evidenzgraden für die Wirksamkeit von Interventionen im Sinne des Wissenschaftlichen Beirates für Familienfragen (2005) orientiert. Diese Evidenzgrade, die sich auf das Ausmaß empirischer Absicherung der Wirkungen von Interventionen beziehen, reichen von sehr hohem Evidenzgrad (Evidenzgrad I) bis zu geringem Evidenzgrad (Stufe V).

> „Im Einzelnen handelt es sich um folgende Evidenzgrade: *Evidenzgrad I* entspricht einer harten Evidenz, beruhend auf mindestens einem systematischen Überblicksartikel, der verschiedene kontrollierte, randomisierte Studien einschließt; *Evidenzgrad II* entspricht einer harten Evidenz, beruhend auf mindestens einer randomisierten Studie angemessener Größe; *Evidenzgrad III* beruht auf nicht-randomisierten Studien mit Kontrollgruppendesign mit einer Vorher-Nachher-Messung bezüglich der Intervention, einer Kohortenstudie, Serien von Fallstudien in zeitlicher Folge oder einer Fall-Kontrollstudie; *Evidenzgrad IV* beruht auf nicht experimentellen Studien mit gutem Design, die von mehr als einem Zentrum oder mehr als einer Forschergruppe durchgeführt wurden; *Evidenzgrad V* fußt auf der Meinung respektierter Experten, beruhend auf kritischer Evidenz, deskriptiven Studien oder Berichten von Expertenkomitees." (Wissenschaftlicher Beirat für Familienfragen 2005, 104).

Für jede Studie werden Untersuchungsziel(e), Untersuchungsinhalt(e), Zielgruppe(n), Design, Methode(n), Auswertung, wesentliche Ergebnisse, Hinweise und Empfehlungen sowie Anerkennungsrisiken zusammengestellt.

Im abschließenden Teil werden eine Gesamtbewertung vorgenommen und erste Folgerungen für zukünftige Untersuchungen gezogen.

3.2 Die Studien

Erste Untersuchung

Die erste Untersuchung ist Teil einer Diplomarbeit in Psychologie an der Universität Köln von Seemann (2000). In dieser Arbeit wurde erstmals das Konzept Starke Eltern – Starke Kinder® unter dem Titel „Fit für die Kids" im Jahr 1999 untersucht.

Untersuchungsziel(e): Erfassung der subjektiven Reaktionen von teilnehmenden Eltern auf den Kurs und dessen Verlauf, um Stärken und Schwächen des Kurses aufzudecken.

Untersuchungsinhalt(e): Im Fokus stehen die Motive der Eltern für die Teilnahme, die Beurteilung des Kurses durch die Eltern, Veränderungen in der erlebten Erziehungshaltung.

Zielgruppe(n): Eltern aus acht Elternkursen (von denen sieben ausgewertet sind) im Jahr 1999 in Remscheid und Wermelskirchen (Grundgesamtheit). Von ursprünglich 76 Personen der sieben Kurse haben 60 bis zum Ende teilgenommen. Von diesen haben 42 Daten geliefert (70 %).

Design: Eine einmalige Erhebung am Ende der Kurse ohne Anfangserhebung.

Methode(n): Eine schriftliche Befragung mit geschlossenen und offenen Fragen (insgesamt 28).

Auswertung: 42 Fragebogen sind auswertbar. Antworten auf die offenen Fragen sind klassifiziert worden, Methoden der beschreibenden Statistik benutzt, um itemweise eine Gruppenauswertung vorzunehmen. Keine Zusammenhangsanalysen über die Fragen.

Wesentliche Ergebnisse: Am Ende erhobene Teilnahmemotive sind rückblickend vor allem Mangel- und Problemmotive (Probleme in der Erziehung) sowohl bei geschlossenen als auch bei offenen Fragen. Ungeduld und Inkonsequenz werden am häufigsten als Schwachpunkte benannt.

93 % der antwortenden Eltern sind mindestens etwas zufrieden mit dem Kurs, fast so viele werden ihn auf jeden Fall weiter empfehlen. Gut zwei Drittel haben das Gefühl, nach dem Kurs besser mit Problemen ihres Erziehungsalltags zurechtzukommen. Drei Viertel können besser verstehen, warum im Erziehungsalltag bestimmte Probleme auftauchen und herausfinden, wie sie sich in bestimmten Erziehungssituationen verhalten können. Selbstreflexion und Selbstvertrauen schreiben sich weniger als die Hälfte eindeutig positiv zu, einige Eltern haben hier deutliche Zweifel.

Bei elf retrospektiven Einschätzungen ihres Erziehungsverhaltens vor und nach Beendigung des Kurses gibt es den größten positiven Wandel für die Gruppe insgesamt bei den besonders beklagten Schwächen: Ungeduld (39 %) und Inkonsequenz (26 %). Die instrumentellen Aspekte der Erziehung interessieren diese Eltern besonders, die grundsätzlichen Einstellungen, die im Kurs vermittelt werden sollen, sind bei den Befragten zumindest in der Rückschau schon vorher stark vorhanden. Die Eltern haben aus ihrer Sicht eher ein Methoden- als ein Werte- oder Ziele -Defizit.

Hinweise und Empfehlungen: Es sind in erster Linie die Durchführungsbedingungen des Kurses, die seine Qualität für die Eltern ausmacht.

Anerkennungsrisiken: Es handelt sich um die erste Pilotstudie zum Elternkurs. Die Zufriedenheit der verbliebenen Eltern mit dem Kurs ist eindeutig sehr hoch. Über retrospektive Befragung können allerdings Veränderungen nur sehr eingeschränkt verlässlich erhoben werden, Wirkungen des Kurses so nicht valide erfasst werden. Der Fragebogen ist recht variantenreich, seine Gütekriterien sind aber nicht untersucht. Als einzige Datenquelle bildet er Kognitionen und Einstellungen der Eltern ab. Damit ist eine Verallgemeinerbarkeit auf tatsächliches Erziehungsverhalten nur sehr eingeschränkt möglich.

Evidenzgrad der Wirksamkeit: Die Untersuchung kann als deskriptive Studie zum Evidenzgrad V der Wirksamkeit beitragen.

Zweite Untersuchung

Die zweite Untersuchung hat in Bayern stattgefunden in Elternkursen der Orts- und Kreisverbände des Deutschen Kinderschutzbundes. Sie ist von Schatz (2000/2001) durchgeführt und ausgewertet worden.

Untersuchungsziel(e): Überprüfung des Erfolgs des Angebots sowie des Erwerbs pädagogischer Kompetenzen im Wissens- und Handlungsbereich der Eltern. Beschreibung der wirksamen Faktoren sowie der förderlichen und hinderlichen Elemente.

Untersuchungsinhalt(e): Motive für die Teilnahme, Wissens- und Erziehungskompetenzen, Ressourcen und soziale Kompetenzen, Einschätzung der persönlichen Veränderungen, Optimierung der Erziehungskompetenzen, Zufriedenheit mit dem Kurs bei den Eltern.
Einschätzung des Kursgeschehens durch die Kursleitungen.

Zielgruppe(n): 136 Eltern aus 14 Elternkursen in Orts- und Kreisverbänden des DKSB in Bayern. Keine Angaben, ob es sich um eine Totalerhebung oder um eine Stichprobe bei den Kursen handelt. 86,8 % sind weiblich, alle Eltern haben zusammen 266 Kinder.

Design: Vorher- und Nachher-Erhebung bei den Eltern. Zusätzlich gibt es eine Kontrollgruppe für die Vorher-Erhebung, über deren Rekrutierung und Vergleichbarkeit mit der Gruppe der Eltern aus den Kursen nicht berichtet wird.

Methode(n): Schriftliche Befragung mit Hilfe eines standardisierten Fragebogens mit einigen offenen Fragen zu Beginn und am Ende des Kurses. Zusätzlich gibt es eine schriftliche Befragung der Kursleitungen am Ende des Kurses sowie Interviews mit einigen Kursleitungen zu Beginn des Kurses.

Auswertung: 136 Eingangs- und 100 Endfragebogen sind mit Hilfe deskriptiver Statistik ausgewertet worden. Angaben zur Zusammensetzung der Zweiterhebung werden nicht gemacht. Die Ausfallquoten in den Kursen variieren zwischen 0 % und 50 %.

Die Fragen sind einzeln jeweils für die Gesamtgruppe ausgewertet. Es gibt keine Zusammenhangsanalysen über die Fragen. Zu zahlreichen Fragen und Antwortvorgaben gibt es keine quantitativen Angaben im Bericht, manchmal sind diese ersetzt durch verbale Umschreibungen (viele, sehr hoch). Die Kontrollgruppe wird nur einmal im Zusammenhang mit einer Aussage zum Selbstwert und zum Selbstkonzept erwähnt.

Eine Auswertung der Interviews mit den Kursleitungen und deren schriftlicher Befragung liegt nicht vor.

Wesentliche Ergebnisse: Bei den Teilnahmemotiven dominieren Wünsche nach Kenntniserweiterung über Erziehung und nach Hilfe bei zugestandenen Erziehungsproblemen (57 %). Zum Bereich Erziehungskompetenz (6 Fragen – alle ohne Datenangaben) wird vor allem Verhaltensunsicherheit genannt (33 %). Alleinerziehende sollen hier günstigere Werte zeigen (ohne Daten). Die erlebten Belastungen sollen recht gering sein, Verbesserungen werden zukünftig von vielen erwartet.

84 – 92 Eltern haben sich am Ende zum Verlauf des Kurses geäußert (keine Angaben zu den Gründen der Ausfälle). Rund 95 % sind mit dem Klima im Kurs mindestens ziemlich zufrieden. Je gut 70 % haben viel gelernt, sich wenig angestrengt und sich nicht überfordert gefühlt. Gut ein Viertel der Verbliebenen wünscht sich mehr praktisches Tun.

Gespräche und Diskussion (97 %) und Theorie (79 %) sind mehr Eltern wichtig als Rollenspiele (50 %).

66 %– 80 % der Zweitbefragten haben das Gefühl, dass sie am Ende des Kurses positive Veränderungen erzielt haben. Durchschnittlich wird der Kurs mit der Note 1,7 beurteilt.

11 Fragen zum alltäglichen Erziehungsverhalten sind zu Beginn und am Ende gestellt worden. Von einer Ausnahme abgesehen (0,3 Punkte) betragen die in der Regel positiven Veränderungen der Mittelwerte maximal 0,2 Punkte auf den fünfstufigen Skalen. Es sind Änderungen in Richtung der durch den Kurs intendierten Ziele, sie halten nach Aussage des Autors einer statistischen Überprüfung nicht stand (ohne weitere Angaben). Die statistische Relevanz dürfte auf jeden Fall nur marginal sein.

Hinweise und Empfehlungen: Es gibt einige Empfehlungen des Autors, die allerdings nicht stringent auf die Daten der Untersuchung bezogen sind. Es wird der Einbau weiterer Module empfohlen: Selbstkonzeptarbeit, Selbstsicherheit, Kommunikationstechniken, Umgang mit Konflikten, Belastungs- und Stressimmunisierung, kognitive Trainingsinhalte, Wissenseinheiten zu Strafe und Gewalt in der Erziehung, Sexualität. Ein multi-mediales Paket zur Demonstration und zur Übung sollte wie ein Reader und Elternbegleitbriefe erarbeitet werden. Ein stärker niedrigschwelliger Zugang zu den Kursen erscheint dringlich.

Anerkennungsrisiken: Es gibt keine Informationen über die Zusammensetzung der Elterngruppe zum Schluss des Kurses (Zweiterhebung). Die Kontrollgruppe der Ersterhebung wird nicht vorgestellt und analysiert. Es ist unklar, wie viele die Kurse vorzeitig verlassen haben und/oder nicht noch einmal antworten wollten, vermutlich handelt es sich bei der Zweiterhebung um eine positiv selektierte Elterngruppe. Es werden keine Zusammenhänge zwischen den verschiedenen Aspekten des Fragebogens hergestellt. Es gibt keine Angaben zu Gütekriterien des Fragebogens. Zahlreiche Datenauswertungen sind unvollständig oder gar nicht mitgeteilt. Da nur schriftliche Befragungswerte zu Grunde liegen, ist eine Übertragbarkeit auf tatsächliches Erziehungsverhalten nur sehr eingeschränkt möglich.

Evidenzgrad der Wirksamkeit: Die Studie könnte bei sorgfältiger und vollständiger Auswertung ein Beitrag zum Evidenzgrad IV sein.

Dritte Untersuchung

Die dritte Untersuchung ist von Tschöpe-Scheffler und Niermann (2002) in Nordrhein-Westfalen durchgeführt worden in 20 Kursen, die von Orts- oder Kreisverbänden des Deutschen Kinderschutzbundes angeboten worden sind. Teile des Forschungsberichtes sind in einem Buch von Tschöpe-Scheffler (2003) einer größeren Öffentlichkeit bekannt geworden.

Untersuchungsziel(e): In welchen Erziehungsdimensionen hat sich elterliches Verhalten aus der Sicht von Eltern (und von Kindern) verändert durch die Teilnahme am Elternkurs. Nehmen entwicklungsförderliches Erziehungsverhalten zu und entwicklungshemmendes ab?

Untersuchungsinhalt(e): Vier theoretisch fundierte Dimensionen entwicklungsförderlicher Erziehung (liebevolle Zuwendung, Achtung, Kooperation und Verbindlichkeit) und vier Dimensionen entwicklungshemmender Erziehung (emotionale Kälte/Überhitzung, Missachtung, Dirigismus und Beliebigkeit) werden als Kriterien zugrunde gelegt. Dabei geht es um die Einstellungen und Verhaltensabsichten, nicht um das tatsächliche Verhalten. Prozesse der Verhaltensänderungen bei den Eltern und das diesbezügliche Erleben von betroffenen Kindern werden ebenfalls erfasst. Bewusster Verzicht auf Erhebung der Teilnahmemotive von Eltern und auf deren Kursbeurteilung.

Zielgruppe(n): Eltern aus Elternkursen von 50 Orts- und Kreisverbänden des Deutschen Kinderschutzbundes in Nordrhein-Westfalen, die 2001/2002 einen Kurs besucht haben. 33 Elternkursleitungen waren bereit zur Mitwirkung, tatsächlich teilgenommen haben Eltern von 20 Kursen, zahlreiche andere sind nicht zustande gekommen. Die Autoren vermuten, dass es sich um eine Zufallsauswahl aus den Durchführungen des DKSB handelt. 201 Elternteile sind in der Untersuchungsgruppe.

Design: Das zentrale Design ist ein quasi-experimenteller Kontrollgruppenplan, d.h. es hat wie bei Feldforschung üblich keine Randomisierung der Versuchs- und der Kontrollgruppe stattgefunden. Alle Personen sind zu Beginn der Kurse und am Ende der Kurse untersucht worden. Die Kontrollgruppe, die sich aus Eltern aus neun Kindertagesstätten eines Kirchenkreises zusammensetzt (114 Personen), ist parallel befragt worden.

Zusätzlich sind acht Mütter in Einzelinterviews vorher und nachher befragt worden. Neun Kinder haben einmalig am Ende des Kurses Auskunft gegeben.

Methode(n): Eine schriftliche Befragung mit 72 Einzelfragen, die sich aus 12 Fallbeispielen mit 39 Beantwortungsvorgaben, 16 Erziehungsaussagen und 17 Fragen zur Auftretenshäufigkeit bestimmten Erziehungsverhaltens zusammensetzt, wurde zweimal durchgeführt, jeweils ergänzt um einige Fragen zur Lebenssituation. Alle Einzelfragen sind den oben genannten acht Dimensionen zugeordnet, sodass eine gute inhaltliche Verzahnung von Untersuchungsinhalten und eingesetzten Erhebungsmethoden entsteht. Es handelt sich um ein theoriehaltiges, dem Untersuchungsgegenstand gerecht werdendes Instrument. Allerdings ist die Anzahl der Items pro Dimension unterschiedlich.

Zusätzlich gibt es einen Interviewleitfaden für die qualitativen Interviews mit Müttern.

Für die Datenerhebung bei den Kindern liegen eine mündliche Befragungsmethode, ein Handpuppenspiel und eine zu vollendende Bildergeschichte vor.

Auswertung: Von den 201 Eltern der Kurse liegen 195 Bögen aus der Erstbeantwortung und 149 aus der Zweiterhebung vor. 135 Personen haben zu beiden Zeitpunkten geantwortet. Ausfälle basieren auf vorzeitigen Abbrüchen und nicht abgegebenen Fragebögen, eine Quantifizierung dieser Anteile ist nicht angegeben. Von 114 Personen der Kontrollgruppe haben 112 die Ersterhebung und 96 die Zweiterhebung mitgemacht. Veränderungen beziehen sich auf maximal 94 Mitglieder.

Maße der beschreibenden Statistik werden für den Vergleich von Versuchs- und Kontrollgruppe und für die Veranschaulichung der Veränderungen herangezogen. Non-parametrische Signifikanztests sollen die Befunde zufallskritisch absichern.

Der Vergleich von Versuchs- und Kontrollgruppe hinsichtlich der Zusammensetzung nach soziografischen Daten basiert leider auf jeweils unterschiedlichen Anzahlen der Untersuchungsgruppen, weil manche Daten erst in der weniger genutzten Zweiterhebung enthalten waren. Zur Beurteilung der Vergleichbarkeit der Zusammensetzung wäre es hilfreich gewesen, wenn diese für die beiden

Gruppen bekannt wären, für die die abhängigen Variablen in beiden Erhebungen vorliegen. Zwischen den beiden Gesamtgruppen gibt es einige deutliche Differenzen bei der beruflichen Stellung, dem Wohnraum (mit Vorteilen für die Versuchsgruppe) sowie dem Alter. Die Unterschiede in den abhängigen Variablen der beiden für Veränderungen zur Verfügung stehenden Teilgruppen werden im Ergebnisteil der Studie mitgeteilt, allerdings selten auf die damit verbundenen Risiken der Bewertung möglicher Veränderungen bezogen und reflektiert.

Besonders hervorzuheben ist die nachträgliche Analyse des eingesetzten Fragebogens. Es werden sowohl die Sensibilität der Items für Veränderungen betrachtet als auch die internen Konsistenzen der Skalen für die acht Dimensionen bestimmt. Die Koeffizienten bewegen sich in der Ersterhebung zwischen .44 und .72 (als Ausreißerwert) und in der Zweiterhebung zwischen .46 und .71 (wieder als Ausreißerwert), damit liegen die höheren in einem Bereich, in dem die Skalen verlässliche Daten für Gruppenvergleiche liefern, andere am Rande der Voraussetzungen für diese Vergleichsmöglichkeiten. Leider werden die so gebildeten Skalen nicht benutzt, um die Daten auf eine stabilere Basis zu stellen.

Von den Tiefeninterviews konnten sieben (Anfangserhebung) bzw. sechs (Schlusserhebung) inhaltsanalytisch ausgewertet werden.

Von neun Kindern sind die Antworten in den Leitfadeninterviews und dem Handpuppenspiel sowie die Fortsetzung der Bildergeschichte exemplarisch mitgeteilt.

Wesentliche Ergebnisse: Der Untersuchungsschwerpunkt des quasi-experimentellen Versuchsplanes bezieht sich primär auf Verhaltensabsichten und Handlungsintentionen der Eltern. Für jedes diesbezügliche Item des Fragebogens gibt es eine sorgfältige Vorstellung der Auswertung. Die Zusammenfassungen werden verbal vorgenommen, dabei gehen notwendig etliche Differenzierungen aber auch Einschränkungen verloren.

Die Eltern aus den Kursen haben sich gegenüber der eigenen Ausgangserhebung und der Kontrollgruppe von Eltern in vielen der erfassten Bereiche verändert. Die Abnahme entwicklungshemmenden Verhaltens, hier vor allem Dirigismus und Missachtung, ist häufiger auch statistisch gesichert nachgewiesen. Seltener ist dies festzustellen für die Steigerung entwicklungsförderlichen Verhaltens, hier am ehesten für Achtung, zum Teil auch für liebevolle Zuwendung, für die schon in der Ausgangserhebung besonders hohe Werte vorliegen. Eltern der Versuchsgruppe erkennen inkonsequentes Verhalten besser und lehnen es eher ab, dennoch fällt es ihnen schwer, klare Grenzen und Regeln zu verwirklichen. Kinder werden sowohl in der Elternkursgruppe als auch in der Kontrollgruppe stärker beteiligt (Kooperation).

Insgesamt gilt, dass die Kurseltern klarer erkennen, welche Erziehungsmaßnahmen in die Kategorie Gewalt fallen und welche Alternativen es dazu gibt. Ihr berichtetes erweitertes Handlungsrepertoire und ihre Berücksichtigung der Entwicklungsbedürfnisse der Kinder erlauben ihnen, in Alternativen zu denken und diese auch teilweise zu erproben. Damit sind wesentliche Ziele des Elternkurses erreicht.

Die Tiefeninterviews illustrieren, dass die Mütter ihr Reflexionsniveau in der Kurszeit gesteigert und die Einschätzung ihrer Selbstwirksamkeitsüberzeugungen verbessert haben, weil sie gelernt haben, den Anspruch, eine perfekte Mutter sein zu müssen, zu relativieren. Dadurch fühlen sie sich stärker entlastet, erleben das Familienklima positiver und können besser die Perspektive ihrer Kinder einnehmen.

Die Eltern wünschen sich Austausch in der Gruppe über die Kurszeit hinaus.

Aus der Sicht der neun Kinder ist die Beurteilung der Eltern von der retrospektiv ermittelten Durchschnittsnote 3 auf die Note 2+ am Ende des Kurses gestiegen. Darüber hinaus erleben sie mehr Geduld, verbringen mehr gemeinsame Zeit mit ihren Eltern und haben weniger Auseinandersetzungen. Auch diese Befunde stützen die härteren Hinweise der obigen Ergebnisse auf die Wirkungen des Elternkurses.

Hinweise und Empfehlungen: Einige Hinweise werden direkt aus den Daten der Untersuchung abgeleitet. Die Dimension Überfürsorge sollte im Kurs noch stärker bearbeitet werden, weil sie sich hinter von den Eltern als notwendig erachteten Kontrollmaßnahmen verbirgt. Trotz des besseren Erkennens inkonsequenten Erziehungsverhaltens sollte noch stärker darauf bestanden werden, Strategien und Erziehungsmaßnahmen zu finden und zu erproben, die verbindliches Erziehungsverhalten charakterisieren. „Grenzsetzung" als wesentliche Komponente der Verbindlichkeit sollte noch länger reflektiert und geübt werden. Die Verbindung von Achtung und Ablehnung einerseits und dirigistischem Verhalten und Grenzsetzung andererseits sollte vertieft werden.

Man sollte prüfen, wie Kinder im Sinne von Partizipation stärker eingebunden werden können, aber auch um die Gedanken und Sorgen, die sich Kinder um die Gründe dafür machen, warum ihre Eltern einen solchen Kurs besuchen (müssen), aufzufangen und für die intendierten Veränderungsprozesse zu nutzen.

Im Anschluss an die Kurse sollten Angebote vorhanden sein, die interessierten Eltern Möglichkeiten zu weiterem Austausch bieten.

Anerkennungsrisiken: Die Anzahl der Elternkurse und der erreichten Elternzahl ist groß genug. Die Parallelität der Kontrollgruppe ist nur eingeschränkt gegeben. Es handelt sich um eine sehr sorgfältig geplante und ausgewertete Untersuchung, die ihrem theoretisch stringent abgeleiteten Anspruch voll gerecht wird. Der Fragebogen ist bis auf einige selbst benannte Items gut weiter zu verwenden. Die inhaltliche Zusammenfassung der Fragen zu Skalen hätte die Prägnanz der Ergebnisse wohl noch gesteigert. Leider gibt es keine Auswertung der Zusammenhänge der acht Dimensionen, die vermutlich paarweise eher gegensätzliche Pole von vier Dimensionen sind. Es ist nicht erkennbar, ob sich die gefundenen Veränderungen immer aus denselben besonders erfolgreichen Eltern speisen, oder ob es in verschiedenen Elterngruppen unterschiedliche Wirkungen gibt.

Besonders hervorzuheben ist der innovative Ansatz, erstmalig auch Kinder von Kurseltern einzubeziehen. Es sind interessante Methoden dazu entwickelt worden. Eine Generalisierbarkeit ist angesichts der sehr kleinen Kinderzahl allerdings nicht gegeben.

Evidenzgrad der Wirksamkeit: Die Studie gehört zu jenen, die dem Evidenzgrad III zuzurechnen sind, soweit man dies auf die Wirkungen bei den Eltern bezieht.

Vierte Untersuchung

Die vierte Untersuchung ist keine völlig unabhängige neue Untersuchung. Jonuz (2004) hat in ihrer Diplomarbeit eine Nachuntersuchung bei den Eltern der Untersuchung von Tschöpe-Scheffler und Niermann (2002) durchgeführt, um die Nachhaltigkeit der Wirkungen des Kurses zu überprüfen.

Untersuchungsziel(e): Erfassung der nachhaltigen Wirkungen zwei Jahre nach der Teilnahme an den Elternkursen, die in der dritten Untersuchung evaluiert worden sind.

Untersuchungsinhalt(e): Einschätzung der nachhaltigen Gewinne der Eltern in ihrer Persönlichkeitsentwicklung, in Bezug auf ihre derzeitige Erziehungssituation und in Bezug auf ihre Beziehung zum Partner durch Selbstbeurteilung.

Zielgruppe(n): Alle Eltern der Elternkurse des Deutschen Kinderschutzbundes, die 2001/2002 an der Untersuchung von Tschöpe-Scheffler und Niermann (2002) teilgenommen haben. Über die ehemaligen Kursanbieterinnen konnten 145 der ursprünglich 201 Eltern postalisch ausfindig gemacht werden. Zusätzlich sollten auch Einzelgespräche mit den Kindern dieser Eltern geführt werden.

Design: Eine einmalige Nachuntersuchung zwei Jahre nach Durchführung der Kurse. Für diese ist nachgewiesen, dass sie direkt nach ihrer Beendigung Wirkungen bei den Eltern erzeugt haben (s. 3. Untersuchung). Für die ehemalige Kontrollgruppe hat keine Nachuntersuchung stattgefunden.

Methode(n): Eine schriftliche Befragung mit allgemein gehaltenen Fragen, die mit ja oder nein zu beantworten sind. Zusätzlich gibt es zwei offene Fragen, bei denen zum einen Beispiele für die geschlossenen Fragen anzugeben sind und zum andern Verbesserungsvorschläge und Wünsche genannt werden können.

Zusätzlich gibt es einen Leitfaden für die Interviews mit den Eltern.

Auswertung: 24 Fragebögen (16,7 %) der Angeschriebenen konnten ausgewertet werden, das sind rund 12 % der ehemaligen Kurseltern. Die Daten wurden mit Methoden der deskriptiven Statistik beschrieben. Zusätzlich sind die freien Antworten den acht Dimensionen entwicklungsförderlichen und -hemmenden Erziehungsverhaltens zugeordnet.

Die vier zustande gekommenen Einzelinterviews mit den Eltern sind inhaltlich kategorisiert und teilweise vorgestellt. Gespräche mit betroffenen Kindern hat kein Elternteil genehmigt.

Wesentliche Ergebnisse: Von den 24 Eltern geben 79 % an, auch nach zwei Jahren noch vom Inhalt des Elterkurses zu profitieren, 83 % sehen einen Gewinn in Bezug auf ihre derzeitige Erziehungssituation. Auch wenn es sich um hochgradig positiv selektierte Teile der Eltern handelt, sind diese Prozentsätze überragend hoch. Deutlich geringer sind die Prozentsätze beim Profitieren in der eigenen Persönlichkeitsentwicklung (54 %) und in Bezug auf ihre Partnerschaft (42 %).

Die frei formulierten Beispiele betreffen in der Erziehungssituation vor allem die Aspekte der Achtung und der Kooperation, aber auch zur Verbindlichkeit gibt es einige Aussagen. Im Bereich der Persönlichkeitsentwicklung werden vor allem Aspekte einer Verbesserung der Eigenwahrnehmung angeführt. Ich-Botschaften und Familienklima illustrieren den Gewinn in der Partnerschaft.

Die vorgebrachten Wünsche betreffen weitere Unterstützung, Auffrischung von Inhalten. Kritisiert werden der Mangel an männlichen Teilnehmern und das fehlende Einbeziehen von Kindern.

Die vier Interviews mit drei Akademikerinnen und einer publizierenden ehemaligen Erzieherin zeigen die anhaltende Steigerung der Selbstreflexion und des Selbstbildes, die Entlastung, den Austausch mit anderen Eltern und die Erkenntnis der Subjektstellung des Kindes als zentrale Aspekte der Kurswirkungen.

Erstmalig werden auch Anteile von Eltern genannt, die in mehr als einem der untersuchten Aspekte nachhaltige Veränderungen vorweisen.

Hinweise und Empfehlungen: Eine Erweiterung der Unterstützung nach Beendigung des Kurses wird gefordert. Die Ausweitung auf andere Elternkreise ist ein Anliegen.

Anerkennungsrisiken: Die Generalisierbarkeit der Befunde ist angesichts der kleinen Gruppe Antwortender kaum gegeben. Es ist nicht auszuschließen, dass nur die aus eigener Sicht besonders erfolgreichen Eltern den Fragebogen bearbeitet haben. Dennoch handelt es sich um eine Pilotstudie mit deutlichem Erkenntnisgewinn, weil solch langfristige Veränderungen der Selbstsicht von Eltern bisher für diesen Kurs nicht untersucht sind.

Die Interviewpartnerinnen sind so stark positiv selegiert, dass ihre Texte nur zur Hypothesengenerierung geeignet sind.

Evidenzgrad der Wirksamkeit: Zusammen mit der Untersuchung drei kann diese Studie zum Evidenzgrad IV beitragen, ohne diese Verknüpfung nur zum Evidenzgrad V.

Fünfte Untersuchung

Die fünfte Untersuchung ist im Zeitraum 2003 – 2005 in Elternkursen in Niedersachsen von Busche-Baumann, Oster und Nieberg (2005) durchgeführt worden.

Untersuchungsziel(e): Wirkungen der Kurse auf die teilnehmenden Eltern analysieren und deren subjektive Perspektiven untersuchen. Offenheit für Entdeckungen in der Feldphase im Rahmen einer qualitativen Studie.

Untersuchungsinhalt(e): Von den Eltern genannte Themen und Druckpunkte. Mögliche Veränderungen im Denken und Handeln von Eltern unter Berücksichtigung der aktuellen Lebenssituation.

Zielgruppe(n): Eltern aus Elternkursen, die in den Jahren 2003 – 2005 in Niedersachsen stattgefunden haben. Anzahl der Kurse und Eltern nicht angegeben.

Design: Ein explorativer Forschungsansatz, in dem mit den Eltern zu Beginn und am Ende Einzelinterviews geführt werden, die im Sinne der Grounded Theory von Glaser/Strauss offen beginnen und prozessorientiert dem wachsenden Erkenntnisprozess der Forschenden angepasst wird. Keine Kontrollgruppe vorhanden.

Methode(n): Es kommt offene teilnehmende Beobachtung ohne ein vorstrukturiertes Beobachtungsschema in den Kursen zum Einsatz, wobei Feldnotizen gemacht werden.

Mit ausgewählten Eltern werden leitfadengestützte Interviews geführt, die sich zwischen Erst- und Zweitinterview unterscheiden. Erzählungen und subjektive Definitionen und Argumentationen werden so generiert. Ausgangspunkt ist die eigene Kindheit, um an biografischen Erfahrungen der Eltern anknüpfen zu können bei der Schilderung und Bewertung der eigenen Erziehungspraxis als Eltern. Im Zweitinterview stehen mögliche Veränderungen im Denken und Handeln im Fokus. Ausgangspunkt sind wiederum Berichte über Veränderungen im persönlichen Bereich und im weiteren Familiensystem, damit die eingetretenen selbst berichteten Wirkungen des Kurses im Gesamtkontext des aktuellen Lebensvollzuges bewertet werden können. Provozierte Schilderungen über erlangtes Wissen und erlernte Handlungsoptionen werden genutzt, um Einblicke in die Gestaltung des Erziehungsalltags zu ermöglichen. Die thematischen Inhalte bestimmen die Befragten weitgehend selbst.

Auswertung: Wie immer bei qualitativen Erhebungen ist die Auswertung komplex und im Rahmen dieser Zusammenfassung nur begrenzt nachvollziehbar darzustellen. Zu den teilnehmenden Beobachtungen liegt keine systematische Auswertung vor. Die Interviews sind transkribiert worden und in einem längeren Prozess der Codierung durch das Forschungsteam und Seminargruppen unterzogen worden. WinMax professional ist als Textanalysesystem zum Einsatz gekommen. Für alle Interviewten wurden Kurzportraits erstellt. Fallanalysen bilden das Ausgangsmaterial zur Herausarbeitung von Motivationen zur Kursteilnahme und zu Wirkungen des Kurses aus Sicht der Befragten. Fallübergreifend sind die drei Bereiche Veränderungen des Erziehungsverhaltens, Gewalt in der Erziehung und die Organisation von Erwerbs- und Familienarbeit herauskristallisiert worden.

Unklar bleibt, wie viele Kurse einbezogen worden sind, aus welchen dieser Kurse wie viele Eltern stammen und wie viele Erst- und Zweitinterviews es tatsächlich gegeben hat. Fallbeschreibungen gibt es von vier Müttern und einem Vater.

Wesentliche Ergebnisse: „Viele" Eltern haben bereits vor der Teilnahme am Elternkurs andere Beratungs- und/oder Weiterbildungsmaßnahmen genutzt. Nicht selten ist der Elternkurs für die Untersuchten eine Ergänzung zu anderen Bildungsangeboten.

Wichtiger Beweggrund für die Teilnahme ist ein aktueller Problemdruck bei den Eltern, aber auch Unsicherheit bezüglich des Erziehungsstils, Suche nach Handlungsmöglichkeiten, der Wunsch nach Austausch mit anderen Eltern.

Drei Themenbereiche dominieren in den Erzählungen der Eltern: Erziehungsstil, Erwerbssituation und Gewalt in der Erziehung. Eltern wissen vor den Kursen, was sie nicht wollen, können dies aber nicht umsetzen. Sie wissen, was sie in der Erziehung wollen, wissen aber nicht, ob sie damit „richtig" liegen. Sie reflektieren in den Kursen ihre Erziehungsvorstellungen und fühlen sich dadurch entlastet.

Bis auf eine Ausnahme sagen alle Befragten, die aus der Bildungsmittelschicht stammen, dass sie von ihren Eltern geschlagen, verachtet, vernachlässigt worden sind. Alle wollen schon vor dem Kurs keine körperliche Gewalt anwenden, andere Gewaltformen sind weniger gebrandmarkt. Ihre eigenen Schattenseiten sind den Eltern unangenehm.

Alle befragten Eltern fühlen sich durch die Kursteilnahme entlastet, die Verallgemeinerbarkeit ihrer individuellen Situation wird durch den Austausch bewusster und sie können sich besser vom Leitbild der idealen Mutter bzw. des idealen Vaters distanzieren.

Bei einigen Eltern taucht die Gewaltthematik erst im Laufe des Kurses auf. Deeskalierende Maßnahmen, die im Kurs gelernt werden, bereiten einigen Eltern Probleme bei der Umsetzung in alltäglichen Handlungen. Teilweise führt der Kurs zu einer veränderten Kommunikation in den Familien. Der Kurs wirkt auf Bewusstseinsstrukturen, die auch Verhaltensänderungen zur Folge haben können.

Für nahezu alle Eltern spielt das Phänomen der Zeitnot im Erziehungsalltag eine übergeordnete Rolle, in erster Linie bei der Vereinbarkeit von Erwerbssituation und Familie.

Der Elternkurs ist demnach eine zentrale Vermittlungsinstanz, die dazu beiträgt, dass Gewalt in der Erziehung von Kindern reduziert wird.

Die fünf Fallanalysen spezifizieren detailliert die verallgemeinerbaren Erkenntnisse.

Hinweise und Empfehlungen: Die Prozesse der Selbstreflexion der Interviewten zeigen, dass an sich selbst adressierte Briefe zu Beginn des Kurses, die am Ende dann geöffnet werden, sowie solche, die am Ende geschrieben und später geöffnet werden, diesen wichtigen Aspekt der Kurswirkung stärken könnten.

Die gesellschaftlichen Rahmenbedingungen und deren Zusammenhänge mit individuellem Familiengeschehen sollten stringenter thematisiert werden.

Im Sinne des Gender Mainstreaming sollte ein zusätzliches Modul aufgenommen werden und die Zeichnungen und Schaubilder in den vorhandenen Matrialien entsprechend überarbeitet werden.

Eine Erhöhung der Zahl der männlichen Teilnehmer in den Kursen sollte angestrebt werden.

Der Wunsch der Befragten nach Anschlussangeboten sollte sehr ernst genommen werden.

Die Elternkursleitungen sollten ebenfalls qualitativ beforscht werden, um Stärken und Schwächen des Kurses noch mehr herauszuarbeiten.

Anerkennungsrisiken: Ohne zeitgleiche Prüfung der Veränderungen in einer Kontrollgruppe sind Wirkungen des Kurses kaum nachzuweisen, zumal die AutorInnen selbst betonen, dass die intensiven Einzelinterviews zahlreiche Reflexionen bei den Befragten angestoßen und vertieft haben. Diese zusätzliche Möglichkeit der Reflexion wird sogar als Implementation in den Kurs empfohlen, damit die Erfolge noch deutlicher werden. Sehr bedauerlich ist, dass weder die Kurszahl noch die Zahl der Interviewten im Bericht genannt werden. Umschreibungen wie „viele", „die meisten" und „einige" bleiben so recht unbestimmt. Damit ist die Verallgemeinerbarkeit zusätzlich eingeschränkt.

Dennoch zeigt die Studie, dass Eltern der Bildungsmittelschicht mit den gewählten Methoden produktiv untersucht werden können und dass sich veränderte Reflexionsprozesse in den Bereichen Erziehungsstil, Erwerbssituation und Gewalt in der Erziehung durch den Kurs deutlich anreichern und vertiefen lassen.

Evidenzgrad der Wirksamkeit: Die Untersuchung zählt zu den Studien, die den Evidenzgrad IV stützen können.

3.3 Einschätzungen von Experten

Auch die Bewertung einer Intervention durch Experten oder eine Sachverständigenkommission stellt eine Möglichkeit der externen Evaluation dar, die dem Evidenzgrad V entspricht. Wenn das Konzept und die zugrunde liegenden Theorien als empirisch gesättigt gelten können, dann wird auch eine wirksame Veränderung bei Kursteilnahmen wahrscheinlicher. Der Fokus der Beurteilung liegt dabei auf den Inhalten, den Methoden und Haltungen, die in einem Kurs Verwendung finden und deren stringentem Bezug zueinander. Eine hohe Stimmigkeit der relevanten Komponenten ist für eine positive Einschätzung von zentraler Bedeutung.

Bauer und Hurrelmann (2004) haben den Elternkurs Starke Eltern – Starke Kinder® fachmännisch beurteilt. „Der Elternkurs des Deutschen Kinderschutzbundes (DKSB) „Starke Eltern – Starke Kinder®" kann in der Qualitätsdebatte eine Lücke schließen. Es ist eines der wenigen Angebote moderner Elternbildung im deutschen Sprachraum, die nach wissenschaftlichen Kriterien evaluiert und dabei äußerst positiv beurteilt wurden." (2004, 15.) An anderer Stelle fahren sie fort: „Starke Eltern – Starke Kinder®" schlägt insofern in inhaltlicher Hinsicht eine Schneise ins Dickicht einer ständig zunehmenden Programmvielfalt. Damit erfolgt in einem einzelnen Kurs die produktive Vereinigung einer Vielzahl theoretischer Basiskonzeptionen. (...) Unterschiedliche Traditionen erhalten damit ihren Platz *nebeneinander* und schließen sich nicht aus." (2004, 16).

„Die wohl bedeutsamste Leistung von „Starke Eltern – Starke Kinder®" liegt darin, einen praktischen Spagat zwischen zwei sehr unterschiedlichen Anforderungen zu ermöglichen, die heute an Konzepte der Elternbildung gestellt werden. Zum Einen wird das durchaus berechtigte Bedürfnis vieler Eltern berücksichtigt, als Pädagogen ernst genommen zu werden. Erziehung ist neben der *Anregung* kindlicher Entwicklungspotentiale und der Vermittlung von *Anerkennung* untrennbar mit der Fähigkeit der Eltern verbunden, Erziehungsprozesse aktiv zu gestalten und anzuleiten. Die Elternkompetenz zur Anleitung jedoch hat viel zu lange darunter leiden müssen, als eine Form der Autoritätsausübung aus dem Erziehungskanon ausgeschlossen worden zu sein. Die Gleichsetzung eines autoritären mit dem anleitenden Erziehungsstil ist hingegen viel zu kurz gegriffen. Damit wird das produktive Potential elterlicher Strategien zur Anleitung in Erziehungsprozessen mit einem falschen Tabu versehen. Vollkommen zu Recht wird daher die Erziehungshaltung, die durch „Starke Eltern – Starke Kinder®" gefördert werden soll, als ein „anleitender Erziehungsstil" bezeichnet.

Zum Anderen, und das ist die andere Seite dieses Spagats, tritt „Starke Eltern – Starke Kinder®" einer Haltung entgegen, die sich starr an die Befolgung von „Erziehungsnormen" hält. Die mangelnde Orientierung von Eltern in Erziehungsfragen ist heute das Einfallstor für ein Elternbildungsangebot, das damit wirbt, auf Erziehungsprozesse sozusagen schematisch Einfluss nehmen zu können.

„Starke Eltern – Starke Kinder®" widerspricht hier allen, die Erziehungswissen auf Rezept verordnet bekommen möchten..." (Bauer und Hurrelmann 2004, 17). Die Autoren betonen aber auch, es „...müssen Zugänge zu Elterngruppen geschaffen werden, die ein geringeres Problembewusstsein, dafür aber mehr Hindernisse im Erziehungsalltag haben." (2004, 17.) „Das bedeutet, bei der Etablierung eines hochwertigen Elternkursangebotes wie „Starke Eltern – Starke Kinder®" nicht stehen zu bleiben." (2004, 17.)

Tschöpe-Scheffler (2003) hat nicht nur die zentrale empirische Untersuchung zum Elternkurs durchgeführt, sondern auch die Konzeption inhaltlich analysiert und positiv bewertet. 2005 hat sie eine erneute Beurteilung mit Hilfe von vier Schwerpunkten vorgenommen, die sich an den Kompetenzen von Eltern als Erziehenden orientieren: Wissen, Handeln, Selbsterfahrung und Nutzung von Netzwerken. Es wird geprüft, ob und in welchem Ausmaß Elternkurse zur Steigerung dieser Kompetenzen beitragen.

Alle vier Kategorien Wissenserwerb, Erweiterung der Handlungsoptionen, Selbsterfahrung und Selbsterziehung sowie Organisation und Nutzung von Netzwerken sind in drei bis acht differente methodische Vorgehensweisen unterteilt, die eine genauere Beurteilung der geplanten Arbeit in den Kursen ermöglichen. Zusätzlich gibt es eine vierstufige Gewichtung für jede Kategorie, mit der ausgedrückt wird, welche Rolle (1 = sehr hohe Gewichtung, 4 = vorhanden aber nicht sehr ausgeprägt) dieser Teil im Kurs insgesamt spielt.

Das stärkste Gewicht (1) hat demnach im Kurs Starke Eltern – Starke Kinder® der Kompetenzbereich Handeln (mit sieben von acht möglichen Vorgehensweisen), gefolgt vom Wissen (2), in dem drei bis vier von sechs Möglichkeiten zum Einsatz kommen. Der Selbsterfahrung wird die Gewichtung zwei bis drei zugewiesen, zwei der drei Methoden sind vorgesehen. Das geringste Gewicht hat der Kurs mit drei bis vier im Netzwerk, bei dem auch nur zwei von fünf möglichen Vermittlungsformen genutzt werden.

Handeln hat in sechs der acht anderen analysierten Elternkursangebote ebenfalls den höchsten Stellenwert. Netzwerkerweiterung hat von einer Ausnahme abgesehen in allen Konzepten die niedrigste Gewichtung (drei bis vier).

In dem um eine fünfte Säule (Förderung des Kindes) erweiterten Modell der Erziehung (Tschöpe-Scheffler 2005, 304) werden die Schwerpunkte von Starke Eltern – Starke Kinder® in den Dimensionen Liebe und Achtung gesehen. Insbesondere das Recht der Kinder auf gewaltfreie Erziehung wird dabei hervorgehoben als Charakteristikum dieses Kurses. Auch die Zuordnungen zu den anderen drei Dimensionen machen deutlich, dass Tschöpe-Scheffler den Kurs eindeutig als qualitativ hochwertiges und erfolgreiches Elternbildungskonzept beurteilt, das für alle Eltern geeignet ist, „...die über sich, ihre Werte, ihre eigenen Ziele nachdenken wollen und zu ihrem Kind (wieder) eine positivere Beziehung aufbauen wollen" (Tschöpe-Scheffler 2005, 303).

Die dritte externe Würdigung hat durch den Wissenschaftlichen Beirat für Familienfragen (2005) insofern stattgefunden, als das Expertengremium Starke Eltern – Starke Kinder® als Beispiel für universelle Präventionsprogramme in seinem Gutachten erwähnt und im Anhang eine Kursbeschreibung als Beispiel für Möglichkeiten, die Elternkompetenzen zu steigern, vorlegt.

Damit sind unabhängig voneinander drei ausgewiesene Experten bzw. eine Institution zu einer positiven Bewertung von Starke Eltern – Starke Kinder® gelangt. Die Evidenzstufe V der Wirksamkeit kann als gesichert gelten.

3.4 Zusammenfassung und erste Folgerungen für eine Evaluationsstudie

Betrachtet man die bisherigen fünf Untersuchungen zum Elternkurs Starke Eltern – Starke Kinder® vor dem Hintergrund der verschiedenen konzeptionellen Ebenen der Ausbildung und Durchführung, so wird deutlich, auf welchen Ebenen bisher extern erhobene Forschungsdaten vorliegen.

Erste Ebene: Ausbildung der Trainerinnen und Trainer
Eine Person ist legitimiert, sogenannte Trainer auszubilden, die dadurch das Recht gewinnen, selbst Ausbildungen zu Elternkursleitungen durchzuführen. Es gibt fachliche Standards für die Auswahl und Ausbildung dieses Personenkreises. Der Prozess dieser Ausbildung selbst ist bisher nicht explizit extern analysiert worden, ebenso sind die Wirkungen dieser Ausbildung auf die Trainer nicht empirisch erfasst worden.

Zweite Ebene: Ausbildung der Elternkursleitungen
Auf dieser Ebene gibt es ebenfalls fachliche Standards, die von den Trainern und den Auszubildenden einzuhalten sind. Der tatsächliche Prozess der Ausbildung unterlag bisher noch keiner externen empirischen Kontrolle und auch die intendierten Wirkungen auf die späteren Elternkursleitungen sind nicht empirisch erfasst worden.

Dritte Ebene: Durchführung der Elternkurse
Auch auf dieser Ebene gibt es festgelegte Standards. Der Prozess dieser Durchführung ist bisher nicht systematisch empirisch untersucht worden, wenn man davon absieht, dass in Untersuchung 5 teilnehmende Beobachtung in Kursen stattgefunden hat, deren Ergebnisse für den Vermittlungsprozess aber im Bericht nicht ausgewertet vorliegen. Die Erlebensweisen der Eltern in den Kursen und die Wirkungen der Kurse auf die Eltern sind mit Hilfe von unterschiedlichen Befragungsmethoden mehrfach untersucht worden (Untersuchungen 1, 2, 3, 4 und 5).

Vierte Ebene: Erziehungsprozesse der Eltern mit ihren Kindern
Der tatsächliche Erziehungsprozess der Eltern vor und nach den Kursen ist bisher nicht untersucht worden. Es gibt nur Rückschlüsse aus den Befragungen (s. dritte Ebene) auf verändertes Erziehungsverhalten. Die Erlebensweisen der Kin-

der ihrer Eltern und die bei ihnen intendierten Wirkungen sind bisher nur einmal bei sehr wenigen Kindern (Untersuchung 3) erfragt worden.

Resümierend lässt sich festhalten, dass fast ausschließlich auf der dritten Ebene extern erhobene Befunde vorliegen. Da die Eltern die primäre Zielgruppe sind, ist dieser Sachverhalt gerechtfertigt. Betrachtet man die Evidenzgrade der Wirksamkeit der Untersuchungen, so ist Folgendes belegt: Der Evidenzgrad V ist durch die unabhängigen Expertenurteile eindeutig gegeben. Auch der Evidenzgrad IV ist durch drei Untersuchungen (3, 4 und mit Abstrichen 2) relativ gut erreicht. Für den Evidenzgrad III liegt bisher nur eine Studie vor (3), für die höheren Evidenzgrade fehlen noch die Voraussetzungen. Wenn man bedenkt, dass der Kurs erst seit 2000 unter diesem Titel eingesetzt wird, so ist ein deutlich höherer Evidenzgrad der Wirksamkeit zu konstatieren, als dies für die meisten vergleichbaren Angebote im deutschsprachigen Raum gilt.

4 Fragestellungen der Evaluation

Im Folgenden werden die zentralen Fragestellungen der Evaluation entwickelt und begründet. Wie die Zusammenfassung der vorliegenden Untersuchungen gezeigt hat, gibt es verschiedene Lücken in der Analyse des Projektes Starke Eltern – Starke Kinder® von der Ausbildung der Trainerinnen und Trainer bis zu den Wirkungen bei Kindern.

Forschungsdesiderata beziehen sich in erster Linie auf die Frage, wie konzeptgetreu und wie erfolgreich die Schulungen derjenigen Personen verlaufen, die das Konzept weitervermitteln und/oder tatsächlich mit Eltern den Kurs durchführen (Ebenen 1 und 2). Es gibt auf allen Ebenen fachliche Standards, deren Einhaltung vertraglich festgelegt ist, deren explizite externe Kontrolle bisher nicht auf der direkten Realisierungsebene geleistet werden konnte, auch weil die gewollte ungemein rasche Verbreitung des Kurses dieses Vorhaben behindert hat.

Es macht insofern großen Sinn, zumindest punktuell auf allen vier Ebenen extern zu evaluieren. Dabei kann zunächst nicht der Anspruch sein, repräsentative Stichproben auf den verschiedenen Ebenen zu analysieren. Es wird zuerst darum gehen müssen, Methoden zu entwickeln und zu erproben, die der Erfassung der Kursziele auf den verschiedenen Ebenen möglichst gerecht werden. Die zu erzielenden Resultate können Anlass sein, besondere Stärken und Schwächen beispielhaft herauszuarbeiten, damit diese ausgebaut bzw. abgeschwächt werden können. Denkbar ist auch, dass auf diesem Wege die Voraussetzungen für eine große repräsentative Studie geschaffen werden können.

So lange keine große Evaluationsstudie zu finanzieren ist, ist die Idee einer Untersuchung der Wirkungskette von der ersten bis zur vierten Ebene faszinierend und überzeugend. Denn nur in dem Ausmaß, in dem auf allen Ebenen konzeptgetreu und erfolgreich gearbeitet wird, kann es auch spezifische Kurswirkungen auf den jeweils darunter liegenden Ebenen geben. Wenn es nicht möglich ist, Kontrollgruppen zu rekrutieren oder die finanziellen Mittel dafür nicht ausreichen, könnte man so hilfsweise die Variationen von Erfolgen und Misserfolgen auf den verschiedenen Ebenen nutzen. Eine solche Wirkungskette müsste zeigen, dass die jeweils erfolgreicheren Absolventen einer Ebene auf der nächsten Ebene eher als die weniger erfolgreichen intendierte Veränderungen erzielen: Besonders gut ausgebildete Trainerinnen und Trainer haben häufiger erfolgreich Elternkursleitungen qualifiziert, die wiederum häufiger erfolgreich Elternkurse durchführen, in denen mehr Eltern konzeptgemäße Veränderungen erreichen, die auch häufiger von ihren Kindern als solche im alltäglichen Erziehungsprozess erlebt werden. Sollten sich derartige Befunde nicht einstellen, weil keine oder nur gleiche Veränderungen wie bei weniger erfolgreichen Absolventen auftreten, wären der Kurs und seine Realisierung offensichtlich nicht von entscheidender Bedeutung. Es könnte sich um Placeboeffekte handeln, im schlechtesten Fall wäre er völlig wirkungslos.

Leider wird eine solche Wirkungskette aus zeitlichen und forschungsökonomischen Bedingungen nicht zu evaluieren sein, weil die Zeitabschnitte zwischen erster und vierter Ebene den gesamten zur Verfügung stehenden Zeitplan der Evaluation übertreffen. Damit wird es nicht möglich sein, die erwarteten Wirkungen in der vorgestellten logischen Kette zu überprüfen. Es können auf den Ebenen eins und zwei nur in sich abgeschlossene Teile unabhängig voneinander untersucht werden: Die Ausbildung der Trainer (erste Ebene) kann im zur Verfügung stehenden Zeitraum nur einmal beispielhaft untersucht werden. Ausbildungen von Elternkursleitungen (zweite Ebene) können an verschiedenen Orten je für sich und dann im Querschnittsvergleich analysiert werden. Die tatsächlichen Elternkursdurchführungen (dritte Ebene) und deren Wirkungen auf die Eltern sind nur bei solchen Elternkursleitungen durchführbar, deren Ausbildung schon länger zurückliegt und über deren Qualität keine empirischen Daten vorliegen.

Die beiden ersten Ebenen sollen in jedem Fall einbezogen werden, weil es für diese noch keine empirischen Untersuchungen gibt. Damit wird erstmalig Aufschluss über die Qualität der beiden Ausbildungsebenen gewonnen. Dieser Teil der Evaluation wird in einem gesonderten eigenständigen Bericht vorgestellt.

Der Schwerpunkt der hier zu entwickelnden Evaluation soll auf den Elternkursen selbst liegen (dritte Ebene), weil für diese bisher noch keine Beschreibungen und Analysen des Prozesses in den Kursen vorliegen und sie das eigentliche Produkt sind, das es zu evaluieren gilt. Es ist besonders wichtig, hier einen Qualitätsnachweis zu führen. Es besteht dann zusätzlich die Möglichkeit, Prozessmerkmale der Kurse mit Veränderungen bei den Eltern zu verknüpfen, um zu prüfen, ob eine bessere Qualität der Durchführung auch günstigere Ergebnisse erzielt als eine weniger geeignete. Insofern müssen auch die Eltern erneut untersucht werden, obwohl zu dieser Adressatengruppe die meisten Befunde vorliegen. Allerdings hat es bisher keine Verknüpfung mit Prozessmerkmalen gegeben. Es gibt noch nicht einmal eine Differenzierung der Wirkungen in verschiedenen Kursen. Eine derartige Untersuchung mit Vorher- und Nachher-Erhebungen und zusätzlich einer optimalen Kontrollgruppe könnte ein wesentlicher und der erste Beitrag zur Evidenzstufe II der Wirksamkeit sein.

Weiterhin soll die vierte Ebene deutlich einbezogen werden, weil sowohl zum alltäglichen Erziehungshandeln der Eltern und zu den Wirkungen bei Kindern fast keine Daten vorliegen. Das tatsächliche Erziehungsverhalten der Eltern und dessen Verknüpfung mit intendierten Veränderungen bei den Kindern sind mindestens indirekte Ziele eines jeden Elternkurses. Eine Vorher- und Nachher-Erhebung mit einer guten Kontrollgruppe kann hier wertvolle Informationen liefern.

Damit ergibt sich folgendes noch grobes Forschungsdesign:

Erste Ebene: Prozess der Vermittlung und Wirkungen auf die Multiplikatoren mit Messungen vorher und nachher.

Zweite Ebene: Prozess der Vermittlung und Wirkungen auf die Elternkursleitungen mit Messungen vorher und nachher.

Dritte Ebene: Prozess der Vermittlung in den Elternkursen und Wirkungen auf die Eltern mit Messungen vorher und nachher und Kontrollgruppen.

Vierte Ebene: Elterliche Erziehung und Wirkungen auf die Kinder mit Messungen vorher und nachher und Kontrollgruppen.

Die zu untersuchenden Eltern der dritten Ebene sind identisch mit jenen der vierten Ebene, sodass in diesem Teil der Evaluation auch eine Verknüpfung zweier Ebenen im Sinne der Wirkungskette möglich wird.

Wie bereits oben festgestellt, erfolgt der Bericht über die Entwicklung, Realisierung und die Ergebnisse der Evaluation der Ebenen eins und zwei aus pragmatischen Gründen in einem gesonderten Bericht.

Die folgende Zusammenfassung weist die zentralen Fragestellungen der empirischen Untersuchung auf den Ebenen drei und vier aus. Diese werden spezifiziert im Kapitel 5 zum Design und den eingesetzten Forschungsmethoden. Der erste Block bezieht sich auf die Merkmale, die für alle Eltern und Kinder erhoben werden sollen.

- Verändern am Elternkurs teilnehmende Eltern ihre Erziehungshaltungen, Erziehungsstile und ihr Erziehungsverhalten aus ihrer eigenen Sicht?
- Bleiben solche Veränderungen über einen längeren Zeitraum stabil?
- Zeigen sich solche Veränderungen auch im beobachtbaren Verhalten mit ihren Kindern?
- Verändert sich die Beurteilung der eigenen Kinder bei Elternkurseltern?
- Gibt es bei den Kindern von Kursteilnehmern Veränderungen beim von ihnen wahrgenommenen Erziehungsverhalten ihrer Eltern?
- Verändert sich die Selbstbeurteilung der Kinder von Elternkursteilnehmern?
- Gibt es Zusammenhänge zwischen den Veränderungen von Eltern und denen ihrer Kinder?

Der zweite Block fasst die Fragen zusammen, die für die Durchführung der Kurse gelten.

- Mit welchen Erwartungen gehen Elternkursleitungen in die Kursdurchführung?
- Wie beurteilen die Elternkursleitungen die tatsächliche Durchführung zentraler Bestandteile des Kurses und deren Wirkung auf die Eltern?
- Wie beurteilen die Eltern die Durchführung zentraler Bestandteile des Kurses?

- Welche Inhalte werden im Kurs tatsächlich in welchem zeitlichen Umfang behandelt und welche aus dem Kurshandbuch werden ausgelassen oder modifiziert?
- Welche Arbeitsformen werden im Kurs in welchem zeitlichen Umfang realisiert?
- Wie beurteilen Fremdbeobachter die Mitarbeit der Eltern?
- Wie beurteilen die Elternkursleitungen die Wirkungen des gesamten Kurses auf die Eltern?
- Wie beurteilen die Eltern ihren Kurs insgesamt?
- Gibt es zwischen den verschiedenen Aspekten der vorausgehenden Fragen über die Kurse Zusammenhänge mit den durchschnittlichen Veränderungen der Eltern in den Kursen?

Die Fragestellungen des ersten Blocks sind mit Hilfe von Erhebungen bei einer großen Anzahl von Eltern und deren Kindern zu beantworten. Die Analysen zur Beantwortung der kursbezogenen Daten können sich nur auf die Anzahl der in die Untersuchung aufzunehmenden Kurse beziehen.

Um den Anforderungen einer Evaluation gerecht zu werden, müssen die Ergebnisse selbstverständlich in den Forschungsstand eingeordnet werden und es muss eine abschließende Bewertung der Intervention durch die Elternkurse Starke Eltern – Starke Kinder® vorgenommen werden. Schlussfolgerungen für mögliche Modifikationen des Kurses können je nach Ergebnislage vorgeschlagen werden, deren Realisierung ist dann allerdings durch den Auftraggeber zu entscheiden.

5 Design und Untersuchungsmethoden

Aus den generellen Fragestellungen dieser Evaluation sind das Design und die Instrumente der Untersuchung abzuleiten. Zunächst werden die Entscheidungen für das Design vorgestellt und begründet und im zweiten Abschnitt die Messinstrumente der Untersuchung beschrieben sowie die Gründe für ihre Auswahl dargestellt.

5.1 Das Untersuchungsdesign

Da es sich bei den Untersuchungen auf beiden Ebenen um den Versuch handelt, Wirkungen der Elternkurse nachzuweisen, also die Evidenzstufe II (Wissenschaftlicher Beirat 2005) angestrebt wird, muss ein Kontrollgruppendesign mit Randomisierung geplant werden. Es müssen interessierte Eltern gewonnen werden, die an einer solchen Studie teilnehmen wollen. Dieses Vorhaben ist bei einer Studie mit sehr geringen Mitteln nur mit Hilfe des Praxisfeldes zu realisieren. Eltern können nicht aus der Gesamtheit der Eltern rekrutiert werden, sondern müssen über Einrichtungen, die den Elternkurs SESK (Starke Eltern – Starke Kinder®) auch unabhängig vom Untersuchungsvorhaben durchführen, gewonnen werden. Damit schränkt sich die Generalisierbarkeit der Befunde ein auf Eltern, die Interesse an einem solchen Kurs haben. Die Population der normalen Elternkursteilnehmer könnte so prinzipiell gut abgebildet werden. Man erfährt allerdings keine belastbaren Ergebnisse darüber, wie der Kurs bei Eltern wirken könnte, die sich nicht von sich aus für einen Elternkurs melden.

Die beste Vergleichsgruppe, die als Kontrollgruppe für solche Eltern gewonnen werden kann, sind andere Eltern, die sich ebenfalls für eine Teilnahme an diesem Kurs interessieren. Damit wird ausgeschlossen, dass sich die Kurseltern durch ihr besonderes Interesse an einem Kurs von den Vergleichseltern unterscheiden. Diese Art einer Kontrollgruppe bezeichnet man als Wartegruppe, die aus Eltern besteht, die sich zum selben Zeitpunkt für einen Kurs anmelden, aber erst nach Beendigung der Untersuchung selbst an einem Kurs teilnehmen. Die Zugehörigkeit der Eltern zu einer dieser beiden Gruppen wird über ein Zufallsverfahren entschieden (Randomisierung), weil dann die Wahrscheinlichkeit am größten ist, dass sich beide Gruppen besonders wenig voneinander unterscheiden. Ob eine solche Randomisierung im Praxisfeld tatsächlich stattfinden kann, muss die konkrete Durchführung zeigen. Die Voraussetzungen sind nicht so schlecht, weil im Bundesdurchschnitt 26 % der Veranstalter dieser Kurse angeben, über Wartegruppen für diesen Kurs zu verfügen (Gienke 2007).

Angesichts der auf Grund von Metaanalysen (Beelmann 2006, Beelmann & Raabe 2007, Brezinka 2003, Heinrichs et al. 2002, Layzer et al. 2001, Lösel et al.

2006) bekannten schwachen bis mittleren Effektstärken von Veränderungen durch Elternkurse, die auf eine universelle Prävention setzen, sowie der für die Evaluation vorhandenen Mittel, sollen mindestens 100 Eltern in Kursen sein und 100 Eltern in den Wartegruppen. Bei einer durchschnittlichen Kursstärke von knapp 11 Elternteilen (NRW 2006) werden damit zehn Elternkurse benötigt, damit auch eventuelle Datenausfälle in einzelnen Kursen die Gesamtzahl möglichst nicht unter 100 drücken.

Dieselben Anforderungen an die Zahl der Untersuchten gelten auch für die Kinder der Eltern. Es wird davon ausgegangen, dass jeder an der Untersuchung teilnehmende Erwachsene mindestens ein Kind hat, das ebenfalls für die Evaluation zur Verfügung steht. Die angestrebte Gesamtzahl der Kinder beträgt damit ebenfalls 200. Die Tatsache, dass auch Elternpaare an den Kursen teilnehmen, kann dazu führen, dass die Kinderzahl geringer wird (wenn ein Paar nur ein Kind im gewählten Altersspektrum hat). Dieses zahlenmäßige Defizit kann dann ausgeglichen werden, wenn eine entsprechende Anzahl von Geschwisterkindern zwischen sechs und zwölf Jahren an der Untersuchung teilnimmt.

Durch die systematische Einbeziehung der Kinder in die Erhebungen entsteht ein neues Problem für die Auswahl der Kurse. Grundsätzlich wird der Kurs allen Eltern mit Kindern zwischen null und 18 Jahren angeboten, weil sich diese Mischung in der Praxis als durchaus sinnvoll erwiesen hat. Angesichts der Notwendigkeit, für die Kinder ein Untersuchungsinstrumentarium bereit zu stellen, das bei allen in gleicher Weise zum Einsatz kommen kann, damit eine Vergleichbarkeit der Ergebnisse gegeben ist, muss eine Entscheidung über das Alter der einzubeziehenden Kinder getroffen werden. Säuglinge und Kleinkinder können mit ökonomischen verbalen Methoden nicht untersucht werden. Pubertierende und ältere Jugendliche können überwiegend nicht sinnvoll mit Fragen konfrontiert werden, die für das Grundschulalter geeignet sind. Auch eine vernünftige Auswahl der Aufgaben für die Interaktionssituationen mit den Eltern ist nicht denkbar bei einer so großen Altersstreuung. Aus diesem Grund wird das Alter der Zielgruppe der Kinder auf sechs bis zwölf Jahre festgelegt. Die besonderen Begründungen für genau diese Altersstufen finden sich bei der Vorstellung der Instrumente für die Kinder (Kapitel 5.2).

Die Auswahl der Elternkurse wird durch diese Festlegung erheblich eingeschränkt. Verallgemeinerungen können sich nur noch auf Eltern beziehen, die Interesse an der Teilnahme an einem Elternkurs und mindestens ein Kind im Alter von sechs bis zwölf Jahren haben. Obwohl es seit einiger Zeit auch Elternkurse SESK für bestimmte Elterngruppen (z. B. für Eltern mit Kindern in der Pubertät) gibt, gehört die gewählte altersspezifische Einschränkung nicht dazu. Allerdings verfügen etwa ein Drittel der Ortsverbände des Deutschen Kinderschutzbundes über Elternkurse, die sie in Kooperation mit Kindertagesstätten und

Schulen durchführen. Diese Einrichtungen stellen wegen des Alters ihrer Kinder eine besonders geeignete Auswahl für die Gewinnung von Elternkursen und Wartegruppen dar.

Da die Anzahl der zu untersuchenden Eltern aus ökonomischen Gründen nicht sehr groß sein wird und es zusätzlich im pädagogischen Feld äußerst schwierig ist, eine echte Randomisierung der Vergleichsgruppen zu realisieren, wird im Design eine Vorerhebung festgelegt, um zu prüfen, ob und wie gut die Vergleichbarkeit der Ausgangswerte in den Gruppen gegeben ist. Sollte es bei den zu untersuchenden abhängigen Merkmalen zu Differenzen zwischen den Gruppen kommen, müssten diese bei der Interpretation der Ergebnisse berücksichtigt werden. Mit der notwendigen Vorerhebung ist eine weitere Einschränkung der Generalisierbarkeit verbunden, weil die zu untersuchenden Eltern durch diese nicht übliche Voruntersuchung unter Umständen bereits eine Veränderung gegenüber Eltern erfahren, die in den üblichen Kursen ohne diese Vorerfahrungen am Kurs teilnehmen.

Um die Nachhaltigkeit der Wirkungen des Elternkurses zu prüfen, findet vier Monate nach Beendigung des Kurses ein Follow-up statt. Der Zeitraum wird in erster Linie aus forschungspragmatischen Gründen gewählt. Die zeitlichen Vorgaben des Auftraggebers lassen keine spätere Nachuntersuchung zu. Häufiger werden sechs Monate bei solchen Follow-ups festgelegt, in wenigen Fällen auch noch ein zweites im Abstand eines Jahres, wobei diese Zeiträume fast nie aus der Intervention abgeleitet werden, sondern eher der Konvention geschuldet sind. Es ist zudem zu berücksichtigen, dass der zeitliche Abstand auch deswegen nicht größer gewählt werden kann, weil die Wartegruppen mit ihren eigenen Elternkursen beginnen. Ab diesem Zeitpunkt sind sie als Kontrollgruppe kaum noch zu gebrauchen. Auch bei vier Monaten Zwischenzeit kann davon ausgegangen werden, dass einerseits genug Abstand besteht, um die Nachhaltigkeit des Kurses zu prüfen, und andererseits der Zeitraum groß genug ist, um potentielle Wirkungen aufzudecken, die unmittelbar nach Beendigung des Kurses noch nicht vorhanden sind, weil die vollständige Umsetzung des Gelernten erst dann beginnt.

Wegen der nur begrenzt vorhandenen Mittel ist es völlig ausgeschlossen, Eltern und Kinder zu einer dritten Erhebung einzuladen. Es kann nur eine postalische Befragung der Eltern stattfinden, die sich am Ende des Kurses dazu bereit erklären. Eine erneute Befragung der Kinder scheidet aus, weil die Realisierung dieser Untersuchung völlig unkontrolliert erfolgen müsste. Den nicht lesefertigen Kindern müssten die Fragen von den Eltern vorgelesen werden und auch bei den älteren Kindern wäre eine von den Eltern unabhängige Beantwortung nicht überprüfbar. Obwohl plausibel ist, dass die Kinder von Kurseltern erst nach Abschluss des Kurses mögliche Veränderungen ihrer Eltern wahrnehmen, kann dieser Sachverhalt mit dem vorliegenden Untersuchungsplan nicht geklärt werden.

Abb. 1 – 5_1:
Design der Evaluation des Elternkurses

Evaluation Elternkurs

Treatment: 10 Elternkurse in 5 Bundesländern (je 2)
10-12 Sitzungen pro Kurs

Kontrollgruppe: Pro EK-Gruppe eine Wartegruppe

	vorher	Prozess	nachher	Follow-up (nach 4 Monaten)
	EK-Gruppe	EK-Gruppe in 3 zentralen Sitzungen:	EK-Gruppe	EK-Gruppe
	EK-Leitung: Befragung	EK-Leitung: Befragung	EK-Leitung: Befragung	
	Eltern: Befragung, Beobachtung	Eltern: Befragung	Eltern: Befragung, Beobachtung	Eltern: Befragung
	Kinder (6-12): Befragung, Beobachtung	Prozessbeobachtung durch 2 Evaluatoren	Kinder (6-12): Befragung, Beobachtung	
	Wartegruppe	Wartegruppe	Wartegruppe	Wartegruppe
	Eltern: Befragung, Beobachtung	Kein Treatment	Eltern: Befragung, Beobachtung	Eltern: Befragung
	Kinder (6-12): Befragung, Beobachtung	Keine Prozessanalyse	Kinder (6-12): Befragung, Beobachtung	

Die Abbildung 5_1 zeigt das Design der Untersuchung mit den verschiedenen Arten der Datenquellen und -erhebungen. Der Auftraggeber der Evaluation hat festgelegt, dass sich fünf Landesverbände des Deutschen Kinderschutzbundes beteiligen (siehe dazu die Einleitung in Kapitel 1). Die fünf Landesverbände Bayern, Bremen, Hamburg, Nordrhein-Westfalen und Sachsen sind keinesfalls als Stichprobe für alle Landesverbände des DKSB ausgewählt worden, vielmehr haben sie ein besonders starkes Interesse an der Evaluation bekundet. Mit zwei beteiligten Stadtstaaten sind diese deutlich überrepräsentiert. Das Nord-Südgefälle ist aber ziemlich ausgeglichen. Die Festlegung von zwei Kursen pro Landesverband erfolgt aus forschungspragmatischen Gründen. Es wird explizit nicht die Größe der Landesverbände berücksichtigt. Insofern kann nicht von einer Stichprobe aus den beteiligten Landesverbänden gesprochen werden. Es handelt sich vielmehr um eine gesteuerte Auswahl, die der Idee der möglichst gleichmäßigen Belastung der Landesverbände durch die Evaluation geschuldet ist.

Für jeden einzelnen Elternkurs soll eine zugehörige parallele Wartegruppe gebildet werden, damit die Gesamtgruppe der Kurseltern (EK-Gruppe) möglichst gut vergleichbar ist mit der Gesamtgruppe der Kontrolleltern (Wartegruppe). Die Steuerung der Vergleichbarkeit der beiden Kindergruppen ist bis auf die Altersspanne der Kinder weniger gegeben, weil die Kurseltern nicht auch noch danach ausgewählt werden können, ob es für ihr Kind in der Wartegruppe ein Kind gleichen Geschlechts und Alters gibt.

Aus der Abbildung 5_1 geht auch hervor, wie die empirische Datengewinnung bei der Prozessanalyse des Kurses stattfinden soll. Da es forschungsökonomisch nicht leistbar ist, den gesamten Kurs zu begleiten, wird folgendes Verfahren durchgeführt. Erfahrene Kursleitungen werden vorab befragt, welche drei Teile des Kurses für sie die wichtigsten für das Gelingen eines Kurses sind. Die drei Kursbestandteile, die die meisten Nennungen erhalten, werden für die Prozessanalyse ausgewählt. Damit werden in drei Sitzungen des Kurses die Methoden der Befragung und Beobachtung zum Einsatz gebracht, die in den Kapiteln 5.2 und später folgenden beschrieben werden.

Vom Realisierungsgrad des vorgesehenen Designs hängt es ab, ob es gelingt, eine randomisierte Studie des Evidenzgrades II (Wissenschaftlicher Beirat 2005) oder doch nur ein nicht randomisiertes Kontrollgruppendesign der Evidenzstufe III durchzuführen.

5.2 Erhebungsmethoden

In diesem Unterkapitel werden die Untersuchungsverfahren, die zum Einsatz kommen sollen, beschrieben und ihre Auswahl begründet. Zunächst geht es um die Erhebungsinstrumente für die Eltern. Dem schließen sich die Untersuchungsverfahren für die Kinder an. Den Abschluss bilden die kursbezogenen Erhebungsmethoden. Die Zusammenstellung der Untersuchungsmaterialien hat im Sommer 2006 stattgefunden und gibt insofern den damaligen Erkenntnisstand wieder.

5.2.1 Erhebungsverfahren für die Eltern

Es werden zunächst die Fragebögen für die Erfassung der Erwartungen der Kurseltern sowie deren Erfahrungen mit dem Gelernten am Ende des Kurses und vier Monate danach vorgestellt. Dann folgen die in der EK-Gruppe und der Wartegruppe bei der Erst- und Zweiterhebung sowie die beim Follow-up einzusetzenden Fragebögen. Die bei der Prozessanalyse zu nutzenden Elternfragebögen schließen sich an. Ein gesonderter Abschnitt ist den Aufgaben der Interaktionssituation mit einem Kind gewidmet sowie den damit verbundenen aufwändigen Auswertungsprozeduren.

5.2.1.1 Erwartungen und Erfahrungen der Kurseltern

Eine Durchsicht der einschlägigen Untersuchungen zu Elternkursen im deutschsprachigen Raum hat als ein Ergebnis erbracht, dass fast immer die Kurserwartungen der Eltern abgefragt werden, um zentrale Ausgangsbedingungen zu erfassen. Aus diesen ist eine Auswahl zu treffen, um den Fragebogen insgesamt nicht zu überlasten. Zehn solcher Erwartungen werden den Eltern vorgegeben. Diese sind von den Eltern nach dem Grad der Zustimmung zu diesen Aussagen auf einer fünfstufigen Skala von „stimmt überhaupt nicht" bis „stimmt vollkommen" zu beurteilen. Fünf der Erwartungen beziehen sich auf den Kurs und dessen Durchführung (Beispiel: „Ich werde im Elternkurs viel Neues lernen."). Die anderen fünf Feststellungen betreffen eher erziehungsbezogene Erwartungen (Beispiel: „Ich hoffe auf brauchbare Tipps für meine Erziehung."). Ob die Eltern die Aussagen ebenfalls in diese beiden Unterthemen differenzieren, muss die Analyse der Erwartungen zeigen.

Am Ende des Kurses werden die Kurserfahrungen der Eltern erfragt. Vier der als kursbezogenen Erwartungen formulierten Aussagen werden als Vorgaben für die Erfahrungen aufgenommen (Beispiel: „Ich habe im Elternkurs viel Neues gelernt."). Alle fünf erziehungsbezogenen Erwartungen sind auch als Erfahrungen formuliert (Beispiel: „Ich habe brauchbare Tipps für meine Erziehung bekommen.") und um drei weitere ergänzt worden (Beispiel: „Ich kann mich jetzt besser in mein Kind hineinversetzen."). Auch bei den Erfahrungen wird zu prüfen sein, ob die Aussagen von den Eltern in derselben Weise kategorisiert werden, wie es die Vorgaben nahelegen.

Im Fragebogen für das Follow-up sind siebzehn Aussagen zu den vorausgegangenen Erfahrungen enthalten. Fünf von diesen beziehen sich auf die kursbezogenen Erfahrungen und Einschätzungen (Beispiel: „Ich habe viel Neues aus dem Elternkurs anwenden können."). Es gehören auch neue Gesamteinschätzungen zu diesem Teil (Beispiel: „Ich kann den Kurs aus heutiger Sicht gut anderen Eltern empfehlen."). Die anderen zwölf Aussagen sind wiederum stärker auf Erziehungsfragen bezogen (Beispiel: „Die Tipps aus dem Elternkurs helfen mir noch heute."). Es sind drei neue Aussagen aus diesem Einstellungsbereich dazu gekommen (Beispiel: „Ich spüre kaum Druck, in der Erziehung immer perfekt sein zu müssen.").

Insbesondere aus den Erfahrungen der Kurseltern können Rückschlüsse über den Erfolg des Kurses aus Sicht der Eltern gewonnen werden, weil es sich um direkte Bewertungen der eigenen Erfahrungen und Veränderungen handelt. Diese beziehen sich zudem auf Aspekte, die relativ eng an das Kurskonzept angelehnt sind. Allerdings sind diese natürlich leicht durchschaubar und damit der willentlichen Kontrolle bei der Beantwortung stark unterworfen. Außerdem können diese Erfahrungen nur bei Kurseltern erhoben werden, damit fehlen Vergleichsdaten.

5.2.1.2 Erziehungsstil, Erziehungsverhalten und Beurteilung elterlicher Selbstwahrnehmungen

Einschlägige Übersichten über neueste Instrumente zur Erfassung verschiedener Komponenten der Erziehungskompetenz (z. B. Petermann & Petermann 2006) sowie die in deutschsprachigen Untersuchungen zur Erziehungskompetenz oder zur Evaluation von Elternkursen zum Einsatz gekommenen Verfahren zeigen, dass es keine für den deutschsprachigen Raum standardisierten Instrumente gibt. Es dominieren angloamerikanische Fragebögen, die übersetzt in deutschen Untersuchungen zum Einsatz kommen. Die Erlanger Arbeitsgruppe um Lösel, Beelmann und Stemmler hat mehrere dieser Verfahren in Untersuchungen erprobt und der interessierten Fachwelt zur Verfügung gestellt (Lösel et al. 2003a, 2003b). Auch bei der Evaluation von STEP sind solche Verfahren zum Einsatz gekommen (Marzinzik & Kluwe 2007). Es ist hier nicht der Ort alle diese Skalen vorzustellen und zu würdigen. Dies kann nur für die letztlich ausgewählten Instrumente geschehen.

Nach Krohne und Hock ist unter Erziehungsstilen folgendes zu verstehen: „Erziehungsstile lassen sich (...) bestimmen als interindividuell variable, aber intraindividuell vergleichsweise stabile Tendenzen von Eltern, bestimmte Erziehungspraktiken zu manifestieren ..." (Krohne & Hock 2006, 147). Die Erziehungspraktiken sind deutlich zu trennen vom Erziehungswissen, das sich in Einstellungen zur Erziehung oder auch Erziehungszielen niederschlägt. Die Verhaltenstendenzen der Eltern lassen sich verschiedenen inhaltlichen Aspekten zuordnen (z. B. Unterstützung). Erziehungsstile sind deshalb von zentraler Bedeutung, weil aus vielfältiger internationaler Forschung bekannt ist, dass sie mit der Entstehung und Verfestigung bestimmter kindlicher Verhaltensweisen in einem nachweisbaren Zusammenhang stehen.

Ein Instrument, das eine große Anzahl Erziehungspraktiken zu solchen Erziehungsstilen zusammenfasst, ist das Alabama Parenting Questionnaire (APQ; Shelton, Frick & Wootton 1996). Dieses international häufig zum Einsatz gekommene Verfahren liegt in zwei deutschen Adaptionen vor. Die eine stammt aus der Erlanger Gruppe (Lösel et al. 2003), die andere ist von Reichle und Franiek (2006) bearbeitet worden.

Lösel et al. haben die ursprünglich sechs Skalen beibehalten und die 42 Items aus der amerikanischen Originalfassung übersetzt und nicht erneut auf ihre Dimensionalität untersucht. Reichle und Franiek haben den ursprünglichen Itempool ebenfalls adaptiert, eine Skala (Andere Disziplinierungstechniken) entfernt und um zwei neue Erziehungsstilaspekte ergänzt. Die Skala Machtvolle Durchsetzung trifft den autoritären Erziehungsstil gut und auch die Skala Verantwortungsbewusstes Elternverhalten, das eine bewusste Steuerung des Kindes beinhaltet, erweitert das Spektrum sinnvoll. Der gesamte Itempool bestand in der Erstfassung aus 72 Items, von denen 34 Übersetzungen aus dem Original sind. Die Übersetzungen der einzelnen Aussagen unterscheiden sich zum Teil deutlich von denen der Erlanger Gruppe.

Da Reichle und Franiek ihre Erstfassung dimensionsanalytisch untersucht haben (Faktorenanalyse) und eine Itemselektion so vorgenommen haben, dass sieben nachvollziehbare Skalen mit insgesamt 48 Items konstruiert wurden, für die einige wenn auch moderate empirische Hinweise zur Gültigkeit nachgewiesen werden, fällt die Entscheidung für dieses Instrument. Ein weiterer wesentlicher Grund für diese Auswahl stellt der Sachverhalt dar, dass Reichle und Franiek ihre Version des Fragebogens mit Eltern von Kindern im Grundschulalter erprobt haben. Lösel et al. haben dagegen nur Eltern von Kindern einbezogen, die höchstens fünf bis sechs Jahre alt waren.

Das vorgegebene Antwortformat ist fünfstufig (nie – selten – manchmal – oft – immer) und betrifft nur die Häufigkeit der Verhaltensweisen und nicht deren Intensität. Die internen Konsistenzen der Skalen, die in den Tabellen des Kapitels 8 enthalten sind, bewegen sich in den deutschen Adaptionen im Bereich von .42 - .84 bei Lösel et al. und .67 - .82 bei Reichle und Franiek. Letztere sind damit zumindest teilweise in einem deutlich höheren und damit angemesseneren Bereich. Die folgende Übersicht benennt die enthaltenen Dimensionen und zeigt jeweils ein Item als Beispiel. Die Bezeichnung der Skalen folgt dabei der Benennung durch Reichle und Franiek (2006).

- Inkonsistentes Elternverhalten („Es fällt Ihnen schwer, in Ihrer Erziehung konsequent zu sein.")
- Positives Elternverhalten („Sie sagen Ihrem Kind, dass es etwas gut gemacht hat.")
- Involviertheit („Sie gehen zu Elternbeiratssitzungen, Elternsprechtagen oder anderen Treffen in den Kindergarten oder in die Schule Ihres Kindes.")
- Verantwortungsbewusstes Elternverhalten („Sie erklären Ihrem Kind, wie man sich in einer bestimmten Situation benimmt.")
- Geringes Monitoring („Ihr Kind geht aus, ohne dass eine Zeit vereinbart ist, zu der es zurück sein muss.")
- Machtvolle Durchsetzung („Wenn Ihr Kind anfängt zu verhandeln, sprechen Sie ein Machtwort.")
- Körperliche Strafen („Sie geben Ihrem Kind einen Klaps, wenn es etwas Falsches gemacht hat.")

Mit den genannten Konstrukten ist ein breites Spektrum entwicklungsförderlicher (drei) und entwicklungshemmender (vier) Erziehungspraktiken erfasst. Die Merkmale sind zentrale Bestandteile der Erziehungskompetenz und stehen im

Fokus der Ziele des Kurses SESK (vgl. Kapitel 2). Positives Elternverhalten erfasst in der obigen Terminologie das Verhaltensbündel Wärme und Zuwendung. Machtvolle Durchsetzung steht für ein autoritäres Elternverhalten. Die übrigen Skalen sind auf Grund ihrer Benennung den Faktoren der Erziehungskompetenz leicht zuzuordnen. Aus der Evaluation von Tschöpe-Scheffler und Niermann (2002) ist bekannt, dass eher ein Abbau weniger günstiger Erziehungsstile als die Steigerung positiven Erziehungsverhaltens zu erzielen ist. Da auch die Folgen negativer Erziehung bei Kindern stärker nachzuweisen sind als die Wirkungen positiver Erziehungspraktiken, ist es gerechtfertigt, vom negativen Pol eine Variable mehr aufzunehmen. Bei Eltern, die einen universellen Präventionskurs besuchen, ist aber damit zu rechnen, dass manche der beschriebenen negativen elterlichen Verhaltensweisen auf breite Ablehnung stoßen werden. In diesen Fällen kann dann auch nicht mit großen Veränderungen gerechnet werden. Ähnlich wird es auch bei den entwicklungsförderlichen Variablen sein, weil die Mehrheit der Eltern sich bereits vor Kursbeginn weit im positiven Bereich befinden wird.

In der deutschsprachigen Erziehungsstilforschung sind seit den 70er Jahren vor allem die beiden zentralen Erziehungsstile Strenge und Unterstützung in ihrer wechselseitigen Bezogenheit und ihren Wirkungen im praktischen Erziehungsgeschehen entwickelt und erforscht worden (Stapf et al. 1972). Sowohl für den selbstperzipierten als auch den fremdperzipierten Erziehungsstil durch die Kinder sind entsprechende Erhebungsverfahren entwickelt worden (Baumgärtel 1979, Herrmann, Stapf & Krohne 1971, Krohne & Pulsack 1990, 1995). Die Fragebögen sind zwar recht alt, ihre Brauchbarkeit aber vielfältig nachgewiesen. Auch Tschöpe-Scheffler und Niermann (2002) haben bei ihrer Evaluation von SESK Ausschnitte der Hamburger Erziehungsverhaltensliste für Mütter (HAMEL) von Baumgärtel genutzt. Im Unterschied zum Alabama Parenting Questionnaire sind zum einen Verhaltensweisen der Zuwendung und Unterstützung direkter erfasst und die Verhaltensweisen der Strenge und Bestrafung zusammengefasst. Diesen Konzepten entsprechen im Übrigen auch Skalen, die von den Kindern erfahrungsgemäß in diesem Alter verlässlich bearbeitet werden. Zusätzlich ist das Antwortformat konkret auf die Anzahl realisierter Verhaltensweisen in der zurückliegenden Woche bezogen. Damit wird ein genauer zu erinnerndes Verhaltensspektrum abgefragt.

Die 24 Verhaltensweisen des HAMEL betreffen Strenge, Unterstützung und Zuwendung, letztere Skala enthält allerdings nur vier Items. Die jeweils trennschärfsten acht Items der Skala Strenge sind in den Fragebogen aufgenommen. Die beiden Aspekte Zuwendung und Unterstützung sind zusammengefasst und werden ebenfalls durch acht besonders geeignete Fragen repräsentiert. Einige Fragen mussten für das Alter der jüngeren Kinder der geplanten Untersuchung angepasst werden, weil das Originalinstrument für Mütter von Kindern ab neun Jahren entwickelt worden ist.

- Strenge („Wie oft sind Sie ärgerlich geworden, weil das Kind Ihnen widersprochen hat?")
- Unterstützung und Zuwendung („Wie oft haben Sie das Kind getröstet, wenn ihm etwas schief gegangen ist?")

Auch der vorgegeben Antwortmodus ist Tschöpe-Scheffler und Niermann (2002) folgend geringfügig verändert worden zu einer eher gleichabständigen Skala (es geht um die Häufigkeiten von Handlungen in der vergangenen Woche: gar nicht – bis zu dreimal – bis zu sechsmal – bis zu neunmal – häufiger). Wegen der doch erheblichen Veränderungen gegenüber der Originalvorlage lohnt es sich nicht, die internen Konsistenzen der ursprünglichen Fassung mitzuteilen.

Angesichts der sehr konkreten alltagsbezogenen Handlungen in diesem Teil des Fragebogens sind Veränderungen recht wahrscheinlich, sofern die Werte bei der Ersterhebung nicht schon zu günstig ausfallen. Diese Einschätzung ergibt sich aus dem Sachverhalt, dass der Kurs darauf abzielt, zuerst das Verhalten zu verändern und erst danach Änderungen in den Einstellungen zu erwarten.

Ein weiteres in den Fragebogen aufgenommenes Merkmal entwicklungsförderlichen Erziehungsverhaltens ist Klarheit. Klarheit meint einerseits, „in welchem Ausmaß die Eltern dem Kind gegenüber klar und deutlich ihre Erwartungen äußern, die sie sowohl hinsichtlich bestimmter eigener Wertvorstellungen und Normen als auch hinsichtlich des gewünschten kindlichen Verhaltens haben" (Peterander 1993, 42), und andererseits „die Eindeutigkeit des elterlichen Verhaltens" (Peterander 1993, 42). Damit ist beschrieben, wie sehr Eltern davon überzeugt sind, ihren Kindern sowohl sprachlich als auch mit Mimik und Gestik ihre Intentionen deutlich zu vermitteln. Wenn ihnen dies gelingt, ist das für die Kinder offensichtlich hilfreich, weil sie so gut erfahren, was ihre Eltern tatsächlich von ihnen wollen. Darauf können sie dann ihr eigenes Verhalten abstimmen.

Peterander (1993) hat in seinen „Skalen zur Messung entwicklungsförderlichen Elternverhaltens" sechs Items für den ersten Aspekt der Skala Klarheit vorgeschlagen. Für den zweiten Aspekt gibt es nur zwei Aussagen.

- Klarheit („Ich sage meinem Kind offen und ehrlich, was ich von ihm erwarte.") („Meine Aufforderungen an das Kind erfolgen deutlich und klar.")

Das Antwortformat ist fünfstufig (trifft gar nicht zu – trifft eher nicht zu – nicht sicher – trifft eher zu – trifft vollkommen zu). Die acht Items sind ohne Änderung in den Fragebogen aufgenommen.

Klarheit bei der Ansprache des Kindes ist ein Teil der Kommunikationsübungen im Kurs SESK, wobei es dort stärker darum geht, die eigene Gefühlswelt angemessen zu kommunizieren, aber auch bei notwendigen Grenzsetzungen eine klare Sprache zu finden. Veränderungen in diesem Aspekt elterlicher Erziehungskompetenz sind bisher wenig untersucht worden.

Auf einer etwas abstrakteren Ebene als der des Erziehungsverhaltens befindet sich das Selbstkonzept der Eltern, also „die Gesamtheit der auf die eigene Person bezogenen, relativ stabilen Kognitionen und Bewertungen" (Mummendey 1987, 34). Das Selbstkonzept hat nach Epstein (1979) und Shavelson et al. (1976) eine hierarchische Struktur, an deren Spitze das generelle Selbstkonzept steht. Auf der Ebene darunter befinden sich verschiedene bereichsspezifische Selbstkonzepte, z. B. das Leistungs-Selbstkonzept, ein soziales Selbstkonzept usw.. Eine Ebene tiefer lassen sich noch spezifischere Selbstkonzepte differenzieren. Für Eltern sind dies unter anderen das Selbstkonzept Selbstwirksamkeit in der Erziehung und das Selbstkonzept der eigenen Elternrolle. Ersteres bezieht sich auf die Frage, ob Eltern sich auch in schwierigen Erziehungssituationen für kompetent halten, diese zu bewältigen. Das letztere Konzept meint die Zufriedenheit mit der Elternrolle wie sie erlebt wird.

Für beide Konzepte ist gezeigt worden, dass sie wesentliche Bestandteile der Erziehungskompetenz sind und in Zusammenhang mit dem Erleben und Verhalten von Kindern stehen (zufriedene Eltern haben eher zufriedene Kinder; selbstwirksame Eltern sind in höherem Ausmaß bereit, auch in schwierigen Situationen noch die Ruhe zu bewahren und neue Handlungen zu erproben). In dem Instrument Parenting Sense of Competence (POSC) von Johnston und Mash (1989) sind beide Merkmale enthalten. Dieses Verfahren ist von Lösel et al. (2003) übersetzt und adaptiert worden. Die Skala Unzufriedenheit mit der Elternrolle umfasst neun Feststellungen. Das Merkmal Erlebte Selbstwirksamkeit in der Erziehung wird mit Hilfe von sieben Aussagen gemessen.

- Unzufriedenheit mit der Elternrolle („Mutter/Vater zu sein macht mich nervös und ungeduldig.")
- Erlebte Selbstwirksamkeit in der Erziehung („Was die Erziehung meines Kindes angeht, erfülle ich meine eigenen Erwartungen.")

Die Antwortvorgaben lauten sechsstufig: stimme gar nicht zu – stimme nicht zu – stimme eher nicht zu – stimme ein wenig zu – stimme zu – stimme völlig zu.

Die von Lösel et al. (2003b) ermittelten internen Konsistenzen der beiden Skalen liegen für die Mehrheit der Elterngruppen mit Kindern verschiedenen Alters über .70. Insgesamt ging das Altersspektrum der Kinder, deren Eltern bei Lösel et al. untersucht wurden, nicht über sechs Jahre hinaus.

Es ist erheblich schwieriger, Komponenten des Selbstkonzepts in relativ kurzer Zeit zu verändern als Verhaltensweisen. Sollten solche Veränderungen dennoch auftreten, wären dies wichtige Erfolgskriterien für die Beurteilung des Kurses, der besonderen Wert darauf legt, an den Kompetenzen der Eltern anzusetzen und diese zu stützen. Dabei kann es bereits hilfreich sein, dass sich Eltern untereinander austauschen, weil sich dadurch die eigenen Besorgnisse und Befürchtungen in Bezug auf die Erziehung relativieren können und das eigene Verhalten durch die Spiegelung als normal erlebt werden kann.

Eltern, die einen Elternkurs besuchen, sind häufiger auch solche, die einem größeren Stress als andere Eltern ausgesetzt sind. Es gibt vielfältige Belastungsquellen für Eltern, die sich aus deren Lebenssituation oder der ihrer Kinder speisen können. Eine wesentliche Komponente, die für den Umgang mit elterlichem Stress sehr förderlich ist, ist die Verfügbarkeit von Ressourcen, die es ihnen erleichtert, den Stress aktiv zu bearbeiten. Zu diesen Ressourcen zählen neben vielen anderen die Menschen, die Eltern sozial unterstützen. Wenn Eltern ein soziales Netzwerk aufgebaut haben, besitzen sie mehr Möglichkeiten, sich vom Alltagsleben zu erholen und sich produktiv auszutauschen.

Für die Stressoren gibt es vielfältige Instrumentarien in der internationalen Forschungslandschaft. Eines der wenigen, das auch eine Skala für Ressourcen enthält, ist der Parenting Stress Index (PSI), der von Abidin (1995) entwickelt, und von Tröster in eine deutsche Kurzform adaptiert wurde (Tröster 1999a, b). Acht Items aus dem „Fragebogen familiärer Ressourcen und Belastungen" von Tröster messen die Verfügbarkeit sozialer Unterstützung.

– **Verfügbarkeit sozialer Unterstützung** („Ich kenne viele Menschen, die mir Zuversicht vermitteln, wenn ich mich niedergeschlagen fühle.")

Auch diese Aussagen werden fünfstufig beantwortet. Das Antwortformat ist identisch mit dem für das Merkmal Klarheit. Beide Skalen sind gemischt auf einer gemeinsamen Fragebogenseite.

Die Anregung für Eltern, in soziale Netzwerke zu investieren, selbst auf andere Menschen zuzugehen, wird im Kurs SESK zwar gegeben, stellt aber kein inhaltliches Schwerpunktthema dar. Veränderungen sind deshalb höchstens in schwacher Form zu erwarten. Dennoch ist dieser Aspekt für die Beurteilung von Elternkursen generell wichtig, weil durch das Miteinander in der Gruppe auch zwischen den Eltern eines Kurses intensivere Beziehungen entstehen können, die zukünftig förderlich für die Erziehung der Kinder sein können.

Da soziodemografische Daten in nur sehr begrenztem Umfang erhoben werden können, wird zusätzlich die Zufriedenheit der Eltern mit ihrer augenblicklichen Lebenssituation erhoben. Diese ist letztlich für das Erleben und Verhalten der Eltern aussagekräftiger als die tatsächlichen objektiven Bedingungen der Umwelt. Die Zufriedenheitsanfrage bezieht sich auf die finanzielle Situation, die Wohnung, deren Umgebung und die berufliche Situation, sie enthält also vier Items, die zu einem Gesamtwert zusammengefasst werden können. Die Antwortvorgaben reichen fünfstufig von sehr unzufrieden bis sehr zufrieden.

– **Zufriedenheit mit der äußeren Lebenssituation**

Eltern, die mit den äußeren Bedingungen ihres Lebens zufrieden sind, haben regelhaft mehr Ressourcen für entwicklungsförderliche Erziehungspraktiken als Eltern, die mit ihrer Situation hadern. Es wird nicht erwartet, dass die Teilnahme am Elternkurs diese Zufriedenheit steigert. Das Merkmal ist aber gut geeignet, die beiden Untersuchungsgruppen miteinander zu vergleichen bezüglich ihrer Ausgangslage.

5.2.1.3 Beurteilung der Kinder durch ihre Eltern

Ziel aller Maßnahmen zur Steigerung der Erziehungskompetenz von Eltern sind die Steigerung der entwicklungsförderlichen Anteile der Erziehung und der Abbau entwicklungshemmender Erziehungspraktiken der Eltern, damit Kinder bestmöglich aufwachsen und optimale Entwicklungs- und Entfaltungsbedingungen erhalten. Diese zeigen sich bei den Kindern selbst in deren Erleben und Verhalten.

Universelle präventive Maßnahmen wie der Elternkurs SESK zielen darauf, potentielle Fehlentwicklungen bei Kindern zu vermeiden und die positive Entwicklung der Kinder zu einer eigenverantwortlichen und gemeinschaftsfähigen Persönlichkeit zu fördern. Selektive Maßnahmen der Prävention haben ihren Fokus vor allem auf Familien mit Risikokonstellationen und solche der indizierten Prävention sollen bereits eingetretene Fehlentwicklungen stoppen und gegebenenfalls abbauen. Insbesondere bei den Familien der letztgenannten Maßnahmen gibt es zahlreiche Studien, die belegen, dass bestimmte Risikofaktoren das Entstehen und den Verlauf externalisierender Verhaltensstörungen beeinflussen. Aus diesem Grund gibt es zahlreiche Instrumentarien, die für die Diagnose dieser Störungen bei Kindern geeignet sind. Dazu zählen unter anderen auch Verfahren, die die Sicht der Eltern heranziehen [(Marburger Verhaltensliste MVL) Ehlers, Ehlers & Markus 1978; (Achenbach-Skalen CBCL/4-18) Döpfner et al. 1994, 1998; (VBV 3-6-EL) Döpfner et al. 1993; (Kinder DIPS Elternversion) Unnewehr, Schneider & Margraf 1995, 1998; (Strengths and Difficulties Questionnaire SDQ) Goodman 1997, 1999, 2001)]. Angesichts der wachsenden Zahl solcher derart belasteter Kinder hat sich ein breites Forschungsfeld entwickelt, in dem Mediziner, Psychologen und Pädagogen stark konkurrieren.

Bei Durchsicht dieser Instrumentarien, die die Eltern als Quelle der Aussagen über Kinder heranziehen, zeigt sich, dass erstens die Anzahl der Fragen bzw. Feststellungen viel zu groß ist für die Evaluation eines Elternkurses und vor allem zweitens die erfragten Symptome fast ausschließlich aus dem behandlungswürdigen Bereich stammen. Damit sind sie wenig geeignet für eine Untersuchungsgruppe, die in erster Linie aus dem Normalitätsspektrum stammt. Vorausgegangene kleine Erprobungen bei Eltern haben zudem gezeigt, dass eine große Anzahl klinischer Symptome in der Mehrheit dieser Skalen die Eltern abschreckt, weil sie ausschließlich Defizite von Kindern thematisieren. Dennoch ist ein grobes Screening für möglicherweise doch vorhandene Probleme der Kinder für die Evaluation bedeutsvoll, um einerseits die Kinder der beiden Untersuchungsgruppen in ihren Belastungen vergleichen zu können und außerdem Hinweise auf mögliche Veränderungen der Sichtweise der Eltern auf ihre Kinder durch die Kursteilnahme zu gewinnen.

Seit das Strengths and Difficulties Questionnaire von Goodman, das in der internationalen Forschung eine große Rolle spielt, ins Deutsche übertragen worden ist (Klasen et al. 2003), ist dieses sehr ökonomische Screeninginstrument, das zudem zusätzlich auch für die Diagnose durch die Kinder selbst vorliegt, zu einem sehr anwenderfreundlichen Verfahren für Forschung und Praxis geworden. Es liegen inzwischen deutschsprachige Normen sowie Trennwerte für grenzwertige und auffällige Kinder vor. Das Verfahren besteht nur aus 25 Feststellungen, die sich auf fünf Bereiche erstrecken, von denen wenigstens einer zu den wünschenswerten zählt, so dass die zu befragenden Eltern nicht ausschließlich auf Feststellungen über ihre Kinder stoßen, die sie alle verneinen müssen.

- Prosoziales Verhalten („Hilfsbereit, wenn andere verletzt, krank oder betrübt sind")
- Hyperaktivität („Unruhig, überaktiv, kann nicht lange stillsitzen")
- Emotionale Probleme („Hat viele Sorgen; erscheint oft bedrückt")
- Verhaltensprobleme („Lügt oder mogelt häufig")
- Probleme mit Gleichaltrigen („Wird von anderen gehänselt oder schikaniert")

Die vier letztgenannten Teilskalen werden aufsummiert zum Gesamtproblemwert. Für diesen liegen deutsche Normen von Eltern vier- bis 16jähriger Kinder vor. Der Beurteilungszeitraum bezieht sich explizit auf den letzten Monat vor der Erhebung. Das Antwortformat ist dreistufig: nicht zutreffend – teilweise zutreffend – eindeutig zutreffend.

Angesichts der recht groben und kurzen Skalen des deutschen SDQ erscheint es sinnvoll das konkrete Sozialverhalten von Kindern aus der Sicht ihrer Eltern noch schärfer zu fassen, ohne in den klinischen Bereich zu gehen. Im Kurs sollen die Eltern lernen, auf unangemessenes Verhalten klar und grenzsetzend zu reagieren und positives Verhalten zu unterstützen. Das Eyberg Child Behavior Inventory (Eyberg & Pinkus 1999), das in deutscher Übersetzung von Lösel, Beelmann und Stemmler (2002) vorliegt, erfasst mit seinen 36 Items ausschließlich Problemverhaltensweisen der Kinder, was für die hier vorgesehene Elterngruppe nicht angemessen erscheint. Aus diesem Grund werden zwei Teilskalen der Marburger Verhaltensliste (Ehlers, Ehlers & Makus 1978) auf je acht Feststellungen gekürzt und aktualisiert (Unangepasstes Sozialverhalten und Unrealistisches Selbstkonzept). Das unrealistische Selbstkonzept bezeichnet die Unfähigkeit des Kindes, seine Fähigkeiten und /oder Fertigkeiten realitätsgerecht einzuschätzen. Zusätzlich wird eine aus ebenfalls acht Feststellungen bestehende neue Skala Positives Sozialverhalten aus der Skala Sozialverhalten für die Lehrerbeobachtung von Petermann et al. (2002) für den Erfahrungsraum von Eltern entwickelt. Die insgesamt 24 Items sind zufällig gemischt.

- Positives Sozialverhalten („Es hält sich an vereinbarte Regeln (z. B. Spielregeln).")
- Unangepasstes Sozialverhalten („Es stört die Spiele anderer Kinder, wenn es nicht selbst daran teilnehmen darf.")
- Unrealistisches Selbstkonzept („Es sagt, wenn man etwas von ihm verlangt: „Das kann ich nicht"."

Die Eltern sollen die Häufigkeit dieser Verhaltensweisen in den letzten zwei Wochen bei ihren Kindern angeben. Die Antwortvorgaben lauten: sehr selten oder nie – selten – manchmal – oft – sehr oft.

Es ist nicht zu erwarten, dass ein größeres Ausmaß eines unrealistischen Selbstkonzepts bei Kindern durch die indirekte Einwirkung eines Elternkurses abgebaut werden kann. Bezüglich der sehr konkreten angemessenen sozialen Verhaltensweisen könnten diese eher gesteigert und die unangemessenen eingegrenzt oder sogar tendenziell abgebaut werden.

5.2.1.4 Elternskalen für die Beurteilung der Prozesswahrnehmung im Elternkurs

Im Kapitel 5.1 ist beschrieben, aus welchen Gründen in drei Sitzungen der Elternkurse das aktuelle Geschehen analysiert werden soll. Für diese Analyse der Prozesse in den Elternkursen werden auch die Sichtweisen der Eltern berücksichtigt. Diese sollen als Abnehmer ihre Eindrücke unmittelbar am Ende der jeweiligen Sitzung dokumentieren. Damit kann verdeutlicht werden, was die Eltern aus den drei wichtigsten Sitzungen des Kurses an Erfahrungen mitnehmen und wie sie diese bewerten. Zusätzlich zu dieser wichtigen Rückmeldung aus Sicht der Eltern können ihre Einschätzungen auch dazu genutzt werden, die Beurteilung derselben Sitzung durch die EK-Leitungen und die beobachtenden Evaluatoren mit den Wahrnehmungen der Eltern zu vergleichen.

Die Eltern sollen noch am gleichen Abend ihre Einschätzungen dokumentieren, weil die Eindrücke dann am frischesten sind und die Mitnahme des Bogens eine spätere Rückgabe verhindern kann. Die Rückmeldung der Eltern muss deshalb möglichst ökonomisch erfolgen, weil nach Beendigung der üblichen Sitzung regelhaft wenig Zeit für zusätzliche Aufgaben bleibt. Es bietet sich deshalb ein standardisiertes Verfahren mit kurzen Aussagen zum Kurs und mit mehrstufigen Antwortvorgaben an, die die Eltern nur anzukreuzen brauchen.

Derartige Feedbackbögen gibt es zahlreich in den verschiedensten Varianten sowohl zu einzelnen Sitzungen als auch Kursen insgesamt. Auch für den Elternkurs Starke Eltern – Starke Kinder® gibt es einen solchen ökonomischen Abschlussbogen für Eltern, der bei allen Elternkursen am Ende zum Einsatz kommen soll und dessen Ergebnisse den jeweiligen Landeskoordinatorinnen des Deutschen Kinderschutzbundes zur Verfügung gestellt werden sollen. Er dient damit einer gewissen Übersicht über die Rückmeldungen von Eltern eines ganzen Bundeslandes.

In enger Anlehnung an diesen Feedbackbogen wird der Bogen mit den Elternskalen für die einzelnen Sitzungen adaptiert. Er besteht aus elf Aussagen, die mit Hilfe sechsstufiger Antwortvorgaben zu beurteilen sind. Es gibt damit keine neutrale Mitte, wodurch die Eltern gezwungen werden, sich in jedem Fall für einen der beiden Pole zu entscheiden. Diese sind je nach zugehöriger Aussage unterschiedlich formuliert: 1. Beispiel: „Die heutige Sitzung vermittelte mir neue Kenntnisse" (Antwortvorgabe sechsstufig von viel bis wenig). 2. Beispiel: „Die Hilfestellung der Kursleitung bei den Übungen war heute" (Antwortvorgabe sechsstufig von gut bis schlecht). Fünf der elf Aussagen beziehen sich auf Erfahrungen der eigenen Person (1. Beispiel), drei Aussagen auf die Kursleitung (2. Beispiel), zwei weitere auf die Tätigkeiten während der Sitzung: 3. Beispiel: „In der heutigen Sitzung behandelten wir praktische Alltagsbeispiele" (Antwortvorgabe sechsstufig von viel bis wenig). Das letzte Statement bezieht sich auf die Angemessenheit der Dauer der Sitzung: 4. Beispiel. „Die heutige Sitzung war" (Antwortvorgabe sechsstufig von zu kurz bis zu lang).

Mit diesen elf Aussagen sind verschiedene Aspekte des Interaktionsgeschehens in der jeweiligen Kurssitzung angesprochen, die über die drei ausgewählten Sitzungen verglichen und mit den anderen Quellen der Dokumentation des Prozesses konfrontiert werden können. Von großem Interesse ist auch die Frage, ob die Unterschiede zwischen den elterlichen Wahrnehmungen der einzelnen Sitzungen auch mit differenten Veränderungen in den Zielvariablen einhergehen. Außerdem ist es möglich, mit Hilfe dieser Daten einen Eindruck davon zu gewinnen, ob sich die Urteile der Eltern der hier untersuchten Kurse von den verallgemeinerten Bewertungen vieler Elternkurse unterscheiden. Auch ein solcher Befund könnte für die Verallgemeinerbarkeit der Wirkungsanalysen von Bedeutung sein.

5.2.1.5 Erhebung der Eltern-Kind-Interaktionen

Von Fragebogendaten ist bekannt, dass die Reaktanz dieser Methode besonders groß ist. Die Tauglichkeit steht und fällt mit der Fähigkeit und der Bereitschaft der Befragten, die Vorgaben nach bestem Wissen und Gewissen zu bearbeiten. In aller Regel muss es sich damit um eher überdauernde Konstruktionen der Wahrnehmungen und Beurteilungen der Befragten handeln. Es bleibt meist offen, ob das berichtete Verhalten auch das tatsächlich realisierte Verhalten getreu abbildet. Da sich konkrete Erziehungsbezüge immer wieder neu in der jeweiligen Interaktion zwischen den Betroffenen herstellen, gibt es regelhaft nur sehr moderate Zusammenhänge zwischen berichtetem Erziehungsverhalten und beobachtetem Erziehungsverhalten. Die verschiedenen Datenquellen liefern keine einheitlichen Befunde. Setzt man nur auf eine der beiden Methoden, geht man das Risiko ein, im Sinne von Quellenharmonie möglicherweise eine wesentliche Perspektive auf die Realität der Untersuchten zu verfehlen. Aus diesem Grund soll in dieser Evaluation versucht werden, auch konkretes Erziehungsverhalten „life" zu erheben. Dieser Anspruch wird auch dadurch begründet, dass der Elternkurs Starke Eltern – Starke Kinder® explizit davon ausgeht, dass Eltern lernen sollen, ihr Verhalten kleinschrittig zu verändern und daraus folgend eine Veränderung ihrer Einstellungen eintreten kann.

Beobachtungsverfahren sind im Vergleich zu Befragungsmethoden ungleich aufwändiger, was unter anderem erklärt, warum sie so selten bei Evaluationen zum Einsatz kommen. Angesichts der ökonomischen Möglichkeiten dieser Evaluation ist es völlig ausgeschlossen, alltäglich Erziehungsinteraktionen zwischen Eltern und Kind in der häuslichen Umgebung zu beobachten. Es wäre allerdings nur sehr schwer möglich, angesichts knapper Zeitstichproben auch nur annähernd ähnliche Bedingungen bei den Beobachtungen im Feld herzustellen. Deshalb kommt nur eine relativ standardisierte Situation in Frage, die wenig Zeit in Anspruch nimmt.

Die Möglichkeiten einer Standardisierung sind dann am größten, wenn die räumlichen und situativen Bedingungen sowie die Inhalte der Interaktion gut zu kontrollieren sind. Die Aufgaben für die Interaktionen müssen möglichst gleich sein, damit die Varianz der Interaktionsabläufe nur die Unterschiedlichkeit der Interaktionspartner wiedergibt. Eine solche Gelegenheit kann am besten am Kikkoff-Tag und am Abschlusstag hergestellt werden, wenn die Eltern mit ihrem Kind zu den verabredeten Erhebungsterminen kommen. Entsprechend sieht der Ablaufplan für beide Tage solche Interaktionsbeobachtungen vor.

Jedes Elternteil, das am Kickoff-Tag bzw. Abschlusstag teilnimmt, wird gebeten mit seinem Kind an der Interaktionssituation teilzunehmen. Ist ein Elternteil mit zwei Kindern anwesend, dann soll das ältere Kind mitmachen. Sind zwei Elternteile mit einem Kind im entsprechenden Alter vorhanden, dann entscheiden die Eltern, wer von ihnen die Interaktion wahrnimmt. In jedem Fall ist immer nur ein Elternteil mit dem Kind in der Beobachtungssituation. Da deutlich weniger Elternpaare an den Kursen teilnehmen, wird so die Vergleichbarkeit der Situation für alle Kinder gesteigert.

Der Raum für die Beobachtungssituation ist möglichst der folgenden Ausstattung entsprechend zu gestalten: Für Elternteil und Kind ist ein Tisch vorhanden und zwei Stühle stehen so, dass Elternteil und Kind über Eck sitzen. In einer festgelegten Entfernung steht eine Mini-DVD-Kamera fest so auf einem Stativ montiert, dass die Kamera Oberkörper beider Personen und die Tischfläche erfasst. Die Kamerastellung wird während der Interaktion nicht verändert. Auf dem Tisch befindet sich ein externes Mikrofon, mit dem das Gespräch aufgezeichnet wird. Ein Evaluator bedient nur die Kamera und das Mikrofon, der andere ist für die Instruktion und Nachfragen zuständig.

Von großer Relevanz sind die Aufgaben, die die Interaktion provozieren sollen. Diese müssen möglichst Einblicke in typische Interaktionsabläufe der Eltern mit ihrem Kind erlauben. Deshalb ist es sinnvoll, solche Aufgaben auszuwählen, die dem alltäglichen Erziehungsgeschehen sehr nahe kommen, einen hohen Aufforderungscharakter haben und den Beteiligten möglichst auch Spaß machen. Damit bieten sich für die Altersstufe der sechs- bis zwölfjährigen Kinder Spielsituationen an, die eine gewisse Herausforderung beinhalten. Diese dürfen aber wegen der Zeitknappheit nur recht kurz sein und sollen den normalen Wissens- und Erfahrungsvorsprung der Eltern einbeziehen.

Für diese Aufgabenklasse wird eine TANGRAM-Aufgabe ausgewählt. TANGRAM ist ein chinesisches Legespiel, das aus sieben geometrischen Formen besteht, die aus einem Quadrat geschnitten sind, und zu sehr unterschiedlich schwierigen Mustern gegenständlicher oder abstrakter Art zusammengefügt werden können. Es gibt mehrere tausend verschiedene Vorlagen mit passenden Schwierigkeitsgraden für alle Altersstufen. In der Grundschule wird dieses Material auch im Geometrieunterricht genutzt. Für die jüngeren Kinder wird eine etwas einfachere Variante eines Schwans (Kickoff-Tag) ausgewählt als für die älteren Kinder. Eine mittelschwierige dritte Variante steht für solche Kinder zur Verfügung, die vor Ablauf der festgelegten Zeit fertig werden. Am Abschlusstag wird der Schwan durch drei Varianten eines Hasen ersetzt. Die TANGRAM-Teile liegen auf dem Tisch vor dem Kind, das Aufgabenblatt wird umgedreht, wenn die Aufgabenstellung beginnt.

Um die Situation so zu gestalten, dass die normale Rolle des Erwachsenen mit seinem Wissens- und Erfahrungsvorsprung eingenommen werden kann, erhält das Elternteil die Lösung der TANGRAM-Aufgabe, die aus der abgebildeten Figur mit den eingezeichneten Grenzen der sieben Teile besteht. Die Instruktion lautet:

„Wir möchten nun gern, dass Sie gemeinsam mit Ihrem Kind zwei Aufgaben lösen. Dabei kommt es nicht auf die Geschwindigkeit sondern darauf an, dass Sie mit Ihrem Kind etwas gemeinsam tun.

Für beide Aufgaben stehen jeweils fünf Minuten zur Verfügung. Lassen Sie sich dabei nicht durch die Kamera irritieren. Verhalten Sie sich so, wie Sie dies sonst im Alltag tun.

Ich gebe Ihnen nun die erste Aufgabe. Ihr Kind soll nun mit Ihrer Hilfe aus den einzelnen Teilen den Schwan nachbauen. Dabei ist es nicht erlaubt, die Teile auf das Aufgabenblatt zu legen.

Damit Sie Ihr Kind unterstützen können, erhalten Sie die Lösung, diese sollen Sie aber nicht Ihrem Kind zeigen. Sie können ihm aber mit Tipps usw. helfen.

Von nun an sind fünf Minuten Zeit."

Nach fünf Minuten wird die Situation abgebrochen, auch wenn bis dahin keine Lösung gefunden sein sollte. Danach beginnt die Instruktion für die zweite Aufgabe:

„Als nächstes möchten wir, dass Sie mit Ihrem Kind als zweite Aufgabe ein kleines Problem diskutieren. Es wäre schön, wenn Sie dafür gemeinsam eine Lösung finden würden. Diese müssen Sie aber nicht tatsächlich in Zukunft anwenden. Sie haben wieder genau fünf Minuten Zeit.

Das Kind (Namen einsetzen) möchte von nun an abends deutlich später ins Bett gehen.

Beginnen Sie jetzt bitte beide."

Jetzt wird die Kamera angestellt. Sollte diese Situation ausdrücklich kein Problem in der Familie sein, dann können die folgenden Situationen nacheinander angeboten werden:

„Das Kind möchte ein deutlich höheres Taschengeld als bisher bekommen.
Wohin soll der nächste Familienausflug (alternativ die nächste Urlaubsreise) gehen?"

Wenn alle Vorgaben von den Betroffenen als unergiebig angesehen werden, dann kann auch ein selbst gewähltes Problem diskutiert werden. Nach genau fünf Minuten wird auch die Aufzeichnung dieser Interaktion beendet.

Bei der zweiten Aufgabe handelt es sich um eine deutlich andere Herausforderung als bei der ersten. Es steht nicht eine zu erbringende Leistung im Vordergrund sondern die Kommunikation in einer Situation, die zu einem Streitgespräch einlädt. Dabei werden andere Interaktionsabläufe auftreten, die zeigen, wie in dem Familienteil gemeinsame Lösungen erarbeitet werden und welche Rolle beide Interaktionspartner dabei einnehmen. Auch dabei handelt es sich um eine Aufgabe, die im Alltag der meisten Familien in dieser oder ähnlicher Weise vorkommt.

In einem ersten Auswertungsschritt steht das elterliche Verhalten in den beiden Situationen im Mittelpunkt des Interesses. Lassen sich entwicklungsförderliche und entwicklungshemmende Verhaltensweisen der Eltern auch in tatsächlichen Interaktionen feststellen und kommt es durch den Kursbesuch zu Veränderungen dieser Verhaltensweisen? Zur Bearbeitung dieser erkenntnisleitenden Fragestellung bedarf es eines Instrumentariums zur differenzierten und problemangemessenen Auswertung der Videoaufzeichnungen. Angesichts des großen Umfangs des videografierten Materials (200 Personen je zweimal zehn Minuten) von 4000 Minuten, das entspricht fast 70 Stunden, wird das Beobachtungsmaterial mit Hilfe von konzeptorientierten Ratingskalen im Sinne von Langer und Schulz von Thun (1974) beurteilt. Die dafür erforderlichen Ratingskalen orientieren sich an den verschiedenen Komponenten der Erziehungskompetenz und werden mit Hilfe des vorhandenen Materials konkretisiert. Die genaue Entwicklung dieser Skalen und der Umgang mit ihnen wird im Kapitel 13 expliziert.

5.2.2 Erhebungsverfahren für die Kinder

Eine besondere Herausforderung stellen die Erhebungsverfahren für die Kinder dar. Je jünger diese sind, desto schwieriger ist es, zuverlässige und vor allem gültige Informationen von den Kindern selbst zu erhalten. Für die Altersstufe ab neun Jahren gibt es seit mehreren Jahrzehnten auch im deutschsprachigen Raum einschlägig erprobte Fragebögen für zahlreiche Persönlichkeitsmerkmale von Kindern (z.B. die Marburger Skalen zur Erfassung des elterlichen Erziehungsstils von Herrmann, Stapf und Krohne 1971; der Angstfragebogen für Schüler von Wieczerkowski et al. 1973; das Erziehungsstil-Inventar von Krohne und Pulsack

1990; in neuester Zeit der Fragebogen zur Erfassung emotionaler und sozialer Schulerfahrungen von Grundschülern der dritten und vierten Klasse von Rauer und Schuck 2003).

Für die Altersgruppe der sechs- bis achtjährigen Kinder stellt sich die Situation deutlich anders dar. Lange ist bezweifelt worden, ob Kinder dieses Alters bereits in der Lage sind, Selbstauskünfte in verlässlicher Weise zu geben. Meist wird die kognitive Entwicklung als nicht ausreichend angesehen und die oft nicht ausreichend vorhandene Lesefähigkeit als weiterer Erschwerungsgrund genannt. Erst in den letzten Jahren hat es methodische Entwicklungen gegeben, die eine sinnvolle Befragung von Kindern, die noch nicht lesefertig sind, ermöglichen. Spielbasierte Befragungstechniken, die auch schon im Kindergartenalter erprobt sind, finden sich in dem Überblicksband von Sturzbecher (2001). Rauer und Schuck (2004) haben mit dem Fragebogen zur Erfassung emotionaler und sozialer Schulerfahrungen von Grundschulkindern der ersten und zweiten Klassen gezeigt, dass bei entsprechend sorgfältiger Itemformulierung, einem kindgemäßen Antwortmodus und mit Hilfe des Vorlesens bei sechs- bis achtjährigen Kindern sehr differenzierte und valide Befragungen zu konkreten Erfahrungsbereichen der Kinder möglich sind.

Da das Altersspektrum der zu untersuchenden Kinder von sechs bis zwölf Jahren reicht, muss ein Instrumentarium gewählt werden, das auch den jüngsten Kindern gerecht wird. Die Komplexität und die Länge der Aussagen in einem Fragebogen dürfen nicht zu groß sein und es muss vermieden werden, dass es zu doppelten Verneinungen kommt. Das Antwortformat darf nach erneuten Erprobungen höchstens dreistufig sein, was die Differenzierungsfähigkeit der älteren Kinder natürlich nicht ausschöpft. Insgesamt darf das Befragungsinstrument vor allem für die jüngeren Kinder nicht zu lang sein. Aus Gründen der Ökonomie muss es sich zudem um eine Gruppenuntersuchung handeln, weil Einzelerhebungen nicht finanzierbar sind.

5.2.2.1 Elternwahrnehmung durch die Kinder

Von zentraler Bedeutung für die Evaluation eines Elternkurses ist die Frage, ob die Kinder der teilnehmenden Eltern Veränderungen oder neue Aspekte im erzieherischen Verhalten ihrer Eltern wahrnehmen. Bereits seit den siebziger Jahren des vorigen Jahrhunderts wird der fremdperzipierte Erziehungsstil auch im deutschen Sprachraum beforscht. Für lesefertige Kinder sind schon früh entsprechende Instrumentarien entwickelt worden (s. o.). Sie erfassen vor allem die wesentlichen Erziehungsstildimensionen Unterstützung, Wärme und Trost, Tadel, Einschränkung sowie Inkonsistenz. Diese Aspekte haben ihre korrespondierenden Variablen bei den Eltern vor allem im Alabama Parenting Questionnaire in der deutschen Bearbeitung von Reichle und Franiek (2006) sowie den Skalen Unterstützung und Strenge in Anlehnung an Baumgärtel (1979). Einerseits können diese Messinstrumente aufzeigen, ob Kinder Unterschiede bei ihren Eltern zwischen erster und zweiter Erhebung wahrnehmen und andererseits kann geprüft werden, ob Elternselbstsicht und die Fremdsicht durch die Kinder größere gemeinsame Anteile aufweisen.

Das Erziehungsstil-Inventar von Krohne und Pulsack (zuerst 1990, verbesserte Auflage 1995) ist das aktuellste deutschsprachige Instrument für die Erfassung des erlebten väterlichen und mütterlichen Erziehungsverhaltens. Es ist für Kinder ab acht Jahren entwickelt worden und umfasst sechs Erziehungsstildimensionen mit jeweils zwölf Aussagen (Skala Strafintensität nur fünf Items), die sich entweder auf das Verhalten der Mutter oder des Vaters beziehen. Das Antwortformat ist vierstufig, wie es für die vorgesehene Altersgruppe üblich ist. Die Zuverlässigkeit der Skalen ist befriedigend bis gut und wesentliche Aspekte der Validität sind für die untersuchte ältere Kindergruppe im Handbuch enthalten.

Für die Anpassung an die vorliegende Altersgruppe der Evaluation wird das Antwortformat auf drei Stufen reduziert (nie oder selten – manchmal – oft oder fast immer). Diese Antwortstufen sind zusätzlich durch verschieden große Kreise gekennzeichnet. Anschließend werden die jeweils sechs trennschärfsten Items des Inventars für jede der fünf verbleibenden Skalen ausgesucht und die 30 Items gemischt. Neben der Trennschärfe spielt bei der Auswahl eine zentrale Rolle, ob die Aussagen an der Erfahrungswelt auch der jüngeren Kinder anknüpfen.

Die einzelnen Blöcke des Fragebogens, den die Kinder zur Beantwortung ausgehändigt bekommen, sind mit Hilfe von kindgemäßen Tierfiguren geordnet, so dass eine gute Übersicht für die Kinder und die vorlesenden Evaluatoren vorhanden ist, die eine gute Unterstützung für die Kinder bei der Bearbeitung bietet. Die Kinder erhalten entweder die Mutterform des Fragebogens oder die Form für den Vater. Entscheidend ist dabei, welcher Elternteil an der Elternbefragung und/oder der Interaktionssituation mit dem Kind teilnimmt.

- Unterstützung („Meine Mutter erklärt mir, warum sie mir etwas verbietet.")
- Wärme, Trost („Meine Mutter tröstet mich, wenn ich in Schwierigkeiten bin.")
- Einschränkung („Meine Mutter möchte ständig etwas an mir ändern.")
- Inkonsistenz („Meine Mutter schimpft mit mir, wenn ich es nicht erwarte.")
- Tadel („Meine Mutter wird ärgerlich, wenn ich nicht fleißig genug bin.")

Von großem Interesse für die Beurteilung des erzieherischen Handelns von Eltern ist das familiäre Klima, in dem die Interaktionen stattfinden. Kinder sind eine verlässliche Quelle für ihre Wahrnehmungen des familiären Binnenklimas. Ähnliche Erziehungsverhaltensweisen von Eltern können bei unterschiedlichem Familienklima sehr verschiedene Bedeutungen für die Kinder haben. Werden die familiären Interaktionen insgesamt als angenehm wahrgenommen, sind stark grenzsetzende oder sogar strafende Verhaltensweisen der Eltern von den Kindern eher zu verkraften.

Im Kinderpanel des Deutschen Jugendinstituts (Alt 2005) gibt es eine aus fünf Feststellungen bestehende Skala, die bei Müttern und auch bei Kindern ab acht Jahren zum Einsatz gekommen ist. Wie wichtig die kindliche Perspektive ist, zeigt sich daran, dass der Zusammenhang zwischen der Einschätzung des Familienklimas durch die Mütter mit derjenigen ihrer Kinder im Durchschnitt für jede Aussage nur $r = .23$ beträgt. Leider gibt es in den vorliegenden Publikationen keine Angaben zur Zuverlässigkeit der Skala.

– Familienklima („Ich bin gerne mit meiner Familie zusammen.")

Die Antwortvorgaben sind im Original vierstufig. Diese werden auf die drei oben genannten Beantwortungsmöglichkeiten reduziert.

Im Elternkurs Starke Eltern – Starke Kinder® geht es unter anderem um eine Verbesserung des Familienklimas. Ob diese Zielsetzung aus Sicht der Kinder teilnehmender Eltern realisiert werden kann, kann angesichts fehlender Untersuchungen auf der Ebene von Kindern nur vermutet werden.

Die kindlichen Kognitionen über die Interaktionen mit ihren Eltern sind für die Entwicklung der Kinder von einiger Bedeutung sowohl für soziale als auch leistungsorientierte Fertigkeiten der Kinder (Sturzbecher & Freytag 2000). Die genannten Autoren haben die Literatur zur Diagnostik der kindlichen Wahrnehmungen des Interaktionsverhaltens mit Eltern und Erziehern gesichtet und ein eigenes Instrument entwickelt (Familien- und Kindergarten-Interaktionstest, 2000). Dieses Verfahren ist ab vier Jahren in Einzeluntersuchungen einsetzbar. Es werden für Kinder der Altersstufe vier bis acht Jahre typische Alltagssituationen zusammengestellt, in denen entweder verschiedene Verhaltensmöglichkeiten der Mutter oder des Vaters zu beurteilen sind bzw. das eigene Verhalten einzuschätzen ist. Durch die Kombinationsmöglichkeiten der typischen Situationen mit verschiedenen Verhaltensweisen der Erziehungsperson bzw. des Kindes selbst entstehen mehrere auch faktorenanalytisch bestätigte Konstrukte, die recht differenziert die kindlichen Kognitionen erfassen.

Angesichts der Vielzahl der Items (ohne Instruktionsphase und Vortest 63 Aussagen) muss eine Auswahl getroffen werden. Die Entscheidungen fallen zu Gunsten der Aussagen über das elterliche Verhalten, weil dieses im Elternkurs direkt bearbeitet wird. Dass sich die Kinder selbst ebenfalls verändern, ist deutlich weniger wahrscheinlich. Die vier Konstrukte elterlichen Verhaltens werden in den Fragebogen aufgenommen. Sie werden aus drei Situationen gewonnen, die jeweils mit einem Beispiel in der folgenden Auflistung enthalten sind. Die Definitionen der vier Konstrukte zeigen, dass es sich um Verhaltensmerkmale handelt, die im Fokus einer gelingenden entwicklungsförderlichen Erziehung stehen.

„Unter „Kooperation" verstehen wir ein Verhaltensmuster von Erziehungspersonen in Kooperations- und Konfliktsituationen, das kindliche Handlungsintentionen berücksichtigt und ihre zumindest partielle Realisierung ermöglicht bzw. fördert, indem es kindliche Verhaltensziele und -strategien in gemeinsames, konsensuelles Handeln integriert." (Sturzbecher & Freytag 2000, 55).

„Unter „Abweisung" verstehen wir ein Verhaltensmuster von Erziehungspersonen in Problem- und Kooperationssituationen, das unter Einschluss sozial diskriminierender Verhaltensweisen kindliche Handlungsintentionen ignoriert bzw. ihre Realisierung behindert und das Kind von gemeinsamem Handeln ausschließt." (Sturzbecher & Freytag 2000, 57).

„Unter „Restriktion" verstehen wir daher ein Verhaltensmuster von Erziehungspersonen in Konfliktsituationen, das kindliche Handlungsintentionen ignoriert und ihre Realisierung auf kompromisslose Weise unter Einschluss repressiver Verhaltensweisen behindert." (Sturzbecher & Freytag 2000, 58).

„In diesem Sinne verstehen wir unter „Hilfe" ein Verhaltensmuster von Erziehungspersonen in Problemsituationen, das die Realisierung kindlicher Handlungsintentionen ermöglicht bzw. fördert, indem es die Leistungsmotivation des Kindes erhöht und sein problembezogenes Handeln ergebnisorientiert optimiert." (Sturzbecher & Freytag 2000, 56).

- Kooperation (Kooperationssituation: „Wenn Du helfen willst, ... darfst du es dann auch ein bisschen?" Konfliktsituation: „Wenn du etwas nicht machen willst, ... darfst du dann auch sagen warum?")
- Abweisung (Problemsituation: „Wenn Dir etwas nicht gelingt, ... sagt x dann: 'Laß sein, ich mach das lieber selbst!'?" Kooperationssituation: „Wenn du helfen willst, ... sagt x dann: ,Das kannst du sowieso nicht!'?")
- Restriktion (Konfliktsituation: „Wenn du etwas nicht machen willst, ... kriegst du dann gleich eine Strafe?")
- Hilfe (Problemsituation: „Wenn dir etwas nicht gelingt, ... erklärt x dann, was du besser machen könntest?")

Den Autoren folgend gibt es eine Form für die Mutter und eine für den Vater (x im obigen Beispiel). Die Antwortvorgaben sind dreistufig, wie es die Autoren für jüngere Kinder in der Einzelerhebung vorsehen. Angesichts der Länge des gesamten Fragebogens für die Evaluationsstudie wird dieser Teil des Fragebogens nur den lesefertigen Kindern ab neun Jahren vorgelegt. Eine Erprobung bei sechs- bis achtjährigen Kindern hat gezeigt, dass deren Aufmerksamkeitsspanne für diese zusätzlichen insgesamt 26 Items nicht ausreicht.

5.2.2.2 Selbstwahrnehmung der Kinder

Die Selbsteinschätzung von Kindern ist eine weitere wichtige Quelle für die Beurteilung von Interaktionsweisen und die Folgen erzieherischen Handelns der Eltern. Wie beurteilen sich die Kinder in ihrem Sozialverhalten und gibt es Übereinstimmungen mit den Beurteilungen ihrer Eltern? Von letzteren werden mehrere Beurteilungen ihrer Kinder eingeholt (s. o.). Um die Kinder nicht zu überfordern erfolgt eine Auswahl von nur zwei Konstrukten, die auch den Eltern vorgelegt worden sind. Um den Kindern nicht den Eindruck zu vermitteln, nur nach ihren Defiziten gefragt zu werden, wird als ein Merkmal das prosoziale Verhalten der Kinder erfragt und zum andern Verhaltensprobleme mit Gleichaltrigen. Beide Skalen stammen aus dem Fragebogen von Goodman (deutsche Fassung von Klasen et al. 2003), der den Eltern vollständig vorgelegt wird. Die Kinderversion enthält die gleichen Symptome wie die Fassung für die Eltern, lediglich die Formulierungen sind den Kindern angepasst. Dieser Teil des Fragebogens mit insgesamt zehn Items wird auch mit den sechs- bis achtjährigen Kindern durchgeführt.

- Prosoziales Verhalten („Ich bin nett zu jüngeren Kindern.")
- Verhaltensprobleme mit Gleichaltrigen („Ich werde von anderen gehänselt oder doll geärgert.")

Das Antwortformat ist wie bei den Eltern dreistufig (trifft nicht zu – trifft teilweise zu – trifft eindeutig (ganz doll) zu). Die dritte Stufe ist ergänzt durch die Worte ganz doll, damit auch die jüngeren Kinder die Intention besser verstehen.

Ob es in den zwar recht verhaltensnahen Merkmalen aus Sicht der Kinder Veränderungen gibt, bleibt abzuwarten, weil unklar ist, ob sich möglicherweise vorhandene Effekte des Elternkurses auf die Eltern auch auf die betroffenen Kinder auswirken.

5.2.3 Erhebungsverfahren für die Elternkursleitungen

Die Elternkursleitungen sind die zentralen Personen, die nach einer entsprechenden Schulung das Recht erworben haben, den Elternkurs Starke Eltern – Starke Kinder® durchzuführen. Von ihrem didaktischen und methodischen Geschick hängt es wesentlich ab, ob die Interaktionsprozesse im Elternkurs so realisiert werden, wie es die verbindlichen Standards für diesen Kurs vorschreiben. Da sich das Kurskonzept durch eine besonders ausgeprägte Adressatenorientierung auszeichnet und den Elternkursleitungen viel Raum für persönliche Stärken lässt, ist es umso wichtiger, die Wahrnehmungen und Erfahrungen der Elternkursleitungen bei einer Evaluation zu berücksichtigen. Sie stellen eine besonders bedeutungsvolle Quelle für die Beurteilung des durchgeführten Kurses sowie der eingesetzten Inhalte und Methoden dar. Der Umfang ihrer bisherigen Erfahrungen mit der Kursdurchführung und ihre besonderen Schwerpunkte bei der Umsetzung sind auch für die Dokumentation des Treatments von großer Bedeutung.

Es werden zunächst die Instrumente für die Erfassung der Erwartungen und Erfahrungen der Elternkursleitungen vorgestellt und danach die Skalen für die Beurteilung des Prozesses in den einzelnen Kurssitzungen.

5.2.3.1 Erwartungen und Erfahrungen

Für die Auswahl der drei wichtigen Sitzungen, für die eine Prozessanalyse vorgenommen werden soll, sind einige besonders erfahrene Kursleitungen schriftlich befragt worden, welche der thematischen Einheiten aus ihrer Sicht zu den drei wichtigsten des Elternkurses zählen. Die an der Evaluation teilnehmenden Elternkursleitungen sollen ebenfalls befragt werden, welche drei Teile des Kurses sie persönlich für die wichtigsten halten. Damit wird ein Abgleich mit den für die Evaluation ausgewählten Kurseinheiten möglich. Zusätzlich sollen die Kursleitungen gebeten werden, drei besonders wichtige Einzelaspekte inhaltlicher Art zu nennen. Diese Zusatzfrage erlaubt eine weitere Differenzierung der für besonders wichtig gehaltenen Elemente des Kurses SESK. Für beide Bereiche gibt es keine Antwortvorgaben, die Befragten sollen ihre jeweiligen drei Antworten frei aufschreiben. Die beiden Aufforderungen bilden den ersten Teil des kurzen Fragebogens Elternkursleitung vorher, mit dem die Erwartungen der Elternkursleitungen vor Beginn des Kurses erfragt werden sollen. Sofern zwei Personen den Kurs leiten, sollen beide unabhängig voneinander den Fragebogen Elternkursleitung vorher bearbeiten.

Es schließen sich elf Arbeitsformen an, die hinsichtlich ihrer Wichtigkeit für die EK-Leitung auf einer siebenstufigen Skala beurteilt werden sollen. Die Arbeitsformen ergeben sich aus einer Analyse des Handbuches, das dem Kurs als verbindliches Manual zu Grunde liegt. Die wichtigsten und am häufigsten genannten bzw. aus den Beschreibungen erschlossenen sind zusammengestellt worden. Paararbeit und Kleingruppenarbeit tauchen dabei in zwei Varianten auf: mit und ohne Anleitung. Diese notwendige Differenzierung ergibt sich bei genauerer Betrachtung dessen, was unter den beiden Arbeitsformen meist nicht unterschieden subsumiert wird: Paararbeit ohne Anleitung meint, dass Elternpaare nach einer weniger oder mehr ausführlichen Anweisung ohne weitere direkte Unterstützung üben, was sie für übenswert halten (z. B. Aktives Zuhören, ohne beurteilen zu können, ob tatsächlich Aktives Zuhören im Sinne der Konzepts geübt wird). Paararbeit mit Anleitung meint dagegen, Elternpaare üben etwas mit der direkten Rückmeldung und Unterstützung durch die Kursleitung, so dass auch tatsächlich im Sinne des Konzeptes geübt wird. Letztere Arbeitsform dürfte wesentlich eher zu möglichen konstruktiven Veränderungen führen als erstere.

Der nächste Teil des Fragebogens bezieht sich auf die bei den Eltern angestrebten Veränderungen. Nach einer inhaltlichen Analyse des Handbuches sowie der Klassifizierungen von Tschöpe-Scheffler (2005) werden neun Zielbereiche vorgegeben, für die die Elternkursleitungen vor Beginn des Kurses auf wiederum siebenstufigen Antwortvorgaben (von sehr unwichtig bis sehr wichtig) ankreuzen sollen, wie wichtig ihnen Veränderungen bei den Eltern in diesen Bereichen sind. Damit werden die inhaltlichen Erwartungen bezüglich eines Kurserfolges von den Elternkursleitungen erfragt. Diese geben Aufschluss über die beabsichtigten Zielsetzungen und deren Relevanz für die je eigene Beurteilung des Erfolges durch die Kursleitungen.

Den Abschluss des Fragebogens bilden einige Fragen zu soziografischen Merkmalen der Elternkursleitungen sowie zu deren beruflichen Erfahrungen und den

Anbietern des Kurses. Diese Informationen dienen zur Bearbeitung der Frage, ob Vorbildung und konkrete Erfahrungen mit der Kursdurchführung bedeutungsvoll für die Qualität der Elternkurse sind.

Nach Beendigung des Kurses sollen die Erfahrungen der Kursleitungen mit dem konkreten Elternkurs erfasst werden. Dies soll mit Hilfe eines Fragebogens für die Elternkursleitung nachher geschehen.

Zunächst werden einige Informationen über organisatorische Bedingungen des Kurses eingeholt. Diese beziehen sich auf die Anzahl der Kursleitungen (regelhaft sollen es zwei sein) sowie der durchgeführten Sitzungen und auf die Zahl der Eltern zu Beginn und am Ende des Kurses.

Im zweiten Teil des Fragebogens geht es um die Bewertungen der im Kurs gemachten Erfahrungen. Zunächst werden genau die Arbeitsformen vorgegeben, die schon bei den Erwartungen genannt werden. Für diese soll nun angegeben werden, wie gut sie tatsächlich realisiert werden konnten. Dazu gibt es wieder siebenstufige Antwortvorgaben von sehr schlecht bis sehr gut. Diese Einschätzungen können verglichen werden mit den vor Beginn des Kurses erfragten Erwartungen. Sie können zudem in Beziehung gesetzt werden zu den Analysen des Prozesses in den drei ausgewählten Sitzungen. Die Wahrnehmungen und Beurteilungen der Kursleitung können Aufschluss geben über die Struktur und Qualität der Kursdurchführung aus Sicht der Verantwortlichen.

Es folgen die Zielbereiche, die bereits bei den Erwartungen benutzt werden. Die Elternkursleitungen beurteilen nach Abschluss des Kurses, wie gut es ihnen gelungen ist, in den neun vorgegebenen Zielbereichen positive Veränderungen bei den Eltern zu erreichen. Es gibt wieder eine siebenstufige Antwortvorgabe von sehr schlecht bis sehr gut. Mit Hilfe dieser differenzierten Einschätzung des Erfolges des Kurses kann untersucht werden, ob sich auch bei den Eltern aus deren Sicht vor allem in jenen Bereichen Veränderungen zeigen, in denen die Elternkursleitungen Erfolge festgestellt haben.

Den Abschluss des Fragebogens nachher für Elternkursleitungen bildet eine Frage nach dem globalen Erfolg des abgeschlossenen Kurses. Es gibt wieder eine siebenstufige Antwortvorgabe von kaum erfolgreich bis sehr erfolgreich. Damit können die Kursleitungen kurz und knapp eine Angabe dazu machen, ob aus ihrer Sicht der Kurs erfolgreich gewesen ist. Diese Bewertung gibt Auskunft über die Beurteilung der Arbeit im Kurs aus Sicht der Durchführenden. Diese Information kann in Beziehung gesetzt werden zu den einzelnen Zielvorgaben aber natürlich auch zu den weiteren Erfolgsmaßen wie z. B. den Veränderungen der Eltern, die sich aus deren Sichtweise zeigen.

5.2.3.2 Skalen für die Elternkursleitungen für die Beurteilung des Prozesses im Kurs

In drei ausgewählten Sitzungen soll das Prozessgeschehen analysiert werden. Dieses Vorhaben dient einerseits der Dokumentation dessen, was tatsächlich in den

Kurssitzungen realisiert wird. Dazu gibt es bisher keinerlei veröffentlichte Studien für den Elternkurs SESK. Es kann so erstmalig eine Aufzeichnung der Vorgänge in den Elternkursen in Angriff genommen werden. Wegen der besonderen Bedeutung dieses Vorhabens und wegen der damit verbundenen methodischen Schwierigkeiten werden drei Perspektiven für diese anspruchsvolle Aufgabe herangezogen. Eine davon ist die der Elternkursleitungen selbst. Diese sind die am besten geeigneten Experten für eine kritische Bestandsaufnahme der Prozesse, weil sie den Kurs am besten kennen und weil sie am ehesten beschreiben und beurteilen können, was tatsächlich aus ihrer Perspektive im Kurs stattfindet. Andererseits bedarf es aber auch weiterer Aufzeichnungen und Bewertungen, weil nicht auszuschließen ist, dass die Kursleitungen bei einem solchen Vorhaben in erster Linie positive Aspekte bei dieser Form der Selbstevaluation willentlich oder unwillentlich betonen.

Es muss für die Elternkursleitungen eine besonders ökonomische Aufzeichnungsmethode geben, weil die Daten jeweils direkt am Ende einer Sitzung erhoben werden sollen. Die zur Verfügung stehende Zeit ist dann sehr knapp. Deswegen bietet es sich an, das zu benutzende Instrument ausfüllen zu lassen, während die Eltern ebenfalls ihre Bewertungen der Sitzung vornehmen.

Für die Dokumentation des Geschehens in den drei Sitzungen ist es wichtig zu erfahren, mit welchen Übungen, Methoden, Inhalten konkret in der Sitzung gearbeitet worden ist. Um keine Überforderungen der Bereitschaft zur Mitarbeit zu provozieren, muss die Befragung so knapp wie möglich sein und dennoch das Wesentliche erfassen können. Die Analyse des Handbuches für den Kurs SESK zeigt, dass für jede Sitzung bestimmte Teile vorgegeben sind (in der Regel handelt es sich um rund zehn solcher Teile). Diese Teile sind nicht klassifiziert nach Inhalt oder Methode. Sie enthalten z. B. sowohl konkrete Übungen als auch theoretische Einführungen und Inhalte. Jede Elternkursleitung kennt diese Teile genau und kann sicher angeben, ob diese Teile durchgeführt worden sind, ob sie weggelassen worden sind oder ob sie durch andere Teile des Kurses oder eigene Bestandteile ersetzt worden sind. Es bietet sich insofern an, diese wesentlichen Bestandteile der drei Kursabende jeweils auf einem Erhebungsblatt anzugeben mit der zusätzlichen Möglichkeit, Änderungen zu notieren. Auf diese Weise lässt sich in Erfahrung bringen, welche Teile des Handbuches durchgeführt werden, welche einfach weggelassen und/oder durch welche Alternative ersetzt worden sind. Von Interesse dürfte dabei auch sein, ob beide Kursleitungen hierin übereinstimmen.

Über die reine Angabe der Durchführung oder des Weglassens hinaus sollen die Kursleitungen zusätzlich bewerten, wie die tatsächliche Durchführung gelungen ist. Diese Bewertung soll mit Hilfe von fünf Kriterien vorgenommen werden. Die fünf Kriterien sind: Zeit für Teilnehmer ausreichend, von Teilnehmern verstanden, von Teilnehmern akzeptiert, konzeptgetreu durchgeführt, Engagement der Eltern bei Beteiligungsmöglichkeiten. Für die teilnehmerbezogenen Beurteilungen stehen fünfstufige Antwortvorgaben zur Verfügung, deren Stufen sich nach dem Anteil der Eltern unterscheiden, die das Kriterium erfüllen. Beispiel: Von Teilnehmern verstanden. Entscheidend bei dieser Skala ist, wie viele Eltern den Inhalt, die Botschaft verstanden haben.

- Note 1: Alle, so gut wie alle Eltern haben den Inhalt, die Botschaft verstanden (stellen keine Fragen mehr, ihre Beiträge zeigen das, die Übungen sind konzeptgemäß durchgeführt worden).
- Note 2: Deutlich mehr als die Hälfte der Eltern hat …
- Note 3: Etwa die Hälfte der Eltern hat …
- Note 4: Deutlich weniger als die Hälfte der Eltern hat …
- Note 5: Fast kein Elternteil hat den Inhalt, die Botschaft verstanden (das zeigen die Beiträge und die vielen Fragen, die Übungen sind kaum konzeptgemäß durchgeführt).

Es geht also nur um den quantitativen Anteil der Eltern und nicht um die Intensität der kognitiven Durchdringung der Bestandteile oder der Akzeptanz.

Die Vorgabe für die Beurteilung der Konzepttreue bei der Durchführung weicht von den übrigen vier Vorgaben ab. Die Abstufungen lauten sehr konzeptgetreu durchgeführt, ziemlich konzeptgetreu, etwa konzeptgetreu, eher wenig konzeptgetreu und kaum konzeptgetreu. Damit ist die Intensität der Konzepttreue angesprochen.

Jeder durchgeführte Bestandteil des Kursabends soll entsprechend bewertet werden. Neu aufgenommene oder modifizierte Teile sollen notiert und dann ebenfalls mit Hilfe der fünf Kriterien bewertet werden. Diese Bewertungen geben aus Sicht der Kursleitungen gute Einschätzungen für die Qualität der durchgeführten Teile des Kurses ab, deren Bezüge zu den abschließenden Kursbeurteilungen in Beziehung gesetzt werden können. Sie sind geeignet, die Dokumentation des Prozesses in den Sitzungen zu leisten und darüber hinaus auch Erfolgskriterien zu liefern.

5.2.4 Beobachtungsverfahren für die Prozesse im Kurs

Sowohl die Elternkursleitungen als auch die Eltern liefern Informationen über die Prozesse, die an drei zentralen Abenden des Kurses stattfinden. Beide Gruppen sind als Teilnehmer prädestiniert für diese Aufgabe. Die Mitglieder beider Gruppen sind allerdings aus ganz unterschiedlichen Gründen anwesend. Die EK-Leitungen sind die Anbieter und verantwortlichen Durchführenden des Kurses. Die Eltern sind die Abnehmer und Lernenden in den Kursen. Die Aufmerksamkeit beider Gruppen ist nicht in erster Linie auf die Evaluation der Bemühungen und Interaktionen der Beteiligten gerichtet. Außerdem sind die Perspektiven der beiden Gruppen grundsätzlich verschieden. Diese Bedingungen können die Wahrnehmung, Erfassung, Interpretation und Bewertung des Geschehens mehr oder weniger stark beeinflussen.

Um eine möglichst wenig verzerrte Dokumentation des Geschehens zu erhalten, bietet es sich an, zusätzlich eine weitere Quelle zum Einsatz zu bringen, die ausschließlich für die Aufzeichnung der Abläufe im Kurs verantwortlich ist. Für eine solche Aufgabe muss Evaluationspersonal ausgebildet und mit einem handhabbaren ökonomischen Aufzeichnungsverfahren versehen werden. Evaluatoren sollen Personen sein, die den Kurs nicht selbst absolviert haben und auch sonst in keiner direkten Verbindung zum Anbieter der Kurse stehen. Sie müssen allerdings über die wesentlichen Inhalte, die an den drei Abenden bearbeitet werden, informiert sein, damit die Aufzeichnungen möglichst standardisiert stattfinden können.

Die auszubildenden Evaluatorinnen und Evaluatoren, die identisch mit den Personen sind, die die Datenerhebung am Kickoff-Tag und am Abschlusstag durchführen, erhalten für jeden Abend eine Liste der wesentlichen Inhalte, die im Normalfall an diesem Abend behandelt werden. Die Vorgaben leiten sich aus dem Handbuch für Elternkursleitungen ab.

Neben der Dokumentation der tatsächlich bearbeiteten Inhalte sind auch die damit verknüpften Arbeitsformen in den Kursen von großem Interesse, um die Prozesse genauer und differenzierter beschreiben zu können. Deshalb wird eine Liste aller möglichen Arbeitsformen erstellt, die in der Elternbildung, insbesondere in Elternkursen genutzt werden. Insgesamt 13 solcher Arbeitsformen werden konkret beschrieben und durch einen kurzen Begriff gekennzeichnet (z. B. EK-Leitung erläutert Inhalt vertiefend in Interaktion mit der Gruppe (*erläutert*) oder z. B. Paararbeit der Eltern mit Anleitung (EK-Leitung ist aktiv bei den Handelnden und interagiert mit diesen (*PA m. Anl.*)). Zusätzlich gibt es zwei weitere auf die Organisation bezogene Klassifizierungen: *O* für Organisation, Umbau usw. sowie *P* für Pausen. Eine gesonderte Liste mit diesen Arbeitsformen wird den Beobachtern zur besseren Übersicht zur Verfügung gestellt.

Um eine möglichst vollständige Dokumentation der Abläufe zu erhalten, soll in einem minutenweise zu führenden Protokoll am Ende jeder Minute entschieden werden, welcher Inhalt in der letzten Minute behandelt worden ist. Solange sich der Inhalt nicht verändert, bleibt es bei der identischen Eintragung, die auch durch Wiederholungszeichen kenntlich gemacht werden kann.

Um eine Verknüpfung mit den zum Einsatz kommenden Arbeitsformen herstellen zu können, werden zeitgleich in identischen Abständen auch die Arbeitsformen aufgezeichnet. Auch hier werden länger währende Arbeitsweisen entsprechend im Zeitprotokoll notiert. Zwei Spalten für die Inhalte und die Arbeitsformen liegen parallel vor, sodass jeweils erkennbar wird, wie lange ein bestimmter Inhalt bearbeitet wird und wie lange welche Arbeitsformen dazu genutzt werden. Auf diese Weise soll versucht werden, erstmalig Aufschlüsse über das tatsächliche Geschehen in den Kursen zu erhalten, Qualitätsmerkmale herauszuarbeiten und diese mit den erzielten Veränderungen der Eltern in Beziehung zu setzen. Diese anspruchsvolle Aufgabe bedarf besonders sorgfältiger Planung, arbeitsintensiver Durchführung und erheblicher Auswertungsbemühungen.

6 Durchführung der Untersuchung und Auswertung der Daten

Dem beschriebenen Design entsprechend haben sich die beteiligten fünf Landesverbände des Deutschen Kinderschutzbundes (Bayern, Bremen, Hamburg, Nordrhein-Westfalen und Sachsen) vertraglich verpflichtet, jeweils zwei Elternkurse für die Evaluation der Ebenen drei (Eltern) und vier (Kinder dieser Eltern) im Zeitraum Herbst 2006 bis Frühjahr 2007 zu rekrutieren. Deshalb sind die ersten Evaluatoren aus den Bundesländern Bremen, Hamburg und Sachsen im September in einer ganztägigen Sitzung in Hamburg durch den Projektleiter mit dem umfangreichen Untersuchungsmaterial bekannt und vertraut gemacht worden. Die differenzierten Ablaufpläne für den Kickoff- und den Abschlusstag zur ökonomischen Durchführung der Untersuchung sind besprochen worden. Dabei haben sowohl Instruktions- und Beobachtungsübungen als auch eine Einführung in die Bedienung der Aufzeichnungsgeräte für die Eltern-Kind-Interaktion stattgefunden. Das gesamte Instrumentarium mit sämtlichen Anweisungen, Instrumenten und deren Instruktionen sind jedem Evaluator ausgehändigt worden (ca. 120 Seiten). Pro Land sollten sich vier Evaluatoren mit einschlägiger universitärer Ausbildung beteiligen, die in den Flächenstaaten möglichst in oder nah bei den vorgesehenen Orten für die Elternkurse wohnen. Aus Hamburg nahm eine zusätzliche fünfte Person teil, aus Bremen nur zwei Personen.

Im Dezember 2006, als absehbar erschien, dass auch in den beiden weiteren Ländern zeitnah Elternkurse zur Verfügung stehen würden, sind vier Evaluatoren aus Bayern und acht aus Nordrhein-Westfalen wiederum in Hamburg ganztägig eingeführt und vorbereitet worden.

Die Rekrutierung der Elternkurse mit entsprechenden Wartegruppen hat sich als überaus schwierig erwiesen, obwohl die Landeskoordinatoren für diese Kurse von Anfang an in die Planung und Vorbereitung der Evaluation eingebunden waren. Dies war auch deswegen erforderlich, weil die Landeskoordinatoren die Aufgabe übernommen haben, durch direkte Ansprache von Trägern und/oder Elternkursleitungen jeweils zwei Kurse mit Wartegruppe im eigenen Landesverband des Deutschen Kinderschutzbundes zu gewinnen. Die Projektleitung der Evaluation dieser beiden Ebenen in Hamburg hat auf die Auswahl von Kursen keinen Einfluss genommen. Die Gründe für die aufgetretenen Schwierigkeiten sind im Folgenden knapp benannt:

Die im Kapitel 5 begründete Auswahl von Eltern mit Kindern zwischen sechs und zwölf Jahren hat sich als eine besonders große Hürde erwiesen. Im Regelfall sind die Elternkurse offen für Eltern mit Kindern zwischen null und 18 Jahren. Die vorgesehene Anbindung an Schulen, zu denen bereits vorher Kontakt bestanden hat, konnte nur zweimal realisiert werden. Zahlreiche Angebote in Schulen, die bisher nicht Kooperationspartner des Kindesschutzbundes gewesen sind, sind an mangelndem Interesse der Eltern gescheitert. Durchführungen in Kindertagesstätten sind leichter zu realisieren gewesen, weil es mit diesen häufiger Zusammenarbeit gibt, es fehlten in diesen aber regelhaft die vorgesehenen älteren Kinder.

Nachdem sich nach einem halben Jahr intensiver Bemühungen abzeichnete, dass die vorgesehene Klientel nicht im erforderlichen Umfang erreichbar war, sind die Bedingungen für die Teilnahme verändert worden, um die Evaluation nicht völlig platzen zu lassen. Von diesem Zeitpunkt an sind auch geplante Elternkurse einbezogen worden, deren Eltern nicht vorwiegend Kinder im vorgesehenen Alter haben. Diese Entscheidung hat die Rekrutierung weiterer Elternkurse erheblich erleichtert. Falls die an den Kursen teilnehmenden Eltern zusätzlich Geschwisterkinder im erwünschten Alter hatten, sind sie gebeten worden, sich bei den Befragungen auf diese zu beziehen.

Ein weiteres zentrales Problem betrifft die Notwendigkeit einer Wartegruppe. Obwohl bundesweit 26 % aller Ortsverbände des DKSB in der neuesten Erhebung (Gienke 2007) angeben, dass sie bei Angeboten zu Elternkursen über Wartegruppen verfügen (in den drei beteiligten Flächenstaaten zwischen 22 % und 34 % der Ortsverbände), konnte auf solche nur in drei Fällen zurückgegriffen werden. Allerdings gab es auch bei diesen keine wünschenswerte Randomisierung der Gruppenzugehörigkeit (zufällige Zuweisung der Eltern zur Kurs- bzw. zur Wartegruppe). Weil diese drei Wartegruppen den weitaus größten Anteil an Eltern und Kindern in der letztlich resultierenden Vergleichsgruppe stellen, wird der Begriff Wartegruppe dennoch im Folgenden beibehalten, auch wenn zu vier Elternkursen meist kleine Kontrollgruppen geworben werden mussten, die sich bis dahin nicht für einen Elternkurs gemeldet hatten. Diese setzen sich entsprechend der Anwerbung nahezu ausschließlich aus Eltern mit Kindern zwischen sechs und zwölf Jahren zusammen. Zu drei Kursen konnten überhaupt keine Kontrollgruppen gewonnen werden. Diese drei Elternkurse werden nur bei den beschreibenden Analysen aller Elternkurse berücksichtigt. Aus dem geplanten Kontrollgruppenvergleich werden sie herausgenommen.

Die Gewinnung von Beteiligungen an der Evaluation hat sich auch deshalb als schwierig erwiesen, weil einerseits erhöhte Anforderungen an die Eltern gestellt werden. Das Design ist nur dann vollständig zu realisieren, wenn dem Kurs ein Kickoff-Tag vorgeschaltet und ein Abschlusstag angehängt wird, an denen die aufwändigen Untersuchungen stattfinden. Zusätzlich sollten die Eltern auch noch ihre sechs- bis zwölfjährigen Kinder mitbringen. Diese Hürde ist nach den Berichten über die Bemühungen zur Rekrutierung der Gruppen für viele Eltern deutlich zu hoch. Andererseits spielen natürlich auch die im Design vorgesehenen Herausforderungen für die Elternkursleitungen eine wesentliche Rolle. Es werden nicht nur die Eltern befragt, wie in allen bisherigen Evaluationen, sondern drei Abende des Kurses werden von zwei geschulten Beobachtern protokolliert. Diese erstmalige Prozessevaluation stieß durchaus nicht nur auf Begeisterung, stellte aber nur selten die offizielle Begründung für die Ablehnung einer Teilnahme dar.

Alle oben genannten Probleme sind in mehreren zeitlich parallelen Sitzungen der Koordinationsgruppe für die Evaluation analysiert und die Folgerungen diskutiert worden. Alle genannten Veränderungen sind einvernehmlich von dieser Gruppe entschieden worden. Damit verbunden war auch die mehrfache Fristverlängerung für die Durchführung der zu evaluierenden Elternkurse bis schließlich zum Ende des Jahres 2007.

Insgesamt gesehen konnten im Verlauf des Jahres 2007 letztlich zehn Elternkurse einbezogen werden, die zwischen Februar und Dezember stattgefunden haben. Aus Bremen stammt nur ein einziger Kurs, aus Bayern gibt es drei Kurse, wobei in einem von diesen von den Eltern die Prozessbeobachtung verweigert wurde. Die Tabellen A 6_1 – A 6_4 zeigen die Herkunft der Eltern und Kinder in den Elternkursen und Wartegruppen aus den beteiligten fünf Bundesländern. Die Maßnahmen, die zur Gewinnung der Kurse und der Kontrollgruppen unternommen worden sind, sind von den Koordinatoren für SESK in den Ländern festgehalten worden. Im Kapitel zu den Kursen werden diese sowie die Träger der Kurse vorgestellt.

Die Erhebungen der Erst- und der Zweituntersuchung fanden wie geplant in der Regel an einem gesonderten Kickoff-Tag vor Beginn der Kurse und an einem Abschlusstag unmittelbar nach Beendigung der Kurse statt und zeitlich parallel dazu die beiden Untersuchungen der Wartegruppen. Die Eltern sind in einer Gruppe gemeinsam befragt worden. Nach der Instruktion haben die Eltern den umfangreichen Fragebogen allein ausgefüllt. Je zwei Evaluatoren haben etwas zeitlich versetzt die Gruppe der sechs- bis achtjährigen Kinder bzw. der neun- bis zwölfjährigen Kinder übernommen. Bei den jüngeren Kindern ist der verkürzte Fragebogen den Kindern itemweise vorgelesen worden, wobei der zweite Evaluator bei individuellen Schwierigkeiten Hilfe leisten konnte. Die Kinder haben ihre Antwortwahlen angekreuzt. Es ist dabei zu keinen nennenswerten Problemen gekommen. Bei Nachfragen wegen eines nicht verstandenen Wortes konnten Synonyme genannt werden. Die Gruppe der älteren Kinder hat nach der ausführlichen Instruktion den etwas längeren Fragebogen selbst gelesen und die Items durch Ankreuzen beantwortet. Eltern und Kinder sind meist etwa zum selben Zeitpunkt, ungefähr eine Stunde nach Beginn der Elternbefragung, fertig gewesen, weil die Kinder nicht mehr als maximal 45 Minuten benötigt haben. In der Regel hat dann ein vom Träger organisiertes Frühstück für Eltern und Kinder begonnen. Jeweils zwei Elternteile haben dann parallel in zwei Räumen an der Interaktionssituation teilgenommen. Diese ist durch präzise Vorgaben in der Regel wie vorgesehen standardisiert durchgeführt worden. Es ist zu seltenen Verweigerungen gekommen, weil entweder der Elternteil oder das Kind nicht zur Teilnahme zu bewegen gewesen sind. In solchen Fällen haben die Evaluatoren die Entscheidung selbstverständlich akzeptiert. Nach Beendigung der eigenen Videoaufzeichnungen ist es den Beteiligten freigestellt worden, vor Ort zu bleiben oder nach Hause zu gehen. Durch die realistisch geplante Zeitstruktur sind die letzten Interaktionspaare spätesten drei bis dreieinhalb Stunden nach Beginn der Elternbefragung gefilmt worden, sodass dies auch den maximalen Zeitaufwand für die zuletzt untersuchten Eltern und Kinder darstellt.

In zwei Kursen ist von der beschriebenen Vorgehensweise abgewichen worden, weil die Ersterhebung nicht vorher sondern mit Beginn des Kurses stattgefunden hat. In einem dieser Kurse sind keine Kinder und in dem anderen sind die Kinder kurz nach Beginn des Kurses an einem zusätzlichen Termin untersucht worden. In einem weiteren Fall hat die Zweiterhebung bei den Eltern am letzten Abend des Kurses stattgefunden. Sofern Eltern und/oder ihre Kinder am Kickoff-Tag verhindert waren, ist von drei Ausnahmen abgesehen keine Nacherhebung erfolgt. Durch diese Restriktion ist die Quote der an der Erhebung teilnehmenden Eltern und Kinder geringer als in anderen vergleichbaren Untersuchungen. Spätere Erhebungen hätten aber die Ergebnisse in unzulässiger Weise verändern können.

Von wenigen Ausnahmen abgesehen haben die Eltern sich an den Befragungen interessiert beteiligt. Mit Ausnahme eines Kurses, in dem die Eltern am ersten Kursabend über die Evaluation benachrichtigt wurden, hat es keine größeren Störungen gegeben. Individuelle Verweigerungen von Eltern sind selbstverständlich letztlich akzeptiert worden. Es gab selten Ablehnungen, mit dem eigenen Kind an der Aufzeichnung der Interaktionen teilzunehmen. Als ein Problem stellte sich heraus, dass vor allem Eltern mit null- bis dreijährigen Kindern mit manchen Items der Fragebögen Schwierigkeiten hatten, weil sich deren Inhalt auf Verhaltensweisen von oder Interaktionen mit älteren Kindern bezieht. Diese Auslassungen führten leider zu etlichen Datenverlusten. Die Eltern konnten über die Gründe für das Vorhandensein dieser sie nicht unmittelbar betreffenden Fragen meist befriedigend aufgeklärt werden.

Die postalische Nachbefragung der Eltern im Follow-up ist mit den Eltern bei der Abschlusserhebung besprochen worden. Wegen der vollständigen Anonymisierung des Rücklaufs haben sich die anwesenden Eltern in aller Regel zur Teilnahme bereit erklärt. Der Rücklauf ist im Mai 2008 abgeschlossen worden.

Die Kinder, die allein an den Befragungen und gemeinsam mit Mutter oder Vater an den Interaktionsaufgaben teilgenommen haben, waren in keinem Fall überfordert, weil die sechs- bis achtjährigen eine verkürzte Fassung des Fragebogens vorgelesen bekommen haben und der Antwortmodus nur dreistufig war. Dieser Sachverhalt ist für die älteren Kinder, die ihre Fragebögen ohne Probleme selbst gelesen haben, in manchen Fällen als nicht optimale Differenzierungsmöglichkeit für ihre Antworten anzusehen.

Die beiden Interaktionsaufgaben sind von der großen Mehrheit der Eltern und Kinder positiv angenommen worden. Dies gilt insbesondere für die TANGRAM-Aufgabe. Die Diskussion eines sozialen Problems ist unterschiedlicher ausgefallen als die obige Aufgabenstellung in Abhängigkeit von der Stimulierungsfähigkeit des Elternteils und/oder der Verbalisierungsmöglichkeit des Kindes.

Leider sind die technischen Voraussetzungen nicht immer so erfüllt worden, dass einwandfreie Interaktionsanalysen möglich sind. Trotz festgelegter Kamerastellung und vorgeschriebener externer Mikrofonbenutzung sind einige Aufnahmen akustisch nicht zu verstehen und/oder die Kameraführung derart, dass die Gesichter des Elternteils und/oder des Kindes nicht optimal zu sehen sind, was die Beurteilung des Verhaltens erheblich erschweren kann.

Die Prozessbeobachtungen an drei vorher festgelegten Themenabenden haben in neun Kursen stattgefunden. Es gab in diesen keine Widerstände bei den Eltern oder Kursleitungen, die vorher ihr Einverständnis erklärt hatten. Jeweils zwei Evaluatoren haben minutenweise Inhalte und Arbeitsformen protokolliert. Wegen der großen Adressatenorientierung des Kurses und der hohen Flexibilität in der Auswahl und Reihenfolge der Themen sind an den beobachteten Abenden durchaus ganz unerwartete Teile des Kurses oder Abwandlungen vorgesehener Aspekte durchgeführt worden, was eine Kategorisierung der behandelten Inhalte überaus erschwert und die Vergleichbarkeit der drei Abende über die neun Kurse stark beeinträchtigt. Zu dieser Problematik wird im Kapitel 15.3.3 ausführlich Stellung bezogen.

Bei sämtlichen in Hamburg ausgebildeten Evaluatoren handelt es sich ausschließlich um Studierende einschlägiger Studiengänge in höheren Semestern. Diese Rekrutierungsvorgabe war einerseits sehr sinnvoll, hatte aber auch einen deutlichen Nachteil. Weil die Kurse tatsächlich erst im Verlauf des Jahres 2007 stattfanden (bis zum Dezember des Jahres) schieden leider einige Evaluatoren wegen der zwischenzeitlichen Beendigung ihres Studiums aus der Evaluation aus. Dies hatte zur Folge, dass neue Evaluatoren gewonnen und eingewiesen werden mussten. Dieser Vorgang ist in den Bundesländern selbst geregelt worden zum Teil ohne das Wissen des Projektleiters. Neue Evaluatoren sind von verbliebenen ausgebildeten Studierenden eingeführt worden. In Bremen stand bei der Realisierung des einzigen Kurses aus nicht bekannten Gründen kein einziger Evaluator zur Verfügung, so dass die Hamburger Evaluatoren diese Aufgabe vollständig übernommen haben.

Es ist bei einigen Erhebungen erkennbar zu einigen organisatorischen Problemen gekommen, die zwar nicht die Datengewinnung insgesamt beeinträchtigen, aber keine optimale Durchführung gewährleistet haben (z. B. Ausgabe eines falschen Fragebogens, so dass von einigen Eltern einige Daten fehlen; kein Nachfassen bei Eltern, die am Kurs teilnehmen, aber am Kickoff-Tag gefehlt haben und damit die nur einmalig erhobenen persönlichen Daten nicht geliefert haben). Solche Datenausfälle sind manchmal erst nach der Übersendung aller Daten nach Hamburg deutlich geworden und konnten nicht immer nachgefordert werden, weil mittlerweile die Kurse beendet waren oder schon begonnen hatten und deswegen z. B. die Erwartungen der Eltern nicht mehr sinnvoll zu erheben waren.

Insgesamt ist festzuhalten, dass wesentlich mehr Umstände und Probleme des Feldes die Evaluation erschwert haben, als vorher auch bei realistischen Erwartungen anzunehmen war. Das vorgesehene Design konnte nur mit großen Abstrichen annähernd realisiert werden. Insbesondere die Schwierigkeiten der Gewinnung von Wartegruppen sowie von Kursen mit Eltern, die sechs- bis zwölfjährige Kinder haben, schränken die Aussagemöglichkeiten des quasiexperimentellen Untersuchungsplans deutlich ein. Es werden deshalb bei den Beschreibungen der vielen verschiedenen Gruppen, auf die sich die Evaluation nun beziehen muss, sehr sorgfältige Analysen der verschiedenen Gruppen hinsichtlich ihrer Vergleichbarkeit und Aussagekraft stattfinden müssen.

Sämtliche Fragebögen und Aufzeichnungen wurden von den Evaluatoren an die Projektleitung nach Hamburg geschickt. Dies geschah nicht immer nach den vorgeschriebenen Abschnitten der Datenerhebung, sodass manche Fehler erst festgestellt werden konnten, als sie nicht mehr zu bereinigen waren. Die Datenkontrolle der Evaluatoren vor Ort bezüglich der Vollständigkeit der Daten war nicht immer optimal. Dadurch ergaben sich erheblich mehr Rückfragen als geplant. Durch die vollständige Anonymisierung der Daten durch die Eltern und Kinder ist zwar eine Zuordnung der verschiedenen Erhebungsinstrumente zu den Personen möglich, bei z. B. fehlender Codierung einzelner Unterlagen sind diese aber nicht zu gebrauchen.

Schwierig gestaltete sich in manchen Fällen die Zuordnung eines Elternteils zu Geschwisterkindern, die an der Untersuchung teilgenommen haben, weil Mutter oder Vater aufgefordert waren, sich jeweils im Fragebogen nur auf das Kind zu beziehen, mit dem die Interaktion durchgeführt wird, in der Regel das ältere der beiden Kinder. Wenn dann noch ein Wechsel des Interaktionskindes von der Erst- zur Zweiterhebung stattgefunden hat, mussten alle Aufzeichnungen kontrolliert werden, um eine zweifelsfreie Zuordnung zu ermöglichen.

In Hamburg hat die Projektleitung gemeinsam mit vier Forschungspraktikantinnen des Studienganges Diplom-Pädagogik die formale Auswertung der Daten geplant und durchgeführt. Dazu wurden Folien für die Bestimmung der Item- und der Skalenwerte entwickelt, die eine zügige Auswertung erleichtern. Es wurden Regeln für fehlende Items und für die Skalenbildung festgelegt (näheres zu diesen Regeln findet sich in Kapitel 8, in dem die eingesetzten Instrumente analysiert werden). Jeder Fragebogen wurde von zwei Praktikantinnen ausgewertet, sodass Datenfehler bereinigt werden konnten. Alle Zweifelsfälle wurden mit der Projektleitung geklärt.

Sehr viel aufwändiger als die formale Auswertung erwies sich die Analyse der Prozessbeobachtungen. Wegen der damit verbundenen Probleme wurden alle Protokolle von einer Forschungspraktikantin und der Projektleitung analysiert und in vielen Sitzungen die Auswertungsschritte entwickelt. Die besonderen Probleme dieses Untersuchungsabschnittes werden im Kapitel 15.4 dargestellt und diskutiert.

Die aufgezeichneten Videoaufnahmen der Eltern-Kind-Interaktionen wurden von zwei Forschungspraktikantinnen in Echtzeit auf DVD überspielt und in eigenen Verzeichnissen verwaltet. Dabei erwies es sich als überaus schwierig, Überspielgeräte für überalterte Formate von Originalaufzeichnungen zu besorgen, die einige Evaluatoren benutzt hatten. Für die Analyse der Interaktionen wurden von der Projektleitung in Zusammenarbeit mit allen vier Praktikantinnen Ratingskalen entwickelt, die mit Hilfe von Aufzeichnungen solcher Eltern, die nur an einer Erhebung teilgenommen haben, konkretisiert werden. Die näheren Einzelheiten dazu werden in Kapitel 13 vorgestellt.

Für alle Datensätze wurden SPSS-files definiert und die Daten von den Praktikantinnen eingegeben. Eine formale Kontrolle der Daten auf Fehler und deren Bereinigung fand mit Hilfe der Auswertungsmöglichkeiten von SPSS Version 15 durch die Projektleitung statt. Alle statistischen Analysen sind ebenfalls mit SPSS Version 15 durchgeführt worden.

7 Beschreibung der realisierten Untersuchungsgruppen

In diesem Kapitel geht es um die Analyse und Bewertung der tatsächlich untersuchten Gruppen im Evaluationsvorhaben. Wegen der zahlreichen Verschiebungen gegenüber dem ursprünglich geplanten Design müssen mindestens fünf Fragen befriedigend beantwortet werden, die deshalb so differenziert zu stellen sind, weil es nicht gelungen ist, für alle Elternkurse Wartegruppen als Kontrollgruppen zu realisieren und in manchen Elternkursen mehr Eltern mit jüngeren Kindern als der vorgesehenen Altersgruppe vorhanden sind:

1. Wie setzt sich die Gruppe der Eltern der zehn Elternkurse (EKalle) zusammen und entspricht diese Zusammensetzung der soziodemografischen Variablen der in üblichen Elternkursen dieses Angebotes (SESK)? Damit ist die Frage der Repräsentativität der untersuchten Elternkurse für alle Elternkurse angesprochen.
2. Da für die gesamte EK-Gruppe (ELEKalle) keine entsprechende gesamte Wartegruppe existiert (es sind nur zu sieben Elternkursen Wartegruppen rekrutiert worden), können die Eltern aller Elternkurse insgesamt nur Aufschluss darüber geben, ob überhaupt Veränderungen bei den teilnehmenden Eltern in den untersuchten Merkmalen auftreten, unabhängig davon, ob diese über die Veränderungen in Wartegruppen hinausgehen. Dazu muss die Gruppe der Eltern beschrieben werden, von denen Daten aus der Erst- und der Zweiterhebung vorliegen. Es geht um die Frage, ob die Eltern, die nur an einer Erhebung teilgenommen haben, sich von den verbliebenen Eltern mit Daten aus der Erst- und Zweiterhebung in ihrer soziodemografischen Zusammensetzung unterscheiden oder anders ausgedrückt: Repräsentieren die verbliebenen Eltern noch die ursprüngliche Ausgangsgruppe? Trotz des Fehlens einer Kontrollgruppe werden die Veränderungen untersucht, weil die Zusammensetzung dieser Eltern am ehesten die insgesamt in den Kursen erreichten Eltern repräsentiert.
3. Da die sieben realisierten Wartegruppen sich nur aus Eltern zusammensetzen, die mindestens ein Kind zwischen sechs und zwölf Jahren haben, wird eine Gruppe von Eltern aus den sieben zugehörigen Elternkursen gebildet, die ebenfalls mindestens ein Kind im entsprechenden Alter haben (ELEKecht) und damit der eigentlichen Zielgruppe entsprechen. Diese Elterngruppe ist die entscheidende Gruppe für den Vergleich mit der Wartegruppe. Wie setzt sich diese EK-Gruppe soziodemografisch zusammen und unterscheiden sich die wegen nur einer Erhebung ausgeschiedenen Eltern von den verbliebenen? Repräsentieren die verbliebenen Eltern mit Daten in der Erst- und Zweiterhebung die ursprüngliche Teilgruppe?

4. Auch in der Wartegruppe (ELWG) gibt es Verluste bei den Eltern, weil nicht alle an der Erst- und Zweiterhebung teilgenommen haben. Diese Gruppe muss beschrieben werden und es muss geprüft werden, ob die verbliebenen Eltern die ursprünglichen repräsentieren.
5. Die beiden quasiexperimentell zu vergleichenden Gruppen ELEKecht und ELWG müssen daraufhin untersucht werden, ob ihre soziodemografischen Zusammensetzungen so ähnlich sind, dass eine Analyse möglicher Veränderungen in den abhängigen Variablen sinnvoll erscheint. Dieser Vergleich ist besonders wichtig, weil mit diesen beiden Gruppen der schärfste Test auf Wirkungen des Elternkurses möglich ist.
6. Die Analysen unter den Punkten 2 bis 5 sind auch für die entsprechenden Gruppen der Follow-up Befragung durchzuführen, weil es erneut zu erheblichen Ausfällen gekommen ist.

Für die untersuchten Kindergruppen sind die gleichen Fragen zu beantworten. Auch hier gibt es alle Kinder aus Elternkursen, die zwischen sechs und zwölf Jahren alt sind (KIEKalle), und die Untergruppe derjenigen Kinder aus Elternkursen, für die es eine Wartegruppe gibt (KIEKecht). Die letztgenannte Gruppe ist die zentrale Vergleichsgruppe für die Kinder aus der Wartegruppe (KIWG).

Elternkurse

Insgesamt sind 137 Teilnehmer in den zehn Elternkursen gestartet, davon 135 Elternteile, eine Großmutter und eine Nachbarin (beide werden in den weiteren Auswertungen nicht berücksichtigt). 24,1 % der Teilnehmer sind Paare. Die im Design geplante Anzahl von 100 Elternteilen ist damit deutlich übertroffen worden. Zehn Teilnehmer weist der kleinste Kurs aus, in einem ist die offizielle Höchstzahl 16 um eine Person übertroffen worden. Die durchschnittliche Anzahl beträgt in den Kursen 13,7 Personen. Die Kurse sind damit im Vergleich zu den Recherchen von Lösel et al. (2006) für das Jahr 2004 deutlich stärker frequentiert als dies damals üblich war. 31,3 % dieser Personen haben allerdings kein Kind zwischen sechs und zwölf Jahren und gehören insofern nicht zur eigentlichen Zielgruppe der Evaluation. Insgesamt haben 72 Kinder von Kurseltern teilgenommen, darunter einige Geschwister. Die vorgesehene Anzahl von 100 sechs- bis zwölfjährigen Kindern ist deutlich unterschritten worden. Auf die Kindergruppe wird unten noch genauer eingegangen.

Da es nur sehr spärliche Daten über die soziodemografischen Zusammensetzungen aller Elternkurse SESK in Deutschland gibt, werden diese im Text ohne Tabelle an passender Stelle mitgeteilt. Diese Informationen stammen aus den Statistikbögen, die von jedem durchgeführten Elternkurs von jedem Landesverband verpflichtend erwartet werden und dann in eine bundesweite Statistik einfließen sollen. Die letzte Auswertung liegt für das Jahr 2005 vor (deutschlandweit). Aus dem mitgliederstärksten Landesverband Nordrhein-Westfalen liegen einige soziodemografische Variablen für die Zusammensetzung von 287 Kursen aus dem Jahr 2006 vor (Nordrhein-Westfalen). Zusätzlich werden zum Vergleich die bisher einzige Evaluationsstudie mit einer Kontrollgruppe (SESK1) von Tschöpe-Scheffler und Niermann (2002), die im Kapitel 3 beschrieben ist, und die Evaluationsstudien zu STEP (Marzinzik & Kluwe 2007) herangezogen, weil diese mehr interessierende Variablen enthalten. Die Tabelle 7_1 enthält die verfügbaren Daten, die zum Teil auf eigenen Berechnungen aus den anderen Forschungsberichten resultieren. Die Studie SESK1 hat ausschließlich in Nordrhein-Westfalen stattgefunden.

Es zeigen sich zwischen den Studien zum Kurs SESK Gemeinsamkeiten und Differenzen: In beiden Studien ist der Anteil der männlichen Teilnehmer mit rund 20 % gleich. Im Bund beträgt der Väteranteil 2005 18,9 % und in NRW 2006 17,0 %. Lösel et al. haben 2006 gefunden, dass Männer zu etwa 17 % in Familienbildungsmaßnahmen eingebunden sind. Die Quote der Männer in unserer Studie (SESK2) entspricht damit sowohl den üblichen Prozentsätzen des SESK als auch denen der anderen Evaluationsstudien.

Die durchschnittliche Anzahl der Kinder pro Elternteil unterscheidet sich nicht wesentlich in den Evaluationsstudien. Im Bundesvergleich und in NRW (jeweils insgesamt) ist die durchschnittliche Kinderzahl allerdings mit 1,6 bzw. 1,5 Kindern deutlich niedriger. Der Anteil der Einzelkinder ist in unserer Studie (SESK2) mehr als doppelt so hoch (34,5 % gegenüber 14,9 % in SESK1). In der Statistik für den Bund finden sich 30,5 % Einzelkinder, ein Anteil der dem von SESK2 sehr nahe kommt. Die Anzahl alleinerziehender Eltern ist doppelt so groß (25,0 %) wie in der Vergleichsstudie SESK1 bzw. im Bund (13,0 %).

Die angegebenen Berufe, die in beiden Studien in identische Kategorien klassifiziert wurden, machen deutlich, dass der Hauptunterschied in der Gruppe der unteren und mittleren Angestellten und Beamten zu finden ist (SESK1 44,4 %, SESK2 26,1 %). Der Teil, der Berufe mit Universitätsabschluss ausübt, ist in der Studie SESK2 mit 22,6 % doppelt so groß wie in der Studie SESK1 und übertrifft den Prozentsatz der Personen, die in Deutschland im Jahr 2004 über einen Hochschulabschluss verfügen (im Alter von 20 bis 55 Jahren etwa 16 %) deutlich (Konsortium Bildungsberichterstattung 2006). In beiden Studien macht der Anteil der Eltern, der zum Befragungszeitpunkt keine Tätigkeit ausübt, die als Beruf gilt (meist Hausfrauentätigkeit), etwa ein Viertel aus. Leider gibt es keine Vergleichsdaten in den Zusammenstellungen von Bund und NRW.

Insgesamt befinden sich in der Gruppe ELEKalle (SESK1) mehr alleinerziehende Elternteile und Eltern mit Einzelkindern (dies ist aber typisch für die SESK im Bund) sowie ein höherer Anteil mit akademischen Abschlüssen (nicht gegenüber den Untersuchungsgruppen von STEP). Ob diese Unterschiede relevant sind für Beurteilungen möglicher Differenzen bei den untersuchten abhängigen Variablen kann zurzeit mangels einschlägiger Befunde nicht entschieden werden. Die realisierte Anzahl von Eltern mit Daten ist deutlich höher in der Studie SESK1 (z. B. bei Eltern mit vollständigen Daten 135 zu 75). Ob die auf

Tab. 1 – 7_1:
Zusammensetzung der Untersuchungsgruppen aus drei verschiedenen
Evaluationen von Elternkursen

Variablen	Tschöpe-Scheffler u. Niermann 2002 SESK1		Rauer 2009 SESK2		Marzinzik u. Kluwe 2007 STEP		
	EK	KG	ELEK-alle	ELWG	alle EK	EK	KG
Anzahl							
vorher	195	112	118	55	166	51	72
nachher	141	96	85	43	140	34	41
vorher und nachher	135	94	75	41		34	41
Geschlecht							
männlich	21,0%	7%	19,0%	20,4%	22,0%		
Familienstatus							
alleinerziehend	12,0%	7,1%	25,0%	28,3%	9,5%		
Paare							
			24,1%	7,4%	22,0%		
Anzahl der Kinder	396	231	215	98	275		
durchschnittlich	1,97	2,03	1,85	1,85	1,66		
Einzelkinder	14,9%	10,8%	34,5%	39,6%	31,3%		
Staatsangehörigkeit							
nicht deutsch			4,4%	5,7%			
Bildungsabschluss							
Uni/ FH			31,3%	41,2%	38,0%		
Abitur			16,5%	20,4%	30,0%		
Realschulabschl.			45,2%	34,7%	28,0%		
Beruf							
ohne Beruf	24,8%	32,9%	29,6%	11,3%			
u. - m. handwerkl./techn.	7,7%	18,6%	13,0%	9,4%			
u. - m. Angest./Beamt.	44,4%	38,6%	26,1%	35,8%			
höhere Angest./Beamt.	10,3%	10,0%	8,7%	15,1%			
mit Uni-Abschluss	12,8%	0%	22,6%	28,3%			

getretenen Differenzen auch dem Sachverhalt geschuldet sind, dass der Evaluationsaufwand in SESK2 für die Eltern und die Kursleitungen wesentlich höher ist, muss eine offene Frage bleiben.

Im Vergleich zum Kontrollgruppendesign der STEP-Evaluation sind die Zahlen der untersuchten Eltern in der Studie SESK2 deutlich höher. Die Angaben der Autoren zu soziodemografischen Variablen beziehen sich allerdings auf die gesamte Untersuchungsgruppe (166). Der Anteil teilnehmender Männer in den Kursen ist etwa gleich. Die durchschnittliche Anzahl der Kinder pro Elternteil ist bei STEP niedriger, der Anteil von Einzelkindern aber gleich groß. Die Bildungsabschlüsse zeigen, dass die Selektion nach Bildungshintergrund bei STEP deutlich höher ist als bei SESK2 (68 % der Eltern haben mindestens Abitur, bei SESK Eltern sind es nur 48 %). Der Anteil der Alleinerziehenden ist bei SESK Eltern fast dreimal so hoch wie bei STEP Eltern. Mit den beiden letztgenannten Merkmalen ist eine etwas größere Niedrigschwelligkeit von SESK im Vergleich zu STEP nahegelegt, sofern beide untersuchten Gruppen tatsächlich die üblichen Kurse repräsentieren. Abschließende Beurteilungen sind leider mangels weiterer Daten nicht vorzunehmen.

Im nächsten Schritt ist der Vergleich für die zweite Frage anzugehen: Repräsentieren die ELEKalle mit vollständigen Fragebogendaten die ursprüngliche Ausgangsgruppe hinsichtlich ihrer soziodemografischen Zusammensetzung oder sind bestimmte Anteile der Eltern überzufällig häufig ausgeschieden?

Damit die Größenordnung der Veränderungen der Untersuchungsgruppen deutlich werden, zeigt die Tab. A 7_1 im Anhang die Teilnahme- und Schwundquoten der ELEKalle und der ELWG. Von anfangs 137 Elternteilen in den zehn Kursen haben 20,4 % den Kurs nicht beendet (diese Daten beruhen auf den schriftlichen Mitteilungen der EK-Leitungen und denen der Landeskoordinatoren für die zehn Kurse SESK). Leider wird in anderen Forschungsberichten diese Quote meist nicht mitgeteilt, man kann dann regelhaft nicht unterscheiden, ob Eltern nur die zweite Befragung nicht wahrgenommen haben oder bereits ausgeschieden sind (bei Tschöpe-Scheffler und Niermann (2002) beträgt diese Gesamtquote mindestens 30,8 %; bei der STEP-Evaluation (2007) 33,3 %). Lösel et al (2006) haben in ihrer repräsentativen Befragung eine Abbrecherquote von lediglich 9,5 % von den Veranstaltern von Familienbildungsmaßnahmen gemeldet bekommen (dabei handelt es sich um tatsächliche Abbrecher und nicht auch um fehlende Daten einer Zweiterhebung).

In der vorliegenden Untersuchung haben sich nur 75,9 % aller Eltern an der Datenerhebung vorher beteiligt. Diese Quote ist niedriger als in den Vergleichsstudien, vermutlich weil die Daten ausschließlich an einem vorgeschalteten Kick-off-Tag in einer gemeinsamen Sitzung erhoben werden sollten. Personen, die an diesem Termin verhindert waren, sind regelhaft nicht nachuntersucht worden, weil die Kurse unmittelbar nach der Ersterhebung begonnen haben. Nimmt man diese Gruppe zum Maßstab, dann haben 81,7 % von diesen Eltern auch nachher die Fragebögen beantwortet (wiederum in der Regel an einem gesonderten Abschlusstag). 68,8 % von denjenigen Eltern, die bis zum Schluss im Kurs geblieben sind, haben nach dem ersten auch den zweiten Fragebogen ausgefüllt. Diese Quote von gut zwei Dritteln ist die wichtigste für die Beurteilung, weil mit dieser Gruppe der zentrale Vergleich mit der Wartegruppe vorgenommen wird (ELWG). Bezogen auf die Eltern, die den Kurs offiziell begonnen haben (137), liegen 54,7 % vollständige Fragebogendaten aus Erst- und Zweiterhebung vor (75).

Den Vergleich der soziodemografischen Zusammensetzung der 75 Kurseltern, die an beiden Erhebungen teilgenommen haben, mit dem der wegen fehlender Datensätze ausgeschiedenen Eltern zeigt die Tabelle A 7_2. Für alle relevanten erhobenen demografischen Variablen wurden Kreuztabellen erstellt und mit Hilfe des Chi-Quadrat-Tests geprüft, ob sich die ausgeschiedenen Eltern von den verbliebenen in der Verteilung in den nominalskalierten Variablen (Ausnahme Alter) unterscheiden. Es gibt zwei signifikante und zwei tendenziell signifikante Befunde: Es sind besonders wenig Kinder aus NRW und überproportional viele Väter ausgeschieden und tendenziell mehr Elternteile mit universitären Bildungsabschüssen und weniger Eltern mit älteren Kindern. Die anderen sechs Variablen zeigen keine signifikanten Abweichungen. Die resultierende Elterngruppe repräsentiert die ursprüngliche Gruppe ELEKalle nur noch eingeschränkt. Dieser Sachverhalt ist bei der Bewertung möglicher Veränderungen in den abhängigen Untersuchungsvariablen zu berücksichtigen. Weiteren Aufschluss über die Vergleichbarkeit der beiden Gruppen wird die Analyse der Ausgangswerte beider Gruppen in den abhängigen Variablen erbringen (Kapitel 9).

Die wichtigste Teilgruppe der Untersuchung (und gleichzeitig die geplante Zielgruppe) stellen die Eltern dar, die sechs- bis zwölfjährige Kinder haben und die an Elternkursen teilgenommen haben, zu denen eine Warte- oder Kontrollgruppe rekrutiert werden konnte (ELEKecht). Von dieser Gruppe (68 Personen) haben 46 an der Erst- und Zweierhebung teilgenommen. Diese 67,6 % der Ausgangsgruppe ELEKecht werden verglichen mit den Eltern, die wegen einmaliger Teilnahme an der Datenerhebung ausgeschieden sind. Die Tabelle A 7_3 weist aus, dass es nur eine einzige Verteilung gibt, die knapp das Signifikanzniveau verfehlt, alle anderen Unterschiede zwischen den beiden Gruppen sind zufällig. In Hamburg sind deutlich mehr und in NRW deutlich weniger Eltern ausgeschieden als es zu erwarten war. Der zugehörige Kontingenzkoeffizient beträgt .32 und signalisiert, dass es sich um eine deutliche Abweichung von der Gleichverteilungshypothese handelt. Es bleibt festzustellen, dass von der regionalen Zugehörigkeit abgesehen, die soziodemografische Zusammensetzung der verbliebenen Eltern die ursprüngliche Teilgruppe noch hinreichend repräsentiert. Ob dies auch für die abhängigen Variablen der Untersuchung gilt, wird in Kapitel 9 dargelegt.

Wartegruppe
Oben ist bereits begründet worden, dass die Eltern, die für eine Kontrolluntersuchung gewonnen werden konnten, weiterhin unter dem Begriff Wartegruppe firmieren, auch wenn der kleinere Teil die Bedingungen einer Wartegruppe nicht erfüllt. Aus Tabelle A 7_1 geht hervor, dass insgesamt 55 Mütter und Väter an der Untersuchung teilgenommen haben. (Eine Person stammt aus einer geplanten Kontrollgruppe, die dann aber nicht realisiert wurde. Diese Person ist bei den folgenden Analysen ausgeschlossen.) 96,4 % von diesen Eltern haben die Erstbefragung absolviert und von diesen wiederum 81,1 % auch die Zweitbefragung. An beiden Erhebungen haben 74,5 % teilgenommen. Die Schwundquote ist deutlich geringer als bei den Eltern der Kurse.

Die Tabelle A 7_4 zeigt, dass es drei signifikante Befunde gibt. In der Wartegruppe sind überproportional viele Männer ausgeschieden, der Anteil der Eltern mit nicht deutscher Staatsangehörigkeit ist bei den Ausgeschiedenen erhöht und es sind deutlich mehr Personen mit Berufen mit universitärem Abschluss in der Gruppe ohne vollständige Daten. Die Phi- und Kontingenzkoeffizienten signalisieren mit Werten zwischen .26 und .42 (Beruf) deutliche Zusammenhänge für die drei soziodemografischen Variablen. Alle anderen Variablen weisen keine signifikanten Befunde auf. Die für das Design besonders wichtige Wartegruppe mit Werten aus der Erst- und Zweitbefragung entspricht damit in ihrer soziodemografischen Zusammensetzung nicht mehr ideal der Ausgangsgruppe. Von besonderer Bedeutung wird deshalb sein, ob sich die Ausgangswerte der abhängigen Untersuchungsmerkmale voneinander unterscheiden (Kapitel 9).

ELEKecht und ELWG im Vergleich
Von zentraler Bedeutung für das Kontrollgruppendesign ist die Frage, ob sich die soziodemografischen Zusammensetzungen der letztlich mit vollständigen Datensätzen verbliebenen Eltern in der Gruppe ELEKecht und der Wartegruppe voneinander unterscheiden.

Wie die in Tabelle 7_2 zusammengefassten Analysen zeigen, gibt es keinen einzigen signifikanten Befund für die vorhandenen soziodemografischen Variablen und auch die beschreibenden Phi- und Kontingenzkoeffizienten erreichen nur einmal einen Wert von .20 und sind sonst erheblich niedriger. Damit ist nachgewiesen, dass sich die beiden Gruppen in ihrer soziodemografischen Zusammensetzung so ähnlich sind, dass nicht mit aus der Zusammensetzung resultierenden differenten Effekten auf relevante Untersuchungsmerkmale zu rechnen ist. Beide Gruppen sind somit gut vergleichbar, so weit alle einbezogenen Variablen einzeln betrachtet werden. Es ist allerdings nicht auszuschließen, dass die Kombination aller genutzten Variablen zu Unterschieden zwischen der Gruppe ELEKalle und ELWG führen könnte. Beide Gruppen sind aber so klein, dass ein simultaner Vergleich nicht sinnvoll ist. Sollten auch die abhängigen Untersuchungsmerkmale keine gravierenden Differenzen in der Ersterhebung zwischen

Tab. 2 – 7_2:
Zusammensetzung der Eltern aus echten EK mit 6-12 jährigen Kindern mit vorher und nachher Daten im Vergleich zu entsprechenden Eltern aus WG

Variablen	(N=86) ELEKecht	ELWG	Chi-Quadrat	Phi/ Kontingenz-koeffizient
Land*			n. s.	.03
NRW	45,7%	45,0%		
Generation*			n. s.	-
Eltern	100%	100%		
Geschlecht			n. s.	.04
männlich	15,2%	12,5%		
Familienstatus*			n. s.	.14
alleinerziehend	26,1%	32,5%		
Anzahl Kinder*			n. s.	.18
Einzelkind	21,7%	35,0%		
Staatsangehörigkeit			n. s.	.01
nicht deutsch	2,2%	2,5%		
Bildungsabschluss*			n. s.	.20
Uni/ FH	23,9%	33,3%		
mind. FH-Reife	60,9%	71,8%		
Beruf*			n. s.	.17
ohne Beruf	17,4%	10,0%		
mit Uni-Abschluss	19,6%	22,5%		
Alter des Kindes in U.			n. s.	.01
6-8	48,8%	48,7%		
9-12	51,2%	51,3%		
Kind im Alter			n. s.	-
6-12	100%	100%		

* bei mehrstufigen Variablen ausgewählte Extreme

den beiden Gruppen aufweisen, könnte man angesichts der schwierigen Erhebungslage von einer letztlich doch geglückten Kontrollgruppengewinnung sprechen. Es handelt sich allerdings nur noch um zwei Gruppen, die 45 bzw. 41 Mitglieder haben. Damit sind von der ursprünglich geplanten Untersuchungsgruppe der Eltern nur insgesamt 43 % auch tatsächlich realisiert worden. Die Generalisierbarkeit der Befunde ist damit gegenüber dem geplanten Vorhaben deutlich eingeschränkt.

Follow-up Elterngruppen
Im Mai 2008 sind die letzten Elternfragebögen der Nacherhebung eingegangen. Insgesamt 70 Elternteile haben vier Monate nach Beendigung der Elternkurse am Follow-up teilgenommen. 46 dieser Eltern stammen aus den Elternkursen. Die Rücklaufquote beträgt 54,1 % bezogen auf die Eltern, die an der Befragung direkt nach Beendigung des Kurses teilgenommen haben. Für diese Gruppe ist zu prüfen, ob es überhaupt nachhaltige Veränderungen gegeben hat.

Aus der Wartegruppe haben sich 24 Eltern beteiligt, das entspricht einer Quote von 55,8 %. Von diesen 24 Eltern haben fünf vor Beantwortung des Follow-up Fragebogens bereits einen neuen Elternkurs zumindest begonnen. Damit scheiden diese Eltern aus dem Vergleich der Nachuntersuchung aus. Die Quote der dann noch zur Verfügung stehenden Wartegruppeeltern (ELWG$_{v.n.f.}$) beträgt nur noch 44,2 % der Eltern, die an der nachher Untersuchung teilgenommen haben.

Es ist zu klären, ob die verbliebenen Eltern in ihrer soziodemografischen Zusammensetzung mit den Eltern noch vergleichbar sind, die zu Beginn der Kurse an den Untersuchungen teilgenommen haben. Zunächst geht es dabei um alle Eltern der Kurse (ELEK), dann um die Kurseltern aus echten Kursen mit Wartegruppen und sechs- bis zwölfjährigen Kindern und schließlich um die Eltern der Wartegruppe. Den Abschluss bildet der Vergleich zwischen den verbliebenen Eltern aus Elternkursen und Wartegruppen.

Die Tabelle A 7_5 zeigt die Ergebnisse der Analysen für alle EK-Eltern. Es werden die soziodemografischen Zusammensetzungen der verbliebenen Eltern mit Teilnahme an drei Erhebungen für jedes einzelne Merkmal verglichen mit denen der Eltern, die nur ein- oder zweimal an den Untersuchungen teilgenommen haben. Es zeigt sich, dass es einen signifikanten und einen tendenziell gesicherten Unterschied gibt. Unter den verbliebenen Eltern sind solche mit einem einzigen Kind deutlich seltener als bei den ausgeschiedenen Eltern. Für alle Kinderanzahlen beträgt der Kontingenzkoeffizient .28. Darüber hinaus sind weniger Väter in der verbliebenen Gruppe als in der der Ausgeschiedenen (der Phi-Koeffizient beträgt .17). Alle anderen Vergleiche zeigen keine signifikanten Abweichungen von einer Zufallsverteilung. Allerdings weisen zwei Koeffizienten darauf hin, dass einerseits die Eltern mit jüngeren Kindern (sechs bis acht Jahre) häufiger nicht dreimal teilgenommen haben (Phi gleich .31) und andererseits sich die Verteilungen der Bildungsabschlüsse unterscheiden (Kontingenzkoeffizient .27): Es sind eher Eltern mit akademischen Abschlüssen ausgeschieden. Dieser Befund korrespondiert gut mit den Vergleichen für die Werte nachher. Die verbliebenen Eltern repräsentieren die gesamte Elternschaft der Kurse nur eingeschränkt. Ob dies relevant für Verallgemeinerungen in den abhängigen Variablen der Erziehung und der Kinderbeurteilung ist, muss der Vergleich der Ausgangswerte in diesen Merkmalen ergeben (Kap. 12.1).

Die nächste Analyse betrifft den Vergleich der soziodemografischen Zusammensetzung jener Eltern, die aus echten Elternkursen stammen und sechs- bis zwölfjährige Kinder haben und an allen drei Erhebungsterminen teilgenommen haben, mit denen der entsprechenden Eltern, die wegen fehlender Daten zu einem oder zwei Erhebungszeitpunkten ausgeschieden sind. Die Tabelle A 7_6 zeigt zusammengefasst die wesentlichen Ergebnisse. Es gibt drei tendenziell gegen den Zufall gesicherte Unterschiede. Auch in dieser Teilgruppe ist der Anteil an Einzelkindern geringer als bei den ausgeschiedenen Eltern, deutlich weniger Eltern mit jüngeren Kindern haben dreimal an den Untersuchungen teilgenommen und die akademischen Bildungsabschlüsse sind seltener in der Gruppe der Eltern mit drei Datensätzen. Damit fällt die Bilanz für die Repräsentativität dieser Elterngruppe, die für den schärfsten Vergleich mit der Wartegruppe zur Verfügung steht, etwas ungünstiger aus, als dies nach der Zweiterhebung der Fall gewesen ist. Ob diese etwas geringere Repräsentativität auch Einfluss hat auf die Ausgangslage der Eltern in den interessierenden Merkmalen des Erziehungsverhaltens und der Kinderbeurteilungen, wird in Kapitel 12.1 zur Debatte stehen.

In der Wartegruppe hat es ebenfalls eine Reduzierung der Elterngruppe von der Zweiterhebung bis zum Follow-up gegeben. Deshalb muss auch für diese eigentliche Vergleichsgruppe geprüft werden, ob sie in ihrer Zusammensetzung noch vergleichbar ist mit der ursprünglichen Wartegruppe. Die Tabelle A 7_7 enthält die Zusammenfassung der Analysen der Verteilungen der verschiedenen soziodemografischen Variablen für die verbliebene Wartegruppe und die wegen fehlender Daten ausgeschiedenen Eltern der ursprünglichen Wartegruppe. Die Wartegruppe hat sich um jene fünf Eltern reduziert, die vor Beginn des Follow-up einen Elternkurs begonnen haben und deshalb für eine Kontrollgruppe ohne Treatment ungeeignet sind. Die verbliebenen 19 Elternteile setzen sich hinsichtlich ihrer regionalen Herkunft anders zusammen als die Ausgeschiedenen (Kontingenzkoeffizient .50). Insbesondere der Anteil Hamburger Eltern ist größer als bei den ausgeschlossenen Eltern. Die Differenzen in Nordrhein-Westfalen hängen damit zusammen, dass dort ein Kurs früher als geplant begonnen hat. Eltern mit Einzelkindern sind in der echten Vergleichsgruppe deutlich weniger als bei den Ausgeschiedenen (.43). Die Väter stellen einen erheblich geringeren Anteil in der wichtigsten Wartegruppe (Phi .30). Und schließlich ist der Anteil der Eltern in Berufen mit universitärem Abschluss in dieser Gruppe tendenziell geringer (.38). Insgesamt gesehen ist festzuhalten, dass sich die Probleme der Vergleichbarkeit von Ausgangsgruppe der Wartegruppe und verbliebener Wartegruppe von der Nachbefragung zum Follow-up noch weiter verschärft haben. Die Zusammensetzung lässt eine Verallgemeinerung auf die gesamte Wartegruppe nur eingeschränkt zu. Ob dies entsprechend auch für die Ausgangswerte in den wichtigen Untersuchungsmerkmalen der Eltern gilt, wird in Kapitel 12.2 verdeutlicht.

Die eigentliche Vergleichsgruppe der Elternkurse hat noch 26 Eltern, die aus den echten Elternkursen mit Wartegruppe stammen und sechs- bis zwölfjährige Kinder haben und zusätzlich an allen drei Erhebungen teilgenommen haben (ELEK-echt$_{v.n.f.}$). Diese Gruppe muss hinsichtlich ihrer soziodemografischen Zusammensetzung mit derjenigen der Wartegruppe (19 Elternteile) verglichen werden.

Tab. 3 – 7_3:
Zusammensetzung der Eltern aus echten EK mit 6-12 jährigen Kindern, die an allen drei Erhebungen teilgenommen haben, im Vergleich zu entsprechenden Eltern aus WG

Variablen	(N=45) ELEKecht v.n.f.	ELWG v.n.f.	Chi-Quadrat	Phi/ Kontingenz-koeffizient
Land*			n. s.	.19
HH	30,8%	42,1%		
Geschlecht			n. s.	.11
männlich	11,5%	5,3%		
Familienstatus*			n. s.	.21
alleinerziehend	23,1%	31,6%		
Anzahl Kinder*			n. s.	.27
Einzelkind	15,4%	15,8%		
Staatsangehörigkeit			n. s.	.13
nicht deutsch	3,8%	0,0%		
Bildungsabschluss*			n. s.	.29
Uni/ FH	15,4%	27,8%		
mind. FH-Reife	65,4%	61,0%		
Beruf*			n. s.	.21
ohne Beruf	23,1%	10,5%		
mit Uni-Abschluss	11,5%	15,8%		
Alter des Kindes in U.			n. s.	.03
6-8	39,1%	42,1%		
9-12	60,9%	57,9%		

* bei mehrstufigen Variablen ausgewählte Extreme

Die Tabelle 7_3 zeigt zusammengefasst die Vergleiche der vorhandenen soziodemografischen Merkmale der beiden Gruppen. Es gibt keinen einzigen signifikanten Unterschied in der Zusammensetzung der beiden Elterngruppen. An den Phi- bzw. Kontingenzkoeffizienten ist allerdings zu sehen, dass es einige schwache Zusammenhänge bis .29 gibt, die nur wegen der geringen Anzahl der Eltern in beiden Gruppen das Signifikanzniveau nicht erreichen. Die Vergleichbarkeit der beiden Gruppen hinsichtlich ihrer soziodemografischen Zusammensetzung ist damit aber nicht gefährdet.

Gegenüber der Zusammensetzung der Elterngruppen ELEKecht und ELWG, die an den beiden ersten Erhebungen Daten geliefert haben, gibt es dennoch einige Veränderungen (vgl. Tab. 7_2). In der Wartegruppe dominieren nicht mehr die Eltern aus NRW, weil ein Teil von diesen inzwischen den Elternkurs begonnen hat. Der Anteil der Eltern mit Einzelkindern hat sich in der Wartegruppe halbiert. Für beide Gruppen zeigt sich, dass die Gruppe der Eltern mit älteren Kindern von neun bis zwölf Jahren einen höheren Anteil stellt. Bei den übrigen Merkmalen sind die Verschiebungen im prozentualen Bereich deutlich kleiner. Es ist aber klar, dass deutlich weniger Eltern für die schärfste Analyse nachhaltiger Wirkungen zur Verfügung stehen, als zu Beginn vorhanden waren. Damit sind mögliche Verallgemeinerungen der Befunde nur eingeschränkt gestattet. Von größerer Bedeutung sind allerdings die Ausgangswerte der beiden Gruppen in den Erziehungsvariablen der Eltern und deren Kinderbeurteilungen (Kap. 12.2).

Kindergruppen

Wie in den Kapiteln 4 und 5 begründet, sind auch Kinder der Eltern in die Untersuchung einbezogen worden, die an den Kursen oder der Wartegruppe teilgenommen haben. Die Planung ging davon aus, dass jeder Elternteil oder jedes Elternpaar mindestens ein Kind im Alter von sechs bis zwölf Jahren hat und dieses an der Erhebung vorher und nachher mitwirken lässt. Wie oben bereits berichtet, ist es nicht gelungen ausreichend Kurse mit genau solchen Eltern zu rekrutieren. Im Verlauf des Untersuchungsjahres wurde die Schwelle für die Teilnahme der Elternkurse immer weiter gesenkt. Der Anteil der Kinder, die schließlich selbst an der Untersuchung teilgenommen haben (KIEKalle), ist deshalb mit 72 Kindern deutlich kleiner als die Anzahl der Eltern in den Kursen. Da es auch Elternpaare mit Kindern und teilnehmende Geschwister gibt, ist der Teil der Eltern, die keine Kinder in die Untersuchung mitgebracht haben, größer als die Differenz zwischen Eltern- und Kinderzahl. Diese Kindergruppe ist trotz des Fehlens einer entsprechenden Wartegruppe insofern interessant, weil mit ihrer Hilfe ein Eindruck gewonnen werden kann, ob bei allen zweimal erreichten Kindern überhaupt Veränderungen festzustellen sind. Diese Kindergruppe repräsentiert die untersuchten Kinder am besten. Sollten sich keine Differenzen zwischen der Erst- und Zweiterhebung zeigen, ist es auch extrem unwahrscheinlich, dass sich in der KIEKecht größere Unterschiede zur KIWG ergeben.

Es ist zunächst den Fragen nachzugehen, wie sich die Kindergruppe KIEKalle soziodemografisch zusammensetzt und ob die Kinder, die bei der Erst- und Zweitbefragung anwesend waren (45) und damit für Analysen von Veränderungen zur Verfügung stehen, sich von denen unterscheiden, die wegen einer nur einmaligen Erhebung ausgeschieden sind (27). Die Schwundquote der Kinder beträgt 37,5 %. Tabelle A 7_8 zeigt die zusammengefassten Analysen der soziodemografischen Variablen für diese beiden Gruppen. Von zwölf Überprüfungen erbringen drei mindestens signifikante Befunde. Zwei davon sowie ein weiterer tendenzieller Unterschied bei der Alterskategorie beruhen auf dem gleichen Phänomen: Es sind eindeutig jüngere Kinder (Altersmittelwert 7,59 für ausgeschiedene und 8,76 für verbliebene Kinder; Eta-Quadrat 7,6 %) überproportional nicht wieder erschienen (redundant ebenfalls ersichtlich an der Fragebogenform sowie der Alterskategorie der Kinder). Eltern jüngerer Kinder haben ihrem Kind die zweite Untersuchung sehr viel seltener zugemutet als Eltern der älteren Kinder. Derselbe Sachverhalt (ebenfalls ein signifikanter Befund) spiegelt sich auch darin, dass in Nordrhein-Westfalen besonders wenige Kinder ausgeschieden sind (dort haben in erster Linie ältere Kinder an der Untersuchung teilgenommen). Zusätzlich zeigen die Berufe der Mütter die Tendenz, dass deutlich mehr Frauen, die Tätigkeiten ausüben, die nicht als Beruf gelten, ihre Kinder nicht zur zweiten Untersuchung motiviert haben. Die Angaben zu Bildungsabschlüssen und Berufen der Väter basieren auf so geringen Gruppengrößen, dass trotz mancher Auffälligkeit keine signifikanten Befunde zu verzeichnen sind. Es bleibt festzuhalten, dass die verbliebenen Kinder aller zehn Kurse deutlich älter sind als die ausgeschiedenen Kinder. Ob diese Selektion bedeutungsvoll für die abhängigen Kindermerkmale ist, wird beim Vergleich dieser Variablen zu prüfen sein.

Auch bei den Kindern der Eltern aus Elternkursen wird die Untergruppe KIEKecht derjenigen gebildet, die aus Elternkursen stammen, für die eine Wartegruppe rekrutiert werden konnte (63 Kinder). Die Tabelle A 7_9 zeigt die soziodemografischen Zusammensetzungen derjenigen Kinder, die an der Erst- und Zweiterhebung teilgenommen haben und derjenigen, die wegen einer nur einmaligen Untersuchung ausgeschieden sind. Es gibt zwei signifikante Befunde: Es sind besonders wenig ältere Kinder ausgeschieden, die mit ihrer Mutter teilgenommen haben, und besonders viele jüngere Kinder, die von ihrem Vater begleitet waren (Kontingenzkoeffizient .41). Zusätzlich ist der Schwund besonders groß bei Kindern, deren Mütter zum Zeitpunkt der Erhebung ohne ausgeübten Beruf waren (der Kontingenzkoeffizient beträgt .42; dieser Sachverhalt hat natürlich auch bei der Selektion der Eltern eine entsprechende Rolle gespielt). Tendenziell sind auch wieder eher jüngere Kinder ausgeschieden, was sich mit den obigen Analysen deckt. Die Bildungsabschlüsse der Väter und deren Berufe zeigen ebenfalls deutliche Auffälligkeiten, die aber wegen der geringen Anzahl von Vätern nicht das Signifikanzniveau unterschreiten. Die resultierende Kindergruppe KIEKecht repräsentiert die entsprechende ursprüngliche Kindergruppe aus den sieben Elternkursen mit Wartegruppe nur eingeschränkt. Ob sich deshalb auch die abhängigen Untersuchungsmerkmale der Kinder in der Ersterhebung voneinander unterscheiden, wird in Kapitel 10 mitgeteilt.

Wartegruppe Kinder

Die Eltern der Wartegruppe (ELWG) haben fast alle ihre Kinder an der Untersuchung teilnehmen lassen. Auch von diesen Kindern stehen einige nicht für den Vergleich von Erst- und Zweitmessung zur Verfügung, weil eine der beiden Erhebungen fehlt. Die Tabelle A 7_10 zeigt die Zusammensetzung der soziodemografischen Variablen der beiden Gruppen und die Ergebnisse der Chi-Quadrat-Tests. Angesichts der geringen Anzahl von ausgeschiedenen Kindern der ELWG gibt es keinen einzigen signifikanten Befund. Es darf gefolgert werden, dass die verbliebenen Kinder die ursprüngliche Gruppe hinreichend repräsentieren. Immerhin erreichen aber fünf der Phi- bzw. Kontigentkoeffizienten Werte über .25, was als Hinweis darauf anzusehen ist, dass einige Unterschiede wohl nicht bedeutungslos sind. Insofern ist der Vergleich der Daten der Ersterhebung in den abhängigen Untersuchungsmerkmalen zwischen den beiden Gruppen von einiger Bedeutung (vgl. Kapitel 9).

Vergleich von KIEKecht mit KIWG

Der wichtigste Vergleich der soziodemografischen Variablen findet zwischen der Kindergruppe KIEKecht und der Wartegruppe KIWG statt, weil die ähnliche Zusammensetzung beider Gruppen eine wesentliche Voraussetzung für die Interpretation und Bewertung möglicher Unterschiede in den Veränderungen der abhängigen Variablen ist.

Tab. 4 – 7_4:
Zusammensetzung der EK-Kinder aus echten EK-Kursen mit vorher- und nachher Daten im Vergleich zu WG-Kindern aus Wartegruppen mit vorher- und nachher Daten

Variablen		KIEKecht	KIWG	Chi-Quadrat	Phi/ Kontingenz-koeffizient	N
Land*				n. s.	.09	82
	NRW	47,5%	45,2%			
Geschlecht				n. s.	.05	82
	männlich	50,0%	54,8%			
Fragebogenform*				n. s.	.17	82
	Vater 6-8	2,5%	9,5%			
	Vater 9-12	10,0%	7,1%			

Variablen	KIEKecht	KIWG	Chi-Quadrat	Phi/Kontingenz-koeffizient	N
Familienstatus*			n. s.	.12	82
alleinerziehend	30,0%	34,1%			
Geschwister*			n. s.	.18	82
Einzelkind	20,0%	34,1%			
Alterskategorie			n. s.	.02	82
6-8	50,0%	47,6%			
9-12	50,0%	52,4%			
Staatsangehörigkeit			n. s.	.00	82
nicht deutsch	2,5%	2,4%			
Bildungsabschluss Mutter*			n. s.	.16	73
Uni/ FH	27,0%	33,3%			
mind. FH-Reife	64,8%	69,4%			
Bildungsabschluss Vater*			n. s.	.46	17
Uni/ FH	30%	42,9%			
mind. FH-Reife	70%	100%			
Beruf Mutter*			n. s.	.12	73
ohne Beruf	10,8%	8,1%			
mit Uni-Abschluss	18,9%	16,2%			
Beruf Vater*			n. s.	.31	17
ohne Beruf	20%	14,3%			
mit Uni-Abschluss	40%	57,1%			

(N=82)	M_{EK}	M_{WG}	s_{EK}	s_{WG}	Homog.	Sign.	Eta^2
Alter Kind	8,73	8,48	1,85	1,55	n. s.	n. s.	.005

* bei mehrstufigen Variablen ausgewählte Extreme

Die zusammengefassten Analysen der Tabelle 7_4 zeigen, dass es in keinem einzigen soziodemografischen Merkmal einen signifikanten Unterschied zwischen den beiden Vergleichsgruppen gibt. Die Selektionen, die in beiden Gruppen stattgefunden haben, schaden der Vergleichbarkeit offensichtlich nicht. Abgesehen von den Bildungsabschlüssen der Väter (.46) und deren Berufen (.31) erreichen alle anderen Phi- und Kontingenzkoeffizienten nie einen Wert über .18. Damit ist gezeigt, dass die beiden für den wichtigsten Vergleich zur Verfügung stehenden Kindergruppen in ihrer soziodemografischen Zusammensetzung so ähnlich sind, dass mögliche Differenzen in den Veränderungswerten von der Erst- zur Zweiterhebung eher nicht durch Verschiedenheit in den Randvariablen zu erklären sein werden. Sofern sich auch die Werte der Ersterhebung in den abhängigen Untersuchungsmerkmalen nicht unterscheiden, wäre es gelungen, eine recht brauchbare Kinderkontrollgruppe zu rekrutieren.

8 Analyse der eingesetzten Instrumente

Bevor Ergebnisse der Untersuchungen berichtet werden, müssen die eingesetzten Erhebungsverfahren auf ihre Tauglichkeit für die untersuchten Personen geprüft werden. Es sind zwar grundsätzlich geeignete Verfahren ausgewählt worden, es ist aber nicht auszuschließen, dass besondere Zusammensetzungen der Untersuchungsgruppe hinsichtlich relevanter Merkmale oder die vorgenommenen Adaptierungen der Verfahren die Tauglichkeit einschränken.

Die zugehörigen Tabellen sind jeweils in gleicher Weise aufgebaut. Er werden für alle untersuchten Eltern aus Elternkursen und Wartegruppen gemeinsam und für deren untersuchte Kinder die beiden zentralen Momente der Verteilung mitgeteilt: Mittelwert (M) und Standardabweichung (s). Da sich die Anzahl der Items in den Fragebogenskalen unterscheiden, wird die Summe der Itemwerte fast immer durch deren Anzahl geteilt. Dieses Vorgehen bietet zwei Vorteile: Erstens sind die Mittelwerte aller Fragebogenmaße mit identischen Antwortvorgaben direkt miteinander vergleichbar. Zweitens können diese Mittelwerte besser auf einen Blick beurteilt werden, weil sie direkt mit den Antwortvorgaben verglichen werden können. Um auch sofort erkennen zu können, ob sich der empirische Mittelwert im positiven oder negativen Bereich der jeweiligen Skala befindet, werden zusätzlich der numerische Mittelwert der Antwortvorgaben und die Anzahl der Antwortvorgaben mitgeteilt.

Neben der Objektivität, die durch die standardisierte Durchführung sowie die eindeutige Auswertung der Antwortvorgaben gewährleistet ist, ist die Zuverlässigkeit (Reliabilität) einer Messung ein zentrales Kriterium für die Güte des Erhebungsverfahrens. Die Genauigkeit, mit der die Items ein Merkmal messen, wird wie üblich über die Bestimmung der internen Konsistenz vorgenommen, in diesem Fall mit Chronbachs Alpha. Die jeweils erhaltenen Werte werden für jede Skala mitgeteilt.

Auf empirisch untersuchte Aspekte der Gültigkeit (Validität) der Fragebogenskalen als dem wichtigsten Kriterium für die Tauglichkeitsprüfung eines Messinstrumentes wird jeweils im Anschluss eingegangen. Zum einen ist dieses Kriterium selbstverständlich handlungsleitend bei der Auswahl der Instrumente gewesen. Zum anderen müssen die bei den untersuchten Eltern und Kindern gefundenen Hinweise auf die Validität der Merkmalserfassungen berichtet werden. Diese beziehen sich einerseits auf die Struktur der erfassten Merkmale eines Merkmalsbereichs, die mit Hilfe von Faktorenanalysen ermittelt werden (Konstruktvalidität), sowie auf die Zusammenhänge mit den weiteren eingesetzten Instrumenten mit Hilfe von multiplen Regressionsanalysen (Kriteriumsvalidität). In die Analysen gehen alle Eltern ein, die entsprechende Daten geliefert haben. Damit wird die maximale Gruppengröße genutzt, um die Stabilität der Befunde zu stützen. Es hat sich zudem gezeigt, dass die entsprechenden Analysen nur für solche Eltern, die ein sechs- bis zwölfjähriges Kind haben (die eigentliche Adressatengruppe der Evaluation), keine wesentlich abweichenden Befunde ergeben (ohne Tab).

In diesem Kapitel werden nur Ergebnisse der getrennten Analysen für die Eltern einerseits und die Kinder andererseits vorgestellt. Die Verknüpfungen dieser verschiedenen Datenquellen werden in Kapitel 11 dokumentiert.

Als weitere Informationen enthalten die Tabellen alle verfügbaren entsprechenden Werte aus den deutschsprachigen Quellen, aus denen die Verfahren ausgewählt worden sind. Damit werden Vergleiche sowohl der Verteilungen der Daten als auch der Zuverlässigkeiten möglich. Vor allem bei Adaptationen aber auch bei Veränderungen der Altersgruppen kann es zu deutlichen Abweichungen dieser Werte kommen.

Eine weitere Spalte ist für die Zuverlässigkeiten der Fragebogenskalen bei den Eltern für diejenigen vorgesehen, die tatsächlich mindestens ein Kind im angezielten Altersspektrum von sechs bis zwölf Jahren haben. Die Aussagen in den Erhebungsverfahren sind für diese Altersgruppe der Kinder ausgewählt oder adaptiert worden. Es ist deshalb denkbar, dass sich die internen Konsistenzen für diese Eltern deutlich von denen der Gesamtgruppe unterscheiden.

8.1 Analyse der Fragebogenskalen der Eltern

Die Fragebögen der Eltern sind von jeweils zwei Forschungspraktikantinnen des Studienganges Diplom Pädagogik ausgewertet und kontrolliert worden. Mit Hilfe von farbigen Schablonen hat diese Auswertung völlig objektiv stattgefunden. Für die üblicherweise bei Fragebögen auftretenden Probleme sind folgende Regelungen getroffen worden: Liegen zwei Kreuze bei nebeneinander stehenden Antwortvorgaben, dann wird zwischen diesen beiden gelost. Sind zwei Kreuze weiter voneinander entfernt, wird der gerundete Mittelwert der übrigen Items eingesetzt. Ist ein Item ganz ausgelassen worden, dann wird ebenfalls der gerundete Mittelwert der restlichen Items dieser Skala eingesetzt. Die beiden letztgenannten Regelungen werden nur dann realisiert, wenn es sich nur um ein fehlendes Item pro Skala handelt.

Sind zwei oder mehr Fragen in einer Skala nicht beantwortet, dann wird diese Skala nicht ausgewertet. Dieser Fall betrifft vor allem Eltern mit sehr jungen Kindern. Für diese sind etliche der Erziehungsverhaltensweisen nicht beantwortbar, weil entsprechende Situationen bei ihren Kindern nicht auftreten können (Absprachen mit dem Kind; Kontrolle von Hausaufgaben; unabgesprochenes Fernbleiben des Kindes). Hier zeigt sich, wie wichtig es ist, bei der Itemkonstruktion auf die tatsächliche Erfahrungswelt der Eltern zurück zu greifen, weil nur dann auch realistische Antworten erwartet werden können. Der genutzte Itempool ist aus diesem Grund für Kinder von sechs bis zwölf Jahren ausgewählt bzw. adaptiert worden. Nur durch die nicht vollständig gelungene Rekrutierung von Eltern mit Kindern dieses Alters ist es zu derartigen Ausfällen von ganzen Skalen gekommen. Bei Eltern mit Kindern des entsprechenden Alters sind diese Probleme nicht aufgetreten. Die einzige Ausnahme bilden zwei Aussagen zu Hausaufgaben der Kinder, weil einige Kinder durch den Besuch einer Ganztagsschule keine Hausaufgaben erhalten. In diesen Fällen ist ein Mittelwert für die übrigen Items dieser Skala unter Auslassung der beiden fraglichen Aussagen gebildet worden.

Vereinzelt aufgetretene Sonderfälle wie z. B. Anmerkungen der Eltern zu einer Frage sind sämtlich mit der Projektleitung geklärt worden.

Die Tabelle 8_1 zeigt die vorhandenen Informationen für alle Fragebogenskalen aller Eltern, von denen die entsprechenden Skalen vorliegen (141 bis 156).

Für die Skalen der deutschen Fassung des Alabama Parenting Questionnaires lässt sich folgendes festhalten: Die internen Konsistenzen von sechs der sieben Skalen entsprechen in ihrer Größenordnung denen von Reichle und Franiek (2006). Sie liegen im ausreichenden (Körperliche Strafen) bis guten Bereich (Positives Elternverhalten). Eine Ausnahme bildet die Skala Geringes Monitoring mit einer internen Konsistenz von $\alpha = .56$. Für Individualdiagnosen ist diese Skala nicht zuverlässig genug, für Gruppenvergleiche ist sie nur eingeschränkt tauglich. Letzteres gilt auch, wenn nur die Eltern von sechs- bis achtjährigen Kindern berücksichtigt werden.

Die Mittelwerte der Skalen signalisieren, dass die insgesamt rekrutierten Eltern vor allem im Positiven Elternverhalten (Mittelwert größer als oft), bei der Involviertheit und dem Verantwortungsbewussten Elternverhalten ihren Durchschnittswert deutlich im positiven Bereich haben. Dieser Befund korrespondiert auch mit den Daten von Reichle und Franiek (2006). Geringes Monitoring und Körperliche Strafen haben durchschnittlich die niedrigsten Werte. Im Mittel gibt es Geringes Monitoring fast nie, Körperliche Strafen weniger als selten. Auch dieser Befund korrespondiert mit den Daten von Reichle und Franiek (2006). Offensichtlich handelt es sich bei den Eltern insgesamt eher um solche, die in ihren Erziehungspraktiken aus eigener Sicht im Mittel bereits eher entwicklungsförderliche Verhaltensweisen benutzen als entwicklungshemmende. Dennoch muss im Mittel noch nicht mit Deckeneffekten gerechnet werden, wenngleich einige Eltern auch schon am Ende der Skalen angekommen sind. Bei diesen werden eventuelle Veränderungen nicht mehr messbar sein.

Die Skalen des deutschsprachigen Alabama Parenting Questionnaire korrelieren in der erwarteten Weise miteinander (Reichle & Franiek 2006): Die entwicklungsförderlichen Merkmale Positives Elternverhalten, Involviertheit und Verantwortungsbewusstes Elternverhalten sind positiv miteinander verknüpft (.35 bis .38 ohne Tab.), das gilt ebenso für die entwicklungshemmenden Merkmale Inkonsistentes Elternverhalten, Geringes Monitoring und Körperliche Strafen (.20 bis .31 ohne Tab.). Eine Ausnahme bildet die Skala Machtvolle Durchsetzung, die zwar mit Körperlichen Strafen erwartungsgemäß positiv, aber auch positiv mit Involviertheit und Verantwortungsbewusstem Elternverhalten zusammenhängt. Offensichtlich enthält diese Skala bei den untersuchten Eltern Aspekte, die mit beiden Dimensionen elterlichen Verhaltens Gemeinsamkeiten hat. Ansonsten korrelieren die beiden entwicklungsförderlichen und entwicklungshemmenden Variablengruppen erwartungsgemäß negativ miteinander.

Tab. 5 – 8_1:
Mittelwerte, Standardabweichungen und interne Konsistenzen der Skalen in der gesamten Elterngruppe, in den deutschen Originalquellen der Skalen sowie der Elterngruppe mit 6-12jährigen Kindern

Variablen	ELEKalle (N=141-156)					Deutsche Originalquelle der Skala			ELEKalle mit 6-12j. Kindern (N=114-124)
	M	s	Stufen	Mitte der Skala	α	M	s	α	α
Inkonsistentes Elternverhalten	2.75	.53	5	3	.77	2.48	.82	.78	.77
Positives Elternverhalten	4.11	.49	5	3	.81	4.24	.70	.82	.81
Involviertheit	3.86	.56	5	3	.74	3.71	1.05	.77	.68
Verantwortungsbew. Elternverhalten	3.48	.51	5	3	.73	3.40	.83	.71	.61
Geringes Monitoring	1.34	.30	5	3	.56	1.19	.48	.69	.54
Machtvolle Durchsetzung	3.23	.50	5	3	.73	3.05	.84	.71	.74
Körperliche Strafen	1.70	.61	5	3	.67	1.57	.75	.67	.70
Unterstützung	3.32	.71	5	3	.75			.83	.74
Strenge	2.04	.63	5	3	.79			.87	.78
Klarheit	4.61	.61	5	3	.84	2.96[2)]	.44	.83	.78
Unzufriedenheit	2.65	.71	6	3,5	.69	1.56[1)]		.61-.78[1)]	.72
Erlebte Selbstwirksamkeit	4.09	.81	6	3,5	.76	4.44[1)]	.56[1)]	.59-.78[1)]	.77
Soziale Unterstützung	3.81	.82	5	3	.88	3.96	.68		.88
Zufriedenheit mit Lebenssituation	3.60	.82	5	3	.68			-	.70
Prosoziales Verhalten Kind	7.57	1.91	11	5	.73			.68	.75
Hyperaktivität Kind	3.99	2.47	11	5	.72			.76	.73

Variablen	ELEKalle (N=141-156)					Deutsche Originalquelle der Skala			ELEKalle mit 6-12j. Kindern (N=114-124)
	M	s	Stufen	Mitte der Skala	α	M	s	α	α
Emotionale Probleme Kind	2.51	2.28	11	5	.73			.66	.73
Verhaltensprobleme Kind	2.68	1.78	11	5	.63			.60	.66
Verhaltensprob. mit Gleichaltrigen	1.94	1.98	11	5	.69			.58	.69
Schwächen/ Probleme Kind	11.25	5.85	41	20	.80			.82	.81
Positives Sozialverhalten Kind	3.53	.51	5	3	.71			-	.72
Unangepasstes Sozialverhalten Kind	2.18	.68	5	3	.81			.82	.82
Unrealistisches Selbstkonzept Kind	2.41	.59	5	3	.73			.69	.74

[1] geschätzte Werte für Eltern 5-6jähriger Kinder
[2] vierstufig

Tab. 6 – 8_2:
Faktorenanalyse der Elternskalen des Erziehungsverhaltens (Deutsche Version des Alabama Parenting Questionnaire) (nur Ladungen > .30)

Variablen	1. Faktor	2. Faktor	3. Faktor	Kommunalitäten
Inkonsistentes Elternverhalten		.72		.53
Positives Elternverhalten	.73			.58
Involviertheit	.73			.55
Verantwortungsbewusstes Elternverhalten	.78			.66
Geringes Monitoring		.75		.64
Machtvolle Durchsetzung			.86	.80
Körperliche Strafen		.58	.55	.69
Erklärte Varianz	**25,5%**	**21,3%**	**16,7%**	**63,5%**

Die Tabelle 8_2 enthält die zentralen Befunde der Faktorenanalyse der sieben Skalen des deutschsprachigen Alabama Parenting Questionnaire. Die Hauptkomponentenanalyse mit anschließender Varimax-Rotation ergibt eine dreifaktorielle Lösung, die 63,5 % der Varianz erklärt. Der erste Faktor lädt die drei entwicklungsförderlichen Merkmale und kann als verantwortungsbewusste, engagierte, warme, liebevolle Erziehung bezeichnet werden. Der zweite fast gleich varianzstarke Faktor lädt drei der vier entwicklungshemmenden Merkmale. Er ist als inkonsequente, eher wenig beaufsichtigende, strafende Erziehung zu charakterisieren. Der varianzschwächste dritte Faktor lädt in erster Linie die Skala Machtvolle Durchsetzung und einen substantiellen Teil der Skala Körperliche Strafen. Es handelt sich um autoritäre, strafende Disziplinierung. Offensichtlich differenzieren die untersuchten Eltern den entwicklungshemmenden Bereich in zwei unterscheidbare Komponenten.

Weitere Ergebnisse zu diesem Instrumentarium sind bei den folgenden Analysen aufgeführt. Schon hier kann festgehalten werden, dass die benutzten Skalen offensichtlich tauglich für die Untersuchungszwecke sind.

Die Skalen Unterstützung und Strenge weisen ebenfalls befriedigende interne Konsistenzen auf. Die Originalskalen haben deutlich mehr Items und sind deshalb etwas zuverlässiger. Die Mittelwerte zeigen, dass die Eltern im Durchschnitt etwas mehr als sechsmal ihre Kinder in der zurückliegenden Woche unterstützt haben und nur bis zu dreimal Verhaltensweisen gezeigt haben, die unter die Rubrik Strenge fallen. Auch hier bestätigt sich, dass die rekrutierten Eltern eher günstige Verhaltensweisen in ihrer Erziehung zeigen. Dennoch ist die Differenzierungsmöglichkeit der Skalen für Gruppenvergleiche gut gegeben.

Die beiden Skalen Unterstützung und Strenge sind erwartungsgemäß unkorreliert. Unterstützung steht in positivem Zusammenhang mit den drei entwicklungsförderlichen Aspekten des Alabama Parenting Questionnaire (.28 bis .46 ohne Tab.), Strenge entsprechend mit drei Skalen zum entwicklungshemmenden Erziehungsverhalten (.27 bis .41 ohne Tab.). Eine Ausnahme bildet die Skala Geringes Monitoring, zu der keine Beziehung besteht. Diese mit zwei unterschiedlichen Fragebögen und Itemarten gefundenen Zusammenhänge sind als deutliche Validitätshinweise für die eingesetzten Instrumente zu werten.

Die Skala Klarheit weist eine gute interne Konsistenz auf, dabei ist der Zustimmungsgrad im Mittel so hoch (er liegt zwischen trifft eher zu und trifft vollkommen zu), dass nur noch wenig Raum für eine Steigerung vorliegt. Die untersuchten Eltern sind sich fast vollkommen sicher, dass sie ihrem Kind gegenüber klar und deutlich ihre Erwartungen äußern. In der Originaluntersuchung (Peterander 1993) war der Mittelwert bei einer nur vierstufigen Beantwortung deutlich niedriger.

Die Skala Klarheit korreliert positiv mit Positivem Elternverhalten, Machtvoller Durchsetzung und Unterstützung (.19 bis .25 ohne Tab.), negativ mit Inkonsistentem Verhalten (-.29), mit den übrigen bisher vorgestellten Skalen dagegen gar nicht. Die genauere Einordnung in die anderen Skalen zur Erfassung des elterlichen Erziehungsverhaltens lässt sich durch eine entsprechende Faktorenanalyse klären.

Tab. 7 – 8_3:
Faktorenanalyse aller Elternskalen des Erziehungsverhaltens (nur Ladungen > .30)

Variablen	1. Faktor	2. Faktor	3. Faktor	4. Faktor	Kommunalitäten
Inkonsistentes Elternverhalten		.54	-.58		.69
Positives Elternverhalten	.72				.60
Involviertheit	.71				.55
Verantwortungsbew. Elternverhalten	.76				.63
Geringes Monitoring				.87	.78
Machtvolle Durchsetzung		.51	.55		.63
Körperliche Strafen		.70		.35	.64
Unterstützung	.58			-.50	.58
Strenge		.84			.78
Klarheit			.81		.67
Erklärte Varianz	**20,3%**	**18,4%**	**13,6%**	**13,0%**	**65,3%**

Die Tabelle 8_3 enthält die Ergebnisse der Faktorenanalyse aller eingesetzten Skalen zum Erziehungsverhalten der Eltern. Die Vierfaktorenlösung erklärt 65,3 % der Varianz und weist eine klare Struktur auf, die einerseits die Differenzierungsfähigkeit der untersuchten Eltern belegt und zum andern die Tauglichkeit der eingesetzten Skalen zeigt. Die fünf zur Erfassung der entwicklungsförderlichen Merkmale eingesetzten Skalen tragen zu zwei Faktoren bei, die anderen fünf zu den beiden anderen Faktoren.

Der erste Faktor lädt die drei bekannten positiven Aspekte des Alamama Parenting Questionnaire und zusätzlich die Skala Unterstützung: Man kann den Faktor als verantwortungsbewusste, engagierte, warme, liebevolle, unterstützende Erziehung bezeichnen. Der zweite Faktor lädt vier der fünf negativ konnotierten Skalen, wobei Strenge und Körperliche Strafen den stärksten Anteil ausmachen. Sie werden ergänzt durch Anteile des Inkonsistenten Elternverhaltens und der Machtvollen Durchsetzung. Es handelt sich um hart strafende, autoritäre, inkonsequente Erziehung.

Der dritte Faktor lädt in erster Linie die Skala Klarheit sowie übrige Anteile von Machtvoller Durchsetzung und dem Gegenteil von Inkonsistenter Erziehung. Es handelt sich offensichtlich um Erziehungsaspekte, die vor allem auf Klarheit, Konsequenz und Durchsetzungsfähigkeit setzen. Diese sind völlig frei von unterstützenden oder liebevollen Anteilen. Die Skala Klarheit hat bei diesen Eltern damit eine etwas ambivalente Bedeutung, jedenfalls kovariiert sie nicht in erster Linie mit den anderen Skalen zum entwicklungsförderlichen Erziehungsverhalten. Es ist nicht auszuschließen, dass hohe Werte auch Anteile einer eher auf rigidere Vorgaben setzenden Erziehungshaltung signalisieren.

Der vierte Faktor lädt primär Geringes Monitoring sowie geringe Unterstützung und Körperliche Strafen. Es handelt sich um eher wenig beaufsichtigende, wenig unterstützende Erziehung. Bei der Skala Geringes Monitoring ist allerdings zu berücksichtigen, dass hohe Werte in dieser Skala ganz überwiegend immer noch unterhalb der neutralen Mitte der Skala liegen. Es gibt so gut wie keine Eltern in dieser Untersuchung, die tatsächlich wenig über ihre Kinder und deren soziales Umfeld wissen. Wenn sie zu denen gehören, die die relativ höchsten Werte in dieser Skala haben, dann sind sie auch seltener unterstützend und neigen etwas häufiger als andere zu körperlichen Strafen.

Zusammenfassend lässt sich zu den Skalen zur Erfassung des Erziehungsverhaltens feststellen, dass sie geeignet sind, die relevanten Komponenten des Erziehungsverhaltens zuverlässig und auch differenziert und gut strukturiert zu erfassen. Auf weitere Validitätshinweise wird weiter unten noch eingegangen.

Die beiden Skalen Unzufriedenheit mit der Elternrolle und Erlebte Selbstwirksamkeit in der Erziehung werden mit dem Zustimmungsgrad der Eltern sechsstufig erfasst. Die Skala Selbstwirksamkeit zeigt eine befriedigende und die Skala Unzufriedenheit hat eine ausreichende interne Konsistenz. Im Mittel stimmen die Eltern den Items der Selbstwirksamkeit ein wenig zu, während sie die Aussagen zur Unzufriedenheit im Mittel eher etwas ablehnen. Beide Skalen bieten noch ausreichend Differenzierungsfähigkeit für Veränderungen. Die Mittelwerte der Untersuchungsgruppe weichen deutlich von denen der Studie von Lösel et al. (2003b) ab, in der für Eltern deutlich jüngerer Kinder (bis maximal sechs Jahren) weniger Unzufriedenheit und größere Selbstwirksamkeit ermittelt wurde. Dies könnte ein Hinweis darauf sein, dass die hier rekrutierten Eltern in den so gemessenen Aspekten deutliche Veränderungsmöglichkeiten aufweisen.

Die beiden Skalen zur Erfassung der Selbstwahrnehmung der erzieherischen Kompetenz korrelieren erwartungsgemäß hoch negativ miteinander (-.50). Unzufriedenheit mit der Elternrolle steht in positivem Zusammenhang mit folgenden entwicklungshemmenden Aspekten (alle ohne Tab.): Inkonsistentes Erziehungsverhalten (.45), Körperlichen Strafen (.25), Strenge (.35) und korreliert negativ mit Positivem Elternverhalten (-.22), Unterstützung (-.19) und Klarheit (-.25). Die Eltern haben also in sehr überzeugender Weise die Skala genutzt: Wer sich selbst eher ungünstiges Erziehungsverhalten zuschreibt, ist auch unzufriedener mit seiner Rolle als Elternteil.

Berücksichtigt man alle fünf Skalen des Erziehungsverhaltens, die entwicklungshemmendes Verhalten messen, als Prädiktoren für die Skala Unzufriedenheit mit der Elternrolle, so sind 25,1 % der Varianz dieses Merkmals erklärbar. Inkonsistentes Elternverhalten und Strenge ergeben gemeinsam eine multiple Korrelation von R = .50 (Tab. A 8_1). Die Unzufriedenheit der Eltern hängt in erster Linie mit ihrem inkonsequenten und strengen Erziehungsverhalten zusammen. Dies ist als wichtiger Beleg für die Gültigkeit dieser Skala anzusehen und belegt, dass die untersuchten Eltern das vorhandene Instrumentarium der Fragebögen sehr stringent genutzt haben.

Die von den Eltern erlebte Selbstwirksamkeit in ihrer Erziehung ist höher bei den Eltern, die sich ein größeres Ausmaß der entwicklungsförderlichen Erziehungsmaßnahmen attestieren. Sämtliche entsprechenden Skalen korrelieren positiv (.21 bis .31). In Ergänzung dazu sind sie weniger inkonsequent, weniger streng und strafen seltener körperlich (-.29 bis -.35). Im eigenen Urteil selbstwirksame Eltern sind solche, die eher förderliches Erziehungsverhalten bei sich wahrnehmen.

Die fünf entwicklungsförderlichen Aspekte des Erziehungsverhaltens erklären 14,7 % der Varianz dieser Skala (Tab. A 8_2). Die multiple Korrelation von Positivem Elternverhalten und Klarheit mit der Selbstwirksamkeit beträgt R = .38. Nimmt man die entwicklungshemmenden Aspekte hinzu, erhöht sich die multiple Korrelation auf R = .47, weil die Körperlichen Strafen einen weiteren negativen Beitrag zur Erklärung leisten (ohne Tab.). Damit ist auch für die Skala Erlebte Selbstwirksamkeit gezeigt, dass sie von den untersuchten Eltern konsistent und sinnvoll genutzt worden ist und eine hinreichende Validität aufweist. Von besonderem Interesse ist die weiter unten aufgegriffene Frage, ob Eltern mit günstiger Kompetenzeinschätzung und größerer Zufriedenheit mit ihrer Elternrolle auch mehr Erfolge bei ihren Kindern erleben, was auf Grund ihres selbstperzipierten Erziehungsstils angenommen werden kann.

Tab. 8 – 8_4:
Faktorenanalyse der Elternskalen des Erziehungsverhaltens sowie der Kompetenzskalen (nur Ladungen > .30)

Variablen	1. Faktor	2. Faktor	3. Faktor	4. Faktor	Kommunalitäten
Inkonsistentes Elternverhalten	.70				.58
Positives Elternverhalten		.72			.59
Involviertheit		.73			.53
Verantwortungsbew. Elternverhalten		.73			.60
Geringes Monitoring				.89	.81
Machtvolle Durchsetzung					.59
Körperliche Strafen	.35			.33	.62
Unterstützung		.59		-.39	.52
Strenge	.52				.70
Klarheit	-.59				.64
Unzufriedenheit	.77				.60
Erlebte Selbstwirksamkeit	-.72				.62
Erklärte Varianz	20,2%	17,8%	13,3%	10,4%	61,6%

Die Tabelle 8_4 zeigt die Ergebnisse der Faktorenanalyse der zwölf bis hier vorgestellten Skalen. Vier Faktoren erklären 61,6 % der Varianz. Unzufriedenheit mit der Elternrolle (positive Ladung) und die Erlebte Selbstwirksamkeit (negative Ladung) bilden einen Faktor zusammen mit Inkonsistentem Elternverhalten, Strenge, geringerer Klarheit und Körperlichen Strafen. Eltern mit diesem Erziehungsverhalten sind unzufrieden mit ihrer Elternrolle und erleben sich als nicht selbstwirksam. Die Faktoren zwei und vier sind nahezu identisch mit den Faktoren eins und vier aus Tabelle 8_3. Die jeweiligen dritten Faktoren zeigen Abweichungen in den beiden Faktorenlösungen. Körperliche Strafen und Strenge haben durch die Einbeziehung der beiden Kompetenzeinschätzungen ein deutlich stärkeres Gewicht in diesem Faktor als es ohne die beiden neuen Skalen der Fall ist und Inkonsistentes Elternverhalten hat keine substantielle Ladung in diesem Faktor. Insgesamt gesehen zeigen die beiden Faktorenlösungen sehr plausible, gut interpretierbare Muster.

Da es bei diesen Faktorenanalysen nicht darum geht, generalisierbare Dimensionen des elterlichen Verhaltens zu konstruieren, sondern nur eine Abklärung der Interdependenzen der Skalen bei den untersuchten Eltern geleistet werden soll, um Aspekte der Validität der Skalen zu belegen, sind die Ergebnisse als deutliche Hinweise auf die Validität der elterlichen Aussagen in den eingesetzten zwölf Skalen zu bewerten.

Die Skala Soziale Unterstützung weist eine gute interne Konsistenz auf und hat ihren empirischen Mittelwert deutlich im positiven Bereich. Im Durchschnitt stimmen die Eltern den Items eher zu. Sie liegen damit in dem Bereich, den auch Tröster (1999a, b) für seine Eltern gefunden hat. Die Differenzierungsfähigkeit dürfte ausreichend sein, weil keine erheblichen Veränderungen in diesem Merkmal erwartet werden.

Die Skala Soziale Unterstützung korreliert positiv mit den fünf entwicklungsförderlichen Erziehungsaspekten (.18 bis .48) und negativ mit Inkonsistentem Elternverhalten (-.25) und Körperlichen Strafen (-.19). Der Zusammenhang mit der Unzufriedenheit mit der Elternrolle beträgt -.36 und mit der Erlebten Selbstwirksamkeit .35 (alle Angaben ohne Tab.). Eltern, die über ein hilfreiches unterstützendes soziales Netzwerk verfügen, fühlen sich eher kompetent als Eltern mit weniger sozialen Kontakten und realisieren mehr entwicklungsförderliches Erziehungsverhalten. Auch diese Befunde stützen die Validität der elterlichen Aussagen.

Die selbst entwickelte Skala Zufriedenheit mit der äußeren Lebenssituation, die in erster Linie als Hintergrundvariable die Beurteilung der eigenen Lebensumstände erfassen soll, ist ausreichend homogen und lässt genug Raum für eher unwahrscheinliche Veränderungen in der Untersuchungsgruppe. Die allgemeine Zufriedenheit mit der Lebenssituation korreliert erwartungsgemäß etwas geringer mit den Erziehungsvariablen als die Soziale Unterstützung. Die deutlichsten Zusammenhänge gibt es mit den elterlichen Kompetenzbeurteilungen Unzufriedenheit mit der Elternrolle (-.22) und der Erlebten Selbstwirksamkeit (.31) sowie der Sozialen Unterstützung (.24, alle Angaben ohne Tab.).

Die gleichzeitige Berücksichtigung der Skalen Soziale Unterstützung und Zufriedenheit mit der Lebenssituation kann in der multiplen Regression 12,6 % der Varianz der Unzufriedenheit mit der Elternrolle (R = .36) und 17,8 % der Erlebten Selbstwirksamkeit (R = .42) erklären. Bei der letztgenannten Skala tragen beide Prädiktoren etwa gleichgewichtig zur Varianzerklärung bei (Tab. A 8_3). Dieser Befund zeigt, dass die Eltern auch diese Skalen sinnvoll und valide genutzt haben.

Die Fragebogenskalen zur Beurteilung des eigenen Kindes von Goodman erreichen angesichts der wenigen Items (fünf pro Skala) befriedigende interne Konsistenzen (eingeschränkt bei Verhaltensproblemen) und übertreffen dabei mit einer Ausnahme die Zuverlässigkeiten, die Klasen et al. (2003) in einer repräsentativen deutschen Stichprobe gefunden haben. Das prosoziale Verhalten des eigenen Kindes wird im Mittel deutlich eher günstig eingeschätzt, die problematischen Verhaltensweisen der Kinder sind im Mittel unterhalb der rechnerischen Mitte der Skalen. Den höchsten Mittelwert weist die Skala Hyperaktivität (3,99) auf, den geringsten die Skala Verhaltensprobleme mit Gleichaltrigen (1,94). Angesichts des sehr ökonomischen Erfassungsinstruments sind die Tauglichkeitswerte sehr befriedigend, zumal die oben angedeuteten plausiblen Zusammenhänge mit dem elterlichen Erziehungsverhalten auch als Belege für die Gültigkeit dieser elterlichen Beurteilungen ihrer Kinder gewertet werden können. Die Zusammenfassung der vier Problembereiche zur Skala Schwächen und Probleme erbringt eine gute interne Konsistenz dieser Gesamtskala, die derjenigen der deutschen Ursprungsuntersuchung entspricht. Der Mittelwert aller Elternbeurteilungen liegt im unteren Bereich der Skala. In beide Richtungen gibt es ausreichend Veränderungsmöglichkeiten.

Eine Faktorenanalyse der vier Problembereiche (Tab. A 8_4) zeigt, dass alle vier Aspekte auf einem Faktor laden, es also gerechtfertigt ist, auch die Werte der hier untersuchten Eltern zu einem Gesamtwert zusammenzufassen. Allerdings erklärt dieser Generalfaktor nur 46,8 % der Varianz und die Kommunalitäten der vier Skalen liegen nur zwischen .36 (Hyperaktivität) und .58 (Verhaltensprobleme). Der zweite Eigenwert beträgt 0.927, verfehlt also nur knapp das übliche Kriterium (Eigenwerte > 1) für die Anzahl zu extrahierender Faktoren. Eine Zweifaktorenlösung (Tab. A 8_5) erklärt 70,0 % der Varianz und enthält zwei fast gleichstarke Faktoren. Der erste Faktor lädt prägnant Emotionale Probleme und Verhaltensprobleme mit Gleichaltrigen und der zweite Hyperaktivität und Verhaltensprobleme. Offensichtlich können die Eltern unterscheiden zwischen vor allem externalisierendem Problemverhalten ihrer Kinder und stärker internalisierendem Problemverhalten, das auch bei den Verhaltensproblemen mit Gleichaltrigen aus Elternsicht scheinbar eine wichtige Rolle spielt.

Nimmt man das Prosoziale Verhalten der Kinder aus den Goodman Skalen hinzu, dann resultiert ebenfalls eine zweifaktorielle Lösung, in der das Prosoziale Verhalten in beiden Faktoren etwa gleichstarke negative Ladungen aufweist (ohne

Tab.). Die Eltern haben auch diese Beurteilungsskalen in sehr plausibler und hinreichend gültiger Weise genutzt.

Positives Sozialverhalten und Unangepasstes Sozialverhalten erreichen befriedigende bis gute interne Konsistenzen. Die Eltern sehen bei ihren Kindern im Mittel eher positives Sozialverhalten (zwischen manchmal und oft) und im Mittel nur selten unangepasstes Sozialverhalten. Auch dieser Befund kann als ein Hinweis darauf gewertet werden, dass es sich nicht um Eltern handelt, die im Durchschnitt große Probleme bei ihren Kindern sehen. Auch das Unrealistische Selbstkonzept weist einen Mittelwert auf, der genau zwischen selten und manchmal liegt. Die interne Konsistenz dieser Skala ist befriedigend.

Die Skalen Positives und Unangepasstes Sozialverhalten zeigen die erwarteten starken Zusammenhänge mit den Skalen von Goodman. Die Beurteilung des angemessenen Sozialverhaltens korreliert positiv mit dem Prosozialen Verhalten (.52) und negativ mit den vier Problemskalen (-.27 bis -.57) und mit Unangemessenem Sozialverhalten (-.52). Umgekehrt hängt Unangemessenes Sozialverhalten positiv zusammen mit den Problemskalen (.29 bis .71) und negativ mit Prosozialem Verhalten (-.39). Damit ist nachgewiesen, dass die Eltern die vorhandenen Skalen sehr konsistent und valide genutzt haben. Das Unrealistische Selbstkonzept der Kinder steht in wesentlich geringerem aber positivem Zusammenhang mit den Problemskalen (.19 bis .27). Auch mit dem Unangemessenen Sozialverhalten gibt es eine positive Beziehung (.38).

Tab. 9 – 8_5:
Faktorenanalyse der Elternskalen zur Kinderbeurteilung (nur Ladungen > .30)

Variablen	1. Faktor	2. Faktor	3. Faktor	Kommunalitäten
Prosoziales Verhalten Kind	-.82			.70
Hyperaktivität Kind	.32	.67		.55
Emotionale Probleme Kind			.78	.68
Verhaltensprobleme Kind	.75	.38		.72
Verhaltensprob. mit Gleichaltrigen	.38		.76	.72
Positives Sozialverhalten Kind	-.75			.68
Unangepasstes Sozialverh. Kind	.63	.51		.68
Unrealistisches Selbstkonzept Kind		.76	.33	.70
Erklärte Varianz	30,6%	19,4%	17,9%	67,8%

Wie differenziert die Eltern die Kinderbeurteilungen vorgenommen haben, zeigt die Tabelle 8_5 mit den Ergebnissen der Faktorenanalyse aller benutzten Skalen. Die drei Faktoren erklären 67,8 % der Varianz. Der varianzstärkste erste Faktor lädt die Skalen, die sich auf direktes Sozialverhalten beziehen. Die Problemskalen haben positive und die Aspekte angemessenen Sozialverhaltens negative Ladungen. Dieser Faktor erfasst das unerwünschte Sozialverhalten der Kinder. Der zweite Faktor lädt in erster Linie Hyperaktives Verhalten und das Unrealistische Selbstkonzept sowie kleinere Komponenten von Verhaltensproblemen. Die Eltern erleben diese Aspekte hektischer und wenig dem Können der Kinder angepasster Tätigkeiten als relativ unabhängig vom unangemessenen Sozialverhalten. Der dritte Faktor enthält vor allem die wesentlichen Anteile Emotionaler Probleme und der Verhaltensprobleme mit Gleichaltrigen. Offensichtlich wird hier der soziale Rückzug der Kinder mit deren emotionalen Schwierigkeiten in Verbindung gebracht. Insgesamt wird auch bei dieser Analyse deutlich, dass die untersuchten Eltern ihre Kinder in gut nachvollziehbarer Weise differenziert und augenscheinlich recht valide beurteilt haben.

Wie oben bereits angesprochen ergeben sich weitere wichtige Hinweise auf die Validität der eingesetzten Skalen bei der Prüfung, ob und in welcher Beziehung die elterlichen Selbstangaben zu ihrem Erziehungsverhalten und ihrer Kompetenz zu den Beurteilungen ihrer Kinder stehen. Diesen Fragen wird mit Hilfe von multiplen Regressionsanalysen nachgegangen. Dabei geht es nicht um den Nachweis von Kausalitäten zwischen den untersuchten Merkmalen. Es soll lediglich geprüft werden, ob es plausible Zusammenhänge der Selbstbeurteilung der Eltern mit deren Fremdbeurteilung ihrer Kinder gibt, um damit wiederum auch Aspekte der Kriterienvalidität zu prüfen.

Die Tabelle 8_6 zeigt die Ergebnisse multipler Regressionsanalysen mit den elterlichen Erziehungsskalen als Prädiktoren und den problematischen Aspekten der Kinderbeurteilung durch ihre Eltern. Die Anteile determinierter Varianz sind sehr unterschiedlich mit 3,1 % bis 40,7 %. Es sind die beiden Aspekte emotionaler und sozialer Rückzugsprobleme bei Gleichaltrigen, die kaum mit elterlichem Erziehungsverhalten kovariieren (maximal 6,2 %). Offensichtlich sehen die Eltern keine relevanten starken Bezüge zwischen ihrem Erziehungsverhalten einerseits und dem eher internalisierenden Problemverhalten ihrer Kinder.

Das stellt sich anders dar bei den offen erkennbaren Problemen und Schwächen der Kinder. Bereits die Beurteilung des Hyperaktiven Verhaltens kann zu 13,3 % durch die Machtvolle Durchsetzung, Strenge und wenig unterstützendes Verhalten der Eltern bestimmt werden. Ähnlich hoch ist der erklärte Varianzanteil für die Zusammenfassung der Schwächen und Probleme, deren Varianz zu 15,4 % aufgeklärt wird. Ein großes Ausmaß an Strenge und wenig Positives Elternverhalten gehen mit dieser Problembeschreibung der Kinder einher. Das Unrealistische Selbstkonzept der Kinder kovariiert am stärksten in dieser quantitativen Abstufung mit dem Verantwortungsbewusstsein der Eltern, dem Ausmaß Inkonsistenten Verhaltens und negativ mit der Klarheit der Kommunikation.

Tab. 10 – 8_6:
Regressionsanalysen mit Beurteilungen der Kinder durch ihre Eltern als Kriterien und allen elterlichen Erziehungsverhaltensskalen (10) als Prädiktoren

	Beurteilungen der Kinder durch die Eltern als Kriterien													
	Hyperaktivität Kind		Emotionale Probleme Kind		Verhaltensprobleme Kind		Verhaltensprob. mit Gleichaltrigen		Schwächen/ Probleme Kind		Unangepasstes Sozialverhalten Kind		Unrealistisches Selbstkonzept Kind	
Prädiktoren	r	beta	r	beta	r	beta	r	beta	r	beta	r	beta	r	beta
Inkonsistentes Elternverhalten											.44	.25	.28	.21
Positives Elternverhalten			-.18	-.18					-.23	-.19	-.29	-.15		
Involviertheit													.28	.29
Verantwortungsbew. Elternverhalten														
Geringes Monitoring					.23	.26					.25	.19		
Machtvolle Durchsetzung	.23	.17												
Körperliche Strafen							.25	.25						
Unterstützung	-.16	-.18												
Strenge	.27	.25			.47	.49			.35	.32	.50	.42		
Klarheit													-.23	-.20
Multiple Korrelation	.37		.18		.54		.25		.39		.64		.43	
Aufgeklärte Varianz	13,3%		3,1%		29.2%		6,2%		15,4%		40,7%		18.4%	

(nur signifikante Regressionsgleichungen berücksichtigt mit Einzelkorrelationen und standardisierten beta-Koeffizienten)

Die größten Varianzanteile werden für die Skalen Verhaltensprobleme und Unangemessenes Sozialverhalten durch elterliches Erziehungsverhalten festgelegt. 29,2 % der Varianz der Verhaltensprobleme stehen in Zusammenhang insbesondere mit Strenge der Eltern und Geringem Monitoring. Eltern, die ihre Kinder als recht verhaltensauffällig beurteilen, schreiben sich selbst ein großes Ausmaß an Strenge und wenig Beaufsichtigung der Kinder zu. Unangemessenes Sozialverhalten mit seiner deutlich größeren Varianz als die Problemskalen von Goodman wird zu 40,7 % durch elterliches Erziehungsverhalten bestimmt. Eltern, die ihre Kinder als sozial unreif erleben, sind besonders streng mit diesen, ziemlich inkonsequent, nehmen die Beaufsichtigung weniger wahr und zeigen eher kein Positives Elternverhalten. Hier zeigt sich jenseits der Frage von Kausalitäten, dass die Eltern die Skalen sehr nachvollziehbar und konsistent aufeinander bezogen und damit valide bearbeitet haben. Die Richtungen und Stärken der Korrelationskoeffizienten entsprechen jenen, die Reichle und Franiek mit entsprechenden Merkmalserfassungen erzielt haben.

Tab. 11 – 8_7:
Regressionsanalysen mit Beurteilungen der Kinder durch ihre Eltern als Kriterien und allen elterlichen Erziehungsverhaltensskalen (3) als Prädiktoren

Prädiktoren	Beurteilungen der Kinder durch die Eltern als Kriterien			
	Prosoziales Verhalten Kind		Positives Sozialverhalten Kind	
	r	beta	r	beta
Involviertheit	.23	.20	.26	.18
Strenge	-.26	.23	-.44	-.41
Klarheit	-	-	.30	.27
Multiple Korrelation	.33		.56	
Aufgeklärte Varianz	10,8%		31,0%	

(nur signifikante Regressionsgleichungen berücksichtigt mit Einzelkorrelationen und standardisierten beta-Koeffizienten)

Die Tabelle 8_7 zeigt die Ergebnisse der entsprechenden Regressionsanalysen für die beiden positiven Aspekte des Sozialverhaltens. Die Skala Prosoziales Verhalten aus den Goodman Skalen kann nur zu 10,8 % durch die Erziehungsvariablen der Eltern bestimmt werden. Prosoziales Verhalten geht einher mit wenig Strenge und großer Involviertheit der Eltern. Dreimal so hoch ist die Varianzaufklärung für die wesentlich varianzstärkere Skala Positives Sozialverhalten (31,0 %). Wieder sind es ein geringes Ausmaß an Strenge, deutliche Klarheit der Kommunikation und Involviertheit, die mit dieser positiven Beurteilung der Kinder verknüpft sind. Eltern, die ihre Kinder als sozial angenehm empfinden, sind weniger streng, klar in ihren Artikulationen und sehr involviert in allem, was ihre Kinder betrifft. Auch für diese Aspekte des kindlichen Verhaltens gilt also, dass die Eltern vernünftig und plausibel geurteilt haben.

Tab. 12 – 8_8:
Regressionsanalysen mit Kompetenzbeurteilungen der Eltern als Kriterien und Beurteilungen der Kinder durch ihre Eltern als Prädiktoren

Prädiktoren	Kriterien			
	Unzufriedenheit		Erlebte Selbstwirksamkeit	
	r	beta	r	beta
Hyperaktivität	.37	.26		
Unangepasstes Sozialverhalten	.44	.37		
Verhaltensprobleme			-.51	-.36
Positives Sozialverhalten			.47	.26
Multiple Korrelation	.51		.55	
Aufgeklärte Varianz	25,7%		30,2%	

(nur signifikante Regressionsgleichung berücksichtigt mit Einzelkorrelationen und standardisierten beta-Koeffizienten)

Ebenfalls von Interesse ist die Frage, ob die Einschätzung der Erziehungskompetenz der Eltern mit deren Beurteilung ihrer Kinder in Zusammenhang steht. Die Tabelle 8_8 enthält die Ergebnisse der multiplen Regressionsanalysen mit den Prädiktoren Beurteilungen der Kinder und den Kompetenzeinschätzungen Unzufriedenheit mit der Elternrolle und Erlebte Selbstwirksamkeit in der Erziehung als Kriterien. Es zeigt sich, dass 25,7 % der Unzufriedenheit mit Hilfe der Skalen Unangemessenes Sozialverhalten des Kindes und mit Hyperaktivität bestimmt werden können. Eltern, die ihre Kinder als sozial unangepasst und hyperaktiv erleben, sind plausibler Weise wenig zufrieden mit ihrer Rolle als Erziehende.

Die Erlebte Selbstwirksamkeit als Erziehende ist sogar zu 30,2 % durch die Skalen der Kinderbeurteilung festgelegt. Eltern, die keine Verhaltensprobleme bei ihren Kindern sehen und das Sozialverhalten sehr positiv einschätzen, halten sich folgerichtig für eher erziehungskompetent. Auch das ist wie der obige Befund ein zusätzlicher Hinweis darauf, dass die Eltern die Fragebogenskalen sehr sorgfältig und mit innerer Logik bearbeitet haben.

Insgesamt ist festzustellen, dass von ganz wenigen benannten Ausnahmen abgesehen, die Tauglichkeit der eingesetzten Verfahren für Gruppenvergleiche befriedigend bis gut nachgewiesen ist. Die Skalen erlauben den Eltern differenzierte Aussagen, die sie konsistent nutzen und für die gezeigt werden kann, dass die Eltern sinnvolle Bezüge zwischen den verschiedenen erfassten Merkmalen hergestellt haben. Auch die Erwartungen an die Gültigkeit der eingesetzten Instrumente sind damit mindestens befriedigend erfüllt. Die Fragebogendaten der Eltern sind geeignet, in valider Weise die zentralen Komponenten der Erziehungskompetenz sowie die Besonderheiten der Kinder zu erfassen.

8.2 Analyse der Fragebogenskalen der Kinder

Die Auswertungsschritte für die Fragebögen der Kinder sind identisch mit denen für die Elternfragebögen. Da nur Kinder im vorgesehenen Altersspektrum untersucht worden sind, hat es keine solchen Ausfälle wie bei den Eltern gegeben. Die Fragebögen sind sowohl von der Gruppe der jüngeren Kinder (sechs bis acht Jahre), denen die Items vorgelesen worden sind, als auch von den lesefertigen älteren Kindern (neun bis zwölf) sehr vollständig ausgefüllt worden.

Tab. 13 – 8_9:
Mittelwerte, Standardabweichungen und interne Konsistenzen der Skalen in der gesamten Kindergruppe, den deutschen Originalquellen der Skalen sowie für die Fragebogenformen Mutter und Vater

Variablen	(N=117 bis 118/ [1])=51)					Deutsche Originalquelle der Skala (8-jährige)		(Mutter: N=96/ [2])=42) (Vater: N=22/ [3])=9) Eigene Daten	
	M	s	Stufen	Mitte der Skala	α	α Mutter	α Vater	α Mutter	α Vater
Unterstützung, Wärme, Trost	2.24	.32	3	2	.73			.73	.77
Einschränkung, Inkonsistenz	1.54	.33	3	2	.70			.70	.71
Tadel	2.05	.45	3	2	.72			.69	.81
Familienklima	2.40	.37	3	2	.62				
Kooperation[1]	2.50	.34	3	2	.69	.73	.74	.70[2]	.53[3]
Abweisung[1]	1.35	.24	3	2	.49	.64	.73	.24[2]	.67[3]
Restriktion[1]	1.40	.36	3	2	.63	.50	.47	.65[2]	.82[3]
Hilfe[1]	2.53	.36	3	2	.68	.55	.74	.69[2]	.77[3]
Prosoziales Verhalten	7.24	1.73	11	5	.65				
Verhaltensprobleme mit Gleichaltrigen	3.26	1.73	11	5	.46				

Die Tabelle 8_9 zeigt die Verteilungswerte und internen Konsistenzkoeffizienten, die auch die Tabelle 8_1 für die Eltern enthält.

Bei der Zuverlässigkeitsanalyse der Kinderskalen hat sich gezeigt, dass angesichts der notwendigen Kürze der Skalen und der nur dreistufigen Antwortvorgabe, die internen Konsistenzen für die Skalen Unterstützung, Wärme und Trost, Einschränkung sowie Inkonsistenz keine besonders befriedigenden internen Konsistenzen aufweisen. Aus diesem Grund und nach faktorenanalytischen Befunden ist deshalb entschieden worden, jeweils zwei miteinander stark korrespondierende Skalen der Beurteilung des elterlichen Erziehungsverhaltens zusammen zu fassen.

Die Items der Skalen Unterstützung und Wärme, Trost bilden eine neue Skala, die die Bezeichnungen der beiden ursprünglichen Skalen zusammenlegt. Die Skala Unterstützung, Wärme und Trost, die nun aus zwölf Items besteht, weist eine befriedigende interne Konsistenz auf. Es gibt auch keine wesentlichen Unterschiede hinsichtlich der Zuverlässigkeit zwischen den Fragebogenformen für Mutter und Vater. Die Zusammenlegung der beiden ursprünglich getrennt erfassten Konstrukte ist selbstverständlich auch inhaltlich begründbar. Offensichtlich reicht der Itempool nicht aus, vor allem bei den jüngeren Kindern eine derartige Differenzierung in zwei unabhängige Komponenten vorzunehmen. Der Mittelwert der neuen Skala liegt über der numerischen Mitte der vorgegebenen Antwortmöglichkeiten. Leider gibt es keine brauchbaren Vergleichswerte für diese adaptierten Skalen.

Auch die beiden Skalen Einschränkung und Inkonsistenz werden von den Kindern einzeln nicht zuverlässig genug beantwortet. Deshalb werden die Items beider Skalen zusammen gefasst. Dabei zeigt sich, dass ein Item des Konstrukts Einschränkung zu wenig Gemeinsamkeit mit den übrigen Items dieser Skala aufweist (zu geringe Trennschärfe) und deshalb ausgeschlossen wird. Die neue zusammengefasste Skala Einschränkung und Inkonsistenz des elterlichen Verhaltens besteht somit aus elf Items. Die interne Konsistenz der Skala liegt im befriedigenden Bereich und der Mittelwert deutlich unterhalb der numerischen Mitte der Skala. Die Kinder beurteilen das Erziehungsverhalten ihrer Eltern also durchschnittlich eher positiv.

Deutlich klarer ist die Beantwortung der sechs Items, die sich auf das tadelnde Verhalten der Eltern beziehen. Diese kurze Skala erreicht eine interne Konsistenz, die auf Anhieb befriedigend ausfällt. Der Mittelwert liegt genau beim numerischen Mittelpunkt der Skala, die Kinder erleben das tadelnde Verhalten also als weniger günstig als die beiden anderen Aspekte. Die interne Konsistenz ist übrigens für die Vaterform des Fragebogens deutlich höher. Die Väter sind hinsichtlich ihres Tadelns etwas klarer einschätzbar von den hier untersuchten Kindern.

Die Beurteilung des Familienklimas durch die Kinder erfolgt mit nur fünf Aussagen. Die interne Konsistenz dieser Skala liegt gerade noch im ausreichenden Sektor. Für Individualdiagnosen wäre die Skala kaum geeignet, für Gruppenvergleiche ist die Zuverlässigkeit noch annehmbar. Der Mittelwert zeigt, dass die untersuchten Kinder sich durchschnittlich deutlich im positiven Bereich der Skala befinden.

Die Gültigkeit der Skalen der Kinder kann ebenfalls geprüft werden. Erwartungsgemäß korrelieren Unterstützung, Wärme und Trost mit dem Familienklima positiv (.39) und Einschränkung, Inkonsistenz mit Tadel (.44). Gleichzeitig sind die positiven Erziehungsaspekte der Eltern negativ mit den entwicklungshemmenden Merkmalen korreliert (alle Angaben ohne Tab.). Eine Faktorenanalyse der vier Skalen (Tabelle 8_10) ergibt eine klare zweifaktorielle Lösung, die 73,2 % der Varianz erklärt. Der erste Faktor (37,0 % der Varianz) lädt hoch positiv Unterstützung, Wärme, Trost und Familienklima sowie negativ einen kleinen Anteil von Einschränkung, Inkonsistenz. Er kann als entwicklungsförderliches Erziehungsklima bezeichnet werden. Der zweite gleich varianzstarke Faktor lädt die Einschränkung, Inkonsistenz und Tadel sowie negativ eine kleine Komponente des Familienklimas. Dieser Faktor kann als entwicklungshemmendes Erziehungsklima charakterisiert werden. Es wird deutlich, dass die Kinder die Skalen differenziert und gültig im Sinne der Konstruktionsabsicht genutzt haben.

Tab. 14 – 8_10:
Faktorenanalyse der Kinderskalen zur Beurteilung des Elternverhaltens und des Familienklimas (nur Ladungen > .30)

Variablen	1. Faktor	2. Faktor	Kommunalitäten
Unterstützung, Wärme, Trost	.88		.78
Einschränkung, Inkonsistenz	-.43	.71	.69
Tadel		.91	.82
Familienklima	.72	-.35	.64
Erklärte Varianz	**37,0%**	**36,2%**	**73,2%**

Die Skalen des Familien- und Kindergarten-Interaktionstests (FIT-KIT: Sturzbecher & Freytag 2000), die nur bei neun- bis zwölfjährigen Kindern erhoben wurden, zeigen unterschiedliche interne Konsistenzen. Drei Skalen erreichen Werte im ausreichenden Bereich, die Skala Abweisung bleibt deutlich darunter (.49). Die Zuverlässigkeit dieser Merkmalserfassung ist so gering, dass auch bei Gruppenvergleichen große Vorsicht geboten ist. Offensichtlich resultiert diese schwache Homogenität der Skala vor allem aus den Beantwortungen der Mutterform, wie Tabelle 8_2 ausweist (.24), während die Items der Vaterform eine durchschnittliche interne Konsistenz erbringen. Im Vergleich zu den Werten der Handanweisung ist die Skala Restriktion bei den hier untersuchten Kindern dafür wesentlich homogener. Interessanterweise sind die Skalen der Vaterform sowohl in den Untersuchungen des Handbuches als auch in den vorliegenden (Ausnahme Kooperation) regelhaft höher als die für die Mutterform. Dies könnte ein Hinweis darauf sein, dass sich Väter aus Sicht ihrer Kinder konsistenter verhalten als Mütter.

Die Mittelwerte der vier Skalen verdeutlichen, dass die gesamte untersuchte Kindergruppe der Neun- bis Zwölfjährigen ihre Mütter und Väter bezüglich der Kooperation und der Hilfe im Mittel im oberen Skalenbereich und bezüglich der Abweisung und der Restriktion im unteren Skalenbereich einordnen. Es sind dabei noch ausreichend Differenzierungsmöglichkeiten zumindest für Gruppenvergleiche vorhanden, etliche Kinder können aber ihre Beurteilungen nicht mehr verbessern oder absenken.

Die Skalen des FIT-KIT sind nur von den neun- bis zwölfjährigen Kindern bearbeitet worden, die Anzahl der Kinder ist damit deutlich geringer als bei den vier vorher dargestellten Merkmalen. Erwartungsgemäß korreliert Kooperation positiv mit Hilfe (.66) und nicht mit Abweisung und Restriktion, die wiederum untereinander positiv zusammenhängen (.24). Kooperation ist negativ mit Restriktion verbunden (-.34). Offensichtlich haben die Kinder auch diese vier Skalen recht valide genutzt. Dies wird zusätzlich dadurch belegt, dass Kooperation und Hilfe hoch mit Unterstützung, Wärme und Trost (.55 bzw. .50) korrelieren und Kooperation darüber hinaus auch mit dem Familienklima (.41). Restriktion kovariiert mit Einschränkung, Inkonsistenz (.43) und mit Tadel (.64), die Kinder haben über die verschiedenen Fragebogenskalen hinweg recht konsistent und logisch nachvollziehbar geantwortet.

Tab. 15 – 8_11:
Faktorenanalyse der Kinderskalen zur Beurteilung des Elternverhaltens und des Familienklimas inklusive des FIT-KIT (nur Ladungen > .30)

Variablen	1. Faktor	2. Faktor	3. Faktor	Kommunalitäten
Unterstützung, Wärme, Trost	.77			.66
Einschränkung, Inkonsistenz		.43	.64	.62
Tadel		.84		.76
Familienklima	.41		-.78	.78
Kooperation	.84	-.31		.81
Abweisung			.57	.41
Restriktion		.91		.84
Hilfe	.87			.79
Erklärte Varianz	**28,7%**	**23,3%**	**18,8%**	**70,8%**

Die Tabelle 8_11 zeigt die Ergebnisse der Faktorenanalyse der vier Skalen, mit deren Hilfe die Kinder ihre Eltern und das Familienklima beurteilt haben. Es sind alle Kinder mit Daten enthalten, um die Stabilität der Faktorenstruktur durch die größere Anzahl zu stützen. Dies ist auch deswegen gerechtfertigt, weil die Faktorenstruktur der ersten vier Skalen sich bei den jüngeren Kindern nicht von der der älteren Kinder unterscheidet (ohne Tab.).

Drei Faktoren erklären 70,8 % der Varianz, wobei der jeweils nachfolgende Faktor etwa fünf Prozent weniger Varianz bindet als der vorausgegangene. Der erste Faktor lädt die positiven Skalen elterlicher Erziehung. Aus der Sicht der Kinder sind Unterstützung, Wärme, Trost sowie Kooperation und Hilfe und zum Teil auch das Familienklima die diesen Faktor bestimmenden Merkmale. Der zweite Faktor lädt primär Tadel und Restriktion sowie einen Teil von Einschränkung, Inkonsistenz. Es handelt sich deutlich um eher entwicklungshemmende Aspekte des elterlichen Erziehungsverhaltens. Der dritte Faktor lädt negativ ein gutes Familienklima und positiv Abweisung durch die Eltern und Einschränkung, Inkonsistenz. Offensichtlich differenzieren die Kinder die entwicklungshemmenden Verhaltensweisen ähnlich wie auch ihre Eltern in zwei unterscheidbare Anteile. Der zweite Anteil erfasst dabei stärker die einschränkenden, kindliche Handlungsintentionen behindernden, von Kindern als klimatisch aversiv erlebten Verhaltensweisen der Eltern.

Die Ergebnisse der Faktorenanalyse stützen ebenfalls den Befund, dass die Kinder das Instrumentarium zur Beurteilung ihrer Eltern recht konsistent und valide genutzt haben.

Die zwei Selbstbeurteilungen der Kinder, die von beiden Altersgruppen vorliegen, sind unterschiedlich homogen. Die Skala Prosoziales Verhalten erreicht mit fünf Items eine brauchbare interne Konsistenz. Die Skala Verhaltensprobleme mit Gleichaltrigen hat nur eine sehr unbefriedigende interne Konsistenz. Selbst Gruppenvergleiche dürfen nur mit großer Vorsicht interpretiert werden. Die Originalmittelwerte zeigen, dass sich die Kinder im Merkmal Prosoziales Verhalten im Mittel als deutlich positiv einschätzen (ziemlich genau zwischen trifft teilweise und trifft eindeutig zu). Ähnlich verhält es sich bei der Skala Verhaltensprobleme mit Gleichaltrigen. Der empirische Mittelwert liegt zwischen trifft nicht zu und trifft teilweise zu. Diese Mittelwerte sind hinsichtlich ihrer Größe mit den Beurteilungen der Mütter und Väter (Tab. 8_1) bezüglich dieser beiden Merkmale vergleichbar. Es handelt sich allerdings nicht allein um die Eltern der befragten Kinder sondern um alle Eltern der Untersuchung. Hinsichtlich des Prosozialen Verhaltens liegen die Mittelwerte von Eltern und Kindern sehr nah beieinander (Eltern 7.57 und Kinder 7.26). Bei den Verhaltensproblemen mit Gleichaltrigen sind die Kinder wesentlich kritischer als ihre Eltern. Das mag daran liegen, dass diese Verhaltenskategorie für die Kinder auch wesentlich direkter zu erfahren ist als für die Eltern. Es muss aber zunächst offen bleiben, ob diese Differenz nicht auch dadurch erklärt werden kann, dass von den Eltern sehr viel mehr und damit zum Teil auch andere Kinder beurteilt worden sind.

Multiple Regressionsanalysen mit den beiden Selbstbeurteilungen der Kinder als Kriterien und den Beurteilungen des elterlichen Erziehungsverhaltens als Prädiktoren zeigen, dass auch die Kinder relativ stimmige Zusammenhänge angegeben haben. Das Prosoziale Verhalten lässt sich zu 14,7 % durch die beiden entwicklungsförderlichen elterlichen Merkmale Unterstützung, Wärme, Trost und Familienklima bestimmen. Kinder, die ihre Eltern als warmherzig und unterstützend erleben und sich in der Familie besonders wohlfühlen, schreiben sich eher Prosoziales Verhalten zu (Tab. A 8_6). Für das Merkmal Verhaltensprobleme mit Gleichaltrigen ist der erklärte Varianzanteil durch das entwicklungshemmende Merkmal Einschränkung, Inkonsistenz mit 5,6 % deutlich geringer (Tab. A 8_7). Auch die Kinder sehen ähnlich wie ihre Eltern keine direkten Zusammenhänge zwischen diesen beiden Merkmalskomplexen. Für den Umgang mit anderen Kindern sind vermutlich andere Aspekte von erheblich größerer Relevanz.

Werden sowohl die entwicklungsförderlichen als auch die entwicklungshemmenden elterlichen Erziehungsbeurteilungen einbezogen, dann erhöhen sich die erklärten Varianzanteile der beiden Selbstbeurteilungen der Kinder auf 16,1 % bzw. 10,4 % (Tab. A 8_8). Alle bisher genannten Regressionsanalysen beziehen alle sechs- bis zwölfjährigen Kinder mit vorhandenen Daten ein.

Wenn die FIT-KIT Skalen berücksichtigt werden, verringert sich die Kindergruppe wegen des Ausfalls der sechs- bis achtjährigen Kinder auf die Hälfte. Es ist damit sehr viel schwieriger, signifikante Regressionsgleichungen zu sichern. Die folgenden Analysen beziehen sich nur auf die neun- bis zwölfjährigen Kinder. Alle vier entwicklungsförderlichen Elternvariablen können 19,5 % der Varianz des Prosozialen Verhaltens erklären. Einziges Merkmal ist die Kooperation der Eltern. Kinder, die ihre Eltern als sehr kooperativ erleben, schreiben sich selbst ein größeres Ausmaß Prosozialen Verhaltens zu. Das zeigt wiederum die Gültigkeit der von den Kindern bearbeiteten Skalen (Tab. A 8_9). Für die Skala Verhaltensprobleme mit Gleichaltrigen gibt es dagegen keine signifikante Regressionsgleichung mit den vier entwicklungshemmenden Aspekten des elterlichen Verhaltens (ohne Tab.). Bei den älteren Kindern spielen aus deren Sicht bei ihren Problemen mit Peers die hier erfassten elterlichen Erziehungsaspekte keine bedeutsame Rolle.

Zusammenfassend lässt sich für die Skalen, die die Kinder bearbeitet haben, festhalten, dass diese in erwarteten Zusammenhängen stehen und die Kinder diese differenziert und folgerichtig genutzt haben. Damit sind wesentliche Hinweise auf die Validität des Instrumentariums erbracht. Offensichtlich ist es von wenigen Ausnahmen abgesehen recht gut gelungen, auch für die Kinder brauchbare Befragungsinstrumente zur Erfassung relevanter Merkmale für die Evaluation des Elternkurses zusammen zu stellen. Ob die je für sich nachgewiesene interne valide Struktur der Daten auch in vernünftiger Beziehung zur jeweils anderen Datenquelle steht, also Eltern- und Kinderdaten miteinander kovariieren, kann erst mit den Analysen des Kapitels 11 beurteilt werden.

9 Ergebnisse der Fragebogenuntersuchungen der Eltern

Die Analysen der Veränderungen der beteiligten Eltern in den Fragebogenmaßen zwischen der Erhebung vor und nach der Kursteilnahme werden in zwei Schritten vorgestellt. Zunächst geht es um die Frage, ob es überhaupt Veränderungen zwischen der Erst- und der Zweiterhebung bei den Eltern gegeben hat, die am Elternkurs Starke Eltern – Starke Kinder® teilgenommen haben. Dabei werden alle Eltern berücksichtigt unabhängig davon, ob sie zur eigentlichen Zielgruppe der Eltern mit einem sechs- bis zwölfjährigen Kind gehören oder nicht. Mit diesen Daten kann ein realistischer Eindruck davon gewonnen werden, ob sich in der tatsächlichen Zusammensetzung der Elternkurse Veränderungen ergeben haben und wie groß diese sind, auch wenn das Instrumentarium für die Eltern ganz junger Kinder zum Teil weniger geeignet ist. Da es für diese gesamte Elterngruppe keine vergleichbare Wartegruppe gibt, können solche Veränderungen selbstverständlich nicht als Effekte der Kursteilnahme interpretiert werden.

Effekte der Kursteilnahme können nur durch die Einbeziehung der Wartegruppe festgestellt werden. Da diese nur für sieben Elternkurse vorliegt, ist auch die Anzahl der zu berücksichtigenden Eltern aus Elternkursen entsprechend eingeschränkt. Es können zudem nur Eltern mit sechs- bis zwölfjährigen Kindern berücksichtigt werden, weil die Wartegruppe nach diesem Kriterium gewonnen wurde. Trotz der deutlichen Verringerung der Gruppengröße wird diese Analyse darüber entscheiden, ob es Veränderungen bei den Eltern der Elternkurse gegeben hat, die auf die Teilnahme am Elternkurs zurückzuführen sind, weil sie größer ausfallen als in der Wartegruppe.

9.1 Alle Eltern der Elternkurse

Um einen Eindruck zu gewinnen, ob es überhaupt zu Veränderungen bei den Eltern der Elternkurse gekommen ist, werden alle Eltern, die an den Erhebungen vorher und nachher teilgenommen haben, in die Auswertung einbezogen. Sie repräsentieren die tatsächliche Zusammensetzung der zehn untersuchten Elternkurse.

Da es Eltern gibt, die nicht an beiden Erhebungen teilgenommen haben, muss zunächst geprüft werden, ob es sich bei den Eltern, die wegen ihres Ausscheidens aus dem Kurs oder wegen ihrer Nichtteilnahme an der zweiten Erhebung keine Zweitdaten geliefert haben, um eine besondere Gruppe der Eltern handelt oder um solche, die sich nicht von den verbliebenen Eltern unterscheiden. Für die soziografischen Daten ist das Ergebnis dieser Prüfung in Kapitel 7 dargestellt. Die

Ergebnisse der Vergleiche für die mit den Fragebögen erfassten Daten finden sich in der Tabelle 9_1.

Tab. 16 – 9_1:
Univariater Vergleich der vorher Werte in den abhängigen Variablen von Eltern aus EK mit vorher und nachher Daten mit denen der entsprechenden ausgeschiedenen Eltern

Variablen	ELEKalle	(N=118)					
	$M_{v.u.n.}$	M_v	$s_{v.u.n.}$	s_v	Homog.	Sign.	Eta^2
Erwartungen kursbezogen	20.23	19.96	2.66	2.10			.003
Erwartungen erziehungsbezogen	20.23	20.11	3.32	2.59			.000
Erwartungen gesamt	40.16	40.07	5.69	3.96	.075		.000
Inkonsistentes Elternverhalten	2.74	2.65	.57	.52			.005
Positives Elternverhalten	4.08	4.11	.51	.50			.001
Involviertheit	3.89	3.67	.58	.71			.024
Verantwortungsbew. Elternverhalten	3.43	3.53	.50	.62	.086		.009
Geringes Monitoring	1.33	1.19	.29	.19	.024	.056	.041
Machtvolle Durchsetzung	3.18	3.40	.53	.51		.056	.037
Körperliche Strafen	1.72	1.78	.69	.57			.002
Unterstützung	3.29	3.40	.74	.70			.004
Strenge	2.00	2.35	.66	.63		.019	.054
Klarheit	4.58	4.63	.68	.62			.001
Unzufriedenheit	2.74	2.64	.73	.63			.004
Erlebte Selbstwirksamkeit	4.14	3.64	.81	.93		.009	.066
Soziale Unterstützung	3.76	3.66	.85	.95			.003
Zufriedenheit mit Lebenssituation	3.65	3.53	.79	.87			.005
Prosoziales Verhalten Kind	7.61	7.11	1.79	2.33	.045		.013
Hyperaktivität Kind	3.85	4.32	2.35	2.25			.008
Emotionale Probleme Kind	2.65	2.29	2.37	2.39			.005
Verhaltensprobleme Kind	2.86	2.64	1.95	1.75			.003
Verhaltensprob. mit Gleichaltrigen	2.14	2.58	1.98	2.67	.097		.008
Schwächen/ Probleme Kind	11.63	12.08	6.41	5.44	.031		.001
Positives Sozialverhalten Kind	3.49	3.33	.52	.53			.021
Unangepasstes Sozialverh. Kind	2.23	2.19	.73	.74			.001
Unrealistisches Selbstkonzept Kind	2.38	2.51	.52	.68	.075		.009

Die Tabelle enthält die Mittelwerte und Standardabweichungen der vorher Werte beider Gruppen. Die statistischen Analysen, die mit univariaten Varianzanalysen durchgeführt worden sind, beziehen sich auf die Homogenität der Varianzen der Merkmale sowie die Signifikanz der Mittelwertunterschiede. Es werden nur solche Befunde mitgeteilt, die mindestens tendenziell signifikant sind (kleiner gleich .10). Zusätzlich ist in jedem Fall aufgenommen, wie bedeutsam (statistisch relevant) der gefundene Unterschied ist. Die statistische Signifikanz eines Befundes ist unter anderem stark von der Stichprobengröße abhängig. Sehr kleine Differenzen können bei großen Stichproben zu signifikanten Ergebnissen führen, deren praktische Bedeutsamkeit aber sehr gering sein kann. Die statistische Relevanz wird durch Effektstärkenmaße erfasst. Eines dieser Maße ist Eta², das angibt, wie groß der Anteil der Varianz eines Merkmals ist, der durch die Gruppenzugehörigkeit der Untersuchten aufgeklärt werden kann. Multipliziert man die in den folgenden Tabellen angegebenen Eta²-Werte mit 100, dann erhält man den prozentualen Anteil der Merkmalsvarianz, der durch die Gruppierungsvariable erklärt wird. Andere solche Effektstärkenmaße sind beispielsweise das Differenzmaß für Mittelwerte d oder das Quadrat des Korrelationskoeffizienten r, das in diesem Bericht bei den multiplen Regressionsanalysen genutzt wird. Für die Beurteilung der Stärke von Effekten gibt es ähnlich wie für die Signifikanz von Befunden allgemein übliche Konventionen (Rost 2007). Bei Eta² nennt man Werte von 0.01 bis 0.08 kleine Effekte, Werte von 0.09 bis 0.24 mittlere Effekte und ab 0.25 große Effekte.

Der Tabelle 9_1 ist zu entnehmen, dass es nur wenige signifikante Unterschiede in den untersuchten Merkmalen zwischen den beiden Elterngruppen gibt. Die Eltern ohne vollständige Daten sind im Mittel strenger als die verbliebenen Eltern und erleben sich als vergleichsweise weniger selbstwirksam. Bei Eta²-Werten zwischen 0.054 und 0.066 handelt es sich um kleine Effekte. Daneben gibt es noch zwei tendenziell gesicherte Unterschiede: die ausgeschiedenen Eltern zeigen eher noch weniger Geringes Monitoring und mehr Machtvolle Durchsetzung als die Eltern, von denen alle Daten vorhanden sind. Die determinierten Varianzanteile betragen 3,7 % bis 4,1 %, sind also auch gering. Es ist denkbar, dass diese geringen Differenzen den Umstand widerspiegeln, dass unter den Eltern mit unvollständigen Daten mehr Väter und Elternteile mit jüngeren Kindern sind.

Es gibt noch drei signifikante Varianzunterschiede und vier tendenzielle, wobei die jeweils größere Varianz in beiden Gruppen gleich häufig auftritt. Ein systematischer Unterschied zwischen den beiden untersuchten Gruppen ist damit nicht feststellbar. Auch hinsichtlich der Erwartungen bezüglich des Elternkurses unterscheiden sich die beiden Gruppen nicht. Insgesamt gesehen kann man davon ausgehen, dass die Elterngruppe, die für die Vergleiche von vorher und nachher Werten zur Verfügung steht, die ursprüngliche Gruppe noch brauchbar repräsentiert. Die Veränderungen, die in Tabelle 9_2 dokumentiert werden, können als Schätzung für die Elterngruppe herangezogen werden, die überhaupt an den Untersuchungen teilgenommen hat (75,9 % aller Eltern der Elternkurse).

Tab. 17 - 9_2:
Vergleich der Mittelwerte vorher und nachher in den
abhängigen Variablen für alle Eltern aus EK

Variablen	ELEKalle	(N=65 bis 75)						
	M_v	M_n	s_v	s_n	M_{Diff}	s_{Diff}	Sign.	Eta²	Korr.
Inkonsistentes Elternverhalten	2.74	2.52	.57	.46	.22	.42	.000	.223	.68
Positives Elternverhalten	4.08	4.20	.51	.35	-.12	.40	.010	.086	.62
Involviertheit	3.91	3.92	.51	.49	-.02	.35		.002	.75
Verantwortungsbewustes Elternverhalten	3.43	3.48	.50	.39	-.06	.44		.016	.54
Geringes Monitoring	1.32	1.32	.29	.30	.00	.21		.000	.74
Machtvolle Durchsetzung	3.18	3.09	.53	.53	-.06	.44	.087	.040	.66
Körperliche Strafen	1.72	1.45	.69	.48	.28	.46	.000	.270	.75
Unterstützung	3.29	3.46	.74	.64	-.16	.50	.007	.095	.75
Strenge	1.98	1.75	.65	.55	.23	.56	.000	.143	.58
Klarheit	4.58	4.16	.68	.52	.43	.59	.000	.345	.54
Unzufriedenheit	2.74	2.35	.73	.62	.39	.60	.000	.302	.61
Erlebte Selbstwirksamkeit	4.16	4.47	.77	.71	-.31	.76	.001	.146	.48
Soziale Unterstützung	3.76	3.88	.85	.85	-.12	.48	.034	.060	.84
Zufriedenheit mit Lebenssituation	3.65	3.70	.79	.82	-.05	.67		.006	.66
Prosoziales Verhalten Kind	7.61	7.73	1.79	1.72	-.12	1.23		.010	.76
Hyperaktivität Kind	3.85	3.31	2.24	2.38	.55	1.95	.018	.073	.64
Emotionale Probleme Kind	2.64	2.20	2.38	2.32	.43	1.66	.028	.065	.75
Verhaltensprobleme Kind	2.86	2.38	1.95	1.59	.48	1.35	.004	.113	.73
Verhaltensprobrobleme mit Gleichaltrigen	2.15	1.92	1.99	2.14	.24	1.72		.019	.66
Schwächen/ Probleme Kind	11.60	9.77	6.45	6.27	1.83	4.15	.000	.165	.79
Positives Sozialverhalten Kind	3.50	3.68	3.52	.51	-.18	.40	.000	.176	.70
Unangepasstes Sozialverhalten Kind	2.24	1.99	.74	.59	.25	.42	.000	.268	.83
Unrealistisches Selbstkonzept Kind	2.37	2.27	.52	.50	.10	.41	.040	.059	.68

Die Tabelle 9_2 beinhaltet die Verteilungskennwerte derjenigen Eltern der Kurse, die an beiden Erhebungen (v = vorher; n = nachher) teilgenommen haben, sowie die Mittelwerte und Standardabweichungen der Differenzen zwischen den beiden Erhebungen. Die statischen Prüfungen haben mit univariaten Varianzanalysen mit Messwiederholung stattgefunden. Zusätzlich zu den beiden Angaben zur statistischen Signifikanz und Relevanz ist die Korrelation zwischen den jeweiligen Daten der Erst- und der Zweiterhebung angegeben. Diese kann als eine konservative Schätzung der Wiederholungsreliabilität nach gut drei Monaten angesehen werden. Konservativ ist sie insofern, als es systematische Bemühungen in den Kursen gegeben hat, diese Merkmale zu verändern. Alle Veränderungen, die nicht für alle Eltern gleich sind, führen zu niedrigeren Zusammenhangsmaßen. Es ist zu erkennen, dass die erhobenen Merkmale weit überwiegend recht zeitstabil gemessen worden sind. Sie erreichen fast immer die Retestreliabilitäten, die für Fragebogenmaße bei Erwachsenen als gut gelten. Auch dieser Befund ist ein Hinweis darauf, dass die Eltern die Fragebögen sehr verlässlich ausgefüllt haben. Die Anzahl der Eltern, auf die sich die Analysen beziehen variiert zwischen 65 und 75.

Die Spalte der Mittelwerte der Differenzen zeigt die Richtung und die Größe der einzelnen Veränderungen zwischen der Erhebung vor und der nach dem Kursbesuch. In 16 von 23 Vergleichen hat es mindestens signifikante ($p \leq 0.05$) Mittelwertveränderungen gegeben. Von den 10 Selbstbeurteilungen der Eltern, die sich auf deren Erziehungsverhalten beziehen, zeigen sechs signifikante Unterschiede der Mittelwerte zwischen der Erst- und der Zweiterhebung. Die Kurseltern sind im Durchschnitt nach dem Kurs weniger inkosistent in ihrem Erziehungsverhalten, zeigen mehr positives Elternverhalten, strafen weniger körperlich, unterstützen ihre Kinder häufiger, zeigen weniger strenges Verhalten. Dies sind alles Hinweise auf eine durchschnittliche Steigerung eines entwicklungsförderlichen Verhaltens der Eltern, wie es mit dem Elternkurs angestrebt wird. Betrachtet man die Eta²-Werte, so zeigt sich, dass es sich um einen großen Effekt (Körperliche Strafen 27,0 %) und vier mittlere handelt (8,6 % bis 22,3 %). Die Skala Machtvolle Durchsetzung verfehlt das Signifikanzniveau knapp ($p = 0.087$), der Effekt beträgt auch nur 4,0 %. In den drei Merkmalen Involviertheit, Verantwortungsbewusstes Elternverhalten und Geringes Monitoring sind keine Mittelwertveränderungen feststellbar. Ob es sich dabei um Decken- bzw. Bodeneffekte (Geringes Monitoring) handelt oder diese Aspekte in den Durchführungen der Kurse keine so große Rolle spielen, kann erst nach späteren Analysen entschieden werden.

Ein eher unerwartetes Ergebnis dieser Variablengruppe betrifft die Skala Klarheit. In diesem Merkmal des Kommunikationsverhaltens der Eltern wird die größte mittlere Veränderung erzielt. 34,5 % der Varianz sind erklärbar durch die Zugehörigkeit der Eltern zur vorher und nachher Gruppe. Dabei hat sich der Effekt aber erwartungswidrig eingestellt. Die Eltern beurteilen ihre Klarheit, mit der sie ihre Erwartungen an ihre Kinder zum Ausdruck bringen, nach dem Kurs nicht mehr so stark zutreffend wie vor dem Kurs. Allerdings ist der Mittelwert der Ersterhebung mit 4,58 auf einer fünfstufigen Skala extrem hoch, es gibt für viele Eltern insofern auch keine Möglichkeit mehr sich zu steigern. Es kann nicht entschieden werden, ob in diesem Fall der Regressionseffekt (extreme Werte tendieren bei einer Zweiterhebung zur Mitte) die entscheidende Rolle spielt oder ob die Eltern im Kurs durch Kommunikationsübungen gelernt haben, dass ihre eigene Überzeugung von hoher Klarheit doch nicht ganz der Realität entspricht. Es ist auch nicht auszuschließen, dass beide Interpretationsvarianten sich überlagern oder zusammenwirken. Der in der Zweiterhebung erzielte Mittelwert liegt im Übrigen immer noch knapp über der zweithöchsten Stufe der Antwortvorgaben, ist also kein Hinweis auf ein nicht angemessenes Kommunikationsverhalten.

Bei den vier Beurteilungen der Eltern zu ihrem Selbstkonzept als Eltern und zu ihrer Einbettung in soziale und äußere Lebensumstände gibt es drei signifikante Mittelwertsveränderungen. Die Eltern sind nach dem Kurs durchschnittlich erheblich weniger unzufrieden mit ihrer Elternrolle (großer Effekt), erleben deutlich mehr Selbstwirksamkeit (mittlerer Effekt) und beurteilen ihre soziale Unterstützung besser (kleiner Effekt). Alle drei Veränderungen stützen die Annahme, dass diese Merkmale durch die Kursarbeit unterstützt werden. Am wenigsten ist das für die Soziale Unterstützung erwartet worden, weil dieser Verhaltensbereich keinen Schwerpunkt in diesem Kurskonzept darstellt. Die Zufriedenheit mit der allgemeinen Lebenssituation hat sich im Mittel nicht verändert von der Erst- zur Zweiterhebung. Damit ist auch belegt, dass die Eltern keinesfalls bei der Zweiterhebung auch dann generell zu günstigeren Urteilen gekommen sind, wenn diese Urteile einer realen Grundlage entbehren.

Von Interesse ist auch die Frage, ob Veränderungen der Eltern in mehreren Aspekten gleichzeitig auftreten oder ob es derartige Zusammenhänge nicht gibt. Als Veränderungen werden die Differenzen in den korrespondierenden Merkmalen zwischen der Erst- und der Zweiterhebung definiert (vorher Wert minus nachher Wert). Bei entwicklungsförderlichen Variablen bedeuten negative Vorzeichen der Differenzen, dass sich die Eltern verbessert haben. Bei den entwicklungshemmenden Merkmalen, die möglichst abgebaut werden sollen, beinhalten positive Vorzeichen der Differenzen, dass die Eltern sich von der Erst- zur Zweiterhebung verbessert haben. Die Tabelle A 9_3 enthält die signifikanten und tendenziell signifikanten Korrelationen zwischen den Veränderungen der erhobenen Merkmale bei den Kurseltern.

Es zeigt sich in der Tabelle A 9_1, dass von den Veränderungen in den Erziehungsskalen nicht alle miteinander in stärkerer Beziehung stehen. Es gibt insgesamt zehn signifikante und drei tendenziell gesicherte Zusammenhänge zwischen den Veränderungen. Vier Korrelationen sind mindestens .30, die größte erreicht den Wert .44. Es handelt sich im Wesentlichen um folgende Zusammenhänge: Eltern, die ihr Inkonsistentes Verhalten abgebaut haben, haben auch ihre Bestrafungstechniken reduziert, sie greifen nach dem Kurs seltener zu körperlichen Strafen (.27) und verhalten sich seltener streng zu ihren Kindern (.42). Diese Veränderungen im entwicklungshemmenden Bereich des elterlichen Verhaltens sind sehr plausibel miteinander verknüpft. Gleiches gilt auch für die folgenden entwicklungsförderlichen Merkmale der Eltern. Eltern mit Zunahmen Positiven Verhaltens verzeichnen auch Zunahmen im Merkmal Unterstützung (.44) und bei Verantwortungsbewusstsein (.25). Gleichzeitig reduzieren solche Eltern auch eher ihr Ausmaß körperlicher Strafen (-.25).

Die Reduzierungen im Ausmaß körperlicher Strafen gehen zusätzlich zu den bereits erwähnten Zusammenhängen mit erhöhter Unterstützung (-.33) und verringerter Strenge (.28) einher. Auch diese Zusammenhänge entsprechen den Erwartungen, die mit der Kursabsolvierung verbunden werden. Der beabsichtigte Abbau von körperlichen Strafen und häufiger Strenge gehen mit weiteren positiven Veränderungen der Eltern einher. Eher ambivalent ist die Veränderung des Merkmals Machtvolle Durchsetzung. Ein erhöhter Abbau dieses eher entwicklungshemmenden Erziehungsmerkmals korrespondiert mit größeren Zunahmen in Involviertheit (.27) und Veranwortungsbewusstem Elternverhalten (.30). Veränderungen eines wesentlichen Aspektes eher autoritären Elternverhaltens sind verknüpft mit Steigerungen in zwei eher entwicklungsförderlichen Erziehungsmerkmalen. Es ist nicht auszuschließen, dass dieser Befund als ein Hinweis darauf zu werten ist, dass die Differenzierung zwischen den drei genannten Aspekten im Kurs nicht für alle Eltern deutlich geworden ist.

In besonders deutlichen Zusammenhängen stehen die Differenzen der Eltern in den Selbstbeurteilungen der Erziehungskompetenz mit den Veränderungen der Erziehungsskalen der Eltern. Steigerungen der Erlebten Selbstwirksamkeit in der Erziehung gehen einher mit Abbau von Strenge (-.31) und körperlichen Strafen (-.22) sowie Zunahmen in Klarheit (.31), Positivem Elternverhalten (.23) und Involviertheit (.25). Diese Zusammenhänge zeigen in der Summe, dass die Steigerung der Selbstwirksamkeit bei Eltern mit einem Zuwachs an entwicklungsförderlichem Erziehungsverhalten einhergeht. Genau entgegengesetzt ist es bei der Unzufriedenheit mit der Elternrolle. Die Verringerung der Unzufriedenheit kovariiert mit der Abnahme der Strenge (.37) und der Inkonsistenz des elterlichen Verhaltens (.31) sowie der Zunahme Positiven Elternverhaltens (-.23) und des Verantwortungsbewussten Elternverhaltens. Offensichtlich gibt es klare Zusammenhänge zwischen Verbesserungen des Erziehungsverhaltens und der Steigerung der selbst beurteilten Erziehungskompetenz.

Selbst die Erhöhung der Sozialen Unterstützung geht einher mit einem Abbau der Unzufriedenheit mit der Elternrolle (-.47) und der Zunahme Verantwortungsbewussten Elternverhaltens (.34) sowie der Selbstwirksamkeit (.29). Zusätzlich erhöht sich die allgemeine Lebenszufriedenheit mit der Abnahme der Unzufriedenheit mit der Elternrolle (-.37) und der Steigerung der Unterstützung der Kinder (.24).

Auch wenn die Mehrheit der Korrelationen nicht über .30 liegt, lässt sich festhalten, dass die Veränderungen bei Kurseltern, die sich in den Differenzen der

Werte aus den Erhebungen vor und nach dem Kurs ergeben, insgesamt ein recht konsistentes Bild ergeben: Die Veränderungen sind sämtlich in den erwarteten Richtungen miteinander verknüpft. Das kann als ein Zeichen für die mögliche Wirksamkeit des Elternkurses bewertet werden.

Die Veränderungen sind von drei Ausnahmen abgesehen unabhängig von der Besuchsdauer der Eltern in den Kursen. Tabelle A 9_2 weist aus, dass lediglich der Abbau der Strenge mit der quantitativen Teilnahme (Stunden Teilnahme am Kurs bzw. Anteil der Anwesenheitsstunden im Verhältnis zu stattgefunden Stunden des Kurses) an den Kursen zusammenhängt (.24 bzw. .31). Eltern, die länger an den Kursen teilgenommen haben, konnten ihre Strenge in der Erziehung etwas stärker reduzieren als die Eltern mit weniger Anwesenheit. Alle anderen Veränderungen des Erziehungsverhaltens sowie der Selbstbeurteilungen verändern sich nicht mit zunehmender Teilnahmedauer an den Kursen.

Der zweite Teil des Elternfragebogens betrifft die Beurteilung des eigenen Kindes. Von acht erfragten Aspekten weisen sechs eine mindestens signifikante Mittelwertveränderung auf. Die Eltern beurteilen nach dem Kursbesuch ihre Kinder im Mittel als weniger hyperaktiv, weniger mit emotionalen Problemen belastet, sehen weniger Verhaltensprobleme, mehr positives Sozialverhalten, weniger unangepasstes Sozialverhalten und ein weniger unrealistisches Selbstkonzept. Die größte Veränderung (großer Effekt) hat aus Sicht der Eltern im Unangepassten Sozialverhalten stattgefunden (26,8 %), gefolgt von zwei mittleren Effekten (11,3 % bzw. 17,6 %) und drei kleinen Effekten. Die Zusammenfassung der Schwächen und Probleme des Kindes weist entsprechend ebenfalls einen mittleren Effekt auf, der Mittelwert ist deutlich gesunken von der ersten zur zweiten Erhebung. Keine Veränderungen hat es in zwei Skalen der deutschen Version des Strengths and Difficulties Questionnaires gegeben. Prosoziales Verhalten und Verhaltensprobleme mit Gleichaltrigen haben sich aus Elternsicht im Mittel nicht verändert.

Die vorgestellten Veränderungen der elterlichen Sicht auf ihre Kinder legen nahe, dass es im Verlauf des Kursbesuches zu neuen Einsichten über die eigenen Kinder gekommen ist. Es lässt sich bisher nicht entscheiden, ob sich die Kinder tatsächlich so verändert haben, dass sie weniger ungünstige Verhaltensweisen zeigen bzw. mehr angemessene soziale Interaktionen bestreiten. Es ist nicht auszuschließen, dass die Eltern in der Auseinandersetzung mit den anderen Eltern des Kurses gelernt haben, dass ihr Kind viel normaler ist, als sie bisher angenommen haben und sie infolgedessen ihre Beurteilungsmaßstäbe verschoben haben. Es ist ebenfalls vorstellbar, dass sie erste Erfolge in der Erziehung bei ihren Kindern registrieren wollen, denn sie beurteilen sich ja als zufriedener mit ihrer Elternrolle und auch als wirksamer in ihrer Erziehung. Es kann sich auch um ein Zusammenspiel dieser Aspekte handeln. Erst die Zusammenschau aller Datenquellen in Kapitel 11 wird diese Frage besser klären können. In jedem Fall sind es Veränderungen, die im Sinne des Elternkurses Starke Eltern – Starke Kinder® sehr erwünscht sind.

Die Eltern der Elternkurse sind auch zu ihren Erwartungen und im zweiten Fragebogen zu ihren Erfahrungen mit dem Kurs befragt worden. Die Tabelle 9_3 enthält die Verteilungskennwerte aller Eltern der Elternkurse, die an der Zweiterhebung teilgenommen haben (N = 85) sowie die prozentualen Anteile der positiven Zustimmungen und der Ablehnungen zu den vorgegebenen Aussagen.

Tab. 18 – 9_3:
Erfahrungen aller EK-Eltern, von denen nachher Werte vorliegen

Variablen	ELEKalle (N=85)		prozentualer Anteil positiver Zustimmung (4 o. 5)	prozentualer Anteil Ablehnungen (1 o. 2)
	M	s		
Viel Neues gelernt	3.84	.95	68,2%	9,4%
Beziehung zum Kind verbessert	3.67	.91	58,8%	7,1%
Wohlgefühlt in Elterngruppe	4.58	.66	92,9%	1,2%
Neugier war berechtigt	4.25	.79	83,5%	2,4%
Atmosphäre in Familien verbessert	3.65	.87	61,2%	9,4%
Brauchbare Tipps	4.20	.74	81,2%	0%
Erziehungsvorstellungen besser verstanden	3.94	.88	70,6%	5,9%
In schwierigen Situationen besser mit Kind	4.06	.75	79,8%	2,4%
Selbsterfahrung gemacht	3.86	.97	67,1%	7,1%
Sicherer im Umgang mit Kind	3.80	.95	70,2%	11,9%
Besser in Kind hinein versetzen	3.80	.79	62,3%	4,8%
Kind zufriedener mit Elternteil	3.47	.97	51,2%	16,9%
Summe Erfahrungen kursbezogen	4.13	.66	63,5%	0%
Summe Erfahrungen erziehungsbezogen	3.83	.68	45,8%	1,2%
Summe aller Erfahrungen	3.93	.64	50,6%	1,2%
(N=83)				
Stunden Teilnahme	18,53	3,63	-	-
Anteil Teilnahme an Kursstunden	.88	.12	min .41 bis .67 bis. 75 bis .80 bis .90	1,2% 4,8% 12,0% 26,5% 61,4%

Wie die Daten der Tabelle 9_3 belegen, gibt es keine einzige positiv formulierte Aussage zu Kurserfahrungen, der nicht in sehr hohem Ausmaß zugestimmt wird. Die Mittelwerte liegen sämtlich oberhalb von 3,45, also deutlich über der numerischen Mitte der Skala. Von zwei Ausnahmen abgesehen sind die Prozentsätze der ablehnenden Eltern immer unter 10 %. Nur dem Statement „Kind zufriedener mit dem Elternteil" können 16,8 % nicht zustimmen und beim Statement „Sicherer im Umgang mit dem Kind" sind es 11,9 %. Dieser insgesamt sehr positive Befund ist nicht sehr überraschend, weil er in nahezu allen Maßnahmen auftritt, bei denen sich Eltern freiwillig entschlossen haben teilzunehmen. Stärkste Zustimmung erreichen die Statements „Wohlgefühlt in der Elterngruppe" (4,58), „Neugier war berechtigt" (4,25), „Brauchbare Tipps für die Erziehung" (4,20). Es ist davon auszugehen, dass die Eltern, die am Elternkurs teilgenommen haben, dies in einem sehr hohen Prozentsatz gern getan haben und zudem die Erfahrung gemacht haben, dass sie auch für ihr eigenes Erziehungsverhalten Konstruktives gelernt haben. Die direkt auf den Kurs bezogenen Erfahrungen werden dabei im Mittel etwas besser beurteilt (4,13) als die Erfahrungen, die sich auf die Erziehung beziehen (3,83). Auch dieser Befund ist recht plausibel, weil Umsetzungen auch sehr positiver Kurserfahrungen in die Realität des Erziehungsalltags naturgemäß sehr viel schwerer fallen.

Am Ende der Tabelle befinden sich zwei zusätzliche Angaben. Die eine weist aus, wie viele Stunden die Eltern durchschnittlich am Kurs teilgenommen haben (18,53). Damit wird der Minimalanspruch des Kurses im Durchschnitt von diesen Eltern deutlich übertroffen. Noch interessanter ist angesichts der unterschiedlichen Stundenzahl der zehn Kurse, an welchem Anteil dieser Stunden die Eltern teilgenommen haben. Der Tabelle ist zu entnehmen, dass im Durchschnitt 88 % der Stunden genutzt worden sind. 39,6 % haben an mehr als 90 % der Kursstunden teilgenommen und nur 12 % haben an weniger gleich 75 % der Stunden partizipiert. Damit ist belegt, dass die große Mehrheit der Eltern ihre Angaben in den beiden Fragebögen vor dem Hintergrund einer sehr guten Kenntnis des Kurses gemacht haben.

Die Tabelle 9_4 zeigt den Vergleich von Erwartungen und Erfahrungen von den Eltern, die an der Erst- und der Zweiterhebung teilgenommen haben. Neun der Aussagen zu Erwartungen und Erfahrungen beziehen sich auf identische Sachverhalte. Da auch die Antwortvorgaben identisch sind, können diese Werte direkt miteinander verglichen werden. Es gibt fünf signifikante Differenzen zwischen den Mittelwerten, die zugehörigen Effektstärken liegen alle im mittleren Bereich. Die Eltern haben sich im Mittel in der Elterngruppe deutlich noch stärker wohlgefühlt als sie erwartet hatten (Eta² 25,8 %). Die niedrige Korrelation zwischen den Erwartungs- und den Erfahrungswerten ($r = 0.25$) zeigt, dass das Ausmaß des erwarteten Wohlfühlens nur recht wenig mit dem Ausmaß des erfahrenen Wohlfühlens zu tun hat. Die Neugiererwartung der Eltern war höher als sie im Nachhinein als berechtigt angesehen wird. Allerdings ist der Mittelwert dieser Erfahrungen immer noch der zweithöchste aller Erfahrungswerte (4,25). Die Eltern haben im Mittel weniger brauchbare Tipps erhalten als sie angesichts ihres sehr hohen Mittelwertes erwartet hatten. Auch hier hat das Erwartungsni-

Tab. 19 – 9_4:
Vergleich von Erwartungen (vorher) und Erfahrungen (nachher) bei allen Eltern aus EK mit vollständigen Daten

Variablen	ELEKalle (N=64)								
	M_v	M_n	s_v	s_n	M_{Diff}	s_{Diff}	Sign.	Eta^2	Korr.
Viel Neues lernen	3.95	3.88	.77	.97	.08	.72		.012	.68
Beziehung zum Kind verbessern	3.67	3.70	1.06	.85	-0.3	1.05		.001	.40
Wohlfühlen in Elterngruppe	3.94	4.52	.89	.71	-.58	.99	.000	.258	.25
Neugier	4.56	4.25	.59	.76	.31	.69	.001	.174	.50
Atmosphäre in Familien verbessern	3.55	3.66	.98	.84	-.11	1,06		.011	.33
Brauchbare Tipps	4.53	4.17	.59	.75	.36	.82	.001	.162	.26
Gespannt auf Gefühl im Kurs	3.80	-	1.07						
In schwierigen Situationen besser mit Kind	4.35	4.08	.65	.73	.27	.63	.001	.158	.59
Selbsterfahrung	3.98	3.81	.88	.99	.17	1,02		.028	.42
Sicherer im Umgang mit Kind	4.11	3.81	.76	.91	.30	.93	.012	.097	.40
Erziehungsvorstellungen besser verstehen		4.00		.82					
Besser in Kind hinein versetzen		3.77		.76					
Kind zufriedener mit Elternteil		3.50		.95					
Erwartungen/ Erfahrungen kursbezogen	4.04	4.11	.53	.68					.62
Erwartungen/ Erfahrungen erziehungsbezogen	4.03	3.85	.65	.64					.51
Erwartungen/ Erfahrungen insgesamt	4.01	3.94	.64	.62					.55

veau relativ wenig mit dem Erfahrungsniveau zu tun (r = 0.26). Bei zwei Aussagen zum Umgang mit ihrem Kind hat sich die hohe Erwartung (Mittelwerte über 4,0) aus der nachträglichen Perspektive nicht realisiert, denn die Erfahrungswerte sind deutlich geringer, befinden sich aber immer noch im positiven Bereich der Antwortvorgaben. Die Korrelationen sind bei diesen beiden Aussagenpaaren deutlich höher als bei den obigen Beispielen: Eltern mit höheren Erwartungen haben auch eher höhere Erfahrungswerte. In den restlichen vergleichbaren Aussagen gibt es keine signifikanten Unterschiede zwischen den Mittelwerten der Erwartungen und der Erfahrungen. Die Mittelwerte der erfragten Kurserfahrungen unterscheiden sich im Übrigen nicht von denen der Gruppe aller Kurseltern (Tab. 9_3), von denen die Erfahrungswerte vorliegen (ohne Tabelle).

Die Erfahrungen der Eltern mit dem Kurs können in Beziehung gesetzt werden zu den Veränderungen, die die Eltern während des Kurses erfahren haben. Zum einen handelt es sich um die Selbstbeurteilungen der Eltern und zum andern um deren Beurteilungen des eigenen Kindes. Veränderungen werden definiert durch die Differenzen der Skalenwerte (Ersterhebung minus Zweiterhebung), so wie es oben in diesem Kapitel beschrieben ist. Die Tabelle A 9_3 enthält die signifikanten und tendenziell signifikanten Korrelationen der Erfahrungen der Eltern im Kurs mit den Veränderungen der Selbstzuschreibungen.

Die Veränderungen von vier der zehn elterlichen Erziehungsmerkmale zeigen Zusammenhänge mit den Erfahrungen der Eltern im Kurs. Darüber hinaus sind die Verbesserungen der beiden Kompetenzeinschätzungen sowie der Sozialen Unterstützung assoziiert mit den Kursbewertungen der Eltern. Im Einzelnen handelt es sich um folgende Gemeinsamkeiten. Eltern, die ihr Geringes Monitoring verbessert haben, finden weniger, dass sie Selbsterfahrungen im Kurs gemacht haben (-.42). Eltern, die ihre Unterstützung für ihre Kinder verbessert haben, haben sich im Kurs stärker wohlgefühlt (-.23). Eltern mit einem größeren Abbau ihrer Strenge haben ihre Beziehung zum Kind eher verbessert (.27) und finden auch die Atmosphäre in ihrer Familie verbessert (.24) und meinen, dass ihr Kind zufriedener mit ihnen ist (.33). Der Abbau von Klarheit vom Kursbeginn bis zum Ende des Kurses ist assoziiert mit den Einschätzungen, sich besser in das Kind hinein versetzen zu können (-.28) sowie sicherer im Umgang mit dem Kind zu sein (-.24). Darüber hinaus gibt es vier weitere tendenzielle Zusammenhänge mit der Veränderung der Klarheit. Die Ambivalenz dieses Erziehungsaspektes, die bereits im Kapitel 8.1 thematisiert worden ist, zeigt sich auch hier. Offensichtlich ist ein besonders hohes Ausmaß an Klarheit in der Kommunikation mit dem Kind, so wie sie hier gemessen worden ist, aus unterschiedlichen Perspektiven nicht unbedingt als förderlich anzusehen.

Eltern, die ihre Selbstwirksamkeit gesteigert haben, geben eher an, dass sie ihre Beziehung zum Kind verbessert haben (-.25), sich in der Elterngruppe wohlgefühlt haben (-.26), sich die Atmosphäre in der Familie verbessert hat (-.24) und sie brauchbare Tipps für ihre Erziehung im Kurs erhalten haben (-.26). Die stärksten Zusammenhänge gibt es zwischen den Erfahrungen mit dem Kurs und der Veränderung der Sozialen Unterstützung. Letztere ist umso höher, je sicherer sich die Eltern im Umgang mit ihren Kindern finden (-.43), je besser sie sich in ihre Kinder hinein versetzen können (-.30), je mehr sich die Atmosphäre in der Familie verbessert hat (-.30), je besser die Eltern ihre Erziehungsvorstellungen verstanden haben (-.25) und je mehr sich die Beziehung zum Kind verbessert hat.

Alle Zusammenhänge weisen zwar keine besonders hohen Korrelationsmaße auf, sie sind aber als gesamtes Muster der Beziehungen sehr plausibel und belegen, dass Beurteilungen von Erfahrungen, die im Zusammenhang mit dem

Kursbesuch stehen, auch mit einigen Veränderungen des Erziehungsverhaltens einhergehen.

Die Tabelle A 9_4 enthält die signifikanten und tendenziell signifikanten Korrelationen der Erfahrungen der Eltern im Kurs mit den Veränderungen der Beurteilungen der Kinder durch ihre Eltern. In sechs der neun Merkmale der Kinderbeurteilung stehen deren Veränderungen in Zusammenhang mit den Erfahrungen der Eltern mit dem Elternkurs. Allerdings erreichen diese Gemeinsamkeiten nur maximal Korrelationen bis .32. Es sind vor allem vier Erfahrungen, die mit Veränderungen der Kinderbeurteilung assoziiert sind. Eltern, die die Beziehung zum Kind stärker als verbessert sehen, nehmen weniger Schwächen und Probleme bei ihren Kindern wahr (.24) und weniger unangemessenes Sozialverhalten (.25). Eltern, die eine Verbesserung der familiären Atmosphäre registrieren, sehen eine stärkere Zunahme prosozialen Verhaltens bei ihren Kindern (-.26) und größere Abnahmen bei Verhaltensproblemen (.22) und bei unangemessenem Sozialverhalten (.26). Eltern, die sich nach dem Kurs besser in ihr Kind hinein versetzen können, sehen deutliche Veränderungen im unangepassten Sozialverhalten ihres Kindes (.39) und tendenziell weniger allgemeine Verhaltensprobleme (.22) sowie Schwächen und Probleme (.23). Und schließlich hängt die größere Zufriedenheit des Kindes mit dem Elternteil damit zusammen, dass die Eltern weniger Verhaltensprobleme (.32) und unangemessenes Sozialverhalten (.30) sowie tendenziell mehr positives Sozialverhalten bei ihren Kindern nach Beendigung des Kurses erleben. Auch diese Zusammenhänge verdeutlichen, dass die von den Eltern gelieferten Beurteilungen etliche Hinweise auf plausible Veränderungen im Kursverlauf bieten.

Es ist festzuhalten, dass sich in den Fragebogendaten zahlreiche Veränderungen der Kurseltern zeigen. Dies ist eine notwendige aber nicht hinreichende Bedingung dafür, dass die Teilnahme an den Kursen Wirkungen zeigt. Erst der Vergleich mit der Wartegruppe kann Belege dafür erbringen, ob die Kursteilnahme Wirkungen erzeugt hat, die über normale Veränderungen bei einer zweiten Erhebung nach gut drei Monaten hinausgehen.

9.2 Der Vergleich von Elternkursgruppe und Wartegruppe

Es ist schon mehrfach darauf hingewiesen worden, dass erst die Berücksichtigung der Daten der Wartegruppe Rückschlüsse auf Wirkungen des Elternkurses zulässt. Diese Analysen können dann sinnvoll vorgenommen werden, wenn sich Elternkursgruppe und Wartegruppe weder in ihrer soziodemografischen Zusammensetzung noch in den zu untersuchenden Merkmalen vor Kursbeginn unterscheiden. Die soziodemografische Zusammensetzung ist in Kapitel 7 abschließend behandelt. Bevor hier die abhängigen Variablen verglichen werden, ist zunächst zu klären, ob die Eltern, von denen zwei Erhebungen vorhanden sind, die allein in die abschließenden Analysen eingehen, sich unterscheiden von den Eltern, die wegen eines fehlenden Erhebungszeitpunktes auszuschließen sind. Dieser Abgleich wird zunächst für die Elternkursgruppe und dann für die Wartegruppe vorgestellt.

Es ist daran zu erinnern, dass für den Kontrollgruppenvergleich nur sieben Elternkurse zur Verfügung stehen und aus diesen auch nur die Eltern berücksichtigt werden können, die mindestens ein sechs- bis zwölfjähriges Kind haben (ELEKecht). Von diesen Eltern sind wiederum einige auszuschließen, weil sie nicht an beiden Erhebungen teilgenommen haben. Es wird deshalb zunächst geprüft, ob sich die aus diesen Gründen ausgeschiedenen Eltern von den letztlich verbliebenen in ihren Ausgangswerten unterscheiden.

Die Tabelle 9_5 ist wie üblich aufgebaut. Es werden mit Hilfe univariater Varianzanalysen die Varianzen und die Mittelwerte auf Unterschiede geprüft. Es gibt nur insgesamt vier signifikante Mittelwertunterschiede zwischen den Ausgangswerten der beiden Gruppen. Die zugehörigen Effektstärken sind allesamt klein. Die auszuschließenden Eltern haben im Mittel ein größeres Verantwortungsbewusstes Elternverhalten, ein noch weniger ausgeprägtes Geringes Monitoring als die verbliebenen Eltern, zeigen eine durchschnittlich höhere Machtvolle Durchsetzung und beurteilen das Prosoziale Verhalten ihres Kinder als weniger günstig. Da es bei drei dieser vier Merkmale auch keine Veränderung bei allen Eltern von der ersten zur zweiten Erhebung gegeben hat (Tab. 9_2), müssen diese Differenzen nicht die Repräsentativität der verbliebenen Elterngruppe für die ELEKecht-Gruppe in Frage stellen. Bei der Prüfung der Homogenität der Varianzen sind in vier der fünf signifikanten Fälle die Varianzen der auszuschließenden Eltern größer, das heißt es handelt sich bei diesen in Bezug auf diese Merkmale um einen recht heterogenen Personenkreis.

Da auch der Vergleich der soziodemografischen Zusammenstellung der beiden Gruppen keine gravierenden Unterschiede aufweist, kann die letztlich vorhandene Elterngruppe mit sechs- bis zwölfjährigen Kindern aus den sieben Elternkursen mit Daten aus den Erhebungen vorher und nachher diese Eltern gut repräsentieren.

Tab. 20 – 9_5:
Univariater Vergleich der vorher Werte in den abhängigen Variablen von Eltern aus echten EK mit 6-12jährigen Kindern mit vorher und nachher Daten mit denen der entsprechenden ausgeschiedenen Eltern

Variablen	ELEKecht (N=68)				Homog.	Sign.	Eta²
	$M_{v.u.n.}$	M_v	$s_{v.u.n.}$	s_v			
Erwartungen kursbezogen	19.66	19.88	2.22	2.45			.002
Erwartungen erziehungsbezogen	19.29	20.06	3.11	2.35			.016
Erwartungen gesamt	38.37	39.94	5.21	4.37			.022
Inkonsistentes Elternverhalten	2.76	2.57	.58	.47			.023
Positives Elternverhalten	3.98	4.14	.49	.59			.018

Variablen	ELEKecht (N=68)						
	$M_{v.u.n.}$	M_v	$s_{v.u.n.}$	s_v	Homog.	Sign.	Eta²
Involviertheit	3.86	3.78	.49	.70	.086		.004
Verantwortungsbew. Elternverhalten	3.36	3.63	.38	.55	.056	.037	.069
Geringes Monitoring	1.38	1.21	.28	.20	.095	.040	.068
Machtvolle Durchsetzung	3.15	3.46	.45	.52		.025	.080
Körperliche Strafen	1.72	1.67	.72	.54			.001
Unterstützung	3.10	3.28	.60	.73			.015
Strenge	1.96	2.12	.61	.61			.014
Klarheit	4.66	4.66	.53	.61			.000
Unzufriedenheit	2.70	2.56	.75	.60			.009
Erlebte Selbstwirksamkeit	4.11	3.69	.90	1.00			.041
Soziale Unterstützung	3.79	3.82	.84	.98			.000
Zufriedenheit mit Lebenssituation	3.67	3.53	.78	.99			.006
Prosoziales Verhalten Kind	7.65	6.47	1.91	2.50		.050	.061
Hyperaktivität Kind	3.96	3.82	2.33	2.32			.001
Emotionale Probleme Kind	2.80	2.82	2.43	2.63			.000
Verhaltensprobleme Kind	2.74	2.76	2.08	2.17			.000
Verhaltensprob. mit Gleichaltrigen	1.96	2.35	1.93	2.83	.066		.007
Schwächen/ Probleme Kind	11.46	11.88	6.70	6.24			.001
Positives Sozialverhalten Kind	3.57	3.32	.52	.53		.096	.045
Unangepasstes Sozialverh. Kind	2.15	2.19	.73	.74			.001
Unrealistisches Selbstkonzept Kind	2.27	2.46	.48	.73	.026		.025

Die Tabelle 9_6 enthält die entsprechenden Werte für die verbliebene Wartegruppe und die Eltern, die wegen einer fehlenden Erhebung auszuschließen sind. In einem einzigen Merkmal gibt es zwischen den beiden Gruppen einen signifikanten Mittelwertunterschied. Das Ausmaß Geringen Monitorings ist bei den auszuschließenden Eltern im Mittel noch geringer als bei den verbliebenen. Immerhin 13,8 % der Varianz dieses Merkmals sind durch die Gruppenzugehörigkeit erklärt (mittlere Effektstärke). In fünf weiteren Merkmalen werden tendenziell signifikante Unterschiede sichtbar. Es handelt sich dabei immer um kleine Effektstärken (5,5 % bis 7,3 %). Bei der Analyse der soziodemografischen Zusammensetzungen hat sich gezeigt, dass überproportional viele Väter und Personen mit Berufen, die einen universitären Abschluss voraussetzen, ausgeschieden sind.

Genauere später erfolgende Auswertungen können unter Umständen zeigen, ob zwischen den genannten Merkmalen überzufällige Zusammenhänge bestehen. Angesichts der sehr kleinen Ausgangszahl der Eltern in der Wartegruppe wird ein solcher Nachweis nur schwer zu führen sein.

Tab. 21 – 9_6:
Univariater Vergleich der vorher Werte in den abhängigen Variablen von Eltern aus echten WG mit vorher und nachher Daten mit denen der entsprechenden ausgeschiedenen Eltern

Variablen	ELWG (N=52)						
	$M_{v.u.n.}$	M_v	$s_{v.u.n.}$	s_v	Homog.	Sign.	Eta²
Inkonsistentes Elternverhalten	2.76	2.95	.49	.55			.026
Positives Elternverhalten	4.08	4.35	.44	.46		.079	.062
Involviertheit	3.91	3.82	.41	.51			.007
Verantwortungsbew. Elternverhalten	3.47	3.72	.40	.55	.076	.099	.054
Geringes Monitoring	1.48	1.18	.33	.26		.008	.138
Machtvolle Durchsetzung	3.22	3.17	.42	.54			.002
Körperliche Strafen	1.63	1.63	.55	.31	.043		.000
Unterstützung	3.23	3.43	.66	.71			.015
Strenge	1.89	2.10	.56	.53			.025
Klarheit	4.69	4.48	.48	.48			.031
Unzufriedenheit	2.56	2.38	.69	.76			.011
Erlebte Selbstwirksamkeit	4.25	4.21	.66	.56			.001
Soziale Unterstützung	4.04	3.58	.60	.95	.032	.055	.073
Zufriedenheit mit Lebenssituation	3.59	3.48	.92	.66			.003
Prosoziales Verhalten Kind	7.88	7.27	1.73	2.33			.018
Hyperaktivität Kind	3.78	5.33	2.66	2.95		.098	.055
Emotionale Probleme Kind	2.53	2.36	2.17	2.06			.001
Verhaltensprobleme Kind	2.53	2.45	1.63	1.37			.000
Verhaltensprob. mit Gleichaltrigen	1.25	1.82	1.28	1.60			.030
Schwächen/ Probleme Kind	10.08	12.40	5.28	4.45			.033
Positives Sozialverhalten Kind	3.73	3.45	.48	.41		.091	.057
Unangepasstes Sozialverh. Kind	2.08	2.31	.61	.52			.026
Unrealistisches Selbstkonzept Kind	2.34	2.64	.61	.76			.035

Es ist davon auszugehen, dass die verbliebenen Eltern der Wartegruppe die ursprüngliche Gruppe noch angemessen repräsentieren. Wesentlich wichtiger wird die Frage sein, ob sich die letztlich verbliebenen Kurs- und Wartegruppen, für die bereits nachgewiesen ist, dass sie sich in ihrer soziodemografischen Zusammensetzung nicht signifikant unterscheiden (Kapitel 7), auch in ihren Ausgangswerten der Untersuchungsmerkmale gleichen.

Die Tabelle A 9_5 im Anhang zeigt die Ergebnisse der Vergleiche der Ausgangswerte der ELEKecht und der ELWG. Von einer einzigen Ausnahme abgesehen gibt es keinen signifikanten Mittelwertunterschied zwischen der Elternkursgruppe und der Wartegruppe der Eltern. Sämtliche Erziehungsmerkmale der Eltern sind nicht verschieden zwischen den beiden Versuchsplangruppen. Diese Variablen sind demnach für Untersuchungen von Veränderungen sehr gut geeignet. Ein einziges Merkmal aus der Vielzahl der Beurteilungen des eigenen Kindes zeigt eine signifikante Mittelwertdifferenz zwischen den beiden Elterngruppen. Die Kurseltern sehen bei ihrem Kind im Mittel ein signifikant größeres Ausmaß bei Verhaltensproblemen mit Gleichaltrigen (kleiner Effekt). Bei insgesamt vier signifikanten Abweichungen von der Homogenitätsvermutung bei den Varianzen ist letztere bei den Eltern der Wartegruppe dreimal kleiner. Die Kurseltern sind sich in Bezug auf diese drei Variablen unähnlicher als die Wartegruppeneltern.

Die beiden Elterngruppen, die für die entscheidenden Analysen über mögliche Wirkungen des Elternkurses zur Verfügung stehen sind zwar recht klein (ELEKecht N = 45 – 46; ELWG N = 39 – 40), aber ihre Ausgangswerte sprechen dafür, dass sie in den entscheidenden Variablen bei der Ersterhebung im Mittel sehr ähnlich sind und auch die Varianzen gut vergleichbar sind.

Einen weiteren Aspekt für die Vergleichbarkeit der beiden Versuchsplangruppen stellt die deutsche Version des Strengths and Difficulties Questionnaires von Goodman bereit (Klasen et al. 2003). Für die Zusammenfassung der vier Probleme und Schwächen ihres Kindes zu einer Gesamtskala haben Klasen et al. (2003) in Anlehnung an die Originalarbeiten und unter Berücksichtigung der deutschen Normierungsdaten Grenzwerte für die Summe der Auffälligkeiten festgelegt. Da es sich um ein Screening handelt, werden ein grenzwertiger Bereich (Werte eines Kindes über 13 Punkte auf der Skala) und ein auffälliger Bereich (Werte über 16 Punkte auf der Skala) definiert. Legt man diese Grenzen zu Grunde, zeigen sich einige Auffälligkeiten bei den in diese Untersuchung einbezogenen Eltern. Die prozentualen Werte übertreffen die Normwerte deutlich.

Wie Tabelle 9_7 ausweist, gibt es bei den untersuchten Elterngruppen deutliche Unterschiede bei der Anzahl grenzwertiger und auffälliger Kinder. Obwohl die Mittelwertunterschiede der gesamten Skala Schwächen und Probleme nur selten signifikant ausfallen, kommen die Kurseltern regelhaft mit ihren Beurteilungen auf deutlich mehr Kinder mit erheblichen Problemen. An dieser Stelle sind insbesondere die Eltern der ELEKecht und der ELWG von Interesse. Diese bei-

Tab. 22 – 9_7:
Mittelwerte Schwächen und Probleme (SDQ – Strengths and Difficulties Questionnaire) und Prozentsätze grenzwertiger und auffälliger Kinder in verschiedenen Untersuchungsgruppen

Gruppe	Messung	M	s	%Anteil grenzwertiger >13 Punkte	%Anteil auffälliger >16 Punkte	N
ELEKalle	vorher	11.75	6.14	36,1%	25,8%	97
	nachher	9.90	6.01	28,4%	14,8%	81
ELWG	vorher	10.31	5.20	26,9%	13,5%	52
	nachher	9.00	5.63	19,6%	9,3%	43
ELEKalle mit v.u.n.	vorher	11.63	6.41	38,0%	29,6%	72
	nachher	9.67	6.21	26,4%	15,3%	72
ELEK- echt mit v.u.n.	vorher	11.40	6.67	37,0%	26,1%	45
	nachher	8.93	6.08	22,2%	13,3%	45
ELWG mit v.u.n.	vorher	10.08	5.28	22,5%	12,5%	40
	nachher	9.00	5.75	20,0%	10,0%	40

den Gruppen unterscheiden sich im Übrigen nicht wesentlich von den prozentualen Angaben der Ausgangsgruppen. Insofern repräsentieren sie diese recht gut.

Bei den als grenzwertig zu bezeichnenden Kindern ist der Prozentsatz der betroffenen Kinder der Kurseltern vor dem Kurs mit 37,0 % erheblich höher als in der Wartegruppe (22,5 %). Noch stärker ist der Unterschied bei den auffälligen Kindern (26,1 % zu 12,5 %), der Prozentsatz ist doppelt so groß. Es ist damit nicht entschieden, dass die Anzahl der Kinder mit erheblichen Problemen bei den Kurseltern auch aus anderer Perspektive (Erzieherinnen, Lehrerinnen oder die Kinder selbst) so viel größer ist als in der Wartegruppe. Es kann sich auch um besonders sensible Beurteilungen des eigenen Kindes handeln. Leider liegen zur Klärung dieser Frage keine weiteren Quellen außer der Selbsteinschätzung der Kinder in nur einem der vier Problembereiche vor. Der Befund kann ein Hinweis darauf sein, dass die freiwillige Teilnahme an diesem Kurs auch Eltern anspricht, die bei ihren Kindern deutliche Probleme wahrnehmen. In der Wartegruppe trifft dieser Sachverhalt nur für einen Teil der Eltern zu (echte Wartegruppe).

Einem Ergebnis kann schon an dieser Stelle Raum gegeben werden. Nach Absolvierung des Elternkurses entsprechen die von den Eltern klassifizierten Anteile der Kinder mit erheblichen Problemen recht genau den Prozentsätzen der Wartegruppe vorher. Die Wartegruppen verändern ihre Prozentangaben nur marginal und die Kurseltern halbieren fast die Anzahl der schwierigen Kinder. Zumindest für diesen Teil der Kinder mit deutlichen Problemen weist dieser Befund auf eine nicht unerhebliche Wirkung des Elternkurses hin. Selbst wenn sich diese Kinder nicht wirklich in dieser kurzen Zeit verändert haben, ist zumindest die Sichtweise von Mutter oder Vater so verändert worden, dass die Hälfte der problematischen Kinder aus dieser Kategorie heraus fällt. Für ein weiteres fruchtbares Erziehungsklima kann ein solcher Schritt eine gute Voraussetzung sein.

Die Eltern, die zur Analyse der Wirkungen des Elternkurses herangezogen werden, setzen sich nur noch aus sieben Elternkursen zusammen und sind nur Eltern mit sechs- bis zwölfjährigen Kindern. Vor der endgültigen Klärung der Wirksamkeit des Elternkurses auf die Fragebogenmaße der Untersuchung soll noch kurz erläutert werden, ob sich denn in dieser Gruppe ähnlich wie in der Gesamtgruppe der Kurseltern überhaupt Veränderungen in den interessierenden Merkmalen zeigen. Es ist ja nicht von vorn herein ausgeschlossen, dass sich gerade die Eltern von sechs- bis zwölfjährigen Kindern als besonders veränderungsresistent erweisen, was eine notwendige Voraussetzung der Wirkungsanalyse verletzen würde.

Die Tabelle A 9_6 im Anhang weist aus, dass die Eltern der ELEKecht sich in 14 von 23 Variablen im Mittel mindestens signifikant von der ersten zur zweiten Erhebung verändert haben. Es sind die gleichen Merkmale wie bei allen Kurseltern, lediglich zwei Merkmale erreichen keine Signifikanz, obwohl die Differenzen der beiden Mittelwerte fast genauso groß sind wie bei allen Eltern. Hier sind die kleineren Gruppengrößen dafür verantwortlich, dass die Unterschiede nicht gegen den Zufall gesichert werden können. Die durch Gruppenzugehörigkeit determinierten Varianzanteile (Eta²) sind sehr ähnlich bei den beiden nicht gegen den Zufall gesicherten Ausnahmen (Soziale Unterstützung, Unrealistisches Selbstkonzept des Kindes). Es gibt insgesamt einige leichte Abweichungen in der Größenordnung der Effektgrößen zwischen den beiden Kursgruppen, letztlich ist aber festzuhalten, dass in der Elterngruppe ELEKecht sehr ähnliche jeweils in die gleiche Richtung gehende Veränderungen in den elterlichen Fragebogenmaßen aufgetreten sind wie bei der gesamten zur Verfügung stehenden Kursgruppe. Damit ist gezeigt, dass diese Eltern sich nicht wesentlich von den restlichen Eltern der Elternkurse unterscheiden. Belegbare Wirkungen des Elternkurses können also ohne große Bedenken auf alle untersuchten Eltern generalisiert werden.

Im Folgenden wird die Entscheidung zu fällen sein, ob es nachweisbare Kurswirkungen gibt. Die Untersuchung dieser Frage erfolgt mit Hilfe der zweifaktoriellen Varianzanalyse mit Messwiederholung. Die Varianz des zu untersuchenden Merkmals wird dabei in drei Komponenten zerlegt: Hauptfaktor Messzeitpunkt (Messzeitpunkt 1 und Messzeitpunkt 2), Hauptfaktor Gruppenzugehörigkeit (Kursgruppe ELEKecht und ELWG) sowie die Wechselwirkung zwischen Messzeitpunkt und Gruppenzugehörigkeit. Mit dem erstgenannten Faktor wird geprüft, ob es Unterschiede zwischen den beiden Messzeitpunkten unabhängig von der Gruppenzugehörigkeit gibt. Mit Hilfe des zweitgenannten Faktors wird geprüft, ob sich die beiden Versuchsplangruppen voneinander unterscheiden, unabhängig vom Zeitpunkt der Messung. Spezifische Wirkungen der Kursteilnahme können sich nur in der Wechselwirkung zeigen. Nur wenn die Veränderungen in der Kursgruppe deutlich größer als in der Wartegruppe sind, können diese als durch den Kursbesuch bewirkt beurteilt werden. Da die untersuchten Variablen sich in der Ersterhebung nicht signifikant zwischen den beiden Gruppen unterscheiden (Tab. A 9_5), sind gute Voraussetzungen für die sinnvolle Anwendung dieses statistischen Modells gegeben. Entscheidend für die Frage, ob sich bei den Eltern statistisch signifikante und statistisch relevante Wirkungen des Kursbesuches zeigen, sind also die Wechselwirkungen (WW) der beiden Hauptfaktoren in der folgenden Tabelle. Wenn sich die Mittelwerte der beiden Versuchsplangruppen in der Zweiterhebung stärker voneinander unterscheiden als bei der Ersterhebung, hat bei näherungsweise gleichen Ausgangsbedingungen eine Wechselwirkung stattgefunden. Sind die Ausgangswerte der beiden Gruppen verschieden, kann auch eine Annäherung der beiden Nachhermittelwerte ein Indiz für eine Wechselwirkung sein. In solchen Fällen sind aber einige statistische Restriktionen bei der Interpretation geboten.

Wie bereits univariat für die Daten der Ersterhebung geprüft, unterscheiden sich die Kursgruppe ELEKecht und die Wartegruppe auch über beide Messzeitpunkte hinweg nicht systematisch voneinander. Die einzige Ausnahme bildet die Beurteilungsvariable Verhaltensprobleme mit Gleichaltrigen, die sich auf das eigene Kind bezieht. Die Mittelwerte der Kurseltern sind unabhängig vom Zeitpunkt der Messung höher als die der Eltern der Wartegruppe, ein Hinweis auf eine etwas stärkere mittlere Belastung der Kurseltern.

Auf dem ersten Hauptfaktor Messzeitpunkte gibt es dagegen 14 mindestens signifikante Unterschiede, von denen sich sechs auf das Erziehungsverhalten der Eltern beziehen und zwei auf die Kompetenzeinschätzungen der Eltern bezüglich ihrer Erziehung. Für alle Eltern sind unabhängig von ihrer Zugehörigkeit zur Kurs- oder Wartegruppe gegen den Zufall gesicherte Mittelwertveränderungen eingetreten. Diese Effekte können nicht als Wirkungen des Elternkursbesuches verbucht werden. Die Variablen sind identisch mit jenen, bei denen sich auch bei den Kurseltern allein signifikante Veränderungen gezeigt haben. Bezüglich des Merkmals Klarheit zeigt sich, dass auch in der Wartegruppe eine deutliche Reduzierung des Mittelwertes von der Erst- zur Zweiterhebung stattgefunden hat. Für beide Gruppen zusammen handelt es sich um die bei weitem stärkste Veränderung, 48,6 % der Varianz sind auf die Unterschiede zu den beiden Messzeitpunkten zurückzuführen.

Neu hinzugekommen ist die Skala Soziale Unterstützung, bei der es zu einer Erhöhung des Mittelwertes unabhängig von der Gruppenzugehörigkeit gekommen ist (Eta² = 0.062). Es handelt sich um einen kleinen Effekt.

Von den Beurteilungsskalen für das eigene Kind zeigen vier signifikante mittlere Differenzen zwischen der Erhebung vorher und derjenigen nachher. Diese vier Skalen sind identisch mit denen, die in der Kurselterngruppe signifikante

Veränderungen aufweisen. Nur das Merkmal Positives Sozialverhalten des Kindes hat für Kurs- und Wartegruppe insgesamt keine Veränderung, die gegen den Zufall gesichert ist.

Die Eta²-Werte weisen aus, dass die Varianzanteile, die durch die beiden Messzeitpunkte erklärt werden können, in der Regel niedriger sind als für die Kurseltern (ELEKecht) für sich allein genommen. Das kann als ein Hinweis dafür angesehen werden, dass es in der Gruppe der Kurseltern zusätzliche Effekte gegeben hat. Diese schlagen sich in der von den beiden Haupteffekten unabhängigen Wechselwirkung nieder.

Die Tabelle 9_8 enthält alle Ergebnisse der varianzanalytischen Vergleiche mit Messwiederholung der Skalen des Elternfragebogens. Es werden nur signifikante Ergebnisse als solche angegeben, Eta² aber für alle Analysen und Faktoren.

Wie Tabelle 9_8 zeigt, gibt es vier mindestens signifikante ($p \leq 0.05$) Wechselwirkungen zwischen Messzeitpunkten und Gruppenzugehörigkeit sowie fünf tendenziell gesicherte ($p \leq 0.10$). Zwei der signifikanten Wechselwirkungen beziehen sich auf das Erziehungsverhalten der Eltern, eine weitere auf die Kompetenzbeurteilung der Eltern bezüglich ihrer Elternfunktion.

Es wird das Positive Elternverhalten im Mittel durch den Kurs gesteigert, während die Wartegruppe auf ihrem mittleren Niveau verharrt. 8,4 % der Varianz dieses Merkmals wird durch die Wechselwirkung erklärt, es handelt sich um einen Wert, der an der Grenze zwischen einem mittleren und einem kleinen Effekt liegt. Den Eltern der Kursgruppe ist es gelungen, aus ihrer Sicht im Mittel häufiger Aspekte des Positiven Elternverhaltens zu realisieren. Damit ist ein Erfolg in einem der zentralen Merkmale entwicklungsförderlichen Erziehungsverhaltens durch den Kursbesuch eingetreten.

Die Eltern des Elternkurses haben im Mittel seltener Inkonsistentes Elternverhalten gezeigt als vor dem Kursbesuch, während die Eltern der Wartegruppe im Mittel unverändert geblieben sind. Offensichtlich haben die Eltern aus ihrer Sicht im Kurs gelernt, in ihrem Erziehungsverhalten konsequenter und damit berechenbarer für ihre Kinder zu werden. Dieses Merkmal gehört ebenfalls zu den zentralen Bestandteilen der Erziehungskompetenz. 6,6 % der Merkmalsvarianz sind durch den Kursbesuch erklärbar, es handelt sich demnach um einen kleinen Effekt.

Die Teilnahme am Elternkurs bewirkt einen deutlichen mittleren Abbau der Unzufriedenheit der Eltern mit ihrer Elternrolle (9,5 % erklärte Varianz dieses Merkmals). Der Gewinn der Eltern ist durch den Besuch des Elternkurses deutlich stärker als die Veränderung in der Kontrollgruppe. Kurseltern sind im Durchschnitt zufriedener mit ihrer Situation als Eltern ohne Kursbesuch. Dies ist eine gute Voraussetzung für ein entwicklungsförderliches Erziehungsverhalten. Es handelt sich um einen mittleren Effekt, der gleichzeitig der zweitgrößte der nachgewiesenen Effekte ist.

Tab. 23 – 9_8:
Varianzanalytischer Vergleich mit Messwiederholung in den abhängigen Variablen zwischen Eltern aus echten EK und WG mit 6-12jährigen Kindern

Variablen	(N=40 bis 46)					HE Messzeitp.		HE Gruppen		WW	
	ELEKecht M_v	ELWG M_v	ELEKecht M_n	ELWG M_n	Homog.	Sign.	Eta²	Sign.	Eta²	Sign.	Eta²
Inkonsistentes Elternverhalten	2.76	2.76	2.49	2.73		.002	.106		.018	.017	.066
Positives Elternverhalten	3.98	4.08	4.18	4.07		.017	.066	.000	.007		.084
Involviertheit	3.86	3.91	3.89	3.93			.008		.003		.008
Verantwortungsbew. Elternverhalten	3.36	3.47	3.46	3.43			.006		.004		.025
Geringes Monitoring	1.38	1.48	1.36	1.44			.012		.023		.004
Machtvolle Durchsetzung	3.15	3.22	3.08	3.20			.011		.012		.004
Körperliche Strafen	1.72	1.63	1.41	1.47		.000	.251	.000			.028
Unterstützung	3.10	3.23	3.37	3.27		.017	.066	.000	.064		.040
Strenge	1.92	1.89	1.66	1.76		.001	.125		.002		.015
Klarheit	4.66	4.69	4.17	4.28		.000	.483		.006		.006
Unzufriedenheit	2.70	2.56	2.24	2.46		.000	.210	.001	.004		.095
Erlebte Selbstwirksamkeit	4.16	4.25	4.46	4.28		.036	.052	.001	.070		.039
Soziale Unterstützung	3.79	4.04	3.92	4.14		.021	.062	.028			.001
Zufriedenheit mit Lebenssituation	3.67	3.59	3.68	3.67			.004		.001		.003
Prosoziales Verhalten Kind	7.65	7.88	7.74	7.85			.000		.002		.002
Hyperaktivität Kind	3.96	3.78	3.20	3.50		.003	.102	.000			.024
Emotionale Probleme Kind	2.78	2.53	2.09	2.18		.003	.100	.000			.012
Verhaltensprobleme Kind	2.74	2.52	2.07	2.33		.002	.106	.000	.091		.034
Verhaltensprobleme mit Gleichaltrigen	1.98	1.25	1.67	1.00		.094	.033	.033	.054		.000

Variablen	(N=40 bis 46)					HE Messzeitp.		HE Gruppen		WW	
	ELEKecht M_v	ELWG M_v	ELEKecht M_n	ELWG M_n	Homog.	Sign.	Eta²	Sign.	Eta²	Sign.	Eta²
Schwächen/ Probleme Kind	11.40	10.08	8.93	9.00		.000	.203		.003	.075	.038
Positives Sozialverhalten Kind	3.57	3.73	3.76	3.66			.026		.001	.001	.114
Unangepasstes Sozialverhalten Kind	2.15	2.08	1.91	2.00		.000	.144	.000	.057		.043
Unrealistisches Selbstkonzept Kind	2.27	2.34	2.18	2.32			.020		.012		.006

Es gibt zusätzlich zwei Effekte, die nur knapp die Signifikanzgrenze überschreiten: Unterstützung (Erziehungsverhalten) und Erlebte Selbstwirksamkeit (Kompetenzbeurteilung). Eltern des Kurses profitieren vom Kursbesuch im mittleren Ausmaß ihrer unterstützenden Erziehungsverhaltensweisen, während in der Wartegruppe eine derartige Veränderung nicht stattfindet. Die Kurseltern zeigen im Mittel häufiger Verhaltensweisen, die die Kinder in ihrer Entwicklung unterstützen. 4,0 % der Varianz dieses Merkmals sind durch die Wechselwirkung erklärbar, was wiederum einem kleinen Effekt entspricht. Ähnliches ist für die Erlebte Selbstwirksamkeit festzustellen. Die Kurseltern verbessern ihren Mittelwert deutlich von der Erst- zur Zweiterhebung, während in der Wartegruppe keine solche Veränderung zu registrieren ist. Es gelingt offensichtlich im Kurs, den Eltern ein verbessertes Selbstbild in Bezug auf ihre erzieherische Wirksamkeit zu vermitteln. Allerdings ist dieser Effekt nicht gegen den Zufall gesichert und beträgt auch nur 3,9 %, womit er zu den kleinen Effekten zählt. In den weiteren Skalen zum Erziehungsverhalten gibt es keine nachgewiesenen kursbezogenen Effekte, die erklärten Varianzanteile sind auch sämtlich sehr klein.

Es wird deutlich, dass es in den insgesamt zehn Skalen zum Erziehungsverhalten mehrheitlich keine Veränderungen gegeben hat, die signifikant über das hinaus gehen, was in der Wartegruppe eingetreten ist. Es sind zwei Aspekte mit signifikanten und einer mit tendenziell gesicherten Effekten durch den Kursbesuch. Hinzu kommen der signifikante und der tendenziell signifikante Effekt in den Kompetenzbeurteilungen der eigenen Elternfunktionen. Dieser Befund kann nicht allein durch die moderate Größe der Untersuchungsgruppen erklärt werden, weil bereits bei der Analyse der Kursgruppe allein mehr gegen den Zufall gesicherte Differenzen festgestellt worden sind. Außerdem sind die Größen des

Effektmaßes Eta² Hinweise darauf, dass die Anzahl der Untersuchungsteilnehmer nicht die entscheidende Rolle spielt. Es muss an dieser Stelle noch offen bleiben, ob sich die nachgewiesenen Effekte über die Zeit halten, sie abgebaut werden oder ob es im Gegenteil sogar zu weiteren Effekten kommt, weil sich Veränderungen auch erst nach einiger Zeit in der konkreten Erziehungspraxis zeigen können. Mit Hilfe der Follow-up Untersuchung werden diese Fragen in Kapitel 12 beantwortet.

In den beiden Aspekten der Beurteilung des sozialen und sonstigen Lebensumfeldes (Soziale Unterstützung und Zufriedenheit mit der Lebenssituation), deren Veränderung nicht im Fokus des Elternkurses steht, gibt es erwartungsgemäß keine Veränderungen, die dem Kursbesuch zugerechnet werden können.

Bei den elterlichen Beurteilungen des eigenen Kindes gibt es einen signifikanten und drei tendenziell gesicherte Effekte des Kursbesuches. Eltern des Kurses beurteilen das Positive Sozialverhalten ihres Kindes durchschnittlich deutlich günstiger als vor Beginn des Kurses, während die Eltern der Wartegruppe ihren Mittelwert nur knapp halten können. Hier zeigt sich, dass ein Kernstück des Elternkurses Starke Eltern – Starke Kinder®, auf die Stärken seines Kindes zu achten, deutliche Wirkungen zeigt. Mit 11,4 % determinierter Varianz handelt es sich gleichzeitig um den stärksten kursspezifischen Effekt. Die Kurseltern haben offensichtlich in erheblichem Ausmaß gelernt, mehr und häufiger die Stärken ihres Kindes im Sozialverhalten wahrzunehmen. Dies ist ein überaus erfreulicher Befund für die spezifische Wirksamkeit des Elternkurses.

In die gleiche Richtung weisen die drei tendenziell gesicherten Effekte des Kurses. Das Unangepasste Sozialverhalten des Kindes wird in der Kursgruppe im Mittel nach dem Kurs stärker reduziert wahrgenommen, als dies in der Wartegruppe der Fall ist ($p = 0.057$). 4,3 % der Merkmalsvarianz werden durch die Wechselwirkung erklärt, es handelt sich damit um einen kleinen Effekt. Die Verhaltensprobleme des eigenen Kindes weisen eine weitere tendenziell gesicherte Wechselwirkung auf ($p = 0.91$), die verdeutlicht, dass Kurseltern ihre Sichtweise auf dieses Merkmal im Mittel stärker verändert haben als Eltern der Wartegruppe. Sie sehen bei ihren Kindern im Mittel weniger Verhaltensprobleme als vor Beginn des Kurses. Mit 3,4 % der erklärten Merkmalsvarianz handelt es sich wiederum um einen kleinen Effekt. Korrespondierend mit diesen Befunden weist die zusammenfassende Skala Schwächen und Probleme die dritte tendenziell gesicherte Wechselwirkung auf ($p = 0.075$). Kurseltern verändern im Mittel ihre Sichtweise auf die problematischen Verhaltensweisen ihres Kindes stärker als dies bei den Eltern der Wartegruppe der Fall ist. Sie beurteilen ihre Kinder als weniger problembelastet ($Eta^2 = 0.038$) als vor der Teilnahme am Kurs.

In den übrigen Variablen zeigen sich keine Effekte, die gegen den Zufall gesichert dem Kursbesuch zugerechnet werden können. In Bezug auf das Unrealistische Selbstkonzept des Kindes ist dies auch eher nicht erwartet worden. Insgesamt gesehen ist zu konstatieren, dass die Eltern im Kurs offensichtlich gelernt haben, stärker auf die positiven Seiten ihres Kindes zu achten und dabei scheint die vorher stärkere Wahrnehmung problematischer Verhaltensweisen des Kindes zumindest ansatzweise relativiert worden zu sein. Dies ist ein deutlicher Beleg für eine kursspezifische Wirkung. Ob diese über die Zeit erhalten bleibt oder nicht oder ob es zu weiteren Langzeitwirkungen kommt, wird in Kapitel 12 berichtet.

Zusammenfassend lässt sich als Zwischenergebnis festhalten, dass es einige spezifische Effekte des Kursbesuches gegeben hat, die sich in den Fragebogenmaßen der Eltern zu deren Erziehungsverhalten manifestieren. Darüber hinaus gibt es auch kursspezifische Effekte bei der Beurteilung des eigenen Kindes. Alle Effekte sind im Sinne der Zielsetzungen der Kurskonzeption. Die Effektstärken befinden sich in den für präventive Elternkurse mit universellem Anspruch eher üblichen Bereichen der kleinen bzw. knapp mittleren Effektstärken (Beelmann 2006, Beelmann & Rabe 2007, Brezinka 2003, Heinrichs et al. 2002, Heinrichs et al. 2007, Layzer et al. 2001, Lösel et al. 2006, Wissenschaftlicher Beirat für Familienfragen 2005). Allerdings gibt es auch etliche Untersuchungsmerkmale, bei denen es keine nachweisbaren Effekte gegeben hat. Vor einer abschließenden Bewertung sind die übrigen Untersuchungsbereiche und deren Befunde vorzustellen.

10 Ergebnisse der Fragebogenuntersuchungen der Kinder

Wie für Fragebogendaten der Eltern werden die Ergebnisse der Erhebungen bei den Kindern vor und nach der Kursteilnahme der Eltern in zwei Schritten dargestellt. Zunächst werden Analysen der Veränderungen bei allen Kindern der Kurseltern zwischen der ersten und der zweiten Erhebung berichtet. Es geht dabei um die Frage, ob es überhaupt signifikante Entwicklungen der gemessenen Merkmale in dieser Kindergruppe gibt. Diese Daten können einen realistischen Eindruck davon vermitteln, welche Veränderungen bei sechs- bis zwölfjährigen Kindern aufgetreten sind, deren Eltern die zehn Elternkurse besucht haben. Es stehen die Daten von zehn Elternkursen zur Verfügung. Diese Daten repräsentieren am besten die Entwicklungen von all denjenigen Kindern dieser Altersstufe, deren Eltern den Kurs besucht haben.

Effekte der Teilnahme am Elternkurs können nur für diejenigen Kinder festgestellt werden, die aus den sieben Elternkursen mit zugehörigen Wartegruppen stammen. Erst die Einbeziehung der Kinder der Wartegruppe erlaubt eine Interpretation der Veränderungen als Effekte des Kursbesuchs.

10.1 Alle Kinder der Eltern aus den Elternkursen

Um einen Eindruck zu liefern, ob es bei den Kindern von Eltern aus den Elternkursen überhaupt zu Veränderungen gekommen ist, werden diese im Folgenden vorgestellt.

Die Tabelle 10_1 enthält die gleichen Informationen wie die entsprechenden Tabellen für die Eltern. Neben den Verteilungskennwerten sind die signifikanten Befunde der Vergleiche der Varianzen (Homog.) und der Mittelwerte (Sign.) sowie die Größe der durch die jeweilige Gruppenzugehörigkeit determinierten Varianzen der Merkmale (Eta²) in dieser und den nachfolgenden Tabellen enthalten.

Der Vergleich derjenigen Kinder der Kursgruppe (KIEKalle), die an beiden Erhebungen teilgenommen haben mit denjenigen, von denen nur Daten der Ersterhebung vorliegen, zeigt, dass es nur einen einzigen signifikanten Befund gibt. Die auszuschließenden Kinder erleben bei ihrer Mutter bzw. ihrem Vater im Durchschnitt eine deutlich höhere Kooperation. Immerhin 14,1 % der Merkmalsvarianz sind auf die Gruppenzugehörigkeit zurückzuführen. Es handelt sich dabei um einen mittleren Effekt, der für diese Variable beinhaltet, dass eine Selektion zu Ungunsten der verbliebenen Kindergruppe stattgefunden hat. Bezüglich dieses Merkmals repräsentieren die Kinder nicht mehr die ursprüngliche Gruppe. In allen anderen Variablen hat es keine solch gravierenden Selektionen gegeben. Keine der anderen Vergleiche erreichen größere erklärte Varianzanteile,

Tab. 24 – 10_1:
Univariater Vergleich der vorher Werte in den abhängigen Variablen von allen EK-Kindern mit vorher und nachher Daten mit den entsprechenden ausgeschiedenen Kindern

Variablen	KIEKalle							
	$M_{v.u.n.}$	M_v	$s_{v.u.n.}$	s_v	Homog.	Sign.	Eta²	N
Unterstützung, Wärme, Trost	2.41	2.30	.33	.35			.022	72
Einschränkung, Inkonsistenz	1.53	1.60	.31	.37			.011	72
Tadel	2.09	1.98	.45	.54			.012	72
Familienklima	2.33	2.32	.40	.41			.000	72
Kooperation	2.35	2.73	.39	.21		.049	.141	28
Abweisung	1.34	1.45	.25	.24			.028	28
Restriktion	1.40	1.20	.39	.21			.046	28
Hilfe	2.41	2.43	.39	.25			.001	28
Prosoziales Verhalten	7.09	7.17	1.83	1.81			.000	72
Verhaltensprobleme mit Gleichaltrigen	3.49	3.88	1.90	1.33	.081		.012	72

Tab. 25 – 10_2:
Vergleich der Mittelwerte vorher und nachher in den abhängigen Variablen für alle Kinder aus EK

Variablen	KIEKalle									
	M_v	M_n	s_v	s_n	M_{Diff}	s_{Diff}	Sign.	Eta²	Korr.	N
Unterstützung, Wärme, Trost	2.41	2.52	.33	.36	-.11	.31	.025	.111	.59	44
Einschränkung, Inkonsistenz	1.53	1.49	.32	.39	.04	.38		.010	.45	44
Tadel	2.08	1.98	.45	.45	.10	.53		.037	.31	44
Familienklima	2.33	2.35	.40	.50	-.02	.53		.001	.31	45
Kooperation	2.36	2.48	.39	.40	-.11	.24	.036	.193	.82	22
Abweisung	1.34	1.35	.26	.29	-.01	.31		.000	.36	22
Restriktion	1.41	1.32	.40	.33	.09	.30		.086	.66	22
Hilfe	2.42	2.55	.39	.38	-.12	.30	.069	.149	.70	22
Prosoziales Verhalten	7.09	7.53	1.83	2.11	-.44	1.84		.056	.57	45
Verhaltensprobleme mit Gleichaltrigen	3.49	2.93	1.90	1.62	.56	1.57	.039	.093	.51	45

lediglich für die Skala der elterlichen Restriktion findet sich ein Eta² von 0.046, was als ein kleiner Effekt einzuschätzen ist. Von der Ausnahme der Skala Kooperation abgesehen können die verbliebenen Kinder die ursprünglich untersuchten Kinder recht gut repräsentieren.

Die Tabelle 10_2 beinhaltet die Analysen zum Vergleich der Daten der Erst- und der Zweiterhebung bei allen Kindern der Eltern, die den Elternkurs besucht haben (KIEKalle). Es handelt sich um 45 Kinder, von denen 22 zur Gruppe der neun- bis zwölfjährigen gehören, bei denen zusätzlich die vier Erziehungsverhaltensweisen der Eltern erfragt worden sind.

Die Spalte der Mittelwertdifferenzen zeigt die Richtung und die Größe der Veränderungen in den einzelnen Merkmalen zwischen den beiden Erhebungen.

Bei den sieben Merkmalen zur Einschätzung des Erziehungsverhaltens der Mutter bzw. des Vaters zeigen sich zwei signifikante Veränderungen und eine tendenziell gesicherte. Die neun- bis zwölfjährigen Kinder erleben im Durchschnitt nach Beendigung des Elternkurses ihre Eltern deutlich häufiger als kooperativ. Mit 19,3 % der Merkmalsvarianz handelt es sich um einen Effekt mittlerer Größe. Die Kinder, die mit eher niedrigeren Werten als die ausgeschiedenen in der Kindergruppe verblieben sind, stellen bei ihren Eltern fest, dass diese häufiger als vor dem Kursbesuch ihre Handlungsintentionen berücksichtigen und in gemeinsames Handeln integrieren. Den Anfangsmittelwert der ausgeschlossenen Kinder erreichen sie allerdings auch in der Zweituntersuchung nicht.

In die gleiche Richtung geht der Befund zur Skala Unterstützung, Wärme und Trost. Auch in diesem Merkmal gibt es eine signifikante Mittelwertverbesserung. Die Kinder beider Altersgruppen erleben ihre Eltern häufiger als solche, die sie bei ihren Handlungen unterstützen und ihnen Wärme und Trost spenden. Dieser Gewinn macht 11,1 % der Merkmalsvarianz aus, gehört also auch in die Gruppe der mittleren Effekte.

Tendenziell gegen den Zufall gesichert (p = 0.069) ist der Unterschied zwischen Erst- und Zweiterhebung in der Skala Hilfe. Die älteren Kinder, bei denen dieses Merkmal erfasst worden ist, erleben ihre Eltern nach dem Kursbesuch in Problemsituationen durchschnittlich als häufiger hilfsbereit als vor dem Kursbesuch. 14,9 % erklärte Varianz sind als ein Effekt mittlerer Stärke zu interpretieren.

Alle drei genannten Effekte gehen in die erwartete Richtung. Aus der Sicht der Kinder erhöht sich das entwicklungsförderliche Verhalten ihrer Eltern, ein Befund, der eine wichtige Voraussetzung für die Prüfung der Frage darstellt, ob der Kursbesuch selbst für diese Entwicklung von ursächlicher Bedeutung ist.

Ein Abbau eher entwicklungshemmender Verhaltensweisen der Eltern kann dagegen aus der Sicht der Kinder nicht gesichert werden. In der Skala Restriktion ist zwar eine Effektstärke von 8,6 % der Merkmalsvarianz durch die beiden Messzeitpunkte zu verzeichnen (ein fast schon mittlerer Effekt), aber die Differenz ist nicht gegen den Zufall gesichert, was auch an der sehr kleinen Anzahl neun- bis zwölfjähriger Kinder in der Untersuchungsgruppe liegt. Die geringe Gruppengröße spielt bei den anderen drei Erziehungsmerkmalen, die zu den weniger günstigen zu rechnen sind, keine entscheidende Rolle. Sowohl für die Variable Einschränkung und Inkonsistenz als auch für das Merkmal Abweisung kann kein Mittelwertunterschied festgestellt werden. Beide Effektstärken liegen nicht über einem Prozent. Im Merkmal Tadel sind zwar 3,7 % der Varianz durch Erst- und Zweiterhebung erklärbar, es handelt sich aber nur um einen kleinen Effekt, der zwar einen geringen Abbau signalisiert, der allerdings nicht gegen den Zufall gesichert ist.

Das Familienklima hat sich aus der Sicht der Kinder im Mittel gar nicht verändert zwischen den beiden Erhebungszeitpunkten.

Betrachtet man die Zusammenhänge zwischen den Veränderungen der kindlichen Beurteilungen von der ersten zur zweiten Erhebung (Differenz von Skalenwerten vorher und nachher), so zeigen sich einige wenige plausible Korrelationen (ohne Tab.). Kinder, die mehr Veränderungen in der Unterstützung ihrer Eltern erleben, schreiben diesen nach dem Kurs ein eher höheres Ausmaß an Hilfe zu (.39). Kinder, die einen stärkeren Abbau von Einschränkung, Kontrolle, Inkonsistenz erfahren, registrieren deutlichen Abbau von Tadel (.51) und Abweisung (.59) durch ihre Eltern. Eine Verringerung von Tadel geht aus ihrer Sicht mit einem Abbau von Restriktion einher. Verbesserungen der Kooperation der Eltern korrelieren stark mit dem Abbau von Restriktionen (-.55). Diese Zusammenhänge belegen, dass die Kinder klare Zusammenhänge zwischen den Veränderungen einiger Merkmale des elterlichen Erziehungsverhaltens erkennen. Sie sind offensichtlich fähig, ein recht konsistentes Bild ihrer Erfahrungen mit ihren Eltern zu zeichnen.

Die Selbstbeurteilung der Kinder, die nur für zwei Merkmale vorgenommen worden ist, weist einen signifikanten und einen knapp das tendenzielle Niveau verfehlenden Befund auf. Die Kinder schreiben sich im Mittel nach dem Kursbesuch signifikant seltener Verhaltensprobleme mit Gleichaltrigen zu. Sie haben offensichtlich die Sicht auf ihre eigenen sozialen Probleme im Umgang mit anderen Kindern verändert. 9,3 % erklärte Varianz bedeuten eine mittlere Effektstärke. In der Skala Prosoziales Verhalten gibt es korrespondierend eine Erhöhung des Mittelwertes von der Erst- zur Zweiterhebung, diese ist allerdings nicht gegen den Zufall gesichert (p = 0.112). Die Effektstärke ist mit 5,6 % erklärter Varianz auch deutlich kleiner als bei den Verhaltensproblemen. Aus Sicht der Kinder ist der Abbau eigenen problematischen Verhaltens zwischen den beiden Messzeitpunkten stärker gewesen als der Anstieg prosozialen Verhaltens.

Auch die Veränderungen der Selbstbeurteilungen der Kinder stehen in Zusammenhang mit den aus Kindersicht veränderten Erziehungsverhalten der Eltern (ohne Tab.). Kinder, die ihr prosoziales Verhalten gesteigert haben, nehmen einen höheren Abbau der Restriktion ihrer Eltern wahr (-.46), eine größere Verringerung des einschränkenden und inkonsistenten Verhaltens ihrer Eltern (-.32) sowie eine tendenziell größere Verbesserung des Merkmals Unterstützung, Wärme, Trost (.27). Auch ein stärkerer Abbau der Verhaltensprobleme mit Gleichaltrigen korrespondiert mit dem größeren Abbau von Restriktion tendenziell (.39).

Auch in diesem Merkmalsbereich zeigen sich Zusammenhänge, die in plausibler Weise mit den Intentionen des Elternkurses korrespondieren.

Ob die überwiegend erfreulichen Veränderungen der Fragebogenmaße der Kinder dem Kursbesuch der Eltern zugeschrieben werden können, kann nur der Vergleich mit den Kindern der Wartegruppe zeigen. Eine notwendige Bedingung dafür ist gegeben, weil es überhaupt zu Veränderungen bei den Kindern von Kurseltern gekommen ist, ein Befund, den es wegen des Fehlens einer entsprechenden Untersuchung bei Kindern für den Kurs Starke Eltern – Starke Kinder® bisher nicht gegeben hat.

10.2 Der Vergleich von Kindern der Kurs- und Wartegruppeneltern

Um auf Wirkungen des Besuchs der Elterkurse schließen zu können, müssen die Daten der Kinder der Wartegruppeneltern in die Analysen einbezogen werden. Vor diesem Schritt ist zu klären, ob die Kindergruppen, die für diese Auswertungen zur Verfügung stehen, auch näherungsweise repräsentativ sind für alle die Kinder, von denen wenigstens eine Merkmalserfassung vorliegt. Die soziodemografische Zusammensetzung der entsprechenden Kindergruppen ist in Kapitel 7 abschließend dargestellt. Die Vergleiche der Werte der Ersterhebung der Kinder, die an beiden Untersuchungszeitpunkten erfasst wurden mit denen derjenigen, die nur an der Ersterhebung teilgenommen haben, werden erst für die Kinder der

Tab. 26 – 10_3:
Univariater Vergleich der vorher Werte in den abhängigen Variablen von Kindern aus echten EK-Kursen mit vorher und nachher Daten mit denen der entsprechenden ausgeschiedenen Kinder

Variablen	KIEKecht							
	$M_{v.u.n.}$	M_v	$s_{v.u.n.}$	s_v	Homog.	Sign.	Eta^2	N
Unterstützung, Wärme, Trost	2.39	2.30	.33	.38			.015	63
Einschränkung, Inkonsistenz	1.54	1.59	.32	.40	.073		.005	63
Tadel	2.09	2.00	.44	.57			.008	63
Familienklima	2.31	2.37	.40	.40			.005	63
Kooperation	2.34	2.73	.40	.21	.079	.055	.151	25
Abweisung	1.34	1.45	.27	.24			.027	25
Restriktion	1.39	1.20	.38	.21			.045	25
Hilfe	2.39	2.43	.39	.25			.002	25
Prosoziales Verhalten	7.08	6.85	1.93	1.79			.003	63
Verhaltensprobleme mit Gleichaltrigen	3.58	3.90	1.85	1.29			.008	63

Kursgruppe und dann für die der Wartegruppe berichtet.

Es ist in Erinnerung zu rufen, dass für den Kontrollgruppenvergleich nur die Kinder der Eltern von sieben Kursen zur Verfügung stehen. Diese Kindergruppe wird als KIEKecht bezeichnet und besteht aus 63 Kindern. Von diesen haben einige nur an der Ersterhebung oder in ganz seltenen Fällen nur an der Zweiterhebung teilgenommen. Diese Kinder stehen für die Analysen von Veränderungen damit nicht zur Verfügung. Ob es sich bei diesen auszuschließenden Kindern um eine besondere Auswahl handelt, lässt sich über die Daten der Tabelle 10_3 klären. In dieser Tabelle sind die Ergebnisse der Vergleiche der Ausgangswerte der auszuschließenden Kinder mit denen der verbleibenden Kinder dokumentiert.

Es zeigt sich ein einziger Befund bei den Mittelwertvergleichen, der knapp die Signifikanzgrenze verfehlt ($p = 0.55$). Die auszuschließenden Kinder sind wie in der Kindergruppe KIEKalle solche, die ihre Mutter bzw. ihren Vater im Mittel als deutlich kooperativer bewerten. 15,1 % erklärter Varianz weisen darauf hin, dass es sich um einen bedeutsamen Effekt mittlerer Stärke handelt. Die verbliebenen Kinder repräsentieren die gesamte Kindergruppe bezüglich dieses Merkmals nur eingeschränkt. Da alle anderen Vergleiche auch bei den Varianzen keine signifikanten oder statistisch relevanten Befunde erbringen, können die Ergebnisse der folgenden Analysen auf die Gesamtgruppe der erfassten sechs- bis zwölfjährigen Kinder der Kurseltern übertragen werden.

Tab. 27 – 10_4:
Univariater Vergleich der vorher-Werte in den abhängigen Variablen von Kindern aus WG-Gruppen, die vorher und nachher Daten haben, mit denen der entsprechenden ausgeschiedenen Kinder

Variablen	KIWG							
	$M_{v.u.n.}$	M_v	$s_{v.u.n.}$	s_v	Homog.	Sign.	Eta²	N
Unterstützung, Wärme, Trost	2.48	2.44	.27	.34			.002	48
Einschränkung, Inkonsistenz	1.49	1.66	.28	.39			.034	48
Tadel	2.03	2.14	.38	.57			.008	48
Familienklima	2.52	2.43	.31	.27			.010	48
Kooperation	2.59	2.50	.23	.35			.012	23
Abweisung	1.32	1.50	.23	.18			.053	23
Restriktion	1.40	1.75	.32	.71	.060		.078	23
Hilfe	2.67	2.83	.31	.24			.025	23
Prosoziales Verhalten	7.39	8.00	1.64	1.55			.016	48
Verhaltensprobleme mit Gleichaltrigen	2.66	3.50	1.57	1.76			.031	48

Diese Bewertung wird auch gestützt durch die Daten der Tabelle A 10_1 im Anhang. Bei der Kindergruppe KIEKecht sind die Veränderungen zwischen der Ausgangserhebung und der Zweiterhebung nach Beendigung des Elternkurses weitgehend in Übereinstimmung mit den Ergebnissen für alle Kinder der Kurseltern. Es sind dieselben Merkmale, bei denen sich signifikante Mittelwertveränderungen zeigen, und auch die Effektstärken sind für identische Variablen immer sehr ähnlich. Die Kindergruppe KIEKecht repräsentiert die erfassten Kinder der Kurseltern insgesamt recht gut.

Die Tabelle 10_4 enthält die entsprechenden Informationen für die Kinder der Eltern der Wartegruppe. Auch bei diesen ist zu prüfen, ob diejenigen Kinder, von denen nur Werte aus der Ausgangserhebung vorliegen eine besondere Auswahl der Kinder darstellen. Insgesamt stehen Daten von 48 Kindern zur Verfügung, von denen 23 zwischen neun und zwölf Jahre alt sind. Aus der Tabelle geht hervor, dass die Gruppe der auszuschließenden Kinder sich in keinem der untersuchten Merkmale signifikant von der Gruppe der verbleibenden unterscheidet. Dieser Befund hängt nur zu einem kleinen Teil von der geringen Anzahl der Kinder ab, denn auch die Effektstärken erreichen maximal 7,8 % bzw. 5,3 %, sie liegen also im kleinen Bereich. Die auszuschließenden Kinder erleben danach ihre Mutter bzw. ihren Vater im Mittel als etwas restriktiver und abweisender als die verbleibenden Kinder. Beides sind Merkmale, die zu den weniger entwicklungsförderlichen Erziehungskomponenten von Eltern zählen. Insgesamt repräsentiert die in den Kontrollgruppenvergleich einbezogene Kindergruppe KIWG die ursprüngliche Kindergruppe recht ordentlich.

Die Tabelle A 10_2 im Anhang zeigt die Ergebnisse der Vergleiche der Ausgangswerte der KIEKecht und der KIWG. Je besser die zentralen Verteilungskennwerte übereinstimmen, desto eindeutiger sind Unterschiede in den Veränderungen der beiden Gruppen interpretierbar.

Obwohl sich die soziografischen Zusammensetzungen der beiden Kindergruppen kaum unterscheiden, wie die Analysen im Kapitel 7 gezeigt haben, gibt es bei den abhängigen Untersuchungsmerkmalen vier signifikante Unterschiede der Mittelwerte. Zwei dieser Differenzen beziehen sich auf die Gruppe der älteren Kinder, zwei auf die Gruppe aller Kinder.

Bei den älteren Kindern weist die Skala Kooperation einen signifikant höheren Mittelwert für die Wartegruppenkinder (KIWG) aus. Diese erleben im Durchschnitt häufiger Verhaltensweisen ihrer Eltern, die Handlungsintentionen ihrer Kinder einbeziehen. Diese Differenz mag darauf zurück zu führen sein, dass aus der KIEKecht insbesondere Kinder mit hohen Werten im Merkmal Kooperation wegen eines fehlenden zweiten Fragebogens ausgeschlossen werden mussten. 11,8 % der Merkmalsvarianz geht zu Lasten der beiden Gruppenzugehörigkeiten, das ist als eine mittlere Effektstärke zu bezeichnen. In dieselbe Richtung geht die Differenz in der Skala Hilfe. Die älteren Kinder der Wartegruppeneltern berichten im Mittel signifikant häufiger Hilfeangebote ihrer Eltern als Kinder der Kurseltern. Auch dieser Effekt hat eine mittlere Stärke (Eta² = 0.112). In den übrigen fünf Skalen des fremdperzipierten Erziehungsverhaltens der Eltern gibt es solche Mittelwertdifferenzen nicht.

Das Familienklima wird von der KIWG im Mittel signifikant günstiger eingeschätzt als von der KIEKecht. 8,2 % der Merkmalsvarianz sind durch die Gruppenzugehörigkeit der Kinder erklärbar, die Effektstärke liegt damit an der Grenze zwischen einem kleinen und einem mittleren Effekt.

Bei den Selbstbeurteilungen der Kinder zeigt sich, dass die Kinder der Wartegruppeneltern im Mittel signifikant seltener Verhaltensprobleme mit Gleichaltrigen angeben als die Kinder der Kurseltern. Es handelt sich mit einem Eta² = 0.068 um einen kleinen Effekt. In der Skala Prosoziales Verhalten gibt es keine signifikante Differenz.

Insgesamt gesehen ist festzuhalten, dass die Ausgangsunterschiede in den abhängigen Variablen in den beiden Versuchsplangruppen der Kinder umfangreicher und größer sind als bei den beiden Elterngruppen. Die Elterngruppe des Kurses mit Kindern im Alter von sechs bis zwölf Jahren setzt sich allerdings nicht nur aus den Eltern der Kinder der KIEKecht zusammen, weil sie auch Eltern enthält, deren Kinder nicht an der Untersuchung teilgenommen haben oder nur bei einer Erhebung anwesend waren. Obwohl sich die soziodemografischen Zusammensetzungen zwischen den beiden Kindergruppen KIEKecht und KIWG nicht signifikant unterscheiden, gibt es dennoch vier signifikante Mittelwertunterschiede, die bei der Interpretation möglicher Wirkungen des Kursbesuches der Eltern auf die Wahrnehmungen von Kindern berücksichtigt werden müssen.

Die Tabelle 10_5 enthält alle relevanten Informationen aus den zweifaktoriellen Varianzanalysen mit Messwiederholung. Die Tabelle ist genauso aufgebaut wie die entsprechende Tabelle für die Fragebogendaten der Eltern.

Über die beiden Messzeitpunkte hinweg unterscheiden sich die beiden Kindergruppen nur in zwei Merkmalen signifikant voneinander. Es sind die beiden Variablen der älteren Kinder, die sich auch in den Ausgangswerten unterscheiden. Die Kinder der Wartegruppeneltern beurteilen ihre Mutter bzw. ihren Vater unabhängig vom Messzeitpunkt durchschnittlich als häufiger kooperativ und erleben häufiger hilfreiche Handlungen von diesen. Mit 14,7 % (Hilfe) und 10,8 % (Kooperation) erklärter Merkmalsvarianz handelt es sich um mittlere Effekte. In den übrigen Variablen gibt es keine signifikanten Differenzen der Mittelwerte der beiden Versuchsplangruppen. In diesen Variablen sind die beiden Gruppen bezüglich möglicher Effekte des Kursbesuches besser zu vergleichen.

Tab. 28 – 10_5:
Varianzanalytischer Vergleich mit Messwiederholung in den abhängigen Variablen zwischen Kindern aus echten EK und der WG

Variablen	(N=79 bis 80/ [1)]=38)				Homog.	HE Messzeitp.		HE Gruppen		WW	
	KIEKecht M_v	KIWG M_v	KIEKecht M_n	KIWG M_n		Sign.	Eta²	Sign.	Eta²	Sign.	Eta²
Unterstützung, Wärme, Trost	2.39	2.49	2.51	2.49		.080	.039		.005	.090	.036
Einschränkung, Inkonsistenz	1.54	1.49	1.49	1.43			.025		.011		.001
Tadel	2.09	2.03	1.96	1.89		.016	.072		.008		.000
Familienklima	2.31	2.52	2.33	2.42		.055	.046		.009		.016
Kooperation[1)]	2.36	2.61	2.47	2.66		.082	.082	.044	.108		.013
Abweisung[1)]	1.34	1.31	1.37	1.30			.001		.013		.006
Restriktion[1)]	1.39	1.42	1.32	1.33			.059		.001		.000
Hilfe[1)]	2.41	2.66	2.53	2.81		.018	.146	.017	.147		.002
Prosoziales Verhalten	7.08	7.39	7.58	7.63		.055	.046		.003		.006
Verhaltensprobleme mit Gleichaltrigen	3.58	2.66	2.95	2.90			.015		.026	.014	.074

Auf dem ersten Hauptfaktor Messzeitpunkte gibt es zwei signifikante und vier tendenziell gesicherte Unterschiede. Der stärkste Effekt (14,6 %) liegt im Merkmal Hilfe vor. Unabhängig von der Gruppenzugehörigkeit sind die Werte in der zweiten Erhebung im Mittel bedeutsam höher. Die gesamte Kindergruppe gibt am zweiten Termin an, durchschnittlich häufiger hilfreiche Verhaltensweisen von Mutter oder Vater zu erleben. In der Skala, die das Ausmaß tadelnden Verhaltens erfragt, gibt es den zweiten signifikanten Befund. Unabhängig von der Gruppenzugehörigkeit werden die Kinder der Zweiterhebung seltener von Mutter oder Vater für ihr Verhalten getadelt. 7,2 % der Varianz des Merkmals sind erklärbar durch die beiden Messzeitpunkte.

Zwei der vier tendenziell gesicherten Unterschiede zwischen den beiden Messzeitpunkten beziehen sich ebenfalls auf das wahrgenommene Erziehungsverhalten von Mutter oder Vater. Unabhängig von der Gruppenzugehörigkeit wird durchschnittlich tendenziell mehr kooperatives Verhalten der Eltern (8,2 % determinierte Varianz) und tendenziell mehr Unterstützung, Wärme und Trost (3,9 % erklärte Varianz) angegeben. Beide Effekte sind als kleine Effekte einzustufen.

Auch das Familienklima wird zum zweiten Zeitpunkt tendenziell im Mittel als günstiger beurteilt. 4,6 % der Varianz dieses Merkmals sind durch die beiden Messzeitpunkte erklärbar.

Bei der Selbstbeurteilung der Kinder erweist es sich, dass das Prosoziale Verhalten in der Nacherhebung unabhängig von der Gruppenzugehörigkeit von den Kindern im Mittel günstiger beurteilt wird. Die Effektstärke ist mit 4,6 % erklärter Varianz klein.

Insgesamt gesehen sind alle Differenzen zwischen den beiden Messzeitpunkten im Sinne einer günstigen Entwicklung zu beurteilen. Es handelt sich ausschließlich um Veränderungen, die bei den fremdperzipierten Erziehungsverhaltensweisen entwicklungsförderlich für die Kinder sind und um eine Steigerung des eigenen prosozialen Verhaltens, das als ein Hinweis auf eine gute Entwicklung der Kinder zu bewerten ist. Leider können diese Veränderungen, die mit den Zielen des Elternkurses konform gehen, dem Elternkursbesuch nicht als Wirkung zugerechnet werden, weil nicht bestimmbar ist, welche Veränderungen es auch in einer Kontrollgruppe gegeben hätte. Spezifische Wirkungen des Elternkurses, die darüber hinausgehen, was auch in der Gruppe der Kinder von Wartegruppeneltern geschieht, sind nur über die Wechselwirkung der beiden Faktoren Gruppenzugehörigkeit und Messzeitpunkte feststellbar. Die beiden letzten Spalten zeigen die Ergebnisse für die bei den Kindern erhobenen Merkmale.

Es gibt eine signifikante und eine tendenziell gesicherte Wechselwirkung. Die einzige signifikante Wechselwirkung bezieht sich auf das Selbstbeurteilungsmerkmal Verhaltensprobleme mit Gleichaltrigen. In diesem Merkmal sind die Kinder der Kurseltern mit einem signifikant höheren Mittelwert gestartet als die Kinder der Wartegruppeneltern. Während sich die KIWG im Mittel kaum verändert zwischen den beiden Messzeitpunkten, verbessert sich die KIEKecht sehr deutlich und unterschreitet im zweiten Mittelwert den der Wartegruppenkinder. 7,4 % der Varianz sind als Wechselwirkung erklärbar, dieser Varianzanteil kann dem Besuch der Kurse durch die Eltern als vermittelte Wirkung zugeschrieben werden. Die Kinder profitieren in diesem wichtigen Merkmalsbereich aus eigener Sicht vom Kursbesuch ihrer Mutter bzw. ihres Vaters. Es ist aus den Metaanalysen angloamerikanischer und deutscher Programme bekannt, dass die Wirkungen von Elternkursen, die Kinder nicht direkt einbeziehen, deutlich geringere Wirkungen bei den Kinder als bei den Eltern haben (Beelmann 2006, Beelmann & Rabe 2007, Brezinka 2003, Heinrichs et al. 2002, Heinrichs et al. 2007, Layzer et al. 2001, Lösel et al. 2006, Wissenschaftlicher Beirat für Familienfragen 2005). Es ist nicht völlig auszuschließen, dass dieser Effekt auch davon mitbestimmt worden ist, dass die Ausgangswerte dieser Kindergruppe im Mittel erhöht sind, es sich also zum Teil um Kinder handelt, die in diesem Merkmal stärker belastet sind. Damit könnten Regressionseffekte verbunden sein. Es ist aber auch denkbar, dass Kinder mit größeren Problemen von den Veränderungen ihrer Eltern stärker profitieren als Kinder im Normalitätsbereich. Ob es derartige Zusammenhänge zwischen den Fragebogendaten der Eltern einerseits und denen der Kinder andererseits gibt, wird im Kapitel 11 geklärt.

Die zweite nur noch tendenziell gesicherte Wechselwirkung (p = 0.090) bezieht sich auf die wahrgenommene Erziehungsvariable Unterstützung, Wärme und Trost. Hier zeigt sich, dass die Kinder der Kurseltern sich über den Trend aller Kinder hinaus (Hauptfaktor Messzeitpunkte) im Mittel mehr verändern als die Kinder der Wartegruppeneltern. Letztere halten ihren Mittelwert von der ersten zur zweiten Erhebung, während die KIEKecht ihren Mittelwert der Häufigkeit unterstützenden und tröstenden Elternverhaltens verbessern. Allerdings unterscheiden sich die Mittelwerte der beiden Gruppen in der Zweiterhebung nicht, d. h. die Kinder der Kurseltern haben die andere Kindergruppe im Mittel eingeholt. Entsprechend sind auch nur 3,6 % der Varianz des Merkmals durch diese Wechselwirkung erklärbar.

Alle anderen Wechselwirkungen sind weder signifikant, noch erreichen sie Effektstärken, die eine inhaltliche Bedeutsamkeit aufweisen. Trotz der insgesamt eher günstigen Entwicklung der Kinder der Eltern des Elternkurses Starke Eltern – Starke Kinder® kann dem Kursbesuch nur eine einzige Wirkung als ursächlich zugeschrieben werden. Offensichtlich ist die Übertragbarkeit des Gelernten, das sich bei Eltern in mehreren Erziehungsvariablen zeigt, in der Erziehungspraxis noch nicht so angekommen, dass die Kinder dies entsprechend wahrnehmen oder aus ihrer Sicht sogar bereits davon profitieren. Die einzige Ausnahme bildet das Selbstbeurteilungsmerkmal Verhaltensprobleme mit Gleichaltrigen. Es ist denkbar, dass sich Veränderungen des elterlichen Erziehungsverhaltens erst langfristiger auswirken, um dann auch stärker von den Kindern wahrgenommen zu werden. Insofern wäre eine Follow-up Untersuchung auch bei den Kindern wünschenswert. Diese kann wie in früheren Kapiteln begründet mit den zur Verfügung stehenden Mitteln allerdings nicht realisiert werden.

Weitergehende Analysen können Aufschluss darüber geben, ob sich die Eltern tatsächlich in ihrem Verhalten für neutrale Beobachter erkennbar verändert haben. Für diese Prüfung stehen die Videoaufzeichnungen der Eltern-Kind-Interaktionen zur Verfügung. Es kann weiterhin untersucht werden, ob es bei Kurseltern, die für sich selbst größere Veränderungen wahrgenommen haben als andere Eltern, entsprechende Korrelate auch bei den Kindern gibt. Dafür stehen die Fragebogendaten derjenigen Eltern und Kinder zur Verfügung, die an beiden Erhebungszeitpunkten gemeinsam teilgenommen haben. Diese Analysen werden in den Kapiteln 11 und 15 vorgestellt.

11 Verknüpfung von Eltern-Kind-Daten aus Fragebögen

Die Verknüpfung von Daten aus den Fragebögen der Eltern und Kinder kann Aufschlüsse über mehrere Fragestellungen liefern. Zum einen kann geprüft werden, ob die Beurteilungen des Erziehungsverhaltens aus Sicht der Eltern Zusammenhänge mit den Beurteilungen entsprechender Merkmale aus der Perspektive der Kinder aufweisen. Die Gegenüberstellung von selbst- und fremdperzipiertem Erziehungsstil ist eine Aufgabe, die bereits seit mehr als drei Jahrzehnten die Forschung immer wieder beschäftigt (Krohne & Hock 2006). Regelhaft sind die Korrelationen nur klein. Das bedeutet, dass die Wahrnehmung und Beurteilung des Erziehungsverhaltens zu sehr unterschiedlichen Befunden führt, je nachdem welche Datenquelle genutzt wird. Bereits schwache Korrelationen zwischen Eltern- und Kinderdaten können insofern als Belege für die Gültigkeit des jeweiligen Instrumentes betrachtet werden.

Es kann zum anderen untersucht werden, ob Veränderungen im Erziehungsverhalten, die Eltern bei sich wahrgenommen haben, mit entsprechenden Veränderungen aus der Kindersicht einhergehen. Haben Eltern, die sich stark verändern, auch Kinder, die diese Veränderungen registrieren?

Darüber hinaus können die beiden Datenquellen für den Vergleich der Beurteilungen der Kinder genutzt werden. Beurteilen sich Kinder, deren Eltern Probleme bei ihren Kindern sehen, selbst auch ungünstiger als positiver beurteilte Kinder?

Schließlich ist auch noch zu prüfen, ob Beziehungen zwischen dem selbstperzipierten elterlichen Erziehungsverhalten und den Selbstbeurteilungen der Kinder bestehen. Haben Eltern mit ungünstigen Erziehungsstilen Kinder, die sich selbst als eher problematisch beurteilen?

Für alle genannten Fragestellungen werden immer die Gruppen mit den maximalen Umfängen benutzt. Differenzen von Eltern und Kindern können allerdings nur für jene Gruppe berücksichtigt werden, bei der sowohl die Eltern als auch deren Kinder zweimal Daten geliefert haben. Es handelt sich dann zwangsläufig um Eltern, die mit einem Kind an der Untersuchung teilgenommen haben. Wegen der Vergleichbarkeit von EK- und WG-Gruppe werden nur Eltern aus den EK-Kursen aufgenommen, für die es eine Wartegruppe gibt. Diese beiden Gruppen werden hinsichtlich ihrer soziodemografischen Zusammensetzung miteinander verglichen. Die Tabellen A 11_1 und A 11_2 zeigen die zusammengefassten Ergebnisse dieser Vergleiche für die Eltern und für die Kinder. Bei einigen Variablen gibt es selbstverständlich keinen Unterschied zwischen den beiden Tabellen (z. B. Herkunftsland von Eltern und Kindern). Diese Variablen tauchen nur der Vollständigkeit halber in beiden Tabellen auf.

Wie die Tabelle A 11_1 für die Eltern zeigt, gibt es keine einzige Variable, in der sich die beiden Untersuchungsgruppen signifikant unterscheiden. Auch alle Zusammenhangsmaße erreichen keine Stärke, die größer als .19 ist. Die beiden Elterngruppen sind hinsichtlich ihrer soziodemografischen Zusammensetzung gut vergleichbar. Insofern können sie für die hier notwendigen Analysen der Skalen vom ersten Messzeitpunkt auch zu einer Gruppe zusammen gefasst werden.

Bei den Kindern gibt es ebenfalls keinen einzigen signifikanten Befund (vgl. Tab. A 11_2). Allerdings gibt es sehr hohe Kontingenzkoeffizienten bei den Vätern für die Bildungsabschlüsse und die Berufe. Die Väter der Wartegruppe sind deutlich besser qualifiziert und in höherwertigen Berufen tätig. Allerdings ist die Anzahl der Väter so klein, dass selbst Koeffizienten von .45 (Berufe) und .68 (Bildungsabschlüsse) nicht signifikant sind. Die Zusammensetzung der beiden Gruppen bezüglich dieser beiden Merkmale ist also recht unterschiedlich, wodurch die Vergleichbarkeit etwas eingeschränkt ist. Es spricht aber nichts dagegen, die beiden Kindergruppen für die folgenden Analysen der Skalen der Erhebung vorher zusammen zu fassen.

Die folgenden Befunde beziehen sich zunächst auf alle Eltern und Kinder, von denen die entsprechenden Daten paarweise vorliegen. Die erstgenannte Fragestellung bezieht sich auf den Zusammenhang zwischen selbst- und fremdperzipiertem Erziehungsstil. Nehmen Kinder ihre Eltern in der Erziehung so wahr, wie diese sich selbst beurteilen? Es gibt in dieser Untersuchung zehn Selbstbeurteilungen der Eltern, die sich auf deren konkretes Erziehungsverhalten beziehen und acht Bewertungen des elterlichen Verhaltens durch die Kinder, wenn man das Familienklima, das auch andere Komponenten beinhaltet, in diese Kategorie mit einbezieht. Prinzipiell könnte es also 80 signifikante und/oder bedeutungsvolle Korrelationen geben. Tatsächlich gibt es nur vier signifikante und fünf tendenziell gesicherte Korrelationen, von denen eine einzige über .30 liegt. Die Anzahl der signifikanten Korrelationen entspricht genau der Menge, die man bei der zugrunde gelegten Irrtumswahrscheinlichkeit von 5 % per Zufall auch dann erwarten würde, wenn es keinerlei von Null verschiedenen Zusammenhänge in der Grundgesamtheit gäbe. Es ist also festzuhalten, dass das selbstperzipierte Erziehungsverhalten der Eltern nichts mit der Wahrnehmung dieses Verhaltens aus der Kindersicht zu tun hat. Die folgenden wenigen Ausnahmen sind wegen der genannten Begründung nur mit großer Vorsicht als Hinweise für Zusammenhänge zu deuten (vgl. Tab. A 11_3).

Lediglich drei Erziehungsaspekte der elterlichen Selbstbeurteilung zeigen Zusammenhänge mit den Beurteilungen der Kinder: Körperliche Strafen, Klarheit und Verantwortungsbewusstes Elternverhalten. Eltern, die selbst angeben häufiger körperliche Züchtigungsmaßnahmen zu ergreifen, werden von ihren Kindern als weniger unterstützend und tröstend erlebt (-.25), als recht restriktiv (.32) und eher als wenig helfend (-.25). Das sind recht plausible Zusammenhänge, die zeigen, dass körperlich strafende Eltern von ihren Kindern auch als wenig entwicklungsförderlich erlebt werden. Klarheit der Eltern korreliert mit häufigerem elterlichen Tadeln (.28) und mit eher größerem Ausmaß an Einschränkung und Inkonsistenz (.20). Hier wird noch einmal die Ambivalenz sehr hoher Werte in der Skala Klarheit deutlich, auf die im Kapitel 9 bereits aufmerksam gemacht worden ist. Klarheit in der Kommunikation, wie sie hier gemessen worden ist, wird von den Kindern eher als unangenehmes elterliches Verhalten erlebt. Die Verringerung der Ausgangswerte von Klarheit durch den Kursbesuch ist insofern auch durch diesen Befund eher als ein Erfolg zu bewerten.

Verantwortungsbewusstes Elternverhalten ist das dritte elterliche Erziehungsmerkmal, das mit drei Kinderbeurteilungen zumindest in tendenziell gesicherten Zusammenhängen steht. Eltern, die sich ein größeres Ausmaß dieses Verhaltens zuschreiben, werden von ihren Kindern als weniger abweisend (-.27) und etwas häufiger tadelnd (.18) erlebt, während das Familienklima geringfügig günstiger eingeschätzt wird (.16).

Die wenigen gesicherten Zusammenhänge sind zwar recht plausibel, können aber nicht darüber hinwegtäuschen, dass es weit überwiegend nicht gelungen ist, elterliche und kindliche Perspektiven auf das Erziehungsverhalten der Eltern auch nur zu einem tendenziell angenäherten Bild zusammen zu führen. Obwohl in Kapitel 8 nachgewiesen worden ist, dass sowohl Eltern als auch Kinder je für sich sehr vernünftige und valide Daten über ihre Sichtweisen der erfragten Konstrukte geliefert haben, korrespondieren diese Sichtweisen nicht miteinander. Dieser Befund ist nicht unüblich, liegt aber doch am unteren Rand dessen, was über diese Zusammenhänge bekannt ist (Krohne & Hock 2006).

Tab. 29 – 11_1:
Korrelationen der Selbstbeurteilungen der Kinder mit Verhaltensbeurteilungen durch deren Eltern (nur signifikante Korrelationen angegeben)

	Variablen Kindersicht	
Variablen Elternsicht	Prosoziales Verhalten	Verhaltensprob. mit Gleichaltrigen
Prosoziales Verhalten Kind	.30	
Hyperaktivität Kind	-.19	
Emotionale Probleme Kind		.26
Verhaltensprobleme Kind	-.32	.25
Verhaltensprobrobleme mit Gleichaltrigen	-.33	.30
Schwächen/ Probleme Kind	-.34	.31
Positives Sozialverhalten Kind	.38	
Unangepasstes Sozialverhalten Kind	-.32	.22
Unrealistisches Selbstkonzept Kind		.26

Die selbstbeurteilte Erziehungskompetenz der Eltern, gemessen mit der Erlebten Selbstwirksamkeit (.25) und der Unzufriedenheit mit der Elternrolle (-.27), schlägt sich aus Sicht der Kinder im Ausmaß des Helfens nieder (ohne Tab.). Unzufriedene Eltern helfen demnach etwas weniger als zufriedene und solche mit höherem Selbstkonzept der Erziehungsfähigkeit helfen ihren Kindern aus deren Sicht etwas häufiger.

Die stärksten Zusammenhänge mit Kinderbeurteilungen des elterlichen Verhaltens weist die Skala Soziale Unterstützung auf. Eltern, die in diesem Merkmal hohe Werte aufweisen, werden von ihren Kindern als deutlich helfender (.53) und kooperativer (.45) erlebt (ohne Tab.). Da es sich bei diesem Aspekt um kein Erziehungsmerkmal handelt, ist nicht auszuschließen, dass andere beeinflussende Variablen diesen Zusammenhang stiften.

Deutlich anders als bei den obigen Befunden stellt sich die Sachlage bei den Selbstbeurteilungen der Kinder dar. Wenn man die beiden Merkmale, die die Kinder selbst angegeben haben, in Beziehung setzt zu den acht Kinderbeurteilungen durch die eigenen Eltern, dann zeigt sich ein ganz anderes Bild (Tab. 11_1). Es gibt nahezu nur signifikante Korrelationen zwischen diesen beiden Beurteilungsperspektiven, die immerhin Werte bis zu .38 annehmen.

Kinder, die sich selbst als eher prosozial auf der Skala des SDQ einschätzen, werden von ihren Eltern ebenfalls als prosozialer (entsprechende Elternskala des SDQ) beurteilt, sie zeigen im Elternurteil deutlich mehr positives Sozialverhalten (.38), weniger unangemessenes Sozialverhalten, weniger Verhaltensprobleme, weniger Verhaltensprobleme mit Gleichaltrigen und sind etwas weniger hyperaktiv. Nimmt man alle elterlichen Beurteilungen als Prädiktoren für die Selbstbeurteilung der Kinder in eine multiple Regressionsanalyse, trägt allerdings nur das Merkmal Positives Sozialverhalten zu einer signifikanten Regressionsgleichung bei. 14,1 % der Varianz der Selbstbeurteilung Prosoziales Verhalten werden durch die elterliche Beurteilung erklärt. Dieser Anteil zeigt, dass die Übereinstimmung dieser Perspektiven deutlich größer ist als bei den Beurteilungen des Erziehungsverhaltens.

Zusammenhänge zwischen den beiden Beurteilungsquellen gibt es nicht nur im positiven Verhaltensbereich sondern auch beim Merkmal Verhaltensprobleme mit Gleichaltrigen. Wie Tabelle 11_1 aufweist, sind Kinder, die sich selbst mehr Probleme mit Gleichaltrigen zuschreiben, auch in der Wahrnehmung ihrer Eltern solche Kinder, die eher emotionale Probleme haben, Verhaltensprobleme mit Gleichaltrigen (entsprechende Skala aus dem SDQ) zeigen, und wenig angemessenes Sozialverhalten und ein eher unrealistisches Selbstkonzept aufweisen.

Tab. 30 – 11_2:
Regressionsanalysen mit der Selbstbeurteilung der Kinder als Kriterium
und den Verhaltensbeurteilungen ihrer Eltern als Prädiktoren

Prädiktoren	Selbstbeurteilung der Kinder Verhaltensprob. mit Gleichaltrigen	
	r	beta
Verhaltensprobleme mit Gleichaltrigen	.30	.25
Unrealistisches Selbstkonzept	.26	.21
Multiple Korrelation (R)	.36	
Aufgeklärte Varianz	12,8%	

(nur signifikante Regressionsgleichung berücksichtigt mit Einzelkorrelationen und standardisierten beta-Koeffizienten)

Tabelle 11_2 zeigt das Ergebnis der multiplen Regressionsanalyse für das Kriterium Verhaltensprobleme mit Gleichaltrigen mit den elterlichen Beurteilungen der Kinder als Prädiktoren. 12,8 % der Varianz der Beurteilung der Kinder lassen sich aufklären durch die beiden Merkmale Verhaltensprobleme mit Gleichaltrigen im Elternurteil und dem Unrealistischen Selbstkonzept. Damit ist auch für dieses Merkmal der Selbstbeurteilung der Kinder gezeigt, dass es deutliche Übereinstimmungen mit der elterlichen Beurteilung gibt.

Offensichtlich sind die Wahrnehmungen des Verhaltens der Kinder zwischen Eltern und den Kindern deutlich höher als zwischen den gegenseitigen Wahrnehmungen des elterlichen Erziehungsverhaltens. Ob dies darauf zurückzuführen ist, dass das eigene kindliche Verhalten für die Kinder selbst besser einzuschätzen ist oder ob sich darin eher widerspiegelt, dass Eltern ihre Kinder oft genug wissen lassen, was sie von ihnen halten, welche Verhaltensweisen sie als angemessen und welche sie als tadelnswert beurteilen, kann hier nicht entschieden werden. Festzuhalten ist aber, dass die Zusammenhänge mindestens zeigen, dass die Beurteilungen beider Seiten recht valide Zuschreibungen sind, die nicht zwei gänzlich verschiedene Perspektiven beinhalten.

Eine weitere Analyse bezieht sich auf die Frage, ob Zusammenhänge bestehen zwischen den Beurteilungen der Kinder durch ihre Eltern und den Einschätzungen des elterlichen Verhaltens durch die eigenen Kinder. Unterscheiden sich Eltern, die mehr Stärken oder mehr Schwächen bei ihren Kindern sehen, im Urteil ihrer Kinder in ihrem Erziehungsverhalten? Bei neun Kinderbeurteilungen und acht Beurteilungen elterlichen Erziehungsverhaltens, kann es theoretisch 72 signifikante Korrelationen geben. Wie die Tabelle A 11_4 ausweist, gibt es nicht mehr substanzielle Korrelationen als nach dem Zufall zu erwarten wäre. Beide Merkmalsbereiche haben insofern wenig bis gar nichts miteinander zu tun. Es gibt lediglich zwei Merkmale, bei denen mehr als nur eine Beziehung zu Variablen des anderen Bereiches auftritt.

Eltern, die mehr Verhaltensprobleme bei ihren Kindern sehen, zeigen im Urteil der Kinder deutlich mehr Restriktion und etwas weniger Hilfe sowie geringfügig weniger Unterstützung, Wärme, Trost. Es zeigt sich erneut, dass Verhaltensprobleme, die Eltern bei ihren Kindern feststellen, mit von den Kindern registrierten eher wenig entwicklungsförderlichen Verhaltensweisen einhergehen. Das zweite Merkmal ist die von den Kindern wahrgenommene Restriktion ihrer Eltern. Je größer diese im Urteil der Kinder ausfällt, desto schwieriger sind diese Kinder in der Wahrnehmung ihrer Eltern: Diese Kinder zeigen mehr Verhaltensprobleme, mehr unangemessenes Sozialverhalten, mehr Schwächen und Probleme sowie eher weniger positives Sozialverhalten. Eher schwierige Kinder haben es aus ihrer Perspektive nicht so leicht mit ihren Eltern. Es ist allerdings daran zu erinnern, dass aus dem oben genannten Grund Verallgemeinerungen hoch riskant sind.

Die letzte Zusammenhangsanalyse dieses Abschnittes betrifft die Frage, ob die Selbstbeurteilungen der Kinder in Zusammenhang stehen mit den Skalen des Erziehungsverhaltens der Eltern, die diese selbst bearbeitet haben. Die Tabelle A 11_5 enthält die entsprechenden Korrelationen. Es zeigt sich, dass nur die eigene Einschätzung des Prosozialen Verhaltens mit den Elternskalen kovariiert. Für die Skala Verhaltensprobleme mit Gleichaltrigen gibt es keinen einzigen signifikanten Befund. Kinder, die sich selbst ein größeres Ausmaß Prosozialen Verhaltens zuschreiben, haben Eltern, die eher Positives Elternverhalten zeigen, weniger körperliche Strafen anwenden und seltener strenges Erziehungsverhalten manifestieren. Dieses Ergebnis ist wiederum ein Hinweis auf einen wesentlichen Validitätsaspekt der benutzten Skalen. Selbstverständlich ist auch mit diesen Zusammenhängen nichts über mögliche Kausalitäten zwischen den betroffenen Merkmalsbereichen ausgesagt. Prinzipiell wären beide Richtungen der Kausalität denkbar, aber auch Wechselwirkungen oder Abhängigkeiten von weiteren Variablen.

In den Kapiteln 9.1 und 10.1 sind die Veränderungen der Eltern und der Kinder in den erhobenen Merkmalen vom Kursbeginn bis zum Ende des Kurses dargestellt und innerhalb der beiden Gruppen zueinander in Beziehung gesetzt worden. Hier wird nun der Frage nachgegangen, ob es Zusammenhänge zwischen den Veränderungen gibt, die einerseits von den Eltern und andererseits von den Kindern dieser Eltern wahrgenommen werden. Spiegeln sich Veränderungen, die sich bei den Selbstbeurteilungen der Eltern zeigen auch in entsprechenden Änderungen aus Sicht der Kinder? Oben ist bereits dokumentiert worden, dass es relativ wenige Gemeinsamkeiten zwischen den Perspektiven der Eltern und der Kinder gibt, wenn es um das Erziehungsverhalten der Eltern geht. Die folgenden Analysen beziehen sich deshalb nur auf die Eltern aus den Elternkursen und deren Kinder, weil bei diesen eher solche Gemeinsamkeiten auftreten werden, denn diese Eltern haben sich ausdrücklich mit solchen Problemen im Kurs auseinander gesetzt. Eine Überprüfung dieser Annahme zeigt, dass es deutlich mehr Zusammenhänge zwischen Veränderungen aus Eltern- und Kindersicht in der Elternkursgruppe gibt als in der gesamten Elterngruppe, obwohl durch die kleinere Anzahl der vorhandenen Elternkindpaare signifikante Korrelationen seltener auftreten bei sonst gleichen Bedingungen.

Die Tabelle A 11_6 zeigt die signifikanten und tendenziell signifikanten Korrelationen der Veränderungen der elterlichen Erziehungsmerkmale und der Veränderungen der Beurteilungen der Eltern durch ihre Kinder. Von 80 möglichen Zusammenhängen sind nur vier signifikant, sechs weitere verfehlen das Signifikanzniveau knapp (Tendenz) trotz relativ großer Korrelationen, weil die Daten nur aus der Gruppe der älteren Kinder stammen, die vier Erziehungsaspekte mehr beurteilt haben als die jüngeren Kinder. Aus den vorhandenen Korrelationen sind keine stringenten Muster von Veränderungsverknüpfungen ersichtlich. Es ist allerdings daran zu erinnern, dass die hier analysierten Elternmerkmale mit den Kindermerkmalen auch vor Beginn des Kurses in keiner Beziehung standen. Es gibt etwa gleich viele erwartete wie unerwartete Befunde, die insgesamt aber nur einen äußerst kleinen Teil der möglichen Interdependenzen der Merkmale betreffen. Es zeigt sich erneut, dass die Wahrnehmungen der Kinder von Veränderungen des Erziehungsverhaltens ihrer Eltern fast nichts mit den entsprechenden Veränderungen aus der Elternperspektive zu tun haben. An diesem Sachverhalt scheint auch die Kursteilnahme nichts Wesentliches geändert zu haben.

Tab. 31 – 11_3:
Korrelationen der Veränderung der Kinderbeurteilungen aus Eltern– und aus Kindersicht (nur alle EK-Paare)

Kindervariablen	Elternvariablen				
	Prosoziales Verhalten $_{Diff}$	Hyperaktivität $_{Diff}$	Verhaltensprobleme $_{Diff}$	Positives Sozialverhalten $_{Diff}$	Unangepasstes Sozialverhalten $_{Diff}$
Prosoziales Verhalten $_{Diff}$		-.30[1]		.39	
Verhaltensprobl. mit Gleichaltrigen $_{Diff}$	-.35		.54	-.28[1)]	.36

(nur signifikante und tendenziell[1] signifikante Korrelationen)

Deutlich anders stellt sich wieder die wechselseitige Bezogenheit der Veränderungen der Beurteilungen der Kinder heraus, wie in Tabelle 11_3 abzulesen ist. Kinder, die größere Verbesserungen ihres prosozialen Verhaltens bei sich registriert haben, haben auch in den Augen ihrer Eltern größere Zuwächse im prosozialen Verhalten (.39), und einen höheren Abbau im Merkmal Hyperaktivität (-.30). Beide Verknüpfungen sind plausibel und gut nachvollziebar.

Noch zahlreicher sind Korrelationen der größeren Verringerungen der Verhaltensprobleme der Kinder mit dem Ausmaß des Abbaus von Verhaltensproblemen aus Sicht der Eltern (.54) und des unangemessenen Sozialverhaltens (.36) sowie dem größeren Gewinn im prosozialen Verhalten (-.35) und im positiven Sozialverhalten (-.28). Hier gibt es erstaunlich hohe Übereinstimmungen zwischen den beiden Beurteilungsquellen für Veränderungen des kindlichen Verhaltens. Auch gegenüber den Zusammenhängen, die vor Kursbeginn zwischen diesen beiden Beurteilungsperspektiven für alle Eltern und Kinder vorhanden waren (Tab. 11_1), sind die Wechselbeziehungen nicht kleiner geworden. Auch hier zeigt sich also, dass sich Eltern und Kinder hinsichtlich der Beurteilung kindlicher Verhaltensmerkmale deutlich ähnlicher sind als dies für das Erziehungsverhalten der Eltern gilt. Folgerungen über das in den Kursen Erreichte werden sich folgerichtig insbesondere beim Erziehungsverhalten sowohl auf die Merkmale der Eltern als auch auf die Merkmale der Kinder beziehen müssen. Beide stellen wesentlich differente Sichtweisen der Erziehungsrealität dar. Sich nur auf eine davon zu verlassen, würde dem Gegenstand offensichtlich nicht angemessen sein.

12 Follow-up der Elternbefragung

In diesem Kapitel werden die Ergebnisse der Follow-up Untersuchung der Eltern berichtet. Zunächst geht es um alle Eltern, die an Elternkursen teilgenommen haben und von denen Daten von allen drei Zeitpunkten vorliegen. Diese Gruppe repräsentiert die Eltern aus allen untersuchten Kursen am ehesten. Allerdings gibt es für diese Elterngruppe keine geeignete Wartegruppe. Im zweiten Abschnitt dieses Kapitels wird die Befundlage zum Vergleich der Eltern aus echten Elternkursen mit sechs- bis zwölfjährigen Kindern mit der Wartegruppe dokumentiert. Nur diese Ergebnisse erlauben Aussagen über mögliche Wirkungen des Elternkurses.

12.1 Alle Eltern der Elternkurse

Für eine erste Beurteilung, ob es in der Follow-up Untersuchung vier Monate nach Beendigung der Kurse zu weiteren Steigerungen positiver Veränderungen bei den Eltern gekommen ist oder zu einer Stagnation oder gar einem Rückgang, werden alle Eltern herangezogen, von denen diese Daten vorliegen.

Zunächst wird für diese Elterngruppe geklärt, ob sie sich bereits zu Beginn der Kurse von den später bei der Datenerhebung ausgeschiedenen Eltern unterscheiden. Bezüglich der Zusammensetzung der Gruppe in den erhobenen soziodemografischen Merkmalen ist an die Befunde aus Kapitel 7 zu erinnern. Eltern mit dreifachen Daten haben seltener Einzelkinder und der Anteil der Männer ist tendenziell geringer als bei den Eltern, die nur ein- oder zweimal Daten geliefert haben. Außerdem ist der Anteil der neun- bis zwölfjährigen Kinder in der Gruppe der verbliebenen Eltern höher als bei den ausgeschiedenen.

Die Tabelle 12_1 zeigt die univariaten Vergleiche sämtlicher Variablen der Eltern der Elternkurse aus der Ersterhebung zwischen der Elterngruppe mit Daten aus drei Erhebungen und der Elterngruppe, die nur ein- oder zweimal an der Untersuchung teilgenommen hat. Es gibt einen signifikanten und vier tendenziell gesicherte Mittelwertunterschiede zwischen den beiden Elterngruppen. Drei davon beziehen sich auf das Erziehungsverhalten, einer auf die kursbezogenen Erwartungen und ein weiterer auf die Unzufriedenheit mit der Elternrolle. Die Gruppe der Eltern mit Teilnahme an allen drei Erhebungen hat im Mittel etwas größere Kurserwartungen (3,7 % erklärte Varianz), zeigt ein deutlich geringeres Monitoring (6,8 % determinierte Varianz), hat etwas weniger Machtvolle Durchsetzung (3,8 % erklärte Varianz), straft etwas häufiger körperlich (2,7 % erklärte Varianz) und ist schließlich im Durchschnitt etwas weniger zufrieden mit der Elternrolle (2,9 % determinierte Varianz). Alle erklärten Varianzanteile signalisieren kleine Effekte, die zu Lasten der beiden Gruppen gehen. In keiner einzigen Kinderbeurteilung gibt es Mittelwertunterschiede zwischen den beiden Elterngruppen aus den Elternkursen.

Tab. 32 – 12_1:
Univariater Vergleich der vorher Werte in den abhängigen Variablen von Eltern aus EK mit Daten aller drei Messzeitpunkte mit denen der entsprechenden ausgeschiedenen Eltern

Variablen	ELEKalle (N=118)						
	$M_{v.n.f.}$	M_v	$s_{v.n.f.}$	s_v	Homog.	Sign.	Eta^2
Erwartungen kursbezogen	20.75	19.77	2.48	2.45		.065	.037
Erwartungen erziehungsbezogen	20.14	20.23	3.74	2.65	.035		.000
Erwartungen gesamt	40.33	40.00	6.39	4.33	.029		.001
Inkonsistentes Elternverhalten	2.80	2.67	.60	.52			.013
Positives Elternverhalten	4.05	4.11	.47	.52			.004
Involviertheit	3.89	3.80	.52	.68			.006
Verantwortungsbew. Elternverhalten	3.36	3.52	.50	.55			.022
Geringes Monitoring	1.38	1.24	.31	.23	.046	.014	.068
Machtvolle Durchsetzung	3.11	3.32	.57	.50		.051	.038
Körperliche Strafen	1.88	1.65	.76	.57	.057	.096	.027
Unterstützung	3.34	3.31	.73	.73			.000
Strenge	1.97	2.17	.67	.67			.021
Klarheit	4.57	4.62	.73	.63			.001
Unzufriedenheit	2.86	2.62	.74	.66		.087	.029
Erlebte Selbstwirksamkeit	4.15	3.92	.78	.92			.018
Soziale Unterstützung	3.77	3.71	.75	.96			.001
Zufriedenheit mit Lebenssituation	3.63	3.61	.74	.86			.000
Prosoziales Verhalten Kind	7.70	7.34	1.73	2.08	.079		.008
Hyperaktivität Kind	3.83	4.08	2.16	2.43			.003
Emotionale Probleme Kind	2.65	2.49	2.38	2.38			.001
Verhaltensprobleme Kind	2.71	2.85	1.80	1.96			.001
Verhaltensprob. mit Gleichaltrigen	2.42	2.16	2.18	2.21			.003
Schwächen/ Probleme Kind	11.68	11.80	6.11	6.22			.000
Positives Sozialverhalten Kind	3.53	3.40	.45	.56			.016
Unangepasstes Sozialverh. Kind	2.23	2.21	.67	.77			.000
Unrealistisches Selbstkonzept Kind	2.47	2.38	.52	.60			.006

Tab. 33 – 12_2:
Varianzanalytischer Vergleich mit Messwiederholung in den abhängigen Variablen der Erziehung von allen Eltern der Elternkurse, von denen die drei Messwerte vorher, nachher und Follow-up vorliegen – zusätzlich mit paarweisen Vergleichen

Variablen	ELEKalle (N=36-40)					v – n Sign.	v – f Sign.	n – f Sign.
	M_v	M_n	M_f	Sign.	Eta²			
Inkonsistentes Elternverhalten	2.81	2.65	2.53	.000	.271	.016	.000	.009
Positives Elternverhalten	4.04	4.14	4.17	.099	.058		.047	
Involviertheit	3.87	3.88	3.91		.008			
Verantwortungsbew. Elternverhalten	3.36	3.44	3.47		.039			
Geringes Monitoring	1.38	1.39	1.33		.034			
Machtvolle Durchsetzung	3.11	3.02	3.03		.021			
Körperliche Strafen	1.88	1.54	1.47	.000	.323	.000	.000	
Unterstützung	3.34	3.47	3.48		.047			
Strenge	1.97	1.82	1.72	.020	.095	.092	.006	
Klarheit	4.57	4.03	4.17	.000	.417	.000	.000	.015
Unzufriedenheit	2.86	2.48	2.61	.001	.174	.000		.001
Erlebte Selbstwirksamkeit	4.12	4.39	4.71	.000	.280	.041	.000	.001
Soziale Unterstützung	3.77	3.88	3.93		.052		.087	
Zufriedenheit mit Lebenssituation	3.62	3.66	3.54		.011			
Prosoziales Verhalten Kind	7.70	7.65	7.78		.003			
Hyperaktivität Kind	3.83	3.23	3.28		.054	.068		
Emotionale Probleme Kind	2.65	2.38	2.10		.041			
Verhaltensprobleme Kind	2.71	2.42	2.24		.056		.071	
Verhaltensprobleme mit Gleichaltrigen	2.42	1.82	1.89	.066	.071	.051	.065	
Schwächen/ Probleme Kind	11.68	9.71	9.29	.002	.150	.008	.002	
Positives Sozialverhalten Kind	3.53	3.71	3.70	.010	.111	.006	.013	
Unangepasstes Sozialverh. Kind	2.23	2.03	2.02	.006	.130	.006	.015	
Unrealistisches Selbstkonzept Kind	2.45	2.36	2.31		.052		.095	

Vergleicht man die Befunde mit denen der beiden Elterngruppen nach der Zweiterhebung (Tab. 9_1), so zeigen sich keine wesentlichen Differenzen. Auch bei den Varianzanalysen für diese beiden Gruppen gibt es nur vier Unterschiede, von denen zwei signifikant sind. Die determinierten Varianzanteile liegen in der gleichen Größenordnung wie nach der Follow-up Erhebung. Vermutlich spielen bei beiden Vergleichen die höheren Ausfallquoten der Väter und der Eltern mit jüngeren Kindern eine Rolle. Bezüglich der Varianzen zeigen sich zwei signifikante und zwei tendenziell gesicherte Unterschiede, die dreimal größere Varianzen für die verbliebenen Eltern markieren (zweimal Erwartungen und Geringes Monitoring) und einmal für die ausgeschiedenen Eltern (Prosoziales Verhalten der Kinder). Insgesamt genommen sind die Unterschiede in den untersuchten Merkmalen aber so selten und wenig bedeutungsvoll, dass die verbliebene Elterngruppe aus den Elternkursen die ursprüngliche Elterngruppe noch zufriedenstellend repräsentiert. Damit sind Verallgemeinerungen auf alle Eltern der untersuchten Elternkurse nicht ausgeschlossen.

Die Tabelle 12_2 enthält die Mittelwerte der Eltern aus den Elternkursen in den untersuchten Merkmalen zu den drei Erhebungszeitpunkten und die Prüfung auf Unterschiede über die drei Messzeitpunkte mit Hilfe univariater Varianzanalysen mit zweifacher Messwiederholung. In der Spalte Signifikanz werden nur signifikante Befunde aufgeführt aber alle durch die Erhebungszeitpunkte determinierten Varianzanteile. Die letzten drei Spalten enthalten die Ergebnisse der paarweisen Mittelwertvergleiche zwischen vorher und nachher, vorher und Follow-up sowie nachher und Follow-up. Damit wird es möglich abzuschätzen, in welchen Zeitabschnitten es zu signifikanten Veränderungen gekommen ist. Die Analysen beruhen auf 36 bis 40 Eltern, von denen jeweils drei Messzeitpunkte vorliegen.

Bei den zehn Erziehungsmerkmalen der Eltern gibt es in dieser Elterngruppe vier mindestens signifikante und eine tendenziell gegen den Zufall gesicherte Veränderung über die drei Messzeitpunkte. Das sind zwei weniger als beim Vergleich der größeren Elternkursgruppe für die Veränderungen direkt nach Beendigung des Kurses.

Die verbliebenen Eltern des Kurses haben nachhaltig ihr Inkonsistentes Elternverhalten abgebaut. Auch nach Beendigung des Kurses ist es noch zu einer zusätzlichen Verbesserung in diesem Merkmal gekommen, wie das weitere signifikante Sinken des Mittelwertes zeigt (von 2,65 auf 2,53). Die alltägliche Erfahrung in der Erziehung ist mit einer weiteren konzeptgetreuen Verringerung einhergegangen. 27,1 % der Varianz dieses Merkmals sind auf die Messzeitpunkte zurückzuführen, es handelt sich also um einen großen Effekt.

Es gibt zwei weitere noch größere Effekte. Einer davon betrifft das Merkmal Körperliche Strafen, das sich hochsignifikant verändert hat zwischen den drei Erhebungsterminen (32,3 % determinierte Varianz). Der signifikante Abbau hat bis zum Kursende stattgefunden, danach verringert sich der Mittelwert zwar noch zusätzlich (von 1,54 auf 1,47), diese Differenz ist aber nicht gegen den Zufall zu sichern. Das Merkmal ist nach Beendigung des Kurses also stabil geblieben.

Der größte Effekt zeigt sich beim Merkmal Klarheit, bei dem 41,7 % der Varianz durch die drei Erhebungszeitpunkte determiniert sind. Wie schon in der größeren Elternkursgruppe mit nachher Daten kommt es zu einem hochsignifikanten Abbau dieses Merkmals während des Kurses (von 4,57 auf 4,03), nach Beendigung des Kurses steigt der Mittelwert wieder signifikant (auf 4,17), erreicht aber keinesfalls das ursprüngliche Ausgangsniveau. Es zeigt sich erneut die Ambivalenz dieses Merkmales, das eigentlich zu den entwicklungsförderlichen Aspekten des Erziehungsverhaltens zählt (vgl. Kap. 9.1).

Das Positive Elternverhalten hat sich tendenziell über die drei Messzeitpunkte verbessert (5,8 % determinierte Varianz). Dieser kleine Effekt beruht vor allem auf der signifikanten Steigerung des Mittelwertes von der Ausgangs- zur Followup Erhebung. In dieser Elterngruppe ist der Zuwachs also erst deutlich nach Beendigung des Elternkurses gegen den Zufall zu sichern.

In fünf der zehn untersuchten Erziehungsmerkmale der Eltern zeigen sich über den gesamten Zeitraum keine gesicherten Mittelwertveränderungen. Die determinierten Varianzanteile erreichen maximal 4,7 % (Unterstützung). Für diese Merkmale ist es weniger wahrscheinlich, dass sich in den beiden schärfsten Vergleichsgruppen dieser Evaluation Effekte nachweisen lassen, die auf Wirkungen des Elternkursbesuches zurückzuführen sind.

Deutlich anders stellt sich die Situation für die Kompetenzschätzungen der Eltern bezüglich ihrer Erziehungsmöglichkeiten dar. In beiden Merkmalen gibt es sehr deutliche Veränderungen. Die Selbstwirksamkeit in der Erziehung steigert sich im Mittel im Verlauf des Kurses (von 4,12 auf 4,39) und danach noch einmal signifikant (auf 4,71). Mit 28,0 % determinierter Varianz handelt es sich über den gesamten Zeitraum um einen großen Effekt, der den zum Zeitpunkt der Erhebung am Kursende erheblich übertrifft. Offensichtlich tragen die Erfahrungen der Eltern nach dem Kurs zu einer weiteren Verbesserung der erlebten Selbstwirksamkeit bei.

Anders stellt sich die Situation für das Merkmal Unzufriedenheit mit der Elternrolle dar. Dieses Merkmal verändert sich über die drei Erhebungszeitpunkte ebenfalls recht stark (17,4 % determinierte Varianz), aber nach einem deutlichen mittleren Abbau während des Kurses (von 2,86 auf 2,48) kann dieser Gewinn in der folgenden Zeit nicht ganz gehalten werden, es kommt zu einem nicht signifikanten Anstieg auf 2,61. Auch der Follow-up Mittelwert liegt signifikant unter dem Mittelwert der Ausgangserhebung, der Gewinn geht also nicht völlig verloren. Die Unzufriedenheit mit der Elternrolle ist offensichtlich schwieriger abzubauen ohne die Elternkursunterstützung als die erlebte Selbstwirksamkeit.

Hinsichtlich der Sozialen Unterstützung, die die Eltern erfahren, und der allgemeinen Lebenszufriedenheit gibt es erwartungsgemäß keine besonderen Veränderungen. Die Soziale Unterstützung steigt tendenziell gesichert im Mittel von der Ausganglage (3,77) bis zum Follow-up Wert (3,93). Die Veränderung über die drei Messzeitpunkte ist allerdings nicht signifikant, auch wenn immerhin 5,2 % der Varianz durch die drei Erhebungszeitpunkte determiniert sind. Die Zufriedenheit mit der Lebenssituation bleibt im Mittel unverändert während des gesamten Untersuchungszeitraumes. Es sind offensichtlich im Mittel keine großen äußeren Ereignisse in den Lebensbedingungen eingetreten, die die Lebenszufriedenheit wesentlich beeinflusst haben könnten.

Bei den Skalen zur Beurteilung der Kinder gibt es drei signifikante Veränderungen und eine tendenziell gesicherte über den gesamten Untersuchungszeitraum. Das sind drei weniger, als unmittelbar nach Kursende registriert werden konnten für die zu diesem Zeitpunkt noch größere Elterngruppe. Die größte Mittelwertveränderung gibt es bei den zu Schwächen und Problemen zusammengefassten Skalen von Goodman. Die determinierten Varianzanteile betragen über die drei Erhebungszeitpunkte 15,0 %. Der Mittelwert fällt während des Kurses ganz erheblich (von 11,68 auf 9,71). Nach Beendigung des Kurses können die Kurseltern diesen Mittelwert nur halten und nicht weiter verbessern. Der Mittelwert der Follow-up Erhebung liegt aber immer noch signifikant unter dem Mittelwert der Ausgangswerte. Auch für diese Gruppe der Eltern gilt also, dass es während des Kurses im Mittel zu einer deutlichen Verbesserung der Beurteilung des eigenen Kindes gekommen ist, die auch vier Monate nach Beendigung des Kurses noch nachweisbar ist.

Gleiches gilt auch für die beiden varianzstarken Merkmale Positives und Unangemessenes Sozialverhalten. 11,1 % bzw. 13,0 % der Varianzen dieser beiden Variablen sind durch die Messzeitpunkte erklärbar, es handelt sich um mittlere Effekte. Das Positive Sozialverhalten der Kinder verbessert sich aus der Sicht der eigenen Eltern währen des Kursbesuches im Durchschnitt signifikant (von 3,53 auf 3,71). Dieser Gewinn wird auch während der Zeit nach dem Kurs gehalten, es gibt keine Veränderung zwischen den beiden Zeitpunkten. Das Unangepasste Sozialverhalten wird in der Wahrnehmung der Eltern im Mittel abgebaut während des Kursbesuches (von 2,23 auf 2,03). Im Anschluss kann dieser konzeptgemäße Zugewinn ohne Abstriche im Mittel gehalten werden.

Im Merkmal Verhaltensprobleme mit Gleichaltrigen gibt es nur tendenziell gesicherte mittlere Differenzen. Im Urteil ihrer Eltern haben die Kinder ihre Probleme mit Peers etwas reduziert während des Kursbesuches ihrer Eltern (von 2,42 auf 1,82). Dieser Abbau kann über die Zeit nach dem Kurs gehalten werden. Allerdings ist der Mittelwertunterschied zwischen Follow-up und Ausgangslage nur tendenziell gegen den Zufall gesichert. 7,1 % determinierte Varianz über alle drei Messzeitpunkte signalisieren einen eher kleinen Effekt.

In den übrigen Skalen zur Beurteilung der Kinder sind keine mittleren Veränderungen gesichert. Die nachgewiesenen Veränderungen belegen, dass es während des Besuches des Elternkurses zu Mittelwertveränderungen gekommen ist, die mit den Zielen des Kurses konform gehen. Eltern sollen lernen, eher die Stärken ihres Kindes zu sehen und nicht in erster Linie die Schwächen registrieren.

Es ist offensichtlich zu einigen Relativierungen der Sichtweisen gekommen, die für die Entwicklung der Kinder günstig sind, vor allem weil sie auch vier Monate nach Beendigung des Kurses noch in gleichem Ausmaß vorhanden sind.

Für alle bei den Eltern erhobenen Merkmale gilt, dass die Korrelationen der Werte der identischen Skalen zwischen der nachher und der Follow-up Erhebung hoch ausfallen (ohne Tab.). Fünf Korrelationen liegen über .80 (vier davon beziehen sich auf das Erziehungsverhalten), sechs erreichen Werte über .70, neun übertreffen .60, zwei bleiben ganz knapp darunter (Verhaltensprobleme des Kindes und Strenge der Eltern). Für diese beiden letztgenannten sowie das Merkmal Zufriedenheit mit der Lebenssituation (.43) ist die konservative Schätzung der Retestreliabilität im besonders schwachen Bereich. Alle anderen Skalen zeigen für den Zeitraum (vier Monate) akzeptable bis sehr gute Zuverlässigkeiten.

Die Eltern der Elternkurse sind auch in der Follow-up Erhebung direkt zu ihren Einschätzungen der zwischenzeitlichen Erfahrungen mit dem im Kurs Gelernten und Erlebten gefragt worden. Einige der Statements entsprechen denen der Befragung am Ende des Kursbesuches.

Die Tabelle 12_3 enthält die Mittelwerte und Standardabweichungen der 17 Statements, die die Kurseltern vier Monate nach Beendigung des Elternkurses bearbeitet haben. Zusätzlich sind die prozentualen Anteile der Eltern aufgeführt, die die Statements positiv bzw. negativ bewertet haben. Für Statements, die in den Erhebungen direkt nach Kursende und im Follow-up gut vergleichbar sind, sind auch die Korrelationen angegeben. Die neutralen Mitten der Antwortskalen betragen genau 3,0. Es gibt nur ein einziges Statement, bei dem der empirische Mittelwert unter diesem Wert bleibt: Beim Statement „Ich habe heute noch Kontakt zu anderen Eltern aus dem Elternkurs" geben etwas mehr Eltern (43,2 %) an, keinen solchen Kontakt mehr zu haben und etwas weniger Eltern (38,7 %) erklären, dass sie einen solchen Kontakt aufrecht erhalten. Netzwerkverbindungen sind offensichtlich kaum geschaffen worden, denn auch bei den Eltern mit Kontakten handelt es sich mehrheitlich um solche, die bereits vorher Kontakt über die Kindertagesstätte bzw. die Schule hatten, über die die Kurse zustande gekommen sind.

In allen anderen erfassten Aspekten liegen die empirischen Mittelwerte deutlich über der neutralen Mitte der Antwortvorgaben. Am besten schneidet das Statement „Ich erlebe viel Freude im Zusammenleben mit meinem Kind" ab (4,40). Kein einziges Elternteil lehnt dieses Statement ab, nur 14 % wählen die neutrale Mitte. Den dritthöchsten Mittelwert erreicht das Statement „Ich kann den Kurs aus heutiger Sicht gut anderen Eltern empfehlen" (4,33). Nur sieben Prozent der Eltern lehnen diese Bewertung ab, 83,7 % stimmen ihr zu. Das ist eine überragend gute Beurteilung des Elternkurses Starke Eltern – Starke Kinder®, aus der hervorgeht, dass fast alle Absolventen die Brauchbarkeit dieses Kursangebotes so hoch einschätzen, dass sie ihn für alle anderen Eltern für geeignet halten. Interessanterweise fällt die resümierende Beurteilung der eigenen Kurserfahrungen nicht ganz so

Tab. 34 – 12_3:
Erfahrungen aller EK-Eltern, von denen Follow-up Werte vorliegen

Variablen	ELEKFOalle (N=44)				
	M	s	prozentualer Anteil positiver Zustimmung (4 o. 5)	prozentualer Anteil Ablehnungen (1 o. 2)	Korrelationen mit nachher-Bewertungen
Viel Neues angewendet	3.50	.93	59,1	15,9	.67
Beziehung zum Kind verbessert	3.53	.91	51,2	9,3	.70
Heute noch Kontakt zu EK-Eltern	2.95	1.58	38,7	43,2	
Respektierung der Kinder auch bei verschiedener Meinung	4.34	.78	86,4	2,3	
Atmosphäre in Familie verbessert	3.58	.91	51,2	7,0	.59
Tipps helfen heute noch	3.93	1.02	70,5	9,1	.59
Erziehungsvorstellungen besser verstanden	3.68	1.03	61,4	13,6	.52
In schwierigen Situationen besser mit Kind	3.79	.74	69,8	4,7	.36
Erinnerung an Selbsterfahrung	3.58	1.10	55,8	11,6	.56
Sicherer im Umgang mit Kind	3.65	.81	58,1	7,0	.29[1]
Besser in Kind hinein versetzen	3.74	.82	65,1	7,0	.33
Kind zufriedener mit Elternteil	3.79	2.99	44,2	18,6	n. s.
Besser bei Schwierigkeiten gelassen bleiben	3.81	.88	65,1	7,0	
Kein Druck, immer perfekt zu sein	3.70	.94	62,8	9,3	
Viel Freude mit Kind	4.40	.73	86,0	0,0	
Zufrieden mit Kurserfahrungen	3.98	.91	74,4	4,7	
Kurs gut anderen Eltern empfehlen	4.33	.99	83,7	7,0	

[1] tendenziell gesichert

überragend aus. Der Mittelwert des Statements: „Ich bin insgesamt gesehen mit meinen Kurserfahrungen sehr zufrieden" ist mit 3,98 doch etwas niedriger. Auch der Anteil der Eltern, die eine positive Stellungnahme abgeben, ist mit 74,4 % niedriger. Die unterschiedliche Wortwahl kann kaum zur Erklärung herangezogen werden, denn das Adjektiv „gut" ist keinesfalls weniger günstig als die Bezeichnung „sehr zufrieden". Vielleicht gibt es Eltern, die ihre eigenen Kurserfahrungen als nicht ganz so überragend ansehen, weil sie manches aus dem Kurs bereits gekannt haben, diese Anregungen aber für andere Eltern (mit weniger Vorerfahrungen) als sehr wichtig erachten. Es ist aber festzuhalten, dass die Zufriedenheit mit den Erfahrungen im Kurs den vierthöchsten Mittelwert der 17 Statements erreicht. Die

Eltern, die auch am Follow-up teilgenommen haben (sie hatten bereits etwas höhere mittlere Kurserwartungen als die restlichen Eltern vor Beginn des Kurses), kommen zu einem sehr überzeugenden Votum bei der Kursbeurteilung.

Den zweithöchsten Mittelwert erreicht die Aussage „Ich kann mein Kind auch dann respektieren, wenn wir verschiedener Meinung sind" (4,34). 86,4 % der Eltern stimmen dieser Aussage zu und nur 2,3 % lehnen sie ab. Wenn dieses Ergebnis die Erziehungsrealität widerspiegelt, dann handelt es sich um einen großartigen Wert, der ganz den Intentionen des Elternkurses entspricht. Leider gibt es kein entsprechendes Statement in der Ausgangserhebung, so dass nicht klar wird, ob es sich um eine bedeutsame Veränderung der Haltung zum Kind handelt, oder ob diese bei den Eltern der Kurse bereits vorher in diesem Ausmaß vorhanden war.

Zweistellige Prozentsätze ablehnender Eltern gibt es außer bei den oben genannten noch bei vier Statements, die dementsprechend auch niedrigere Mittelwerte aufweisen. 15,9 % der Eltern können der Aussage „Ich habe viel Neues aus dem Elternkurs anwenden können" nicht zustimmen. Es handelt sich dabei eher um Eltern, die auch schon am Ende des Kurses angegeben haben, dass sie nicht so viel Neues gelernt hätten (die Korrelation der beiden Statements beträgt immerhin .67). 13,6 % der Eltern lehnen die Aussage ab „Ich verstehe meine eigenen Erziehungsvorstellungen besser". Mit dem entsprechenden Statement am Ende des Kurses besteht ein Zusammenhang von .52. Vermutlich gibt es einige Eltern, die der Verbesserung nicht zustimmen können, weil sie schon vor dem Kurs intensiv über ihre Erziehungsziele und -methoden nachgedacht haben. Bedenklich wäre es, wenn gerade Eltern mit problematischem Erziehungsverhalten diesem Statement nicht zustimmen könnten.

18,6 % der Eltern können nicht der Aussage zustimmen „Ich stelle fest, dass mein Kind zufriedener mit mir ist". Die Beantwortung dieses Statements korreliert gar nicht mit der entsprechenden aus der Zweiterhebung. Offensichtlich hat es in diesem Aspekt sehr unterschiedliche Veränderungen in der Zwischenzeit gegeben. Worauf diese zurückzuführen sind, ist nicht geklärt. Es ist allerdings nicht auszuschließen, dass der enthaltene Komparativ zu Schwierigkeiten bei der Beurteilung dieser Aussage geführt hat, weil weder der Zeitraum, in dem die Verbesserung eingetreten sein könnte, genau spezifiziert ist, noch das Niveau des Vergleichswertes bekannt ist (wenn das Kind schon vorher sehr zufrieden war, kann man schlecht eine Verbesserung feststellen).

Welche einzelnen Aspekte der Erfahrungen mit dem Elternkurs für die zusammenfassenden Bewertungen des Kurses bedeutungsvoll sind, zeigen die signifikanten und tendenziell signifikanten Korrelationen dieser Statements mit den beiden abschließenden Beurteilungen in der Tabelle 12_4. Die Tabelle enthält sowohl die Korrelationen mit den Statements aus der Follow-up Befragung als auch mit den Aussagen am Ende des Kurses (der Zweiterhebung).

Tab. 35 – 12_4:
Korrelation der beiden Follow-up Abschlussbewertungen des Elternkurses mit den Follow-up Werten und den Werten nachher in den Einzelbeurteilungen

(N=43)	Kurserfahrungen follow-up		Kurserfahrungen nachher		
	sehr zufrieden mit Kurserfahrung	Kurs gut empfehlen	sehr zufrieden mit Kurserfahrung	Kurs gut empfehlen	
Viel Neues angewendet	.71	.75	.37	.45	Viel Neues gelernt
Beziehung zum Kind verbessert	.53	.47	.58	.44	Beziehung zum Kind verbessert
Heute noch Kontakt zu EK-Eltern		.30[1]			In der Elterngruppe wohlgefühlt
Respektierung der Kinder auch bei verschiedener Meinung			.39	.40	Neugier war berechtigt
Atmosphäre in Familie verbessert	.47	.38	.58	.51	Atmosphäre in Familie verbessert
Tipps helfen heute noch	.66	.72	.58	.54	Brauchbare Tipps
Erziehungsvorstellungen besser verstanden	.69	.64	.57	.56	Erziehungsvorstellungen besser verstanden
In schwierigen Situationen besser mit Kind	.45	.45	.53	.51	In schwierigen Situationen besser mit Kind
Erinnerung an Selbsterfahrung	.47	.57	.33	.36	Selbsterfahrung gemacht
Sicherer im Umgang mit Kind	.41	.29[1]	.55	.59	Sicherer im Umgang mit Kind
Besser in Kind hinein versetzen	.41	.43	.37	.37	Besser in Kind hinein versetzen
Kind zufriedener mit Elternteil			.62	.59	Kind zufriedener mit Elternteil
Besser bei Schwierigkeiten gelassen bleiben	.47	.43			
Kein Druck, immer perfekt zu sein	.30[1)]				
Viel Freude mit Kind					

(nur signifikante und tendenziell[1] signifikante Korrelationen)

Eltern, die sehr zufrieden mit ihren Kurserfahrungen sind, haben vor allem viel Neues angewendet (.71), ihre Erziehungsvorstellungen besser verstanden (.69) und Tipps aus dem Elternkurs helfen ihnen heute noch (.66). Es gibt sieben weitere Aussagen, die zwischen .41 und .53 mit der Zufriedenheit korrelieren, also auch recht bedeutungsvoll für die Zufriedenheit mit dem Kurs sind. Vier Statements korrelieren nicht signifikant mit der Gesamtzufriedenheit, drei davon beziehen sich auf die Einschätzung der Interaktion mit dem Kind und eines auf den anhaltenden Kontakt zu anderen Eltern des Kurses. Es ist für die Eltern bei der Beurteilung der Kurszufriedenheit offensichtlich nicht so wichtig, ob sich ihre Beziehung zum Kind verbessert hat oder sie viel Freude mit ihrem Kind erleben. Auch ein nachhaltiger Kontakt zu anderen Kurseltern spielt keine Rolle für die eigene Zufriedenheit. Es sind in erster Linie eher direkt in die Erziehungspraxis umsetzbare Anregungen, die vor allem dann, wenn sie den Eltern neu sind, zur Zufriedenheit beitragen. Bei aller Plausibilität handelt es sich selbstverständlich nicht um kausale Beziehungen zwischen den erfassten Aussagen.

Allerdings wird die Richtung der Einflussnahme gestützt durch die vier Monate zuvor erhobenen Statements der Eltern. Wer nach vier Monaten eher sehr zufrieden ist, hat auch am Ende des Kurses viele positive Einschätzungen abgegeben. Elf der zwölf zu beantwortenden Aussagen korrelieren signifikant mit der Gesamtzufriedenheit der Eltern. Eher sehr zufriedene Eltern stimmen deutlich zu, dass ihr Kind zufriedener mit ihnen ist (.62), die Beziehung zum Kind sich verbessert hat (.58), die Atmosphäre in der Familie besser geworden ist (.58), sie brauchbare Erziehungstipps erhalten haben (.58), sie ihre eigenen Erziehungsvorstellungen besser verstehen (.57), sie sicherer im Umgang mit ihrem Kind sind (.55) und sie in schwierigen Situationen besser mit ihrem Kind klar kommen (.53). Vier weitere Korrelationen liegen zwischen .33 und .39. Nur das Statement zum Kontakt mit anderen Eltern des Kurses weist keinen signifikanten Zusammenhang mit der Zufriedenheit auf. Interessanterweise verlieren zwei Aussagen im Verlauf der vier Monate ihren Zusammenhang mit der Kurszufriedenheit: die Respektierung des Kindes auch bei Meinungsverschiedenheiten und die größere Zufriedenheit des Kindes mit dem Elternteil kovariieren beim Follow-up nicht mehr mit der Zufriedenheit. Vermutlich handelt es sich eher um Veränderungen der beiden Einzelaussagen, denn die Mehrheit der Zusammenhänge der einzelnen Aussagen mit der Kurszufriedenheit bleibt bestehen.

Mit ihren Kurserfahrungen zufriedene Eltern empfehlen den Kurs selbstverständlich auch deutlich mehr anderen Eltern (die Korrelation beträgt .80). Es sind im Wesentlichen die gleichen Einzelaussagen wie bei der Zufriedenheit, die mit der Empfehlung des Kurses für andere Eltern einhergehen, und die Zusammenhänge bewegen sich in vergleichbaren Größenordnungen. Das gilt auch für die Aussagen direkt nach dem Kursende. Auch von diesen korrelieren wieder elf mit der Empfehlung für den Elternkurs. Die Eltern haben offensichtlich zu beiden Zeitpunkten sehr konsistent ihre Bewertungen des Kurses vorgenommen.

Insgesamt gesehen handelt es sich um Bewertungen der Eltern, die verdeutlichen, dass sie mit großen Mehrheiten die positiven Aspekte ihrer Kurserfahrungen hervorheben, die überwiegend eine große Zufriedenheit mit dem Elternkurs belegen. Die aufgeworfenen kritischen Einschränkungen können mehrheitlich durch das vorhandene Datenmaterial nicht geklärt werden, weil es erstaunlicherweise keine signifikanten Beziehungen zwischen den erfragten direkten Erfahrungen und den zum selben Zeitpunkt von den Eltern bearbeiteten Skalen zu ihrem Erziehungsverhalten gibt. Auch die Beurteilungen der Kinder korrelieren nicht mit den Statements der Eltern. Es gibt insofern keine Hinweise darauf, dass Eltern, die wenig Neues angewendet haben, bereits besonders ausgeprägt die entwicklungsförderlichen Erziehungsmerkmale realisieren und die entwicklungshemmenden stärker vermeiden als die Eltern, die viel Neues gelernt haben und es auch stärker anwenden. Auch die stärkere Zufriedenheit des Kindes mit seinem sich selbst beurteilenden Elternteil hängt nicht mit dem Ausmaß realisierter positiver Erziehungsmerkmale der Eltern zusammen. Insofern sind die sehr positiven Beurteilungen der Kurserfahrungen auch mit ein wenig Vorsicht zu betrachten, weil sie keinesfalls mit den selbst berichteten Erziehungsmaßnahmen kovariieren.

12.2 Der Vergleich von Elternkursgruppe und Wartegruppe

Wie in Kapitel 9.2 ausgeführt, muss zunächst geprüft werden, ob sich die Eltern, die an allen drei Erhebungszeitpunkten teilgenommen haben, von ihren jeweiligen Ursprungsgruppen in den hier untersuchten abhängigen Variablen unterscheiden, bevor dieser Vergleich dann für die beiden Gruppen vorgenommen wird, die für die Analyse der Wirksamkeit des Elternkurses zur Verfügung stehen. Die entsprechenden Untersuchungen hinsichtlich der soziodemografischen Zusammensetzung sind in Kapitel 7.2 dokumentiert.

Für den echten Vergleich kommen nur Eltern aus sieben Elternkursen in Betracht, weil nur für diese Kurse entsprechende Wartegruppen vorliegen. Zusätzlich sind nur Eltern relevant, die sechs- bis zwölfjährige Kinder haben (ELEK-echt). Zunächst wird geprüft, ob sich die Eltern mit drei Datensätzen in ihren Ausgangswerten von denen unterscheiden, die nur ein- oder zweimal an den Erhebungen teilgenommen haben.

Wie Tabelle 12_5 aufweist, werden 68 Eltern in dieser Analyse berücksichtigt. Die ersten vier Spalten enthalten die Mittelwerte und die Standardabweichungen der beiden Elterngruppen. Die letzten drei Spalten beinhalten die Ergebnisse der Signifikanzprüfungen für die Gleichheit der Varianzen und der Mittelwerte sowie die durch die Gruppenzugehörigkeit determinierten Varianzanteile. In nur zwei der insgesamt 25 vor Kursbeginn untersuchten Merkmale gibt es signifikante Mittelwertunterschiede, zwei weitere sind tendenziell gegen den Zufall gesichert. Die bis zum Follow-up teilnehmenden Eltern der Kurse haben ein signifikant geringeres mittleres Ausmaß an Geringem Monitoring und zeigen im Mittel ein deutlich geringeres Ausmaß Machtvoller Durchsetzung. Die Varianzen beider Merkmale sind zu fast zehn Prozent durch die Gruppenzugehörigkeit erklärbar.

Tab. 36 – 12_5:
Univariater Vergleich der vorher Werte in den abhängigen Variablen von Eltern aus echten EK mit 6-12 jährigen Kindern mit Daten aller drei Messzeitpunkte mit denen der entsprechenden ausgeschiedenen Eltern

Variablen	ELEKecht (N=68)						
	$M_{v.n.f.}$	M_v	$s_{v.n.f.}$	s_v	Homog.	Sign.	Eta²
Erwartungen kursbezogen	19.95	19.55	2.30	2.28			.008
Erwartungen erziehungsbezogen	19.05	19.90	3.54	2.29			.022
Erwartungen gesamt	38.09	39.45	5.97	4.08			.019
Inkonsistentes Elternverhalten	2.80	2.64	.57	.54			.022
Positives Elternverhalten	3.99	4.05	.40	.59	.006		.002
Involviertheit	3.83	3.85	.52	.58			.000
Verantwortungsbewusstes Elternverhalten	3.33	3.51	.36	.48			.042
Geringes Monitoring	1.43	1.26	.30	.23		.013	.099
Machtvolle Durchsetzung	3.05	3.36	.50	.44		.013	.097
Körperliche Strafen	1.87	1.59	.75	.58		.095	.045
Unterstützung	3.15	3.15	.57	.69			.000
Strenge	1.85	2.11	.55	.63		.092	.046
Klarheit	4.68	4.64	.51	.58			.001
Unzufriedenheit	2.74	2.61	.70	.72			.008
Erlebte Selbstwirksamkeit	4.15	3.90	.77	1.04	.045		.018
Soziale Unterstützung	3.86	3.76	.81	.93			.003
Zufriedenheit mit Lebenssituation	3.72	3.57	.67	.94	.009		.008
Prosoziales Verhalten Kind	7.69	7.08	1.72	2.37	.022		.020
Hyperaktivität Kind	3.77	4.03	2.20	2.41			.003
Emotionale Probleme Kind	2.62	2.95	2.14	2.69			.004
Verhaltensprobleme Kind	2.42	2.97	1.79	2.27			.017
Verhaltensprob. mit Gleichaltrigen	2.31	1.89	2.09	2.27			.009
Schwächen/ Probleme Kind	11.12	11.89	6.24	6.79			.003
Positives Sozialverhalten Kind	3.62	3.43	.40	.60	.036		.031
Unangepasstes Sozialverh. Kind	2.12	2.19	.66	.79			.003
Unrealistisches Selbstkonzept Kind	2.31	2.33	.43	.64	.036		.000

Es handelt sich damit um einen mittleren Effekt. Bezüglich dieser beiden weniger förderlichen Erziehungsmaßnahmen repräsentieren die verbliebenen Eltern die ursprüngliche Gruppe nicht mehr.

Deutlich kleiner sind die Mittelwertunterschiede der beiden folgenden elterlichen Erziehungsweisen. Die verbliebenen Eltern greifen im Mittel mehr zu körperlichen Strafen (4,5 % determinierte Varianz), sind dafür aber im Mittel seltener streng (4,6 % determinierte Varianz). Da die Effekte klein und die Unterschiede nur tendenziell gesichert sind, ist die Repräsentativität der verbliebenen Elterngruppe in Bezug auf diese beiden Merkmale eingeschränkt aber nicht widerlegt. In sämtlichen anderen untersuchten Merkmalen gibt es keine signifikanten Mittelwertunterschiede.

Die Varianzen der Merkmale sind nicht in allen Vergleichen homogen. Es gibt sechs signifikante Unterschiede. Sie weisen sämtlich in die gleiche Richtung: Immer ist die Varianz in der ausgeschiedenen Elterngruppe größer, es ist in diesen Merkmalen also zu einer gewissen Homogenisierung der Elterngruppe gekommen, die verbliebenen Eltern sind einander ähnlicher, als dies der Fall in der ursprünglichen Gruppe war. Es ist gut vorstellbar, dass diese Varianzreduzierung durch das überproportionale Ausscheiden der Väter und der Eltern mit jüngeren Kindern begründet ist.

Von den beschriebenen Ausnahmen abgesehen bestehen keine größeren Bedenken für eine Verallgemeinerung der Befunde von der verbliebenen Elterngruppe der echten Elternkurse auf die ursprüngliche Gruppe.

Die Tabelle 12_6 zeigt die entsprechenden Daten für die insgesamt 52 Eltern der Wartegruppe. Es gibt einen signifikanten und einen tendenziell signifikanten Mittelwertunterschied. Die verbliebenen Eltern nehmen deutlich mehr Verhaltensprobleme bei ihren Kindern wahr (10,4 % determinierte Varianz) und verfügen über eine höheres Ausmaß Sozialer Unterstützung (6,5 % determinierte Varianz). Es handelt sich um einen mittleren und einen kleinen Effekt. Alle anderen Merkmale unterscheiden sich nicht in ihrer zentralen Tendenz. In einer Variable gibt es einen signifikanten und in zwei weiteren tendenziell gesicherte Unterschiede in den Varianzen. Die verbliebenen Eltern der Wartegruppe sind homogener in ihrem Inkonsistenten Verhalten und ihrer Sozialen Unterstützung, aber heterogener in ihrer Zufriedenheit mit ihrer Lebenssituation. Insgesamt gesehen zeigt die verbliebene Wartegruppe so wenige Abweichungen von den ausgeschiedenen Eltern in den vorher Werten, dass geschlossen werden kann, dass sie die ursprüngliche Gruppe hinreichend gut repräsentiert.

Der letzte Vergleich gilt den Ausgangswerten der beiden entscheidenden Gruppen ELEKecht und ELWG, die nur noch jene Eltern enthalten, die zu allen drei Erhebungszeitpunkten an der Evaluation teilgenommen haben. Es gibt zwischen den beiden Gruppen lediglich zwei tendenzielle Mittelwertunterschiede (ohne Tab.). Die Wartegruppe hat einen etwas höheren Mittelwert im Merkmal Unterstützung (6,7 % determinierte Varianz) und die EK-Gruppe einen tendenziell höheren Mittelwert bei der Beurteilung der Verhaltensprobleme des eigenen

Tab. 37 – 12_6:
Univariater Vergleich der vorher Werte in den abhängigen Variablen von Eltern aus echten WG mit 6-12 jährigen Kindern mit Daten aller drei Messzeitpunkte mit denen der entsprechenden ausgeschiedenen Eltern

Variablen	ELWG (N=52)						
	$M_{v.n.f.}$	M_v	$s_{v.n.f.}$	s_v	Homog.	Sign.	Eta^2
Inkonsistentes Elternverhalten	2.86	2.77	.35	.58	.014		.007
Positives Elternverhalten	4.06	4.18	.43	.46			.017
Involviertheit	3.83	3.92	.39	.45			.012
Verantwortungsbewusstes Elternverhalten	3.43	3.57	.41	.46			.023
Geringes Monitoring	1.49	1.37	.30	.35			.032
Machtvolle Durchsetzung	3.13	3.25	.33	.49			.017
Körperliche Strafen	1.70	1.59	.58	.46			.011
Unterstützung	3.47	3.16	.66	.65			.053
Strenge	1.94	1.94	.63	.51			.000
Klarheit	4.72	4.59	.51	.48			.017
Unzufriedenheit	2.67	2.44	.84	.60			.027
Erlebte Selbstwirksamkeit	4.09	4.33	.69	.60			.035
Soziale Unterstützung	4.18	3.81	.55	.76	.094	.065	.068
Zufriedenheit mit Lebenssituation	3.63	3.53	.99	.79	.096		.003
Prosoziales Verhalten Kind	7.31	8.00	1.80	1.88			.032
Hyperaktivität Kind	4.21	4.05	2.92	2.72			.001
Emotionale Probleme Kind	2.74	2.34	2.33	2.03			.008
Verhaltensprobleme Kind	3.16	2.13	1.57	1.45	.021		.104
Verhaltensprob. mit Gleichaltrigen	1.26	1.44	1.45	1.32			.004
Schwächen/ Probleme Kind	11.37	10.03	5.76	4.80			.016
Positives Sozialverhalten Kind	3.64	3.69	.44	.50			.003
Unangepasstes Sozialverh. Kind	2.17	2.10	.64	.57			.004
Unrealistisches Selbstkonzept Kind	2.42	2.40	.57	.70			.000

Kindes mit Gleichaltrigen (7,5 % determinierte Varianz). Alle anderen untersuchten Variablen weisen keine Mittelwertunterschiede auf. Die beiden Elterngruppen sind zwar sehr klein (ELEKecht N = 26 und ELWG N = 19), die Ausgangswerte sprechen aber dafür, dass die beiden Elterngruppen recht gut vergleichbar sind. Damit sind sie gut geeignet für die Analyse von Effekten über den gesamten Zeitraum der drei Erhebungen.

Die beiden Gruppen können auch mit Hilfe der Daten der deutschen Version des Strengths and Difficulties Questionnaires von Goodman (Klasen et al. 2003) verglichen werden. Zusätzlich zu den Mittelwerten und Standardabweichungen der vier Probleme und Schwächen werden die prozentualen Anteile der Kinder bestimmt, die zu den grenzwertigen und/oder den auffälligen Kindern zählen (Tab. 12_7).

Tab. 38 – 12_7:
Mittelwerte Schwächen und Probleme (SDQ – Strengths and Difficulties Questionnaire) und Prozentsätze grenzwertiger und auffälliger Kinder in verschiedenen Untersuchungsgruppen

Gruppe	Messung	M	s	%Anteil grenzwertiger >13 Punkte	%Anteil auffälliger >16 Punkte	N
ELEKFO	vorher	11,68	6.11	39,5	28,9	
	nachher	9,71	5.88	26,3	10,5	
	follow-up	9,44	5.72	30,8	15,4	38
ELEK-FOecht	vorher	11,12	6.24	34,6	23,1	
	nachher	8,62	4.93	19,2	7,7	
	follow-up	8,15	5.14	19,2	7,7	26
ELWGFO	vorher	11,36	5.76	26,3	15,8	
	nachher	10,32	6.84	26,3	15,8	
	follow-up	11,11	7.41	26,3	21,1	19

Die Werte der Tabelle 12_7 zeigen ähnlich wie der Tabelle 9_7 deutliche Unterschiede zwischen den beteiligten Elterngruppen. Die Eltern der Elternkurse, die an allen drei Erhebungen teilgenommen haben (ELEK$_{v.n.f.}$), erzielen die höchsten Prozentsätze grenzwertiger (39,5 %) und auffälliger Kinder (28,9 %), die ganz erheblich über den Normwerten liegen. Der erstgenannte Prozentsatz reduziert sich auf 30,8 % in der Follow-up Untersuchung, wobei er direkt im Anschluss an den Kurs sogar nur 26,3 % betrug. Noch wesentlich relevanter ist die Verringerung des Prozentsatzes der auffälligen Kinder auf die Hälfte (15,4 %). Auch für diese Elterngruppe ist wie für jene, die an den beiden ersten Erhebungen teilgenommen hat, eine erheblich veränderte Sichtweise der Eltern zum Tragen gekommen. Es besuchen offensichtlich Eltern die Kurse, die mehr Probleme bei ihren Kindern wahrnehmen als andere Eltern. Im Verlauf des Kurses lernen einige, ihre Beurteilungen zu relativieren und auch Stärken ihrer Kinder zu registrieren.

Von besonders großem Interesse ist der Vergleich zwischen den beiden Versuchsplangruppen, also den Eltern mit sechs- bis zwölfjährigen Kindern aus den Kursen zu denen es Wartegruppen gibt. Es zeigt sich, dass diese Kurseltern in der Ausgangserhebung in beiden Kategorien rund fünf Prozent weniger Kinder haben als alle Elternkursbesucher. Der Anteil der grenzwertigen Kinder sinkt von 34,6 % auf 19,2 % und dieser Wert bleibt bis zum Follow-up erhalten. Noch stärker ist der Abbau bei den auffälligen Kindern, deren Anteil fällt von 23,1 % auf zeitstabile 7,7 %. Diese Veränderung ist an sich schon überragend, sie erhält aber noch eine zusätzliche Aufwertung durch den Vergleich mit den Daten der Wartegruppe. Die Wartegruppe, die sich auch aus Eltern der Kontrollgruppen zu den Kursen zusammensetzt, startet mit deutlich niedrigeren Prozentsätzen (26,3 % bzw. 15,8 %), die etwas unter denen der Wartegruppeneltern liegen, die an den ersten beiden Erhebungen teilgenommen haben (Tab. 9_7). Bei dem Anteil grenzwertiger Kinder gibt es überhaupt keine Veränderung über die drei Messzeitpunkte, bei den auffälligen Kindern kommt es sogar zu einer Erhöhung beim Follow-up (21,1 %). Damit ist geklärt, dass keinesfalls die dreimalige Erhebung mit dem Fragebogen den Abbau der prozentualen Anteile der Kinder in der Elternkursgruppe erklären kann. Die Kurseltern haben in beiden problematischen Kategorien nicht nur das Niveau der Wartegruppe erreicht, sondern haben dieses unterboten, bei den besonders gefährdeten auffälligen Kindern sogar in extremer Weise (7,7 % gegenüber 21,1 %). Es handelt sich offensichtlich um eine Wirkung des Kursbesuches, die den Zielen des Kurses voll entspricht. Kurseltern haben gelernt, ihre Kinder in einem neuen, positiveren Licht zu sehen. Damit ist eine gute Voraussetzung für ein positives Erziehungsklima gegeben.

Für die beiden Vergleichsgruppen ist zu klären, ob es nachweisbare Wirkungen des Elternkurses in den untersuchten Merkmalen des Erziehungsverhaltens und der Kinderbeurteilungen gibt. Diese Analysen werden mit Hilfe zweifaktorieller Varianzanalysen mit zweifacher Messwiederholung vorgenommen. Die Varianz des zu untersuchenden Merkmals wird dabei in drei Komponenten zerlegt: Erster Hauptfaktor Messzeitpunkte (Messzeitpunkt 1 vorher, Messzeitpunkt 2 nachher, Messzeitpunkt 3 Follow-up), zweiter Hauptfaktor Gruppenzugehörigkeit (Kursgruppe ELEKecht und Wartegruppe) und die Wechselwirkung zwischen diesen beiden Faktoren. Über den ersten Faktor wird geprüft, ob es bei allen Eltern unabhängig von deren Gruppenzugehörigkeit Veränderungen über die drei Messzeitpunkte gegeben hat. Mit dem zweiten Faktor wird geprüft, ob sich die beiden Versuchsplangruppen voneinander unterscheiden unabhängig vom Messzeitpunkt. Wirkungen des Besuchs des Elternkurses können sich nur in einer Wechselwirkung der beiden Hauptfaktoren zeigen. Nur wenn sich in der Elternkursgruppe deutlich stärkere Veränderungen belegen lassen als in der Wartegruppe, sind Wirkungen der Teilnahme am Elternkurs nachgewiesen.

Die Tabelle 12_8 enthält wie die Tabellen 12_9 und 12_10 die folgenden Informationen. Es werden in der ersten Zeile die sechs Mittelwerte der beiden Vergleichsgruppen genannt. Danach folgen die Ergebnisse der Signifikanz- und Relevanzberechnungen für die beiden Haupteffekte und die Wechselwirkung. Da es sich um drei Messzeitpunkte handelt, werden die Ergebnisse der Prüfungen der Follow-up Werte mit denen der vorher und der nachher Werte (also der Erst- und der Zweitmessung) zusätzlich in den nächsten beiden Zeilen genannt. Dadurch wird in Erfahrung gebracht, ob es in den beiden Zwischenzeiträumen zu unterschiedlichen Entwicklungen in den beiden Vergleichsgruppen gekommen ist.

Tab. 39 – 12_8:
Varianzanalytischer Vergleich mit Messwiederholung in den abhängigen Variablen der Erziehung zwischen Eltern aus echten EK und WG mit 6-12jährigen Kindern – zusätzlich mit paarweisen Vergleichen

Variablen	(N=25-26) ELEKecht			(N=19?) ELWG			HE Messzeitp.		HE Gruppen		WW	
	M_v	M_n	M_f	M_v	M_n	M_f	Sign.	Eta²	Sign.	Eta²	Sign.	Eta²
Inkonsistentes Elternverhalten	2.83	2.63	2.51	2.85	2.82	2.57	.000	.218	0.12			.021
v – f							.000	.393				.001
n – f							.005	.173				.025
Positives Elternverhalten	3.99	4.11	4.12	4.06	4.09	4.14	.051		.001			.009
v – f							.075	.072				.005
n – f								.021				.005
Involviertheit	3.83	3.85	3.83	3.83	3.81	3.80	.001		.001			.003
v – f							.001					.002
n – f							.005					.001
Verantwortungsbew. Elternverhalten	3.33	3.40	3.42	3.43	3.42	3.35	.003		.001			.023
v – f							.000					.042
n – f							.004					.015
Geringes Monitoring	1.43	1.42	1.36	1.49	1.49	1.48	.017		.021			.001
v – f							.026					.018
n – f							.022					.014
Machtvolle Durchsetzung	3.05	2.99	2.93	3.13	3.21	3.14	.015		.042			.021
v – f							.015					.022
n – f							.023					.000

Variablen	ELEKecht (N=25-26)			ELWG (N=19?)			HE Messzeitp.		HE Gruppen		WW	
	M_v	M_n	M_f	M_v	M_n	M_f	Sign.	Eta²	Sign.	Eta²	Sign.	Eta²
Körperliche Strafen	1.87	1.51	1.50	1.70	1.54	1.46	.000	.205		.003		
v – f							.000	.285				.016
n – f								.013				.007
Unterstützung	3.15	3.35	3.36	3.47	3.38	3.38		.007	.019			.044
v – f								.008				.055
n – f								.000				.000
Strenge	1.85	1.73	1.56	1.94	1.85	1.88		.044	.052			.022
v – f							.098	.063				.028
n – f								.021				.039
Klarheit	4.68	4.07	4.24	4.72	4.31	4.07	.000	.444		.002	.026	.082
v – f							.000	.522				.041
n – f								.005			.009	.147

Die Tabelle 12_8 enthält alle zehn Variablen des elterlichen Erziehungsverhaltens. Es hat nur in drei Variablen eine signifikante Veränderung über die drei Messzeitpunkte gegeben unabhängig von der Gruppenzugehörigkeit. Das Inkonsistente Elternverhalten hat sich im Mittel deutlich reduziert. Mit 21,8 % determinierter Varianz handelt es sich um einen mittleren Effekt aus dem oberen Bereich dieser Kategorie. In etwa gleichem Umfang ist das Ausmaß Körperlicher Strafen im Mittel abgebaut worden (20,5 % determinierte Varianz). Den stärksten und mit 44,4 % determinierter Varianz großen Effekt gibt es wieder bei der Skala Klarheit. In diesem Merkmal hat es die größten Veränderungen gegeben über die drei Messzeitpunkte. Im Vergleich zu den Analysen des Kapitels 9.2, in denen nur die beiden ersten Messzeitpunkte berücksichtigt sind und in denen die beiden Vergleichsgruppen noch mehr Mitglieder hatten, sind es drei gesicherte Effekte weniger. Die geringeren Gruppengrößen können dafür nicht verantwortlich gemacht werden, denn die Eta²- Werte der anderen Variablen zeigen, dass es tatsächlich keine größeren Veränderungen gegeben hat. Für das Merkmal Positives Elternverhalten sind 5,1 % und für Strenge 4,4 % der Varianz durch die Messzeitpunkte determiniert, für alle anderen Erziehungsvariablen sind die determinierten Varianzanteile noch kleiner. Für die beiden genannten Variablen zeigen die Einzelvergleiche der Zeitpunkte im Übrigen, dass die Differenzen zwischen der Erst- und der Follow-up Erhebung tendenziell gegen den Zufall gesichert sind (7,2 % bzw. 6,3 % determinierte Varianz), dies gilt aber nicht für die Einzelvergleiche zwischen der Zweit- und der Dritterhebung. Offensichtlich hat es nach der Zweiterhebung keine größeren Veränderungen mehr gegeben. Auch dies ist ein Hinweis darauf, dass es eher nicht die Verringerung der Gruppengrößen ist, die dazu führt, dass es weniger signifikante Veränderungen nach der Hinzufügung des dritten Erhebungszeitpunktes gibt.

Bei den nachgewiesenen mittleren Veränderungen über die drei Messzeitpunkte zeigen die Einzelvergleiche, dass es nur beim Erziehungsmerkmal Inkonsistentes Verhalten noch zu einer signifikanten Veränderung von der Zweit- zur Dritterhebung gekommen ist. Dieser Effekt beinhaltet immerhin 17,3 % determinierte Varianz. In den beiden anderen Merkmalen beruhen die mittleren Veränderungen nur auf den Werten der vorher und der Follow-up Erhebungen.

Auf dem zweiten Hauptfaktor, der Gruppenzugehörigkeit, gibt es keinen einzigen gesicherten Unterschied unabhängig von den Messzeitpunkten. Die determinierten Varianzanteile betragen maximal 5,2 % (Strenge). Die beiden Vergleichsgruppen, deren Ausgangswerte schon keinen signifikanten Mittelwertunterschied enthielten, sind auch über die drei Messzeitpunkte nicht voneinander verschieden.

Wirkungen sind nur belegbar durch signifikante Wechselwirkungen. Es gibt nur eine einzige gesicherte Wechselwirkung. Diese stammt aus dem Merkmal Klarheit. 8,2 % der Varianz dieses Merkmals ist durch die Wechselwirkung determiniert, es handelt sich um einen knapp mittleren Effekt. Beide Gruppen starten auf gleichem Niveau, während des Kurses bauen die Kurseltern ihre mittlere Klarheit stärker ab als die Eltern der Wartegruppe, die in der Folgezeit den Zweitwert der Kurseltern erreichen, während die Kurseltern nach dem Kurs ihre Klarheit wieder steigern. Die Einzelvergleiche verdeutlichen, dass eine signifikante Wechselwirkung zwischen Zweit- und Dritterhebung belegt ist, die 14,7 % der Varianz zu erklären vermag. Dies ist als ein Grund dafür zu werten, dass es in diesem Merkmal bei der Zweiterhebung keinen nachweisbaren Effekt gegeben hat. Die Bewertung dieses Effektes ist außerordentlich schwierig, weil das gemessene Merkmal recht ambivalent ist, wie in diesem Bericht bereits mehrfach angesprochen worden ist. Wenn ein besonders hohes Ausmaß an Klarheit tatsächlich förderlich für ein Kind ist, dann hätte es zunächst einen unerwünschten Abbau gegeben, der sich nach Beendigung des Kurses wieder etwas relativiert hätte, ohne dass das Ausgangsniveau wieder erreicht wird. Wäre dagegen ein Abbau übermäßiger Klarheit der Kommunikation aus Sicht der Eltern förderlich für Kinder, dann wäre der Kurs zunächst erfolgreich gewesen, hätte diesen Gewinn aber gegenüber der Wartegruppe nach Beendigung des Kurses wieder deutlich verloren und sogar in einen Verlust verwandelt.

Umgekehrt sind die drei signifikanten Wechselwirkungen am Ende des Kurses in den Merkmalen Inkonsistentes Elternverhalten, Positives Elternverhalten und Unterstützung nicht mehr zu sichern, nachdem vier Monate vergangen sind. Die drei kleinen Wirkungen des Besuches des Elternkurses haben zumindest bei den verbliebenen Eltern keine größere Nachhaltigkeit belegen können.

Tab. 40 – 12_9:
Varianzanalytischer Vergleich mit Messwiederholung in den abhängigen Variablen der Selbstbeurteilung der Eltern zwischen Eltern aus echten EK und WG mit 6-12jährigen Kindern – zusätzlich mit paarweisen Vergleichen

Variablen	(N=26) ELEKecht			(N=19) ELWG			HE Messzeitp.		HE Gruppen		WW	
	M_v	M_n	M_f	M_v	M_n	M_f	Sign.	Eta^2	Sign.	Eta^2	Sign.	Eta^2
Unzufriedenheit	2.74	2.29	2.47	2.67	2.48	2.81	.001	.150		.014	.067	.061
v – f								.012			.029	.106
n – f							.004	.180				.018
Erlebte Selbstwirksamkeit	4.15	4.43	4.83	4.09	4.14	4.39	.000	.252		.047		.048
v – f							.000	.381			.051	.085
n – f							.000	.306				.021
Soziale Unterstützung	3.86	4.02	4.04	4.18	4.25	4.14		.030		.031		.024
v – f								.017				.035
n – f								.011				.024
Zufriedenheit mit Lebenssituation	3.72	3.66	3.59	3.63	3.71	3.36		.031		.055		.010
v – f								.037				.005
n – f								.039				.017

Die Tabelle 12_9 enthält die Ergebnisse der varianzanalytischen Prüfungen für die Elternmerkmale der Erziehungskompetenz, Soziale Unterstützung und Zufriedenheit mit der Lebenssituation. In den beiden Aspekten der Erziehungskompetenz gibt es signifikante Mittelwertunterschiede zwischen den drei Messzeitpunkten. Die Varianz des Merkmals Unzufriedenheit mit der Elternrolle wird zu 15,0 % durch die Messzeitpunkte determiniert, ein mittlerer Effekt. Die Erlebte Selbstwirksamkeit in der Erziehung ist sogar zu 25,2 % durch die drei Erhebungen erklärbar, ein großer Effekt. Die Erlebte Selbstwirksamkeit steigt vor jeder neuen Erhebung, auch die Differenz zwischen der Zweit- und der Dritterhebung ist noch signifikant und hoch relevant (30,6 % determinierte Varianz). Bei der Unzufriedenheit mit der Elternrolle gibt es eine signifikante Veränderung nur von der zweiten zur dritten Erhebung, die determinierte Varianz beträgt 18,0 %.

Für beide Merkmale sind auch in den größeren Gruppen der Zweiterhebung signifikante Veränderungen gegenüber der Ersterhebung nachgewiesen.

In den Merkmalen Soziale Unterstützung und Zufriedenheit mit der Lebenssituation gibt es keine signifikanten Effekte über die drei Messzeitpunkte. In der Zweiterhebung mit den größeren Elterngruppen ist die Soziale Unterstützung im Mittel höher als in der Ausgangserhebung. Diesen Effekt gibt es nach der Follow-up Erhebung nicht mehr. Die Zufriedenheit mit der Lebenssituation ist in allen Analysen unverändert über die Messzeitpunkte geblieben.

In allen vier genannten Merkmalen gibt es keine signifikanten Unterschiede der beiden Vergleichsgruppen. Auch die determinierten Varianzanteile, die auf den zweiten Hauptfaktor Gruppenzugehörigkeit entfallen, sind sämtlich klein.

Es gibt eine tendenziell gegen den Zufall gesicherte Wechselwirkung. Diese betrifft das Merkmal Unzufriedenheit mit der Elternrolle. Mit 6,1 % determinierter Varianz handelt es sich um einen kleinen Effekt. Nach einem deutlichen mittleren Abbau der Unzufriedenheit in der Kursgruppe steigt die Unzufriedenheit nach Beendigung des Kurses im Mittel wieder etwas an, ohne das ursprüngliche Ausgangsniveau wieder zu erreichen. In der Wartegruppe kommt es nach einer geringen Reduzierung zu einem deutlichen mittleren Anstieg, der das eigene Ausgangsniveau übertrifft. In den größeren Gruppen der Zweiterhebung ist diese Wechselwirkung signifikant und der determinierte Varianzanteil beträgt 9,5 % (Tab. 9_8). Dieser Effekt der Teilnahme am Kurs kann nicht in gleichem Umfang über die vier Monate bis zum Follow-up gehalten werden. Dieser Sachverhalt wird auch dadurch belegt, dass die Wechselwirkung zwischen vorher und Follow-up Erhebung signifikant ist und 10,6 % der Varianz des Merkmals Unzufriedenheit mit der Elternrolle erklären kann.

Die in der Zweiterhebung vorhandene tendenziell gesicherte Wechselwirkung im Merkmal Erlebte Selbstwirksamkeit ist zwar im Follow-up nicht signifikant, der durch sie erklärte Varianzanteil hat sich aber von 3,9 % auf 4,9 % erhöht. Die Elternkursgruppe steigert ihre Selbstwirksamkeitsbeurteilung kontinuierlich von 4,15 über 4,43 auf 4,83, während die Wartegruppe im Follow-up erst das Niveau der Zweiterhebung der EK-Gruppe erreicht. Der Einzelvergleich der vorher Erhebung zur Follow-up Untersuchung weist eine fast signifikante Wechselwirkung auf, die mit 8,5 % als knapp mittlerer Effekt bezeichnet werden kann.

In beiden Selbstbeurteilungen elterlicher Kompetenz zeigen sich also schwache Effekte, die auch die vier Monate bis zum Follow-up in etwa überdauern. Das ist ein Hinweis auf eine im Ausmaß kleine Wirkung des Elternkurses. In den beiden anderen Variablen dieses Blocks gibt es eher erwartungsgemäß keine signifikanten und/oder relevanten Unterschiede in den Varianzanalysen. In den beiden Merkmalen Soziale Unterstützung und Zufriedenheit mit der Lebenssituation gleichen sich die beiden Gruppen im Mittel und auch die drei Messzeitpunkte sind ohne Bedeutung für die Varianzen dieser Merkmale.

Tab. 41 – 12_10:
Varianzanalytischer Vergleich mit Messwiederholung in den abhängigen Variablen Kinderbeurteilung durch Eltern aus echten EK und WG mit 6-12jährigen Kindern – zusätzlich mit paarweisen Vergleichen

Variablen	(N=26) ELEKecht			(N=19) ELWG			HE Messzeitp.		HE Gruppen		WW	
	M_v	M_n	M_f	M_v	M_n	M_f	Sign.	Eta²	Sign.	Eta²	Sign.	Eta²
Prosoziales Verhalten Kind	7.96	7.62	8.04	7.32	7.32	7.58		.026		.013		.001
v – f								.035				.001
n – f								.036				.002
Hyperaktivität Kind	3.77	2.96	2.65	4.21	3.63	4.00	.010	.101		.034		.039
v – f							.025	.111				.055
n – f								.000				.052
Emotionale Probleme Kind	2.62	2.04	1.88	2.74	2.53	2.58		.032		.014		.012
v – f								.043				.018
n – f								.001				.003
Verhaltensprobleme Kind	2.42	2.04	1.88	3.16	2.95	2.95		.040	.057	.082		.007
v – f								.058				.012
n – f								.004				.004
Verhaltensprobleme mit Gleichaltrigen	2.31	1.56	1.73	1.26	1.21	1.58		.029		.031		.040
v – f								.006			.097	.063
n – f								.030				.005
Schwächen/ Probleme Kind	11.12	8.62	8.15	11.36	10.31	11.11	.011	.100		.022		.050
v – f							.034	.100			.074	.072
n – f								.002				.029
Positives Sozialverhalten Kind	3.62	3.75	3.80	3.64	3.57	3.48		.003		.036	.029	.079
v – f								.001			.016	.128
n – f								.002				.022

Variablen	ELEKecht (N=26)			ELWG (N=19)			HE Messzeitp.		HE Gruppen		WW	
	M_v	M_n	M_f	M_v	M_n	M_f	Sign.	Eta²	Sign.	Eta²	Sign.	Eta²
Unangepasstes Sozialverhalten Kind	2.12	1.81	1.88	2.17	2.21	2.14		.045		.039		.046
v – f							.085	.067				.039
n – f								.010				.006
Unrealistisches Selbstkonzept Kind	2.31	2.21	2.14	2.42	2.39	2.28	.039	.073		.033		.004
v – f							.025	.111				.000
n – f							.099	.062				.005

Die Tabelle 12_10 enthält die Ergebnisse der Varianzanalysen für die Beurteilungen der eigenen Kinder durch ihre Eltern. Von den neun erfassten Merkmalen der Kinder verändern sich drei signifikant über die drei Messzeitpunkte. In den größeren Gruppen der Zweiterhebung sind es fünf signifikante Veränderungen und eine tendenziell gesicherte. Die Hyperaktivität der Kinder nimmt unabhängig von der Gruppenzugehörigkeit ab, 10,1 % der Varianz sind durch die drei Messzeitpunkte determiniert. Der Einzelvergleich der Erhebungszeitpunkte zeigt, dass die Differenzen nur zwischen der Erst- und der Dritterhebung liegen, die nachher Werte unterscheiden sich nicht vom Follow-up. Der Unterschied in diesem Merkmal ist in gleicher Größenordnung auch in der Zweiterhebung aufgetreten.

Die Zusammenfassung der Schwächen und Probleme ist ebenfalls signifikant verschieden zu den drei Messzeitpunkten. Die Mittelwerte sinken unabhängig von der Gruppenzugehörigkeit von der ersten zur dritten Messung. 10,0 % der Varianz dieses Merkmals sind auf die Messzeitpunkte zurückzuführen. Wieder ist nur der Unterschied zwischen vorher und Follow-up Messung signifikant, die Werte des Follow-up sind im Mittel nicht verschieden von denen der Zweiterhebung. In den größeren Gruppen der Zweiterhebung ist dieser durch die beiden Messzeitpunkte (vorher und nachher) doppelt so groß wie in der Follow-up Analyse.

Das dritte Merkmal mit einem signifikanten Unterschied zwischen den drei Erhebungen ist das Unrealistische Selbstkonzept, das in den größeren Gruppen der Zweiterhebung keine signifikanten Differenzen aufweist. Es handelt sich um einen kleinen Effekt, weil 7,3 % der Varianz dieses Merkmals durch die Messzeitpunkte determiniert sind. Vor allem der Unterschied zwischen der Erst- und der Dritterhebung trägt zu diesem Effekt bei (11,1 % determinierte Varianz), während die Differenz zwischen Zweit- und Dritterhebung deutlich weniger Varianz zu erklären vermag. Insgesamt werden die Mittelwerte kleiner von Erhebung zu Erhebung.

Die in der Zweiterhebung mit größeren Gruppen zusätzlich vorhandenen Unterschiede zu den drei Messzeitpunkten in den Merkmalen Emotionale Probleme, Verhaltensprobleme und Unangepasstes Sozialverhalten sind mit dem Follow-up nicht zu sichern. Auch die durch die Messzeitpunkte determinierten Varianzanteile in diesen Variablen sind deutlich geringer als bei der Zweiterhebung. Das ist ein Hinweis darauf, dass es nicht in erster Linie die Anzahl der Eltern in den beiden Gruppen ist, die dafür verantwortlich zeichnet, dass Unterschiede nicht gegen den Zufall gesichert werden können. Offensichtlich gibt es eher Annäherungen zwischen den beiden Gruppen nach der Zweiterhebung.

Die Elternkursgruppe und die Wartegruppe unterscheiden sich in keiner Skala der Kinderbeurteilung signifikant unabhängig von den drei Messzeitpunkten. Es gibt lediglich einen einzigen tendenziell gesicherten Befund: Die Eltern der Wartegruppe berichten im Mittel eher häufiger Verhaltensprobleme ihrer Kinder (8,2 % determinierte Varianz). Das ist insofern überraschend, als in den anderen Gruppenvergleichen die Eltern des Elternkurses eher höhere Mittelwerte haben. Es ist offensichtlich so, dass in der Wartegruppe, die an allen drei Erhebungen teilgenommen hat, der relative Anteil von Eltern mit Kindern, die als verhaltensproblematisch von ihren Eltern beurteilt werden, größer ist als bei den vorzeitig ausgeschiedenen Eltern. Auch der Vergleich der ausgeschiedenen Eltern mit den verbliebenen Eltern der Wartegruppe (Tab. 12_6) weist einen signifikant größeren Mittelwert im Merkmal Verhaltensprobleme aus bei den Eltern, die an allen drei Erhebungen teilgenommen haben. Die Eltern der Wartegruppe repräsentieren die ursprüngliche Wartegruppe in diesem Merkmal nur recht eingeschränkt.

Es gibt eine einzige signifikante Wechselwirkung zwischen den beiden Hauptfaktoren in den Kinderbeurteilungen. Zum Zeitpunkt der Zweiterhebung mit etwas größeren Gruppen ist es ebenfalls eine und es gibt drei weitere tendenziell gesicherte Wechselwirkungen. Unter Einbeziehung der Follow-up Untersuchung sind 7,9 % des Merkmals Positives Sozialverhalten durch die Wechselwirkung determiniert. Während sich die Elternkursgruppe im Mittel über alle drei Zeitpunkte verbessert (von 3,62 auf 3,80), baut die Wartegruppe ihren Mittelwert kontinuierlich von 3,64 auf 3,48 ab. Dieser fast mittlere Effekt ist ein Beleg für die Wirksamkeit des Besuches des Elternkurses in diesem Merkmal. Die Eltern haben offensichtlich gelernt, stärker die positiven Seiten ihres Kindes wahrzunehmen. Wie der Einzelvergleich zeigt, ist die Differenz zwischen Erst- und Dritterhebung am bedeutungsvollsten, sie erklärt 12,8 % der Varianz des Merkmals. Diese Größenordnung entspricht ziemlich genau jener, die für den Vergleich der vorher mit den nachher Werten vorliegt (Tab. 9_8).

Die in der Zweiterhebung tendenziell gesicherten Wechselwirkungen für die Merkmale Unangepasstes Sozialverhalten, Schwächen und Probleme sowie Verhaltensprobleme sind mit dem dritten Messzeitpunkt nicht gegen den Zufall zu sichern. Im Merkmal Schwächen und Probleme ist der Effekt der Wechselwirkung mit 5,0 % determinierter Varianz sogar etwas höher als bei der Zweiterhebung (3,8 % determinierte Varianz). Die Wechselwirkung der beiden Zeitpunkte vorher und Follow-up mit der Gruppenzugehörigkeit determiniert sogar 7,2 % der Varianz dieses Merkmals. Der Abbau des Mittelwertes ist in der Elternkursgruppe während des Kurses besonders groß (von 11,12 auf 8,62) und dieser fällt zum Follow-up noch auf 8,15. In der Wartegruppe ist das Ausgangsniveau gleich (Mittelwert 11,36), der Mittelwert fällt leicht auf 10,31 und erreicht bei der dritten Messung wieder 11,11. Der Unterschied wird nach Ende des Kurses noch etwas vergrößert. Auch dieser nicht signifikante Gesamtbefund kann als ein Hinweis auf eine kleine Effektivität des Elternkursbesuches bewertet werden.

Im Merkmal Unangepasstes Sozialverhalten hat die Wechselwirkung die gleiche statistische Relevanz wie beim Vergleich von vorher und nachher. Im erstgenannten Fall determiniert sie 4,6 % der Varianz dieses Merkmals, im zweitgenannten sind es 4,3 % determinierte Varianz. Allerdings wird keine statistische Signifikanz erreicht. In der Elternkursgruppe sinkt die Merkmalsausprägung im Mittel während des Kursbesuches und bleibt dann konstant. In der Wartegruppe sind so gut wie keine Unterschiede zu den drei Messzeitpunkten festzustellen. Auch in diesem Merkmal der Kinderbeurteilung geht der Gewinn also nicht verloren, lässt sich aber gegenüber der Wartegruppe nicht gegen den Zufall sichern.

In den übrigen sechs Beurteilungen des eigenen Kindes gibt es keine nachweisbaren Effekte des Kursbesuches. Es ist in erster Linie gelungen, die Wahrnehmung Positiven Sozialverhaltens der Kinder nachhaltig zu verbessern und die Beurteilungen von Schwächen und Problemen sowie von Unangepasstem Sozialverhalten der Kinder etwas zu relativieren. Diese Effekte sind als förderlich für das Zusammenleben der Eltern mit ihrem Kind anzusehen.

Insgesamt gesehen zeigen die Befunde der Follow-up Untersuchung, dass nicht alle kursspezifischen Wirkungen, die sich in den Fragebogendaten der Eltern zeigen, über den Zeitraum von vier Monaten gehalten werden können. Die wenigen gesicherten Wirkungsnachweise sind von der Skala Klarheit abgesehen konform mit den Zielen und Intentionen des Kurskonzeptes. Das gilt sowohl für die Merkmale des Erziehungsverhaltens, der Kompetenzeinschätzung bezüglich der eigenen Erziehung als auch die Beurteilungen der Kinder. Regelhaft sind die Effekte aber noch kleiner als direkt nach Beendigung des Kurses (auf die Ausnahmen ist jeweils im Text verwiesen). Es handelt sich bezüglich der Nachhaltigkeit eher um noch kleinere Effekte. Dieser Befund steht in Einklang mit der Forschungslage zu präventiven Elternkursen mit universellem Anspruch (Beelmann 2006, Beelmann & Rabe 2007, Brezinka 2003, Heinrichs et al. 2002, Heinrichs et al. 2007, Layzer et al. 2001, Lösel et al. 2006, Wissenschaftlicher Beirat für Familienfragen 2005).

13 Eltern-Kind-Interaktionen

Wie im Kapitel 5 beschrieben sind die Eltern, die am Kickoff-Tag und am Abschlusstag anwesend waren, gebeten worden, mit ihrem Kind an zwei Interaktionsaufgaben teilzunehmen, die videografisch aufgezeichnet worden sind. Für die beiden verschiedenen Interaktionen mussten Auswertungsverfahren entwickelt werden. Über diesen Prozess der Entwicklung von konzeptorientierten Ratingskalen wird im Kapitel 13.1 berichtet. Kapitel 13.2 enthält die Ergebnisse der Analysen der beteiligten Rater sowie der Skalen. In Kapitel 13.3 werden die Veränderungen der Elternkurseltern sowie der Eltern aus der Wartegruppe, von denen Interaktionen vor und nach dem Kursbesuch vorliegen, dargestellt.

13.1 Entwicklung der Ratingskalen

Im Fokus der Auswertung der Eltern-Kind-Interaktionen steht in erster Linie das Verhalten der Eltern bei der gemeinsamen Aufgabenbewältigung. Die Eltern lernen im Elternkurs durch vielfältige Arbeitsmethoden ihr Verhalten konkret so zu verändern, dass es einerseits entwicklungsförderlicher und andererseits weniger entwicklungshemmend für ihr Kind wird. Allerdings findet dieses Lernen ohne die Anwesenheit von Kindern in den Kursen statt. Die Wochenaufgaben, die zwischen den einzelnen Kursabenden zu bearbeiten sind, enthalten aber auch solche, bei denen bestimmte Verhaltensweisen geübt werden sollen. Bei der in der folgenden Sitzung stattfindenden Besprechung der mit der Wochenaufgabe gesammelten Erfahrungen werden diese reflektiert. Es ist ein ausdrückliches Ziel des Elternkurses Starke Eltern – Starke Kinder®, das Verhalten der Eltern in kleinen Schritten zu verändern, in der Erwartung, dass sich danach auch Einstellungen verändern. Es ist insofern von besonderem Interesse zu untersuchen, ob sich solche Veränderungen nicht nur im selbst berichteten Erleben der Eltern zeigen, sondern sich auch in Eltern-Kind-Interaktionen beobachten lassen.

Angesichts des großen Umfangs des videografierten Materials kann mit den begrenzten Mitteln dieser Evaluation keine Interaktionsanalyse geleistet werden, die die wechselseitigen Abhängigkeiten der Verhaltensweisen von Elternteil und Kind und deren zeitliche Abläufe in den Fokus nimmt. Bereits die vorgesehene Auswertung des elterlichen Verhaltens mit Hilfe mehrerer Ratingskalen beinhaltet so viele Realzeitanalysen des Materials wie es verschiedene Auswertungskonzepte gibt. Eine Begrenzung auf einige wenige zentrale Konstrukte ergibt sich allein schon aus Gründen der Ökonomie.

Für die Auswahl der zu beurteilenden Konstrukte stehen die Ziele des Elternkurses im Vordergrund, gleichzeitig sind die Forschungsstände zur Erziehungskompetenz zu berücksichtigen. Wie in Kapitel 2 dargestellt, lässt sich die Erziehungskompetenz in mehrere zentrale Aspekte aufspalten, über die in der einschlägigen Forschungslandschaft weitgehender Konsens besteht (Tschöpe-Scheffler 2003, 2006, Wissenschaftlicher Beirat für Erziehungsfragen 2005). Zusätzlich ist zu berücksichtigen, dass es sich um so weit konkretisierbare Merkmale handeln muss, dass eine Chance besteht, über deren Vorhandensein und Ausmaß in zwei kurzen standardisierten Situationen zwischen Elternteil und Kind urteilen zu können.

Für die Erfassung dieser Merkmale bietet sich das Modell konzeptorientierter Ratings von Langer und Schulz von Thun (1974, Reprint 2007) an. Dieses Modell bietet bei sorgfältiger Entwicklung der Ratingskalen sowie der Gewährleistung eines profunden Trainings der Auswertenden die Möglichkeit, sehr komplexe Merkmale gut überprüfbar zu beurteilen. Es sind zunächst die zu erfassenden Konzepte festzulegen, dann die Skalen zu konkretisieren, die Stufen der Skalen möglichst konkret zu definieren, Ankerbeispiele festzulegen, sowie Expertenurteile für Beispiele zu gewinnen, die für das Training der Auswertenden als Maßstab dienen.

Unter der Leitung des Autors haben an diesen intensiven Arbeitsprozessen die vier Forschungspraktikantinnen Bente Johannsen, Antje Ruge, Daniela Vogel und Birgit Wandersleben sowie Mareike Dambietz im Rahmen einer Magisterarbeit produktiv teilgenommen. Insbesondere die Konkretisierung der Skalen mit Hilfe des gefilmten Materials sowie die Festlegung von Ankerwerten haben diese Arbeitsgruppe sehr zeitintensiv beschäftigt. Das für die Entwicklung und Konkretisierung benutzte Filmmaterial, das zunächst auf DVDs gebrannt worden ist, stammt nur von solchen Eltern-Kind-Paaren, die lediglich an einer Erhebung teilgenommen haben, sei es die Erst- oder die Zweiterhebung. Fünf solcher Paare dienten als Datengrundlage. Bei Bedarf weiterer Beispiele und bei fehlender Variabilität der Konstrukte bei den fünf ausgewählten ist auf weitere Interaktionen zurückgegriffen worden, die sämtlich von Personen stammen, die nur einmal an den Interaktionen teilgenommen haben. Damit ist gewährleistet, dass die vorhandenen Interaktionen aus zwei Erhebungen nicht bereits im Vorwege analysiert worden sind. Dies ist insofern von Bedeutung, als die Auswertenden der vorher und nachher Interaktionen zum Teil identisch sind mit den Entwicklerinnen der Konkretisierungen und Festlegungen der Maßstäbe.

Für die Auswahl der Konstrukte, die zur Auswertung herangezogen werden, werden die Arbeiten zu entwicklungshemmenden und entwicklungsförderlichen Erziehungsaspekten von Tschöpe-Scheffler (2003, 2006) sowie die vielen konkretisierten Ratingskalen von Tausch und Tausch (1998) zur Erfassung wesentlicher förderlicher Dimensionen der Erziehung berücksichtigt. Bei der auch unter Gesichtspunkten der Ökonomie vorgenommenen Entscheidung für die Konstrukte, zeigte sich bereits bei den ersten Analysen des Filmmaterials, dass die Merkmale für die Beurteilung der beiden Interaktionsaufgaben nicht in gleicher Weise geeignet sind. Zunächst war geplant, beide Aufgabenarten unabhängig voneinander aber mit den identischen Konstrukten zu untersuchen. Von diesem Vorhaben ist in der folgenden Weise abgewichen worden. Jeweils zwei Merkmale werden in beiden Interaktionsklassen geratet, je zwei weitere nur jeweils bei einer Aufgabe.

Die beiden bipolaren Dimensionen Liebevolle Zuwendung und Achtung versus Emotionale Kälte und Missachtung sowie Kooperation versus Dirigismus, Lenkung werden in beiden Interaktionssituationen beurteilt. Für die TANGRAM-Aufgabe stehen zusätzlich die beiden Merkmale Starke kognitive Förderung versus Mangel an kognitiver Förderung sowie Gelassenheit versus Stress zur Verfügung. Für die Analyse des elterlichen Verhaltens beim Sozialen Problem gibt es die Merkmale Verbindlichkeit, Grenzen, Struktur versus Beliebigkeit, Chaos sowie Vollständiges einfühlendes Verstehen versus Mangel an einfühlendem Verstehen.

Mit dieser Auswahl sind vier der fünf Dimensionen erziehungsförderlichen Verhaltens sowie ihre Gegenpole von Tschöpe-Scheffler (2003, 2006), wie sie in sehr ähnlicher Weise auch schon von Tausch und Tausch (1998) vorgestellt worden sind, in den sechs Ratingskalen vorhanden. Zusätzlich ist das Einfühlende Verstehen für das Soziale Problem aufgenommen worden, für das bereits von Tausch und Tausch (1998) gezeigt worden ist, dass dieses Merkmal für alle Kommunikationsvorgänge zwischen Menschen von zentraler Bedeutung ist. In den Elternkursen sollen die Eltern explizit lernen, ihre Kinder besser zu verstehen. Gerade in der Aushandlung von Kompromissen bei inhaltlichen Auseinandersetzungen spielt diese Fähigkeit eine wichtige Rolle und sollte sich im Verständigungsprozess beurteilen lassen. Bei der TANGRAM-Aufgabe, in der es um die Lösung einer kognitiven Anforderung geht, wird das zusätzliche Merkmal Gelassenheit erfasst. Es ist hilfreich für Kinder, wenn sich ihre Eltern nicht durch die Herausforderung einer Leistung selbst unter Druck setzen und diesen womöglich an ihr Kind weitergeben. Eine ruhige, entspannte Grundhaltung, die auf das Kind beruhigend wirkt, ist ähnlich wie bei schulischen Hausaufgaben sehr hilfreich für die Auseinandersetzung des Kindes mit der Anforderung der Aufgabenlösung.

Die Beschreibungen der sechs für die Ratings vorgesehenen Konzepte sind der folgenden Übersicht zu entnehmen. Es sind jeweils die beiden Extrempole der Dimensionen dokumentiert. Im Anschluss folgt als Beispiel die vollständige Rating-Skala Kooperation – Dirigismus, Lenkung für die TANGRAM-Aufgabe, die auch beim Sozialen Problem in geringfügig modifizierter Form zum Einsatz kommt. Alle Skalenkonzepte finden sich vollständig im Anhang.

Kooperation – Dirigismus, Lenkung (TANGRAM)

Unter Kooperation soll verstanden werden, dass M/V mit dem Kind gemeinsam eine Aufgabenlösung sucht, das Kind erst probieren lässt, das Kind zu eigenen Handlungen ermuntert, auf die Lösungsversuche des Kindes eingeht, Vorschläge des Kindes ernst nimmt, dem Kind immer wieder Zeit und Gelegenheit zur Lösungsfindung gibt, ihm Hilfen bei der Lösungsfindung anbietet, dem Kind die eigenen Lösungsvorschläge dosiert mitteilt und auf Alternativen verweist, die

Überlegungen des Kindes erfragt, Lösungsschritte mit ihm gemeinsam erarbeitet, auf Hilfeersuchen des Kindes angemessen eingeht, ein gutes Team mit dem Kind bildet.

Unter Dirigismus, Lenkung soll verstanden werden, dass M/V dem Kind Lösungen vorgibt, selbst eingreift, Teile selbst legt, dem Kind Teile wegnimmt, bis in die Einzelheiten hinein alles festlegt, dem Kind dauernd sagt, was es tun soll, Lösungswege des Kindes abblockt, dem Kind keinen Raum und keine Zeit zur Lösungsfindung lässt, nur eigene Lösungswege verfolgt, das Kind belehrt und überprüft, auf Hilfeersuchen des Kindes nur mit fertigen Lösungen reagiert, Lösungen ohne echte Begründung vorgibt, Mitentscheidungen des Kindes ausschließt, alles besser weiß als das Kind.

Liebevolle Zuwendung und Achtung – Emotionale Kälte und Missachtung (Soz. Probl.)

Unter Liebevoller Zuwendung und Achtung soll verstanden werden, dass M/V das Kind sehr mag, seine Persönlichkeit achtet, ihm Anerkennung gibt, ihm positive Gefühle zeigt, sich um es sorgt, ihm mit Herzlichkeit begegnet, Anteilnahme an ihm zeigt, mit ihm mitleidet, es ermutigt, seine Möglichkeiten und Fähigkeiten achtet, es vollständig respektiert, Vertrauen in seine Handlungen und Vorschläge zeigt, das Kind als Mensch mit gleichen Rechten sieht, den Wert des Kindes als Person betont, partnerschaftlichen, gleichwertigen Umgang mit ihm pflegt.

Unter Emotionaler Kälte und Missachtung soll verstanden werden, dass M/V das Kind ablehnt, lieblos behandelt, unfreundlich, herzlos mit ihm umgeht, keine Hilfe und Unterstützung anbietet, das Kind teilnahmslos behandelt, das Kind entmutigt, ihm nichts zutraut, die Möglichkeiten und Fähigkeiten des Kindes ignoriert, seine Persönlichkeit unberücksichtigt lässt, sich distanziert und verschlossen verhält, abwertende Urteile abgibt, Fehler des Kindes belächelt, Misstrauen zum Ausdruck bringt, das Kind von oben herab behandelt, das Kind als nicht gleichwertig ansieht, den Entwicklungsstand des Kindes nicht wertschätzen/ würdigen/ anerkennen kann.

Gelassenheit – Stress

Unter Gelassenheit soll verstanden werden, dass M/V in der Situation emotional entspannt wirkt, in sich ruht, dem Kommenden erwartungsfroh entgegen sieht, den ablaufenden Prozess auf sich wirken lässt, beruhigend auf das Kind wirkt, sich nicht durch Fehler aus der Fassung bringen lässt.

Unter Stress soll verstanden werden, dass M/V aufgeregt ist, die Aufgabe als Herausforderung für sich selbst betrachtet, angespannt jede Handlung des Kindes wahrnimmt, eigene Hektik auf das Kind überträgt, bei Fehlern des Kindes noch aufgeregter wird, überfordert wirkt.

Starke kognitive Förderung – Mangel an kognitiver Förderung

Unter Starker kognitiver Förderung soll verstanden werden, dass M/V dem Kind hilft, selbst Aufgaben und Probleme zu lösen, ihm dosierte entwicklungsangemessene Angebote und Anregungen gibt, das Kind ermutigt eigene Lösungswege zu versuchen, seine Bemühungen unterstützt, die Aufgabenstruktur verdeutlicht, Fehler als Lernerfahrungen rückmeldet, das Kind zu eigener Überprüfung anregt, exploratives Verhalten des Kindes unterstützt, Hilfe zur Selbsthilfe gibt.

Unter Mangel an kognitiver Förderung soll verstanden werden, dass M/V dem Kind die Aufgaben und Probleme abnimmt, anstelle des Kindes handelt, keine Gedanken und Handlungen des Kindes unterstützt, seine Bemühungen ignoriert, bei Fehlern sofort eingreift, selbst ohne erkennbare Struktur handelt, eigene Handlungen nicht erklärt.

Vollständiges einfühlendes Verstehen – Mangel an einfühlendem Verstehen

Unter Vollständigem einfühlenden Verstehen soll verstanden werden, dass M/V sich in die Situation des Kindes hineinversetzt, die Gedanken und Gefühle des Kindes voll versteht, seine Bedürfnisse nachvollzieht, sich für die innere Welt des Kindes sehr interessiert, sensitiv auf die Äußerungen des Kindes hört, die Bedeutung auf sich wirken lässt, die wahrgenommene Welt des Kindes nicht wertet, kaum artikulierte Bedürfnisse des Kindes wahrnimmt, geduldig und einfühlsam auf das Kind wirkt, dem Kind die eigene Wahrnehmung sensibel und nicht wertend mitteilt, dem Kind das erfahrene Verständnis rückmeldet und dessen Richtigkeit erfragt, in sozial reversibler Weise mit dem Kind spricht.

Unter Mangel an einfühlendem Verstehen soll verstanden werden, dass M/V die Situation des Kindes ignoriert, das Kind deutlich anders versteht als dieses sich selbst, die gefühlsmäßigen Erlebnisinhalte des Kindes nicht wahrnimmt, weit davon entfernt ist, was das Kind denkt und sagt, selbst Oberflächengefühle des Kindes nicht aufnimmt, kein Interesse an der inneren Welt des Kindes zeigt, alle eigenen Äußerungen nur auf konkretes Handeln bezieht, die eigene Wahrnehmung nicht zum Ausdruck bringt, kein Verständnis für das Kind zeigt, das Kind zum Schweigen bringt, schnell Wertungen vornimmt.

Verbindlichkeit, Grenzen, Struktur – Beliebigkeit, Chaos

Unter Verbindlichkeit, Grenzen, Struktur soll verstanden werden, dass M/V in der Situation klar zum Ausdruck bringt, welche Regeln vereinbart sind, dass Regeln eingehalten werden sollen, dass ihre Veränderung einer neuen Verhandlung bedarf, M/V auf das Wesentliche der Aufgabe achtet, das Ziel immer im Auge behält, konsequent bleibt, Vereinbarungen selbst durchhält, sich selbst auch an Regeln hält, Regeln sinnvoll auf die Situation anwendet, deutlich zur Elternrolle steht.

Unter Beliebigkeit, Chaos soll verstanden werden, dass M/V im Konflikt überfordert scheint, die eigenen Ziele aus dem Auge verliert, vereinbarte Regeln selbst verletzt, sich inkonsequent verhält, je nach Stimmungslage unterschiedlich handelt, Entscheidungsunlust zeigt, sich vom Kind vorführen lässt, das Kind immer dominanter werden lässt, keine klare Linie erkennen lässt, keine Grenzen setzt, für das Kind unkalkulierbar ist, sich auf der Nase herumtanzen lässt.

Die besondere Herausforderung bei der Konkretisierung der Ratingskalen mit ihren sieben Stufen besteht darin, die meist mit einem höheren Abstraktionsgrad beschriebenen Konstrukte, durch die deren Generalisierbarkeit betont wird, so weit herunterzubrechen bzw. möglichst so sehr zu operationalisieren, dass sie in den nur jeweils maximal fünf Minuten dauernden Interaktionsaufzeichnungen möglichst eindeutig zu identifizieren und ihr Ausmaß zu quantifizieren sind. Dafür mussten die oben benannten Interaktionssequenzen immer wieder neu abgespielt werden. Die Abweichungen zwischen den Teilnehmern dieser Forschungsgruppe bei der Beurteilung sind schriftlich festgehalten und so lange diskutiert worden, bis Einvernehmen über die Beurteilung vorhanden war. Wenn Skalenstufen nicht eindeutig bestimmt werden konnten, ist weiteres Filmmaterial von Interaktionspaaren genutzt worden, die ebenfalls nur an einem Erhebungstermin teilgenommen haben.

Trotz der beschriebenen intensiven Bemühungen um Eindeutigkeit ist es in einigen seltenen Fällen nicht gelungen, das Ausmaß der Verwirklichung einer Dimension festzulegen, weil die dazu erforderlichen Indikatoren nicht auffindbar waren und/oder das Verhalten des Elternteils bzw. des Kindes so wenig aussagekräftig bzw. passiv war, dass etwa Einfühlendes Verstehen oder Liebevolle Zuwendung nicht erschlossen werden können. Bei manchen Interaktionspaaren ist bei den Ratern ein besonders starkes Bedürfnis vorhanden, mehr über das normale alltägliche Interaktionsverhalten der Beteiligten wissen zu wollen, um nicht allein auf die Künstlichkeit der kurzen standardisierten Situation angewiesen zu sein. Die Interaktionspaare unterscheiden sich nämlich deutlich im Ausmaß ihrer Ernsthaftigkeit in den gefilmten Situationen. Einigen Paaren ist deutlich anzusehen, dass sie sich des Charakters der künstlichen Situation sehr bewusst sind. Einige wenige der Erwachsenen halten es durch, eine Rolle zu spielen, aus der nur begrenzt hervorgeht, ob sie sich in einer alltäglichen Situation ähnlich verhalten würden. Deutlich werden solche Momente zum Beispiel, wenn Kontakt zu den anwesenden Evaluatoren aufgenommen wird oder Kommentare zum eigenen Verhalten abgegeben werden. In diesen Fällen wird besonders deutlich, dass Generalisierungen des Verhaltens auf Alltagssituationen des Umganges mit dem Kind hoch riskant sein können.

Die Anwesenheit zweier fremder Beobachter sowie die audiovisuelle Aufzeichnung haben selbstverständlich Einfluss auf die Interaktionen. Dennoch ist festzuhalten, dass die Situationen für alle teilnehmenden Interaktionspaare äußerlich weitestgehend gleich sind. Niemand kann die Rollen vorher üben und es ist sehr wahrscheinlich, dass sich normale Alltagsroutinen bei den meisten Elternteilen schon sehr schnell durchsetzen. Insofern ist mindestens die Vergleichbarkeit für die hier untersuchten Eltern-Kind-Paare gegeben und einer Gegenüberstellung von Eltern der Elternkurse mit denen der Wartegruppe steht nichts im Wege. Ein Ausschnitt tatsächlichen Verhaltens im Umgang mit dem eigenen Kind wird in zwei besonderen Situationen dokumentiert und der Beurteilung zugänglich gemacht. Es besteht dabei nicht die Absicht, den Eltern auf Grund dieser Bewertungen generalisierte Charakterisierungen zuzuschreiben.

Vollständige Skala mit allen Skalenstufen:

Kooperation – Dirigismus, Lenkung – für die TANGRAM-Aufgabe

Stufe 7:
M/V zeigt dem Kind, wie wichtig seine eigenen Lösungsversuche sind, ermuntert es zu Lösungsschritten, berücksichtigt den Lösungsstand des Kindes, gibt Freiraum für Lösungssuche des Kindes, beteiligt das Kind an der Lösungsfindung, macht deutlich, wie wichtig die Handlungen des Kindes sind, mutet dem Kind zu selbst etwas auszuprobieren, versteht die Lösungsschritte des Kindes und deren Intention, geht behutsam mit Fehlern des Kindes um, ist interessiert an den Überlegungen des Kindes, berücksichtigt diese bei eigenen Lösungsvorschlägen, begründet die eigene Meinung, lässt dem Kind Zeit zur Erwiderung.

Stufe 6:
M/V und Kind suchen gemeinsam nach Lösungen, M/V ermuntert das Kind auszuprobieren, Kind darf selbst handeln, das Kind wird bei der Lösungssuche stark mit einbezogen, M/V nimmt sich selbst zurück und lässt dem Kind Zeit für Lösungsschritte, versucht die Überlegungen des Kindes zu verstehen, fragt interessiert nach, Vorschläge sind offen und begründet, Überlegungen des Kindes werden gehört und erst genommen, durch fehlende Rückmeldung des Kindes kann nicht eindeutig beurteilt werden, ob die Kooperation „ankommt".

Stufe 5:
M/V hört ihm zu und fragt nach den Lösungsschritten, das Kind darf auch allein handeln, gibt dem Kind Zeit für die Lösung, M/V macht konkrete Vorschläge und geht auf Lösungsschritte des Kindes ein, M/V zeigt sich lösungsinteressiert.

Stufe 4:
Weder Kooperation noch Dirigismus, Lenkung, Kooperation und Dirigismus halten sich die Waage, Kind und M/V versuchen sich gegenseitig zu lenken, handeln wenig gemeinsam.

Stufe 3:
Lösungsschritte von M/V wiegen mehr als die des Kindes, M/V lenkt die Handlungen des Kindes, ist eher weniger geduldig bei den Lösungsschritten des Kindes, Meinung des Kindes ist nur bedingt wichtig, Tendenz zu Vorschriften und Belehrungen, M/V bringt teilweise eigene Handlungen gegen die Vorschläge des Kindes ein.

Stufe 2:
M/V hat Kontrolle über die Lösungssuche, übernimmt aktiv selbst Lösungsschritte, M/V weiß es besser, gibt Richtung vor, macht Vorschriften, nimmt Vorschläge des Kindes nicht ernst und wehrt sie teilweise ab, tut nur so als ob das Kind selbst etwas Gutes leistet, die eigenen Lösungsversuche von M/V treten in den Vordergrund.

Stufe 1:
M/V manipuliert das Kind, lässt das Kind mit seinen Bemühungen ins Leere laufen, greift ungeduldig ein, übernimmt Führung bei der Aufgabenlösung, ignoriert Kooperationsbemühungen des Kindes, drängt auf schnelle Lösung, übernimmt die Kontrolle über die Handlung, stellt sofort klar, was falsch ist, geht nur zum Schein auf Lösungsschritte des Kindes ein, schiebt Teile in die Lösungsfigur, sagt alles vor, fordert das Kind zu bestimmten Handlungen auf, macht Vorgaben ohne Kompromisse, lenkt nie von sich aus ein, verhält sich fordernd.

Die vollständig wiedergegebene Ratingskala Kooperation – Dirigismus, Lenkung ist ein Beispiel für die nach zahlreichen Diskussionen entstandenen Ratingskalen. Alle anderen zum Einsatz gekommenen konzeptorientierten Skalen sind im Anhang enthalten. Es hat sich bei den intensiven Erprobungen der Skalen als notwendig herausgestellt, einige kleine Veränderungen bei den beiden Ratingkonzepten vorzunehmen, die bei beiden Aufgaben zum Einsatz kommen, damit die situationsspezifischen Aspekte etwas besser in den Blick geraten. Aus diesem Grund sind die beiden Ratingkonzepte im Anhang zweimal vorhanden.

13.2 Analyse der durchgeführten Ratings

Die zeitaufwändige Auswertung des Materials für die Eltern-Kind-Paare mit vollständigen Daten haben aus der oben genannten Gruppe Mareike Dambietz, Bente Johannsen, Daniela Vogel und Birgit Wandersleben durchgeführt. Nach einem Training und einer Überprüfung der Ratings mit Hilfe der Expertenratings sind Svenja Baguhl und Martin Eisenblätter (letzterer als neuer Forschungspraktikant) in die Auswertungsgruppe aufgenommen worden. Ein weiterer Kandidat ist an der Überprüfung gescheitert und nicht an der Auswertung beteiligt. Insgesamt stehen so sechs Rater und Raterinnen zur Verfügung. Ihnen allen sei an dieser Stelle ausdrücklich für ihre wichtige Arbeit in diesem komplexen Forschungsteil gedankt.

Von insgesamt 72 Eltern-Kind-Paaren liegen gefilmte Interaktionen aus der Erst- und Zweiterhebung vor. Die erste Einschränkung der Teilnehmerzahl ergibt sich aus dem Sachverhalt, dass aus den bekannten Gründen nur Eltern mit Kindern zwischen sechs und zwölf Jahren am Kickoff-Tag und am Abschlusstag an den Interaktionen teilnehmen konnten und sollten. Wegen der Ausweitung der Kurse auch für Eltern mit jüngeren und älteren Kindern entfallen damit zahlreiche Interaktionsmöglichkeiten. Verweigerungen einer Teilnahme bei den anwesenden Eltern hat es äußerst selten gegeben, sie sind aber selbstverständlich akzeptiert worden. Wie bei den anderen Erhebungsmethoden auch ist es dann zu etlichen Ausfällen gekommen, weil nicht alle Interaktionspaare sowohl bei der Erst- als auch der Zweiterhebung teilgenommen haben. In zwei Fällen haben die teilnehmenden Elternpaare sich darauf geeinigt, dass ein Wechsel in der Interaktion mit dem Kind zwischen Erst- und Zweiterhebung stattfindet. Damit sind auch diese beiden Eltern-Kind-Paare aus der weiteren Auswertung ausgeschieden. Für die Analyse von Veränderungen sind letztlich nur solche Paare von Interesse, die an beiden Zeitpunkten zum Filmmaterial beigetragen haben. Aus diesem Grund und wegen des hohen Aufwandes für jedes Rating ist zunächst darauf verzichtet worden, auch einmalige Interaktionsteilnahmen zu raten. Damit sind keine Aussagen darüber möglich, wie die Verteilungskennwerte aller untersuchten Interaktionspaare aussehen. Es ist außerdem derzeit nicht möglich zu prüfen, ob unter den ausgefallenen Interaktionspaaren unter Umständen solche mit Besonderheiten in der Ersterhebung sind und/oder sich die Ausfälle in der Elternkursgruppe und der Wartegruppe systematisch unterscheiden in den hier untersuchten Verhaltensvariablen.

Die 72 Interaktionspaare haben in der Erst- und Zweiterhebung insgesamt 144 Interaktionen erbracht. Diese dauern in der Regel zehn Minuten, aufgeteilt auf die beiden verschiedenen Aufgaben. Das ergibt 1440 Minuten videografiertes Material für die erste Auswertung. Dieses Datenmaterial muss wegen der insgesamt erforderlichen acht Ratings (je vier für jeden Aufgabentyp) viermal von einem Rater begutachtet werden. Daraus werden dann 5760 Arbeitsminuten reine Beobachtungszeit, umgerechnet in Stunden sind das 96 Stunden. Dabei ist nicht berücksichtigt, dass nach jeder Betrachtung die DVD zu stoppen und eine Bewertung auf der Ratingskala vorzunehmen ist und anschließend der nächste Interaktionsausschnitt in Gang gesetzt werden muss. Bei sechs Ratern, die für diese Aufgabe gewonnen und ausgebildet werden konnten, entfallen auf jeden einzelnen 16 reine Beobachtungsstunden. Da wenigstens eine kleine Stichprobe zur Überprüfung der Tauglichkeit der Ratings gewonnen werden soll, erhält jeder Rater zwei zusätzliche Interaktionen, die auch eine zweite Person ratet. Damit erhöht sich der Arbeitsaufwand pro Rater um weitere 80 Minuten.

Die Benutzung der Ratingskalen bei der Auswertung der vorhandenen vollständigen Interaktionen ist in folgender Weise geregelt. Jeweils ein Sechstel der vorher Interaktionen (also zwölf) ist auf zwei separate DVDs gebrannt zusammen mit einem Sechstel der nachher Interaktionen von jeweils anderen Paaren. Die Anordnung ist dabei auf jeder DVD zufällig. So sind auf jeder der zwölf auf diesem Wege entstandenen DVDs die gleiche Anzahl von vorher und nachher Interaktionen in gemischter Reihenfolge. Auf jeder DVD befindet sich zusätzlich ein Interaktionspaar mit seiner vorher oder nachher Interaktion, das auch auf einer zweiten DVD noch enthalten ist. So sind für insgesamt sechs Interaktionspaare doppelte Ratings vorhanden, die auf Übereinstimmung geprüft werden können. Damit wird eine Beurteilungsgrundlage für die Tauglichkeit der realisierten Ratings bereitgestellt.

Die sechs Raterinnen und Rater erhalten je zwei DVDs, auf denen sich ein Interaktionspaar nur einmal befindet. Kein Rater hat die vorher und die nachher Interaktionen eines Paares. Damit wird ausgeschlossen, dass Vermutungen über mögliche Wirkungen eine Rolle spielen können. Zusätzlich sind die Interaktionspaare aus Elternkursen und Wartegruppe zufällig gemischt. Jeder Rater hat zudem eine andere Vorgabe für die Reihenfolge der Abarbeitung seiner Analysen. Es wird zwar immer zuerst die TANGRAM-Interaktion beurteilt und danach die zum Sozialen Problem, aber die Reihenfolge der vier Ratingskalen ist über die sechs Rater und für jede DVD permutiert, sodass eventuelle Reihenfolgeeffekte kontrolliert werden können. Alle Interaktionspaare werden zunächst nacheinander in einem Merkmal geratet, anschließend in einem zweiten und so fort. Damit soll ausgeschlossen werden, dass die Beurteilung eines Merkmals bei einem Interaktionspaar direkt die Beurteilung des nächsten Merkmals bei diesem Paar beeinflusst. Außerdem ist auch die Reihenfolge der Interaktionspaare permutiert.

Unberücksichtigt bei der Feststellung der Zahl vorhandener Interaktionen aus der Erst- und der Zweiterhebung ist der Sachverhalt, ob die vorhandene Aufnahme auch tatsächlich auswertbar ist. Leider ist es bei einigen Aufnahmen trotz eindeutiger Vorgaben und entsprechender Demonstration während der Ausbildung der Evaluatoren zu einigen Problemen bei den Aufzeichnungen gekommen. Diese betreffen in erster Linie den Ton. Mehrheitlich sind nicht auswertbare Aufzeichnungen dadurch entstanden, dass kein brauchbares oder gar kein externes Mikrofon benutzt worden ist. Es gibt allerdings auch den Fall, dass Elternteil und Kind so leise sprechen, dass trotz aller zum Einsatz gekommenen technischen Hilfsmittel eines Medienzentrums keine Sprache zu verstehen ist. Solche Fälle gibt es auch in der hier verbliebenen Auswahl von 72 Eltern-Kind-Paaren. Dieser Sachverhalt hat dazu geführt, dass vor allem in der Elternkursgruppe größere Datenausfälle zu verzeichnen sind.

Das geplante Vorgehen ist leicht modifiziert worden, weil eine Mitarbeiterin die terminlichen Fristen nicht einhalten konnte. Deshalb hat ein Rater eine zusätzliche DVD bearbeitet. Es gibt insofern keine Gleichverteilung der Ratings über die Rater. Es ist geprüft worden, ob sich die Rater danach nicht mehr zufällig auf die beiden Versuchsplangruppen verteilen. Wie die Tab. A 13_1 zeigt, sind die ratenden Personen sowohl bei den vorher als auch den nachher Ratings auf die EK-Gruppe und die WG gleich verteilt. Es muss nicht befürchtet werden, dass eventuelle Unterschiede zwischen den Ratern systematisch Einfluss auf die Ratingwerte beider Gruppen nehmen.

Alle teilnehmenden Rater haben wie vorgesehen Probleme, die bei der Beurteilung der Interaktionen aufgetreten sind, schriftlich festgehalten. Damit ist die Möglichkeit gegeben, nachträglich Überprüfungen durch eine weitere Person vorzunehmen. Diese Aufgabe hat der Forschungspraktikant Martin Eisenblätter mit hohem Arbeitsaufwand und großer Verlässlichkeit durchgeführt. Der Vergleich der doppelten Ratings hat dazu geführt, dass die dabei aufgetretenen Differenzen zwischen zwei Ratern bilateral von diesen geklärt werden konnten. Es handelt sich allerdings nur um eine kleine Stichprobe aus dem gesamten Material. Alle anderen Ratings liegen nur einmal vor. Um auch bei diesen wenigstens eine geringe Kontrolle auszuüben, sind alle Ratings, bei denen die vorher von den nachher Werten mindestens zwei Skalenstufen voneinander abweichen, erneut in eine kurze Analyse gegangen. Damit ist wiederum nur ein Teil des Datenmaterials von einer zweiten Person betrachtet worden, die vorher nur die entsprechende Interaktion des Paares aus dem anderen Erhebungszeitpunkt kannte. In einigen Fällen konnten die aufgetretenen Differenzen bestätigt werden, in anderen ist es zu Relativierungen der Werte gekommen.

Es handelt sich bei den mitgeteilten Maßnahmen keinesfalls um das ausgefeilte Instrumentarium, das Langer und Schulz von Thun (1974) für die Analyse konzeptorientierter Ratings entwickelt haben. Derartige aufwändige Methoden sind erst dann einsetzbar, wenn wahre Ratingwerte für eine große Anzahl von Interaktionen definiert sind und es ausreichend Personen gibt, die die umfangreiche Arbeit des Mehrfachratings übernehmen. Eine erste Annäherung an solche Auswertungsverfahren stellt die Untersuchung der Niveauunterschiede der sechs Rater dar. Ursprünglich wird diese eingesetzt um zu prüfen, ob sich die Trainierenden bei einem Rating systematisch durch verschiedene Maßstäbe im Mittel voneinander unterscheiden. Im hier vorliegenden Fall gibt es wie mehrfach betont keine wahren Werte. Bei einer zufälligen Verteilung der Messobjekte (Interaktionspaare) auf die beteiligten sechs Rater kann man annehmen, dass die Interaktionspaare sich im Durchschnitt nicht besonders stark voneinander unterscheiden. Unter dieser Annahme ist zu prüfen, ob es trotzdem Niveauunterschiede zwischen den sechs Ratern gibt. Die Tabelle A 13_2 enthält die Ergebnisse univariater Varianzanalysen für jede Ratingskala mit dem Faktor Rater.

Wie die Tabelle A 13_2 zeigt, gibt es bei fünf Ratingskalen keine systematischen Mittelwertunterschiede zwischen den Ratern. Für das Merkmal Verbindlichkeit – Beliebigkeit liegt ein signifikanter Unterschied vor. Immerhin 17,8 % der Varianz dieses Merkmals sind durch die Unterschiedlichkeit der Rater erklärbar. Tendenziell gesicherte Unterschiede gibt es bei den Merkmalen Liebevolle Zuwendung (TANGRAM) und Starke Kognitive Förderung. Bei diesen beiden Merkmalen gehen gut 13 % der Varianz zu Lasten der Rater. Die Posthoc-Analysen der Mittelwerte, bei denen das Alpha-Niveau nach Bonferroni adjustiert worden ist, ergeben insgesamt zwei signifikante Einzelunterschiede von Mittelwerten. Da nicht auszuschließen ist, dass diese Differenzen auch wahre Unterschiede zwischen den Interaktionspaaren spiegeln, werden die Werte der beiden jeweils betroffenen Rater nicht erneut überprüft. Es wird im Folgenden davon ausgegangen, dass die wenigen nachgewiesenen Niveauunterschiede sich nicht systematisch auf die Ergebnisse der beiden Versuchsplangruppen auswirken.

Es gibt zusätzlich vor allem bei den Ratings vorher systematische Unterschiede in den Varianzen. Vier Ratingmerkmale sind davon betroffen. Ob es sich bei den Differenzen um solche handelt, die durch unterschiedlich sensible Rater zu Stande gekommen sind oder ob sich die beurteilten Interaktionspaare zweier

Tab. 42 – 13_1:
Faktorenanalyse der Ratingskalen vorher über alle Eltern mit vorher-nachher Interaktionen (nur Ladungen ≥ .30)

Variablen	1. Faktor	2. Faktor	Kommunalitäten
TANGRAM			
Kooperation – Dirigismus, Lenkung	.82	.34	.79
Gelassenheit – Stress	.77	.35	.72
Liebevolle Zuwendung und Achtung – Emotionale Kälte und Missachtung	.84		.72
Starke kognitive Förderung – Mangel an kognitiver Förderung	.76	.31	.67
SOZIALES PROBLEM			
Vollständiges, einfühlendes Verstehen – Mangel an einfühlendem Verstehen	.32	.84	.80
Liebevolle Zuwendung und Achtung – Emotionale Kälte und Missachtung	.46	.74	.77
Kooperation – Dirigismus, Lenkung	.43	.80	.82
Verbindlichkeit, Grenzen, Struktur – Beliebigkeit, Chaos		.77	.60
Erklärte Varianz (in %)	38.30	35.33	73.62

DVDs stärker voneinander unterscheiden, als nach dem Zufall zu erwarten ist, kann beim bisherigen Auswertungsstand nicht entschieden werden. Es gibt insofern durchaus einige berechtigte kritische Anfragen an die Analyse der vorliegenden Interaktionen.

Die acht Ratingskalen aus der Ersterhebung lassen sich über die beurteilten Interaktionspaare korrelieren und anschließend faktorenanalysieren. Auf diesem Wege erhält man einen Eindruck davon, wie unabhängig die beurteilten Aspekte voneinander sind bzw. ob sie so hoch miteinander kovariieren, dass es wenig sinnvoll ist, sie einzeln auszuwerten. Die Korrelationen bewegen sich innerhalb der beiden Situationsklassen auf einem etwas höheren positiven Niveau als zwischen den beiden Situationen. Die vier Merkmale der leistungsorientierten Interaktion korrelieren zwischen .51 und .74 miteinander. In der Situation mit dem Sozialen Problem betragen die Korrelationen .45 bis .78. Wie zu erwarten sind die jeweils vier untersuchten Merkmale bei den teilnehmenden Eltern stark miteinander vergesellschaftet. Es handelt sich insofern nicht um eigenständige Dimensionen. Allerdings sind die Korrelationen auch nicht so hoch, dass sich getrennte Auswertungen für die Skalen nicht lohnen würden.

Die Aussagen zu den Zusammenhängen der Skalen bestätigen sich auch in der zweifaktoriellen Lösung der Faktorenanalyse, deren Ergebnisse die Tabelle 13_1 enthält. Der erste Faktor lädt alle Skalen, die bei der TANGRAM-Aufgabe zum Einsatz gekommen sind (38,3 % erklärte Varianz), wobei auch deutliche Anteile der Skalen für das Soziale Problem enthalten sind. Der zweite Faktor lädt etwas varianzschwächer (35,3 %) vor allem die Ratingmerkmale der Interaktion zum Sozialen Problem. Offensichtlich ist das Verhalten der Eltern in den beiden Situationen recht gut unterscheidbar. Dieser Befund kann auch als ein Hinweis darauf gewertet werden, dass die Rater nicht primär Urteile aus der ersten Interaktionssituation auf die zweite übertragen haben. Auch die beiden Skalen, die auf leicht differente Weise identische Merkmale erfassen sollen (Kooperation und Liebevolle Zuwendung), sind nicht stärker miteinander verknüpft als die übrigen. Diese beiden entwicklungsförderlichen Aspekte treten demnach zumindest teilweise situationsabhängig auf.

Da es bisher keine direkt vergleichbaren Werte für die Skalen aus anderen Untersuchungen der hier vorliegenden Art gibt, kann nicht bestimmt werden, ob es sich bei den untersuchten Eltern um solche handelt, die in der einen oder der anderen Richtung von den Normen großer Stichproben abweichen. Die Skalen lassen sich aber untereinander vergleichen, da es sich, von den einzelnen Ausfällen abgesehen, um identische Interaktionspaare handelt. Die Tabelle A 13_3 enthält neben dem Vergleich der beiden Versuchsplangruppen in den Ratings vorher auch die Gesamtmittelwerte aller Eltern-Kind-Paare, für die diese Beurteilungen vorliegen. Ein einziges Merkmal (Starke kognitive Förderung – Mangel an kognitiver Förderung) hat einen Mittelwert knapp unter der neutralen Mitte 4,0. Alle anderen liegen knapp oder deutlich (eine halbe Skalenstufe) darüber. Den höchsten

Mittelwert erreichen die Eltern in der Skala Verbindlichkeit, Grenzen, Struktur – Beliebigkeit, Chaos (5,35). Es liegt ein deutlicher Abstand zum nächsten Merkmal Liebevolle Zuwendung vor. Zu beachten ist weiterhin, dass in der Sozialen Problemsituation sowohl die Kooperation als auch die Liebevolle Zuwendung im Mittel günstiger beurteilt wird als in der Leistungssituation. Offensichtlich fällt es den Eltern in der erstgenannten Situation etwas leichter, emotionale und kooperative Anteile deutlich werden zu lassen. Es kann nicht geprüft werden, ob nicht auch die immer gleiche Reihenfolge der beiden Aufgaben eine Gewöhnung an die künstliche Situation beinhaltet, die verändertes Verhalten mit sich bringt.

Die Standardabweichungen liegen von zwei Ausnahmen abgesehen nahe bei 1,5 Skalenstufen. Damit ist belegt, dass die Skalen gut differenzieren und angesichts der gefundenen Mittelwerte in beide Richtungen ausreichend Veränderungspotential besteht. Etwas geringer fallen die Standardabweichungen für die Merkmale Starke Kognitive Förderung (1,25) und Verbindlichkeit (1,10) aus. In diesen Skalen unterscheiden sich die untersuchten Eltern weniger stark voneinander als in den anderen sechs Skalen. Trotz des höheren Mittelwertes in der Skala Verbindlichkeit ist damit noch genug Differenzierungsmöglichkeit auch nach oben vorhanden.

Die Werte der Eltern aus den beiden Erhebungen können herangezogen werden, um die Wiederholungszuverlässigkeit zu bestimmen. Da versucht wird, in der Kursgruppe Einfluss auf diese Merkmale zu nehmen, handelt es sich um konservative Schätzungen der Retestreliabilität. In der Tabelle A 13_3 sind die Retestreliabilitäten für den Zeitraum von etwa drei Monaten enthalten. Von zwei Ausnahmen abgesehen liegen sie zwischen .42 und .54. Für die Skalen Gelassenheit und Verbindlichkeit betragen die Zuverlässigkeiten nur .32 und .28 (nicht signifikant). Diese beiden letztgenannten Werte sind unter der Annahme, dass es sich um relativ zeitstabile Merkmale handelt deutlich zu gering. Es ist auf Grund der vorhandenen Daten nicht zu entscheiden, ob Gelassenheit in der Leistungssituation so stark situationsabhängig ist (für einige Eltern ist die Zweiterhebung unter Umständen deutlich weniger stressig) oder ob es sich um Unzuverlässigkeiten der Rater handelt. Bezüglich des Merkmals Verbindlichkeit ist ein Gewöhnungseffekt bei einem Teil der Eltern ebenfalls nicht völlig auszuschließen. Es ist aber auch in Erinnerung zu rufen, dass die Ratings vorher und nachher systematisch von verschiedenen Ratern durchgeführt worden sind und deshalb Veränderungen zwischen Erst- und Zweiterhebung aufgetreten sein können. Dieser Sachverhalt gilt aber für alle acht Skalen und kann deshalb nicht allein die schwache Retestreliabilität der beiden Merkmale Gelassenheit und Verbindlichkeit erklären.

Von besonderem Interesse ist die Frage, ob es systematische Zusammenhänge zwischen dem selbstberichteten Erziehungsverhalten der Eltern und deren beobachtetem Verhalten in den beiden aufgezeichneten Interaktionssituationen gibt. Die Tabelle 13_2 enthält alle signifikanten und tendenziell signifikanten Korrelationen zwischen den Ratings aus der Ersterhebung und den Fragebogendaten dieses Zeitpunktes.

Tab. 43 – 13_2:
Korrelationen zwischen den vorher Ratingsskalen von Eltern mit vorher und nachher Ratings und den vorher Werten der Eltern im Fragebogen

Variablen	TANGRAM					SOZIALES PROBLEM		
	Kooperation – Dirigismus, Lenkung	Gelassenheit – Stress	Liebevolle Zuwendung und Achtung – Emotionale Kälte und Missachtung	Starke kognitive Förderung – Mangel an kognitiver Förderung	Vollständiges, einfühlendes Verstehen – Mangel an einfühlendem Verstehen	Liebevolle Zuwendung und Achtung – Emotionale Kälte und Missachtung	Kooperation – Dirigismus, Lenkung	Verbindlichkeit, Grenzen, Struktur – Beliebigkeit, Chaos
Verantwortungsbewusstes Elternverhalten				-.23[1]		-.22[1]	-.31	
Machtvolle Durchsetzung		-.31			-.25	-.28	-.25	
Unzufriedenheit	-.28	-.25	-.30		-.22[1]	-.41	-.23[1]	
Soziale Unterstützung						.28		
Zufriedenheit mit Lebenssituation				.23[1]				
Hyperaktivität Kind		-.29	-.24					
Emotionale Probleme Kind			-.21					
Verhaltensprobleme Kind	-.34	-.30	-.23[1]		-.21[1]	-.26		-.34
Verhaltensprobleme mit Gleichaltrigen								-.23[1]
Schwächen/ Probleme Kind	-.27	-.29	-.26		-.21[1]	-.27		-.29
Positives Sozialverhalten Kind	.32	.36	.28	.23[1]	.24	.27	.26	.24

(nur signifikante und tendenziell[1] signifikante Korrelationen)

Von allen Fragebogenmaßen, die Erziehungskomponenten erfassen, weisen nur drei gesicherte Korrelationen mit den Ratingwerten auf. Das Verantwortungsbewusste Verhalten korreliert negativ mit der kognitiven Förderung sowie der Liebevollen Zuwendung und vor allem der Kooperation (-.31) in der Situation mit dem Sozialen Problem. Alle drei Zusammenhänge sind wegen ihrer Richtung eher unerwartet. Das gilt nicht für das Merkmal Machtvolle Durchsetzung, das mit vier Ratingskalen kovariiert. Eltern, die sich nach eigener Aussage eher autoritär durchsetzen, sind weniger gelassen in der Leistungssituation und zeigen bei der sozialen Interaktionssituation eher geringeres Ausmaß an Einfühlendem Verstehen, Liebevoller Zuwendung und Kooperation. Diese Zusammenhänge sind als kriterienorientierte Validitätshinweise zu werten.

Die meisten Zusammenhänge gibt es mit der Unzufriedenheit der Eltern mit ihrer Elternrolle. Mit sechs der acht Skalen gibt es Korrelationen in der erwarteten Richtung, die höchste mit der Liebevollen Zuwendung (-.41) in der Interaktion zum Sozialen Problem. Die Unzufriedenheit der Eltern geht offensichtlich mit vielen recht gut erkennbaren Verhaltensmerkmalen einher.

Insgesamt gesehen sind die Zusammenhänge aber recht selten signifikant und erreichen kaum Werte, die als mittlere Effekte (ab .30) betrachtet werden können. Es zeigt sich hier erneut, dass verschiedene Datenquellen auch bei sehr ähnlichen Konstrukten nur geringe bis gar keine Gemeinsamkeiten aufweisen. Umso wichtiger ist deshalb die Berücksichtigung verschiedener Erhebungsmethoden, um nicht zu vorschnellen Schlüssen bei der Beschreibung und Erklärung von Realität zu kommen.

Im zweiten Teil der Tabelle 13_2 sind die Korrelationen mit den Kinderbeurteilungen durch die Eltern enthalten. Alle vier Problemskalen des SDQ von Goodman weisen signifikante bzw. tendenziell signifikante Zusammenhänge mit Ratingwerten auf. Die Verhaltensprobleme, die Eltern bei ihren Kindern diagnostizieren, gehen einher mit weniger Kooperation, weniger Gelassenheit und Liebevoller Zuwendung in der Leistungssituation und mit weniger Einfühlendem Verstehen, weniger Liebevoller Zuwendung und Verbindlichkeit in der Interaktionssituation. Eltern mit nach eigenem Urteil eher schwierigen Kindern zeigen auch weniger günstige Verhaltensweisen in den beiden Beobachtungssituationen. Das ist als ein klarer Hinweis auf die Gültigkeit des eingesetzten Instrumentariums zu werten. Selbst wenn die Rater in ihre Urteile das unter Umständen auffälligere Verhalten dieser Kinder haben einfließen lassen, belegt dies auch nur die Tauglichkeit der Ratings.

Die Zusammenfassung der Schwächen und Probleme der Goodman-Skalen zeigt entsprechende Zusammenhänge mit den Ratingmerkmalen der Eltern. Eher entwicklungshemmendes Verhalten der Eltern geht mit Verhaltensproblemen der Kinder einher. Im Vorzeichen umgekehrt und noch vielfältiger sind die Korrelationen der Elternbeurteilung des Positiven Sozialverhaltens mit allen Ratingskalen. Ohne Ausnahme zeigen Eltern, die ihrem Kind Positives Sozialverhalten attestieren, höhere Werte in den entwicklungsförderlichen Erziehungspolen der Ratingmerkmale. Beides sind deutliche Belege für die Gültigkeit der jeweiligen Messinstrumente.

Die Tabellen A 13_4 und A 13_5 beinhalten die Zusammenhänge der Ratingskalen mit den Merkmalen des Kinderfragebogens. Von den sechs Merkmalen, die bei allen Kindern (Tab. A 13_4) erhoben worden sind, zeigt nur das

Merkmal Tadel mehr als eine nachgewiesene Korrelation mit den Elternratings. Eltern, die von ihren Kindern eher als häufiger tadelnd erlebt werden, sind weniger kooperativ in der Leistungssituation und in allen Aspekten in der Interaktionssituation zum Sozialen Problem weniger förderlich. Abgesehen von der Verbindlichkeit (-.34) liegen die Korrelationskoeffizienten im sehr niedrigen Bereich.

Werden nur die Kinder ab neun Jahren berücksichtigt, die vier weitere Aspekte des Elternverhaltens beurteilt haben, gibt es deutlich mehr und auch stärkere Zusammenhänge mit den Ratingwerten der Eltern. Einige von diesen erreichen mittlere Effektstärken. So geht etwa Einschränkendes, Inkonsequentes Verhalten der Eltern mit deutlich wenig Verbindlichkeit in der Interaktion einher (-.46), auch für das häufigere Tadeln der Eltern gibt es höhere Zusammenhänge mit dem Verhalten in den Beobachtungssituationen als bei allen Kindern der Untersuchung (.30 bis .34). Positiv assoziiert sind ebenfalls die kindlichen Beurteilungen der Kooperation der Eltern vor allem mit dem Verhalten in der Leistungssituation (.27 bis .34). Gleiches gilt auch für das Ausmaß an Hilfe, das die Kinder von ihren Eltern erfahren (.27 bis .38). Die von Kindern berichtete Restriktion der Eltern ist dreimal mit weniger günstigen Verhaltenswerten der Eltern verknüpft (-.28 bis -.36). Alle diese Zusammenhänge belegen wichtige Gültigkeitsaspekte der eingesetzten Messmethoden. Die einzige Ausnahme bildet das Merkmal Abweisung, das mit fünf Verhaltensratings positiv korreliert (.27 bis .35), obwohl mit negativen Korrelationen zu rechnen ist. Für diesen Sachverhalt gibt es keine plausible Erklärung.

Es ist zusammenfassend festzustellen, dass die Beurteilungen vor allem der älteren Kinder mindestens so viele plausible Zusammenhänge mit den Werten ihrer Eltern in den Ratingskalen aufweisen wie die Beurteilungen der Eltern. Auch dieser Sachverhalt macht erneut deutlich, wie wichtig die Erfassung der Realität mit Hilfe verschiedener Methoden und Verfahren ist. Die Ratingskalen sind nach den Kriterien der klassischen Testtheorie brauchbar und eigenständig wertvoll für die Dokumentation elterlichen Verhaltens.

13.3 Der Vergleich der Elternkursgruppe und der Wartegruppe

Die bereits oben erwähnte Tabelle A 13_3 enthält auch die Ergebnisse des Vergleichs der Werte der echten Elternkursgruppe und der Wartegruppe in den Ratingskalen vor Beginn des Kurses. Unter den 36 Eltern des Elternkurses befinden sich vier Interaktionspaare aus zwei Kursen, für die es keine Warte- oder Kontrollgruppe gibt. Deshalb scheiden diese Paare für den direkten Vergleich der EK-Gruppe mit der Wartegruppe aus. Es gibt allerdings aus Gründen der Qualität der Aufzeichnungen deutlich mehr Ausfälle (vor allem beim Sozialen Problem) in der Kursgruppe als in der Wartegruppe. Ein Grund mag darin liegen, dass die Evaluatoren bei der Erhebung in den Wartegruppen häufig schon auf Erfahrungen in der Kursgruppe zurückgreifen konnten. Für jedes Ratingmerkmal wird jeweils die maximale Anzahl an Bewertungen genutzt.

Die Daten der Tabelle A 13_3 zeigen, dass es keine signifikanten Mittelwertunterschiede zwischen den beiden Elterngruppen gibt. Auch die Effektstärken befinden sich alle in einem Bereich, der vernachlässigt werden kann. Abgesehen von zwei Unterschieden in der Varianz, von denen nur einer signifikant ist (in beiden Fällen ist die Standardabweichung der EK-Eltern etwas größer), sind die Ausgangswerte der beiden Gruppen so ähnlich, dass mögliche Veränderungen gut vergleichbar sind.

Die Tabelle A 13_6 enthält die Ergebnisse der Veränderungen der echten Elternkursgruppe zwischen den beiden Beobachtungssituationen. Es zeigen sich in der TANGRAM-Aufgabe leichte Erhöhungen der Mittelwerte, die aber in keinem Fall signifikant sind. Das liegt nicht in der kleinen Anzahl der Eltern begründet (30 bzw. 23), denn die Eta²-Werte erreichen maximal 6,0 % erklärte Varianz und liegen in beiden Situationen zusammen fünfmal nicht über 2,0 %. Es hat keine bedeutsamen Steigerungen des entwicklungsförderlichen Verhaltens in der Leistungssituation in der Kursgruppe im Verlauf des Kurses gegeben.

In der Situation zum Sozialen Problem gibt es ebenfalls keine signifikanten Mittelwertveränderungen. In zwei Skalen (Liebevolle Zuwendung und Kooperation) gibt es sogar eine geringfügige Absenkung des Mittelwertes. Die Eltern des Kurses haben sich während des Kursbesuches im Durchschnitt nicht verändert.

Trotz dieses Befundes kann nicht ausgeschlossen werden, dass Wirkungen des Kurses vorliegen, die sich erst aus dem Vergleich mit den Entwicklungen in der Wartegruppe ergeben. Der Wirkungsvergleich wird wie in den vorherigen Kapiteln mit der zweifachen Varianzanalyse mit einfacher Messwiederholung vorgenommen.

Die Tabelle 13_3 enthält die Ergebnisse der Varianzanalysen mit Messwiederholung für die acht eingesetzten Ratingskalen. Es gibt zwei signifikante und zwei tendenziell signifikante Veränderungen zwischen den beiden Messzeitpunkten unabhängig von der Gruppenzugehörigkeit. Die Liebevolle Zuwendung erhöht sich in der Leistungsaufgabe signifikant, 8,0 % der Varianz dieses Merkmals sind durch die Messzeitpunkte erklärbar (Grenze zum mittleren Effekt). Auch die kognitive Förderung nimmt im Mittel zu von der ersten zur zweiten Erhebung (4,2 % erklärte Varianz). Beim Sozialen Problem stellt sich die Situation etwas anders dar. Das mittlere Ausmaß an Kooperation verringert sich deutlich (11,2 % erklärte Varianz) zur zweiten Erhebung und auch die Liebevolle Zuwendung reduziert sich im Mittel tendenziell (5,2 % determinierte Varianz) von der ersten zur zweiten Beobachtungssituation. Die beiden letztgenannten Befunde sind einigermaßen überraschend, da zumindest bei jenem Teil der Eltern, die den Elternkurs besucht haben, eine Steigerung in diesen Merkmalen intendiert ist.

Zwischen den beiden Versuchsplangruppen EK und WG gibt es in keiner Ratingskala einen signifikanten Unterschied der Mittelwerte. Maximal 3,6 % der

Varianz eines Ratingmerkmals (Kooperation beim Sozialen Problem) sind durch die Gruppenzugehörigkeit erklärbar.

Tab. 44 – 13_3:
Varianzanalytischer Vergleich mit Messwiederholung in den Ratingskalen zwischen Eltern aus echten EK und WG

Variablen	(N=55-66)				HE Mess-Zeitpunkt		HE Gruppe		WW	
	ELEK$_{echt}$	ELWG	ELEK$_{echt}$	ELWG						
	M$_v$	M$_v$	M$_n$	M$_n$	Sign.	Eta^2	Sign.	Eta^2	Sign.	Eta^2
TANGRAM										
Kooperation – Dirigismus, Lenkung	4.17	4.19	4.33	4.08		.000		.002		.009
Gelassenheit – Stress	4.10	4.17	4.20	4.47	.017	.005				.005
Liebevolle Zuwendung und Achtung – Emotionale Kälte und Missachtung	4.50	4.50	4.80	4.86	.022	.080		.000		.001
Starke kognitive Förderung – Mangel an kognitiver Förderung	3.93	3.86	4.17	4.22	.099	.042		.000		.002
SOZIALES PROBLEM										
Vollständiges, einfühlendes Verstehen – Mangel an einfühlendem Verstehen	4.39	4.47	4.48	3.75		.039		.015	.068	.062
Liebevolle Zuwendung und Achtung – Emotionale Kälte und Missachtung	5.04	4.84	4.87	4.38	.095	.052		.023		.011
Kooperation – Dirigismus, Lenkung	4.83	4.63	4.57	3.88	.031	.112		.036		.029
Verbindlichkeit, Grenzen, Struktur – Beliebigkeit, Chaos	5.13	5.63	5.30	4.81		.046		.000	.017	.102

[1]tendenziell signifikant

Effekte des Elternkurses können nur durch signifikante Wechselwirkungen zwischen den Faktoren Messwiederholung und Gruppenzugehörigkeit belegt werden. Eine solche Wechselwirkung liegt nur für das Merkmal Verbindlichkeit vor. Sie erklärt immerhin 11,2 % der Varianz dieses Merkmals (mittlerer Effekt). Diese Wechselwirkung lässt sich wie folgt beschreiben. Die Wartegruppe startet auf einem nicht signifikant höheren Niveau als die EK-Gruppe und fällt dann ganz erheblich mit ihrem Mittelwert zum zweiten Zeitpunkt ab, während sich die EK-Gruppe im Mittel geringfügig verbessert. Es handelt sich nicht in erster Linie um eine Steigerung in diesem Merkmal im Verlauf des Kurses, sondern um die Verhinderung einer Verschlechterung, wie sie in der Wartegruppe stattgefunden hat. Warum es gerade in diesem Verhaltensmerkmal zu einem Abbau in der Wartegruppe gekommen ist, kann mit Hilfe der vorhandenen Daten nicht geklärt werden. Dennoch ist der Effekt als ein Erfolg für die Kursdurchführung zu bewerten.

Im Merkmal Vollständiges einfühlendes Verstehen gibt es eine tendenziell gesicherte Wechselwirkung, die 6,2 % der Varianz dieses Merkmals zu erklären vermag (kleiner Effekt). Die Eltern der Kursgruppe halten ihr mittleres Niveau in dieser Skala, während die Wartegruppe sich auch hier deutlich verschlechtert. Wieder ist der Effekt des Kursbesuches darin zu sehen, dass verhindert werden konnte, dass sich das Einfühlende Verstehen im Mittel ähnlich verringert wie in der Wartegruppe.

Insgesamt zeigt sich, dass in zwei von acht Untersuchungsaspekten des konkreten Erziehungsverhaltens von Eltern in zwei Beobachtungssituationen Effekte aufgetreten sind, die dem Kursbesuch zugerechnet werden können. Bei beiden handelt es sich nicht um Steigerungen des angestrebten Erziehungsverhaltens sondern um Verhinderungen des Abbaues solcher wünschenswerten Verhaltensaspekte. Ob man mit einem solchen Befund zufrieden sein kann, ist dann besser zu beantworten, wenn es gelungen ist, derartige Erhebungs- und Auswertungsmethoden häufiger bei Evaluationen zum Einsatz zu bringen. Die hier vorliegenden Ergebnisse sprechen deutlich dafür, den Methodenmonismus der alleinigen Befragung betroffener Eltern bei Evaluationen von Elternkursen zu beenden. Die Erweiterung um verhaltensnahe Beobachtungen und Beurteilungen elterlichen Verhaltens führt zu einem größeren Perspektivenreichtum und trotz mancher noch nicht vollständig erklärbarer Phänomene und Widersprüchlichkeiten zu einer angemesseneren Beschreibung und Erklärung der hier bearbeiteten sozialen Realität.

14 Zusammenfassung der Ergebnisse zu Wirkungen des Elternkurses insgesamt

In den Kapiteln 8 bis 13 sind die Ergebnisse der Analysen zu den bei den Eltern und den Kindern eingesetzten Instrumenten und die Befunde zu den verschiedenen erfassten Merkmalsbereichen jeweils auf der Ebene der Elternkursgruppe sowie der Wartegruppe insgesamt dokumentiert und interpretiert worden. Angesichts der Vielfalt der untersuchten Aspekte ist es sinnvoll, eine kurze Zusammenfassung vorzunehmen, bevor im nächsten Teil dieses Berichts die Analysen der einzelnen Kurse aus verschiedenen Perspektiven im Vordergrund stehen. Alle dort vorgestellten Befunde beziehen sich in erster Linie auf die Elternkurse als Einheiten der Untersuchungen.

Trotz der erheblichen Gefahr einer verkürzten Wiedergabe der sehr differenzierten Befunde dieses Berichts und dem damit verbundenen Risiko, den potenziellen Rezipienten eine nicht angemessene Verarbeitung des Berichts zu erleichtern, sollen die wesentlichen Ergebnisse in einer Tabelle zusammengefasst werden, die nur die Befunde enthält, die auch schärfster Kritik gewachsen sind.

Die Tabelle 14_1 enthält nur Wirkungen des Kursbesuches, die mindestens tendenziell gegen den Zufall gesichert sind, d. h. bei denen über Wechselwirkungen der Messzeitpunkte mit den Gruppenfaktoren (EK und WG) nachgewiesen ist, dass die aufgetretenen Veränderungen tatsächlich auf den Kursbesuch zurückgeführt werden können. All die zahlreichen Veränderungen, die bei Eltern oder Kindern während des Kursbesuches aufgetreten sind, aber die Veränderungen in der Wartegruppe nicht so weit übertreffen, dass sie gegen den Zufall zu sichern sind, sind in dieser Tabelle nicht enthalten.

In die Wirkungsanalysen sind nur die Kurseltern eingegangen, die mindestens ein sechs- bis zwölfjähriges Kind haben, zusätzlich handelt es sich nur um jene sieben Kurse, zu denen es eine Warte- oder Kontrollgruppe gibt.

Zur besseren Einschätzung des Umfanges der signifikanten Wirkungen ist für jeden Untersuchungsbereich angegeben, wie viele Skalen jeweils zum Einsatz gekommen sind. Im Unterschied etwa zu den Berichten von Tschöpe-Scheffler und Niermann (2002) zu diesem Elternkurs sowie Marzinzik und Kluwe (2007) zum STEP-Kurs handelt es sich dabei immer um ganze Skalen und nicht um einzelne Items (bei Marzinka und Kluwe gibt es auch Skalen). Skalen sind in aller Regel wesentlich reliabler als Einzelaussagen und Veränderungen deshalb auch weniger leicht zu erzielen als bei Einzelantworten von Befragten.

Weiterhin ist für jede Wirkung angegeben, wie stark der Effekt ist (Eta²), der signalisiert, ob es sich neben der statistischen Signifikanz auch um eine statistische Relevanz handelt. Zur besseren Beurteilung sind zudem die Veränderungen in den Mittelwerten in den beiden Gruppen symbolisiert. Das Pluszeichen mar-

Tab. 45 – 14_1:
Signifikante und tendenziell signifikante Effekte der Elternkurse auf die untersuchten Variablen (Wechselwirkungen vorher – nachher bzw. Follow-up)

Variablen	vorher-nachher Unterschiede v. – n.		Eta^2	Follow-up Unterschiede v. – n. F.		Eta^2
Fragenbogenmaße Eltern						
Erziehungsverhalten (12 Skalen)						
Inkonsistentes Elternverhalten	EK -	WG 0	.066			
Positives Elternverhalten	EK +	WG 0	.084			
Unterstützung	EK +	WG 0	.040[1]			
Klarheit				EK - (+)	WG - (-)	.082[1]
Unzufriedenheit	EK -	WG 0	.095	EK - (+)	WG (-) +	.061[1]
Erlebte Selbstwirksamkeit	EK +	WG 0	.039[1]			
Beurteilungen der Kinder (9 Skalen)						
Verhaltensprob. mit Gleichaltrigen	EK -	WG (-)	.034[1]			
Schwächen/ Probleme Kind	EK -	WG (-)	.038[1]			
Positives Sozialverhalten Kind	EK +	WG 0	.114	EK (+) 0	WG 0 0	.079
Unangepasstes Sozialverh. Kind	EK -	WG 0	.043[1]			
Interaktionen Eltern (8 Skalen)				kein Follow-up		
Soziales Problem: Vollständiges, einfühlendes Verstehen	EK 0	WG -	.062[1]			
Soziales Problem: Verbindlichkeit, Grenzen, Struktur	EK (+)	WG -	.102			
Fragebogenmaße Kinder				kein Follow-up		
Beurteilungen der Eltern (7 Skalen)						
Unterstützung, Wärme, Trost	EK (+)	WG 0	.036[1]			
Selbstbeurteilung (2 Skalen)						
Verhaltensprobleme mit Gleichaltrigen	EK -	WG (+)	.074			

[1] tendenziell gesichert
+ Anstieg der Mittelwerte/ (+) tendenziell
0 keine Veränderung der Mittelwerte
- Absenkung der Mittelwerte/ (-) tendenziell

kiert einen Anstieg des Mittelwertes zwischen den Erhebungszeitpunkten (entweder nur zwischen Erst- und Zweiterhebung oder auch bei Follow-up zwischen Zweit- und Dritterhebung). Das Minuszeichen wird bei Verringerungen des Mittelwertes benutzt und die Null beinhaltet keine Veränderung. Es gibt noch Klammern beim Plus- und beim Minuszeichen, die eine Tendenz markieren. Follow-up Ergebnisse gibt es nur für die Elternbefragung.

Der erste Block der Tabelle 14_1 enthält die Fragebogenskalen der Eltern, die sich auf das eigene Erziehungsverhalten und die eigene Kompetenzbeurteilung als Eltern beziehen. Von den zehn Erziehungsmerkmalen zeigen direkt nach dem Kurs zwei signifikante und eines einen tendenziell signifikanten Befund. Das Inkonsistente Elternverhalten wird wirkungsvoll abgebaut (kleiner Effekt) und das Positive Elternverhalten effektiv verbessert (knapp mittlerer Effekt). Die Wartegruppen bleiben auf ihrem Ausgangsniveau. Zusätzlich gibt es eine tendenziell gesicherte Mittelwerterhöhung bei den Kurseltern im Merkmal Unterstützung gegenüber der Wartegruppe (kleiner Effekt).

Alle drei Wirkungen sind bei Berücksichtigung der Ergebnisse des Follow-up vier Monate später nicht mehr gegen den Zufall zu sichern. Insofern handelt es sich nicht um sehr nachhaltige Veränderungen bei jenen Eltern, die am Follow-up teilgenommen haben. Es tritt ein neuer Effekt beim Follow-up auf, der bei der Befragung am Ende des Kurses nicht zu sichern ist: Im Merkmal Klarheit gibt es eine signifikante Wechselwirkung (knapp mittlerer Effekt), die viel Bewegung bei diesem Merkmal signalisiert. In der EK-Gruppe fällt der Mittelwert zunächst, um dann wieder moderat zu steigen. In der WG fällt der Mittelwert zwischen erster und zweiter Erhebung und fällt danach moderat weiter. Angesichts der mehrfach erwähnten Ambivalenz der inhaltlichen Bedeutung dieser Skala ist keine schlüssige Bewertung dieses Effektes möglich.

In den beiden Kompetenzbeurteilungen der Eltern zur Selbstwirksamkeit in der Erziehung und der Unzufriedenheit mit der Elternrolle zeigen sich zwei gleichsinnige Effekte. Die Eltern aus der Kursgruppe bauen im Mittel ihre Unzufriedenheit deutlich ab, während die Wartegruppe auf ihrem Ausgangsniveau verharrt (mittlerer Effekt). Zudem steigert die Kursgruppe ihr Konzept der Selbstwirksamkeit tendenziell gesichert gegenüber der Wartegruppe, die wiederum ihren Mittelwert vorher nicht verändert (kleiner Effekt). Beide Wirkungen entsprechen den Zielen des Kurses und sind als deutlicher Erfolg des Kursbesuches zu beurteilen. Aus der Follow-up Untersuchung geht hervor, dass es sich im Merkmal Unzufriedenheit mit der Elternrolle um einen nachhaltigen Effekt handelt. Der Mittelwert der EK-Gruppe steigt zwar tendenziell wieder, aber das tut er auch in der Wartegruppe. Dieses Merkmal ist das einzige aus dieser Gruppe, in dem sich sowohl am Ende des Kurses als auch im Follow-up Wirkungen des Kursbesuches nachweisen lassen.

Der zweite Block der Tabelle 14_1 betrifft die Kinderbeurteilungen durch ihre Eltern. In vier von neun Variablen zeigen sich zumindest tendenziell gesicherte

Wirkungen des Kursbesuches. Signifikant ist die Steigerung des Mittelwertes in der EK-Gruppe im Merkmal Positives Verhalten des eigenen Kindes im Vergleich zur Kontrollgruppe (mittlerer Effekt). Die Eltern haben im Mittel im Kurs gelernt, mehr positive Aspekte im Verhalten ihres Kindes zu registrieren, während es bei Eltern der Wartegruppe eine solche Veränderung nicht gibt. Das Positive Verhalten des Kindes wird auch nachhaltig von den Kurseltern als günstiger eingeschätzt (Grenze zum mittleren Effekt). Der mittlere Vorsprung vor der Wartegruppe verringert sich nicht, weil die Mittelwerte beider Gruppen stagnieren. Vermehrt auf die positiven Seiten seines Kindes zu achten ist ein explizites Ziel des Kurses SESK. Es handelt sich insofern um einen wichtigen Nachweis für die Wirksamkeit des Kursbesuches.

In den drei Problembeurteilungen des Kindes Verhaltensprobleme mit Gleichaltrigen, der Zusammenfassung der vier Skalen zu Problemen und Schwächen des Kindes und im Merkmal Unangemessenes Sozialverhalten des Kindes gibt es tendenziell gesicherte Wirkungen des Kurses. Die Mittelwerte dieser Merkmale sind stärker abgebaut worden als in der Wartegruppe. Allerdings handelt es sich ausnahmslos um kleine Effekte, bei denen auch keine Nachhaltigkeit zu belegen ist. Aber es ist ein Erfolg für den Kursbesuch, wenn es gelingt auch die problematischen Seiten des eigenen Kindes in einem etwas freundlicheren Licht zu betrachten.

Insgesamt gesehen ist für diesen Block festzuhalten, dass es gelungen ist, durch den Kursbesuch den Eltern eine günstigere Perspektive bei der Beurteilung ihres Kindes zu vermitteln. Diese Wirkung stellt eine gute Voraussetzung für eine Steigerung entwicklungsförderlichen Erziehungsverhaltens dar.

Im dritten Block der Tabelle 14_1 sind die Wirkungen bei den Interaktionsbeobachtungen aufgeführt. In zwei der acht zum Einsatz gekommenen Ratingskalen gibt es eine mindestens tendenziell gesicherte Wirkung des Kursbesuchs der Eltern. Die im Mittel deutlich gesunkene Verbindlichkeit der Eltern beim Sozialen Problem tritt in der EK-Gruppe nicht auf, allerdings gibt es auch nur einen sehr moderaten Anstieg des Mittelwertes bei den Kurseltern (mittlerer Effekt). Offensichtlich ist es gelungen, in diesem Merkmal eine Verringerung zu verhindern, die ohne Kursbesuch mit einiger Wahrscheinlichkeit eingetreten wäre. Nicht ganz so stark ist die Wirkung des Kursbesuches auf das Vollständige einfühlende Verstehen der Eltern (kleiner Effekt). Die Wartegruppe verringert das Ausmaß dieses Merkmals im Mittel tendenziell gesichert gegenüber der Kursgruppe, die auf ihrem mittleren Ausgangsniveau bleibt. Auch bei den konkreten Verhaltensmaßen gibt es zwei belegte Wirkungen des Kursbesuchs.

Im letzten Block der Tabelle 14_1 befinden sich die Ergebnisse der Befragungen der Kinder. Bei den sieben Beurteilungsaspekten der eigenen Eltern gibt es nur eine tendenziell gesicherte Wirkung. Unterstützung, Trost und Wärme der Eltern ist tendenziell im Mittel gegenüber der Wartegruppe leicht verbessert (kleiner Effekt). Dieser Befund korrespondiert mit der Selbsteinschätzung der Eltern des Kurses, die besagt, dass sie ihre Unterstützung und ihr Positives Elternverhalten gesteigert haben. Es handelt sich dabei um eine der recht seltenen Übereinstimmungen zwischen der Perspektive der Kinder und ihrer Eltern.

Diese Übereinstimmung gibt es auch im Merkmal Verhaltensprobleme mit Gleichaltrigen. Die Kinder der Kurseltern senken ihren Mittelwert deutlich, während er in der Wartegruppe etwas ansteigt. Dieser kleine Effekt, der bis auf die Selbstbeurteilung der Kinder durchschlägt, hat sein Pendant bei der Beurteilung dieses Merkmals durch die eigenen Eltern: Auch die Eltern der Kursgruppe haben im Mittel eine Verringerung der auf Gleichaltrige bezogenen Verhaltensprobleme ihres Kindes festgestellt. Damit ist für zwei Merkmale gezeigt, dass Veränderungen, die Eltern im Mittel bei sich selbst oder bei ihrem Kind registriert haben, von diesen im Mittel bestätigt werden. Auch dies ist wieder ein Beleg für die grundsätzliche Eignung der eingesetzten Instrumentarien in dieser Untersuchung.

Die nachgewiesenen Wirkungen des Kursbesuches sind überwiegend als kleine Effekte zu bezeichnen. Die erzielten Effektstärken entsprechen den Erwartungen auf Grund des Forschungsstandes (Beelmann 2006, Beelmann & Rabe 2007, Brezinka 2003, Heinrichs et al. 2002, Heinrichs et al. 2007, Layzer et al. 2001, Lösel et al. 2006, Wissenschaftlicher Beirat für Familienfragen 2005). Ein großer Teil dieser Wirkungen ist mit Hilfe international erprobter Fragebogenmethoden nachgewiesen worden, die nicht als kursspezifische und damit leichter veränderbare Skalen bewertet werden müssen. Es handelt sich vielmehr um breit angelegte Konstrukte, für die eine recht hohe Stabilität belegt ist. Diese Einschätzung gilt sowohl für die Selbstbeurteilungen der Eltern (Inkonsistentes Elternverhalten, Positives Elternverhalten, Unzufriedenheit mit der Elternrolle, Erlebte Selbstwirksamkeit in der Erziehung) als auch die Kinderbeurteilungen durch ihre Eltern (Verhaltensprobleme mit Gleichaltrigen, Schwächen und Probleme). In solchen Merkmalen Veränderungen zu erzielen, ist erheblich schwieriger als in solchen Skalen, die für bestimmte Kursangebote explizit zugeschnitten sind. Diese Bedingung gilt letztlich nicht einmal für die Ratingskalen dieser Untersuchung, die sich an Konstrukten orientieren, die in der Forschung als gut belegt gelten. Allerdings sind die genauen Konkretisierungen der Skalenstufen erst mit Hilfe der aufgezeichneten Interaktionen dieser Untersuchung vorgenommen worden.

Ob die Anzahl der nachgewiesenen Wirkungen angesichts der vielfältigen Untersuchungsinstrumentarien und der verschiedenen Quellen als ausreichend, befriedigend oder schon als gut zu beurteilen ist, kann nicht abschließend beurteilt werden, weil es im deutschsprachigen Bereich nur sehr wenige publizierte Evaluationen zu rein präventiven universellen Elternkursen gibt, bei denen die Kinder nicht einbezogen sind, und bei denen international bewährte Skalen zum Einsatz gekommen sind. Die Untersuchung von Tschöpe-Scheffler und Niermann (2002) zum Elternkurs Starke Eltern – Starke Kinder® liefert kaum Vergleichsmöglichkeiten, weil in dieser Studie nur über einzelne Items berichtet wird, keine Skalenergebnisse vorliegen und sich ein wesentlicher Teil der Fragen auf fiktive Situationen bezieht, bei denen die Eltern angeben sollen, wie sie sich verhalten würden, wenn sie Kinder eines bestimmten Alters hätten. Damit wird etwas ganz Anderes erfasst als mit den Fragen nach tatsächlichem Verhalten mit eigenen Kindern in generalisierten Situationsklassen. Außerdem gibt es keine Effektstärkenmaße, die für einen realistischen Vergleich ausgesprochen hilfreich sind.

Für den ebenfalls universellen und präventiven Elternkurs STEP liegt nach einigen Zwischenberichten der Abschlussbericht der Forschungsgruppe vor (Marzinzik & Kluwe 2007). In dem hier interessierenden Teil des Nachweises von Wirkungen sind insgesamt sechs Skalen zum Einsatz gekommen. Drei davon beziehen sich auf allgemeine Konstrukte, die nicht spezifisch für diesen Kurs entwickelt worden sind. Zwei dieser Merkmale sind die Unzufriedenheit mit der Elternrolle und die Erlebte Selbstwirksamkeit in der Erziehung, die mit denselben Skalen erfasst worden sind wie in der vorliegenden Untersuchung. Das dritte Merkmal ist die Bindungsqualität, zu der es kein entsprechendes Konstrukt in dieser Evaluation gibt. Bei diesen drei Merkmalen gibt es eine signifikante und eine tendenziell signifikante Wechselwirkung zwischen der Erst- und der Zweiterhebung. Die Selbstwirksamkeit steigert sich in der Kursgruppe und erreicht das Niveau der Kontrollgruppe, die sich nicht verändert (signifikanter Befund). Dieses Ergebnis entspricht in der Tendenz demjenigen aus der hier dargestellten Untersuchung. Im Merkmal Unzufriedenheit mit der Elternrolle gibt es keine signifikante Wirkung ganz im Unterschied zu den Ergebnissen dieser Untersuchung. In der Bindungsqualität wird eine tendenziell gesicherte Wirkung festgestellt. Leider gibt es auch in dieser Studie keinerlei Angaben zu Effektstärken. Die drei Befunde werden wie folgt bewertet: „Auch im Bereich objektiver Kriterien werden die Anforderungen an ein erfolgreiches Erziehungstraining erfüllt. So konnten 2 wichtige Erlebnisqualitäten in der Elternrolle (Gefühl erzieherischer Kompetenz + Bindungsqualität) durch das STEP Training deutlich positiv beeinflusst werden." (Marzinzik & Kluwe 2007, 34). Im Follow-up nach drei Monaten ist der Gleichstand zwischen Kurs- und Kontrollgruppe im Merkmal Selbstwirksamkeit noch vorhanden, was als ein weiterer Erfolgsnachweis beurteilt wird. Leider werden keine Daten und statistischen Prüfungen mitgeteilt.

Die Beeinflussung des STEP-spezifischen Erziehungsstils wird mit drei dafür konstruierten Skalen (Weitschweifigkeit, Nachgiebigkeit und Überreagieren) untersucht. In der Weitschweifigkeit und dem Überreagieren kommt es zu signifikanten Mittelwertverbesserungen bei den Kurseltern gegenüber der Kontrollgruppe, für das Merkmal Nachgiebigkeit gibt es keine Veränderung. Im Follow-up nähern sich die Mittelwerte der beiden Gruppen wieder an, der Unterschied im Überreagieren bleibt als einziger erhalten.

Angesichts dieser Evaluationsdaten für den Elternkurs STEP, der von den Autorinnen bezüglich seiner Wirkungen als recht erfolgreich beurteilt wird, könnte man die Wirkungen des Elternkurses Starke Eltern – Starke Kinder® in einer relativierten Perspektive als ziemlich stark bezeichnen. Sowohl im direkten Vergleich der identischen Skale, vor allem aber durch die sehr viel breiter angelegten Untersuchungsbereiche zeigen sich eindeutig mehr und größere Veränderungen gegenüber den Mittelwerten der Kontrollgruppe, die meist übertroffen und nicht nur erreicht werden.

Zusätzlich ist zu berücksichtigen, dass sich auch im beobachteten Erziehungsverhalten für den Kurs SESK zwei Wirkungen haben nachweisen lassen. Dennoch gibt es Bereiche, in denen wünschenswerte Veränderungen nicht nachzuweisen sind.

Sofern es auch ein Anliegen eines Elternkurses ist, dass die betroffenen Kinder eine Veränderung des Erziehungsverhaltens ihrer Eltern erfahren, muss konstatiert werden, dass es lediglich ein Merkmal gibt, in dem eine tendenzielle Wirkung nachgewiesen ist: Die Eltern der Kursgruppe haben ihr Verhalten im Merkmal Wärme, Unterstützung, Trost aus der Sicht ihrer Kinder etwas verbessert. Dieser Befund stimmt mit den Wirkungen des Kurses aus Sicht der Eltern in diesem Merkmal überein. Das ist umso bemerkenswerter, als die Perspektiven aller Eltern dieser Untersuchung mit den Perspektiven der Kinder im Erziehungsverhalten keine Gemeinsamkeiten aufweisen. Das könnte ein weiterer Hinweis darauf sein, dass mit der Arbeit im Elternkurs in diesem Merkmal eine gewisse Annäherung der Selbst- und Fremdsicht stattgefunden hat, die für eine gemeinsame Gestaltung des entwicklungsförderlichen Zusammenlebens bedeutungsvoll sein kann.

15 Analysen der kursbezogenen Daten

In den vorstehenden Kapiteln des Ergebnisteils sind die Befunde der Untersuchungen für die beiden Versuchsplangruppen Elternkurs und Wartegruppe insgesamt dargestellt. Alle Ergebnisse beziehen sich auf die maximal mögliche Anzahl von Eltern und Kindern. In diesem Kapitel 15 geht es um die Dokumentation der vorhandenen Daten und Analysen auf der Kursebene. Es wird dargestellt, ob und in welcher Weise sich die verschiedenen Elternkurse voneinander unterscheiden.

Für diese Bearbeitung stehen verschiedene Datenquellen zur Verfügung, die in Kapitel 5 im Einzelnen vorgestellt sind. Die Veranstalter der Elternkurse bzw. die Landeskoordinatoren für die Elternkurse haben einen Kurzfragebogen zur Beschreibung und Rekrutierung der Elternkurse und der zugehörigen Warte- bzw. Kontrollgruppen ausgefüllt. Diese Informationen sind in Kapitel 15.1 zusammengestellt.

Die Elternkursleitungen sind bezüglich ihrer Erwartungen und abschließend bezüglich ihrer Erfahrungen mit dem konkreten Elternkurs, den sie durchgeführt haben, befragt worden. Die Befunde sind in Kapitel 15.2 zusammen mit einigen soziodemografischen Merkmalen der Elternkursleitungen dokumentiert. Es folgen in Kapitel 15.3 die Beurteilungen der Eltern über ihre Erfahrungen an den drei Kursabenden. Diese werden zusammengefasst und für alle Kurseltern analysiert.

Im Kapitel 15.4 sind die Daten dokumentiert, die der Beschreibung der drei als besonders wichtig erachteten Kursabende dienen. Es handelt sich dabei um die Beurteilungen der Elternkursleitungen, der Eltern und der Evaluatoren, die an den drei Kursabenden teilgenommen haben. Mit Hilfe dieser drei Perspektiven wird versucht, einen Eindruck davon herzustellen, was in den drei Kursteilen tatsächlich stattfindet, welche Unterschiede es dabei zwischen den Kursen gibt und ob es Kursmerkmale gibt, die mit den Veränderungen zusammenhängen, die bei den Eltern während des Kursbesuchs auftreten. In Kapitel 15.5 werden die verschiedenen kursbezogenen Daten zusammengebracht und Differenzen zwischen den Kursen beschrieben und soweit möglich erklärt.

15.1 Herkunft und Gewinnung der Elternkurse und ihrer Wartegruppen

In Kapitel 7 ist dargestellt, wie die Eltern insgesamt für die Teilnahme an dieser Evaluation gewonnen worden sind. In diesem Kapitel geht es um die genauere Vorstellung der Herkunft der zehn Elternkurse und der sieben korrespondierenden Wartegruppen. Die Verteilung der Elternkurse und der Wartegruppen auf die fünf beteiligten Bundesländer zeigen die Tabellen A 6_1 und A 6_2. In Bremen ist nur ein Elternkurs zustande gekommen, in Bayern dafür drei, weil in einem keine Prozessbeobachtung möglich gewesen ist. Die Tabelle 15_1 zeigt weitere Informationen über die beteiligten Kurse und Wartegruppen.

Sieben der zehn Elternkurse haben in Großstädten mit mehr als 100 000 Einwohnern stattgefunden, drei in kleineren Gemeinden oder Orten. Damit sind die Großstädte deutlich in der Überzahl. Ob diese Relation für den Elternkurs SESK auch der Verteilung aller Elternkurse entspricht, kann mangels diesbezüglicher Informationen nicht beurteilt werden.

Im engeren Sinne Wartegruppen, die aus Eltern bestehen, die sich bei der den Kurs durchführenden Institution ebenfalls für einen Kursbesuch angemeldet haben, gibt es drei (Hamburg 05, Nordrhein-Westfalen 07 und Sachsen 09). Zwei weitere Gruppen erfüllen das Kriterium des Wartens auf einen Elternkurs, stammen aber nicht aus der Institution selbst sondern aus einer anderen Institution, die sehr ähnlich zusammengesetzt ist (Nordrhein-Westfalen 08, Sachsen 10). Zwei Gruppen sind als Kontrollgruppen gewonnen worden, ohne dass bei der Rekrutierung der Eltern ein Wunsch nach Teilnahme an diesem Elternkurs artikuliert war. (Es ist allerdings nicht auszuschließen, dass einige dieser Eltern durch die Teilnahme an der Untersuchung zu einem solchen Kursbesuch angeregt worden sind). Wie in Kapitel 7 begründet wird für die Kontrollgruppe insgesamt die Bezeichnung Wartegruppe gewählt, weil die Mehrheit das wesentliche Kriterium für diese Klassifikation weitgehend erfüllt. Eine zufällige Zuweisung zu den beiden Versuchsplangruppen hat in keinem Fall stattgefunden. Eine ursprünglich geplante getrennte Auswertung für die drei differenten Arten von Kontrollgruppen erwies sich angesichts der insgesamt vorhandenen vollständigen Daten als nicht durchführbar, weil die dafür zur Verfügung stehenden Personenzahlen zu gering sind.

Die soziale Zusammensetzung der örtlichen Bevölkerung bzw. des Nutzerkreises der Institutionen, die einen Elternkurs durchführen, wird in acht der zehn Fälle als gemischt bezeichnet, nur in einem Fall wird eine gehobene Bildungsschicht berichtet. Für diese letztgenannte gibt es eine echte Wartegruppe, so dass es zu keinen diesbezüglichen Verzerrungen zwischen Elternkurs und Wartegruppe kommt. Für einen Elternkurs und dessen Kontrollgruppe gibt es keine Informationen zur sozialen Zusammensetzung, gleiches gilt auch für eine Kontrollgruppe aus Bayern (02), die allerdings nur aus einer Person besteht, die zudem ausschließlich an der Ausgangserhebung teilgenommen hat. Trotz der überwiegend gemischten Bevölkerungsteile, aus denen die Eltern für die Kurse gewonnen wurden, sind die resultierenden Zusammensetzungen sowohl was die Bildungsabschlüsse als auch die ausgeübten Berufe angeht deutlich im mittleren bis gehobenen Bereich angesiedelt (Kap. 7).

Tab. 46 – 15_1:
Herkunft der Elternkurse und der parallelen Warte- bzw. Kontrollgruppen sowie deren Gewinnung

Kurs-Nr.	Land	Stadt/ Gemeinde	Soziodemographische Zusammensetzung	Institution	Träger des EK	Werbung	WG/ KG Nr.	Ort	Soziodemographische Zusammensetzung	Institution	Werbung
01	Bayern	Augsburg Stadt/ Land	keine Angaben	DKSB	DKSB	Presse, Internet, Elternabende	KG 11	gleich	keine Angaben	KITA	Institution, Schule, Einrichtungen
02	Bayern	München	gemischt	Verein	Verein	Institution Alleinerziehende, Zeitung	KG 12 (n=1)	gleich	keine Angaben	Hort	Zeitung, regional
03	Bayern	Dillingen/ Landkreis	gemischt	DKSB	DKSB	Arztpraxen, Schulen, Plakate					
04	Bremen	Bremen Stadt	gemischt	DKSB	DKSB	Internet, Pressemitteilung					
05	Hamburg	Stadtteil	gehobene Zusammensetzung	Hort	DKSB	nur Institutionen	WG 15	gleich	gleich	gleich	gleich
06	Hamburg	überregional	gemischt	DKSB	DKSB	Homepage, Presse	KG 16	gleich	gleich	DKSB	gleich
07	Nordrhein-Westfalen	Witten	gemischt	Schule – Freier Träger	Freier Träger	nur Institution	WG 17	gleich	gleich	gleich	gleich
08	Nordrhein-Westfalen	Münster	gemischt	Grundschule	DKSB	nur Institution	WG 18	gleich	gleich	andere Grundschule	gleich
09	Sachsen	Kreis Freiberg	gemischt	KIFAZ	DKSB	nur Institution	WG 19	gleich	gleich	gleich	gleich
10	Sachsen	Gemeinde Oderwitz	gemischt	Hort, Ganztagsschule	DKSB	nur Institution	WG 20	Olbersdorf	gleich	Hort	Projekt Familienbildung

Dieser Sachverhalt mag einerseits an den Institutionen liegen, die sich mit einer Evaluation ihres Kurses einverstanden erklärt haben. Viermal ist der Deutsche Kinderschutzbund Träger der Institution, je zweimal handelt es sich um Horte bzw. Schulen und je einmal um einen Verein bzw. ein Kinder und Familien Zentrum. Achtmal sind die Träger des Elternkurses Gliederungen des DKSB und zweimal andere Freie Träger. Andererseits kann aber auch die Art der Werbung für die Zusammensetzung verantwortlich sein. Den Besuch einschlägiger Homepages und die Lektüre von Presseorganen in Bezug auf solche Angebote praktizieren eher Eltern mit gehobenen Bildungshintergründen. Aber es ist auch allgemeiner Wissensstand, dass selbst dort, wo direkt in einer gemischt zusammen gesetzten Institution für Elternkurse geworben wird, eher Eltern ihre Teilnahme realisieren, die über bessere Bildungsvoraussetzungen verfügen. Ob sich an diesem Missstand etwas dadurch verändern lässt, dass es für bildungsfernere Eltern inzwischen einen entsprechend modifizierten Elternkurs gibt (Starke Eltern – Starke Kinder® - ganz praktisch; Deutscher Kinderschutzbund 2007), bleibt abzuwarten. Ein begründeter Ansatz zur Gewinnung anderer Eltern als bisher ist es aber in jedem Fall. Es kann selbstverständlich auch nicht ausgeschlossen werden, dass die freiwillige Teilnahme an einem aufwändig zu evaluierenden Elternkurs eine weitere zentrale Hürde für viele Eltern darstellt. Mit diesem Problem sind bis heute alle Evaluationen freiwilliger Maßnahmen konfrontiert.

Mit den letztgenannten Gründen ist die Repräsentativität der zehn Elternkurse allein schon für diesen Elternkurs angesprochen. Angesichts der kleinen Zahl können die Ergebnisse der einzelnen Kurse nicht auf alle Elternkurse Starke Eltern – Starke Kinder® verallgemeinert werden, sie ergeben aber erstmalig eine Dokumentation der Arbeitsformen und Bewertungen dreier wichtiger Themenabende aus den Perspektiven der Kursleitungen, der teilnehmenden Eltern sowie von geschulten Evaluatoren.

15.2 Beurteilungen der Elternkursleitungen

Die Leitungen der Elternkurse sind vor Beginn ihres Kurses zu ihren Erwartungen und nach Beendigung des Kurses zu ihren Erfahrungen mit diesem konkreten Kurs befragt worden. Zusätzlich sind einige Informationen über ihre Ausbildung und ihre derzeitigen Berufe von ihnen erteilt worden. Letztere sind für 18 Personen, von denen die Daten vorliegen, in der Tabelle 15_2 zusammengefasst. Ein Kurs ist von einer Person geleitet worden und in einem Fall hat es trotz erheblicher Bemühungen keinen beantworteten Fragebogen gegeben.

Neun der zehn evaluierten Elternkurse wurden von zwei Personen geleitet, wie es die Standards des Elternkurses vorsehen. Der relative Anteil ist damit deutlich höher als in der bundesweiten Umfrage zu den Elternkursen SESK von Gienke (2007). Wie die Tabelle 15_2 aufweist, sind bis auf eine Person alle Elternkurs--

Tab. 47 – 15_2:
Ausbildung und Berufserfahrungen der Elternkursleitungen

Variablen	(N=18) Anzahl	Prozent
Geschlecht		
weiblich	17	94,4
Höchster Bildungsabschluss		
Kein FH-/ Uni-Abschluss	4	22,2
FH-/ Uni-Abschluss	14	77,8
z. Zt. ausgeübter Beruf		
einschlägige Berufe mit FH-/ Uni-Abschluss	12	66,7
andere pädagogische Berufe	3	16,7
ohne Beruf	2	11,1
ohne Angabe	1	5,6
Berufsjahre		
0	1	5,6
1-10	6	33,3
11-20	8	44,4
>20	2	11,1
ohne Angabe	1	5,6
Jahre Umgang mit Kindern		
0	2	11,1
1-10	5	27,8
11-20	5	27,8
>20	2	11,1
ohne Angabe	4	22,2
Durchgeführte Elternkurse		
0	1	5,6
1-5	7	38,9
6-10	4	22,2
11-15	2	11,1
16-20	4	22,2
Berufsstatus		
Angestellte	13	72,2
freiberuflich	2	11,1
ohne Angabe	3	16,7

leitungen weiblich (94,4 %). Dieser Prozentsatz entspricht vermutlich der Realität aller Kurse SESK. Gut drei Viertel der Leitungspersonen haben einen Fachhochschul- oder Universitätsabschluss. Zwei Drittel üben einen einschlägigen Beruf aus, der einen solchen Abschluss voraussetzt. 16,7 % sind in anderen pädagogischen Berufen tätig und zwei Leitungspersonen sind ohne Beruf. Der relativ größte Teil der EK-Leitungen (44,4 %) hat zwischen elf und 20 Jahren Berufserfahrung, es folgen als zweitstärkste Gruppe jene mit ein bis zehn Jahren Berufserfahrung (33,3 %). Eine EK-Leitung gibt an, über keinerlei Berufserfahrung zu verfügen. Drei Viertel der Elternkursleiterinnen sind Angestellte, 11 % sind selbstständig.

11 % der EK-Leitungen teilen mit, dass sie keine Erfahrung im Umgang mit Kindern haben. Bei 22 % sind die Angaben nicht auswertbar, weil sie statt der Anzahl der Jahre an Erfahrung mit Kindern das Altersspektrum der Kinder mitgeteilt haben, mit dem sie Erfahrungen gesammelt haben (zum Beispiel 0 – 12). Mindestens gut zwei Drittel der EK-Leitungen sind erfahren auch im Umgang mit Kindern.

Die Anzahlen der bereits durchgeführten Elternkurse SESK streuen ganz erheblich, die Werte reichen von Null bis 20. Mehrheitlich arbeiten erfahrene Leitungen mit weniger erfahrenen zusammen. Es gibt aber auch eine Konstellation, in der beide Leitungen aufaddiert nur auf einen einzigen vorher durchgeführten Elternkurs kommen. In einem weiteren Kurs, in dem leider die Angaben der

Tab. 48 – 15_3:
Übersicht über die wichtigsten Teile des Elternkurses aus Sicht von 18 Elternkursleitungen

Inhalte	Anzahl
Problemlösung	10
Werte/ Erziehungsziele	7
Gefühle	6
Kommunikationsregeln	6
Positive Seiten des Kindes/ Selbstwertgefühl	5
Selbstkenntnis	4
Grenzen, Konsequenzen/ Struktur	3
Bedürfnisse	3
Verhaltensübungen	2
Austausch mit anderen Eltern	2
Selbsterfahrung	2
Vermittlung von Theorie	1
Summe	**51**

zweiten Leitungsperson fehlen, hat die Leiterin auch nur zwei Kurse geleitet. Ob die recht unterschiedlich ausgeprägten Erfahrungen der Kursleitungen bedeutungsvoll für die Durchführung und die Veränderungen bei den Eltern sind, wird im Kapitel zu den Kursergebnissen dargestellt.

Insgesamt gesehen sind die die Anforderungen, die an EK-Leitungen gestellt werden, weitestgehend erfüllt. Die meisten haben einschlägige Ausbildungen und arbeiten in Berufen, in denen sie viele wertvolle Erfahrungen für die Arbeit mit Eltern in Elternkursen sammeln können.

Die Elternkursleitungen haben in ihrem Fragebogen vor Beginn des Kurses auch angegeben, welche Teile des Kurses aus ihrer Sicht für ein Gelingen des Elternkurses von besonderer Bedeutung sind. Sie konnten maximal drei Teile des Kurses benennen, wovon fast alle Gebrauch gemacht haben. Von 54 möglichen Angaben bei 18 Fragebögen sind 51 realisiert worden.

Die schriftlichen freien Antworten der Elternkursleitungen sind vom Autor und einer Forschungspraktikantin unabhängig voneinander codiert worden. Die wenigen aufgetretenen Abweichungen sind gemeinsam diskutiert und einvernehmlich klassifiziert worden. Die Tabelle 15_3 enthält die Nennungen in der Reihenfolge der Häufigkeiten ihres Auftretens. Die Rangfolge der Nennungen zeigt, dass die drei am häufigsten genannten Kursteile jene sind, die auch im Vorfeld der Evaluation von Expertinnen des Kurses als die wichtigsten genannt worden sind und deshalb die Auswahl der zu beobachtenden Themenabende bestimmt haben. Es sind Problemlösung (10), Werte/Erziehungsziele (7) und Gefühle (6). Gleichauf mit den Gefühlen liegen die Kommunikationsregeln (6), die aber in fast allen Kursteilen implizit eine große Rolle spielen. Die positiven Seiten des Kindes zu sehen und sich selbst besser kennen zu lernen sind ebenfalls Bestandteile, die nicht einer besonderen Sitzung zuzuweisen sind, sondern eher die insgesamt mit dem Kurs angestrebten Ziele ansprechen. Auch aus der Sicht der aktuell untersuchten Elternkursleitungen sind die wichtigsten thematischen Abende für die Prozessbeobachtung ausgewählt worden.

Die Kursleitungen sind zusätzlich nach Einzelaspekten befragt worden, die aus ihrer Sicht für den Kurs besonders wichtig sind. Es konnten ebenfalls maximal drei Angaben gemacht werden. Von wiederum 54 möglichen liegen 50 vor. Die Codierungen haben in der gleichen Weise stattgefunden wie bei den Kursteilen. Die Tabelle A 15_1 enthält die Nennungen in der Reihenfolge der Häufigkeiten ihres Auftretens. Leider sind etliche der schriftlichen Beantwortungen nicht anders zu kategorisieren als die wichtigsten Kursteile. Die Trennschärfe zwischen den beiden Fragen ist keinesfalls befriedigend. Es finden sich wortgleiche Aussagen in beiden Antwortkategorien. Eine genauere Differenzierung der beiden erfragten Sachverhalte ist nur bei einzelnen Personen möglich, aber kaum über alle 18 Befragten hinweg vorzunehmen. Am häufigsten genannt werden bei dieser Frage die Kommunikationsregeln (11), die zum Teil recht konkret benannt werden (zum Beispiel: Verwendung von Ich-Aussagen). Darüber hinaus gibt es auch einige methodische Hinweise, die aber nur vereinzelt genannt werden.

Die wichtigsten Bestandteile des Kurzfragebogens für die Elternkursleitungen sind vor Kursbeginn die Fragen nach der Wichtigkeit der Arbeitsformen im Kurs und der angestrebten Veränderungen bei den Eltern sowie nach Kursende zur Güte der Realisierung der Arbeitsformen und der Veränderungen der Eltern in diesem konkreten Kurs. Diese Angaben sind von der Mehrheit der Kursleitungen gemacht worden, es gibt aber einzelne Auslassungen, die angesichts der kleinen Zahl auswertbarer Datensätze zu relativ großen Ausfällen führen und damit die Aussagefähigkeit leider einschränken. Deshalb werden in den Tabellen dieses Kapitels die Anzahlen der zur Verfügung stehenden Datensätze bei jeder Variable mitgeteilt.

Es ist außerdem daran zu erinnern, dass jeweils zwei Kursleitungen ihre Antworten für einen Kurs abgegeben haben. Dabei kommt es neben Übereinstimmungen auch zu deutlichen Abweichungen. Aus diesem Grund werden die Angaben der beiden Kursleitungen zunächst getrennt ausgewertet. Die Festlegung der Nummerierung der beiden Kursleitungen ist zufällig erfolgt, sie sagt nichts über die Beziehung der beiden Personen oder deren Bedeutung für die Kursdurchführung aus.

Damit ein Eindruck entsteht, ob sich die Gruppe der ersten von der der zweiten Kursleitungen, die gebeten worden sind, ihre Fragebögen unabhängig voneinander auszufüllen, in ihren Bewertungen unterscheiden, enthalten die Tabellen A 15_2 und A 15_3 im Anhang die Mittelwerte und Standardabweichungen jedes Beurteilungsmerkmals aus der Sicht der ersten und der zweiten Kursleitung. In der Tabelle A 15_2 geht es um die Beurteilungen der Wichtigkeit der Arbeitsformen sowie die Güte der Realisierung dieser Arbeitsform im Kurs. Es zeigen sich einige Unterschiede zwischen den beiden Gruppen, die allerdings bei einer anderen zufälligen Zuweisung zu den beiden Leitungsgruppen auch anders hätten ausfallen können. Um die Bedeutung dieser Differenzen nicht zu sehr zu betonen, werden in einem späteren Schritt die Beurteilungen der beiden Kursleitungen pro Kurs gemittelt.

Die Wichtigkeiten bei den Arbeitsformen variieren auf der siebenstufigen Skala, bei der die Stufe vier die neutrale Mitte signalisiert, im Mittel zwischen 4,00 (Paararbeit ohne Anleitung und Einzelarbeit) und 6,25 (Kleingruppenarbeit mit Anleitung). Einen Mittelwert der Wichtigkeit in einer der beiden Beurteilergruppen von mindestens 6,00 erreichen die Paararbeit mit Anleitung, die Gesamtdiskussion (zweimal), das Schlussritual und das Rollenspiel sowie die bereits erwähnte Kleingruppenarbeit mit Anleitung. Besonders geringe Wichtigkeit (maximaler Mittelwert 4,67) wird übereinstimmend den Arbeitsformen Einzelarbeit, Paararbeit ohne Anleitung und Kleingruppenarbeit ohne Anleitung zugeschrieben. Es wird deutlich, dass bei einigen Differenzen die Arbeitsformen mit Anleitung selbstverständlich für wichtiger gehalten werden als jene ohne Anleitung.

Auf diesen Sachverhalt wird bei der Vorstellung der Beobachtungsprotokolle noch eingegangen.

Die Mittelwerte der Realisierungen sind für jede der beiden Beurteilergruppen mit den Mittelwerten der Wichtigkeit zu vergleichen, sofern es die gleiche Anzahl von Elternkursleitungen ist. Wegen der beschriebenen Ausfälle ist diese Möglichkeit nur in neun Fällen gegeben (wenn die Gruppe der Erstgenannten aus zehn und die der Zweitgenannten aus acht Personen besteht). Alle anderen Mittelwerte basieren auf verschiedenen Personengruppen und sind deshalb nicht direkt vergleichbar. In fünf Fällen gibt es bei der Beurteilung der Realisierungsgüte in mindestens einer der beiden Gruppen Mittelwerte über 6,00. Je zweimal entfällt dieses Urteil auf die realisierte Kleingruppenarbeit mit Anleitung und die Gesamtdiskussion sowie einmal auf das Schlussritual. Damit sind Arbeitsformen besonders gut realisiert worden, die auch für besonders wichtig gehalten werden. Nur zwei Mittelwerte liegen unter dem Mittelwert 5,00: Je einmal die Kleingruppenarbeit ohne Anleitung und die Einzelarbeit. Beide sind auch hinsichtlich ihrer Wichtigkeit als nicht bedeutungsvoll beurteilt worden.

Die Tabelle A 15_3 enthält die entsprechenden Daten für die Veränderungen der Eltern. Von 18 Beurteilungen der Wichtigkeit einzelner Veränderungen der Eltern liegen 13 mit ihrem Mittelwert mindestens bei 6,00. Die größten Wichtigkeiten werden dem Gewinn von Handlungsoperationen, der Veränderung des Selbstvertrauens und des Erziehungsverhaltens zugeschrieben. Die Selbstreflexion erreicht bei den Zweitbeurteilern sogar im Mittel den maximal möglichen Wert 7,00. Zwei Merkmale werden für deutlich weniger wichtig gehalten als die übrigen: Veränderungen von Erziehungszielen und der Wissenserwerb.

Die Ausmaße der Realisierungen dieser Veränderungen werden deutlich skeptischer beurteilt als deren Wichtigkeit. Ein einziger Mittelwert erreicht den Wert 6,00 (Selbstreflexion). Alle anderen variieren zwischen 5,33 (Wissenserwerb) und 5,86 (Erziehungshaltung und Selbstvertrauen). Ausnahmen bildet das Merkmal Nutzung von sozialen Netzwerken, das in beiden Beurteilergruppen den kleinsten Mittelwert erreicht (4,89 bzw. 5,14). Offensichtlich sind die Elternkursleitungen bezüglich der erreichten Veränderungen zumindest im Mittel nicht überschwänglich. Erstaunlich ist angesichts dieser Sachlage allerdings, dass der globale Erfolg des Kurses mit dem Mittelwert 5,80 in der einen Gruppe höher liegt als jede Einzelbewertung und mit 6,00 in der zweiten Gruppe so hoch ist, wie es nur ein einziges Einzelmerkmal schafft. Offensichtlich fließen in die Gesamtbeurteilung des Kurserfolges nicht nur die aus Sicht der Kursleitungen erfolgten Veränderungen ein. Einschränkend ist hier anzuführen, dass sich zwei Kursleitungen eines Kurses geweigert haben, über die Veränderungen der Eltern Aussagen zu machen, weil diese selbst entscheiden würden, welche Veränderungen sie vornehmen. Für die Beurteilung der Wichtigkeit dieser Veränderungen hat es diese Verweigerung allerdings noch nicht gegeben. Beide haben dennoch den globalen Erfolg des Kurses beurteilt.

Während die Beurteilung zweier Kursleitungen bezüglich der Wichtigkeit einer Arbeitsform nicht zwangsläufig voraussetzt, dass beide Kursleitungen auf Grund gleicher Erfahrungen urteilen, ist dieser Sachverhalt bei der Beurteilung der Güte der Realisierung dieser Arbeitsformen ein anderer. Beide haben den Kurs in verantwortlicher Position geleitet und beziehen sich in ihrem Urteil auf eine gemeinsame Erfahrung. Die Beurteilungen können grob daraufhin analysiert werden, ob sie bezüglich der maximal zehn Kurse zu Übereinstimmungen der Art kommen, dass im Vergleich zu den anderen Kursen hohe Bewertungen auch vom Zweitbeurteiler geteilt werden. Oder anders ausgedrückt: Sind die von den Erstbeurteilern besonders gut beurteilten Kurse im diesem Kursaspekt auch von den Zweitbeurteilern besonders gut beurteilt? Dabei ist aber zu beachten, dass jede Kursleitung nur ihren eigenen Kurs und nicht die anderen beurteilt hat. Bei diesem Vorgehen kann nicht getrennt werden zwischen der tatsächlichen Güte eines Kursaspektes und dem Beurteilungsniveau eines Kursbeurteilers. Folgendes Beispiel mag diesen Sachverhalt verdeutlichen: Wenn der Kurs A hinsichtlich des Merkmals Einzelarbeit im Vergleich zu den restlichen Kursen die beste Realisierung aufweisen würde, könnte es bei den beiden Beurteilern dennoch zu deutlichen Differenzen kommen, wenn der eine zum besten Urteil kommt, während der andere auf Grund einer anderen Eichung seines Urteils einen deutlich niedrigeren Wert vergibt. Das könnte dazu führen, dass andere Kurse von ihren Leitungen bessere Werte erhalten als Kurs A vom zweiten Beurteiler. Dieser Sachverhalt würde sich in einer niedrigeren Korrelation ausdrücken. Berechnungen dieser Korrelationen sind zudem nur möglich für die Anzahl von Kursen, für die zwei Beurteilungen im jeweiligen Beurteilungsaspekt vorliegen. Diese Bedingung ist nur selten befriedigend gegeben. Da beide Urteiler nur ihren eigenen Kurs kennen, kann es zudem zu kursbezogenen Beurteilungen kommen, die von anderen Beurteilern so nicht geteilt werden. Diese Differenzen würden sich aber nicht beim Vergleich der Mittelwerte auswirken, sofern sich beide Urteiler einig sind. Auch bei dieser Überprüfung können nur die Kurse berücksichtigt werden, zu denen jeweils zwei Urteile vorliegen.

Die Tabelle A 15_4 enthält alle Urteile der Kursleitungspaare für jeden Kurs in der Befragung nach Beendigung des Elternkurses. Zusätzlich sind die Differenzen zwischen den Urteilen der Paare angeführt. Diese Differenzen sind zum einen als Summe der einfachen und zum anderen als Summe der absoluten Differenzen berechnet. Für jedes Leitungspaar ist damit bekannt, wie stark die Urteile voneinander abweichen. In manchen Fällen heben sich positive und negative Differenzen auf, die Summe der absoluten Abweichungen enthält dagegen die Menge der Unterschiede unabhängig von ihrem Vorzeichen. Im günstigsten Fall sind beide Summen gleich Null (völlige Übereinstimmung). Diesen Fall gibt es bei den vorliegenden Urteilen nicht. Bei den Beurteilungen der Realisierungen der Arbeitsformen betragen die Summen der absoluten Abweichungen zwischen zwei und 13 bei maximal elf Beurteilungsaspekten (nicht alle Aspekte sind von allen EK-Leitungen beurteilt worden). 13 Skaleneinheiten Abweichungen stellen bei elf Beurteilungen eine ausgesprochen ungünstige Relation dar, im Mittel bedeutet das über alle Arbeitsformen mehr als eine Stufe Abweichung in den Beurteilungen desselben Kurses. Eine sehr gute Übereinstimmung signalisieren nur zwei Einheiten Abweichungen bei elf Beurteilungen und auch noch drei bei neun Beurteilungen.

Zum Teil noch extremer sind die absoluten Differenzen bei den neun Veränderungsbereichen der Eltern. 14 und elf Punkte absolute Abweichungen weisen bei neun Beurteilungsaspekten auf erhebliche Bewertungsunterschiede der Kursleitungspaare hin. Eine einvernehmliche Beurteilung der spezifischen Wirkungen des eigenen Kurses liegt hier wahrscheinlich nicht vor. Es gibt aber auch zwei Kurspaare mit nur zwei und vier Einheiten absoluter Differenzen bei den neun Beurteilungen. Diese beiden Paare haben offensichtlich eine recht ähnliche Wahrnehmung und Beurteilung der Veränderungen der Eltern. Ihre Kooperation bei der Leitung des Kurses dürfte auf deutlich solideren Füßen stehen als bei manchen anderen Kursleitungspaaren.

Deutlich ähnlicher fallen die Beurteilungen des globalen Kurserfolgs aus. Fünf Paare sind sich in ihrem Urteil völlig einig, die anderen drei differieren um einen Punkt auf der siebenstufigen Skala.

Wie oben bereits mitgeteilt, werden die beiden Urteile der Elternkursleitungen bezüglich der Güte der Realisierung der Arbeitsformen und der bei den Eltern erzielten Veränderungen gemittelt, um ein möglichst robustes Urteil in die nachfolgenden Berechnungen einfließen zu lassen. Wenn nur ein Urteil vorliegt, wird dieses eingefügt, um die Zahl der beurteilten Merkmale nicht zu klein werden zu lassen. Es besteht bei dieser Vorgehensweise allerdings das Risiko, dass eine Beurteilung benutzt wird, die unter Umständen von der zweiten Person nicht vorliegt, weil diese Arbeitsform aus deren Sicht gar keine Rolle gespielt hat und aus diesem Grund nicht beurteilt worden ist. In einem solchen Fall würde das Urteil der einen Kursleitung wenig aussagekräftig sein. Angaben zu den Gründen von Auslassungen liegen vom oben erwähnten Leitungspaar abgesehen allerdings nicht vor.

Die Tabelle 15_4 enthält die Mittelwerte und die Standardabweichungen der gemittelten Werte der beiden Kursleitungen für die Güte der Realisierung der verschiedenen Arbeitsformen im Elternkurs. Zusätzlich ist angegeben, auf wie vielen Fällen die Beurteilung basiert (sieben bis zehn) und wie hoch die Korrelationen der Beurteilungen zwischen den beiden Leitungspersonen über die doppelt beurteilten Kurse sind (in Klammern steht die jeweils zu Grunde liegende Anzahl der Beurteilungspaare). Es zeigt sich, dass die Kleingruppenarbeit mit Anleitung die beste mittlere Beurteilung erfährt (6,39), gefolgt von der Gesamtdiskussion (6,18) und der Paararbeit mit Anleitung (6,00). Diese drei Arbeitsformen erreichen damit Mittelwerte, die maximal nur eine Stufe unterhalb des Optimalwertes 7 liegen. Die Standardabweichungen übertreffen nicht den Wert von 1,03. Die Übereinstimmungen der beiden Kursleitungen erreichen Korrelationen zwischen .76 und .83 und sind sämtlich signifikant. Es besteht bezüglich dieser Arbeitsformen große Einigkeit bei den Kursleitungspaaren.

Tab. 49 – 15_4:
Gemittelte Urteile der beiden Kursleitungen über die Güte der Realisierung bei den Arbeitsformen in den Kursen und Grad der Übereinstimmung zwischen Erst- und Zweitbeurteilung (r) sowie Anzahl der Kurse mit zwei Urteilen

Variablen	Güte der Realisierung			Übereinstimmung	Anzahl Urteilspaare
	M	s	N	r	
Kurzvortrag	5.90	.84	10	.80	8
Besprechung der Wochenaufgabe	5.50	.94	10	.19	8
Einzelarbeit	5.28	1.19	9	.77	5
Paararbeit mit Anleitung	6.00	.94	10	.80[1]	7
Paararbeit ohne Anleitung	5.50	1.19	7	.58	5
Kleingruppenarbeit mit Anleitung	6.39	.65	9	.76[1]	7
Kleingruppenarbeit ohne Anleitung	5.56	1.43	8	.46	4
Rollenspiel	5.45	1.32	10	.77	6
Gesamtdiskussion	6.18	1.03	8	.83[1]	8
Zusammenfassung des Tagesthemas	5.50	.83	9	.88[1]	7
Schlussritual	5.50	1.27	10	.83[1]	8

(wenn nur ein Urteil vorliegt, ist nur dieser Wert eingeflossen)

Die Mittelwerte der Beurteilungen der übrigen acht Arbeitsformen liegen zwischen 5,28 (Einzelarbeit) und 5,90 (Kurzvortrag). Sie sind damit deutlich im mittleren positiven Bereich beurteilt worden. Von drei Ausnahmen abgesehen sind die Übereinstimmungen der Kursleitungen als gut zu bezeichnen (.77 bis .88). Die Ausnahmen betreffen die Kleingruppenarbeit und die Paararbeit beide ohne Anleitung (.58 bzw. .46). Am schlechtesten ist die Übereinstimmung bei der Besprechung der letzten Wochenaufgabe. Obwohl dieser Teil an jedem Kursabend ein wesentlicher Bestandteil ist, sind sich die Kursleitungen nicht einig über das Ausmaß der Realisierungsgüte (.19). Entweder liegen hier bei den Beurteilern differente Konzeptverständnisse zu Grunde oder die Erfahrungen sind über die Sitzungen so verschieden, dass bei der Beurteilung auf verschiedene Ausschnitte der Erfahrungen zurückgegriffen wird.

Die Tabelle 15_5 enthält die entsprechenden Informationen über die Realisierungen der bei den Eltern angestrebten Veränderungen. Alle Mittelwerte liegen zwischen 5,17 (Nutzung von sozialen Netzwerken) und 5,83 (Selbstreflexion und

Selbstvertrauen). Der Wert 6,00 wird damit in keinem Fall erreicht, damit fällt die Beurteilung nicht ganz so günstig aus wie für die Güte der Realisierungen der Arbeitsformen. Die Mittelwerte befinden sich aber ausschließlich im mittleren positiven Bereich der Urteilsskala. Die Standardabweichungen der gemittelten Urteile sind von einer Ausnahme abgesehen (Nutzung von sozialen Netzwerken) sämtlich unter 1,00.

Tab. 50 – 15_5:
Gemittelte Urteile der beiden Kursleitungen über die Güte der Realisierungen der positiven Veränderungen in den Zielbereichen des Kurses und Grad der Übereinstimmung zwischen Erst- und Zweitbeurteilung (r) sowie Anzahl der Kurse mit zwei Urteilen

Variablen	Güte der Realisierung			Übereinstimmung	Anzahl Urteilspaare
	M	s	N	r	
Erziehungshaltung	5.67	.50	9	-.34	7
Erziehungsziele	5.50	.66	9	.62	7
Erziehungseinstellungen	5.72	.62	9	.18	7
Erziehungsverhalten	5.61	.55	9	-.24	7
Wissenserwerb	5.50	.97	9	.54	7
Gewinn von Handlungsoptionen	5.78	.97	9	.92[1]	7
Selbstreflexion	5.83	.71	9	.37	7
Selbstvertrauen	5.83	.83	9	.27	7
Nutzung von sozialen Netzwerken	5.17	1.15	9	.41	7
Erfolg des Kurses ganz global	5.95	.80	10	.83[1]	8

(wenn nur ein Urteil vorliegt, ist nur dieser Wert eingeflossen)
[1] signifikant

Ganz anders als bei den Arbeitsformen stellen sich die Übereinstimmungen der Kursleitungen bei den Beurteilungen der Veränderungen der Eltern dar. Ein einziges Merkmal (Gewinn von Handlungsoptionen) erreicht für die paarweisen Beurteilungen eine signifikante Korrelation von .92. Alle anderen verfehlen diese Marke der Signifikanz nicht nur wegen der geringen Anzahl der Urteilspaare deutlich, auch die erreichten Korrelationshöhen sind in einem unbefriedigenden Bereich (maximal .62 für die Erziehungsziele). Bei der für den Elternkurs besonders wichtigen Erziehungshaltung gibt es sogar eine negative Korrelation (-.34) und beim Erziehungsverhalten zusätzlich eine negative Korrelation von -.24. Selbst wenn man die oben diskutierten Einschränkungen dieser Überprüfung berücksichtigt, bleibt doch festzuhalten, dass bezüglich der Zielbereiche des Elternkurses eine unbefriedigende Übereinstimmung bei der Beurteilung des Erfolgs besteht. Es ist in erster Linie wohl nicht auszuschließen, dass zu geringe begriffliche Differenzierungen zwischen den benannten Veränderungsbereichen bei den Elternkursleitungen vorliegen, die zudem nicht als zwischen den Kursleitungen vereinbart gelten können. Der begriffliche Apparat solcher Konzepte scheint in der Ausbildung zu Kursleitern zu wenig geklärt zu sein. Für die Fragen der Steuerung der Prozesse in den Kursen durch die beiden Kursleitungen kann dieser Sachverhalt ein ernstes Problem darstellen, wenn nicht eine Arbeitsteilung vorliegt, die die Verantwortung mehrheitlich einer Person zuschreibt.

Es darf natürlich nicht der Hinweis fehlen, dass die Beurteilung der direkt be-

Tab. 51 – 15_6:
Korrelationen der gemittelten Beurteilungen der Elternkursleitungen zur Güte der Realisierung von Arbeitsformen mit der Güte der erreichten Veränderungen in den Zielbereichen (nur Korrelationen ≥ .40)

Variablen (N=6-10)	Erziehungshaltung	Erziehungsziele	Erziehungseinstellungen	Erziehungsverhalten	Wissenserwerb	Gewinn von Handlungsoptionen	Selbstreflexion	Selbstvertrauen	Nutzung von sozialen Netzwerken	Erfolg des Kurses ganz global
Kurzvortrag				.60[2]	.47	.40	.51	.60[2]	.42	.65[1]
Besprechung der Wochenaufgabe	-.40							.47	.49	.44
Einzelarbeit				.57	.65	.54		.71[1]	.46	.62[2]
Paararbeit mit Anleitung					.84[1]	.66[2]		.87[1]	.61[2]	.52
Paararbeit ohne Anleitung		.51		.92[1]	.74[1]	.79[2]	.72	.87[1]	.75[2]	.82[1]
Kleingruppenarbeit mit Anleitung	.51				.83[1]	.62	.79[1]	.77[1]	.81[1]		.84[1]
Kleingruppenarbeit ohne Anleitung					.53	.79[1]	.83[1]	.45	.84[1]	.74[2]	.86[1]
Rollenspiel		.41			.56	.55		.54		.55[2]
Gesamtdiskussion	.45				.74[2]	.49	.77[1]	.40	.64		.70[2]
Zusammenfassung des Tagesthemas					.48			.46		.50
Schlussritual					.51			.49		.47

[1] signifikant
[2] tendenziell signifikant

obachtbaren realisierten Arbeitsformen deutlich einfacher ist als die Beurteilung der in den Eltern stattfindenden Veränderungen. Vermutlich basieren die Mittelwertunterschiede zu Gunsten der Arbeitsformen auch auf diesem Phänomen. Merkmale, die nur erschlossen und nicht direkt beobachtet werden können wie die Veränderungen der Eltern in den angesprochenen Bereichen, werden von den Kursleitungen zurückhaltender beurteilt.

Hinsichtlich der Beurteilung des Gesamterfolges des jeweiligen Elternkurses ist diese gewisse Vorsicht deutlich geringer. Mit 5,95 wird ein Mittelwert erreicht, der über jedem einzelnen Mittelwert der neun Veränderungsbereiche liegt. Auch ist die Übereinstimmung der Paare über die Kurse mit .83 im sehr guten Bereich. Es ist insofern interessant zu untersuchen, welche Einzelmerkmale es sind, die mit dem globalen Kurserfolg aus Sicht der Kursleitungen zusammen hängen.

Die Tabelle 15_6 enthält die inhaltlich relevanten Korrelationen (mindestens .40) zwischen der Güte der Realisierung der Arbeitsformen und den aus Sicht der Elternkursleitungen erzielten Veränderungen bei den Eltern. Für die erreichten Veränderungen in der Erziehungshaltung spielt die Güte der realisierten Arbeitsformen genauso wie für die Veränderungen der Erziehungsziele in den Kursen nur eine recht geringe Rolle (jeweils nur zwei Korrelationen zwischen -.40 und .50). Für Erziehungseinstellungen findet sich kein einziger relevanter Zusammenhang mit der Realisierungsgüte von Arbeitsformen. Für die übrigen Zielbereiche stellt sich die Situation ganz anders dar. Für die Merkmale Erziehungsverhalten, Wissenserwerb und Gewinn von Handlungsoptionen sind die Realisierungsbeurteilungen von acht Arbeitsformen bedeutsam, für alle etwa gleich wichtig sind der Kurzvortrag, die Einzelarbeit, die Kleingruppenarbeit mit und ohne Anleitung sowie die Gesamtdiskussion. Darüber hinaus gibt es einige Differenzierungen zwischen den Zusammenhängen. Das Ausmaß der Veränderung der Selbstreflexion wird in Zusammenhang mit der Realisierung der Paar- und Gruppenarbeiten sowie der Gesamtdiskussion gesehen. Die Veränderung des Selbstvertrauens steht in Beziehung zu sämtlichen Realisierungsbeurteilungen der Arbeitsformen. Es dominieren dabei die Zusammenhänge mit den Einzel-, Paar- und Gruppenarbeitsformen (alle signifikant, zum großen Teil über .80). Deutlich weniger bedeutsame Korrelationen gibt es zwischen den Veränderungen des sozialen Netzwerkes und der Realisierung der Arbeitsformen. Drei Korrelationen der Paar- und Kleingruppenarbeit sind signifikant, drei weitere immerhin bedeutungsvoll.

Der globale Kurserfolg steht mit der Güte der Realisierungen aller Arbeitsformen in Zusammenhang. Das Muster ist recht ähnlich wie bei der Veränderung des Selbstvertrauens. Neben dem Kurzvortrag sind es die Einzelarbeit, die Paararbeit ohne Anleitung, die beiden Varianten der Kleingruppenarbeit, das Rollenspiel und die Gesamtdiskussion, die bei hohem Realisierungsgrad mit höheren Werten des Kurserfolges einhergehen. Die Kursleitungen sehen bessere Realisierungen sämtlicher Arbeitsformen offensichtlich als einen wesentlichen Bestandteil der Realisierung eines größeren Kurserfolges an. Vier der beurteilten Arbeitsformen erreichen dabei keine signifikanten Korrelationen, wobei sich darunter eher erstaunlicher Weise die Paararbeit mit Anleitung (.52) sowie die Besprechung der Wochenaufgabe (.44) befinden. Auch die Güte der Zusammenfassung des Tagesthemas ist nicht so bedeutungsvoll für den Kurserfolg, wie man annehmen könnte (.50). Die Kursleitungen differenzieren also zwischen den Beurteilungen der Arbeitsformen auch im Hinblick auf die Bewertung des globalen Kurserfolges.

Tab. 52 – 15_7:
Korrelationen der gemittelten Beurteilungen der Elternkursleitungen zur Güte der Realisierung der erreichten Veränderungen in den Zielbereichen (nur Korrelationen ≥ .40)

Variablen/ Veränderungen (N=6-10)	Erziehungshaltung	Erziehungsziele	Erziehungseinstellungen	Erziehungsverhalten	Wissenserwerb	Gewinn von Handlungsoptionen	Selbstreflexion	Selbstvertrauen	Nutzung von sozialen Netzwerken	Erfolg des Kurses ganz global
Erziehungshaltung	.76[1]	.67[1]	.72[1]				.71[1]			
Erziehungsziele				.69[1]	.49	.47				.57
Erziehungseinstellungen				.66[2]		.45				
Erziehungsverhalten						.64[2]	.70[1]	.67[1]		.83[1]
Wissenserwerb						.86[1]	.41	.90[1]	.79[1]	.74[1]
Gewinn von Handlungsoptionen							.58	.88[1]	.54	.85[1]
Selbstreflexion								.59[2]		.53
Selbstvertrauen									.63[2]	.91[1]
Nutzung von sozialen Netzwerken										.59[2]

[1] signifikant
[2] tendenziell signifikant

Die Tabelle 15_7 zeigt die relevanten Zusammenhänge der gemittelten Urteile der Elternkursleitungen über die erreichten Veränderungen zwischen den Zielbereichen und mit dem globalen Kurserfolg. Die meisten Zusammenhänge ergeben sich zwischen den Einzelmerkmalen für die Selbstreflexion (sieben), gefolgt von Erziehungsverhalten und Gewinn von Handlungsoptionen (je sechs). Kurse, in denen diese Merkmale nach dem gemittelten Urteil ihrer Kursleitungen besonders stark positiv verändert worden sind, haben solche Veränderungen auch in anderen Merkmalen stärker als die übrigen Kurse realisiert. Die besonders wichtige Veränderung der Erziehungshaltung ist in den Kursen überdurchschnittlich, in denen sich auch die Erziehungsziele, das Erziehungsverhalten, die Selbstreflexion und die Erziehungseinstellungen stärker verändert haben. Am gesamten Korrelationsmuster ist zu erkennen, dass die Kursleitungen ihre Veränderungen in den Kursen recht konsistent beurteilt haben. Es ist allerdings nicht völlig auszuschließen, dass es sich teilweise auch um unterschiedliche Niveaustufen der Beurteiler handelt. So werden eher sehr selbstkritische Kursleitungen ihre Veränderungen vermutlich als weniger stark beurteilen, während sehr überzeugte Kursleitungen vielleicht immer zu höheren Beurteilungen greifen, was dann im Ergebnis zu höheren Korrelationen über alle Kurse führt, ohne dass damit zweifelsfrei zu schließen ist, dass in den Kursen tatsächlich deutlich verschiedene Veränderungen erzielt worden sind. Auf diese Problematik ist in diesem Kapitel bereits oben verwiesen worden.

Die globale Einschätzung des Kurserfolges steht in erster Linie mit vier Merkmalen in Zusammenhang: Wenn es gelungen ist, das Selbstvertrauen zu verändern (.91), Gewinn von Handlungsoptionen zu realisieren (.85), Erziehungsverhalten zu verändern (.83) und Wissenserwerb zu erzielen, dann wird der Kurserfolg als besonders hoch beurteilt. Die im Kurskonzept besonders betonte Erziehungshaltung spielt erstaunlicher Weise keine zentrale Rolle. Eine wesentliche Begründung liegt darin, dass bezüglich dieses Merkmals schon keine Übereinstimmung zwischen den paarweisen Kursbeurteilungen besteht. Es ist dann auch wesentlich schwieriger, einen systematischen Zusammenhang mit anderen Merkmalen zu erzielen. Die Veränderung des Selbstvertrauens der Eltern im Kursverlauf ist fast identisch mit der Beurteilung des Kurserfolges. Wenn nach dem Eindruck der Kursleitungen das Selbstvertrauen der Eltern steigt, dann ist das der entscheidende Grund für eine Erfolgsbewertung des gesamten Kurses. Da diese Beurteilungen gleichzeitig erhoben worden sind, ist aus dem Befund keine Kausalität abzuleiten. Es ist auch denkbar, dass eine günstige Beurteilung des Kurserfolges für Kursleitungen gleichzeitig bedeuten kann, dass das Selbstvertrauen sich positiv verändert haben muss.

Von besonderem Interesse sind die Fragen nach Übereinstimmungen dieser Erfolge aus Sicht der Kursleitungen mit den Selbstwahrnehmungen der Eltern aus ihren Fragebögen und mit den Prozessmerkmalen der drei beobachteten thematischen Kursabende. Diese Aspekte werden in den folgenden Abschnitten dokumentiert.

15.3 Die Kursabende aus Sicht der Eltern

Die Eltern sind an jedem der drei protokollierten Kursabende gebeten worden, mit Hilfe sechsstufiger Skalen Beurteilungen über den erlebten Kursabend vorzunehmen (Kap. 5.2.1.4). Die Bewertungen der einzelnen Sitzungen werden im nächsten Kapitel für die drei Sitzungen und für die einzelnen Kurse berichtet. An dieser Stelle geht es in erster Linie um die Analysen des eingesetzten Instrumentariums bei allen Eltern des Kurses. Von 101 Personen liegt mindestens eine Bewertung eines Kursabends vor. Um die Anzahl der untersuchten Eltern für die hier anstehenden Analysen nicht zu klein werden zu lassen, werden pro Person Mittelwerte über die drei besuchten Kursabende gebildet. Bei fehlenden Daten aus einer oder zwei Erhebungen wird entweder ein Mittelwert aus zwei Sitzungen gebildet oder der einzige vorhandene Wert übernommen. Damit gehen zwar unterschiedliche Ausmaße an Erfahrung in die Daten ein, aber die Gesamtzahl der Untersuchten bleibt erhalten.

Die Analysen sollen Aufschluss darüber geben, ob einzelne Items sinnvoll zu Skalen zusammengefasst werden können und ob diese über brauchbare Zuverlässigkeiten verfügen. Darüber hinaus soll geprüft werden, ob die abgegebenen Kurserfahrungen aus drei wichtigen Sitzungen auch geeignet sind, die Beurtei-

Tab. 53 – 15_8:
Faktorenanalyse der über drei Sitzungen gemittelten Erfahrungen der Eltern an drei Kursabenden (nur Ladungen ≥ .30)

Variablen	(N=101)		
	1. Faktor	2. Faktor	Kommunalitäten
Vermittlung neuer Kenntnisse[1]		.88	.77
Vermittlung praktischer Fertigkeiten[1]		.86	.78
Verständnis[1]	.61		.38
Verstehen, was wichtig in Erziehung ist[1]		.83	.76
Ermutigung zum Austausch[2]	.48	.42	.41
Praktische Alltagsbeispiele[1]	.70		.50
Übung von Inhalten[3]	.74		.58
Güte der Kursanleitung[4]	.75	.38	.70
Hilfestellung Kursleitung bei Übungen[4]	.86		.79
Güte der Kursleitung als Vorbild[4]	.72	.36	.65
Erklärte Varianz	**38,8%**	**27,3%**	**63,1%**

[1] viel – wenig
[2] sehr – wenig
[3] genug – zu wenig
[4] gut – schlecht

lungen des gesamten Kurses durch die Eltern am Ende der Sitzung zu erklären. In einem weiteren Schritt wird diese Frage erweitert auf die Vorhersage der Kursbeurteilung in der Follow-up Untersuchung. Die beiden letztgenannten Gesichtspunkte erlauben zudem eine Einschätzung der Validität der Bewertungen der Eltern. Bei besonders positiven Beurteilungen dreier Kursabende sollte auch die Zufriedenheit mit dem Kurs deutlich über dem Durchschnitt liegen.

Die Faktorenanalyse der über drei Sitzungen gemittelten ersten zehn Bewertungen der Eltern über ihre Kurserfahrungen ergibt nicht die vorgesehene inhaltliche Struktur, die zwischen den drei Aspekten Selbsterfahrung, Aufgaben und Kursleitung trennt. Wie Tabelle 15_8 ausweist, differenzieren die Eltern nur zwei Komponenten: Einerseits lädt der erste Faktor mit 38,8 % erklärter Varianz nicht nur die drei Aussagen zur Kursleitung sondern auch die beiden Aussagen zu den Aufgaben. Es kommt zudem die Beurteilung des eigenen Verstehens mit .61 hinzu. Eine eindeutige Bezeichnung für diesen Faktor ist nur eingeschränkt möglich. Um die Bedeutung möglichst scharf von der des zweiten Faktors abzuheben wird er pragmatisch Arbeitserfahrung im Kurs genannt. Auf dem zweiten Faktor laden drei Aussagen zur eigenen Person, deshalb wird in Abgrenzung zum ersten Faktor die Bezeichnung Selbsterfahrung vorgeschlagen. Die Aussage über die Ermutigung zum Austausch enthält Komponenten beider Faktoren und kann beiden zugeschlagen werden.

Die Ergebnisse der Faktorenanalyse werden nur zur Skalenbildung benutzt, wobei nicht auf Faktorwerte zurückgegriffen wird, sondern die Skalen aus den Items gebildet werden, die die höchsten Ladungen auf einem Faktor haben. Die neu gebildete Skala Selbsterfahrung besteht aus den ursprünglichen Items 1, 2 und 4. Die interne Konsistenz dieser Skala beträgt .86, sie misst damit sehr homogen. Die übrigen Aussagen lassen sich ebenfalls zusammenfassen zur Skala Arbeitserfahrung, die aus den Items 3 und 6 bis 10 besteht. Auch diese Skala weist eine sehr gute interne Konsistenz von .85 auf. Nimmt man das fünfte Item noch hinzu, bleibt die interne Konsistenz gleich hoch (.85). Da die drei Aussagen zu den Kursleitungen inhaltlich gut heraus lösbar sind aus dieser Skala, werden sie zu einer eigenen Skala Kursleiterbeurteilung zusammengefasst. Auch diese Skala weist mit .89 eine sehr hohe interne Konsistenz auf. Da die dann verbleibenden vier Items 3, 5, 6 und 7 nur eine weniger konsistente Skala ergeben, werden diese vier Items nicht gesondert zusammengefasst und tauchen in den unten stehenden Regressionsanalysen als je einzelne Prädiktoren auf.

Im nächsten Schritt wird geprüft, ob die Aussagen zu den drei Kurserfahrungen in Beziehung stehen zu den Bewertungen des gesamten Kurses nach Beendigung desselben. Die Tabelle 15_9 enthält die diesbezüglichen signifikanten multiplen Korrelationen für die verschiedenen Kursbewertungen. Es sind nur jene Bewertungen in der Tabelle enthalten, zu denen mindestens zwei Kursabendbeurteilungen beitragen. Für alle anderen sechs Bewertungen am Ende des Kurses gilt, dass die Skala Selbsterfahrung zwischen 20,2 % (Erziehungsvorstellungen besser verstanden) und 38,8 % (Brauchbare Tipps) der jeweiligen Varianz zu erklären vermag. Damit ist für diese sechs Bewertungen nachgewiesen, dass gute Beurteilungen der Selbsterfahrung das dominante Merkmal für diese Aussagen sind (die Korrelationen sind sämtlich negativ, weil die Bewertungen an den Kursabenden den Schulnoten entsprachen, niedrige Werte also gute Beurteilungen darstellen). Kein anderer der weiteren fünf Prädiktoren trägt zusätzlich zur Erklärung der Abschlussbewertung des Kurses bei.

Wie die Tabelle 15_9 zeigt, ist die Güte der Selbsterfahrung auch bei allen anderen Abschlussbewertungen zum Kurs aus Elternsicht das dominierende Merkmal, das allerdings in der Kombination mit weiteren Variablen zusätzliche Varianz zu erklären vermag. Eltern, die am Ende des Kurses angeben, besonders viel Neues gelernt zu haben, haben eine Menge Selbsterfahrungen an den drei Kursabenden gemacht und sind eher zum Austausch mit anderen Eltern ermutigt worden. Die Ambivalenz der letztgenannten Aussage erweist sich auch dadurch,

Tab. 54 – 15_9:
Multiple Regression der Elternvariablen mit den Kriterien Erfahrungen der Eltern am Ende des Kurses und den Prädiktoren gemittelte Beurteilungen dieser Eltern aus drei Sitzungen

Prädiktoren	Viel Neues gelernt		Beziehung zum Kind verbessert		Schwierige Situationen		Sicherer im Umgang		Besser in Kind hineinversetzen		Kind zufriedener mit Elternteil	
	r	beta	r	beta	r	beta	r	beta	r	beta	r	beta
Selbsterfahrungen in drei Sitzungen	-.63	-.81	-.52	-.47	-.48	-.61	-.52	-.46	-.46	-.32	-.43	-.29
Beurteilung der Leitung in drei Sitzungen									-.43	-.25	-.42	-.26
Verständnis in drei Sitzungen					-.30	-.25	-.37	-.27				
Ermutigung zu Austausch in drei Sitzungen	-.30	.26			-.22	.27						
Praktische Alltagsbeispiele in drei Sitzungen												
Übung von Inhalten in drei Sitzungen												
Multiple Korrelation (R)	.66		.56		.56		.58		.50		.49	
Erklärte Varianz	43,3%		29,2%		31,1%		34.0%		25.3%		23.6%	

dass sie in die Regressionsgleichung mit einem positiven Gewicht eingeht. Wenn also die Selbsterfahrung bereits berücksichtigt ist, trägt eher weniger Ermutigung zum Austausch zum abschließenden Urteil bei. Mit 43,3 % erklärter Varianz handelt es sich um eine sehr hohe multiple Korrelation, die für keine andere Abschlussbeurteilung erreicht wird.

Für die Verbesserung der Beziehung zum Kind ist neben der Güte der Selbsterfahrung noch von Bedeutung, ob sich die Eltern ein gutes Verständnis in den drei Kursabenden zuschreiben. 29,2 % der Varianz der Abschlussbeurteilung sind durch die Kombination der beiden Merkmale erklärbar. In gleicher Größenordnung befindet sich die multiple Korrelation für die Beurteilung, ob die Eltern nach dem Kurs auch in schwierigen Situationen mit ihrem Kind umzugehen vermögen. Neben der Selbsterfahrung spielen das Verstehen an den Kursabenden und die Ermutigung zum Austausch mit den anderen Eltern eine signifikante Rolle. Wie beim ersten Bewertungsaspekt dreht sich auch hier das Vorzeichen der Aussage zum Austausch mit anderen Eltern (nach Berücksichtigung der Selbsterfahrung wird die verbleibende Partialkorrelation zwischen Ermutigung und besserem Verstehen positiv). 31,1 % der Varianz der Abschlussbeurteilung werden durch die Kombination dreier Kursabendbeurteilungen erklärbar.

Die Aussage, nach dem Kurs sicherer im Umgang mit dem Kind zu sein, wird ebenfalls durch die Hinzufügung des Merkmals Verstehen zu der Selbsterfahrung deutlich erhöht auf 34,0 % erklärte Varianz. Zu drei Aspekten trägt das gute Verstehen an den Kursabenden über die Güte der Selbsterfahrung hinaus zu günstigeren Abschlussbeurteilungen bei. Die beiden letzten Kursbewertungen, sich besser in das eigene Kind hinein versetzen zu können (25,3 % erklärte Varianz), bzw. größere Zufriedenheit des Kindes mit dem Elternteil (23,6 % erklärte Varianz), werden zusätzlich zur Selbsterfahrung an den Kursabenden durch die Beurteilungen der Kursleitungen stärker vorhersagbar. Die Bewertungen der Kursleitungen spielen nur bei diesen beiden Abschlussaussagen eine gewisse Rolle, bei allen anderen tragen sie nicht zur Varianzerklärung bei. Ausschlaggebend für sämtliche Abschlussbewertungen sind in erster, oft sogar einziger Linie die realisierten Selbsterfahrungen. Je günstiger diese beurteilt werden, desto größer ist die Zufriedenheit mit allen Aspekten des Kurses, die nach dessen Beendigung erfragt worden sind. Anders herum ausgedrückt bedeutet das auch, dass ein geringeres Ausmaß an positiv beurteilter Selbsterfahrung eher mit weniger günstigen Kursbeurteilungen einhergeht. Es ist nicht auszuschließen, dass Eltern, die wenig Wert auf die praktizierten Formen der Selbsterfahrung legen, auch deshalb zu ungünstigeren Gesamtbeurteilungen neigen.

Echte Gesamtbewertungen des Elternkurses in Form einfacher globaler Beurteilungen liegen nur für die Follow-up Erhebung vor. Leider stehen für diese Analyse nur die Daten der 39 Eltern zur Verfügung, die an dieser Befragung noch teilgenommen haben. Die Eltern sind zum Abschluss vier Monate nach Beendigung ihres Elternkurses gefragt worden, wie sehr sie insgesamt mit ihren Erfahrungen zufrieden sind und ob sie den Kurs anderen Eltern empfehlen würden. Beide Bewertungen sind als Kriterien in entsprechende multiple Regressionsanalysen mit den sechs Kursabendbeurteilungen als Prädiktoren eingegangen. Für beide Kriterien erweist sich lediglich ein einziges Merkmal als relevant: Die Beurteilung der Kursleitungen über die drei Abende. Die allgemeine Zufriedenheit wird zu 43,0 % und die Empfehlung des Kurses sogar zu 57,9 % ihrer Varianz durch die Beurteilung der Kursleitung erklärt (ohne Tab.). Alle anderen fünf Kursbeurteilungen vermögen keine weiteren Varianzanteile zu erklären. Dieser Befund ist insofern erstaunlich, als am Kursende die Beurteilungen der Kursleitungen gegenüber den Selbsterfahrungen fast bedeutungslos sind. Ob es sich bei der deutlich kleineren Gruppe der Follow-up Eltern um besondere Selektionen der Art handelt, dass vor allem Eltern mit ausgeprägten Meinungen zu den Kursleitungen erneut den Fragebogen beantwortet haben, muss späteren Analysen vorbehalten bleiben.

Im letzten Teil dieses Abschnittes wird geprüft, ob die gemittelten Elternurteile aus drei Kursabenden zwischen den neun Kursen variieren. Die Daten der Tabelle 15_10 zeigen, ob es Unterschiede in den Mittelwerten der neun Kurse gibt. Die Tabelle enthält die Ergebnisse der Prüfung auf Homogenität der Varianzen der Variablen, signifikante Befunde zu den Mittelwertvergleichen und die durch die Gruppenzugehörigkeit erklärten Varianzanteile der Variablen (Eta²). In den nächsten Spalten finden sich Angaben dazu, wie viele einzelne Kurse sich jeweils signifikant voneinander unterscheiden. Wegen der großen Anzahl dieser Posthoc-Vergleiche, die für jede Variable durchgeführt werden, wird eine Alpha-Adjustierung nach Bonferroni festgelegt, die das Alpha-Niveau der Anzahl der Einzelvergleiche anpasst. In der entsprechenden Spalte ist die Anzahl der unter dieser Bedingung signifikanten Einzelvergleiche angegeben. Bei der Variablen Vermittlung neuer Kenntnisse unterscheiden sich zum Beispiel nur zwei Kurse im Mittel voneinander. Um einen Eindruck von der Größe der Mittelwertunterschiede zwischen den Kursen zu vermitteln, sind der jeweils kleinste und der größte Mittelwert für jede Variable zusammen mit der Kursnummer ausgewiesen. Es fällt dabei auf, dass der Kurs 01 in sieben von elf Variablen den besten Mittelwert stellt. Bei den ungünstigeren Mittelwerten ist der Kurs 08 viermal vertreten.

Die Befunde in der Tabelle 15_10 dokumentieren, dass es in elf der 14 Varianzanalysen signifikante Unterschiede gibt. In einem Fall (Ermutigung zum Austausch) ist der Unterschied nur tendenziell gesichert, zweimal wird die Signifikanzschranke nicht unterschritten. Aber auch bei diesen beiden Merkmalen (Verständnis und Güte der Kursleitung) signalisieren die erklärten Varianzanteile (9,0 % bzw. 12,5 %) immerhin mittlere Effekte. Bei den signifikanten Differenzen zwischen den Kursen geht es um erklärte Varianzanteile zwischen 16,7 % (Übung von Inhalten) und 24,3 % (Skala Selbsterfahrung), die als mittlere Effektstärken im oberen Bereich klassifiziert werden können. Die Eltern der neun Kurse beurteilen ihre gemittelten Erfahrungen an drei relevanten Kursabenden deutlich kursspezifisch. Ob

Tab. 55 – 15_10:
Univariate Varianzanalysen der Elternskalen gemittelt über die genutzten drei Sitzungen für die neun Elternkurse

Variablen	Homogenität Signifikanz	Mittelwerte Signifikanz	Eta^2	Anzahl sign. Einzelvergleiche (Bonferroni)	Kursnr. (M)	Kursnr. (M)
Vermittlung neuer Kenntnisse[1]		.007	.201	1	01 (2.17)	08 (3.61)
Vermittlung praktischer Fertigkeiten[1]	.057	.002	.224	4	03 (2.30)	08 (3.73)
Verständnis[1]			.090	0	01 (1.41)	09 (2.02)
Verstehen, was wichtig in Erziehung ist[1]		.011	.188	1	03 (1.73)	08 (2.94)
Ermutigung zum Austausch[2]	.001	.063	.144	0	01 (1.50)	08 (2.71)
Praktische Alltagsbeispiele[1]		.010	.190	2	07 (1.85)	05 (2.91)
Übung von Inhalten[3]		.029	.167	1	01 (1.93)	06 (3.30)
Güte der Kursanleitung[4]			.125	0	01 (1.41)	05 (1.98)
Hilfestellung Kursleitung bei Übungen[4]		.003	.218	2	01 (1.45)	06 (2.38)
Güte der Kursleitung als Vorbild[4]		.017	.181	1	01 (1.51)	04 (2.47)
Länge der Sitzung[5]		.013	.187	1	03 (3.33)	10 (1.94)
Selbsterfahrung (Items 1, 2, 4)		.001	.243	2	01 (2.02)	08 (3.35)
Arbeitserfahrungen (Items 3, 5 – 10)	.049	.011	.193	1	01 (1.62)	05 (2.34)
Kursleiterbeurteilung (Items 8 – 10)		.016	.183	0	01 (1.46)	04 (2.23)

[1] viel – wenig
[2] sehr – wenig
[3] genug – zu wenig
[4] gut – schlecht
[5] zu kurz – zu lang; Optimum 3,5

diese für die Kurse differenten Beurteilungen durch die Eltern mit anderen Kursunterschieden zusammenhängen, ist Thema der nächsten Kapitelabschnitte.

15.4 Prozessdaten zu den Kursen

An drei Themenabenden, die von den befragten Experten als besonders wichtig für den Kurs ausgewiesen worden sind, sind Daten aus drei verschiedenen Perspektiven erhoben worden, die in diesem Kapitel dokumentiert und analysiert sind. Die Themenabende zu den Werten (2. Sitzung), Gefühlsäußerungen (9. Sitzung) und zur Problemlösungsfähigkeit (11. Sitzung) stehen im Mittelpunkt der folgenden Abschnitte. Zunächst geht es um die Beurteilungen der Elternkursleitungen an den drei Abenden (15.4.1), dann folgen die Bewertungen der Eltern zu den jeweiligen Kursthemen (15.4.2) und den Abschluss bilden die Beobachtungen und Beurteilungen der Evaluatoren, die an den drei Sitzungen teilgenommen haben. Die Verknüpfung dieser Befunde findet im Kapitel 15.5 statt.

15.4.1 Beurteilungen der Elternkursleitungen zu den drei Themensitzungen

Die Kursleitungen haben zu den drei Sitzungen einen Beurteilungsbogen erhalten, der die im Handbuch zum Elternkurs Starke Eltern - Starke Kinder® vorgesehenen Kursteile enthält. In einer gesonderten Spalte konnte angegeben werden, ob dieser Teil ausgelassen oder verändert worden ist. Am Ende der Aufzählung gibt es freie Zeilen, in die neu aufgenommene Teile einzutragen sind. Für jede durchgeführte Einheit sollten fünfstufige Beurteilungen darüber vorgenommen werden, ob die Zeit für die Eltern ausreichend war, ob sie den Sinn der Einheit verstanden haben, ob sie den Inhalt akzeptiert haben und wie sie sich engagiert haben. Schließlich sollte noch fünfstufig beantwortet werden, ob die jeweilige Einheit konzeptgetreu durchgeführt worden ist (die Skalen sind im Kap. 5.2.3.2 dokumentiert).

Die Beurteilungen sind im Regelfall direkt im Anschluss an die Sitzung von den Kursleitungen vorgenommen worden. Es liegen jeweils zwei Beurteilungen vor mit Ausnahme des Kurses, der von einer Person geleitet worden ist. In einer Sitzung gibt es einen weiteren Ausfall, weil die zweite Kursleitung an diesem Abend nicht anwesend sein konnte.

Es ist zunächst von großem Interesse, welche Teile des Kurses tatsächlich an den jeweiligen Themenabenden stattgefunden haben. Da zwei Bögen pro Kurs vorliegen, können diese auch Aufschluss darüber geben, ob die Sichtweisen der beiden Leitungen bezüglich dieser Sachverhalte gleich sind. Die folgenden drei Tabellen 15_11, 15_12 und 15_13 enthalten die zusammengefassten Feststellungen der beiden Elternkursleitungen für die verschiedenen Teile jedes Kursabends. Zusätzlich wird in den Tabellen mitgeteilt, in wie vielen Kursen genau nach den Vorgaben gearbeitet worden ist (alle vorgesehenen Teile durchgeführt), in wie vielen bis zu zwei und in wie vielen mindestens drei Abweichungen stattgefunden haben. Außerdem enthalten die Tabellen Informationen darüber, wie oft die Angaben der Elternkursleitungen bezüglich der durchgeführten Teile unterschiedlich ausgefallen sind.

Die Tabelle 15_11 enthält die beschriebenen Informationen für die Sitzung zu den Werten. In drei der neun Kurse ist genau den Vorgaben entsprechend gearbeitet worden, in drei anderen ist es zu höchstens zwei Veränderungen gekommen, in den restlichen drei Kursen gab es mindestens drei Abweichungen. Da es nur sieben Beurteilungspaare gibt, können nur für diese die Übereinstimmungen ausgezählt werden: Vier Paare sind sich völlig einig, zwei zeigen eine verschiedene Angabe und ein Paar ist sich in fünf Fällen nicht einig. Diese letztgenannte Unstimmigkeit geht deutlich über das hinaus, was bei einem Kursleitungspaar an Differenzen auftreten sollte.

Tab. 56 – 15_11:
Kursteile, die laut Handbuch in der 2. Sitzung zum Thema Werte vorgesehen sind und deren Realisierung aus Sicht der EK-Leitungen (7 Paare, 2 alleinige Durchführungen)

Kursteile	von beiden EKL bestätigt	von einer EKL bestätigt	von keiner EKL bestätigt
Wiederholung	5	1	3
Feedback Wochenaufgabe	8	1	
Übung: was ist wichtig	7	1	1
Theorie: Einführung, Bedürfnisse	9		
Übung: Stuhlspiel	3		6
Pyramide der Einflussnahme	9		
Pinwand, zwei Kleingruppen	8		1
Diskussion Großgruppe/ Hierarchie der Bedürfnisse	7	2	
Wochenaufgabe	8		1
Schlussbemerkung/ Diskussion	7	1	1
Kurse mit allen Teilen	3		
Kurse bis 2 Abweichungen	3		
Kurse ≥ 3 Abweichungen	3		
Unterschiedliche Angaben bei 7 EKL-Paaren:	4 x 0; 2 x 1; 1 x 5		

Aus der Tabelle 15_11 geht hervor, dass zwei Teile immer behandelt worden sind (Theorie: Einführung in die Bedürfnisse und die Pyramide der Einflussnahme).

Diese Einheiten gehören offensichtlich zum Kernbestand dieses Themenkomplexes wie auch die folgenden drei Teile, die acht der neun Kursleitungen durchgeführt haben: Feedback zur Wochenaufgabe, Pinwand mit zwei Kleingruppen und die neue Wochenaufgabe. Auf sieben Nennungen kommen die Teile Übung: Was ist wichtig, Diskussion in der Großgruppe zur Hierarchie der Bedürfnisse und die Schlussdiskussion. Die im Handbuch vorgesehenen Teile für die Thematik der Werte sind überwiegend zum Einsatz gekommen, nur die Wiederholung und die Übung Stuhlspiel sind häufiger ausgelassen worden. Damit ist noch nichts über die konkrete Gestaltung dieser Teile in der Sitzung ausgesagt. Zu dieser Frage können die Protokolle der Evaluatoren Auskunft geben.

Tab. 57 – 15_12:
Kursteile, die laut Handbuch in der 9. Sitzung zum Thema Gefühlsäußerungen vorgesehen sind und deren Realisierung aus Sicht der EK-Leitungen (8 Paare, eine alleinige Durchführung)

Kursteile	von beiden EKL bestätigt	von einer EKL bestätigt	von keiner EKL bestätigt
Wiederholung	8		1
Feedback Wochenaufgabe	8	1	
Übung: Spiel Gefühl	4	1	4
Theorie Teil I: Verbalisierung	8[1)]		
Übung: Ich-Botschaften	7	1	1
Übung: Diskussion gesamt	6[1)]	1	1
Übung: Einf. Disziplin, Paararbeit	4	2	3
Zusammenfassung Kursleitung	3	3	3
Fortsetzung Theorie	5[1)]	1	2
Wochenaufgabe	8		1
Schlussdiskussion	7[1)]		1
Kurse mit allen Teilen	2		
Kurse bis 2 Abweichungen	2		
Kurse ≥ 3 Abweichungen	5		
Unterschiedliche Angaben bei 8 EKL-Paaren:	3 x 0; 2 x 1; 2 x 2; 1 x 4		

[1)] einmal in einer anderen Sitzung durchgeführt

Die Tabelle 15_12 beinhaltet die entsprechen Befunde für das Thema Gefühlsäußerungen. In zwei Kursen ist ohne Auslassungen vorgesehener Teile gearbeitet worden. Zwei weitere haben zwei und immerhin fünf haben mindestens drei Auslassungen vorgenommen. Drei Kursleitungspaare von acht sind sich völlig einig über die durchgeführten Teile, zwei weisen eine, zwei weitere zwei und ein Paar weist vier Abweichungen auf. Auch diese Anzahl ist für ein Kursleitungspaar deutlich zu hoch.

Es gibt bei diesem Thema nur einen Teil, der in allen neun Kursen durchgeführt worden ist (Theoretischer Teil: Verbalisierung), einmal davon allerdings in einer anderen Sitzung (zwei Kursleitungen haben bei den Kursteilen jeweils vermerkt, wenn sie diese Teile in andere Sitzungen integriert haben; dieser Sachverhalt ist in der Tab. 15_12 vermerkt). Auf acht Nennungen kommen die Teile Wiederholung, Besprechung der Wochenaufgaben (alt), Bekanntmachung der Wochenaufgaben (neu) und die Schlussdiskussion zu diesem Thema, die einmal in einer anderen Sitzung stattgefunden hat. Nimmt man noch die siebenmal genannte Übung Ich-Botschaften hinzu, ist der relativ harte Kern dieses Kursteiles benannt. Vier weitere Elemente sind in mehreren Kursen nicht durchgeführt worden. Insgesamt ist festzustellen, dass dieser Teil deutlich seltener in der vorgesehenen Weise absolviert wird als der zu den Werten. Es ist nicht völlig auszuschließen, dass dieser Sachverhalt auch darin einen Grund findet, dass dieser Teil zu einem Zeitpunkt stattfindet (neunte Sitzung), an dem schon vorher Veränderungen stattgefunden haben, die einen normalen Ablauf nun erschweren. Es mag auch eine Rolle spielen, dass der Anteil der Übungen, deren Dauer adressatenorientiert sehr unterschiedlich ausfallen kann, größer ist als in der Sitzung zu den Werten. Über ein Weglassen einer Übung kann dann aktuell entschieden werden.

Die Tabelle 15_13 enthält die Befunde zur dritten Sitzung, in der es um Problemlösungsfähigkeit geht. In zwei Kursen sind alle Teile wie vorgesehen behandelt worden, in drei anderen sind bis zu zwei Auslassungen realisiert worden und in immerhin vier Kursen sind mindestens drei Teile nicht berücksichtigt worden. Die Angaben der acht Kursleitungspaare differieren bei dieser Themensitzung besonders stark: Zwar sind sich zwei Leitungspaare vollständig einig über die Durchführung der Teile, zwei zeigen nur eine Abweichung, aber jeweils ein Paar liefert drei, fünf oder sogar sechs verschiedene Angaben. Zumindest die beiden letztgenannten Paare weichen in nicht akzeptabler Stärke voneinander ab.

Auch bei diesem Thema gibt es nur einen einzigen Teil, den alle Kurse durchgeführt haben: Das Feedback zur Wochenaufgabe. Drei Teile erhalten immerhin sieben übereinstimmende Nennungen. Theorie: Einführung in die Verhandlungskunst, Übung Rollenspiel und die neue Wochenaufgabe. Zentrale Übungen zur Umsetzung und Erprobung werden in einigen Kursen nicht genutzt. Da es sich um die elfte Sitzung handelt, wenn die Kursabende in normaler Abfolge stattfinden, spielt wohl auch hier eine wesentliche Rolle, dass Verzögerungen und Umstellungen vorheriger Teile zu deutlichen Abweichungen vom vorgesehenen

Tab. 58 – 15_13:
Kursteile, die laut Handbuch in der 11. Sitzung zum Thema Problemlösungsfähigkeit vorgesehen sind und deren Realisierung aus Sicht der EK-Leitungen (8 Paare, eine alleinige Durchführung)

Kursteile	von beiden EKL bestätigt	von einer EKL bestätigt	von keiner EKL bestätigt
Wiederholung theoretische Inhalte	6	1	2
Feedback Wochenaufgabe	9		
Theoretische Einführung: Verhandlungskunst	7	2	
Übung: Rollenspiel	7	2	
Fortsetzung der Theorie: Vereinbarung	5[1)]	2	1
Übung: Verhaltensweisen in Kleingruppen	3[1)]	1	4
Übung: Diskussion in Großgruppe	4[1)]	3	1
Wochenaufgabe	7	2	
Schlussdiskussion	4	3	2
Kurse mit allen Teilen	2		
Kurse bis 2 Abweichungen	3		
Kurse ≥ 3 Abweichungen	4		
Unterschiedliche Angaben bei 8 EKL-Paaren:	3 x 0; 2 x 1; 1 x 3; 1 x 5; 1 x 6		

[1)] einmal in einer anderen Sitzung durchgeführt

thematischen Kursabend führen. Ein Kurs gibt wieder an, dass manche Teile in einer anderen Sitzung behandelt worden sind (siehe Tab. 15_13). Insgesamt gesehen ist für diesen thematischen Teil ebenso wie für die Sitzung zu den Gefühlen festzuhalten, dass es doch erhebliche Abweichungen vom Handbuch gibt.

Relativierend zur letztgenannten Aussage ist zu berücksichtigen, dass der Elternkurs von seiner Konzeption her sehr adressatenorientiert gestaltet werden soll. Es gehört zur erklärten Philosophie des Kurses, dass von Vorgaben explizit abgewichen werden darf. Die Verantwortung dafür ist in das Ermessen der dafür ausgebildeten Kursleitungen gelegt. Ob deren Ausbildung auf solche Entscheidungen professionell vorbereitet, wird unter anderem in der Evaluation der Ebenen eins und zwei untersucht. Für die Beschreibung dessen, was in den realisierten Kursen stattfindet, ist dieser Umstand allerdings sehr erschwerend, weil Zusammenfassungen sehr riskant sind. Auch die Frage, worauf mögliche Wirkungen des Kurses zurückzuführen sind, wird kaum entscheidbar, wenn das Treatment, die Durchführung der Kurse, sehr unterschiedlich ist.

Ein weiterer Grund für die größere Variabilität der Durchführungen der drei thematischen Abende ist allerdings auch dadurch bedingt, dass die Gesamtzahl der Kursstunden deutlich variiert (von minimal 15 bis maximal 25 Stunden), was natürlich zu Abstrichen bei den kürzeren Kursen führen muss. Zudem gibt es in vier der zehn Kurse Blocktage, an denen meist drei Themensitzungen zusammengefasst werden. Damit ergeben sich häufiger Verschiebungen in der thematischen Abfolge. Ob der mit Blocktagen zwangsläufig verbundene Verlust der Wochenaufgaben für mindestens zwei der Sitzungen nicht einen deutlichen Nachteil darstellt, ist bisher nicht bekannt. Angesichts der Wichtigkeit, die den Wochenaufgaben im Konzept zugeschrieben wird, und der Häufigkeit der auch von den Kursleitungen vorgenommenen Nennungen bei den Realisierungen der drei Kursabende, ist zumindest der Zweifel angebracht, ob das längere gemeinsame Arbeiten an einem Blocktag diesen Nachteil auszugleichen vermag. Für einzelne Eltern kommt das Problem hinzu, dass eine Verhinderung der Teilnahme an diesem Tag kaum zu kompensieren sein wird.

Vor dem Hintergrund der berichteten Angaben der Kursleitungen zur Durchführung der Teile und der deutlichen Abweichungen, die dabei aufgetreten sind, ist es wenig sinnvoll, die Urteile der Kursleitungen für jedes Teilsegment der Themensitzungen jeweils für sich zu betrachten. Ursprünglich sollte versucht werden, für jedes einzelne Teil die Reaktionen der Eltern auszuwerten, um so mehr über die Relevanz dieser Einzelteile für die Gesamtbeurteilung zu erfahren. Wegen der doch recht unterschiedlichen Nutzung dieser Elemente wäre nur ein Bild mit großen Lücken entstanden. Es ist insofern sinnvoller, die Bewertungen der Kursleitungen über die Arbeit der Eltern zunächst summarisch und dann gemittelt über alle Einzelteile zu berechnen. So werden zum Beispiel alle Urteile über das Verständnis der Eltern zu den einzelnen realisierten Elementen aufaddiert und anschließend durch die Anzahl der Einzelelemente dividiert. So entsteht ein gemitteltes Urteil einer Elternkursleitung zum Verständnis aller anwesenden Personen. In den verschiedenen Kursen beziehen sich die so zusammengefassten Urteile der Elternkursleitungen durchaus auf verschiedene Elemente des behandelten Themenkomplexes. (In einem späteren gesonderten Auswertungsschritt kann überprüft werden, ob die alleinige Berücksichtigung der in allen Kursen genutzten Elemente zur Mittelwertbildung zu konsistenteren Befunden führt.) Bei der vergleichenden Verwendung über die drei Sitzungen ist allerdings zu berücksichtigen, dass die beurteilte Elterngruppe nicht in jeder Sitzung identisch ist, weil die Anwesenheit der Eltern durchaus unterschiedlich ausfällt.

Die Tabelle A 15_5 enthält die Mittelwerte und Standardabweichungen aller Urteile der Elternkursleitungspaare aus den drei Sitzungen, wobei eine Kursleitung zufällig in die erste und die andere in die zweite Gruppe fällt. Es zeigen sich einige Differenzen schon bei den durchgeführten und ausgelassenen Teilen in den Mittelwerten der beiden Gruppen, auf deren Vorhandensein oben bereits hingewiesen ist. Sie sind nicht nur darauf zurückzuführen, dass in einem Kurs nur die Urteile einer Leitungsperson vorliegen. Auch die Urteile über die Eltern weisen im Mittel in den beiden Gruppen leichte Differenzen auf. Zur besseren Absicherung und Stabilisierung der Urteile der Kursleitungen sind diese zusammengefasst und gemittelt worden. Wenn nur ein Urteil vorliegt, ist dieses als Datum übernommen worden.

Tab. 59 – 15_14:
Gemittelte Urteile der EK-Leitungen zu Kursteilen und über die Eltern an den drei Themenabenden Werte, Gefühlsäußerungen und Problemlösungsfähigkeit

Variablen	Werte				Gefühls-äußerungen				Problemlösungs-fähigkeit			
	M	s	min	max	M	s	min	max	M	s	min	max
Anzahl durchgeführter Teile	8.22	1.67	5.5	10.0	8.22	2.14	5.0	11.0	7.00	1.54	5.0	9.0
Anzahl ausgelassener Teile	1.78	1.67	0.0	4.5	2.56	2.04	0.0	6.0	2.00	1.54	0.0	4.0
Anzahl neu aufgenommener Teile	0.44	.73	0.0	2.0	.67	1.12	0.0	3.0	.22	.36	0.0	1.0
Zeit ausreichend	1.74	.45	1.0	2.5	1.86	.36	1.4	2.4	1.67	.46	1.2	2.7
Verständnis	1.45	.53	1.0	2.5	1.72	.50	1.2	2.5	1.61	.54	1.0	2.41
Akzeptanz	1.18	.43	1.0	2.4	1.72	.44	1.1	2.3	1.63	.41	1.1	2.4
Engagement	2.01	.77	1.13	3.3	1.44	.83	1.0	3.1	1.64	.59	1.0	2.6
Konzeptgetreu durchgeführt	1.87	.62	1.0	2.8	2.23	.85	1.0	3.8	1.86	.64	1.0	2.6

Die Tabelle 15_14 zeigt die Mittelwerte, Standardabweichungen und die minimalen und maximalen Werte der gemittelten Urteile der beiden Elternkursleitungen für jeden der drei Themenblöcke. Die ersten drei Zeilen beinhalten die Informationen über die Mengen der durchgeführten bzw. ausgelassenen Einheiten an den drei Themenabenden. Für den Themenblock Werte heißt das beispielsweise, dass im Mittel 8,22 Einheiten durchgeführt worden sind und im Durchschnitt 1,78 von den eigentlich vorgesehenen Teilen weggelassen worden sind. Im Durchschnitt ist eine halbe neue Einheit hinzugefügt worden. Der Kurs mit den meisten Einheiten kommt auf zehn Teile, während der mit den wenigsten nur fünf bzw. sechs (je nach Urteil der beiden Elternkursleitungen) Teile durchgeführt hat. Diese Differenz ist für ein durch ein Handbuch gesteuertes Kurssystem erstaunlich groß. Ähnlich groß sind die Differenzen bei den ausgelassenen Teilen, diese variieren zwischen null und vier bzw. fünf Einheiten.

Bei den beiden anderen Kursthemen stellt sich die Situation sehr ähnlich dar, auch hier gibt es entsprechend große Differenzen bei den Anzahlen durchgeführter und ausgelassener Teile. Nicht ganz so groß sind die Unterschiede zwischen den Kursen bei den neu hinzu gefügten Einheiten: Es gibt Kurse ohne solche Hinzufügungen und andere mit maximal zwei (Werte), maximal drei (Gefühlsäußerungen) und maximal einer zusätzlichen neuen Einheit (Problemlösungsfähigkeit). Die Auslassungen werden im Durchschnitt keinesfalls durch die gleiche Anzahl von Neuerungen ersetzt. Auch dies ist als ein Hinweis darauf zu werten, dass sich bei diesen neun Kursen nicht unwesentliche Unterschiede in der Durchführung schon auf dieser recht abstrakten Ebene befinden. Es sei daran erinnert, dass es sich um die Selbstdarstellung der Kursleitungen darüber handelt, welche Einheiten an den drei Themenabenden behandelt worden sind. Damit ist noch keine Aussage darüber getroffen, in welchem Umfang und welcher Qualität diese Teile durchgeführt worden sind.

Die Tabelle 15_14 enthält ab der vierten Zeile die entsprechenden Daten für die paarweise gemittelten Urteile der Elternkursleitungen über die Reaktionen der Eltern und die eigene konzeptgetreue Durchführung. Die fünf Stufen der ersten vier Skalen sind definiert über die Anteile der Eltern, die das zu beurteilende Kriterium erfüllen (Kap. 5.2.3.2), die fünfte mit Hilfe des Ausmaßes der konzeptgetreuen Durchführung.

Die Zeit wird an allen drei Kursabenden als ausreichend für die deutliche Mehrheit der Eltern beurteilt (Mittelwerte zwischen 1,67 und 1,86). Die Standardabweichungen sind mit Werten zwischen 0,36 und 0,46 recht gering, das heißt die Kursleitungen weichen in ihren Urteilen im Mittel nicht sehr voneinander ab. Auch die größte Einzeldifferenz zwischen zwei Kursen beträgt nur 1,5 Urteilsstufen. Es herrscht somit Einigkeit darüber, dass die Sitzungen mit ihren hier aufsummierten Teilen selbst bei den schlechtesten Beurteilungen über dem Durchschnittswert der Skala (3,0) liegen.

Der letztgenannte Befund gilt auch für die Anteile der Eltern, denen das Verständnis der Teile der drei Themenabende zugesprochen wird. Auch diese Anteile liegen nach den Urteilen der Elternkursleitungen selbst in den am schlechtesten beurteilten Kursen über der Mitte der Skala. Der Anteil der Eltern, der den Inhalt, die Botschaft der Sitzung zu den Werten verstanden hat, wird im Mittel höher (1,45) eingeschätzt als bei den beiden anderen Themenabenden (1,72 bzw. 1,61). In allen drei Sitzungen ist das Verständnis weiter verbreitet als der Elternanteil, für den die Zeit ausreichend war. Die Standardabweichungen der Elternkursurteile sind ähnlich gering wie beim Merkmal ausreichende Zeit. Im Mittel unterscheiden sich die neun Kurse in diesem Beurteilungsaspekt nicht sehr voneinander.

Das Merkmal Akzeptanz wird in der Sitzung zu den Werten im Mittel so gut wie allen Eltern zugeschrieben. Es handelt sich um den kleinsten und damit besten Mittelwert aller Urteile der Kursleitungen. In den beiden anderen Sitzungen wird dieser Wert deutlich überschritten, er liegt für die Sitzungen zu den Gefühlsäußerungen und den Problemlösungen auf dem gleichen Niveau wie das Verständnis und das Ausreichen der Zeit. Die größte Abweichung zwischen zwei Kursen beträgt 1,4 Skalenstufen, entsprechend gering sind auch die Standardabweichungen der Urteile.

Deutlich differenzierter stellt sich die Beurteilung des elterlichen Engagements bei Beteiligungsmöglichkeiten dar. In der ersten Sitzung zu den Werten wird diese im Mittel von allen Aspekten, die die Eltern betreffen, am relativ schlechtesten beurteilt (2,01). Dabei ist der Range der Kurswerte mit fast 2,2 Skalenstufen der höchste bei den Urteilen über die Eltern. Dieses Merkmal wird in den neun Kursen besonders unterschiedlich eingeschätzt. Zweimal wird die Mitte der Skala von mindestens einem Kurs an einem Themenabend überboten. Das bedeutet, dass sich in diesen Kursen nur etwa die Hälfte der Eltern engagiert hat. Deutlich besser fallen die Mittelwerte in der zweiten und dritten Sitzung aus, in der Sitzung zu den Gefühlen wird sogar der beste Mittelwert der vier Elternmerkmale erzielt (obwohl sich der zweite oben erwähnte Kurs mit einem Wert von 3,1 an diesem Themenabend befindet). Am Abend zur Problemlösungsfähigkeit finden sich dann Werte, die denen der drei anderen Merkmale der Eltern entsprechen.

Das Ausmaß der konzeptgetreuen Durchführung fällt im Urteil der Elternkursleitungen selbstkritischer aus als die Beurteilungen der elterlichen Merkmale. Insbesondere die Sitzung zu den Gefühlen wird im Mittel als gerade noch ziemlich konzeptgetreu durchgeführt beurteilt. Hier reichen die Urteile zu den Kursen von 1,0 („sehr konzeptgetreu durchgeführt") bis 3,8 (damit fast die Stufe erreicht „nur ein wenig konzeptgetreu durchgeführt"). Die Differenz zwischen den beiden Extremkursen beträgt 2,8 Stufen auf der fünfstufigen Skala. Dieser Unterschied im Selbsturteil der Kursleitungen ist schon erstaunlich für einen Kurs, bei dem es ein Handbuch für die Durchführung und eine einheitliche Ausbildung gibt. Weniger scharf sind die Urteile und deren Differenzen in den beiden anderen Sitzungen, aber auch hier liegen die Mittelwerte über denen der Urteile zu den Eltern. Im Mittel werden diese Teile laut Urteil der Elternkursleitungen mindestens ziemlich konzeptgetreu durchgeführt. Aber auch hier gibt es Kursunterschiede, die 1,8 bzw. 1,6 Skalenstufen betragen. Auch diese Unterschiede sind recht erheblich, wenn in Erinnerung gerufen wird, dass die Konzepttreue zunächst einmal für jedes durchgeführte Element des Kursabends beurteilt worden ist von je zwei Leitungen pro Kurs und dann die durchschnittliche Konzepttreue über alle Einheiten und das Leitungspaar gemittelt worden sind. Es handelt sich bei den Kursdifferenzen nicht um einzelne Ausreißerurteile sondern um recht stabile zusammenfassende Urteile der beteiligten Elternkursleitungen. Diese charakterisieren insofern die Sicht der Leitungen auf ihren Kurs sehr robust.

Im letzten Schritt dieses Abschnittes wird geprüft, wie zeitstabil die beschriebenen Kursbeurteilungen über die drei Themenabende sind. Zu diesem Zweck werden die drei Messwertreihen der neun Kurse miteinander korreliert. Die Tabelle 15_15 enthält die entsprechenden Befunde.

Wie die Daten der Tabelle 15_15 zeigen, sind von wenigen Ausnahmen abgesehen die Zusammenhänge sehr stabil. Die Anzahlen durchgeführter Teile und die Auslassungen sind über die drei Sitzungen sehr ähnlich, d.h. die gleichen Kurse führen immer mehr Teile durch als die anderen und das gilt auch für die Auslassungen. Auch die Anzahlen neu aufgenommener Teile sind bei den Kursen über die drei Sitzungen sehr ähnlich verteilt.

Tab. 60 – 15_15:
Korrelationen der gemittelte Urteile der EK-Leitungen über die Eltern an den drei Themenabenden Werte, Gefühlsäußerungen und Problemlösungsfähigkeit

Variablen	Korrelationen		
	W und G	W und P	G und P
Anzahl durchgeführter Teile	.68	.72	.78
Anzahl ausgelassener Teile	.70	.72	.90
Anzahl neu aufgenommener Teile	.82	.56[1]	.67
Zeit ausreichend	.50[1]	.46[1]	.00[1]
Verständnis	.88	.86	.90
Akzeptanz	.50[1]	.71	.76
Engagement	.07[1]	.68	.26[1]
Konzeptgetreu durchgeführt	.66[1]	.88	.80

[1] nicht signifikante Korrelation

Bei den Urteilen über die Eltern gibt es dagegen auch Unterschiede. Das Merkmal, ob die Zeit ausreichend für die Eltern war, ist für die Sitzungen Gefühle und Problemlösungen nicht korreliert, das heißt diese Urteile fallen in den beiden Sitzungen sehr verschieden in den Kursen aus. Das Verständnis zeigt dagegen mit extrem hohen Korrelationen immer die gleichen Kurse oben und unten. Wenn den Eltern eines Kurses einmal in besonders hoher Anzahl Verständnis zugeschrieben wird, dann hält sich dieses Urteil über die beiden anderen Sitzungen. Ähnlich, wenn auch nicht in so großem Ausmaß, stellt sich dieser Zusammenhang auch für die Beurteilung der elterlichen Akzeptanz der Inhalte und Botschaften dar. Für das Engagement der Eltern gibt es diese Konstanz nicht. Lediglich einer der drei Zusammenhänge weist eine Korrelation wie die übrigen

Merkmale aus, die beiden anderen liegen bei Null. Das Engagement der Eltern in den Kursen wechselt also mit den Themen.

Die Selbstbeurteilungen des Ausmaßes konzeptgetreuer Durchführungen variieren kaum über die Sitzungen. Wer sich als Elternkursleitungspaar einmal ein höheres Ausmaß an Konzepttreue attestiert hat, bleibt auch in den anderen Sitzungen bei diesem Urteil. Auch dieser Sachverhalt kann als ein deutlicher Beleg dafür angesehen werden, dass die Urteile der Elternkursleitungen überwiegend sehr stabil sind und Unterschiede zwischen den Kursdurchführungen zu charakterisieren vermögen. Sie können insofern gut in die Vergleiche mit anderen Kursbeschreibungen einbezogen und als wichtige Merkmale in die Analyse von Kursunterschieden aufgenommen werden.

15.4.2 Beurteilungen der Eltern zu den drei Themensitzungen

Die Analysen der Elternskalen, die in dieser Untersuchung an den drei thematischen Kursabenden zum Einsatz gekommen sind, sind im Kapitel 15.3 dargestellt. In diesem Abschnitt geht es um die getrennten Bewertungen der Eltern an den drei Kursabenden in den jeweiligen Kursen. Die Gemeinsamkeiten und Unterschiede zwischen den neun zur Verfügung stehenden Kursen (in einem Kurs hat keine Prozessbeobachtung stattgefunden) sollen aus Sicht der Eltern dokumentiert werden. Die Eltern als Adressaten der Kurse sind neben den Kursleitungen die wichtigste Informationsquelle für die Beschreibung der Vorgänge in den Kurssitzungen. Es gibt keinerlei Vergleichsdaten aus anderen Untersuchungen, weil diese Art der Dokumentation unseres Wissens bisher nicht durchgeführt worden ist. Es handelt sich insofern um eine erste Bestandsaufnahme, deren Werte nur innerhalb der hier untersuchten Kurse miteinander verglichen werden können.

Die Tabelle 15_16 enthält wie die Tabellen 15_17 und 15_18 folgende Informationen über die Elterurteile zur jeweiligen Sitzung: Es werden Mittelwert und Standardabweichung der Skalen für alle Eltern mitgeteilt. Es folgen die Ergebnisse der univariaten Varianzanalysen mit den Kursen als Faktorstufen. Als erstes wird dokumentiert, ob sich die Varianzen der Werte in den neun Kursen unterscheiden (Homogenität), dann folgen das Ergebnis der Mittelwertprüfung und der Anteil der durch den Faktor Kurszugehörigkeit determinierten Varianz (Eta^2). Über Posthoc-Vergleiche jedes Kurses gegen jeden anderen wird geprüft, ob sich zwei konkrete Kurse signifikant voneinander unterscheiden. Da es dabei zu sehr großen Anzahlen solcher Signifikanztests kommt, wird das Entscheidungsniveau der Signifikanz mit Hilfe der Korrektur von Bonferroni angepasst. Die entsprechende Spalte enthält die Anzahl der Vergleiche, die unter dieser Bedingung signifikant sind. Es folgen die Kursnummern und die Mittelwerte der beiden Kurse mit dem höchsten bzw. dem niedrigsten Mittelwert im genannten Untersuchungsaspekt. Damit wird ein Eindruck möglich über das Spektrum der aufgetretenen Kursmittelwerte. Am Fuß der Tabellen befinden sich die Bezeichnungen der fünf Skalen-

Tab. 61 – 15_16:
Univariate Varianzanalysen der Elternskalen aus den Sitzungen zu den Werten

Variablen	(N=80-83) Gesamt M	Gesamt s	Homogenität Signifikanz	Mittelwerte Signifikanz	Eta^2	Anzahl sign. Einzelvergleiche (Bonferroni)	Kursnr. (M)	Kursnr. (M)
Vermittlung neuer Kenntnisse[1]	3.02	1.12		.044	.187	1	01 (2.36)	08 (4.00)
Vermittlung praktischer Fertigkeiten[1]	3.73	1.22	.002	.000	.396	5	01 (2.55)	09 (4.63)
Verständnis[1]	1.57	.74	.001		.133	0	08 (1.00)	05 (1.93)
Verstehen, was wichtig in Erziehung ist[1]	2.53	1.00	.017	.031	.198	1+1T[6]	01 (1.64)	08 (3.13)
Ermutigung zum Austausch[2]	2.20	1.25	.010	.030	.198	1	01 (1.27)	08 (3.13)
Praktische Alltagsbeispiele[1]	3.00	1.38		.000	.319	4	01 (2.00)	05 (4.21)
Übung von Inhalten[3]	3.49	1.36		.000	.394	5+1T[6]	01 (2.00)	06 (4.56)
Güte der Kursanleitung[4]	1.73	.73			.142	0	07 (1.33)	09 (2.13)
Hilfestellung Kursleitung bei Übungen[4]	2.04	.87	.066	.013	.228	0	01 (1.36)	10 (2.67)
Güte der Kursleitung als Vorbild[4]	2.00	.79	.033	.021	.212	0	01 (1.36)	09 (2.71)
Länge der Sitzung[5]	2.89	1.03			.134	0	01 (2.36)	03 (3.36)
Selbsterfahrung (Items 1, 2, 4)	3.10	.94	.002	.000	.329	4+2T[6]	01 (2.18)	08 (3.83)
Arbeitserfahrungen (Items 3, 5 – 10)	2.28	.71		.000	.333	3+2T[6]	01 (1.53)	06 (2.73)
Kursleiterbeurteilung (Items 8 – 10)	1.92	.69		.025	.209	1	01 (1.36)	09 (2.47)

[1] viel – wenig
[2] sehr – wenig
[3] genug – zu wenig
[4] gut – schlecht
[5] zu kurz – zu lang; Optimum 3,5
[6] Tendenz

stufen, die den Eltern zur Verfügung standen. Wegen der unterschiedlichen Bezeichnungen sind nicht alle Mittelwerte direkt miteinander vergleichbar.

In der Sitzung zu den Werten beurteilen die Eltern im Mittel den Umfang ihres eigenen Verstehens in der Sitzung von den ersten fünf Merkmalen deutlich am besten (1,57 mit der kleinsten Standardabweichung von 0,74) gefolgt von der Ermutigung zum Austausch (2,20). Am schlechtesten beurteilt wird von den ersten fünf Merkmalen die Vermittlung praktischer Fertigkeiten (3,73). Letztgenannte Beurteilung ist insofern angemessen, als in dieser zweiten Sitzung des Elternkurses praktische Fertigkeiten im Konzept noch keine große Rolle spielen. Der nur neutrale Mittelwert (3,02) für die Vermittlung neuer Kenntnisse ist dagegen weniger erfreulich. Auch die Übungen zu Inhalten und praktischen Alltagsbeispielen werden im Mittel nur neutral beurteilt wie die praktischen Fertigkeiten. Wesentlich besser werden dagegen die verschiedenen Aspekte der Kursleitung beurteilt, kein Mittelwert liegt unter der Stufe zwei. Die Länge der Sitzung wird im Durchschnitt eher als etwas zu kurz beurteilt. Die Zusammenfassungen der Aussagen zu drei Skalen (vgl. Kap. 15.3) zeigen, dass die Kursleitungsmerkmale am besten abschneiden (1,92) gefolgt von den Arbeitserfahrungen, die die Beurteilungen der Kursleitungen mit enthalten. Ob diese Werte generalisierbar sind oder über die drei Sitzungen verschieden ausfallen, zeigen die Befunde zu den beiden anderen Sitzungen.

In acht der elf einzelnen Erfahrungen, die die Eltern am Ende der Sitzung beurteilt haben, gibt es signifikante Unterschiede zwischen den Kursen. Die Ausnahmen bilden die Erfahrungen zum Ausmaß des Verstehens in der Sitzung, die Güte der Anleitung durch die Kursleitung und die Länge der Sitzung. Selbst bei den nicht signifikanten Erfahrungsunterschieden sind zwischen 13,3 % und 14,2 % der Varianz dieser Merkmale durch die Kurszugehörigkeit der Eltern erklärbar (mittlere Effekte). Die größten Effekte gibt es bei den Erfahrungen bezüglich der Vermittlung praktischer Kenntnisse (39,6 % erklärte Varianz), Übung der Inhalte und der Bearbeitung praktischer Alltagsbeispiele (39,4 % bzw. 31,9 % determinierte Varianz), sie sind sämtlich als große Effekte zu bezeichnen. Auch in allen drei zusammengefassten Skalen gibt es mittlere bis große Effekte durch die Kurszugehörigkeit. Es gibt in zwei Merkmalen fünf signifikante Mittelwertunterschiede zwischen einzelnen Kurspaaren. Dieser Befund zeigt, dass die Differenzen nicht allein dadurch zustande kommen können, dass nur ein einziger Kurs extrem gut beurteilt wird. Offensichtlich sind die Erfahrungen der Eltern in dieser Untersuchung in einem ganz starken Ausmaß von ihrem konkreten Kursbesuch abhängig. Wenn sich die Eltern nicht systematisch in den neun Kursen in zentralen Merkmalen, die für die Beurteilung ihrer Kurserfahrungen von hoher Bedeutsamkeit sind, unterscheiden, dann sind die neun Kurse zur Sitzung der Werte aus Sicht der Eltern sehr unterschiedlich verlaufen. Damit wird auch deutlich, dass es von großem Interesse ist zu erklären, mit welchen Kurs- oder Elternmerkmalen diese großen Differenzen zwischen den Kursen verknüpft sind (Kap. 15.5).

Es zeigt sich außerdem, dass ein Kurs (01) in acht von zehn Merkmalen (ohne das Merkmal Länge der Sitzung) den besten Mittelwert aufweist, woraus sich auch die niedrigsten Mittelwerte für diesen Kurs in den zusammengefassten Skalen erklären. Die Differenzen der Mittelwerte dieses Kurses zu denen der Kurse mit den schlechtesten Mittelwerten betragen in mehreren Fällen mehr als zwei Skalenstufen, was auf einer fünfstufigen Skala ungemein viel ist. Bei den ungünstigeren Mittelwerten sind es fünf verschiedene Kurse, von denen zwei bei zehn beurteilten Erfahrungen höchstens dreimal vertreten sind. Auch bei den Summenskalen sind jeweils verschiedene Kurse vom letzten Platz betroffen.

Die Tabelle 15_17 enthält die entsprechenden Ergebnisse für die Sitzung zu den Gefühlsäußerungen, wobei zu bedenken ist, dass in dieser offiziell neunten Sitzung die Übereinstimmungen hinsichtlich der Durchführung vorgesehener und realisierter Kursteile deutlich geringer sind als in der ersten Sitzung. Die Erfahrungen der Eltern beziehen sich dadurch nicht zwangsläufig immer auf identische Kursteile.

Das Ausmaß des Verstehens wird auch in dieser Sitzung im Mittel am besten beurteilt (1,73). Die Vermittlung praktischer Fertigkeiten wird deutlich besser als in der vorherigen Sitzung eingeschätzt, befindet sich aber auch hier nur in der neutralen Mitte der Skala (3,10). Entsprechend spielen die praktische Erprobung von Alltagsbeispielen und die Übung der Inhalte der Sitzung eine deutlich größere Rolle (2,31 bzw. 2,56). In den restlichen Merkmalen gibt es keine größeren Differenzen der Mittelwerte über alle Eltern.

In der Sitzung zu den Gefühlsäußerungen gibt es bei elf Merkmalen nur drei signifikante Mittelwertunterschiede zwischen den Kursen und weitere fünf nur tendenziell gegen den Zufall gesicherte Unterschiede. Es sind die praktischen Alltagsbeispiele (25,8 % erklärte Varianz), die Länge der Sitzung (24,1 % erklärte Varianz) und die Hilfestellung der Kursleitung bei Übungen (21,7 % determinierte Varianz), die von den Eltern am deutlichsten verschieden erlebt werden. Aber auch in den anderen fünf Erfahrungsaspekten, die nur tendenziell unterschiedlich ausfallen, sind es zwischen 16,4 % und 18,1 % der Varianz, die durch die Kurszugehörigkeit erklärt werden können. Es handelt sich in jedem Fall um mittlere Effekte. Von den Summenvariablen erreicht die Beurteilung der Kursleitungen nur eine tendenziell gesicherte Unterschiedlichkeit, die beiden anderen differenzieren bedeutungsvoll über die neun Kurse.

Bei den besten Mittelwerten ist am häufigsten der Kurs 08 (dreimal) vertreten. Der Kurs 01, der in der Sitzung zu den Werten überragend abgeschnitten hat, belegt in dieser Sitzung nur einmal den ersten Platz bei den Mittelwerten. Auf dem letzten Platz der Mittelwerte taucht in dieser Sitzung viermal der Kurs 05 auf, der in der ersten Sitzung nur zweimal mit dieser Platzierung vertreten ist. Damit zeigt sich, dass die Eltern eines Kurses keinesfalls durchgängig zu besonders hohen oder besonders niedrigen Werten in ihrer Erfahrungsbeurteilung neigen. Offensichtlich spielen die tatsächlichen Wahrnehmungen eine bedeutsame Rolle.

Tab. 62 – 15_17:
Univariate Varianzanalysen der Elternskalen aus den Sitzungen zu den Gefühlsäußerungen

Variablen	(N=80-81) Gesamt M	Gesamt s	Homogenität Signifikanz	Mittelwerte Signifikanz	Eta^2	Anzahl sign. Einzelvergleiche (Bonferroni)	Kursnr. (M)	Kursnr. (M)
Vermittlung neuer Kenntnisse[1]	2.84	1.28		.051	.186	1T[6]	01 (2.09)	05 (3.64)
Vermittlung praktischer Fertigkeiten[1]	3.10	1.17	.003	.088	.170	0	03 (2.44)	08 (4.00)
Verständnis[1]	1.73	.80			.075	0	07 (1.50)	09 (2.33)
Verstehen, was wichtig in Erziehung ist[1]	2.38	1.10		.067	.180	1T[6]	03 (1.67) 10 (1.67)	08 (3.22)
Ermutigung zum Austausch[2]	2.30	1.19		.097	.164	0	10 (1.57)	04 (3.17)
Praktische Alltagsbeispiele[1]	2.31	1.22		.004	.258	2+1T[6]	08 (1.33)	04 (3.50)
Übung von Inhalten[3]	2.56	1.06		.071		0	08 (2.11)	09 (3.00)
Güte der Kursanleitung[4]	1.69	.79			.092	0	06 (1.57)	05 (2.07)
Hilfestellung Kursleitung bei Übungen[4]	2.00	1.01	.008	.019	.217	1T[6]	08 (1.44)	05 (2.71)
Güte der Kursleitung als Vorbild[4]	2.01	.95		.085	.171	0	03 (1.56)	05 (2.43)
Länge der Sitzung[5]	2.80	1.19		.008	.241	1T[6]	10 (1.71)	09 (3.67)
Selbsterfahrung (Items 1, 2, 4)	2.77	1.00		.021	.219	1T[6]	03 (2.19)	08 (3.59)
Arbeitserfahrungen (Items 3, 5 – 10)	2.07	.74			.145	0	07 (1.71)	04 (2.64)
Kursleiterbeurteilung (Items 8 – 10)	1.90	.80			.162	0	07 (1.58)	05 (2.40)

[1] viel – wenig
[2] sehr – wenig
[3] genug – zu wenig
[4] gut – schlecht
[5] zu kurz – zu lang; Optimum 3,5
[6] Tendenz

Zwischen einzelnen Kursen gibt es deutlich weniger signifikante Differenzen als in der Sitzung zu den Werten. Insgesamt sind die Kurserfahrungen der Eltern an diesem Themenabend zu Gefühlsäußerungen nicht ganz so different wie in der Sitzung zu den Werten. Dennoch ist die Varianz zwischen den Kursen so groß, dass sich eine weitere Analyse von Zusammenhängen mit Kurs- und Elternmerkmalen lohnt.

Die Ergebnisse in der Tabelle 15_18 zeigen, dass nach der Sitzung zur Problemlösungsfähigkeit in manchen Merkmalen wesentlich bessere Beurteilungen von den Eltern abgegeben worden sind als in den beiden anderen Sitzungen. Diese betreffen vor allem die Vermittlung praktischer Fertigkeiten (2,40), Praktische Alltagsbeispiele (1,55) und die Übung von Inhalten (1,96). Offensichtlich ist hier dem Bedürfnis der Eltern nach praktischer Anwendung besser entsprochen worden als in den beiden anderen Sitzungen. Ein Teil der Unterschiede mag auch damit zusammenhängen, dass gegen Ende des Kurses vielleicht mehr bisher besonders kritische Eltern ausgeschieden sind als zufriedenere Eltern (insgesamt haben am dritten Beobachtungsabend zehn Elternteile weniger teilgenommen als in den beiden anderen Sitzungen). Die Sitzungslänge wird wie üblich eher als etwas zu kurz beurteilt (2,81). Auch in den übrigen Variablen gibt es keine besonders großen Mittelwertunterschiede im Vergleich zu den beiden anderen Sitzungen.

Die signifikanten Unterschiede zwischen den neun Kursen treten so häufig auf wie am Abend zu den Werten. In acht der elf Erfahrungen determiniert die Kurszugehörigkeit signifikant die Mittelwerte. Fünfmal handelt es sich dabei um große Effekte (der größte mit 36,9 % erklärter Varianz im Merkmal Ermutigung zum Austausch, das in den beiden anderen Sitzungen keinen signifikanten Unterschied aufweist). Selbst bei den zwei nicht signifikanten Merkmalsunterschieden sind 11,8 % bzw. 15,8 % dieser Beurteilungen durch die Kurszugehörigkeit erklärbar. Offensichtlich sind die Unterschiede in den Erfahrungen in dieser Sitzung besonders groß. Es gibt auch vermehrt signifikante Unterschiede zwischen den Mittelwerten einzelner Kurse. Ein Teil dieser Erfahrungsvarianz mag dem Umstand geschuldet sein, dass in dieser nach offiziellem Plan vorletzten Sitzung die Abweichungen von den konzeptionellen Vorgaben besonders groß sind. Das hätte zur Folge, dass die Eltern in dieser Sitzung in unterschiedlichen Kursen zum Teil verschiedene Bestandteile des Kurses bearbeiten. Die Angaben der Kursleitungen zu den an diesem Termin durchgeführten Inhalten des Kurses geben für diese Einschätzung einige Hinweise (vgl. 15.4.2).

Unter den Kursen, die in einer der Erfahrungsbeurteilungen auf dem Platz des besten Mittelwertes gelandet sind, befindet sich erneut besonders häufig der Kurs 01 (sechsmal). Am anderen Ende dieser Platzierungen taucht erstmalig ein Kurs fünfmal auf (04). Es gibt auch in der Sitzung zu den Problemlösungsfähigkeiten erhebliche Differenzen zwischen den Kursen aus Sicht der Eltern. Ob und mit welchen anderen Untersuchungsmerkmalen diese in Zusammenhang stehen, ist Thema in Kap. 15.4.5.

Tab. 63 – 15_18:
Univariate Varianzanalysen der Elternskalen aus den Sitzungen zur Problemlösungsfähigkeit

Variablen	(N=73-75) Gesamt M	Gesamt s	Homogenität Signifikanz	Mittelwerte Signifikanz	Eta²	Anzahl sign. Einzelvergleiche (Bonferroni)	Kursnr. (M)	Kursnr. (M)
Vermittlung neuer Kenntnisse[1]	2.51	1.23		.009	.256	1T[6]	03 (1.50)	04 (3.50)
Vermittlung praktischer Fertigkeiten[1]	2.40	1.07		.007	.264	1	03 (1.33)	04 (3.25)
Verständnis[1]	1.71	.77			.158	0	01 (1.13)	04 (2.25)
Verstehen, was wichtig in Erziehung ist[1]	2.29	1.06	.010	.000	.341	2+1T[6]	03 (1.17)	05 (3.07)
Ermutigung zum Austausch[2]	2.00	1.02	.007	.000	.369	5	01 (1.13)	08 (2.89)
Praktische Alltagsbeispiele[1]	1.55	.60		.004	.281	2+1T[6]	01 (1.13) 09 (1.13)	10 (2.00)
Übung von Inhalten[3]	1.96	1.01	.077		.113	0	01 (1.13)	10 (2.38)
Güte der Kursanleitung[4]	1.69	.70		.048	.205	0	01 (1.25)	05 (2.07)
Hilfestellung Kursleitung bei Übungen[4]	1.91	.74		.049	.205	0	03 (1.33)	04 (2.25) 10 (2.25)
Güte der Kursleitung als Vorbild[4]	1.89	.79		.080	.190	0	01 (1.43)	04 (2.50)
Länge der Sitzung[5]	2.81	1.19		.037	.217	0	10 (1.88)	08 (3.56)
Selbsterfahrung (Items 1, 2, 4)	2.40	.98		.000	.347	3	03 (1.33)	04 (3.17)
Arbeitserfahrungen (Items 3, 5 – 10)	1.81	.55		.012	.257	1+2T[6]	01 (1.25)	05 (2.10)
Kursleiterbeurteilung (Items 8 – 10)	1.84	.66		.030	.224	0	01 (1.38)	04 (2.25)

[1] viel – wenig
[2] sehr – wenig
[3] genug – zu wenig
[4] gut – schlecht
[5] zu kurz – zu lang; Optimum 3,5
[6] Tendenz

Tab. 64 – 15_19:
Korrelationen der Mittelwerte der Kurse an den drei Themenabenden Werte, Gefühlsäußerungen und Problemlösungsfähigkeit

Variablen	Korrelationen		
	W und G	W und P	G und P
Vermittlung neuer Kenntnisse	.76[1]	.49	.79[1]
Vermittlung praktischer Fertigkeiten	.69[1]	.53	.41
Verständnis	.27	.26	.56
Verstehen, was wichtig in Erziehung ist	.75[1]	.61	.49
Ermutigung zum Austausch	.27	.31	.29
Praktische Alltagsbeispiele	-.27	.28	-.22
Übung von Inhalten	.03	.30	.26
Güte der Kursanleitung	-.31	.91[1]	-.28
Hilfestellung Kursleitung bei Übungen	.53	.75[1]	.55
Güte der Kursleitung als Vorbild	.16	.63	.72[1]
Länge der Sitzung	.35	.34	.29
Selbsterfahrung (Items 1, 2, 4)	.79[1]	.61	.66
Arbeitserfahrungen (Items 3, 5 – 10)	.21	.64	.25
Kursleiterbeurteilung (Items 8 – 10)	.40	.78[1]	.64[1]

[1] signifikant

Die Tabelle 15_19 enthält die Korrelationen der für jeden Kurs gemittelten Elternerfahrungen an den drei thematischen Abenden, Träger der Informationen sind nun nicht mehr einzelne Eltern sondern die neun Kurse, für die diese Mittelwerte bestimmt worden sind. Es geht also um die Frage, ob es immer die gleichen Kurse sind, die an den drei Abenden von den Eltern besonders günstig oder besonders ungünstig beurteilt worden sind. Dabei ist zu berücksichtigen, dass es sich nur um neun Kurse handelt, Korrelationen also erst ab einer erheblichen Größe signifikant sein können.

Es zeigt sich, dass es sehr unterschiedliche Zusammenhänge bei den verschiedenen Erfahrungswerten der Eltern gibt. Starke Übereinstimmungen zwischen den drei Sitzungen gibt es bei den Erfahrungsmerkmalen Vermittlung neuer Kenntnisse, Verstehen, was in der Erziehung wichtig ist, Hilfestellung der Kursleitung bei Übungen. In allen anderen Bereichen gibt es mindestens eine erheblich niedrigere Korrelation zwischen zwei Sitzungen oder sogar nur niedrige Zusammenhänge. Es tauchen sogar negative Korrelationen auf, die beinhalten, dass

Kurse ihre Positionen zwischen zwei Sitzungen so weit verändert haben, dass sie einmal zu denen über dem Mittelwert und beim andernmal zu denen unter dem Mittelwert gehören. Selbst bei den summierten Kurserfahrungen erreichen nicht alle Korrelationen eine bedeutungsvolle Größe, dies gilt insbesondere für die Arbeitserfahrungen.

Angesichts der dargestellten Sachverhalte ist es angemessen, die Kurserfahrungen der Eltern an den drei Abenden nicht global zusammenzufassen, sondern die Erfahrungen jedes Abends in die nachfolgenden vertiefenden Analysen eingehen zu lassen.

15.4.3 Die Kursabende aus Sicht der Evaluatoren

Neben den Kursleitungen und den Eltern haben an den drei untersuchten Themenabenden auch zwei Evaluatoren teilgenommen, die in einem minutenweise geführten Protokoll die inhaltlichen Teile des Kurses und die eingesetzten Arbeitsformen dokumentiert haben. Mit Hilfe dieser Daten soll eine möglichst präzise Beschreibung der Vorgänge in den Kursen erzielt werden. Eine solche Bestandsaufnahme gibt es unseres Wissens bisher nicht für Elternkurse. Neben der Dokumentation wesentlicher Arbeitsvorgänge soll mit diesen Daten zusätzlich versucht werden, mit Hilfe solcher Prozessmerkmale Zusammenhänge mit den Kriterien für Kurserfolge nachzuweisen. Wenn es gelingt, Qualitätsmerkmale der Durchführung zu identifizieren, die Kurserfolge bestimmen, ist viel für die stärkere Strukturierung der Kursdurchführungen und für die Ausbildung zukünftiger Elternkursleitungen gewonnen.

Aus neun Kursen liegen von zwei Ausnahmen abgesehen, die der Abwesenheit je eines Evaluators geschuldet sind, für alle drei Sitzungen zwei Protokolle vor. Diese Aufzeichnungen sind vom Autor und der Forschungspraktikantin Antje Ruge in mehrfachen Durchgängen analysiert, besprochen und schließlich strukturiert worden. Es erwies sich als nicht leistbar, im Rahmen der Möglichkeiten dieses Berichtes die Angaben der Evaluatoren zu den Inhalten in einer angemessenen Weise zusammenzufassen. Für diesen Sachverhalt gibt es mehrere Gründe: Für die Evaluatoren, die selbst keine Ausbildung zu Elternkursleitungen gemacht haben (damit sollten mögliche Einflussquellen für die Aufzeichnungen vermieden werden), erwies es sich als sehr schwierig, die inhaltlichen Vorgänge einvernehmlich zu registrieren. Die grobe Kenntnis der durch das Handbuch vorgesehenen Teile pro Abend reicht häufig nicht aus, um begrifflich klare Angaben minutenweise machen zu können. Vor allem wenn von den inhaltlichen Vorgaben abgewichen worden ist, was nach Auskunft der Kursleitungen ja recht häufig der Fall ist, sind die Evaluatoren in der großen Schwierigkeit, die Vorgänge in eigenen Worten kurz zu benennen. Für diesen Aspekt ihrer Aufgabe sind sie eindeutig nicht ausreichend geschult worden. Das ihnen gelieferte begriffliche Instrumentarium ist nicht umfassend genug und die Differenzierungen zwischen verschiedenen Aspekten sind nicht scharf genug benannt. Insofern erweist sich der Beobachtungsbogen mit seinen Vorgaben zu den Inhalten als zu wenig aussagekräftig.

Die minutenweise Registrierung sowohl der Inhalte als auch der Arbeitsformen im Kurs stellt sehr hohe Anforderungen an die Evaluatoren, insbesondere wenn eine oder sogar beide Aspekte sehr schnell wechseln. Auch in dieser Hinsicht unterscheiden sich die einzelnen Kursabende in den neun Kursen erheblich voneinander. Da am Ende jeder Einheit und/oder Arbeitsform auch noch Bewertungen der Eltern in vier Aspekten vorgenommen werden sollen, ist die Arbeitskapazität selbst bei sehr professionellen Evaluatoren voll ausgelastet. Bei einigen Evaluatoren treten auch Auslassungen solcher Urteile auf. Das eingesetzte Instrument ist in dieser Hinsicht deutlich verbesserungsfähig.

Ein weiteres Aufzeichnungsproblem ist darin begründet, dass die Identifizierung kleinerer Teile als der recht groben inhaltlichen Vorgaben des Handbuches auch voraussetzt, dass die Kursleitungen durch ihre Aussagen und/oder ihre Handlungen möglichst präzise verdeutlichen, um welche Inhalte oder Übungen es im konkreten Handlungsvollzug geht. Bereits die Gegenüberstellung der Aussagen der beiden Kursleitungen pro Kurs hat verdeutlicht, dass es selbst unter diesen zum Teil ganz erhebliche Widersprüche gibt. Eine begriffliche Vereinheitlichung, die erst Absprachen und gute Kooperationen ermöglicht, gehört offensichtlich nicht zu den primären Zielen der Ausbildung zu Elternkursleitern. Damit sind die Chancen der Evaluatoren, die keine Experten in der Elternbildung sind, die tatsächlichen Vorgänge präzise aufzuzeichnen, erheblich eingeschränkt.

Aus den genannten Gründen ergeben sich für einzelne Sitzungen größere Abweichungen in den beiden Protokollen eines Evaluatorenpaares. Noch viel größer ist allerdings die Vielfalt der in den neun Kursen unter einem identischen Motto stattfindenden Inhalte und Übungen. Eine einigermaßen ökonomische Auswertung dieser Vielfalt ist im Rahmen der Möglichkeiten dieses Berichts nicht zu leisten.

Als Folge dieser Entscheidung sind auch die Einschätzungen der Evaluatoren bezüglich der Reaktionen der Eltern auf die inhaltlichen Teile nicht ausgewertet worden. Wenn nicht einigermaßen zweifelsfrei zu klären ist, was nach Ansicht zweier Evaluatoren tatsächlich stattgefunden hat, ergibt es auch nicht viel Sinn, die Beurteilung des Verständnisses der Eltern zu diesem Teil zu analysieren.

Entgegen der Planung ist es also bisher nicht gelungen, eine Bestandsaufnahme der kleinteiligen inhaltlichen Elemente der Kursdurchführungen zu leisten. Ob diese mit mehr zeitlichen Ressourcen noch sinnvoll geleistet werden kann, ist derzeit offen.

Der zweite Untersuchungsaspekt für die Evaluatoren waren die eingesetzten Arbeitsformen und deren Wirkungen bei den Eltern. Es war eine Liste vorgegeben, die die üblichen Arbeitsformen aus der Erwachsenenbildung und aus den Vorschlägen des Handbuches für Elternkursleitungen des Kurses SESK enthält. Die Arbeitsformen sind knapp beschrieben und mit Kürzeln versehen, die die

Notierung erleichtern. Bei der mehrfachen Durchsicht der Protokolle zeigte sich, dass es auch bei diesen Aufzeichnungen einige Differenzen zwischen den jeweiligen Evaluationspaaren gibt. Diese treten vor allem bei sehr schnellem Wechsel der Arbeitsformen auf, die nicht in jedem Fall von beiden Evaluatoren notiert worden sind. Außerdem sind manche Abgrenzungen der Kategorien nicht einheitlich verwendet worden. So tauchen zum Beispiel zu identischen Zeiten bei einem Evaluator „führt ein" auf und beim zweiten „erläutert". Auch die Differenzierung zwischen „führt ein" und „Kurzvortrag" ist nicht immer durchgehalten worden. Aus diesen Gründen sind die Arbeitsformen zu drei gröberen Kategorien zusammengefasst worden. In diesen Kategorien sind die Pausen und Organisationszeiten nicht enthalten.

Leitungsdominierte Arbeitsformen:	Teilnehmerorientierte Arbeitsformen:	Teilnehmerdominierte Arbeitsformen:
- Führt ein	- Paararbeit ohne Anleitung	- Einzelarbeit
- Kurzvortrag		- Paararbeit mit Anleitung
- Erläutert	- Kleingruppenarbeit ohne Anleitung	
- Anweisung		- Kleingruppenarbeit mit Anleitung
- Zusammenfassung	- Diskussion in der Großgruppe	
- Schlussritual		- Rollenspiel

Die drei neugebildeten Oberkategorien dienen einerseits dazu, die vorhandenen Abweichungen zwischen den je zwei Evaluatoren, die vor allem innerhalb dieser Klassifizierungen auftreten, zu glätten. Andererseits unterteilen sie die Arbeitsformen in drei inhaltliche Kategorien, deren jeweils realisiertes Ausmaß begründet in Zusammenhängen mit den Kriterien des Kurserfolges stehen kann. Unterscheidungsmerkmal ist in erster Linie, wer bei diesen Arbeitsformen im Fokus des Geschehens steht. Die erste Kategorie umfasst jene Arbeitsformen, bei denen die Elternkursleitung im Wesentlichen das Geschehen prägt, sie dominiert. In der Kategorie teilnehmerorientierte Arbeitsformen sind solche Arbeitsweisen enthalten, bei denen die Teilnehmer die Möglichkeit haben, sich einzubringen und mitzuwirken, es ihnen aber individuell freigestellt bleibt, ob sie diese Möglichkeiten aktiv nutzen. Im Unterschied dazu werden bei den teilnehmerdominierten Arbeitsformen alle Eltern direkt dazu angehalten, intensiv und mit direkter Unterstützung durch die Kursleitung an den Inhalten zu arbeiten. Die Unterstützung bezieht sich in erster Linie auf die aktive Hilfestellung bei den Aufgaben und direkte Rückmeldungen in der Arbeitsphase an die Eltern. Bei der Kleingruppenarbeit ohne Anleitung arbeiten die Eltern auch nach einer Vorgabe miteinander, aber sie bleiben im Unklaren darüber, ob sie tatsächlich genau das üben und wirklich realisieren, was als Aufgabe benannt ist.

Die Zusammenfassung zu diesen drei Kategorien ist durch die Hypothese geleitet, dass die Realisierung dieser drei Arbeitsklassifizierungen in unterschiedlichem Ausmaß zu einem Kurserfolg beitragen. Diese Hypothese lautet, dass der Kurserfolg umso größer ist, je höher der Anteil teilnehmerdominierter Arbeitsformen und je geringer der Anteil leitungsdominierter Arbeitsformen ist. Die beteiligungsorientierten Anteile nehmen eine Zwischenstellung ein. Die Ambivalenz dieser Kategorie ist dadurch gegeben, dass z. B. in einer Diskussion der Gesamtgruppe ein Austausch sehr stringent zum Thema stattfinden kann aber auch sehr allgemein und mit wenig Bezug zum Thema geplauscht werden kann. In letzterem Fall ist nicht auszuschließen, dass die Wirkungen des Kurses weniger ausgeprägt sind. Auch aus diesem Grund ist die Absicht der Verknüpfung der Arbeitsformen mit den Inhalten geplant gewesen.

In die Zusammenfassungen und Auswertungen der Protokolle gehen die minutengenauen Angaben der Evaluatoren zu den drei Arbeitsformen und die Summe der Pausen und Organisationszeiten in einer Sitzung ein. Für jeden Evaluator werden die in die Oberkategorien fallenden Arbeitsformen mit ihrer Zeitdauer aufaddiert. Anschließend werden die Anteile der drei Arbeitsformen an der Gesamtdauer der Sitzung ausgerechnet. Die so entstandenen Zeitprofile der Arbeitsformen können zwischen den beiden Evaluatoren eines Kurses verglichen werden. Die Tabelle A 15_6 enthält die Mittelwerte und Standardabweichungen der ersten und der zweiten Evaluatoren über alle neun Kurse je getrennt für die Sitzungen zu den Werten, zu den Gefühlsäußerungen und zur Problemlösungsfähigkeit. Aus den jeweils berechneten mittleren Anteilen der Arbeitsformen kann man entnehmen, dass die Angaben der beiden Evaluatoren über alle neun Kurse auch Abweichungen bis zu 6 % in einer Kategorie beinhalten (Anteil leitungsdominierter Arbeitsformen in der Sitzung zu den Werten: 0.37 bzw. 0.31). Nicht zuletzt aus diesem Grund werden die Angaben der beiden Evaluatoren zu einer Sitzung gemittelt, damit die Fehler eher ausgeglichen sind.

Mit den Urteilen der Evaluatoren zu den Reaktionen der Eltern im Kurs ist in entsprechender Weise verfahren worden. Alle Angaben zum Ausreichen der Zeit, zum Verständnis, zur Akzeptanz und zum Engagement der Eltern aus Sicht der Evaluatoren sind für alle Arbeitsformen innerhalb der übergeordneten Kategorie für jede Sitzung aufaddiert worden und anschließend durch die Gesamtzahl der vorliegenden Beurteilungen für eine Kategorie dividiert worden. Die so berechneten Mittelwerte sind untereinander direkt vergleichbar, auch wenn sie auf einer unterschiedlichen Anzahl von Einzelurteilen basieren. Die Ergebnisse der Evaluatorenpaare sind in der Tabelle A 15_7 für jede Arbeitsform und Bewertung der Eltern über die neun Kurse zusammengestellt. In der Kategorie leitungsdominierte Arbeitsformen gibt es keine Beurteilung des elterlichen Engagements, weil dieses per definitionem in dieser nicht vorgesehen ist. Auch bei diesem Vergleich zeigen sich einige Differenzen in den Mittelwerten der Evaluationspaare, die besonders in der Sitzung zu den Gefühlsäußerungen größeres Ausmaß erreichen (maximal eine Mittelwertdifferenz von 0.54 Punkten auf der fünfstufigen Skala).

Deshalb ist es sinnvoll auch bei den Urteilen der Evaluatoren auf die Mittelwerte der Evaluationspaare zurückzugreifen.

Die Tabelle 15_20 enthält die quantitativen Anteile der Sitzung zu den Werten, die die Evaluatorenpaare im Durchschnitt registriert haben. Neben den Mittelwerten und Standardabweichungen sind auch die Minimal- und die Maximalwerte eines Kurses angegeben. Die Sitzungsdauer variiert zwischen gut 92 und 149 Minuten (das ist immerhin fast eine Zeitstunde), im Mittel beträgt sie 116 Minuten, also knapp zwei Stunden wie vorgesehen. Die Anzahl verschiedener Arbeitsformen aus der ursprünglichen Liste liegt zwischen 5,5 und neun (eine Zahl mit 0,5 hinter dem Komma entsteht, wenn zwei Evaluatoren unterschiedliche aber zahlenmäßig benachbarte Angaben machen).

Tab. 65 – 15_20:
Verteilungskennwerte der pro Evaluatorenpaar gemittelten Angaben zu den Arbeitsformen am Kursabend zu den Werten

Variablen	M	s	min	max
Sitzungsdauer in Minuten	111.69	18.77	92.50	149.00
Anzahl versch. Arbeitsformen	7.39	1.22	5.50	9.00
Dauer leitungsdominierter Arbeitsformen	40.17	20.17	13.50	78.00
Dauer beteiligungsorientierter Arbeitsformen	56.83	23.80	17.50	89.00
Dauer beteiligungsdominierter Arbeitsformen	11.61	17.76	.00	49.50
Dauer Pause, Organisation	7.39	4.92	2.00	14.50
Anteil leitungsdominierter Arbeitsformen	.34	.14	.12	.52
Anteil beteiligungsorientierter Arbeitsformen	.49	.19	.12	.78
Anteil beteiligungsdominierter Arbeitsformen	.10	.14	.00	.36

Es gibt sehr große Unterschiede zwischen den neun Kursen in der Nutzung der Arbeitsformen der drei Kategorien. Leitungsdominierte Arbeitsformen liegen zwischen 13,5 und 78 Minuten, die Anteile an der Gesamtzeit zwischen 12 % und 52 %. In einem Kurs gibt es also in gut 10 % der Kurszeit dieser Sitzung leitungsdominierte Arbeitsformen und in einem zweiten macht diese Kategorie mehr als die Hälfte der Zeit aus. Diese Differenz ist für einen durch Standards und ein Kursleiterhandbuch ausgewiesenen Elternkurs recht erstaunlich. Der durchschnittliche Anteil dieser Kategorie in allen neun Kursen beträgt 34 %.

Ähnlich groß sind die Differenzen bei den beteiligungsorientierten Arbeitsformen, diese streuen über einen Zeitraum von 17 bis 89 Minuten bei einer durchschnittlichen Zeit von 57 Minuten. Die Anteile an der Gesamtzeit betragen minimal 12 % und maximal 78 %. Damit ist die Unterschiedlichkeit noch erheblich größer als bei den leitungsdominierten Anteilen. Es herrscht offensichtlich wenig Einvernehmen darüber, welche Arbeitsformen besonders geeignet sind bei diesem Sitzungsthema.

Diese Einschätzung wird bestätigt durch die Anteile beteiligungsdominierter Arbeitsformen, diese variieren von 0 bis 49 Minuten, die Anteile von 0 % bis 36 % der Kurszeit.

Wie Tabelle 15_21 ausweist, ist die Sitzung zu den Gefühlsäußerungen im Durchschnitt 16 Minuten länger als die Sitzung zu den Werten, zwischen der kürzesten (115 Minuten) und der längsten Sitzung (175 Minuten) liegt wieder eine ganze Stunde. Die Anzahl der Arbeitsformen ist ähnlich wie in der vorher behandelten Sitzung verteilt. Die Dauer der Pausen und Organisationsteile liegt zwischen null und 17 Minuten.

Tab. 66 – 15_21:
Verteilungskennwerte der pro Evaluatorenpaar gemittelten Angaben zu den Arbeitsformen am Kursabend zu den Gefühlsäußerungen

Variablen	M	s	min	max
Sitzungsdauer in Minuten	132.17	19.24	115.00	175.50
Anzahl versch. Arbeitsformen	7.28	1.42	5.50	10.00
Dauer leitungsdominierter Arbeitsformen	43.78	15.25	23.00	72.50
Dauer beteiligungsorientierter Arbeitsformen	66.78	16.54	31.50	83.00
Dauer beteiligungsdominierter Arbeitsformen	14.06	17.70	.00	52.50
Dauer Pause, Organisation	6.67	6.26	.00	17.00
Anteil leitungsdominierter Arbeitsformen	.32	.07	.19	.41
Anteil beteiligungsorientierter Arbeitsformen	.51	.14	.23	.66
Anteil beteiligungsdominierter Arbeitsformen	.09	.18	.00	.36

Die Anteile der verschiedenen Arbeitsformen sind wieder sehr unterschiedlich, sie sind aber in den beiden zeitintensivsten Kategorien nicht ganz so groß wie in der Sitzung zu den Werten. Die Extreme sind nicht so weit auseinander wie in der vorherigen Sitzung (leitungsdominiert zwischen 23 und 73 Minuten, beteiligungsorientiert zwischen 32 und 83 Minuten). Dementsprechend sind die Anteile dieser Arbeitsformen in den Extremen auch etwas näher beieinander (19 % bis 41 % bzw. 23 % bis 66 %). Es gibt insofern eine gewisse Annäherung zwischen den neun Kursen in dieser Sitzung, aber die Unterschiede sind immer noch recht stark. Die durchschnittlichen Anteile der drei Arbeitsformen unterscheiden sich im Übrigen nicht zwischen den Sitzungen zu den Werten und den Gefühlsäußerungen.

Tab. 67 – 15_22:
Verteilungskennwerte der pro Evaluatorenpaar gemittelten Angaben zu den Arbeitsformen am Kursabend zur Problemlösungsfähigkeit

Variablen	M	s	min	max
Sitzungsdauer in Minuten	126.83	14.10	113.00	158.00
Anzahl versch. Arbeitsformen	6.22	1.35	3.50	8.00
Dauer leitungsdominierter Arbeitsformen	44.17	20.49	24.00	75.50
Dauer beteiligungsorientierter Arbeitsformen	52.06	24.21	22.00	81.00
Dauer beteiligungsdominierter Arbeitsformen	20.61	18.84	0.00	61.50
Dauer Pause, Organisation	9.28	6.82	0.00	18.00
Anteil leitungsdominierter Arbeitsformen	.35	.16	.19	.59
Anteil beteiligungsorientierter Arbeitsformen	.42	.20	.18	.67
Anteil beteiligungsdominierter Arbeitsformen	.16	.14	.00	.46

Die Dauer der Sitzung zur Problemlösungsfähigkeit liegt im Mittel mit 127 Minuten zwischen den beiden anderen Sitzungen (Tab. 15_22). Der Abstand zwischen den Extremwerten beträgt nur 45 Minuten. Die Anzahl verschiedener Arbeitsformen ist im Mittel um eine Arbeitsform reduziert, in einer Kursgruppe ist man mit drei bis vier verschiedenen Arbeitsformen ausgekommen.

Während der Anteil leitungsdominierter Arbeitsformen etwa den Stand der beiden erstgenannten Sitzungen hält, gibt es eine Verschiebung zwischen den beteiligungsorientierten und den beteiligungsdominierten Arbeitsformen. Letztere nehmen auf durchschnittlich 16 % zu, während die beteiligungsorientierten nur noch 42 % der Kurszeit ausmachen. Die Unterschiede zwischen dem Minimal- und dem Maximalwert dieser Kategorie (18 % und 67 %) sind dennoch ungefähr gleich groß wie in den beiden anderen Sitzungen. Bei den beteiligungsdominierten Arbeitsformen gibt es wieder einen Kurs ohne diese Arbeitsform und einen, in dem 46 % der Zeit mit dieser Arbeitsweise verbracht werden. Auch in dieser Sitzung zeigt sich wieder eine große Variabilität in den genutzten Arbeitsformen. Die Unterschiede sind einerseits so groß, dass die Frage auftaucht, was das Gemeinsame dieser Kursdurchführungen ist, andererseits bieten die großen Differenzen die Möglichkeit, Zusammenhänge mit anderen Variablen zu prüfen.

Tab. 68 – 15_23:
Verteilungskennwerte der pro Evaluatorenpaar gemittelten Beurteilungen über die Eltern an den Themenabenden Werte, Gefühlsäußerungen und Problemlösungsfähigkeit

Variablen	Werte				Gefühls-äußerungen				Problemlösungs-fähigkeit			
	M	s	min	max	M	s	min	max	M	s	min	max
Leitungsdominierte Arbeitsformen												
Zeit	1.47	.43	1.00	2.08	1.57	.57	1.00	2.50	1.34	.32	1.00	1.84
Verständnis	1.35	.33	1.00	1.86	1.57	.47	1.00	2.44	1.39	.34	1.00	1.83
Akzeptanz	1.33	.27	1.00	1.67	1.45	.34	1.00	2.06	1.44	.34	1.00	2.00
Beteiligungsorientierte Arbeitsformen												
Zeit	1.39	.49	1.00	2.40	1.42	.36	1.00	2.08	1.50	.43	1.00	2.20
Verständnis	1.23	.23	1.00	1.60	1.47	.41	1.00	2.03	1.36	.26	1.00	1.64
Akzeptanz	1.33	.21	1.00	1.56	1.49	.37	1.00	2.04	1.52	.38	1.00	2.08
Engagement	1.94	.36	1.33	2.48	2.17	.39	1.75	2.80	2.40	.52	1.85	3.23
Beteiligungsdominierte Arbeitsformen												
Zeit	1.57	.85	1.00	3.50	1.45	.49	1.00	2.25	1.27	.23	1.00	1.50
Verständnis	1.66	.61	1.00	2.50	1.18	.23	1.00	1.50	1.38	.31	1.00	1.83
Akzeptanz	1.53	.73	1.00	2.75	1.41	.49	1.00	2.25	1.36	.32	1.00	1.83
Engagement	1.52	.74	1.00	3.00	1.47	.47	1.00	2.25	1.81	1.25	1.00	4.50

Die Tabelle 15_23 enthält die Verteilungskennwerte der Beurteilungen der Eltern in den drei Sitzungen bei den jeweiligen Arbeitsformen. Die Variabilität der Mittelwerte ist insgesamt nicht sehr hoch über alle Maße und Arbeitsformen. Nur zweimal wird der Wert 2,0 (etwas mehr als die Hälfte der Eltern hat sich engagiert) mit 2,17 und 2,40 überschritten. Alle anderen Mittelwerte liegen unter dieser Skalenstufe.

Bei den beteiligungsdominierten Arbeitsformen schneidet die zweite Sitzung zu den Gefühlsäußerungen in den drei Maßen etwas schlechter ab als die beiden anderen Sitzungen. Bei den beteiligungsorientierten Arbeitsformen ist das Verständnis bei einem größeren Elternteil vorhanden als in den beiden anderen Sitzungen, das gilt nicht ganz so stark auch für die Akzeptanz der Eltern für die behandelten Inhalte. Der engagierte Teil der Eltern ist zwar regelhaft geringer als die Anteile der Eltern, für die die Zeit ausreicht und die die Inhalte verstanden und akzeptiert haben, aber in der Sitzung zu den Werten deutlich besser bei dieser Arbeitsform als in den beiden anderen Sitzungen. In diesen treten bei dieser Arbeitsform die beiden relativ schlechtesten Beurteilungen auf.

Bei den beteiligungsdominierten Arbeitsformen stellt sich die Situation etwas abweichend dar. Die Zeit wird in der Sitzung zur Problemlösungsfähigkeit bei dieser Arbeitsform für angemessener gehalten als in den beiden anderen Sitzungen. Das Verständnis ist in der Sitzung zu den Gefühlen aus Sicht der Evaluatoren an weitesten verbreitet, während die Akzeptanz in der dritten Sitzung als breit vorhanden beurteilt wird. Das Engagement wird in der dritten Sitzung dagegen für am wenigsten verbreitet betrachtet, sowohl im Vergleich zu den anderen Elternbeurteilungen bei dieser Arbeitsform in dieser Sitzung als auch zum Engagement der Eltern in den beiden anderen Sitzungen.

Insgesamt zeigt sich, dass von wenigen Ausnahmen abgesehen (Mittelwerte 3,0 und 4,5 für das Engagement in zwei Kursen bei beteiligungsdominierter Arbeitsweise) die Evaluatoren sehr günstige Urteile über die Eltern in den Kursen abgegeben haben. Sie sind bei allen Arbeitsformen meist zu der Überzeugung gelangt, dass im Mittel mindestens etwas mehr als die Hälfte der Eltern, oft sogar so gut wie alle Eltern profitiert und sich beteiligt haben. Das ist trotz mangelnder Vergleichswerte ein positiver Befund für die drei Kursabende.

Tab. 69 – 15_24:
Korrelationen der pro Evaluatorenpaar gemittelten Angaben zu den Arbeitsformen über die drei Themenabende Werte, Gefühlsäußerungen und Problemlösungsfähigkeit

Variablen	Korrelationen		
	W und G	W und P	G und P
Sitzungsdauer in Minuten	-.01[1]	.18[1]	.93
Anzahl versch. Arbeitsformen	.85	.72	.68
Dauer leitungsdominierter Arbeitsformen	.38[1]	-.04[1]	.57[1]
Dauer beteiligungsorientierter Arbeitsformen	.92	.90	.78
Dauer beteiligungsdominierter Arbeitsformen	.97	.91	.92
Dauer Pause, Organisation	.14[1]	.60[1]	.82
Anteil leitungsdominierter Arbeitsformen	.65[1]	.31[1]	.48[1]
Anteil beteiligungsorientierter Arbeitsformen	.93	.75	.76
Anteil beteiligungsdominierter Arbeitsformen	.79	.78	.85

[1] nicht signifikant

Die Tabelle 15_24 enthält die Korrelationen zwischen den quantitativen Zeitangaben zu den drei Sitzungen über die neun Kurse. Es gibt dabei Hinweise auf sehr stabile Merkmale wie auch solche auf erhebliche Veränderungen zwischen den drei Sitzungen. Bei der Sitzungsdauer gibt es nur einen Zusammenhang zwischen der Sitzung zu den Gefühlsäußerungen und der zu den Problemlösungen

(.93). Ist die eine Sitzung besonders lang, dann trifft das auch für die andere zu. Mit der Dauer der Sitzung zu den Werten gibt es keine Beziehung. Die Anzahl der Arbeitsformen ist dagegen über die drei Sitzungen ziemlich ähnlich. Bei der Dauer beteiligungsorientierter Arbeitsformen sind in allen drei Sitzungen dieselben Kurse vorn, das gilt ebenfalls für die beteiligungsdominierten Arbeitsformen, auch wenn für beide die jeweiligen Anteile an der gesamten Sitzungsdauer zu Grunde gelegt werden. Bei der Dauer leitungsdominierter Arbeitsformen und bei den Pausen sind die Zusammenhänge kaum oder nur zum Teil vorhanden, wobei die Korrelationen zwischen der Sitzung zu den Gefühlsäußerungen und der zur Problemlösungsfähigkeit am höchsten sind. Zusammenfassend ist festzuhalten, dass es sich wegen der Unterschiede lohnt, die getrennten Werte der Sitzung in weitere Analysen aufzunehmen und nicht über die drei Sitzungen zu mitteln. Allerdings werden sich bei hoch korrelierten Sitzungsteilen redundante Ergebnisse zeigen.

Tab. 70 – 15_25:
Korrelationen der pro Evaluatorenpaar gemittelten Beurteilungen über die Eltern an den drei Themenabenden Werte, Gefühlsäußerungen und Problemlösungsfähigkeit

Variablen	Korrelationen		
	W und G	W und P	G und P
Leitungsdominierte Arbeitsformen			
Zeit	.35[1]	.31[1]	.25[1]
Verständnis	.48[1]	.27[1]	.14[1]
Akzeptanz	.45[1]	-.03[1]	-.42[1]
Beteiligungsorientierte Arbeitsformen			
Zeit	.21[1]	.30[1]	.29[1]
Verständnis	.32[1]	.35[1]	.54[1]
Akzeptanz	-.14[1]	-.22[1]	.63[1]
Engagement	.71	.43[1]	.43[1]
Beteiligungsdominierte Arbeitsformen			
Zeit	.47[1]	-.45[1]	.17[1]
Verständnis	.25[1]	.20[1]	.78[1]
Akzeptanz	-.43[1]	.29[1]	-.50[1]
Engagement	-.30[1]	-.27[1]	-.51[1]

[1] nicht signifikant

Die Tabelle 15_25 beinhaltet die Zusammenhänge der Elternbeurteilungen durch die Evaluatoren über die drei Sitzungen pro durchgeführter Arbeitsformenkategorie. 20 der 33 Korrelationen sind größer als .30, signalisieren also mittlere Effektstärken. Eine einzige Korrelation (.71) ist signifikant, immerhin neun weisen ein negatives Vorzeichen auf, davon sind sieben größer als .30. Die Anteile der Eltern, die das Konzept der Sitzung verstanden haben, sind als einziges Merkmal über Sitzungen und Arbeitsformen immer positiv korreliert.

Bei den leitungsdominierten Arbeitsformen ist über alle drei Sitzungen die Zeit in den Kursen ähnlich ausreichend beurteilt worden. Bei den beteiligungsorientierten Arbeitsformen gilt das für die Zeit ebenfalls, die Korrelationen sind aber sämtlich ziemlich klein (.21 - .35). Das Engagement bei beteiligungsorientierten Arbeitsformen ist über die drei Sitzungen recht stabil in den neun Kursen. Bei den beteiligungsdominierten Arbeitsformen gibt es genauso viele positive wie negative Korrelationen, offensichtlich unterscheiden sich die Eltern in den Kursen in diesen Arbeitsformen von Sitzung zu Sitzung erheblich.

Die meist geringen Stärken der Korrelationen verweisen auf erhebliche Differenzen in den Elternmerkmalen aus Sicht der Evaluatoren. Es ist deshalb angezeigt, die Werte der verschiedenen Sitzung jeweils einzeln in die nachfolgenden Analysen aufzunehmen.

15.5 Die drei Sichtweisen zu den Kursabenden im Vergleich

Die Ergebnisse der Auswertungen der drei in dieser Untersuchung eingesetzten Perspektiven zu den drei Kursabenden werden im Folgenden zueinander in Beziehung gesetzt. Dies geschieht mit Hilfe von Korrelationen, die sich jeweils auf die Zusammenhänge der Mittelwerte einer Variablen in den neun Kursen mit den Mittelwerten einer anderen Variablen in den neun Kursen beziehen. Die generelle Frage lautet also immer, wie ähnlich sind sich die Mittelwerte der neun Kurse in je zwei Merkmalen? Es handelt sich also jeweils nur um neun Merkmalsträger. Wegen dieser geringen Anzahl sind signifikante Befunde kaum zu erwarten. Es geht bei diesen Analysen allerdings auch nicht in erster Linie um Verallgemeinerungsmöglichkeiten der Befunde als viel mehr um eine Bestandsaufnahme, bei der Korrelationen ab .30 (mittlere Effektstärke) für mitteilenswert gehalten werden.

Zunächst werden die gemittelten Beurteilungen der Kursleitungspaare über die Eltern an den drei Kursabenden mit den Erfahrungen der Eltern an diesen Abenden korreliert. Dies geschieht aus den in 15.4 genannten Gründen für jeden Kursabend getrennt. So können auch Informationen bereit gestellt werden, die für Bewertungen einzelner Sitzungen von Bedeutung sein können. Für jede Zusammenführung zweier Perspektiven gibt es drei Tabellen. Um den Text nicht zu überfrachten, wird im Textteil jeweils nur eine Tabelle beispielhaft aufgenommen, die beiden anderen befinden sich im Anhang. Jede der drei Kurssitzungen wird einmal in den Textteil aufgenommen, damit ein möglichst breiter Eindruck über viele Teile entsteht.

Die Tabelle 15_26 enthält die Zusammenhänge zwischen den Urteilen der Kursleitungen über die Eltern und den Erfahrungen der Eltern, die beide am Ende der Sitzung zu den Werten abgegeben haben (niedrige Werte sind günstigere Werte). Die entsprechenden Daten zur Sitzung zu den Gefühlsäußerungen und zur Problemlösungsfähigkeit befinden sich in den Tabellen A 15_8 und A 15_9. Es zeigt sich, dass für sämtliche Kurserfahrungen der Eltern gilt, dass diese in den Kursen im Mittel besser beurteilt werden, in denen die Anzahl der durchgeführten Kursteile geringer ist. Dieses Phänomen zeigt sich auch in fast allen Kurserfahrungen in den beiden anderen Sitzungen. In der Sitzung zu den Gefühlen ist die Anleitung durch die Kursleitung negativ korreliert und bei den Problemlösungen die Sitzungsdauer. Die Kurse, in denen im Mittel weniger Teile durchgeführt worden sind, haben im Durchschnitt bessere Elternurteile bezüglich ihrer Kurserfahrungen. Umgekehrt ist es bei der Anzahl neuer Teile, die die Kursleitungen angegeben haben. In der Sitzung zu den Werten schneiden die Kurse mit mehr Neuerungen in fast allen Kurserfahrungen im Durchschnitt besser ab.

Die Beurteilungen der Eltern durch die Kursleitungen sind dann besser, wenn kleine Werte benutzt werden. Übereinstimmungen liegen also vor, wenn positive Korrelationen zwischen Kursleiterurteilen und Kurserfahrungen der Eltern vorhanden sind. In der Sitzung zu den Werten gibt es ausschließlich negative Zusammenhänge. Wenn Kursleitungen besonders günstige Werte angegeben haben, sind die Eltern im Mittel eher der Auffassung, dass der Kursabend für sie nicht so gute Erfahrungen gebracht hat. Von insgesamt möglichen 55 Korrelationen erreichen 18 mindestens Werte von .30, die sämtlich ein negatives Vorzeichen haben. Die meisten negativen Korrelationen treten mit der Beurteilung des Anteils der Eltern auf, die alles verstanden haben sollen (5 Einzelmerkmale und alle drei Summenwerte der Elternerfahrungen). Selbst zum eigenen Verständnisurteil der Eltern gibt es eine negative Beziehung (-.37). Aber auch bei der Beurteilung der Akzeptanz gibt es vier negative Korrelationen. Wenn Kursleitungen stärker als andere überzeugt sind, dass sie den Kursabend konzeptgetreu durchgeführt haben, treten immerhin vier negative Korrelationen auf. Offensichtlich ist am ersten Beobachtungsabend noch sehr wenig Gemeinsamkeit in den Urteilen vorhanden.

Diese Situation verbessert sich in der Sitzung zu den Gefühlsäußerungen ganz erheblich. Immerhin 14 der Korrelationen zwischen Kursleitungs- und Elternurteilen sind nach dieser Sitzung positiv, nur noch acht weisen ein negatives Vorzeichen auf. Vor allem ist das Engagement der Eltern in dieser Sitzung aus Sicht der Kursleitungen höher, wenn die Eltern die Kursleitung als hilfreich erleben und viele praktische Alltagsbeispiele vorgekommen sind. Die restlichen Kursleiterbeurteilungen wechseln je nach Erfahrungsaspekt der Eltern zwischen positiven und negativen Korrelationen.

Tab. 71 – 15_26:
Korrelationen (≥ .30) zwischen den Kursbeurteilungen und den Elternerfahrungen in der Sitzung zu den Werten über die neun Kurse

Elternvariablen	Kursleitervariablen						
	Anzahl durchgeführter Teile	Anzahl neuer Teile	Zeit ausreichend	Verständnis	Akzeptanz	Engagement	Konzepttreue
Vermittlung neuer Kenntnisse	.59[1]	-.46		-.51	-.52	-.56	
Vermittlung praktischer Fertigkeiten	.88[1]	-.55	-.35	-.65	-.54	-.39	-.49
Verständnis	.59			-.37			-.51
Verstehen, was wichtig in Erziehung ist	.70[1]	-.72[1]					
Ermutigung zum Austausch	.57	-.80[1]					
Praktische Alltagsbeispiele	.79[1]	-.61	-.33	-.54			-.76
Übung von Inhalten	.66[1]	-.77[1]					
Güte der Kursanleitung	.67[1]	-.68[1]					
Hilfestellung Kursleitung bei Übungen	.73[1]	-.44	-.49	-.49	-.44		-.69
Güte der Kursleitung als Vorbild	.60	-.55			-.30		
Länge der Sitzung	.75[1]	-.78					
Selbsterfahrung (Items 1, 2, 4)	.79[1]	-.60		-.54	-.49	-.43	
Arbeitserfahrungen (Items 3, 5 – 10)	.91[1]	-.80[1]		-.36			-.47
Kursleiterbeurteilung (Items 8 – 10)	.76[1]	-.60		-.33	-.32		-.44

[1] signifikant

In der Sitzung zu den Problemlösungsfähigkeiten gibt es wieder zwölf negative Beziehungen und nur drei positive, die sich alle auf die Einschätzung der ausreichenden Zeit beziehen. Ist die Zeit für besonders viele Eltern im Kurs aus Sicht der Leitungen ausreichend, dann haben die Eltern dieses Kurses auch eher mehr verstanden und sind zufriedener mit der Kursleitung als Vorbild.

Die Zusammenschau verdeutlicht, dass die Beurteilungen der Kursleitungen mit den mittleren Erfahrungen der Eltern in ihrem Kurs nicht sehr viel gemeinsam haben. Die Kursabende werden aus diesen beiden Perspektiven, die sich auch auf verschiedene Beurteilungsaspekte beziehen, zumindest in dieser Auswertungsform über die neun Kurse als recht unterschiedlich wahrgenommen. Beide Perspektiven müssen deshalb getrennt in weitere Zusammenhanganalysen eingehen.

Die Tabelle 15_27 enthält die Zusammenhänge der Urteile der Kursleitungen über die Eltern mit den Beurteilungsdaten der Evaluatoren in der Sitzung zu den Gefühlsäußerungen. Die Tabellen A 15_10 und A 15_11 fassen die entsprechenden Informationen für die beiden Sitzungen zu den Werten und zur Problemlösungsfähigkeit zusammen. Im ersten Teil dieser Tabellen befinden sich die Zusammenhänge der Kursleitungsurteile mit den quantitativen Daten der Evaluatoren zur Dauer der Sitzung und der eingesetzten Arbeitsformen. Im zweiten Teil sind die Korrelationen der Kursleitungsurteile mit den Beurteilungen der Eltern durch die Evaluatoren aufgeführt.

In der Sitzung zu den Gefühlen gibt es keine Zusammenhänge zwischen der gesamten Sitzungsdauer und der Anzahl durchgeführter oder neuer Teile. Es ist für die Menge der bearbeiteten Elemente des Kurses unwichtig, wie viel Zeit die Sitzung in Anspruch nimmt. Gleiches gilt auch für die Sitzung zu den Werten, während es in der Sitzung zur Problemlösungsfähigkeit einen deutlichen positiven Zusammenhang mit der Anzahl neuer Teile gibt (.64).

Je länger die Sitzung zu den Gefühlen in einem Kurs gedauert hat, desto größer ist der Anteil der Eltern, für die nach Kursleitungseindruck die Zeit ausreichend war (-.58). Diesen plausiblen Zusammenhang gibt es in den beiden anderen Sitzungen nicht. In der Sitzung zu den Gefühlen haben in den längeren Sitzungen größere Anteile der Eltern sich engagiert, aber kleinere Anteile die Botschaft der Sitzung verstanden (.37) bzw. akzeptiert (.47). Die Anzahl der eingesetzten Arbeitsformen zeigt deutlich weniger und geringere Zusammenhänge mit den Kursleitungsbeurteilungen in allen drei Sitzungen.

Die Dauer leitungsdominierter Arbeitsformen ist in den Kursen höher, in denen weniger Teile durchgeführt worden sind und in denen die Zeit für mehr Eltern von den Kursleitungen als ausreichend beurteilt wird (-.60) bzw. das Engagement der Eltern stärker verbreitet ist (-.62) und die Kursleitungen stärker auf die konzeptgetreue Durchführung geachtet haben (-.32). In der Sitzung zu den Werten (Tab. A 15_10) sind die Zusammenhänge dieser Variablen sehr ähnlich, in der Sitzung zur Problemlösungsfähigkeit gibt es nur die Korrelation mit dem Merkmal ausreichende Zeit (-.32).

Die Dauer beteiligungsorientierter Arbeitsformen ist in der Sitzung zu den Gefühlsäußerungen in den Kursen größer, in denen mehr Teile durchgeführt werden (.37) bzw. weniger neue Teile aufgenommen werden (-.44). Das gilt auch für die Sitzung zu den Werten, nicht aber zur Problemlösungsfähigkeit. Je größer der Anteil beteiligungsorientierter Arbeitsformen in der Sitzung zu den Gefühlen ist, desto größere Anteile der Eltern haben viel verstanden (-.37) bzw. akzeptiert (-.45), worum es in dieser Sitzung geht. In der Sitzung zur Problemlösungsfä-

Tab. 72 – 15_27:
Korrelationen (≥ .30) zwischen den Kursleiterbeurteilungen und den Beurteilungen der Evaluatoren am Kursabend zu den Gefühlsäußerungen über die neun Kurse

Prozessbeurteilung der Evaluatoren - Gefühlsäußerungen -	Kursleitervariablen						
	Anzahl durchgeführter Teile	Anzahl neuer Teile	Zeit ausreichend	Verständnis	Akzeptanz	Engagement	Konzepttreue
Sitzungsdauer in Minuten			-.58	.37	.47	-.49	
Anzahl verschiedener Arbeitsformen		.34	-.32				
Dauer leitungsdominierter Arbeitsformen	-.31		-.60		.30	-.62	-.32
Dauer beteiligungsorientierter Arbeitsformen	.37	-.44	.33	-.37	-.45		
Dauer beteiligungsdominierter Arbeitsformen	-.46	.51		.40	.50		
Dauer Pause/ Organisation		-.41		.44	.48		
Anteil leitungsdominierter Arbeitsformen			-.56			-.62	-.46
Anteil beteiligungsorientierter Arbeitsformen	.37	-.39	.43	-.37	-.46	.32	
Anteil beteiligungsdominierter Arbeitsformen	-.55	-.59		.41	.49		
Leitungsdominierte Arbeitsformen							
Zeit	.49	-.34		.38		.57	
Verständnis	.42			.50		.67[1]	
Akzeptanz	.34		.31	.43		.62	
Beteiligungsorientierte Arbeitsformen							
Zeit	.45					.59	-.35
Verständnis				.50		.67	
Akzeptanz	.35			.47		.56	
Engagement				.57	.65		.33
Beteiligungsdominierte Arbeitsformen							
Zeit					-.30		
Verständnis				.92[1]	.54		
Akzeptanz				.69	.45	.37	
Engagement			.43	.59			

[1] signifikant

higkeit gilt das auch für das Verständnis (-.44). In der Sitzung zu den Werten tauchen diese Korrelationen in dieser Größenordnung nicht auf.

Ist die Dauer beteiligungsdominierter Arbeitsformen in den neun Kursen höher, sind weniger Teile (-.46) aber mehr neue Teile (.51) in der Sitzung zu den Gefühlen bearbeitet worden. Das entsprechende Bild zeigt sich auch in der Sitzung zu den Werten und in der zur Problemlösungsfähigkeit nur für die Anzahl neuer Teile. In den beiden Sitzungen zu den Gefühlsäußerungen und zu den Werten sind die Kurse mit mehr beteiligungsdominierten Arbeitsformen diejenigen, in denen aus Sicht der Kursleitungen geringere Anteile der Eltern viel verstanden (.40 bzw. .51) bzw. akzeptiert haben (.50 bzw. .47). Dieser eher erstaunliche Befund mag damit zusammenhängen, dass diese Arbeitsformen in manchen Kursen fast keine Rolle spielen und sich deshalb die Beurteilungen einiger Kursleitungen kaum auf diese Arbeitsformen beziehen können. In der Sitzung zur Problemlösungsfähigkeit, in der in mehr Kursen Anteile dieser Arbeitsformen auftreten, ist der Zusammenhang nur mit dem Merkmal Verständnis deutlich ähnlich (.64).

Von besonderem Interesse sind die Übereinstimmungen bzw. Abweichungen zwischen den Elternbeurteilungen der Kursleitungen und denen der Evaluatoren zu den Aspekten ausreichende Zeit, Verständnis, Akzeptanz und Engagement. Die Konzepttreue ist von den Evaluatoren nicht beurteilt worden, weil ihnen dafür die Voraussetzungen fehlen.

In den in jeder Sitzung zum Einsatz gekommenen Skalen bedeuten niedrige Werte einen großen Anteil der Eltern, für die dieses Merkmal zutrifft. Positive Korrelationen zwischen den Werten der Kursleitungen und denen der Evaluatoren zeigen also Übereinstimmungen der beiden Perspektiven. In der Sitzung zu den Gefühlen gibt es 22 Korrelationen, die mindestens .30 betragen und nur eine davon ist negativ. Besonders wichtig sind die Zusammenhänge, die sich auf identische Merkmale beziehen, davon gibt es elf mögliche. Für das Merkmal ausreichende Zeit gibt es keine Übereinstimmung zwischen den beiden Beurteilergruppen. Das Verständnis wird in allen drei Fällen sehr ähnlich beurteilt, besonders stark gilt das für die beteiligungsdominierten Arbeitsformen (.92), bei denen die Anzahl der Kurse etwas kleiner ist, denn es gibt keine Elternbeurteilungen durch die Evaluatoren, wenn diese Arbeitsformen in einem Kurs nicht realisiert worden sind. Der Anteil der Eltern, die die Botschaft, den Inhalt der Sitzung verstanden hat, wird recht einvernehmlich beurteilt von den beiden Gruppen. Für das Merkmal Akzeptanz gilt das nur in einem von drei Fällen, nämlich bei den beteiligungsdominierten Arbeitsformen (.45). Die Beurteilung des Engagements erreicht in keinem der beiden möglichen Fälle eine bedeutungsvolle Korrelation.

In der Sitzung zu den Werten (Tab. A 15_10) zeigen sich sogar acht von elf möglichen Übereinstimmungen. Der Anteil der Eltern, der alles verstanden hat in dieser Sitzung, wird in allen drei Fällen recht ähnlich eingeschätzt (.40 bis .69), das Verständnis steht zweimal (.32 bzw. .51) und die Akzeptanz (.38) wieder einmal in Beziehung zu der anderen Urteilerquelle. Neu ist zudem der zweimal nachgewiesene Zusammenhang beim Engagement (.57 bzw. .56). Vier der nachgewiesenen relevanten Übereinstimmungen treten bei den beteiligungsdominierten Arbeitsformen auf. Offensichtlich erlauben diese eine bessere Beurteilung der angesprochenen Merkmale sowohl bei den Kursleitungen als auch bei den Evaluatoren.

Es sei außerdem darauf hingewiesen, dass die Konzepttreue der Kursleitungen in der Sitzung zu den Werten fast ausschließlich positiv mit allen Beurteilungen der Evaluatoren korreliert. Dieser Sachverhalt ist in den beiden anderen Sitzungen viel seltener gegeben.

In der Sitzung zur Problemlösungsfähigkeit sind die Übereinstimmungen bei identischen Merkmalen weniger günstig. Es gibt zwar fünf relevante Korrelationen, von diesen haben aber drei ein negatives Vorzeichen, was gegenläufige Beurteilungen der beiden Perspektiven beinhaltet. Nur einmal werden das Engagement (.52) und das Verständnis (.62) mit hinreichender Gemeinsamkeit beurteilt. Es dominieren darüber hinaus bei den anderen Zusammenhängen negative Korrelationen. Offensichtlich gibt es zu dieser Sitzung sehr abweichende Bewertungen zwischen Kursleitungen und Evaluatoren.

Insgesamt ist deutlich geworden, dass es von Sitzung zu Sitzung in unterschiedlichem Ausmaß gute Übereinstimmungen aber auch starke Abweichungen gibt. Worauf diese im Einzelnen zurückzuführen sind, ist nicht weiter aufklärbar. Auf jeden Fall sprechen auch diese Befunde dafür, in die nachfolgenden Analysen beide Perspektiven auf die Prozesse und Wirkungen im Kurs aufzunehmen.

Im letzten Schritt dieses Analyseteils werden die Perspektiven der Eltern mit denen der Evaluatoren verglichen. Die Tabelle 15_28 enthält die Korrelationen für die Sitzung zu den Problemlösungen, die Daten zu den Sitzungen zu den Werten und zu den Gefühlsäußerungen befinden sich in den Tabellen A 15_12 und A 15_13. Im ersten Teil der Tabellen sind die quantitativen Angaben der Evaluatoren zur Dauer der gesamten Sitzung und der drei Arbeitsformen aufgeführt, im zweiten Teil sind es die Beurteilungen der Eltern.

Es ist daran zu erinnern, dass niedrige Werte bei den Elternerfahrungen positive Beurteilungen bedeuten.

In der Sitzung zu den Problemlösungen (Tab. 15_28) zeigt sich, dass von einer Ausnahme abgesehen (heute habe ich viel verstanden) alle Zusammenhänge negativ sind. Je länger die Sitzung in einem Kurs gedauert hat, desto günstiger sind die mittleren Erfahrungen der Eltern in diesen Kursen (-.32 bis -.78). Diese Zusammenhänge gibt es in dieser Eindeutigkeit und Vielzahl in den beiden anderen Sitzungen nicht (Tab. A 15_12 und A 15_13).

Tab. 73 – 15_28:
Korrelationen (≥ .30) zwischen den Elternerfahrungen und den Beurteilungen der Evaluatoren am Kursabend zur Problemlösungsfähigkeit über die neun Kurse

Prozessbeurteilung der Evaluatoren - Problemlösungsfähigkeit -	Elternvariablen										
	Vermittlung neuer Kenntnisse	Vermittlung praktischer Fertigkeiten	Verständnis	Verstehen, was wichtig in Erziehung ist	Ermutigung zum Austausch	Praktische Alltagsbeispiele	Übung von Inhalten	Güte der Kursanleitung	Hilfestellung Kursleitung bei Übungen	Güte der Kursleitung als Vorbild	Länge der Sitzung
Sitzungsdauer in Minuten	-.78[1]	-.78		-.72[1]	-.44	-.40	-.32	-.56	-.66	-.69	-.53
Anzahl verschiedener Arbeitsformen	-.80[1]	-.79		-.62	-.64	-.50	-.39	-.39	-.48	-.63	
Dauer leitungsdominierter Arbeitsformen	-.36	-.56		-.50		-.41	-.41		-.43		
Dauer beteiligungsorientierter Arbeitsformen		.46		.49	.52	.64			.41		-.38
Dauer beteiligungsdominierter Arbeitsformen	-.56	-.61	-.38	-.70[1]	-.69	-.61	-.68[1]	-.49	-.58	-.50	
Dauer Pause/ Organisation					.37						
Anteil leitungsdominierter Arbeitsformen		-.37		.31		-.34	-.36				.43
Anteil beteiligungsorientierter Arbeitsformen	.40	.58		.58	.36	.58	.65		.48		
Anteil beteiligungsdominierter Arbeitsformen	-.49	-.55	-.35	-.64	-.69	-.60	-.66	-.42	-.50	.42	
Beteiligungsdominierte Arbeitsformen											
Zeit				-.41				-.35		-.35	
Verständnis	-.54	-.58		-.62	-.40		-.39		-.69[1]	-.54	-.73
Akzeptanz		-.32					-.40				
Beteiligungsorientierte Arbeitsformen											
Zeit				-.37	.35	.47					
Verständnis							-.30		-.40		

Prozessbeurteilung der Evaluatoren - Problemlösungsfähigkeit -	Elternvariablen										
	Vermittlung neuer Kenntnisse	Vermittlung praktischer Fertigkeiten	Verständnis	Verstehen, was wichtig in Erziehung ist	Ermutigung zum Austausch	Praktische Alltagsbeispiele	Übung von Inhalten	Güte der Kursanleitung	Hilfestellung Kursleitung bei Übungen	Güte der Kursleitung als Vorbild	Länge der Sitzung
Akzeptanz			-.62				-.43	-.41	-.31	-.35	.36
Engagement			.57			-.55					.44
Leitungsdominierte Arbeitsformen											
Zeit	-.54	-.50	-.37			.43		-.35		-.43	-.83
Verständnis		-.41		-.52			-.56	-.63	-.70	-.39	
Akzeptanz	-.73	-.83		-.83	-.47	-.48		-.63	-.65	-.80	-.67
Engagement			.50		-.40	-.39					.36

[1] signifikant

Auch die Anzahl der zum Einsatz gekommenen Arbeitsformen korreliert in dieser Sitzung von zwei Ausnahmen abgesehen negativ mit den Sitzungserfahrungen der Eltern. Je mehr in einem Kurs stattgefunden haben, desto besser beurteilen die Eltern ihre Erfahrungen. In der Sitzung zu den Werten gibt es keinen einzigen derartigen Zusammenhang, in der Sitzung zu den Gefühlsäußerungen gibt es sieben meist niedrigere Zusammenhänge, von denen drei positiv sind. Es ist offensichtlich sitzungsabhängig, wie identische Kursmerkmale von den Eltern erlebt und beurteilt werden.

In den Kursen mit hohen Anteilen leitungsdominierter Arbeitsformen haben die Eltern in dieser Sitzung zur Problemlösungsfähigkeit in sechs Aspekten bessere Kurserfahrungen gemacht. Sehr ähnlich ist die Situation in der Sitzung zu den Gefühlsäußerungen (fünf negative Korrelationen und eine positive [Anleitung durch die Kursleitung .31]). In der Sitzung zu den Werten gibt es nur zwei solcher Beziehungen: Verstehen, was wichtig ist in der Erziehung (-.47) und Kursleitung als Vorbild (-.40).

Die Dauer beteiligungsorientierter Arbeitsformen weist in allen drei Sitzungen bei relevanten Korrelationen (mindestens .30) nur positive Korrelationen auf. Je länger diese Arbeitsformen stattgefunden haben in den Kursen, desto ungünstiger beurteilen die Eltern ihre Kurserfahrungen (in jeder Sitzung gilt das für vier bis fünf Beurteilungsaspekte der Eltern). Drei der betroffenen Erfahrungen sind in den drei Sitzungen identisch: Praktische Fertigkeiten, Verstehen, was wichtig ist in der Erziehung und Hilfestellung der Kursleitung bei Übungen. Je zweimal tauchen noch die praktischen Alltagsprobleme und die Kursleitung als Vorbild auf. Hier dokumentiert sich, was als Hypothese die Zusammenfassung der Arbeitsformen zu drei Kategorien bestimmt hat: Beteiligungsorientierte Arbeitsformen, in denen nicht intensiv zwischen Kursleitung und Eltern zusammengearbeitet wird, stellen für Eltern weniger günstige Erfahrungen dar. Es gibt in keinem einzigen Erfahrungsaspekt eine negative Beziehung.

Ganz anders sind die Zusammenhänge mit der Dauer beteiligungsdominierter Arbeitsformen (Tab. 15_28). In der Sitzung zur Problemlösungsfähigkeit weisen sämtliche Erfahrungsaspekte der Eltern fast immer hohe negative Beziehungen zur Dauer dieser Arbeitsformen auf (Korrelationen zwischen -.35 und -.69). Das gilt in gleicher Weise auch für die Sitzung zu den Werten (Tab. A 15_12). In dieser Sitzung sind die Beziehungen noch deutlicher (-.38 bis -.82). Für beide Sitzungen ist also nachgewiesen, dass die Eltern der Kurse, in denen diese Arbeitsformen verstärkt vorkommen, deutlich zufriedener mit ihren Kurserfahrungen an diesen Abenden sind. Für die Sitzung zu den Gefühlsäußerungen gilt das Gesagte nicht in gleicher Weise. Es gibt nur fünf negative Korrelationen und auch eine positive mit dem Merkmal Praktische Alltagsbeispiele geübt (.33).

Es ist festzuhalten, dass bei allen Unterschieden zwischen den Sitzungen in den Kursen von den Eltern im Mittel bessere Erfahrungen mitgeteilt werden, in denen vor allem beteiligungsdominierte Arbeitsformen längere Zeit stattgefunden haben bzw. leitungsdominierte. Beteiligungsorientierte Arbeitsformen gehen mit weniger positiven Erfahrungen bei den Eltern einher.

Leider können die relativen Gewichte dieser Arbeitsformen für die Prozessbeurteilungen der Eltern nicht bestimmt werden, weil es nur neun Kurse gibt, für die jeweils eine Bewertung der Evaluatoren vorliegt. Multiple Regressionsanalysen, die mehr Aufklärung zu dieser Frage bieten können, sind unter den gegebenen Möglichkeiten nicht sinnvoll einsetzbar.

So plausibel die Zusammenhänge der Kurserfahrungen der Eltern mit den Aufzeichnungen der Evaluatoren zu den zeitlichen Anteilen der Arbeitsformen sind, so wenig geben dagegen die Zusammenhänge mit den Beurteilungen der Evaluatoren über die Eltern her. In der Sitzung zur Problemlösungsfähigkeit (Tab. 15_28) sind von 110 möglichen Korrelationen zwar 46 hinreichend groß (mindestens .30), aber fast alle (vier Ausnahmen, von denen drei das Engagement der Eltern betreffen) haben ein negatives Vorzeichen. Wenn Eltern eines Kurses besonders günstige Erfahrungen gemacht haben, gehört ihr Kurs aus Sicht der Evaluatoren eher zu jenen, in denen die Elternmerkmale als ungünstiger beurteilt werden.

Das gilt in dieser deutlichen Form in den beiden anderen Sitzungen nicht. In der Sitzung zu den Werten (Tab. A 15_12) gibt es etwa gleich viele relevante Korrelationen (49), von denen aber 19 ein positives Vorzeichen besitzen. Zwölf von diesen positiven Zusammenhängen beziehen sich auf das Merkmal Akzeptanz, das in dieser Sitzung eine wichtige Rolle für die Kurserfahrungen der Eltern spielt. Sechs weitere positive Korrelationen bestehen mit dem Merkmal Verständnis der Eltern, diese stammen in keinem Fall aus der Kategorie der beteiligungsdominierten Arbeitsformen. In der Sitzung zu den Gefühläußerungen (Tab. A 15_13) gibt es mit 67 größeren Korrelationen den höchsten Anteil der drei Sitzungen, von denen mit 40 fast zwei Drittel positive Vorzeichen tragen. Die Mehrheit der negativen Korrelationen taucht bei den beteiligungsdominierten Arbeitsformen auf. Ausschließlich positive Beziehungen treten bei folgenden Kurserfahrungen der Eltern auf: Ermutigung zum Austausch (bei allen Arbeitsformen), Kursleitung als Vorbild (alle Arbeitsformen) und nur negative Beziehungen dominieren beim Merkmal Anleitung der Kursleitung (bei allen Arbeitsformen).

Zusammenfassend ist festzuhalten, dass es auch zwischen den Perspektiven der Eltern in den drei Kurssitzungen und der der Evaluatoren einige plausible Zusammenhänge gibt, aber auch erhebliche Abweichungen. Diese sind von einigen Aspekten abgesehen auch keinesfalls über die Sitzungen identisch.

Selbst wenn die Kurserfahrungen der Eltern zu den drei summierten Skalen zusammengefasst werden, sind die Zusammenhänge mit den Daten der Evaluatoren über die drei Sitzungen keinesfalls identisch. Die Tabellen A 15_14, A 15_15 und A 15_16 enthalten die Korrelationen der Skalenwerte mit den Angaben der Evaluatoren für die drei Sitzungen. Folgende Übereinstimmungen zwischen den drei Sitzungen gibt es: Je länger die Sitzungsdauer, desto bessere Mittelwerte bei der Selbsterfahrung. Je länger die beteiligungsorientierten Arbeitsformen dauern, desto ungünstiger werden die Selbsterfahrungen bewertet. Je stärker die beteiligungsdominierten Arbeitsformen auftreten, desto günstiger sind die Selbsterfahrungen und die Erfahrungen mit den Kursleitungen. Es gibt keinen einzigen Zusammenhang der Skalen mit den Urteilen der Evaluatoren über die Eltern, der in allen drei Sitzung mit einer ähnlichen Korrelation auftritt.

Zusammenfassend ist festzuhalten, dass die drei in dieser Untersuchung erfassten Perspektiven auf das Geschehen an drei für den Elternkurs zentralen Themenabenden Dokumentationen erbracht haben, die erneut belegen, wie wichtig es ist, vor einer abschließenden Beurteilung auch eines professionell gesteuerten Interaktionsprozesses in der Erwachsenenbildung Informationen aus verschiedenen Quellen einzuholen. Die hier vorgelegten Analysen enthalten geeignete Verfahren, die je spezifischen Sichtweisen zu erfassen. Pädagogische Gewissheiten über die Eignung des eigenen Urteils, das keiner Ergänzung bedarf, sind damit nicht zum ersten Mal destruiert. Dieser für pädagogische Praktiker wenig erfreuliche Befund macht die Rekonstruktion des Geschehens und damit des eigentlichen Treatments komplexer und schwieriger erfassbar. Es kann nicht darum gehen, die Perspektiven gegeneinander auszuspielen oder gar einer von ihnen das Siegel der besonderen Gültigkeit zu verleihen. Eine Möglichkeit, eine herausgehobene Relevanz einer der Perspektiven zu prüfen, besteht darin, die unterschiedlichen Prozessbeurteilungen in Beziehung zu setzen zu Kriterien für den Kurserfolg. Dabei sind zunächst alle drei Perspektiven getrennt nach den drei Sitzungen zu berücksichtigen. Dieser Aufgabe ist der nächste Abschnitt gewidmet.

15.6 Versuch einer Erklärung von Unterschieden in den Erfolgsmaßen der Kurse

In diesem Abschnitt wird versucht, die in dieser Untersuchung erfassten Merkmale der Kurse und der Eltern in Beziehung zu setzen zu den Erfolgsmaßen des Kurses. Auch die Erfolgsmaße sind mehrperspektivisch. Es ist zu unterscheiden zwischen den Beurteilungen der Kursleitungen, die diese nach Beendigung des Kurses abgegeben haben und den verschiedenen Kriterien, die von den Eltern vorliegen. Diese haben einerseits ihre Kurserfahrungen am Ende des Elternkurses zusammengefasst und andererseits zahlreiche Fragebogenskalen vor und nach dem Kursbesuch bearbeitet. Für diese Merkmale der Eltern werden die Differenzen zwischen Werten vorher und nachher gebildet, in denen sich die individuellen Veränderungen der Eltern abbilden. Je größer diese Differenzen sind, desto mehr Veränderungen haben im Kursverlauf stattgefunden.

Auf die Fragebogendaten des Follow-up wird verzichtet, weil die Anzahl der Kurseltern so gering ist, dass eine Aufteilung der Eltern nach ihren Kursen nicht sinnvoll ist. Aus dem gleichen Grund werden auch die Ratingdaten aus den beiden Beobachtungssituationen nicht herangezogen, weil auch in diesem Untersuchungsbereich die Anzahl der Kurseltern mit Ratings vorher und nachher so klein ist, dass eine Berücksichtigung der Kurszugehörigkeit nicht lohnt. Hätte das vorgesehene Design den Umfang erreicht, der ursprünglich vorgesehen war, wären die beiden letztgenannten Erfolgsmaße selbstverständlich genauso relevant wie die nun benutzten.

Auch auf die Differenzen der Skalen der Kinder wird als Erfolgskriterium verzichtet. Zum einen reicht auch diese Anzahl nicht für eine sinnvolle Aufteilung auf die verschiedenen Kurse und zum andern gibt es fast keine signifikanten Veränderungen bei den Kindern zwischen der Kurs- und der Wartegruppe.

Allein die Zusammenführung der drei Erfolgskriterien mit den verschiedenen Prozessbeurteilungen aus drei Sitzungen ergibt eine große Menge an Tabellen. Es kommen weitere hinzu, weil auch einige Kursmerkmale und die soziodemografischen Zusammensetzungen der Kurse daraufhin geprüft werden, ob diese Merkmale Bedeutung für die unterschiedlichen Erfolgsmaße haben.

Angesichts dieser großen Menge immer wieder neu analysierter Informationen unter einer anderen Perspektive sei eine Anmerkung zur methodischen Problematik erlaubt. Um nicht immer wieder, auch zum Teil redundant, dasselbe Material unabhängig voneinander zu untersuchen und dabei auch Artefakte zu produzieren, wäre bei einer solchen Vielfalt an Daten der Einsatz multivariater statistischer Modelle wie etwa hierarchische Varianzanalysen, logistische und lineare multiple Regressionsmodelle angezeigt. Damit könnten Redundanzen vermieden und relative Bedeutungen einzelner Merkmale oder Merkmalskomplexe berechnet werden. Leider ist diese angemessenere Vorgehensweise dadurch unmöglich, dass für alle Kursvariablen immer nur ein Wert vorliegt und es sich nur um neun Kurse insgesamt handelt.

Wegen der Vielzahl der Tabellen wird jeweils nur eine aus jedem Bereich im Text vorgestellt, die anderen befinden sich im Anhang. Es können im Rahmen dieses Berichtes auch nicht sämtliche Feinheiten für jede Sitzung thematisiert werden. Das Material ist aber so aufbereitet, dass die Informationen ökonomisch für weitere Analysen und Überarbeitungen von Kursteilen genutzt werden können. Bei den ausgewählten Beispielen handelt es sich insofern auch um Hilfestellungen für das Lesen des tabellierten Materials.

15.6.1 Kurserfahrungen der Eltern als Erfolgskriterium

Die Erfahrungen, die die Eltern aus ihrer Sicht im gesamten Kurs gemacht haben, sind ein ganz entscheidendes Kriterium für den Erfolg des Kursbesuches. Die Tabelle A 15_17 enthält die Ergebnisse der univariaten Varianzanalysen aller einzelnen und summierten Erfahrungswerte der Eltern mit dem Faktor der Kurszugehörigkeit. In sieben der zwölf einzelnen Aussagen gibt es signifikante Mittelwertunterschiede zwischen den zehn Kursen, für die diese Werte vorliegen. 21,9 % bis 31,0 % der Varianz dieser sieben Merkmale werden durch die Kurszugehörigkeit der Eltern erklärbar. Auch bei den nicht signifikanten Analysen sind es zwischen 11,9 % und 15,3 % determinierter Varianz. Damit ist belegt, dass es mittlere bis sehr große Effekte durch die Kurszugehörigkeit gibt. Es lohnt sich offensichtlich Beziehungen zu anderen Kursmerkmalen herzustellen.

Die Tabelle 15_29 zeigt die Zusammenhänge der kursweise gemittelten Elternerfahrungen mit einigen Kursmerkmalen und der soziodemografischen Zusammensetzung der Kurse.

In Kursen mit besonders vielen Eltern zu Beginn sind die mittleren Kurserfahrungen sämtlich deutlich negativer (-.47 bis – .83). Je mehr Eltern im Kursverlauf aus dem Kurs ausgeschieden sind, desto weniger positiv sind die Kurserfahrungen der verbliebenen Eltern (-.33 bis -.62). Je größer die Anzahl der Stunden ist, die ein Kurs gedauert hat, desto besser sind die Kurserfahrungen in vier Aspekten. Die Kurse, in denen ein Blocktag stattgefunden hat, erzielen bei den Eltern in fünf Variablen bessere Mittelwerte. Die durchschnittliche Berufserfahrung der beiden Kursleitungen ist für zwei Erfahrungswerte der Eltern eher von Nachteil. Die Erfahrungen der Kursleitungen mit der Durchführung des Kurses spielen keine Rolle.

Tab. 74 – 15_29:
Korrelationen (≥ .30) zwischen den Kurserfahrungen der Eltern und den Kursmerkmalen und soziodemografischen Daten der Kurse

Kursvariablen	Kurserfahrungen der Eltern (N=9-10 Kurse)											
	Viel Neues gelernt	Beziehung zum Kind verbessert	Wohlgefühl in Elterngruppe	Neugier war berechtigt	Atmosphäre in Familie verbessert	Tipps helfen heute noch	Erziehungsvorstellungen besser verstanden	In schwierigen Situationen besser mit Kind	Erinnerung an Selbsterfahrung	Sicherer im Umgang mit Kind	Besser in Kind hineinversetzen	Kind zufriedener mit Elternteil
Kursdaten												
Anzahl Eltern zu Beginn	-.83[1]	-.75[1]	-.61	-.54	-.73[1]	-.72[1]	-.47	-.77[1]	-.51	-.57	-.62	-.52
Relativer Anteil ausgesch. Eltern	-.34	-.46		-.38	-.49	-.33	-.62	-.44	-.52	-.59		-.38
Anzahl Stunden			.36					.38	.35			.43
Blocktag			.42				.56	.41	.35	.45		
Jahre Berufserfahrung EKL		-.39									-.33	
Anzahl Kursdurchführungen EKL												
Soziodemografische Variablen												
Anteil Männer	-.30		-.68								-.31	-.38
Anteil Alleinerziehender	.33	.52			.41		.47					
Anteil ohne deutsche Staatsangehörigkeit			-.35				-.47		-.35			
Anteil höchster Bildungsabschluss mind. Abitur	-.41	-.31	-.52	-.46		-.45	-.43	-.46	-.47	-.47	-.58	-.82
Anteil mind. höherer, leitender Beruf	-.51		-.58	-.56	-.34	-.58		-.60	-.50	-.42	-.71[1]	-.79

[1] signifikant

Die Zusammenhänge der Kurserfahrungen mit den Variablen der soziodemografischen Zusammensetzung der Kurse belegen, dass vier Erfahrungen (-.30 bis -.68) schlechter ausfallen, wenn der Anteil der Männer in den Kursen höher ist. Bei den Alleinerziehenden ist es umgekehrt: Je mehr von ihnen in einem Kurs sind, desto eher kommt es zu positiven Kurserfahrungen (vier Merkmale mit Koeffizienten zwischen .33 und .52). Der Anteil nicht deutscher Eltern erweist sich als ungünstig in drei Merkmalen (-.35 bis -.47). Von den soziodemografischen Variablen am wichtigsten sind die Bildungsabschlüsse und die ausgeübten Berufe der Eltern. Je mehr Eltern mit mindestens Abitur sich in den Kursen befinden, desto ungünstiger fallen mit einer Ausnahme die mittleren Kurserfahrungen in den Kursen aus (-.31 bis -.82). Offensichtlich sind Eltern mit höherem Bildungshintergrund kritischer bei der Beurteilung ihrer Kurserfahrungen unabhängig von deren Inhalt. Gleiches gilt für zehn Variablen der Erfahrungen für Eltern mit Berufen, die sich mindestens in der Kategorie Höhere leitende Angestellte und Beamte befinden (-.34 bis -.79). An dieser Stelle sei noch einmal am Beispiel darauf hingewiesen, dass sich die beiden letztgenannten Gruppen selbstverständlich weitgehend überlappen, also teilweise identische Informationen zweimal verarbeitet werden. Dieses Sachverhaltes muss man sich bei sehr vielen der folgenden Zusammenhangsanalysen bewusst sein.

Die Tabelle 15_30 enthält die Zusammenhänge der kursabendspezifischen Erfahrungen der Eltern in der Sitzung zu den Werten mit ihren Abschlussbeurteilungen. Die Tabellen A 15_18 und A 15_19 zeigen die entsprechenden Daten für die Sitzungen zu den Gefühlsäußerungen und zur Problemlösungsfähigkeit. Die folgenden Lesehilfen werden nur für die Tabelle 15_30 vorgenommen unter Verzicht auf eine differenzierte Darstellung der Zusammenhänge aus den beiden anderen Sitzungen.

Wenn Korrelationen negativ ausfallen, handelt es sich um positive Zusammenhänge, günstigere Werte des einen Merkmals gehen eher mit günstigen Werten des anderen Merkmals einher. Die Korrelation ist deshalb negativ, weil in der Abschlussbefragung hohe Werte starke Zustimmungen bedeuten, während es bei den Kursabendbeurteilungen umgekehrt ist.

Die Tabelle 15_30 weist aus, dass die Eltern bei ihren Abschlussbeurteilungen auf ihre Erfahrungen an diesem Abend zurückgegriffen haben. Es gibt lediglich elf Zusammenhänge, bei denen die Korrelationen keine Werte von mindestens .30 erreichen. Alle Kursbeurteilungen stehen in erwarteter konsistenter Beziehung zueinander, wenn man sie kursweise betrachtet. Als ein besonders eindrückliches Beispiel kann die Beurteilung der Menge des Neuen betrachtet werden, die zwischen Kursabend und Kursabschluss -.80 beträgt. Kurse, in denen die Eltern positivere Beurteilungen am Kursabend abgeben, sind auch Kurse mit besseren Abschlussbeurteilungen. Auch in den beiden anderen Sitzungen sind die Korrelationen mit der Abschlussbeurteilung für diese Kurserfahrung ähnlich hoch.

Tab. 75 – 15_30:
Korrelationen (≥ .30) zwischen den Kurserfahrungen der Eltern und
den Beurteilungen am Kursabend zu den Werten

Beurteilung der Eltern am Kursabend - Werte -	Viel Neues gelernt	Beziehung zum Kind verbessert	Wohlgefühl in Elterngruppe	Neugier war berechtigt	Atmosphäre in Familie verbessert	Tipps helfen heute noch	Erziehungsvorstellungen besser verstanden	In schwierigen Situationen besser mit Kind	Erinnerung an Selbsterfahrung	Sicherer im Umgang mit Kind	Besser in Kind hineinversetzen	Kind zufriedener mit Elternteil
Vermittlung neuer Kenntnisse	-.80[1]	-.84[1]	-.38	-.87[1]	-.51	-.72[1]	-.82[1]	-.68[1]	-.72[1]	-.77[1]	-.39	-.75
Vermittlung praktischer Fertigkeiten	-.91[1]	-.92[1]	-.63	-.86[1]	-.58	-.78[1]	-.78[1]	-.77[1]	-.79[1]	-.68[1]	-.63	-.83[1]
Verständnis	-.37	-.32	-.53		-.37		-.34			-.41		
Verstehen, was wichtig in Erziehung ist	-.72[1]	-.74[1]	-.50	-.81[1]	-.63	-.64	-.83[1]	-.56	-.72[1]	-.69[1]	-.32	-.74[1]
Ermutigung zum Austausch	-.48	-.50	-.51	-.58	-.36	-.50	-.64		-.56	-.52	-.33	-.73[1]
Praktische Alltagsbeispiele	-.68	-.62	-.78[1]	-.54		-.57	-.34	-.38	-.56		-.70[1]	-.66
Übung von Inhalten	-.56	-.46	-.73[1]	-.52	-.45	-.59	-.44	-.33	-.49	-.47	-.52	-.79[1]
Güte der Kursanleitung	-.80[1]	-.86[1]	-.71[1]	-.78[1]	-.86[1]	-.82[1]	-.76[1]	-.63	-.95[1]	-.76[1]	-.63	-.75[1]
Hilfestellung Kursleitung bei Übungen	-.56	-.67[1]	-.51	-.45	-.43	-.39	-.50	-.40	-.57		-.35	-.33
Güte der Kursleitung als Vorbild	-.54	-.73[1]		-.66	-.59	-.41	-.89[1]	-.47	-.73[1]	-.61		-.42
Länge der Sitzung	-.62	-.63	-.75[1]	-.57	-.72	-.68[1]	-.64	-.48	-.74[1]	-.67	-.61	-.79[1]
Selbsterfahrung (Items 1, 2, 4)	-.88[1]	-.90[1]	-.55	-.90[1]	-.61	-.77[1]	-.85[1]	-.72[1]	-.79[1]	-.75[1]	-.50	-.82[1]
Arbeitserfahrungen (Items 3, 5 – 10)	-.77[1]	-.77[1]	-.81[1]	-.70[1]	-.59	-.70[1]	-.66	-.52	-.74[1]	-.55	-.61	-.80[1]
Kursleiterbeurteilung (Items 8 – 10)	-.68[1]	-.82[1]	-.52	-.67[1]	-.65	-.56	-.78[1]	-.54	-.80[1]	-.57	-.38	-.52

[1] signifikant

In der Sitzung zur Problemlösungsfähigkeit (Tab. A 15_19) stellt sich die Situation sehr ähnlich dar, lediglich die abendspezifischen Kurserfahrungen zu praktischen Alltagsbeispielen und zur Übung von Inhalten stehen nicht mit allen Abschlussbeurteilungen in relevanten Zusammenhängen. In der Sitzung zu den Gefühlsäußerungen (Tab. A 15_18) gibt es deutlich weniger starke Zusammenhänge, die sich aber zusätzlich auf abendspezifische Merkmale Ermutigung zum Austausch, praktische Alltagsbeispiele, Übung von Inhalten und die Anleitung durch die Kursleitung beziehen.

Zusammenfassend ist festzuhalten, dass die Eltern bei einigen Abweichungen ihre sitzungsspezifischen Erfahrungen sehr überzeugend und stimmig in ihren Abschlussbeurteilungen berücksichtigt haben. Die Prozessmerkmale aus Sicht der Eltern bestimmen deren Abschlussbeurteilungen ganz erheblich. Das bedeutet auch, dass die Beurteilungen eines Abends bereits weitgehende Aufschlüsse über dieses Erfolgskriterium des Kurses geben können.

Die Tabelle 15_31 enthält die Zusammenhänge der abschließenden Kurserfahrungen der Eltern mit den Beurteilungen der Eltern durch die Kursleitungen an den drei Kursabenden. Es sei daran erinnert, dass die Urteile der Kursleitungen gemittelt immer nur für den ganzen Kurs am jeweiligen Abend vorliegen.

In Kursen mit weniger günstigen abschließenden Kurserfahrungen der Eltern sind besonders viele Teile in der jeweiligen Sitzung durchgeführt worden. Dieser Sachverhalt trifft auf alle drei Sitzungen zu. In den ersten beiden Sitzungen bewegen sich die negativen Korrelationen auf noch höherem Niveau als in der Sitzung zur Problemlösungsfähigkeit. Die Anzahl neuer Teile ist nur in den beiden Sitzungen zu den Werten und den Gefühlsäußerungen bedeutungsvoll für die Abschlussbeurteilungen. Je mehr neue Teile im Kurs durchgeführt worden sind, desto bessere Urteile geben die Eltern ab.

Die Beurteilungen der Eltern durch die Kursleitungen sollten über die Kurse zu negativen Korrelationen mit den Abschlusskurserfahrungen führen: Dann wären die Abschlussbeurteilungen der Eltern umso besser, je häufiger in den Kursen die Anteile der Eltern als groß angesehen werden, für die die Zeit ausreichend gewesen ist, je mehr Eltern die Botschaft verstanden, akzeptiert und sich engagiert beteiligt haben. Fast sämtliche Korrelationen haben aber positive Vorzeichen. Über die neun Kurse hinweg gibt es offensichtlich keinen von den Kursleitungen einvernehmlich geteilten Maßstab für die Beurteilungen der Eltern. Angesichts der vorliegenden Zusammenhänge kann man nur schließen, dass die günstigeren Kursleiterbeurteilungen aus den einzelnen Sitzungen über mehrere Kurse hinweg nichts bedeuten oder aber signalisieren, dass besser beurteilte Kurse bei verschiedenen Aspekten des Kurserfolgs, definiert als Kurserfahrungen der Eltern, schlechter abschneiden.

Tab. 76 – 15_31:
Korrelationen (≥ .30) zwischen den Kurserfahrungen der Eltern und den Beurteilungen der Kursleitungen an den drei Themenabenden Werte, Gefühlsäußerungen und Problemlösungsfähigkeit

Kursleiter-beurteilungen	Kurserfahrungen der Eltern											
	Viel Neues gelernt	Beziehung zum Kind verbessert	Wohlgefühlt in Elterngruppe	Neugier war berechtigt	Atmosphäre in Familie verbessert	Tipps helfen heute noch	Erziehungsvorstellungen besser verstanden	In schwierigen Situationen besser mit Kind	Erinnerung an Selbsterfahrung	Sicherer im Umgang mit Kind	Besser in Kind hineinversetzen	Kind zufriedener mit Elternteil
Werte												
Anzahl Teile	-.78[1]	-.74[1]	-.72[1]	-.62	-.56	-.66	-.60	-.71[1]	-.63	-.52	-.69[1]	-.75[1]
Anzahl neuer Teile	.50	.55	.69[1]	.61	.52	.51	.56		.68[1]	.39		.59
Zeit					-.42							
Verständnis	.53	.50		.42			.49					
Akzeptanz	.41	.46		.41			.32	.38				
Engagement			-.38					.36	.46			
Konzepttreue	.31	.35									.38	
Gefühlsäußerungen												
Anzahl Teile	-.50	-.54	-.67[1]	-.44	-.61	-.59	-.56	-.41	-.69[1]	-.56	-.63	-.70[1]
Anzahl neuer Teile	.36	.54	.42	.50	.42	.35	.61		.63	.40		.35
Zeit					-.34			-.36		-.33		
Verständnis	.40	.35					.34			.34		
Akzeptanz	.35							.36		.33		.37
Engagement			-.30		-.59	-.34		-.47		-.51	-.33	
Konzepttreue	.34											
Problemlösungsfähigkeit												
Anzahl Teile	-.46	-.57	-.53	-.34	-.37	-.39	-.46	-.36	-.55	-.34	-.49	-.42
Anzahl neuer Teile							.35				-.38	
Zeit					-.35							

Kursleiter-beurteilungen	Kurserfahrungen der Eltern											
	Viel Neues gelernt	Beziehung zum Kind verbessert	Wohlgefühlt in Elterngruppe	Neugier war berechtigt	Atmosphäre in Familie verbessert	Tipps helfen heute noch	Erziehungsvorstellungen besser verstanden	In schwierigen Situationen besser mit Kind	Erinnerung an Selbsterfahrung	Sicherer im Umgang mit Kind	Besser in Kind hineinversetzen	Kind zufriedener mit Elternteil
Verständnis	.50	.43	.34	.43				.32				.36
Akzeptanz	.58	.51	.37	.42		.39		.52	.43		.57	.46
Engagement	.39			.31				.42			.34	.40
Konzepttreue	.58	.57	.52	.41		.49		.47	.43		.67[1]	.54

[1] signifikant

Die Tabelle 15_32 beinhaltet die Korrelationen der Prozesswerte der Evaluatoren aus der Sitzung zu den Gefühlsäußerungen mit den abschließenden Kurserfahrungen der Eltern. Die entsprechenden Werte für die Sitzungen zu den Werten und zur Problemlösungsfähigkeit befinden sich in den Tabellen A 15_20 und A 15_21.

Je länger die Sitzung zu den Gefühlen gedauert hat, desto besser sind die Abschlussbeurteilungen der Eltern (Tab. 15_32). Elf der zwölf Variablen der Elternbeurteilungen weisen bedeutungsvolle Korrelationen mit der Sitzungsdauer auf (.35 bis .83). Das gilt entsprechend für die Sitzung zur Problemlösungsfähigkeit, aber nur eingeschränkt für die Sitzung zu den Werten (fünf höhere Korrelationen). Die Anzahl der eingesetzten Arbeitsformen steht mit fünf Merkmalen in größerem Zusammenhang, in der dritten Sitzung sind das nur drei und in der Sitzung zu den Werten gibt es eine einzige höhere Korrelation.

Sowohl die Dauer der leitungsdominierten (.33 bis .76) als auch der beteiligungsdominierten Arbeitsformen (.31 bis .67) stehen mit nahezu allen Abschlussbeurteilungen in positiver Beziehung: Je länger diese stattgefunden haben in dieser Sitzung, desto besser sind die Erfahrungswerte der Eltern am Ende des Kurses. Für die Dauer der beteiligungsorientierten Arbeitsformen gilt das Gegenteil (-.35 bis -.58). Auch hier sei noch einmal der Hinweis erlaubt, dass es sich nicht um völlig unabhängige Kursmerkmale handelt: Je mehr Zeit zwei Arbeitsformen in Anspruch nehmen, desto weniger Zeit bleibt in der Regel für die dritte (dieser Zusammenhang gilt noch viel stärker für die berechneten Anteile der Arbeitsformen in den Sitzungen, weswegen auf diese Variablen meist verzichtet wird).

In den beiden anderen Sitzungen (Tab. A 15_20 und Tab. A 15_21) bestehen positive Zusammenhänge fast ausschließlich mit der Dauer der beteiligungsdominierten Arbeitsformen (.49 bis .68 bzw. .30 bis .60). Je länger diese Arbeitsformen eine Rolle am jeweiligen Abend gespielt haben, desto besser sind die durchschnittlichen Abschlussbeurteilungen der Eltern.

Bei den Zusammenhängen zwischen den Urteilen der Evaluatoren über die Eltern und den Abschlussbeurteilungen der Eltern bestehen 33 höhere Korrelationen, von denen 18 ein negatives Vorzeichen haben, also positive Zusammenhänge ausweisen. Offensichtlich sind zumindest in einigen Aspekten die Urteile der Evaluatoren in dieser Sitzung erheblich besser mit den Abschlussbewertungen der Eltern assoziiert, als dies für die Kursleitungen gilt. Insbesondere das Wohlbefinden der Eltern steht mit sechs Beurteilungen der Evaluatoren ausschließlich in positiven Beziehungen (-.41 bis -.58). Das von den Evaluatoren festgestellte Engagement steht dagegen in negativer Beziehung zu sieben Abschlussbewertungen der Eltern (.32 bis .63).

Tab. 77 – 15_32:
Korrelationen (≥ .30) zwischen den Kurserfahrungen der Eltern mit den Prozessbeurteilungen der Evaluatoren am Kursabend zu den Gefühlsäußerungen

Prozessbeurteilung der Evaluatoren - Gefühlsäußerungen -	Kurserfahrungen der Eltern											
	Viel Neues gelernt	Beziehung zum Kind verbessert	Wohlgefühlt in Elterngruppe	Neugier war berechtigt	Atmosphäre in Familie verbessert	Tipps helfen heute noch	Erziehungsvorstellungen besser verstanden	In schwierigen Situationen besser mit Kind	Erinnerung an Selbsterfahrung	Sicherer im Umgang mit Kind	Besser in Kind hineinversetzen	Kind zufriedener mit Elternteil
Sitzungsdauer in Minuten	.65	.62		.55	.59	.51	.62	.83[1]	.46	.65	.35	.49
Anzahl verschiedener Arbeitsformen	.36	.35		.31	.43		.30					
Dauer leitungsdominierter Arbeitsformen	.63	.56	.46	.48	.75[1]	.54	.48	.71[1]	.45	.60	.34	.46
Dauer beteiligungsorientierter Arbeitsformen	-.56	-.50	-.64	-.47	-.58	-.43	-.41	-.37	-.41	-.35		-.42
Dauer beteiligungsdominierter Arbeitsformen	.67[1]	.63	.67[1]	.59	.62	.53	.55	.48	.53	.47	.31	.57
Dauer Pause/ Organisation			-.48					.46				
Anteil leitungsdominierter	.48	.39	.53	.34	.76[1]	.45		.48	.36	.45		.33

Prozessbeurteilung der Evaluatoren - Gefühlsäußerungen -	Kurserfahrungen der Eltern											
	Viel Neues gelernt	Beziehung zum Kind verbessert	Wohlgefühlt in Elterngruppe	Neugier war berechtigt	Atmosphäre in Familie verbessert	Tipps helfen heute noch	Erziehungsvorstellungen besser verstanden	In schwierigen Situationen besser mit Kind	Erinnerung an Selbsterfahrung	Sicherer im Umgang mit Kind	Besser in Kind hineinversetzen	Kind zufriedener mit Elternteil
Arbeitsformen												
Anteil beteiligungsorientierter Arbeitsformen	-.60	-.55	-.60	-.51	-.63	-.47	-.48	-.47	-.45	-.43		-.47
Anteil beteiligungsdominierter Arbeitsformen	.61	.60	.68[1]	.58	.57	.48	.56	.35	.56	.38		.55
Leitungsdominierte Arbeitsformen												
Zeit			-.46		-.37					-.35		-.36
Verständnis			-.39		-.32							
Akzeptanz		.31	-.40	.30		.31						
Beteiligungsorientierte Arbeitsformen												
Zeit			-.48							-.47		-.36
Verständnis										-.39		
Akzeptanz		.35	-.41	.35		.41						
Engagement	.50	.53		.51	.32	.53	.63		-.38			.41
Beteiligungsdominierte Arbeitsformen												
Zeit			-.58		-.34							-.52
Verständnis			.31									
Akzeptanz				-.38	-.46			-.53				
Engagement												

[1] signifikant

In der Sitzung zu den Werten gibt es 49 höhere Korrelationen mit negativen Vorzeichen und nur sechs positive (Tab. A 15_20). Vor allem die Kurse mit besseren Beurteilungen des Verständnisses und der Akzeptanz bei beteiligungsorientierten Arbeitsformen und der Akzeptanz bei beteiligungsdominierten Arbeitsformen sind solche, in denen die Abschlussbeurteilungen der Eltern positiver ausfallen. Aber auch die Beurteilung des Ausreichens der Zeit für die Eltern steht bei allen drei Arbeitsformen immer in einer positiven Beziehung zu etlichen Abschlussbeurteilungen. In dieser Sitzung gibt es überragend viele Prozessmerkmale aus Sicht der Evaluatoren, die für das Erfolgskriterium Abschlussbeurteilungen der Eltern von zentraler Bedeutung sind. Derartige Zusammenhänge gibt es für die Urteile der Kursleitungen nicht.

In der Sitzung zur Problemlösungsfähigkeit gibt es diese positiven Zusammenhänge nicht. Abgesehen von den Beurteilungen des Engagements (12 Korrelationen zwischen -.30 und -.60) gibt es fast nur Korrelationen mit positiven Vorzeichen, die negative Zusammenhänge bedeuten. Kurse mit besseren Beurteilungen der Evaluatoren bei den Prozessmerkmalen sind eher solche, die bei der Elternbeurteilung eher wenig günstig abschneiden.

Zusammenfassend kann festgehalten werden, dass für das Erfolgskriterium abschließende Kursurteile der Eltern die zahlreichsten und stärksten Zusammenhänge mit den Kursabendbeurteilungen der Eltern selbst bestehen. Von den Kursmerkmalen sind es die Dauer insgesamt sowie die Zeit, die auf leitungsdominierte und beteiligungsdominierte Arbeitsformen entfallen, die diesen Kurserfolg gut vorherzusagen erlauben. Hohe Anteile von Eltern mit mindestens Abitur und höheren Berufskategorien sind eher ungünstig für dieses Kriterium. Die Urteile der Evaluatoren über die Eltern in den drei Sitzungen, die auf mehreren Einzelbeurteilungen verschiedener Arbeitsformen beruhen, sind deutlich besser geeignet die Abschlussbeurteilungen der Eltern zu schätzen als die der Kursleitungen, allerdings sind sie auch nur für einige Aspekte des Kurserfolges brauchbare Prädiktoren.

15.6.2 Veränderungen der Eltern als Erfolgskriterium

Die Veränderungen der Eltern definiert als Differenzen zwischen den Fragebogenwerten vorher und nachher (vorher – nachher) stellen das zweite Erfolgskriterium dar. Die Tabelle A 15_22 zeigt die Ergebnisse der univariaten Varianzanalysen für alle Differenzen mit dem Faktor Kurszugehörigkeit. Es gibt nur einen einzigen signifikanten Befund (Unzufriedenheit) und einen tendenziell gesicherten Unterschied (Verhaltensprobleme des Kindes). Offensichtlich sind die Differenzen zwischen den Kursen in diesen Skalen erheblich kleiner als die bei den abschließenden Kurserfahrungen der Eltern. Da es aber 16 Variablen gibt, bei denen die determinierten Varianzanteile so groß sind, dass von mittleren Effekten gesprochen werden kann, werden auch für diese Erfolgskriterien Zusammenhänge mit Kursmerkmalen untersucht. Dabei ist zu beachten, dass bei entwicklungsförderlichen Merkmalen negative Differenzen eine positive Veränderung bedeuten (vorher ist zum Beispiel das Ausmaß der Unterstützung kleiner als nachher) und bei entwicklungshemmenden Merkmalen eine positive Differenz auch eine positive Veränderung beinhaltet (vorher ist z. B. das Ausmaß körperlicher Strafen größer als nachher).

Tab. 78 – 15_33:
Korrelationen (≥ .30) zwischen den Veränderungen der Eltern (vorher - nachher) und den Kursmerkmalen und soziodemografischen Daten der Kurse

Kursvariablen	Veränderungen der Eltern											
	Inkonsistentes ElternverhaltenDiff	Positives ElternverhaltenDiff	InvolviertheitDiff	Verantwortungsbew. ElternverhaltenDiff	Geringes MonitoringDiff	Machtvolle DurchsetzungDiff	Körperliche StrafenDiff	UnterstützungDiff	StrengeDiff	KlarheitDiff	UnzufriedenheitDiff	Erlebte SelbstwirksamkeitDiff
Kursdaten												
Anzahl Eltern zu Beginn	.32						.32				-.43	
Relativer Anteil ausgeschiedener Eltern	.51			.69[1]			.38				-.51	
Anzahl Stunden		-.35	.34	-.37	-.53		.68[1]		.72	.44		.33
Blocktag				-.38								
Jahre Berufserfahrung EKL	.38			-.31	.38		-.44			-.75		
Anzahl Kursdurchführungen EKL		-.34		-.75[1]		-.46				-.41		
Soziodemografische Variablen												
Anteil Männer	.64	.33	.60									
Anteil Alleinerziehender		.41		.54		.45	-.42		-.81			
Anteil ohne deutsche Staatsangehörigkeit		-.55		-.34	.47					-.31		
Anteil höchster Bildungsabschluss mind. Abitur		.55		.44	.44			-.76[1]	-.41		-.46	.52
Anteil mind. höherer, leitender Beruf						.60		-.50		-.69	-.35	.36

[1] signifikant

Die Tabelle 15_33 enthält die Zusammenhänge der Differenzen in den Erziehungsmerkmalen der Eltern mit den Kursdaten und den Variablen der soziodemografischen Zusammensetzung der Elternkurse. Je mehr Eltern am Anfang in den Kursen teilnehmen, desto mehr haben die Eltern ihr Inkonsistentes Verhalten abgebaut (.30), für die Zunahme in der Unterstützung ist die größere Anzahl eher ungünstig (.32) wie auch für den Abbau der Unzufriedenheit mit der Elternrolle (-.43). In Kursen, in denen mehr Eltern ausgeschieden sind, sind die Zuwächse in Positivem Elternverhalten (.51), in Verantwortungsbewusstem Elternverhalten (.69) und in der Unterstützung (.38) sowie der Abbau der Unzufriedenheit (-.51) besser gelungen. Die Anzahl der Stunden der Kurse steht mit fast allen Veränderungen in Beziehung (-.37 bis .72). Je mehr Stunden ein Kurs hat, um so größer sind die positiven Veränderungen im Positiven und im Verantwortungsbewussten Elternverhalten, aber auch im Geringen Monitoring, was einer Zunahme in diesem Merkmal entspricht. Besonders stark ist bei längerer Kursdauer der Abbau von Körperlichen Strafen (.68) und Strenge (.72).

Die allgemeinen und die kursspezifischen Erfahrungen der Kursleitungen spielen bei diesem Erfolgskriterium eine größere Rolle als bei den Kurserfahrungen (fünf bzw. vier höhere Korrelationen mit Veränderungen). Je mehr Berufserfahrungen die beiden Kursleitungen zusammen haben, desto stärker sind der Abbau Inkonsistenten Elternverhaltens (.38), der Abbau Geringen Monitorings (.38) und der Aufbau Verantwortungsbewussten Elternverhaltens (-.31). Das Ausmaß körperlicher Strafen wird allerdings höher bei größerer Berufserfahrung der Kursleitungen (-.44). Je höher die Anzahl der gemittelten Kursduchführungen ist, desto stärker ist der mittlere Gewinn der Eltern im Positiven Verhalten (-.34) und im Verantwortungsbewussten Verhalten (-.75), aber umso geringer ist der Abbau Machtvoller Durchsetzung (-.46).

Ein höherer Anteil der Männer kovariiert deutlich mit einem Abbau Inkonsistenten Verhaltens (.64) aber auch weniger Zunahme im Positiven (.33) und im Involvierten Elternverhalten (.60). Ist ein größerer Anteil Alleinerziehender im Kurs, dann gibt es keinen größeren Zuwachs im Positiven Elternverhalten (.41), im Verantwortungsbewussten Elternverhalten (.54) und keinen größeren Abbau Körperlicher Strafen (-.42) und von Strenge (-.81), allerdings gelingt dieser Abbau beim Merkmal Machtvolle Durchsetzung (.45). Auch ein höherer Anteil nicht deutscher Eltern ist mit drei Merkmalsveränderungen assoziiert: Mehr Positives Elternverhalten nachher (-.55), mehr Verantwortungsbewusstes Verhalten nachher (-.34), weniger Geringes Monitoring nachher (.47). Die meisten Zusammenhänge gibt es auch bei den Veränderungen der Eltern mit dem Anteil höherer Bildungsabschlüsse in der Kursgruppe. In Kursen, in denen mehr Eltern mindestens Abitur haben, gibt es weniger wünschenswerte Veränderungen: Keine Verbesserungen des Positiven und des Verantwortungsbewussten Elternverhaltens (.55 bzw. .44), auch nicht in der Selbstwirksamkeit der Erziehung (.52), kein Abbau Körperlicher Strafen (-.76), von Strenge (-.41) und von Unzufriedenheit (-.46), einzig und allein ein Abbau im Geringen Monitoring ist zu verzeichnen (.44). Ähnlich stellt sich die Situation dar für die Anteile von Eltern mit Berufen der beiden obersten Kategorien. Es ist nicht auszuschließen, dass ein größerer Teil der beiden letztgenannten Elterngruppen in einigen der Kurse bereits so hohe positive Ausgangswerte hat, dass weitere Verbesserungen kaum noch möglich sind. Es ist auch denkbar, dass diese Eltern die Skalen des Fragebogens besser durchschauen und deshalb ihre Antworten bewusster steuern als andere Eltern.

Die Tabelle 15_34 enthält die Korrelationen zwischen den Veränderungen der Eltern bei der Beurteilung ihres Kindes und den Kursmerkmalen sowie den Aspekten der soziodemografischen Zusammensetzung der Kurse. Bei diesen Zusammenhängen wird die durchschnittliche Erfahrung der Kursleitungen mit dem Elternkurs SESK besonders wichtig. Je mehr Kursdurchführungen die Leitungen bereits absolviert haben, desto stärker ist der Abbau von Problemen bei den Kindern aus Sicht der Eltern (sechs positive Korrelationen zwischen .34 und .65): Bei der Befragung nach Beendigung des Kurses gibt es in diesen Kursen gegenüber ihrer Ausgangslage ein deutlich geringeres Niveau an Hyperaktivität, Emotionalen Problemen, Verhaltensproblemen, Verhaltensproblemen mit Gleichaltrigen, aufsummierten Schwächen und Problemen und Unangemessenem Sozialverhalten. Gleichzeitig ist auch das Positive Sozialverhalten der Kinder im Elternurteil gestiegen (-.67). Bezüglich der Veränderungen der Beurteilungen ihrer Kinder sind offensichtlich die Kurse besonders erfolgreich, in denen die Kursleitungen bereits viele Kurse durchgeführt haben.

Von den soziodemografischen Merkmalen der Zusammensetzung der Eltern eines Kurses ist der Anteil der Alleinerziehenden im Kurs besonders wichtig. Je größer ihr Anteil im Kurs ist, desto geringer sind die Verbesserungen in fünf Problemskalen (-.36 bis -.67) und in den beiden Skalen zum sozialen Verhalten (.53 und .69). Je größer der Anteil der nicht deutschen Eltern in den Kursen ist, desto größer fallen die Gewinne in drei Problemskalen und in den beiden Skalen zum sozialen Verhalten aus. Einzige Ausnahme stellt das Merkmal Unrealistisches Selbstkonzept dar, bei dem es in dieser Konstellation zu einer Verschlechterung gekommen ist.

Im nächsten Schritt werden die Veränderungen der Eltern pro Kurs in Beziehung gesetzt zu den Kurserfahrungen der Eltern in den drei Sitzungen zu den Werten, den Gefühlsäußerungen und zur Problemlösung. Wieder wird nur eine Tabelle in den Text aufgenommen (Tab. 15_35), die beiden anderen befinden sich im Anhang (Tab. A 15_23 und A 15_24).

Tab. 79 – 15_34:
Korrelationen (≥ .30) zwischen den Veränderungen der Eltern (vorher - nachher) bei den Kinderbeurteilungen und den Kursdaten und den soziodemografischen Daten der Kurse

Kursvariablen	Veränderungen der Kinderbeurteilungen durch die Eltern								
	Prosoziales Verhalten Kind$_{Diff}$	Hyperaktivität Kind$_{Diff}$	Emotionale Probleme Kind$_{Diff}$	Verhaltensprobleme Kind$_{Diff}$	Verhaltensprobleme mit Gleichaltrigen$_{Diff}$	Schwächen/ Probleme Kind$_{Diff}$	Positives Sozialverhalten Kind$_{Diff}$	Unangepasstes Sozialverhalten Kind$_{Diff}$	Unrealistisches Selbstkonzept Kind$_{Diff}$
Kursdaten									
Anzahl Eltern zu Beginn		-.48	.45	.35					.68
Relativer Anteil ausgesch. Eltern		-.53					.35	-.43	.38
Anzahl Stunden	-.47	-.33	.49	.40				.64[1]	
Blocktag					-.51	-.31		.54	
Jahre Berufserfahrung EKL				.39					.53
Anzahl Kursdurchführungen EKL		.36	.54	.48	.54	.65	-.67[1]	.34	
Soziodemopgrafische Variablen									
Anteil Männer				.31				.39	.73[1]
Anteil Alleinerziehender	.69[1]		-.67[1]	-.48	-.59	-.46	.53	-.36	
Anteil ohne deutsche Staatsangehörigkeit	-.47	.52			.40	.48	-.64[1]		-.57
Anteil höchster Bildungsabschluss mind. Abitur							.41		.33
Anteil mind. höherer, leitender Beruf	.48			-.31					

[1] signifikant

Tab. 80 – 15_35:
Korrelationen (≥ .30) zwischen den Veränderungen der Eltern (vorher - nachher) mit den Erfahrungen der Eltern am Kursabend zu den Werten

Beurteilungen der Eltern - Werte -	Veränderungen der Eltern											
	Inkonsistentes Elternverhalten$_{Diff}$	Positives Elternverhalten$_{Diff}$	Involviertheit$_{Diff}$	Verantwortungsbew. Elternverhalten$_{Diff}$	Geringes Monitoring$_{Diff}$	Machtvolle Durchsetzung$_{Diff}$	Körperliche Strafen$_{Diff}$	Unterstützung$_{Diff}$	Strenge$_{Diff}$	Klarheit$_{Diff}$	Unzufriedenheit$_{Diff}$	Erlebte Selbstwirksamkeit$_{Diff}$
Vermittlung neuer Kenntnisse					.33	.31						
Vermittlung praktischer Fertigkeiten	.35				.38	.34						
Verständnis	.39							.43			-.34	
Verstehen, was wichtig in Erziehung ist							-.35			-.53		
Ermutigung zum Austausch		.32	.33	.39			-.58			-.31	-.32	
Praktische Alltagsbeispiele	.51				.44	.53					-.32	
Übung von Inhalten		.46	.44	.33			-.55			-.31	-.42	
Güte der Kursanleitung				.33	.33			.36		-.56	-.55	
Hilfestellung Kursleitung bei Übungen				.38		.31			.42	-.30		-.34
Güte der Kursleitung als Vorbild				.40						.38	-.56	-.37
Länge der Sitzung			.61	.54				-.39	.62	-.55	-.75	
Selbsterfahrung (Items 1, 2, 4)					.36					-.32		
Arbeitserfahrungen (Items 3, 5 – 10)	.31	.34		.39						-.43	-.41	
Kursleiterbeurteilung (Items 8 – 10)				.42						.34	-.51	-.35

Die wesentlichen Befunde aus der Tabelle 15_35 werden kurz dargestellt, die Daten aus den beiden Anhangtabellen sind entsprechend zu lesen. Für vier Veränderungen der Eltern in ihrem Erziehungsverhalten gibt es mindestens vier größere Zusammenhänge mit den einzelnen der zehn Kurserfahrungen der Eltern in dieser Sitzung (ohne die Sitzungsdauer, bei der kleine Werte nicht das Optimum der Skala anzeigen). Es handelt sich um die Veränderungen in den Merkmalen Verantwortungsbewusstes Elternverhalten, Geringes Monitoring, Machtvolle Durchsetzung und Klarheit. Die letztgenannte Skala wird nicht berücksichtigt, weil ihre Interpretation auf Grund vielfältiger Befunde dieses Berichts eine hohe Ambivalenz aufweist, wodurch die Bewertung der Differenzen kaum möglich ist. Kurse, in denen Eltern in fünf Aspekten (darunter alle drei zu den Kursleitungen) besonders gute Kurserfahrungen in dieser Sitzung zu den Werten gemacht haben (niedrige Werte), haben größere Gewinne im Verantwortungsbewussten Erziehungsverhalten erzielt (.33 bis .40). Beim Geringen Monitoring (vier Aspekte mit Korrelationen zwischen .33 und .44) und bei der Machtvollen Durchsetzung (vier Koeffizienten von .31 bis .53) sind die Gewinne dagegen geringer bei positiven Kurserfahrungen in dieser Sitzung. Es wird deutlich, dass es keinesfalls einfache Beziehungen zwischen den Prozessmerkmalen aus Sicht der Eltern und deren Veränderungen im Erziehungsverhalten nach Beendigung des Kurses gibt.

In der Sitzung zu den Gefühlsäußerungen gibt es zum Teil deutlich andere Beziehungsmuster (Tab. A 15_23), von denen insbesondere die Gewinne im Positiven Elternverhalten (viermal), in der Unterstützung (sechsmal) und der Unzufriedenheit mit der Elternrolle (achtmal) betroffen sind. Von einer einzigen Ausnahme abgesehen sind die Gewinne in diesen Merkmalen in den Kursen höher, in denen an diesem Abend positive Erfahrungen von den Eltern gemacht worden sind.

In der Sitzung zur Problemlösungsfähigkeit sind die Zusammenhänge recht ähnlich zu denen aus der Sitzung zu den Gefühlen (Tab. A 15_24).

Für die Kurse ist festzuhalten, dass die von Eltern am Ende einzelner Sitzungen mitgeteilten Erfahrungen einige gut interpretierbare Zusammenhänge mit ihren Veränderungen im Erziehungsverhalten aufweisen, diese aber zwischen den Sitzungen variieren und nur den kleineren Teil der Veränderungen betreffen.

Die Tabelle 15_36 enthält die Zusammenhänge zwischen den Veränderungen der Kinderbeurteilungen durch ihre Eltern und den Kurserfahrungen der Eltern in der Sitzung zu den Werten. Die entsprechenden Daten zu den beiden anderen Sitzungen befinden sich in den Tabellen A 15_25 und A 15_26.

Es gibt fünf Veränderungen, die mit mindestens vier von zehn Einzelbeurteilungen stärkere Zusammenhänge aufweisen. Es handelt sich dabei ausschließlich um Problembereiche der Kinder aus Sicht ihrer Eltern. Die Vorzeichen der Korrelationen aller dieser Merkmalskombinationen sind ausnahmslos positiv, das bedeutet, dass die günstigeren Kurserfahrungen an diesem Abend eher in Kursen stattgefunden haben, in denen die Eltern am Ende weniger Verbesserungen des problematischen Verhaltens ihrer Kinder wahrgenommen haben. Offensichtlich

Tab. 81 – 15_36:
Korrelationen (≥ .30) zwischen den Veränderungen der Eltern (vorher - nachher) bei den Kinderbeurteilungen mit den Erfahrungen der Eltern am Kursabend zu den Werten

Beurteilung der Eltern am Kursabend - Werte -	Veränderungen der Kinderbeurteilungen durch die Eltern								
	Prosoziales Verhalten Kind$_{Diff}$	Hyperaktivität Kind$_{Diff}$	Emotionale Probleme Kind$_{Diff}$	Verhaltensprobleme Kind$_{Diff}$	Verhaltensprobleme mit Gleichaltrigen$_{Diff}$	Schwächen/Probleme Kind$_{Diff}$	Positives Sozialverhalten Kind$_{Diff}$	Unangepasstes Sozialverhalten Kind$_{Diff}$	Unrealistisches Selbstkonzept Kind$_{Diff}$
Vermittlung neuer Kenntnisse			.57		.46	.45			
Vermittlung praktischer Fertigkeiten			.53	.32		.31			.36
Verständnis		-.54		.36			.41		.69[1]
Verstehen, was wichtig in Erziehung ist			.41	.35	.70[1]	.49			.40
Ermutigung zum Austausch					.40				
Praktische Alltagsbeispiele	-.46		.37	.33			.33		.43
Übung von Inhalten									.55
Güte der Kursanleitung		-.31						-.31	.39
Hilfestellung Kursleitung bei Übungen	-.47	-.37		.44			.34		.45
Güte der Kursleitung als Vorbild			.34		.63	.35		-.31	
Länge der Sitzung				-.45					.61
Selbsterfahrung (Items 1, 2, 4)			.54	.31	.46	.42			.30
Arbeitserfahrungen (Items 3, 5 – 10)									.60
Kursleiterbeurteilung (Items 8 – 10)	-.35	-.33		.32	.33				.41

[1] signifikant

sind die positiven Erfahrungen der Eltern in dieser Sitzung eher schlechte Voraussetzungen für den Kurserfolg.

In der Sitzung zu den Gefühlen (Tab. A 15_25) stellt sich die Situation ganz anders dar. Es gibt wesentlich mehr Korrelationen mit negativen Vorzeichen bei den Problemskalen (Hyperaktivität, Schwächen und Probleme sowie Unangemessenes Sozialverhalten), die anzeigen, dass bei guten Kurserfahrungen in dieser Sitzung Gewinne in diesen Merkmalen erzielt worden sind. Es gibt aber auch für diese Sitzung gegenläufige Zusammenhänge, besonders ausgeprägt im Merkmal Unrealistisches Selbstkonzept, in dem nur positive Korrelationen mit den Kurserfahrungen auftreten.

In der Sitzung zur Problemlösung sind die Veränderungen im Prosozialen Verhalten und im Merkmal Hyperaktivität erwartungsgemäß mit den Kurserfahrungen der Sitzung assoziiert (Tab. A 15_26). Insbesondere für das Merkmal Unrealistisches Selbstkonzept des Kindes gibt es nur gegenläufige Zusammenhänge: Sämtliche Aspekte der Kurserfahrungen sind positiv korreliert mit Veränderungen in diesem Merkmal. In Kursen, in denen sich dieses Merkmal besonders verringert hat, sind die Kurserfahrungen der Eltern in dieser Sitzung weniger günstig.

Es zeigt sich insgesamt für die Veränderungen der Beurteilungen der Kinder, dass die von den Eltern mitgeteilten Kurserfahrungen für die drei Sitzungen zwar unterschiedlich viele Zusammenhänge mit diesen Veränderungen in der erwarteten Richtung vorweisen, aber die Mehrheit eher keine oder sogar eine gegenläufige Kovariation aufweisen. Damit wird erneut deutlich, dass auch bei Zugrundelegung derselben Quelle (Eltern) die Prozesswahrnehmungen in den drei Sitzungen in den neun untersuchten Kursen sehr unterschiedlich mit den verschiedenen Erfolgskriterien in den Kursen zusammenhängen.

Die Tabelle 15_37 enthält die Korrelationen der Veränderungen der Eltern in den Skalen des Erziehungsverhaltens mit den Beurteilungen der Kursleitungen in den drei Sitzungen. In der Sitzung zu den Werten ist eine höhere Anzahl von durchgeführten Teilen eher von Nachteil für die Veränderungen (in den vier Fällen mit größeren Zusammenhängen tritt immer das falsche Vorzeichen auf). Gleiches gilt auch in den beiden anderen Sitzungen.

Eine höhere Anzahl neuer Teile in den drei Sitzungen erweist sich dagegen eher als vorteilhaft für erwünschte Veränderungen.

Die Beurteilungen der Eltern durch die Kursleitungen sind in der Sitzung zu den Werten ausschließlich in der erwarteten Richtung mit den Veränderungen der Eltern korreliert (z. B.: Kurse, in denen die Zeit in der Kurssitzung ausreichend ist, haben einen größeren Abbau Inkonsistenten Verhaltens (-.45) und auch einen größeren Zuwachs im Positiven Elternverhalten (.36)). Sogar die Einschätzung des Anteils der Eltern, die die Botschaft, den Inhalt der Sitzung gut verstanden haben, hängt vernünftig mit den Veränderungen zusammen. In den Kursen, in denen die Akzeptanz besser eingeschätzt wird, gibt es ebenfalls die größeren wünschenswerten Veränderungen bei den Eltern.

Tab. 82 – 15_37:
Korrelationen (≥ .30) zwischen den Veränderungen der Eltern (vorher - nachher) und den Beurteilungen der Kursleitungen an den drei Themenabenden Werte, Gefühlsäußerungen und Problemlösungsfähigkeit

Kursleiterbeurteilung	Veränderungen der Eltern											
	Inkonsistentes Elternverhalten_Diff	Positives Elternverhalten_Diff	Involviertheit_Diff	Verantwortungsbew. Elternverhalten_Diff	Geringes Monitoring_Diff	Machtvolle Durchsetzung_Diff	Körperliche Strafen_Diff	Unterstützung_Diff	Strenge_Diff	Klarheit_Diff	Unzufriedenheit_Diff	Erlebte Selbstwirksamkeit_Diff
Werte												
Anzahl Teile		.43		.35				.35		-.42	-.45	
Anzahl neuer Teile			-.35						-.30	.53		.32
Zeit	-.45	.36				-.49		.47	-.46	-.30	-.53	
Verständnis	-.66	.33				-.43		.46			-.40	
Akzeptanz	-.59	.49				-.39		.64	-.32		-.56	
Engagement	-.38				-.32			.46				
Konzepttreue						-.55						
Gefühlsäußerungen												
Anzahl Teile		.58					-.39	.71¹		-.49	-.79¹	
Anzahl neuer Teile			-.37	-.51		-.35			-.67¹			.43
Zeit		.37	-.42			-.80¹	-.39		-.40	-.42		
Verständnis	-.64				-.38							
Akzeptanz	-.44				-.35	.58						
Engagement	.38	.79¹		.65	-.43	-.46		.72¹			-.81¹	.34
Konzepttreue			-.36	-.47		-.71¹				-.39		
Problemlösungsfähigkeit												
Anzahl Teile		.32		.52				.49			-.48	
Anzahl neuer Teile									-.73¹			.74¹

Kursleiterbeurteilung	Veränderungen der Eltern											
	Inkonsistentes Elternverhalten$_{Diff}$	Positives Elternverhalten$_{Diff}$	Involviertheit$_{Diff}$	Verantwortungsbew. Elternverhalten$_{Diff}$	Geringes Monitoring$_{Diff}$	Machtvolle Durchsetzung$_{Diff}$	Körperliche Strafen$_{Diff}$	Unterstützung$_{Diff}$	Strenge$_{Diff}$	Klarheit$_{Diff}$	Unzufriedenheit$_{Diff}$	Erlebte Selbstwirksamkeit$_{Diff}$
Zeit	-.48	.68		.62	-.47	-.40		.84[1]			-.71[1]	
Verständnis	-.77[1]				-.34	-.35		.35			-.34	
Akzeptanz	-.55				-.44	-.54						
Engagement	-.42				-.42	.52						
Konzepttreue					-.35	-.64						-.34

[1] signifikant

Die Tabelle 15_38 weist die entsprechenden Zusammenhänge für die Veränderungen der Kinderbeurteilungen durch ihre Eltern aus. Von wenigen Ausnahmen abgesehen sind auch bei diesem Erfolgskriterium die Korrelationen in der erwünschten Richtung. Je besser die Urteile der Kursleitungen über ihre Eltern an den drei Kursabenden in einem Kurs sind, desto größer fallen die entwicklungsförderlichen Gewinne bei den Veränderungen der Kinderbeurteilungen in diesen Kursen aus. Dies ist als ein weiterer Beleg dafür zu werten, dass die Kursleitungen in den drei Sitzungen Urteile über die Eltern abgegeben haben, die für dieses Erfolgskriterium sehr relevant sind.

Im letzten Schritt dieses Abschnittes werden die Veränderungen der Eltern in Beziehung gesetzt zu den Beobachtungen und Beurteilungen der Evaluatoren an den drei Kursabenden. Die Tabelle 15_39 enthält die Zusammenhänge für die Sitzung zu den Gefühlen (die entsprechenden Ergebnisse für die Sitzungen zu den Werten und zur Problemlösung sind in den Tabellen A 15_27 und A 15_28 dokumentiert).

Die Dauer der Sitzung zu den Gefühlen steht nur in relativ schwachen Zusammenhängen mit den Veränderungen der Eltern, keine der fünf Korrelationen ist größer -.35: Je länger die Sitzung eines Kurses gewesen ist, umso höher sind die erwünschten Veränderungen im Positiven Elternverhalten, in der Involviertheit, in der Machtvollen Durchsetzung und der Unzufriedenheit in diesem Kurs nicht aber in der Involviertheit. Eine größere Dauer der Sitzung zu den Werten ist dagegen eher mit ungünstigen Veränderungen bei den Eltern assoziiert

(Tab. A 15_27). In der Sitzung zur Problemlösungsfähigkeit spielt die Zeitkomponente der Sitzung so gut wie keine Rolle (Tab. A 15_28).

Tab. 83 – 15_38:
Korrelationen (≥ .30) zwischen den Veränderungen der Eltern bei der Kinderbeurteilung und den Beurteilungen der Kursleitungen an den drei Themenabenden Werte, Gefühlsäußerungen und Problemlösungsfähigkeit

Kursleiterbeurteilungen	Veränderungen der Kinderbeurteilungen durch die Eltern								
	Prosoziales Verhalten Kind$_{Diff}$	Hyperaktivität Kind$_{Diff}$	Emotionale Probleme Kind$_{Diff}$	Verhaltensprobleme Kind-Diff	Verhaltensprobleme mit Gleichaltrigen$_{Diff}$	Schwächen/ Probleme Kind$_{Diff}$	Positives Sozialverhalten Kind$_{Diff}$	Unangepasstes Sozialverhalten Kind$_{Diff}$	Unrealistisches Selbstkonzept Kind$_{Diff}$
Werte									
Anzahl Teile		-.33					.50		.67
Anzahl neuer Teile				-.49	-.30				-.41
Zeit	.63		-.52	-.59		-.31		-.62	
Verständnis	.37		-.78	-.63		-.46		-.51	
Akzeptanz	.34	-.38	-.83	-.68		-.62		-.42	
Engagement			-.40					.31	
Konzepttreue	.75			-.37	.42		-.49	-.60	
Gefühlsäußerungen									
Anzahl Teile		-.51	-.36			-.35	.37		.48
Anzahl neuer Teile	.30				-.49				
Zeit	.50				.46			-.58	
Verständnis	.57		-.57	-.64		-.32	-.31	-.58	
Akzeptanz	.39		-.39	-.45			-.38	-.46	-.32
Engagement	.65	-.88[1]	-.47	-.46		-.61	.54	-.72	.58
Konzepttreue	.43				.37		-.47	-.36	
Problemlösungsfähigkeit									
Anzahl Teile	-.54	-.51					.54		.41

Kursleiterbeurteilungen	Veränderungen der Kinderbeurteilungen durch die Eltern								
	Prosoziales Verhalten Kind$_{Diff}$	Hyperaktivität Kind$_{Diff}$	Emotionale Probleme Kind$_{Diff}$	Verhaltensprobleme Kind$_{Diff}$	Verhaltensprobleme mit Gleichaltrigen$_{Diff}$	Schwächen/ Probleme Kind$_{Diff}$	Positives Sozialverhalten Kind$_{Diff}$	Unangepasstes Sozialverhalten Kind$_{Diff}$	Unrealistisches Selbstkonzept Kind$_{Diff}$
Anzahl neuer Teile	.50			-.70[1]	-.59	-.41			-.32
Zeit		-.84[1]	-.75[1]	-.37		-.62		-.54	.46
Verständnis	.43	-.36	-.75[1]	.72[1]		-.53		-.67	
Akzeptanz	.41		-.58	-.36	.30		-.48	-.56	
Engagement	.46	-.31	-.51	-.37			-.34	-.47	
Konzepttreue					.44		-.64	-.43	

[1] signifikant

Tab. 84 – 15_39:
Korrelationen (≥ .30) zwischen den Veränderungen der Eltern (vorher - nachher) und den Beurteilungen der Evaluatoren am Kursabend zu den Gefühlsäußerungen

Prozessbeurteilung der Evaluatoren - Gefühlsäußerungen -	Veränderungen der Eltern											
	Inkonsistentes Elternverhalten$_{Diff}$	Positives Elternverhalten$_{Diff}$	Involviertheit$_{Diff}$	Verantwortungsbew. Elternverhalten$_{Diff}$	Geringes Monitoring$_{Diff}$	Machtvolle Durchsetzung$_{Diff}$	Körperliche Strafen$_{Diff}$	Unterstützung$_{Diff}$	Strenge$_{Diff}$	Klarheit$_{Diff}$	Unzufriedenheit$_{Diff}$	Erlebte Selbstwirksamkeit$_{Diff}$
Sitzungsdauer in Min.		-.35	.31			.32				.31	.30	
Anzahl versch. Arbeitsformen	-.54			.47		-.32		-.58				.57
Dauer leitungsdominierter Arbeitsformen		-.49		-.30		.37		-.30		.41	.41	
Dauer beteiligungsorientierter Arbeitsformen	.55	.41	.30					.31			-.45	-.37
Dauer beteiligungsdominierter Arbeitsformen	-.49	-.39		-.33							.45	
Dauer Pause/ Organisation			.55									-.31
Anteil leitungsdominierter Arbeitsformen		-.53				.40		-.40		.46	.43	
Anteil beteiligungsorientierter Arbeitsformen	.48	.43									-.49	-.33
Anteil beteiligungsdominierter Arbeitsformen	-.47	-.36									.58	.35
Leitungsdominierte Arbeitsformen												
Zeit		.80[1]	.62	.72[1]	-.43			.57			-.64	
Verständnis		.84[1]	.52	.62	-.45	-.33		.70[1]			-.72	.37
Akzeptanz		.82[1]	.49	.45	-.43	-.38		.70[1]			-.67	.34
Beteiligungsorientierte Arbeitsformen												
Zeit		.77[1]	.57	.65				.64		.35	.68[1]	.66
Verständnis	-.46	.67[1]		.40				.59	-.54		-.72	.74
Akzeptanz		.71	.47	.38	-.32			.70[1]	-.34		-.68[1]	.47
Engagement					-.42			.42				

Prozessbeurteilung der Evaluatoren - Gefühlsäußerungen -	Veränderungen der Eltern											
	Inkonsistentes Elternverhalten$_{Diff}$	Positives Elternverhalten$_{Diff}$	Involviertheit$_{Diff}$	Verantwortungsbew. Elternverhalten$_{Diff}$	Geringes Monitoring$_{Diff}$	Machtvolle Durchsetzung$_{Diff}$	Körperliche Strafen$_{Diff}$	Unterstützung$_{Diff}$	Strenge$_{Diff}$	Klarheit$_{Diff}$	Unzufriedenheit$_{Diff}$	Erlebte Selbstwirksamkeit$_{Diff}$
Beteiligungsdominierte Arbeitsformen												
Zeit		.53	.67	.51		-.41			.35	-.34		.47
Verständnis	-.53								.40	.40		.44
Akzeptanz						.42	.39	-.47		.66		
Engagement		.35	.46			-.35		-.30		.38		.49

[1] signifikant

Kurse mit sehr großer Dauer leitungsdominierter Arbeitsformen haben in der Sitzung zu den Gefühlsäußerungen fünf erwünschte Veränderungen in den zwölf Erziehungsmerkmalen. In der Sitzung zu den Problemlösungen sind es sogar sieben angestrebte Veränderungen der Eltern, die mit längerer Dauer dieser Arbeitsformen assoziiert sind. Nur in der Sitzung zu den Werten gibt es diese Zusammenhänge so nicht. In dieser Sitzung sind eher Kurse mit kürzeren Anteilen solcher Arbeitsformen für spätere Veränderungen der Eltern von Vorteil.

Kurse, in denen die beteiligungsorientierten Arbeitsformen länger andauern, haben bessere Gewinne im Inkonsistenten Verhalten, in der Strenge und in der Selbstwirksamkeit in der Erziehung. Allerdings sind die Veränderungen im Positiven Elternverhalten und in der Involviertheit eher ungünstig bei einem größeren Zeitkontingent für diese Arbeitsformen. Ganz ähnlich sind die Zusammenhänge in der Sitzung zu den Problemlösungen, während es in der Sitzung zu den Werten auch bei diesen Arbeitsformen mit deren längerer Dauer eher weniger günstige Veränderungen gibt.

Die Dauer der beteiligungsdominierten Arbeitsformen ist in der Sitzung zu den Gefühlsäußerungen eher bedeutungslos oder steht sogar in ungünstiger Beziehung zu einigen Veränderungen. Man kann auch sagen, dass Kurse mit weniger beteiligungsdominierten Arbeitsformen mit mehr positiven Veränderungen der Eltern einhergehen. In der Sitzung zur Problemlösung ist die Dauer dieser Arbeitsformkategorie ebenfalls ohne große Relevanz, ist aber viermal eher mit ungünstigen Veränderungen assoziiert. In der Sitzung zu den Werten gibt es nur eine erwünschte neben drei unerwünschten Veränderungen: Mit größerer Dauer steigt der Zugewinn in der Selbstwirksamkeit der Erziehung.

Aus den quantitativen Daten der Sitzungsdauer und der Arbeitsformen lassen sich recht unterschiedliche Zusammenhänge mit den Veränderungen der Eltern in den Erziehungsskalen feststellen. In manchen Fällen haben Kurse günstigere Veränderungen, wenn die Arbeitsformen länger andauern, in anderen Fällen, wenn dieselben Arbeitsformen weniger Zeit in Anspruch nehmen. Auch dies ist wieder ein Beleg dafür, wie ungemein schwierig Verallgemeinerungen der Wirkungen von Arbeitsformen auf die Veränderungen von Eltern sind.

Die Beurteilungen der Eltern durch die Evaluatoren in der Sitzung zu den Gefühlsäußerungen stehen mit den Veränderungen der Eltern in vielfältigen erwarteten Beziehungen. In Kursen, in denen bei den leitungsdominierten Arbeitsformen alle drei Beurteilungen der ausreichenden Zeit, des Verständnisses und der Akzeptanz bei den Eltern positiver sind, sind die Zugewinne im Positiven Elternverhalten, Involviertheit, Verantwortungsbewusstem Elternverhalten, Unterstützung und Selbstwirksamkeitserfahrungen in der Erziehung sowie der Abbau von Geringem Monitoring und Unzufriedenheit größer. Offensichtlich haben die Evaluatoren in den Kursen bei den Eltern Verhalten wahrgenommen und beurteilt, das sich in den späteren konstruktiven Veränderungen bei den Eltern niederschlägt.

In den Sitzungen zu den Werten (Tab. A 15_27) und zur Problemlösungsfähigkeit (Tab. A 15_28) gibt es diese Konstellation nicht. Nur beim Thema Problemlösung sind Kurse, in denen die drei Urteile während der leitungsdominierten Arbeitsformen günstiger ausfallen mit positiven Veränderungen in der Involviertheit und den Körperlichen Strafen verknüpft. Bei allen anderen Veränderungen der Eltern gibt es keine derartigen Übereinstimmungen.

Bei den beteiligungsorientierten Arbeitsformen der Sitzung zu den Gefühlen zeigen sich nahezu die gleichen Korrelationsmuster mit den Veränderungen wie bei den leitungsdominierten, einmal kommt auch noch die Beurteilung des Engagements der Eltern dazu (Unterstützung). In der Sitzung zu den Werten sind die Urteile der Evaluatoren während dieser Arbeitsformen nur selten mit späteren Veränderungen der Eltern bedeutsam verknüpft. In der Sitzung zur Problemlösungsfähigkeit gibt es bei drei besseren Beurteilungen größere Zusammenhänge mit dem Abbau von Machtvoller Durchsetzung, alle anderen Urteile der Evaluatoren sind nur vereinzelt mit Veränderungen der Eltern verknüpft.

Bei den beteiligungsdominierten Arbeitsformen gibt es in der Sitzung zu den Gefühlen erheblich weniger größere Zusammenhänge zwischen den Urteilen der Evaluatoren und den Veränderungen der Eltern (Tab. 15_39). In der Sitzung zu den Werten stellt sich die Situation anders dar. Es gibt mehrere Veränderungen, die mit mindestens zwei Urteilen der Evaluatoren bedeutungsvoll korrelieren: In Kursen, in denen der Abbau von Inkonsistentem Elternverhalten und von Unzufriedenheit mit der Elternrolle sowie der Aufbau von Unterstützung besser ist, ist auch das Ausreichen der Zeit, das Verständnis und die Akzeptanz der Eltern größer. In der Sitzung zur Problemlösungsfähigkeit (Tab. A 15_27) folgen die Zusammenhänge einer anderen Logik. Das von den Evaluatoren beurteilte Verständnis in einem Kurs hat nur eine einzige Beziehung zu Veränderungen, die Beurteilung, ob die Zeit ausreichend war dagegen zehn, die Akzeptanz acht und das Engagement sieben solcher Verknüpfungen. Regelhaft gilt dabei, dass die Veränderungen in den Kursen konstruktiver sind, in denen die Zeit als weniger ausreichend beurteilt worden ist. Wenn die Akzeptanz bei diesen Arbeitsformen eher als ungünstiger beurteilt ist, sind die Gewinne in fast allen Variablen größer. Nur das Engagement steht bei immerhin fünf von sieben relevanten Korrelationen in der erwarteten Beziehung zu den Veränderungen (je engagierter ein Kurs ist, desto größer ist die erstrebte Veränderung).

Zusammenfassend ist festzustellen, dass in Kursen mit großen Veränderungen der Eltern in ihrem selbst berichteten Erziehungsverhalten zahlreiche Beurteilungen der Evaluatoren in den drei Sitzungen sehr unterschiedlich sind, wobei diese Kovariationen deutlich differente Muster ergeben. Es gibt auch in diesem Bereich wieder keine eindeutigen, widerspruchsfreien und verallgemeinerungsfähigen Bezüge zwischen den Prozessmerkmalen, die mit Hilfe der Evaluatoren gewonnen wurden, und den definierten Veränderungen der Eltern.

Die Tabelle 15_40 enthält die Zusammenhänge der Veränderungen der Kinderbeurteilungen durch ihre Eltern mit Beobachtungs- und Beurteilungsmerkmalen der Evaluatoren in der Sitzung zu den Gefühlsäußerungen. Die entsprechenden Informationen zu den beiden anderen Sitzungen befinden sich in den Tabellen A 15_29 und A 15_30.

Die Tabelle 15_40 weist aus, dass Kurse mit geringerer Länge der Sitzung zu den Gefühlsäußerungen eher positive Gewinne bei Emotionalen Problemen, Verhaltensproblemen mit Gleichaltrigen und Unrealistischem Selbstkonzept erzielen, für konstruktive Veränderungen bei Hyperaktivität, Positivem und bei Unangemessenem Sozialverhalten sind die Verbesserungen in längeren Sitzungen größer. In der Sitzung zu den Werten (Tab. A 15_29) ist eine längere Sitzungsdauer in keinem Fall günstig, sondern für fünf Veränderungen der Kinderbeurteilung von Nachteil. In der Sitzung zur Problemlösungsfähigkeit (Tab. A 15_30) gibt es nur drei Beziehungen größeren Ausmaßes, von denen zwei für die längeren und eine für die kürzeren Sitzungen spricht.

In der Sitzung zu den Gefühlsäußerungen sind Kurse mit längerer Dauer leitungsdominierter Arbeitsformen ungünstig für positive Veränderungen der Verhaltensprobleme mit Gleichaltrigen und das Unrealistische Selbstkonzept, aber eher günstig für Veränderungen im Prosozialen Verhalten, Hyperaktivität und Unangemessenem Sozialverhalten. In der Sitzung zu den Werten ist die längere Dauer der leitungsdominierten Arbeitsformen hinderlich für fünf der neun Merkmale und für keine einzige Veränderung von Vorteil. In der Sitzung zu den Problemlösungen ist die längere Dauer für zwei Veränderungen hinderlich, für drei andere dagegen eher förderlich.

Tab. 85 – 15_40:
Korrelationen (≥ .30) zwischen den Veränderungen der Eltern in der Kinderbeurteilung (vorher - nachher) und den Beurteilungen der Evaluatoren am Kursabend zu den Gefühlsäußerungen

Prozessbeurteilung der Evaluatoren - Gefühlsäußerungen -	Veränderungen der Kinderbeurteilungen durch die Eltern								
	Prosoziales Verhalten Kind$_{Diff}$	Hyperaktivität Kind$_{Diff}$	Emotionale Probleme Kind$_{Diff}$	Verhaltensprobleme Kind$_{Diff}$	Verhaltensprobleme mit Gleichaltrigen$_{Diff}$	Schwächen/ Probleme Kind$_{Diff}$	Positives Sozialverhalten Kind$_{Diff}$	Unangepasstes Sozialverhalten Kind$_{Diff}$	Unrealistisches Selbstkonzept Kind$_{Diff}$
Sitzungsdauer in Minuten		.36	-.31		-.40		-.31	.37	-.46
Anzahl versch. Arbeitsformen			-.53	-.68	-.72	-.50			-.58
Dauer leitungsdominierter Arbeitsformen	-.34	.46			-.47			.40	-.72[1]
Dauer beteiligungsorientierter Arbeitsformen			.40	.59	.59	.36			.83[1]
Dauer beteiligungsdominierter Arbeitsformen			-.43	-.55	-.58	-.36			.77[1]
Dauer Pause/ Organisation							-.33	.31	
Anteil leitungsdominierter Arbeitsformen	-.43	.52			-.49			.39	-.83[1]
Anteil beteiligungsorientierter Arbeitsformen			.39	.55	.61	.36			.80[1]
Anteil beteiligungsdominierter Arbeitsformen			-.36	-.57	-.58	-.37			-.74[1]
Leitungsdominierte Arbeitsformen									
Zeit	.46	-.54	-.37		-.39				.61
Verständnis	.58	-.64	-.57	-.48	-.60			-.34	.58
Akzeptanz	.59	-.61	-.55	-.42	-.58				.63

Prozessbeurteilung der Evaluatoren - Gefühlsäußerungen -	Veränderungen der Kinderbeurteilungen durch die Eltern								
	Prosoziales Verhalten Kind$_{Diff}$	Hyperaktivität Kind$_{Diff}$	Emotionale Probleme Kind$_{Diff}$	Verhaltensprobleme Kind$_{Diff}$	Verhaltensprobleme mit Gleichaltrigen$_{Diff}$	Schwächen/ Probleme Kind$_{Diff}$	Positives Sozialverhalten Kind$_{Diff}$	Unangepasstes Sozialverhalten Kind$_{Diff}$	Unrealistisches Selbstkonzept Kind$_{Diff}$
Beteiligungsorientierte Arbeitsformen									
Zeit	.32	-.63	-.44	-.46	-.44	-.75[1]	.73[1]		.54
Verständnis	.70	-.51	-.61	-.81	-.37	-.75[1]	.44	-.45	
Akzeptanz	.55	-.56	-.64	-.60	-.32	-.72[1]			.48
Engagement		-.31	-.53			-.31	-.32		
Beteiligungsdominierte Arbeitsformen									
Zeit	.39								
Verständnis	.71	.41	-.32	-.74				-.34	-.68
Akzeptanz	.79[1]			-.47				-.36	-.49
Engagement	.80	.47		-.41					

[1] signifikant

Die Dauer beteiligungsorientierter Arbeitsformen ist in der Sitzung zu den Gefühlen für Gewinne in fünf der sieben Problemskalen eher förderlich. Das gilt auch in der Sitzung zu den Werten mit Ausnahme der Veränderungen im Merkmal Hyperaktivität. Letztere verändert sich auch weniger, wenn in der Sitzung zu den Problemlösungen die Dauer dieser Arbeitsform größer ist, für zwei andere ist das hingegen von Vorteil.

Die größere Dauer beteiligungsdominierter Arbeitsformen ist förderlich für Veränderungen in vier der sieben Problemskalen, für eine weitere ist sie eher förderlich. In der Sitzung zu den Werten ist die Dauer dieser Arbeitsformen zusätzlich noch schlecht für eine positive Veränderung des Merkmals Unrealistisches Selbstkonzept. Genau die entsprechenden Befunde gibt es auch in der Sitzung zur Problemlösungsfähigkeit.

Die von den Evaluatoren erfassten Zeiten der Sitzungen und der drei Arbeitsformen in den Kursen stehen in deutlich erkennbaren Zusammenhängen mit Veränderungen der Kinderbeurteilungen durch ihre Eltern in diesen Kursen.

Kurse, in denen günstigere Beurteilungen der Evaluatoren über das Ausreichen der Zeit, das Verständnis und die Akzeptanz der Eltern bei den leitungsdominierten Arbeitsformen in der Sitzung zu den Gefühlen vorliegen, sind von Vorteil für die Veränderungen in fünf der neun Beurteilungsskalen für die eigenen Kinder. Nur für die Veränderung des Unrealistischen Selbstkonzeptes sind die Kurse besser geeignet, in denen den Eltern weniger Akzeptanz und Verständnis sowie ausreichende Zeit zugeschrieben wird. Bei zwei Veränderungen gibt es keinerlei stärkere Zusammenhänge mit Kursbeurteilungen. In der Sitzung zu den Werten gehen günstige Beurteilungen nur mit Gewinnen bei Veränderungen im Prosozialen Verhalten, bei vier anderen Skalen mit weniger günstigen Veränderungen einher. In der Sitzung zu den Problemlösungen haben günstigere Elternbeurteilungen in den Kursen negative Bedeutung für Veränderungen der Kinderbeurteilungen.

Kurse mit günstigeren Beurteilungen der Eltern bei den beteiligungsorientierten Arbeitsformen sind förderlich für Verbesserungen in sieben der neun Kinderbeurteilungsskalen, nur für das Unrealistische Selbstkonzept sind sie eher hinderlich. In der Sitzung zu den Werten gibt es weniger relevante Zusammenhänge zwischen den Variablen. Nur für zwei der Veränderungen sind günstige Beurteilungen von Vorteil, für drei sind sie eher hinderlich und für die anderen von untergeordneter Bedeutung. In der Sitzung zu den Problemlösungen gibt es nur einen über drei Beurteilungen vorhandenen Zusammenhang. Kurse mit besserer Beurteilung der Eltern bei beteiligungsorientierten Arbeitsformen haben konstruktivere Veränderungen im Merkmal Prosoziales Verhalten. Ähnliches gilt auch noch für die Veränderung bei Emotionalen Problemen.

Bei den beteiligungsdominierten Arbeitsformen gibt es deutlich weniger Zusammenhänge in der Sitzung zu den Gefühläußerungen. Kurse mit besonders positiven Elternbeurteilungen sind förderlich für erwünschte Veränderungen beim Prosozialen Verhalten und bei Verhaltensproblemen der Kinder. Das gilt auch für die Beurteilungen von Verständnis und Akzeptanz in Bezug auf die Veränderungen in den Merkmalen Unangemessenes Sozialverhalten und Unrealistisches Selbstkonzept der Kinder. In der Sitzung zu den Werten stehen gute Elternbeurteilungen in Zusammenhang mit einem Abbau von Emotionalen Problemen und Unangemessenem Sozialverhalten. Auch die übrigen vereinzelteren Zusammenhänge weisen darauf hin, dass Kurse mit günstigen Elternbeurteilungen bei diesen Arbeitsformen eher förderlich für positive Veränderungen sind. In der Sitzung zur Problemlösungsfähigkeit sind es deutlich weniger relevante Zusammenhänge. Auch die zum Teil verschiedenen Vorzeichen der Korrelationen weisen auf nicht sehr konsistente Zusammenhänge hin.

Zusammenfassend ist zu diesen Erfolgskriterien festzuhalten, dass es zahlreiche Belege für gut erklärbare Zusammenhänge zwischen den Erfolgsvariablen und etlichen Kurs- und Prozessmerkmalen gibt. Die unterschiedlichen Perspektiven bei der Erfassung der Kursrealitäten zeigen zum Teil Überschneidungen, aber auch Abweichungen und in manchen Fällen auch Widersprüchlichkeiten auf.

Die Komplexität kann nicht ohne Einbußen vorschnell reduziert werden. Je nach Gewichtung der Zielkriterien und der Auswahl von Perspektiven auf das Kursgeschehen ergeben sich verschiedene Folgerungen.

15.6.3 Beurteilungen der Kursleitungen als Erfolgskriterium

Eine weitere zentrale Quelle für die Beurteilung des Erfolgs einer Kursdurchführung stellen die Kursleitungen dar. Sie sind die ausgebildeten Experten für den Elternkurs SESK und haben in der Regel Erfahrungen mit diesem Kurs gesammelt und eigene Maßstäbe für das Erreichbare und konkret bei einer Kursdurchführung Erreichte entwickelt. Insofern ist dieses Kriterium, das in der Praxis das Dominierende ist, besonders wichtig. Welche Prozessmerkmale sind aus der Sicht der Kursleitungen, aber in dieser Untersuchung auch aus Sicht der Eltern und der Evaluatoren bestimmend für die Erfolgsmaße der Kursleitungen?

Die Tabelle 15_41 enthält die Zusammenhänge der zehn Abschlussurteile der Kursleitungen mit den Kursmerkmalen und den Aspekten der soziodemografischen Zusammensetzung der Kurse. Die Anzahl der Eltern zu Beginn spielt nur für zwei der zehn Erfolgsbeurteilungen der Kursleitungen eine Rolle. In anfangs volleren Kursen ist die Erziehungshaltung mehr verbessert und die Nutzung von sozialen Netzwerken weniger günstig verändert. Je höher der Anteil ausgeschiedener Eltern in einem Kurs ist, desto eher ist es gelungen, die Erziehungshaltung positiv zu beeinflussen, gleichzeitig sind aber der Wissenserwerb, die Verbesserung des Selbstvertrauens und die Nutzung eines sozialen Netzwerkes weniger gut gelungen.

Interessanterweise ist die Durchführung eines Blocktages für die Beurteilungen der Kursleitungen eher weniger günstig in immerhin drei Zielbereichen. Die Sicht der Eltern ist bezüglich der Durchführung eines Blocktages eher positiv für ihre Abschlusserfahrungen. Eine höhere Anzahl an Berufsjahren geht bei den Kursleitungen mit größerer Skepsis bei der Veränderung von Erziehungszielen und der Gewissheit größerer Selbstreflexion der Eltern einher. Wichtigstes Kriterium ist allerdings die Anzahl durchgeführter Elternkurse SESK. Je größer diese ist, umso stärker hat es aus Sicht der Kursleitungen Verbesserungen in sieben von neun Kurszielen und einen höheren globalen Kurserfolg gegeben (.30 bis .83). Erfahrenere Kursleitungen erleben entweder mehr positive Veränderungen bei den Eltern in ihren Kursen und/oder sind überzeugter davon, dass sie veränderungsförderliche Arbeit leisten. Ob diese Beurteilung mit den Selbstwahrnehmungen und Selbstbeurteilungen der Eltern (den anderen Erfolgskriterien) übereinstimmen, wird weiter unten zu klären sein.

Ein höherer Männeranteil in den Kursen geht mit größeren Verbesserungen in der Erziehungshaltung, in den Erziehungszielen und der Selbstreflexion in den Kursen einher. Ein hoher Anteil von Alleinerziehenden im Kurs ist ungünstiger für die Verbesserungen der Erziehungshaltung, der Erziehungseinstellungen, des

Tab. 86 – 15_41:
Korrelationen (≥ .30) zwischen den Erfolgskriterien für die Eltern aus Sicht der Kursleitungen und Kursmerkmalen und soziodemografischen Daten der Kurse

Kursvariablen	Beurteilungen der Kursleitung nachher									
	Erziehungshaltung	Erziehungsziele	Erziehungseinstellungen	Erziehungsverhalten	Wissenserwerb	Gewinn von Handlungsoptionen	Selbstreflexion	Selbstvertrauen	Nutzung von sozialen Netzwerken	Erfolg des Kurses ganz global
Kursdaten										
Anzahl Eltern zu Beginn	.43								-.32	
Relativer Anteil ausgesch. Eltern	.31			-.41				-.46	-.50	
Anzahl Stunden										
Blocktag	-.50	-.38			-.34					
Jahre Berufserfahrung EKL		-.31				.54				
Anzahl Kursdurchführungen EKL	.56	.49	.62	.64		.30	.83[1]	.51		.43
Soziodemografische Variablen										
Anteil Männer	.32	.33					.38			
Anteil Alleinerziehender	-.55	-.62		-.49	.34		-.37		.41	
Anteil ohne deutsche Staatsangehörigkeit	.40	.77[1]	.71						-.30	.44
Anteil höchster Bildungsabschluss mind. Abitur	.31				.32		.38		-.37	
Anteil mind. höherer, leitender Beruf										

[1] signifikant

Erziehungsverhaltens und der Selbstreflexion, aber günstig für mehr Wissenserwerb und die Nutzung sozialer Netzwerke. Ist der Anteil nicht deutscher Eltern im Kurs hoch, ändern sich die Erziehungshaltung, die Erziehungseinstellungen sowie das -verhalten und der globale Erfolg des Kurses ist größer. Sind mehr Eltern mit mindestens Abitur im Elternkurs, dann ist das förderlich für Erziehungshaltung, Wissenserwerb und Selbstreflexion, aber eher ungünstig für die

Nutzung sozialer Netzwerke. Die Berufskategorien spielen erstaunlicherweise keine Rolle für irgendein Merkmal.

Die Tabelle 15_42 enthält die Zusammenhänge der Erfolgskriterien aus Sicht der Kursleitungen mit deren Elternbeurteilungen in den drei untersuchten Sitzungen.

Es zeigt sich, dass eine höhere Anzahl durchgeführter Teile in allen drei Sitzungen mit geringeren späteren Kurserfolgen einhergehen, die einzige Ausnahme bildet die Selbstreflexion, die mit mehr durchgeführten Teilen in der Sitzung zu den Werten assoziiert ist. Für die Anzahl neu eingeführter Teile gibt es keine so klare Zuordnung, für manche Erfolgskriterien ist eine größere Anzahl günstig, für andere eher nicht.

In der Sitzung zu den Werten gibt es ein klares Muster für die Zusammenhänge der Elternbeurteilungen mit den Erfolgskriterien am Ende. Es handelt sich bei beiden Variablengruppen um die Urteile der Kursleitungen. Kurse, in denen die Zeit für die Eltern gut ausreichend ist, große Teile alles verstanden und akzeptiert haben und engagiert sind, sind förderlich für Verbesserungen in sechs Zielbereichen und für den globalen Kurserfolg. Für die Erziehungshaltung, die Ziele und die Einstellungen sind die Sitzungsbeurteilungen irrelevant. Die Konzepttreue ist für die Erreichung dieser Ziele nur in zwei Fällen förderlich, in zwei anderen eher hinderlich.

In der Sitzung zu den Gefühlsäußerungen spielt das Ausreichen der Zeit eine geringere Rolle, aber es gibt drei größere Zusammenhänge, die zeigen, dass mehr ausreichende Zeit auch hinderlich für Zielerreichung sein kann. Große Anteile von Eltern mit Verständnis, Akzeptanz und Engagement sind auch in dieser Sitzung förderlich für das Erreichen von vier Zielen. Insbesondere das Engagement der Eltern in dieser Sitzung ist ein guter Indikator für mehr und bessere Zielerreichungen. Erstaunlicherweise gibt es auch aus dieser Sitzung keinerlei Zusammenhänge mit der Erziehungshaltung oder den Erziehungszielen, obwohl die Erziehungshaltung als ein ganz wesentliches Kriterium für Kurserfolg in dessen Konzeption bestimmt ist.

In der Sitzung zur Problemlösungsfähigkeit spielt die Beurteilung, ob die Zeit für große Teile der Eltern ausreichend war, erstmalig eine starke Rolle für die einzelnen Erfolgskriterien (sieben von neun) und den globalen Kurserfolg (-.47 bis -.92). Aber auch die anderen drei Beurteilungen der Eltern an diesem Abend sind sehr wichtig für fast alle Erfolgskriterien. Die Konzepttreue ist nur für die Nutzung des sozialen Netzwerkes, die nicht im Fokus des Kurskonzeptes steht, förderlich, für die Erziehungsziele und die Erziehungseinstellungen dagegen eher hinderlich.

Insgesamt gesehen ist festzuhalten, dass die Kursleitungen ihre Erfahrungen in konsistente Urteile haben einfließen lassen. Kurse, in denen die Kursabendbeurteilungen besonders gut sind, schneiden auch bei den Erfolgskriterien aus der Sicht der Kursleitungen besser ab.

Tab. 87 – 15_42:
Korrelationen (≥ .30) zwischen den Erfolgskriterien für die Eltern aus Sicht der Kursleitungen und Beurteilungen der Kursleitungen an den drei Themenabenden Werte, Gefühlsäußerungen und Problemlösungsfähigkeit

Kursleiterbeurteilungen	Beurteilungen der Kursleitung nachher									
	Erziehungshaltung	Erziehungsziele	Erziehungseinstellungen	Erziehungsverhalten	Wissenserwerb	Gewinn von Handlungsoptionen	Selbstreflexion	Selbstvertrauen	Nutzung von sozialen Netzwerken	Erfolg des Kurses ganz global
Werte										
Anzahl Teile	-.43					.39		-.37		-.37
Anzahl neuer Teile	-.61		-.56	-.46	.33				.44	.44
Zeit					-.62	-.64		-.53	-.54	-.54
Verständnis			-.38	-.70[1]	-.81[1]	-.37		-.62	-.48	-.48
Akzeptanz			-.44	-.62	-.77[1]		-.57	-.54	-.54	
Engagement		-.36		-.40	-.69	-.83	-.50	-.59	-.32	-.32
Konzepttreue	.33	.54			-.31	-.30				
Gefühlsäußerungen										
Anzahl Teile		-.33		-.57	-.32	.56	-.45		-.87[1]	-.87
Anzahl neuer Teile	-.46		-.42	-.33	.39				.38	.38
Zeit	.56	.38				.62				
Verständnis				-.66	-.65	-.49	-.61		-.37	-.37
Akzeptanz			-.36	-.71[1]	-.73[1]	-.75[1]	-.65			
Engagement			-.40	-.70	-.51	-.46	.36	-.76	-.48	-.48
Konzepttreue			.35							
Problemlösungsfähigkeit										
Anzahl Teile		-.58			-.37			-.36	-.54	-.54
Anzahl neuer Teile		-.31		-.47						
Zeit			-.47		-.73[1]	-.84[1]	-.86[1]	-.54	-.92[1]	-.62	-.62
Verständnis	-.35			-.60	-.76[1]	-.86[1]	-.68	-.78[1]	-.45	-.45

Kursleiterbeurteilungen	Beurteilungen der Kursleitung nachher									
	Erziehungshaltung	Erziehungsziele	Erziehungseinstellungen	Erziehungsverhalten	Wissenserwerb	Gewinn von Handlungsoptionen	Selbstreflexion	Selbstvertrauen	Nutzung von sozialen Netzwerken	Erfolg des Kurses ganz global
Akzeptanz			.33	-.30	-.66	-.72^1	-.34	-.58		
Engagement				-.47	-.82^1	-.82^1	-.75^1	-.77^1	-.57	-.32
Konzepttreue		.36	.39					-.68		

^{1} signifikant

Im nächsten Schritt wird geprüft, ob die unterschiedlichen Beurteilungen der Erfahrungen der Eltern an den drei Kursabenden bedeutungsvoll für das Ausmaß des Kurserfolges aus Sicht der Kursleitungen sind. Die Tabelle 15_43 enthält die Zusammenhänge dieser Variablen aus der Sitzung zu den Werten für die Kurse. Die entsprechenden Informationen aus den anderen beiden Sitzungen befinden sich in den Tabellen A 15_31 und A 15_32. Die Urteile der Eltern in den Sitzungen weisen niedrige Werte als günstig aus, die Beurteilungen der Kursleitungen am Ende des Kurses sind umgekehrt gepolt, hohe Werte signalisieren günstige Urteile. Bei Übereinstimmungen zwischen den beiden Wertereihen müssen also negative Korrelationen auftreten.

Aus der Sitzung zu Werten gibt es 41 positive und nur 19 negative größere Korrelationskoeffizienten. In der Sitzung zu den Gefühlsäußerungen sind es 26 positive und 62 negative Zusammenhänge, bei den Problemlösungen 25 positive und 34 negative.

Im Folgenden werden die Erfahrungen der Eltern an den drei Kursabenden für alle drei Sitzungen parallel betrachtet. Es werden nur diejenigen vorgestellt, bei denen es in mindestens einer Sitzung wenigstens drei größere Zusammenhänge gibt. Es beginnt immer mit den Daten der Sitzung zu den Werten gefolgt von denen zu den Gefühlsäußerungen und denen der Problemlösungsfähigkeiten.

In Kursen, in denen die Eltern besonders viel Neues gelernt haben, sind in fünf von neun Kriterien des Kurserfolgs aus Sicht der Kursleitungen und im allgemeinen Kurserfolg eher ungünstigere Zielerreichungen eingetreten. In der Sitzung zu den Gefühlen ist das dreimal der Fall, nur in der Sitzung zu den Problemlösungen gibt es neben zwei ungünstigen auch vier positivere Zielzustände.

Tab. 88 – 15_43:
Korrelationen (≥ .30) zwischen den Erfolgskriterien für die Eltern aus Sicht der Kursleitungen und den Prozessbeurteilungen der Eltern am Kursabend zu den Werten

Beurteilung der Eltern am Kursabend - Werte -	Beurteilungen der Kursleitung nachher									
	Erziehungshaltung	Erziehungsziele	Erziehungsein-stellungen	Erziehungsverhalten	Wissenserwerb	Gewinn von Handlungsoptionen	Selbstreflexion	Selbstvertrauen	Nutzung von sozialen Netzwerken	Erfolg des Kurses ganz global
Vermittlung neuer Kenntnisse	.77[1]	.58		.63		.64	.43			.40
Vermittlung praktischer Fertigkeiten	.63			.45		.54	.40			
Verständnis		-.66		-.57		-.31		-.44		-.49
Verstehen, was wichtig in Erziehung ist	.94[1]	.50	.49	.59		.45	.64			.33
Ermutigung zum Austausch	.70	.37		.54		.34	.51		-.40	.32
Praktische Alltagsbeispiele						.31				
Übung von Inhalten	.65	.34		.39			.51		-.36	
Güte der Kursanleitung	.45		.41			-.65		-.47	-.80	-.33
Hilfestellung Kursleitung bei Übungen		-.38								
Güte der Kursleitung als Vorbild	.64		.52			-.30			-.45	
Länge der Sitzung	.50					-.49		-.37	-.79	
Selbsterfahrung (Items 1, 2, 4)	.80[1]	.43		.57		.58	.50			.31
Arbeitserfahrungen (Items 3, 5 - 10)	.55						.31		-.46	
Kursleiterbeurteilung (Items 8 - 10)	.39		.33			-.39			-.50	

[1] signifikant

In Kursen, in denen in den ersten beiden Sitzungen praktische Fertigkeiten stärker vermittelt werden, gibt es nur geringere Ausprägungen der Zielerreichungen, in der dritten Sitzung ist es nur eine bei gleichzeitig vier besseren Kursleiterbeurteilungen.

Kurse, in denen die Anzahl der Eltern besonders groß ist, die in den drei Sitzungen jeweils viel verstanden haben, sind solche, in denen bei fünf bis sechs Zielen bessere Erfolge erzielt werden. Zwei Ausnahmen gibt es in der Sitzung zur Problemlösungsfähigkeit, in der das höhere Verständnis eher hinderlich für die Verbesserung der Erziehungshaltung und die Erziehungsziele ist. In der zweiten Sitzung gilt dieser Zusammenhang auch für die Erziehungseinstellungen.

Kurse, in denen die Eltern in den drei Sitzungen angeben, dass sie nun deutlich besser wissen, was in der Erziehung wichtig ist, sind in der Zielerreichung in sehr vielen Kriterien eher benachteiligt.

Kurse mit besserer Bewertung in der Ermutigung zum Austausch in der ersten und der dritten Sitzung erreichen weniger gut die Ziele mit Ausnahme der Verbesserung des Selbstvertrauens. In der zweiten Sitzung (Gefühle) ist ein höheres Ausmaß der Ermutigung immerhin für vier Zielaspekte förderlich.

Eine vermehrte Bearbeitung praktischer Alltagsbeispiele ist in der Sitzung zu den Gefühlen besonders förderlich für viele Erfolgskriterien, für die beiden anderen Sitzungen gilt diese Aussage nicht.

Das intensivere Üben von Inhalten ist ebenfalls nur in der zweiten Sitzung von Bedeutung für günstigere Zielerfüllungen. In der ersten Sitzung sind Kurse mit größeren Anteilen dieser Durchführung eher in einigen Aspekten der Zielerreichung benachteiligt.

Kurse mit besseren Urteilen zur Anleitung durch die Kursleitung in der ersten Sitzung sind solche, in denen zwei weniger günstige und vier zum Teil erheblich stärkere Zielerreichungen vorliegen. Für die dritte Sitzung gilt das ganz ähnlich, in der zweiten sind diese Erfahrungen eher nachteilig für die spätere Erfüllung von Erfolgskriterien.

Kurse mit besseren Beurteilungen der Hilfestellung der Kursleitungen in der zweiten und der dritten Sitzung schneiden in zahlreichen Erfolgsmaßen günstiger ab, eine Ausnahme bildet die Erziehungshaltung.

In den Kursen, in denen die Kursleitung in der zweiten Sitzung als Vorbild besonders gut abschneidet, werden in fast allen Zielen bessere Beurteilungen erreicht. In den beiden anderen Sitzungen gibt es weniger solcher relevanten Zusammenhänge. In diesen beiden gibt es aber eine positive Korrelation zwischen der Vorbildbeurteilung und der Verbesserung der Erziehungshaltung, d. h. in den Kursen, in denen die Kursleitung in beiden Sitzungen als Vorbild weniger günstig beurteilt worden ist, ist die Erziehungshaltung mehr verbessert worden.

Wenn man die Perspektive wechselt und die Ziele in den Vordergrund stellt, dann zeigt sich, dass durchgängig in den Kursen sich die Erziehungshaltung verbessert hat, in denen die Eltern in allen drei Sitzungen ausschließlich (eine einzige Ausnahme) ungünstigere Erfahrungen gemacht haben. Für die Verbesserung des Selbstvertrauens (zwei Ausnahmen) und die bessere Nutzung sozialer Netzwerke ist es genau umgekehrt: Die Kurse mit den günstigeren Erfahrungen an den drei Kursabenden sind förderlich für bessere Zielerreichungen in diesen beiden Merkmalen.

Der globale Kurserfolg ist in den Kursen höher, in denen in fünf Aspekten die Kurserfahrungen ungünstiger und in elf Merkmalen der drei Sitzungen diese besser gewesen sind. Auch der globale Kurserfolg der Kurse lässt sich nur sehr begrenzt aus den Erfahrungen der Eltern an drei Kursabenden erschließen.

Im letzten Schritt werden die Aufzeichnungen der Evaluatoren mit den Erfolgskriterien der Kursleitungen in Zusammenhang gebracht. Die Tabelle 15_44 enthält die entsprechenden Korrelationen für die Sitzung zu den Gefühlsäußerungen. Die Daten der beiden anderen Sitzungen befinden sich in den Tabellen A 15_33 und A 15_34.

Die Kurse mit längerer Dauer der drei Sitzungen erreichen einige Ziele weniger gut, für die Mehrheit der Ziele gibt es aber keine solchen Zusammenhänge. Eine größere Anzahl von Arbeitsformen ist mehrheitlich ohne Bedeutung, in den beiden ersten Sitzungen eher ungünstig für Zielerreichungen, in der dritten halten sich Vor- und Nachteile die Waage.

Kurse mit mehr Zeit für leitungsdominierte Arbeitsformen in den beiden ersten Sitzungen sind solche, die bei der Zielerreichung schlechter abschneiden, das ist in der dritten Sitzung (Problemlösungsfähigkeit) genau umgekehrt.

Die Dauer beteiligungsorientierter Arbeitsformen ist in allen drei Sitzungen nur für eine bzw. zwei Zielerreichungen förderlich.

Tab. 89 – 15_44:
Korrelationen (≥ .30) zwischen den Erfolgskriterien für die Elten aus Sicht der Kursleitungen mit den Prozessbeurteilungen der Evaluatoren am Kursabend zu den Gefühlsäußerungen

Prozessbeurteilung der Evaluatoren - Gefühlsäußerungen -	Beurteilungen der Kursleitung nachher									
	Erziehungshaltung	Erziehungsziele	Erziehungseinstellungen	Erziehungsverhalten	Wissenserwerb	Gewinn von Handlungsoptionen	Selbstreflexion	Selbstvertrauen	Nutzung von sozialen Netzwerken	Erfolg des Kurses ganz global
Sitzungsdauer in Minuten	-.58					-.38	-.45			
Anzahl versch. Arbeitsformen	-.59	-.44				-.31				
Dauer leitungsdominierter Arbeitsformen	-.59						-.31			

Prozessbeurteilung der Evaluatoren - Gefühlsäußerungen -	Beurteilungen der Kursleitung nachher									
	Erziehungshaltung	Erziehungsziele	Erziehungseinstellungen	Erziehungsverhalten	Wissenserwerb	Gewinn von Handlungsoptionen	Selbstreflexion	Selbstvertrauen	Nutzung von sozialen Netzwerken	Erfolg des Kurses ganz global
Dauer beteiligungsorientierter Arbeitsformen	.68							.41		
Dauer beteiligungsdominierter Arbeitsformen	-.74[1]	-.31					-.32	-.44		
Dauer Pause/ Organisation					-.58	-.64	-.44	-.46		
Anteil leitungsdominierter Arbeitsformen	-.52				.34			.43		.33
Anteil beteiligungsorientierter Arbeitsformen	.71[1]							.45		
Anteil beteiligungsdominierter Arbeitsformen	-.70	-.37	-.32					-.46		
Leitungsdominierte Arbeitsformen										
Zeit	.36							-.38	-.36	
Verständnis			-.33	-.42	-.39	-.44		-.54	-.40	-.47
Akzeptanz			-.32	-.46	-.35	-.47		-.50	-.31	-.49
Beteiligungsorientierte Arbeitsformen										
Zeit			-.74[1]	-.48				-.35		-.45
Verständnis			-.51	-.50	-.30	-.41		-.48	-.43	-.59
Akzeptanz			-.41	-.55	-.41	-.59		-.55	-.38	-.60
Engagement	.33			-.47	-.61	-.83	-.50	-.58		-.47
Beteiligungsdominierte Arbeitsformen										
Zeit	.38	.52		.33	.33	.36		.31		.32
Verständnis		.42								
Akzeptanz		.62								
Engagement	.38	.75		.35	.40	.33	.33	.41		.33

[1] signifikant

Kurse, in denen mehr Zeit für beteiligungsdominierte Arbeitsformen zur Verfügung steht, erreichen je nach Sitzung vier bis sechs Abschlussziele zum Teil deutlich schlechter als die anderen Kurse. Das ist ein klarer Hinweis auf die Nachteile dieser Arbeitsformen für eine große Anzahl der Zielerfüllungen aus Sicht der Kursleitungen.

Die Urteile der Evaluatoren über die Eltern bei den leitungsdominierten Arbeitsformen sind in der zweiten Sitzung (Gefühle) in den Kursen besser, in denen mehrheitlich höhere Zielerreichungen stattfinden. In der Sitzung zu den Werten (Tab. A 15_33) ist das Gegenteil der Fall, ebenso in der dritten Sitzung (Tab. A 15_34): Kurse mit günstigeren Beurteilungen der Eltern über ihr Verständnis und ihre Akzeptanz der Kursinhalte haben deutlich weniger gut die Ziele des Kurses erreicht.

Die Beurteilungen der Eltern bei den beteiligungsorientierten Arbeitsformen sind für die zweite Sitzung in den Kursen höher, in denen die Ziele stärker erreicht werden. Das gilt aber mit Ausnahme der Beurteilung des Engagements der Eltern für die beiden anderen Sitzungen nicht, im Gegenteil, Kurse mit guten Beurteilungen der Eltern sind eher weniger erfolgreich.

Für die Beurteilungen der Eltern während der beteiligungsdominierten Arbeitsformen sind die Zusammenhänge noch andere. Kurse, in denen die Eltern in der ersten Sitzung besonders gut beurteilt werden, sind Kurse mit deutlichen und zahlreichen besseren Zielerfüllungen. Aus der zweiten Sitzung ist zu entnehmen, dass es erheblich weniger und ausschließlich positive Korrelationen gibt. In der dritten Sitzung erweist sich ein besseres Verständnis als Vorteil, ein großes Ausmaß an Akzeptanz allerdings als Nachteil für höhere Zielerreichungen.

Es zeigt sich auch bei den Beurteilungen der Evaluatoren, dass diese nur begrenzt Rückschlüsse auf Erreichung von Erfolgskriterien erlauben, wenn es sich dabei um die Urteile der Kursleitungen handelt. Die stärksten Beziehungen bestehen eindeutig zwischen den Urteilen der Kursleitungen in den drei Sitzungen und deren abschließenden Bewertungen des Kurserfolges. Die Erfahrungen der Eltern in den drei Sitzungen und die Aussagen der Evaluatoren spielen bei diesem Erfolgskriterium eine deutlich eingeschränkte Rolle, enthalten aber dennoch wichtige Hinweise für Fragen, ob und welche Prozessmerkmale für dieses Erfolgskriterium Relevanz besitzen.

15.6.4 Die Erfolgskriterien in der Zusammenschau

Es ist angesichts der Komplexität der dargestellten Befunde und ihrer Differenziertheit nicht sinnvoll, verkürzende und der Realität der Ergebnisse nicht gerecht werdende Zusammenfassungsversuche zu machen. Stattdessen sollen zwei neue Arbeitschritte weitere Informationen für mögliche Bewertungen der Befunde zu den Erklärungen der Kursunterschiede liefern. Zum einen werden die Zusammenhänge zwischen den drei Erfolgskriterien vorgestellt und zum andern dokumentiert, welche Kurse häufiger zu denen zählen, die in den Erfolgskriterien zu den jeweils drei besten bzw. zu den drei am wenigsten erfolgreichen zählen.

Die Tabelle 15_45 enthält die Zusammenhänge zwischen den beiden Erfolgskriterien Kurserfahrungen der Eltern und Veränderungen der Eltern zwischen der Erst- und der Zweiterhebung. Hohe Werte bei den Kurserfahrungen sind günstigere Werte im Sinne der Aussage, höhere negative Differenzen weisen bei entwicklungsförderlichen Merkmalen auf größere erstrebte Gewinne hin, bei entwicklungshemmenden Merkmalen sind diese Differenzen bei Verbesserungen positiv.

Tab. 90 – 15_45:
Korrelationen (≥ .30) zwischen den Kurserfahrungen und den Veränderungen der Eltern (vorher - nachher)

Variablen	Kurserfahrungen der Eltern											
	Viel Neues gelernt	Beziehung zum Kind verbessert	Wohlgefühlt in Elterngruppe	Neugier war berechtigt	Atmosphäre in Familie verbessert	Tipps helfen heute noch	Erziehungsvorstellungen besser verstanden	In schwierigen Situationen besser mit Kind	Erinnerung an Selbsterfahrung	Sicherer im Umgang mit Kind	Besser in Kind hinein versetzen	Kind zufriedener mit Elternteil
Inkonsistentes Elternverhalten$_{Diff}$			-.39									
Positives Elternverhalten$_{Diff}$			-.38									-.31
Involviertheit$_{Diff}$			-.38				.35	.37				
Verantwortungsbewusstes Elternverhalten$_{Diff}$												
Geringes Monitoring$_{Diff}$	-.35	-.33		-.53		-.31	-.38	.39	-.51		-.52	-.53
Machtvolle Durchsetzung$_{Diff}$												
Körperliche Strafen$_{Diff}$												.39
Unterstützung$_{Diff}$			-.37	-.42							-.37	
Strenge$_{Diff}$											.43	.32
Klarheit$_{Diff}$	.34	.36	.33	.46	.41		.48		.57			.35
Unzufriedenheit$_{Diff}$	.32		.50		.63	.51		.43	.35	.58	.58	.49
Erlebte Selbstwirksamkeit$_{Diff}$								-.31			-.51	-.35

Variablen	Kurserfahrungen der Eltern											
	Viel Neues gelernt	Beziehung zum Kind verbessert	Wohlgefühlt in Elterngruppe	Neugier war berechtigt	Atmosphäre in Familie verbessert	Tipps helfen heute noch	Erziehungsvorstellungen besser verstanden	In schwierigen Situationen besser mit Kind	Erinnerung an Selbsterfahrung	Sicherer im Umgang mit Kind	Besser in Kind hinein versetzen	Kind zufriedener mit Elternteil
Soziale Unterstützung$_{Diff}$												
Zufriedenheit mit Lebenssituation$_{Diff}$	-.54	-.34	-.35	-.35	-.39	-.63		-.53		-.45	-.66[1]	-.56
Prosoziales Verhalten Kind$_{Diff}$								.31				
Hyperaktivität Kind$_{Diff}$					.47							
Emotionale Probleme Kind$_{Diff}$	-.52	-.55		-.37				-.36	-.33			
Verhaltensprobleme Kind$_{Diff}$		-.31										
Verhaltensprobleme mit Gleichaltrigen$_{Diff}$	-.31	-.43			-.39	-.48		-.57		-.38	.36	
Schwächen/ Probleme Kind$_{Diff}$	-.34	-.43			-.47			-.43				
Positives Sozialverhalten Kind$_{Diff}$									-.43		-.52	-.32
Unangepasstes Sozialverh. Kind$_{Diff}$							.33			.36	.42	
Unrealistisches Selbstkonzept Kind$_{Diff}$	-.39		-.73[1]			-.54	-.37	.31			-.40	-.36

[1] signifikant

Es zeigt sich, dass es zwischen den abschließenden Kurserfahrungen der Eltern (12) und deren Veränderungen im Erziehungsverhalten (10) von 120 möglichen Zusammenhängen nur 29 Korrelationen gibt, die mindestens .30 betragen (mittlere Effektstärke). Von diesen beziehen sich 17 auf zwei Merkmale der Veränderungen. Es sind die Merkmale Geringes Monitoring und Klarheit. Letzteres Merkmal ist wegen seiner besonders ambivalenten Bedeutung in Bezug auf

Entwicklungsförderung bzw. Entwicklungshemmung in den meisten Interpretationen dieses Berichtes nur am Rande berücksichtigt worden. Die Erkenntnisse der Zusammenhänge zwischen den Veränderungen des Merkmals Geringes Monitoring und den Kurserfahrungen werden beispielhaft dargestellt.

Kurse, in denen die Eltern sich im Geringen Monitoring besonders verbessert haben (Abbau des Ausmaßes dieses Merkmals), haben ungünstigere Werte in acht der zwölf Kurserfahrungen der Eltern und nur in einem einen besseren Kurswert: Eltern dieser Kurse können sich noch besser in ihr Kind hineinversetzen als Eltern aus den anderen Kursen. Warum die anderen Erfahrungen in den Kursen eher mit weniger Abbau von Geringem Monitoring einhergehen kann nur vermutet werden. Die Werte dieser Skala sind bei den Kurseltern insgesamt sehr niedrig, so dass Verbesserungen nur bei wenigen Eltern eintreten können. Wenn sich diese Eltern nur in ein bis zwei Kursen befinden, in denen sie sonst eher weniger günstige Kurserfahrungen machen, können solche negativen Korrelationen bei nur neun Kursen auftreten.

Ein zweites Beispiel betrifft die Steigerung der Unterstützung (negative Differenzen bei Erfolg). In Kursen, in denen es mehr gelungen ist, die Unterstützung der Eltern zu verbessern, haben sich die Eltern auch wohler gefühlt, die Atmosphäre in ihrer Familie verbessern können und können sich noch besser in ihr Kind hineinversetzen. Und ein letztes Beispiel: Kurse, in denen Eltern stärker feststellen, dass sich ihr Kind nun wohler fühlt, sind diejenigen, in denen sich die Involviertheit der Eltern verbessert hat, Geringes Monitoring weniger abgebaut worden ist, Körperliche Strafen und Strenge mehr abgenommen haben als in anderen Kursen.

Insgesamt gesehen ist festzuhalten, dass es relativ wenige bedeutungsvolle Zusammenhänge zwischen den abschließenden Kurserfahrungen in den Kursen und den Veränderungen der Eltern in den Erziehungsskalen in den Kursen gibt. Auch aus diesem Grund ist es überaus wichtig, beide Erfolgskriterien zu nutzen für Prozessanalysen und Bewertungen des Elternkurses.

Das klarste Bild über die Zusammenhänge zwischen den beiden Erfolgskriterien gibt es für das Merkmal Unzufriedenheit mit der Elternrolle. In Kursen, in denen die Unzufriedenheit besonders stark abgebaut werden konnte, sind neun von zwölf Kurserfahrungen sehr positiv. Da zwar nur ein mit drei Kurserfahrungen aufgetretener entsprechender Befund auch für die Selbstwirksamkeit in der Erziehung vorliegt, kann geschlossen werden, dass Kurse, die sehr positive Erfahrungen aus Eltersicht bereithalten, insbesondere erfolgreich sind bei den Kompetenzaspekten der Eltern.

Die Sachlage bei den Veränderungen in den Kinderbeurteilungen liefert ebenfalls keine Berechtigung dafür, auf eines der beiden Erfolgskriterien zu verzichten. Alle Kurse mit größerem Abbau in den Problemskalen des SDQ weisen eher weniger günstige Kurserfahrungen der Eltern auf. Lediglich für das Positive Sozialverhalten und das Unangemessene Sozialverhalten zeigt sich, dass besondere

Verbesserungen in diesen beiden Skalen in solchen Kursen stattfinden, in denen die Eltern in jeweils drei Aspekten günstigere Erfahrungen berichten.

Die Gesamtzahl der vorhandenen Übereinstimmungen der beiden Erfolgskriterien aus der Sicht der Eltern ist so gering, dass auf keine der beiden Perspektiven verzichtet werden kann.

Die Tabelle 15_46 zeigt die Zusammenhänge zwischen den Erfolgskriterien der Kursleitungen und den Veränderungen der Eltern. Die Anzahl substanzieller Korrelationen der Veränderungen der Eltern im Erziehungsverhalten mit den Urteilen der Kursleitungen ist etwas größer als beim vorherigen Vergleich. Wesentlich ist der Sachverhalt, dass es sich überwiegend um Beziehungen handelt, die auf Übereinstimmungen hinweisen. Größerer Abbau von Inkonsistentem Verhalten geht mit fünf positiven Beurteilungen der Zielerreichung einher. Größere Verbesserungen im Positiven Verhalten finden in den Kursen statt, die in sechs Zielen erfolgreicher sind als andere Kurse. Vor allem findet die deutlichere Verbesserung der Unterstützung in den Kursen statt, die in sieben der insgesamt zehn Erfolgmaße besser abschneiden als die anderen. Auch der Abbau von Strenge ist in den Kursen erfolgreicher, die mehr Ziele stärker verwirklicht haben. Abweichungen finden sich vor allem in den Merkmalen Machtvolle Durchsetzung und Körperliche Strafen. Ein Abbau dieser entwicklungshemmenden Erziehungsmerkmale ist stärker in Kursen, die weniger günstig bei der Erreichung von Zielen abschneiden.

Zwischen den Veränderungen der Erziehungsmerkmale der Eltern und den Kursbeurteilungen durch die Kursleitungen gibt es zahlreiche überzeugende Zusammenhänge, die dafür sprechen, dass die Beurteilungen der Kursleitungen über die Erreichung wesentlicher Ziele in den Kursen besser ist, in denen sich die Eltern auch tatsächlich stärker verändert haben im Sinne der Ziele des Elternkurses.

Auch der Abbau der Unzufriedenheit mit der Elternrolle und der Aufbau von Selbstwirksamkeit ist in den Kursen stärker, in denen die Kursleitungen zumindest in einigen Kriterien mehr Erfolg registrieren.

Die meisten und stärksten Übereinstimmungen gibt es zwischen den Veränderungen der Sichtweisen der Kinder und den Erfolgskriterien der Kursleitungen. Abgesehen vom Unrealistischen Selbstkonzept der Kinder sind alle Veränderungen, sowohl der stärkere Aufbau der positiven Kinderbeurteilungen als auch der Abbau des problematischen Verhaltens in den Kursen höher, in denen die Kursleitungen besonders viele Ziele als überdurchschnittlich erreicht ansehen. Offensichtlich liegt ein besonderes Gewicht des Kurses darin, die Stärken von Kindern herauszuarbeiten und die Schwächen zu relativieren. In den Kursen, in denen das den Eltern tatsächlich gelingt, ist die Erreichung der Zielvorgaben besonders gut gelungen.

Tab. 91 – 15_46:
Korrelationen (≥ .30) zwischen den Erfolgskriterien für die Eltern aus Sicht der Kursleitungen und den Veränderungen der Eltern (vorher - nachher)

Variablen	Beurteilungen der Kursleitung nachher									
	Erziehungshaltung	Erziehungsziele	Erziehungseinstellungen	Erziehungsverhalten	Wissenserwerb	Gewinn von Handlungsoptionen	Selbstreflexion	Selbstvertrauen	Nutzung von sozialen Netzwerken	Erfolg des Kurses ganz global
Inkonsistentes Elternverhalten$_{Diff}$					.65	.60		.58	.81[1]	.45
Positives Elternverhalten$_{Diff}$		-.30	-.50	-.62				-.46	-.32	-.51
Involviertheit$_{Diff}$			-.39							
Verantwortungsbew. Elternverhalten$_{Diff}$			-.58	-.53				-.50	-.35	
Geringes Monitoring$_{Diff}$				.31				.32	.43	
Machtvolle Durchsetzung$_{Diff}$	-.43		-.37		.30			-.53	.38	
Körperliche Strafen$_{Diff}$								-.40	-.37	
Unterstützung$_{Diff}$		-.47		-.54	-.64	-.68[1]		-.72[1]	-.72[1]	-.79[1]
Strenge$_{Diff}$	.48	.37	.46	.45						
Klarheit$_{Diff}$	-.31		-.61		.31		-.36		.43	
Unzufriedenheit$_{Diff}$				.44	.65	.55		.72[1]	.84[1]	.76[1]
Erlebte Selbstwirksamkeit$_{Diff}$			-.57							
Soziale Unterstützung$_{Diff}$	.42				-.34	-.31	.34		-.54	
Zufriedenheit mit Lebenssituation$_{Diff}$	.39	.38						.59		
Prosoziales Verhalten Kind$_{Diff}$			-.34	-.46				-.38		
Hyperaktivität Kind$_{Diff}$		.34		.59	.59	.60	.80[1]		.53	.78[1]
Emotionale Probleme Kind$_{Diff}$	.64	.60	.52	.77[1]		.49	.57	.42		.45
Verhaltensprobleme Kind$_{Diff}$	.41		.46	.55	.35	.47	.46	.45	.43	.56
Verhaltensprob. mit Gleichaltrigen$_{Diff}$	.91[1]	.71[1]	.79[1]	.67[1]				.56		.40
Schwächen/ Probleme Kind$_{Diff}$	.66	.62	.76[1]	.85[1]		.55	.57	.55	.31	.71[1]
Positives Sozialverhalten Kind$_{Diff}$	-.55	-.57	-.85[1]	-.66			-.36			
Unangepasstes Sozialverh. Kind$_{Diff}$				.54	.54	.45		.61	.49	.55
Unrealistisches Selbstkonzept Kind$_{Diff}$				-.33				-.41		.39

[1] signifikant

Die Tabelle 15_47 enthält die Beziehungen zwischen den Erfolgsbeurteilungen der Elternkursleitungen und den Erfahrungen der Eltern am Ende des Kurses. Bei Übereinstimmungen zwischen zwei Merkmalen müssen die Korrelationen positiv sein. Von einigen Ausnahmen abgesehen dominieren die negativen Vorzeichen, d. h. mehrheitlich hat es in den Kursen bessere Kursleiterbeurteilungen gegeben, in denen die Eltern weniger günstige Kurserfahrungen gemacht haben. Vor allem die Verbesserung der Erziehungshaltung hat in Kursen stattgefunden, die aus Sicht der Eltern ausschließlich weniger gute Erfahrungen vermittelt haben. Die bessere Nutzung Sozialer Netzwerke geht dagegen mit ausschließlich positiveren Kurserfahrungen einher. Selbst die Verbesserung des Erziehungsverhaltens ist in den Kursen größer, in denen immerhin vier Erfahrungen weniger günstig beurteilt worden sind. Der globale Kurserfolg wird nur in den Kursen höher eingeschätzt, in denen die Eltern sich etwas wohler gefühlt haben, ihre Familienatmosphäre verbessert haben und sich besser in ihr Kind hineinversetzen können. Alle anderen Zielerreichungen sind sowohl mit positiveren als auch mit negativeren Erfahrungen der Eltern verknüpft.

Offensichtlich sind insbesondere die Kurserfahrungen der Eltern in den Kursen so verteilt, dass es ziemlich wenige Übereinstimmungen mit den beiden anderen Erfolgskriterien gibt. Wenn sich dieser Befund als übertragbar auf andere Kurse SESK erweisen sollte, dann würde dieser Befund ein Problem beschreiben. Die Standardabfrage bei den Kursdurchführungen bezieht sich zum Abschluss auf diese Art von Beurteilungen der Eltern über den Kurs. Wenn die Ergebnisse so wenig wie in dieser Untersuchung mit anderen Erfolgskriterien zu tun haben, wären diese Informationen nur recht eingeschränkt tauglich zur Beurteilung des Erfolges einer Kursdurchführung SESK. Da die Auswahl der neun Kurse nicht beansprucht, repräsentativ für SESK Kurse zu sein, handelt es sich nur um die Beschreibung eines Sachverhaltes, der nicht generalisiert werden kann.

Wie an mehreren Stellen angedeutet, ist nicht völlig auszuschließen, dass es nur zwei oder drei Kurse sind, die besonders von den anderen nach oben oder unten in den Messwerten abweichen und damit in erster Linie verantwortlich sind für die Kursunterschiede, die dann immer wieder mit anderen Variablen in Verbindung gebracht werden, ohne dass dabei neue Erkenntnisse entstehen, sondern bereits bekannte immer wieder in scheinbar neuem Gewande auftauchen. Um dieser Frage nachzugehen, zeigt die Tabelle 15_48 eine Zusammenstellung derjenigen Kurse, die in den vier Erfolgskriterien (vier sind es deshalb, weil die Kinderbeurteilungen durch die Eltern als eine abgetrennte Gruppe von Erfolgskriterien betrachtet wird) besonders häufig unter den besten drei bzw. den drei Kursen mit den ungünstigsten Werten aufgetaucht sind.

Tab. 92 – 15_47:
Korrelationen (≥ .30) zwischen den Erfolgskriterien für die Eltern aus Sicht der Kursleitungen und den Kurserfahrungen der Eltern

Kurserfahrungen	Beurteilungen der Kursleitung nachher									
	Erziehungshaltung	Erziehungsziele	Erziehungseinstellungen	Erziehungsverhalten	Wissenserwerb	Gewinn von Handlungsoptionen	Selbstreflexion	Selbstvertrauen	Nutzung von sozialen Netzwerken	Erfolg des Kurses ganz global
Viel Neues gelernt	-.71[1]	.34	-.35	-.42		-.34	-.38		.49	
Beziehung zum Kind verbessert	-.68[1]		-.47	-.47			-.32		.50	
Wohlgefühlt in Elterngruppe				.39			.39		.51	.30
Neugier war berechtigt	-.65	-.39	-.48	-.53		-.41	-.32		.37	
Atmosphäre in Familie verbessert	-.67[1]		-.43		.67[1]			.58	.72[1]	.41
Tipps helfen heute noch	-.66	-.35			.40				.71[1]	
Erziehungsvorstellungen besser verstanden	-.73[1]		-.56	-.52			-.43		.54	
In schwierigen Situationen besser mit Kind	-.32								.38	
Selbsterfahrung	-.47		-.43		.41				.63	
Sicherer im Umgang mit Kind	-.65	-.38			.40			.32	.66	
Besser in Kind hinein versetzen		.33	.32						.67[1]	.43
Kind zufriedener mit Elternteil	-.42								.56	

[1] signifikant

Die Daten der Tabelle 15_48 zeigen in der ersten Spalte die vier Erfolgskriterien mit der Anzahl ihrer Einzelmerkmale, dann die Kursnummer jenes Kurses, der am häufigsten unter den ersten drei Kursen aufgetaucht ist mit der Anzahl der Merkmale, die zu seiner Auswahl geführt haben und der Summe der Merkmalsplätze (für Platz 1 gibt es eine 1, für Platz 2 eine 2 und für Platz 3 eine 3). Im zweiten Teil der Tabelle sind die entsprechenden Daten für die drei letzten Plätze ausgewiesen (für Platz 9 (bzw. 10) gibt es eine 3, für Platz 8 (bzw. 9) eine 2 und für Platz 7 (bzw. 8) eine 1).

Es zeigt sich, dass die Spitzenreiter eines Erfolgskriteriums keinesfalls automatisch in einem anderen ebenfalls zu den Spitzenreitern zählen. Selbst bei den Elternskalen zu den Differenzen der Veränderungen des Erziehungsverhaltens und der Kinderbeurteilungen gibt es nur einen Kurs, der in beiden Kriterien auftaucht (03). Die Angaben der Tabelle 15_48 können einerseits dazu dienen, den betroffenen Institutionen und Kursleitungen bei ansonsten gewahrter Anonymität Aufschlüsse über das Abschneiden ihres Kurses zu geben. Andererseits können die Kursplätze aber auch noch einmal verdichtet werden zu Gesamtbeurteilungen, wenn man keine besondere Gewichtung einzelner Kriterien vornimmt. Zwei Kurse (03 und 07) sind mit je drei Nennungen auf den ersten drei Plätzen und keiner Nennung auf den letzten drei Plätzen die eindeutigen Gewinner dieses Vergleiches. Am anderen Ende der Skala befinden sich die Kurse mit drei Nennungen auf den letzten Plätzen (02 und 01), wobei der letztere Kurs bei den Kurserfahrungen der Eltern einen sehr guten zweiten Platz belegt. Alle anderen Kurse zeigen maximal einen Punkt Differenz zwischen der Anzahl der Platzierungen unter den ersten und den letzten drei Kursen oder tauchen auch bei keiner Nennung auf (06).

Der Kurs 02 fehlt in allen Prozessanalysen und deshalb auch bei gemeinsamen Analysen der Prozessdaten mit den Erfolgskriterien, weil in diesem Kurs keine Datenerhebung an den drei ausgewählten Kursabenden stattgefunden hat. Es ist nicht auszuschließen, dass die berichteten Ergebnisse durch diesen Ausfall eines offensichtlich recht extremen Kurses beeinflusst sind.

Mit diesen letzten Angaben soll nicht die Jagd auf die beteiligten Kurse eröffnet werden. Es ist bei dieser groben Kategorisierung z. B. nicht die Zusammensetzung der Kurse berücksichtigt und auch weitere Merkmale sind, wie die obigen Analysen gezeigt haben, für das Zustandekommen mancher Erfolgskriterien von Bedeutung.

Tab. 93 – 15_48:
Die drei relativ besten bzw. relativ schwächsten Kurse in vier verschiedenen Erfolgskriterien

Variablen	Beste Kurse									Schwächste Kurse								
	Kurs-Nr.	Anzahl unter den besten drei	Summe der ersten drei Plätze	Kurs-Nr.	Anzahl unter den besten drei	Summe der ersten drei Plätze	Kurs-Nr.	Anzahl unter den besten drei	Summe der ersten drei Plätze	Kurs-Nr.	Anzahl unter den letzten drei	Summe der letzten drei Plätze	Kurs-Nr.	Anzahl unter den letzten drei	Summe der letzten drei Plätze	Kurs-Nr.	Anzahl unter den letzten drei	Summe der letzten drei Plätze
Elternerfahrungen am Kursende (12 Statements)	03	11	18.5	01	10	19.5	07	7	15	05	10	24.5	09	11	18.5	08	9	15
Eltern Erziehungsvariablen Differenzen (12 Differenzen)	04	6	11	10	6	13	03	5	10	09	5	12	01	5	11	02	4	10
Eltern Kinderbeurteilung Differenzen (9 Differenzen)	07	6	11	03	5	10	08	4	8	01	8	19.5	02	7	17.5	04	5	10
Kursleiter-Kursbeurteilungen (10 Beurteilungen/ 9 Kurse)	07	8	13.7	08	8	15.2	09	7	20	01	9	15	04	7	17.5	02	5	11

16 Schlussbemerkungen

Dieser Bericht liegt vier Monate nach Eingang der letzten Daten dieser Untersuchung vor. Das Forschungsprojekt hat insgesamt etwa zweieinhalb Jahre in Anspruch genommen. Eine erste abschließende Bewertung ist möglich.

Mit dieser Untersuchung ist in drei Bereichen Neuland betreten worden. Erstmalig sind bei der Evaluation eines präventiven universellen Elternkurses im deutschsprachigen Bereich die Kinder der Eltern umfangreich berücksichtigt worden. Die Analysen zeigen, dass Wirkungsnachweise bei Kindern offensichtlich besondere Anforderungen an die Elternkurse aber auch an das einzusetzende Untersuchungsinstrumentarium stellen. Erste produktive Ansätze sind in diesem Bericht dokumentiert.

Der zweite Bereich, in dem diese Untersuchung neue eigenständige Wege geht, betrifft die Interaktion von Eltern mit ihrem Kind. In zwei ausgewählten Aufgabentypen sind diese Interaktionen aufgezeichnet und hinsichtlich entwicklungsförderlicher und entwicklungshemmender Verhaltensweisen der Eltern analysiert worden. Dabei zeigt sich, dass es sich um eine ganz eigenständige Quelle des Verhaltens von Eltern handelt, die nur sehr begrenzte Übereinstimmungen mit den aus Fragebogenmaßen gewonnenen Erziehungsstilen der Eltern aufweist. Diese Multiperspektivität ist ein besonderes Qualitätsmerkmal dieser Untersuchung.

Der dritte Bereich, in dem diese Untersuchung innovativ ist, betrifft die Analyse des Geschehens in den Kursen selbst. Bei Elternkursen gibt es bisher keine Vorbilder für dieses wichtige Anliegen. In dieser Untersuchung sind praktikable Instrumentarien für die Erfassung der Perspektiven von Elternkursleitungen, Eltern und Evaluatoren entwickelt und zum Einsatz gebracht worden. Die Ergebnisse, für die es leider keinerlei externe Vergleichsmaßstäbe gibt, verdeutlichen, wie unterschiedlich die Wahrnehmungen und Beurteilungen der drei Gruppen für die gemeinsam erlebten Abläufe an den Kursabenden sind, es wird aber auch klarer, in welchen Bereichen es Übereinstimmungen gibt.

Die Nutzung der Prozessdaten aus neun beteiligten Kursen für die Erklärung der verschiedenen entwickelten Erfolgsmaße, die die Sichtweisen der Kursleitungen einerseits und der Eltern andererseits berücksichtigen, erbringen vielfältige neue Erkenntnismöglichkeiten für die Überarbeitung einzelner Kursteile aber auch für die Ausbildung der Kursleitungen.

Es ist nicht gelungen, das optimale Untersuchungsdesign zu verwirklichen. Dadurch sind viele der vorgetragenen Schlussfolgerungen weniger abgesichert als ursprünglich geplant war. Die in den verschiedenen Untersuchungsteilen jeweils vorzunehmenden Einschränkungen der Interpretationen sind ausführlich dokumentiert. Der Umfang dieses Berichts ist nicht zuletzt deshalb so groß, weil sehr sorgfältig auf alle Problematiken insbesondere der verschiedenen Teilkollektive der Untersuchung eingegangen wird.

Trotz der vielfältigen Risiken, die an Ort und Stelle benannt sind, ist die Mehrheit der Untersuchungsfragen beantwortet. Diese können an dieser Stelle nicht erneut aufgeführt werden. Die zentralen Untersuchungsergebnisse zu den Wirkungsanalysen bei Eltern und Kindern finden sich in Kapitel 14. Die wesentlichen Befunde zu den Prozessanalysen der Kurse sind im Kapitel 15 enthalten.

Es gibt einige Desiderata in diesem Bericht. Diese beziehen sich auf Aspekte, die erst nach erneuten und zeitintensiven Analysen zu beseitigen sind. Einer dieser Bereiche betrifft die Auswertung der Eltern-Kind-Interaktionen. Bisher steht vor allem das Verhalten der Eltern im Fokus der Auswertung. Das Verhalten des Kindes in den beiden Situationen bedarf noch einer getrennten Analyse. Besonders ertragreich könnten direkte Interaktionsanalysen des Verhaltens von Elternteil und Kind sein, denn es ist unstrittig, dass sich die Verhaltensweisen der beiden Interaktionspartner gegenseitig bedingen. Diese sehr zeitaufwändige Auswertung bedarf eines eigens zu entwickelnden Analyseschemas.

Ebenfalls noch nicht in Angriff genommen ist die Kategorisierung der kleinen inhaltlichen Einheiten, die nach den Aufzeichnungen der Evaluatoren an den Kursabenden bearbeitet worden sind. Angesichts der sprachlichen Vielfalt, der begrifflichen Unschärfen und der großen Variationen, die bei den Kursdurchführungen eher die Regel als die Ausnahme darstellen, bestehen große Schwierigkeiten, diese Dokumentationen vernünftig zu kategorisieren und zu analysieren. Eine besondere Herausforderung stellen zudem die geplanten Verknüpfungen der durchgenommenen Inhalte mit den realisierten Arbeitsformen dar. Es besteht nicht mehr allzu viel Hoffnung, dass die ursprüngliche Planung, aus dieser Verknüpfung Qualitätskriterien für die Kursdurchführung zu gewinnen, mit Aussicht auf Erfolg realisiert werden kann.

Ein weiterer noch ausstehender Schritt besteht in der ursprünglich geplanten Verknüpfung der Ergebnisse aus der Evaluation der Ausbildung der Elternkurstrainer und der Elternkursleitungen mit den Befunden dieser Untersuchung. Trotz zahlreicher Instrumente, die bei den Prozessanalysen der Ebenen eins und zwei aus dieser Untersuchung übernommen worden sind, ist ein solcher Schritt auf Grund verschiedener Analysemethoden auf der Ebene der Daten extrem erschwert. Eine Zusammenführung einiger Erkenntnisse ist nur auf einer interpretativen Ebene zu leisten. Diese Aufgabe stellt sich dem Auftraggeber dieser Studie wie auch die Beantwortung der Fragen, welche Konsequenzen aus den vielfältigen, sehr differenzierten, perspektivenreichen Befunden dieser Untersuchung für die Konzeption und die Durchführung des Elternkurses Starke Eltern – Starke Kinder® sowie für die Betreuung von Elternkursleitungen und die Ausbildung neuer Elternkursleitungen gezogen werden sollen.

Literaturverzeichnis

Abidin, R.R. (1995). *Parenting Stress Index. Professional Manual.* Odessa: Psychological Assessment Resources.

Bauer, U. & Hurrelmann, K. (2004). Starke Eltern – Starke Kinder® Der Elternkurs des Deutschen Kinderschutzbundes. *Theorie und Praxis der Sozialarbeit, 4,* 14-17.

Baumgärtel, F. (1997). *Hamburger Erziehungsverhaltensliste für Mütter (HAMEL).* Göttingen: Hogrefe.

Baumrind, D. (1971). Current patterns of parental authority. *Developmental Psychology, 4,* 11-103.

Beelmann, A. (2006). Wirksamkeit von Präventionsmaßnahmen bei Kindern und Jugendlichen: Ergebnisse und Implikationen der integrativen Erfolgsforschung. *Zeitschrift für Klinische Psychologie und Psychotherapie, 35,* 151-162.

Beelmann, A. & Raabe, T. (2007). *Dissoziales Verhalten von Kindern und Jugendlichen.* Göttingen: Hogrefe.

Brezinka, V. (2003). Zur Evaluation von Präventivintervention für Kinder mit Verhaltensstörungen. *Kindheit und Entwicklung, 12,* 71-83.

Busche-Baumann, M., Oster, M. & Nieberg, H. (2005). *Evaluationsbericht Starke Eltern – Starke Kinder® Evaluation der Elternkurse des Deutschen Kinderschutzbundes für den Raum Niedersachsen.* HAWK Hildesheim/Holzminden/Göttingen: Zentrum für interdisziplinäre Frauen- und Geschlechterforschung.

Döpfner, M., Berner, W., Fleischmann, T. & Schmidt, M. (1993). *Verhaltensbeurteilungsbogen für Vorschulkinder VBV 3-6.* Weinheim: Beltz Testverlag GmbH.

Döpfner, M., Schmeck, K. & Berner, W. (1994). *Handbuch: Elternfragebogen über das Verhalten von Kindern und Jugendlichen. Forschungsergebnisse zur deutschen Fassung der Child Behavior Checklist (CBLC).* Köln: Arbeitsgruppe Kinder-, Jugend- und Familiendiagnostik.

Döpfner, M., Plück, J., Bölte, S., Lenz, K., Melchers, P. & Heim, K. (1998). *Elternfragebogen über das Verhalten von Kindern und Jugendlichen; deutsche Bearbeitung der Child Behavior Checklist (CBCL/4-18). Einführung und Anleitung zur Handauswertung,* (2. Auflage mit deutschen Normen). Köln: Arbeitsgruppe Kinder-, Jugend- und Familiendiagnostik.

Ehlers, B., Ehlers, T. & Makus, H. (1978). *Die Marburger Verhaltensliste (MVL). Ein Elternfragebogen zur Abklärung des Problemverhaltens und zur Kontrolle des Therapieverlaufs bei sechs- bis zwölfjährigen Kindern.* Göttingen: Hogrefe.

Epstein, S. (1979). Entwurf einer integrativen Persönlichkeitstheorie. In: S. H. Filipp, (Hrsg.), *Selbstkonzeptforschung. Probleme, Befunde, Perspektiven* (S. 15-45). Stuttgart. Klett-Cotta.

Eyberg, S. & Pincus, D. (1999). *Eyberg Child Behavior Inventory and Sutter-Eyberg Student Behavior Inventory – Revised. Professional Manual.* Odessa: Psychological Assessment Ressources.

Gienke, T. (2007). *Auswertung der Telefoninterviews bezüglich Starke Eltern – Starke Kinder.* Hannover: Deutscher Kinderschutzbund.

Goodmann, R. (1997). The Strength and Difficulties Questionnaire: A research note. *Journal of Child Psychology and Psychiatry, 38,* 581-586.

Goodman, R. (1999). The extended version of the Strengths and Difficulties Questionnaire as a guide to child psychiatric caseness and consequent burden. *Journal of Child Psychology and Psychiatry, 40,* 791-799.

Goodman, R. (2001). Psychometric properties of the Strengths and Difficulties Questionnaire (SDQ). *Journal of the American Academy of Child and Adolescent Psychiatry, 40,* 1337-1345.

Grawe, K. (1998). *Psychologische Therapie.* Göttingen: Hogrefe.

Grawe, K.(2004). *Neuropsychotherapie.* Göttingen: Hogrefe.

Heinrichs, N., Behrmann, L., Härtel, S. & Nowak, C. (2007). *Kinder richtig erziehen – aber wie? Eine Auseinandersetzung mit bekannten Erziehungsratgebern.* Göttingen: Vandenhoeck & Ruprecht.

Heinrichs, N., Saßmann, H, Halweg, K. & Perrez, M. (2002). Prävention kindlicher Verhaltensstörungen. *Psychologische Rundschau, 53,* 170-183.

Herrmann, T., Stapf, A. & Krohne, H. W. (1971). Die Marburger Skalen zur Erfassung des elterlichen Erziehungsstils. *Diagnostica, 17,* 118-131.

Johnston, C. & Mash, E.J. (1989). A Measure of Parenting Satisfaction and Efficacy. *Journal of Clinical Child Psychology, 18,* 167-175.

Jonuz, E. (2004). Auszug aus der Diplomarbeit: *Kontinuitäten und Brüche familiärer Gewalt. Der Wandel elterlicher Erziehungsgewalt zu elterlicher Erziehungskompetenz unter Berücksichtigung präventiver Ansätze.* Köln: Fachhochschule.

Klasen, H., Woerner, W., Rotheberger, A. & Goodman, R. (2003). Die deutsche Fassung des Strength and Difficulties Questionnaire (SDQ-Deu). *Praxis der Kinderpsychologie und Kinderpsychiatrie, 52,* 491-502.

Konsortium Bildungsberichterstattung (2006). *Bildung in Deutschland. Ein indikatorengestützter Bericht mit einer Analyse zu Bildung und Migration.* Bielefeld: Bertelsmann.

Krohne, H. W. & Hock, M. (2006). Erziehungsstil. In D. H. Rost (Hrsg.), *Handwörterbuch Pädagogische Psychologie* (S. 147-155). (3. überarbeitete und erweiterte Auflage). Weinheim: Psychologie Verlags Union.

Krohne, H. W. & Pulsack, A. (1990; 1995). *Das Erziehungsstil-Inventar* (2. verb. Aufl.). Göttingen: Beltz Test.

Krohne, H. W. & Pulsack, A. (1995). *Das Erziehungsstil-Inventar* (2. verb. Aufl.). Göttingen: Hogrefe.

Langer, I. & Schulz von Thun, F. (1974). *Messung komplexer Merkmale in Psychologie und Pädagogik – Ratingverfahren -.* München: Ernst Reinhardt Verlag.

Layzer, J.I., Goodson, B.D., Bernstein, L. & Price, C. (2001). *National evaluation of family support programs. Volume A: The meta-analysis.* Cambridge, MA: Abt Associates Inc.

Lösel, F., Beelmann, A., Jaursch, S., Scherer, S., Stemmler, M. & Wallner, S. (2003a). *Skalen zur Messung elterlichen Erziehungsverhaltens bei Vorschul- und Grundschulkindern. Die Deutsche Version des Alabama Parenting Questionnaire (APQ).* Erlangen: Universität Erlangen, Institut für Psychologie.

Lösel, F., Beelmann, A., Jaursch, S., Scherer, S., Stemmler, M. & Wallner, S. (2003b). *Skalen zur Messung elterlichen Erziehungsverhaltens bei Vorschul- und Grundschulkindern. Die Deutschen Versionen der Parenting Sense of Competence Scale (PSOC) und der Parenting Scale (PARS).* Erlangen: Universität Erlangen, Institut für Psychologie.

Lösel, F., Beelmann, A. & Stemmler, M. (2002). *Skalen zur Messung sozialen Problemverhaltens bei Vor- und Grundschulkindern.* Universität Erlangen-Nürnberg: Institut für Psychologie.

Lösel, F., Beelmann, A., Stemmler, M. & Jaursch, S. (2006). Prävention von Problemen des Sozialverhaltens im Vorschulalter. Evaluation des Eltern- und Kindertrainings EFFEKT. *Zeitschrift für Klinische Psychologie und Psychotherapie, 35,* 127-139.

Lösel, F., Schmucker, M., Plankensteiner, B. & Weiss, M. (2006). *Bestandsaufnahme und Evaluation von Angeboten im Elternbildungsbereich - Abschlussbericht -.* Erlangen-Nürnberg: Friedrich-Alexander-Universität.

Marzinzik, K. & Kluwe, S. (2007). *Evaluation des STEP-Elterntrainings. Abschlussbericht der wissenschaftlichen Begleitforschung für den Zeitraum März 2005 bis Dezember 2006.* Bielefeld: Universität Bielefeld, Fakultät für Gesundheitswissenschaften, 4, Prozess- und Gesundheitsforschung.

Mummendey, D. (1987). *Die Fragebogen-Methode.* Göttingen: Hogrefe.

Peterander, F. (1993). Skalen zur Messung entwicklungsförderlichen Elternverhaltens. *System Familie, 6,* 36-47.

Petermann, U. & Petermann, F. (2006). Erziehungskompetenz. *Kindheit und Entwicklung, 15 (1),* 1-8.

Petermann, F., Gerken, N., Natzke, H. & Walter, H.-J. (2002). *Verhaltenstrainig für Schulanfänger.* Paderborn: Schöningh.

Rauer, W. (2008). *Vorläufiger Zwischenbericht zur bundesweiten Evaluation des Elternkurses Starke Eltern – Starke Kinder®. Prozess- und Wirkungsanalysen zu den Elternkursen.* Hamburg: Universität Hamburg, Fakultät für Erziehungswissenschaft, Psychologie und Bewegungswissenschaft: Department für Schulpädagogik, Behindertenpädagogik, Sozialpädagogik und Pädagogische Psychologie.

Rauer, W. & Schuck, K.-D. (2003). *FEESS 3-4. Fragebogen zur Erfassung emotionaler und sozialer Schulerfahrungen von Grundschulkindern dritter und vierter Klassen.* Göttingen: Beltz Test.

Rauer, W. & Schuck, K.-D. (2004). *FEESS 1-2. Fragebogen zur Erfassung emotionaler und sozialer Schulerfahrungen von Grundschulkindern erster und zweiter Klassen.* Göttingen: Beltz Test.

Reichle, B. & Franiek, S. (2006). *Erziehungsstil aus Elternsicht – Deutsche Erweiterte Version des Alabama Parenting Questionnaire für Grundschulkinder (DEAPQ-EL-GS).* Ludwigsburg: Pädagogische Hochschule.

Rost, D. H. (2007). *Interpretation und Bewertung pädagogisch-psychologischer Studien.* (2. überarbeitete und erweiterte Auflage). Weinheim: Beltz.

Schatz, G. (2000/2001). *Befragung der TeilnehmerInnen des Elternkurses „Starke Eltern – Starke Kinder".* Kath. Stiftungsfachhochschule München: Unveröffentlichtes Manuskript.

Seemann, H. J. (2000). *"Fit für die Kids". Vorläufige Ergebnisse und Auswertung des kursbegleitenden Fragebogens.* Remscheid: Unveröffentlichtes Manuskript.

Shavelson, R. J. et al. (1976). Self-concept: Validation of construct interpretations. *Review of Educational Research, 46,* 407-441.

Shelton, K.K., Frick, P.J. & Wootton, J. (1996). Assessment of Parenting Practices in Families of Elemtary School-Age Children. *Journal of Clinical Psycholgogy, 25,* 317-329.

Stapf, K. H., Herrmann, Th., Stapf, A. & Stäcker, K. H. (1972). *Psychologie des elterlichen Erziehungsstils.* Stuttgart: Klett.

Sturzbecher, D. (Hrsg.) (2001). *Spielbasierte Befragungstechniken.* Göttingen: Hogrefe.

Sturzbecher, D. & Freytag, R. (2000). *Familien- und Kindergarten-Interaktionstest (FIT-KIT).* Göttingen: Hogrefe.

Tausch, R. & Tausch, A. (1998). *Erziehungspsychologie* (11. Aufl.). Göttingen: Hogrefe.

Tröster, H. (1999a). Anforderungen und Belastungen von Müttern mit blinden und sehbehinderten Kindern im Vorschulalter. *Heilpädagogische Forschung, 15,* 159-173.

Tröster, H. (1999b). *Parenting Stress Index, Kurzform.* Dortmund: Universität Dortmund, Fakultät Rehabilitationswissenschaften.

Tschöpe-Scheffler, S. & Niermann, J. (2002). *Forschungsbericht: Evaluation von Elternkursen – „Starke Eltern – starke Kinder" (DKSB).* Köln: Fachhochschule.

Tschöpe-Scheffler, S. (2003). *Elternkurse auf dem Prüfstand. Wie Erziehung wieder Freude macht.* Opladen: Leske + Budrich.

Tschöpe-Scheffler, S. (Hrsg.) (2005). *Konzepte der Elternbildung – eine kritische Übersicht.* Opladen: Verlag Barbara Budrich.

Unnewehr, S., Schneider, S. & Margraf, J. (Hrsg.) (1995, korrigierter Nachdruck 1998). *Kinder-DIPS Diagnostisches Interview bei psychischen Störungen im Kindes- und Jugendalter Handbuch.* Berlin: Springer.

Wieczerkowski, W., Nickel, H., Janowski, A., Fittkau, B. & Rauer, W. (1973). *AFS Angstfragebogen für Schüler.* Göttingen: Hogrefe.

Wissenschaftlicher Beirat für Familienfragen (2005). *Familiale Erziehungskompetenzen Beziehungsklima und Erziehungsleistungen in der Familie als Problem und Aufgabe.* Weinheim: Juventa.

Abbildungs- und Tabellenverzeichnis

Abb. 1 – 5_1:
Design der Evaluation des Elternkurses 44

Tab. 1 – 7_1:
Zusammensetzung der Untersuchungsgruppen aus
drei verschiedenen Evaluationen von Elternkursen 82

Tab. 2 – 7_2:
Zusammensetzung der Eltern aus echten EK mit
6–12 jährigen Kindern mit vorher und nachher
Daten im Vergleich zu entsprechenden Eltern aus WG 86

Tab. 3 – 7_3:
Zusammensetzung der Eltern aus echten EK mit
6–12 jährigen Kindern, die an allen drei Erhebungen
teilgenommen haben, im Vergleich zu entsprechenden Eltern aus WG 89

Tab. 4 – 7_4:
Zusammensetzung der EK-Kinder aus echten EK-Kursen
mit vorher- und nachher Daten im Vergleich zu WG-Kindern
aus Wartegruppen mit vorher- und nachher Daten 92

Tab. 5 – 8_1:
Mittelwerte, Standardabweichungen und interne Konsistenzen
der Skalen in der gesamten Elterngruppe, in den deutschen
Originalquellen der Skalen sowie der Elterengruppe mit
6–12 jährigen Kindern 98

Tab. 6 – 8_2:
Faktorenanalyse der Elternskalen des Erziehungsverhaltens
(Deutsche Version des Alabama Parenting Questionaire)
(nur Ladungen > .30) 99

Tab. 7 – 8_3:
Faktorenanalyse aller Elternskalen des
Erziehungsverhaltens (nur Ladungen > .30) 101

Tab. 8 – 8_4:
Faktorenanalyse der Elternskalen des Erziehungsverhaltens
sowie der Kompetenzskalen (nur Ladungen > .30) 103

Tab. 9 – 8_5:
Faktorenanalyse der Elternskalen zur
Kinderbeurteilung (nur Ladungen > .30) 106

Tab. 10 – 8_6:
Regressionsanalysen mit Beurteilungen der Kinder
durch ihre Eltern als Kriterien und allen elterlichen
Erziehungsverhaltensskalen (10) als Prädiktoren 108

Tab. 11 – 8_7:
Regressionsanalysen mit Beurteilungen der Kinder
durch ihre Eltern als Kriterien und allen elterlichen
Erziehungsverhaltensskalen (3) als Prädiktoren 109

Tab. 12 – 8_8:
Regressionsanalysen mit Kompetenzbeurteilungen der
Eltern als Kriterien und Beurteilungen der Kinder durch
ihre Eltern als Prädiktoren 110

Tab. 13 – 8_9:
Mittelwerte, Standardabweichungen und interne
Konsistenzen der Skalen in der gesamten Kindergruppe,
in den deutschen Originalquellen der Skalen sowie für die
Fragebogenformen Mutter und Vater 111

Tab. 14 – 8_10:
Faktorenanalyse der Kinderskalen zur Beurteilung des
Elternverhaltens und des Familienklimas (nur Ladungen > .30) 113

Tab. 15 – 8_11:
Faktorenanalyse der Kinderskalen zur Beurteilung des
Elternverhaltens und des Familienklimas inklusive des
FIT-KIT (nur Ladungen > .30) 114

Tab. 16 – 9_1:
Univariater Vergleich der vorher Werte in den abhängigen
Variablen von Eltern aus EK mit vorher und nachher Daten
mit denen der entsprechenden ausgeschiedenen Eltern 118

Tab. 17 – 9_2:
Vergleich der Mittelwerte vorher und nachher in
den abhängigen Variablen für alle Eltern aus EK 120

Tab. 18 – 9_3:
Erfahrungen aller EK-Eltern, von denen nachher Werte vorliegen 125

Tab. 19 – 9_4:
Vergleich von Erwatungen (vorher) und Erfahrungen
(nachher) bei allen Eltern aus EK mit vollständigen Daten 127

Tab. 20 – 9_5:
Univariater Vergleich der vorher Werte in den abhängigen
Variablen von Eltern aus echten EK mit 6–12jährigen Kindern
mit vorher und nachher Daten mit denen der entsprechenden
ausgeschiedenen Eltern 130

Tab. 21 – 9_6:
Univariater Vergleich der vorher Werte in den abhängigen
Variablen von Eltern aus echten WG mit vorher und nachher
Daten mit denen der entsprechenden ausgeschiedenen Eltern 132

Tab. 22 – 9_7:
Mittelwerte Schwächen und Probleme (SDQ
– Strengths and Difficulties Questionnaire) und
Prozentsätze grenzwertiger und auffälliger Kinder
in verschiedenen Untersuchungsgruppen 134
Tab. 23 – 9_8:
Varianzanalytischer Vergleich mit Messwiederholung
in den abhängigen Variablen zwischen Eltern aus
echten EK und WG mit 6–12jährigen Kindern 138
Tab. 24 – 10_1:
Univariater Vergleich der vorher Werte in den abhängigen
Variablen von allen EK–Kindern mit vorher und nachher
Daten mit den entsprechenden ausgeschiedenen Kindern 144
Tab. 25 – 10_2:
Vergleich der Mittelwerte vorher und nachher in
den abhängigen Variablen für alle Kinder aus EK 144
Tab. 26 – 10_3:
Univariater Vergleich der vorher Werte in den abhängigen
Variablen von Kindern aus echten EK–Kursen mit vorher und
nachher Daten mit denen der entsprechenden ausgeschiedenen Kinder 147
Tab. 27 – 10_4:
Univariater Vergleich der vorher-Werte in den abhängigen
Variablen von Kindern aus WG–Gruppen, die vorher und
nachher Daten haben, mit denen der entsprechenden
ausgeschiedenen Kinder 148
Tab. 28 – 10_5:
Varianzanalytischer Vergleich mit Messwiederholung in den
abhängigen Variablen zwischen Kindern aus echten EK und der WG 151
Tab. 29 – 11_1:
Korrelationen der Selbstbeurteilungen der Kinder
mit Verhaltensbeurteilungen durch deren Eltern
(nur signifikante Korrelationen angegeben) 157
Tab. 30 – 11_2:
Regressionsanalysen mit der Selbstbeurteilung der
Kinder als Kriterium und den Verhaltensbeurteilungen
ihrer Eltern als Prädiktoren 159
Tab. 31 – 11_3:
Korrelationen der Veränderung der Kinderbeurteilungen
aus Eltern- und aus Kindersicht (nur alle EK-Paare) 161

Tab. 32 – 12_1:
Univariater Vergleich der vorher Werte in den abhängigen
Variablen von Eltern aus EK mit Daten aller drei Messzeitpunkte
mit denen der entsprechenden ausgeschiedenen Eltern 164

Tab. 33 – 12_2:
Varianzanalytischer Vergleich mit Messwiederholung in den
abhängigen Variablen der Erziehung von allen Eltern der
Elternkurse, von denen die drei Messwerte vorher, nachher
und Follow-up vorliegen – zusätzlich mit paarweisen Vergleichen 165

Tab. 34 – 12_3:
Erfahrungen aller EK-Eltern, von denen Follow-up Werte vorliegen 170

Tab. 35 – 12_4:
Korrelation der beiden Follow-up Abschlussbewertungen
des Elternkurses mit den Follow-up Werten und den
Werten nachher in den Einzelbeurteilungen 172

Tab. 36 – 12_5:
Univariater Vergleich der vorher Werte in den abhängigen
Variablen von Eltern aus echten EK mit 6-12 jährigen
Kindern mit Daten aller drei Messzeitpunkte mit
denen der entsprechenden ausgeschiedenen Eltern 175

Tab. 37 – 12_6:
Univariater Vergleich der vorher Werte in den abhängigen
Variablen von Eltern aus echten WG mit 6-12 jährigen
Kindern mit Daten aller drei Messzeitpunkte mit
denen der entsprechenden ausgeschiedenen Eltern 177

Tab. 38 – 12_7:
Mittelwerte Schwächen und Probleme (SDQ
– Strengths and Difficulties Questionnaire) und
Prozentsätze grenzwertiger und auffälliger Kinder
in verschiedenen Untersuchungsgruppen 178

Tab. 39 – 12_8:
Varianzanalytischer Vergleich mit Messwiederholung in den
abhängigen Variablen der Erziehung zwischen Eltern aus
echten EK und WG mit 6-12jährigen Kindern
– zusätzlich mit paarweisen Vergleichen 180

Tab. 40 – 12_9:
Varianzanalytischer Vergleich mit Messwiederholung in den
abhängigen Variablen der Selbstbeurteilung der Eltern
zwischen Eltern aus echten EK und WG mit 6-12jährigen
Kindern – zusätzlich mit paarweisen Vergleichen 183

Tab. 41 – 12_10:
Varianzanalytischer Vergleich mit Messwiederholung in den
abhängigen Variablen Kinderbeurteilung durch Eltern aus
echten EK und WG mit 6–12jährigen Kindern
– zusätzlich mit paarweisen Vergleichen 185

Tab. 42 – 13_1:
Faktorenanalyse der Ratingskalen vorher über alle Eltern
mit vorher–nachher Interaktionen (nur Ladungen ≥ .30) 200

Tab. 43 – 13_2:
Korrelationen zwischen den vorher Ratingskalen von Eltern
mit vorher und nachher Ratings und den vorher Werten
der Eltern im Fragebogen 203

Tab. 44 – 13_3:
Varianzanalytischer Vergleich mit Messwiederholung in den
Ratingskalen zwischen Eltern aus echten EK und WG 207

Tab. 45 – 14_1:
Signifikante und tendenziell signifikante Effekte der
Elternkurse auf die untersuchten Variablen
(Wechselwirkungen vorher – nachher bzw. Follow-up) 210

Tab. 46 – 15_1:
Herkunft der Elternkurse und der parallelen Warte
– bzw. Kontrollgruppen sowie deren Gewinnung 219

Tab. 47 – 15_2:
Ausbildung und Berufserfahrungen der Elternkursleitungen 221

Tab. 48 – 15_3:
Übersicht über die wichtigsten Teile des Elternkurses
aus Sicht von 18 Elternkursleitungen 222

Tab. 49 – 15_4:
Gemittelte Urteile der beiden Kursleitungen über die Güte der
Realisierung bei den Arbeitsformen in den Kursen und Grad der
Übereinstimmung zwischen Erst- und Zweitbeurteilung (r) sowie
Anzahl der Kurse mit zwei Urteilen.. 228

Tab. 50 – 15_5:
Gemittelte Urteile der beiden Kursleitungen über die Güte der
Realisierungen der positiven Veränderungen in den Zielbereichen
des Kurses und Grad der Übereinstimmung zwischen Erst- und
Zweitbeurteilung (r) sowie Anzahl der Kurse mit zwei Urteilen...................... 229

Tab. 51 – 15_6:
Korrelationen der gemittelten Beurteilungen der Elternkursleitungen
zur Güte der Realisierung von Arbeitsformen mit der Güte der erreichten
Veränderungen in den Zielbereichen (nur Korrelationen ≥ .40) 230

Tab. 52 – 15_7:
Korrelationen der gemittelten Beurteilungen der Elternkursleitungen
zur Güte der Realisierung der erreichten Veränderungen in den
Zielbereichen (nur Korrelationen ≥ .40) 232

Tab. 53 – 15_8:
Faktorenanalyse der über drei Sitzungen gemittelten Erfahrungen
der Eltern an drei Kursabenden (nur Ladungen ≥ .30) 234

Tab. 54 – 15_9:
Multiple Regression der Elternvariablen mit den Kriterien
Erfahrungen der Eltern am Ende des Kurses und den Prädiktoren
gemittelte Beurteilungen dieser Eltern aus drei Sitzungen 236

Tab. 55 – 15_10:
Univariate Varianzanalysen der Elternskalen gemittelt über die
genutzten drei Sitzungen für die neun Elternkurse 239

Tab. 56 – 15_11:
Kursteile, die laut Handbuch in der 2. Sitzung zum Thema Werte
vorgesehen sind und deren Realisierung aus Sicht der EK-Leitungen
(7 Paare, 2 alleinige Durchführungen) 241

Tab. 57 – 15_12:
Kursteile, die laut Handbuch in der 9. Sitzung zum Thema
Gefühlsäußerungen vorgesehen sind und deren Realisierung
aus Sicht der EK-Leitungen (8 Paare, eine alleinige Durchführung) 242

Tab. 58 – 15_13:
Kursteile, die laut Handbuch in der 11. Sitzung zum Thema
Problemlösungsfähigkeit vorgesehen sind und deren Realisierung
aus Sicht der EK-Leitungen (8 Paare, eine alleinige Durchführung) 244

Tab. 59 – 15_14:
Gemittelte Urteile der EK-Leitungen zu Kursteilen
und über die Eltern an den drei Themenabenden
Werte, Gefühlsäußerungen und Problemlösungsfähigkeit 246

Tab. 60 – 15_15:
Korrelationen der gemittelte Urteile der EK-Leitungen über
die Eltern an den drei Themenabenden Werte,
Gefühlsäußerungen und Problemlösungsfähigkeit 249

Tab. 61 – 15_16:
Univariate Varianzanalysen der Elternskalen
aus den Sitzungen zu den Werten 251

Tab. 62 – 15_17:
Univariate Varianzanalysen der Elternskalen
aus den Sitzungen zu den Gefühlsäußerungen 254

Tab. 63 – 15_18:
Univariate Varianzanalysen der Elternskalen
aus den Sitzungen zur Problemlösungsfähigkeit 256

Tab. 64 – 15_19:
Korrelationen der Mittelwerte der Kurse an den drei
Themenabenden Werte, Gefühlsäußerungen und
Problemlösungsfähigkeit.. 257

Tab. 65 – 15_20:
Verteilungskennwerte der pro Evaluatorenpaar gemittelten
Angaben zu den Arbeitsformen am Kursabend zu den Werten 262

Tab. 66 – 15_21:
Verteilungskennwerte der pro Evaluatorenpaar gemittelten
Angaben zu den Arbeitsformen am Kursabend zu
den Gefühlsäußerungen 263

Tab. 67 – 15_22:
Verteilungskennwerte der pro Evaluatorenpaar gemittelten
Angaben zu den Arbeitsformen am Kursabend zur
Problemlösungsfähigkeit.. 264

Tab. 68 – 15_23:
Verteilungskennwerte der pro Evaluatorenpaar gemittelten
Beurteilungen über die Eltern an den Themenabenden
Werte, Gefühlsäußerungen und Problemlösungsfähigkeit................................... 265

Tab. 69 – 15_24:
Korrelationen der pro Evaluatorenpaar gemittelten Angaben
zu den Arbeitsformen über die drei Themenabende Werte,
Gefühlsäußerungen und Problemlösungsfähigkeit... 266

Tab. 70 – 15_25:
Korrelationen der pro Evaluatorenpaar gemittelten Beurteilungen
über die Eltern an den drei Themenabenden Werte,
Gefühlsäußerungen und Problemlösungsfähigkeit... 267

Tab. 71 – 15_26:
Korrelationen ($\geq$ .30) zwischen den Kursbeurteilungen
und den Elternerfahrungen in der Sitzung zu den
Werten über die neun Kurse 270

Tab. 72 – 15_27:
Korrelationen ($\geq$ .30) zwischen den Kursleiterbeurteilungen
und den Beurteilungen der Evaluatoren am Kursabend
zu den Gefühlsäußerungen über die neun Kurse 272

Tab. 73 – 15_28:
Korrelationen ($\geq$ .30) zwischen den Elternerfahrungen
und den Beurteilungen der Evaluatoren am Kursabend
zur Problemlösungsfähigkeit über die neun Kurse... 275

Tab. 74 – 15_29:
Korrelationen (≥ .30) zwischen den Kurserfahrungen der Eltern und den Kursmerkmalen und soziodemografischen Daten der Kurse 281

Tab. 75 – 15_30:
Korrelationen (≥ .30) zwischen den Kurserfahrungen der Eltern und den Beurteilungen am Kursabend zu den Werten 283

Tab. 76 – 15_31:
Korrelationen (≥ .30) zwischen den Kurserfahrungen der Eltern und den Beurteilungen der Kursleitungen an den drei Themenabenden Werte, Gefühlsäußerungen und Problemlösungsfähigkeit 285

Tab. 77 – 15_32:
Korrelationen (≥ .30) zwischen den Kurserfahrungen der Eltern mit den Prozessbeurteilungen der Evaluatoren am Kursabend zu den Gefühlsäußerungen 287

Tab. 78 – 15_33:
Korrelationen (≥ .30) zwischen den Veränderungen der Eltern (vorher – nachher) und den Kursmerkmalen und soziodemografischen Daten der Kurse 290

Tab. 79 – 15_34:
Korrelationen (≥ .30) zwischen den Veränderungen der Eltern (vorher – nachher) bei den Kinderbeurteilungen und den Kursdaten und den soziodemografischen Daten der Kurse 293

Tab. 80 – 15_35:
Korrelationen (≥ .30) zwischen den Veränderungen der Eltern (vorher – nachher) mit den Erfahrungen der Eltern am Kursabend zu den Werten 294

Tab. 81 – 15_36:
Korrelationen (≥ .30) zwischen den Veränderungen der Eltern (vorher – nachher) bei den Kinderbeurteilungen mit den Erfahrungen der Eltern am Kursabend zu den Werten 296

Tab. 82 – 15_37:
Korrelationen (≥ .30) zwischen den Veränderungen der Eltern (vorher – nachher) und den Beurteilungen der Kursleitungen an den drei Themenabenden Werte, Gefühlsäußerungen und Problemlösungsfähigkeit 298

Tab. 83 – 15_38:
Korrelationen (≥ .30) zwischen den Veränderungen der Eltern bei der Kinderbeurteilung und den Beurteilungen der Kursleitungen an den drei Themenabenden Werte, Gefühlsäußerungen und Problemlösungsfähigkeit............................ 300

Tab. 84 – 15_39:
Korrelationen (≥ .30) zwischen den Veränderungen der Eltern
(vorher – nachher) und den Beurteilungen der Evaluatoren
am Kursabend zu den Gefühlsäußerungen 302

Tab. 85 – 15_40:
Korrelationen (≥ .30) zwischen den Veränderungen der Eltern
in der Kinderbeurteilung (vorher – nachher) und den Beurteilungen
der Evaluatoren am Kursabend zu den Gefühlsäußerungen 306

Tab. 86 – 15_41:
Korrelationen (≥ .30) zwischen den Erfolgskriterien für die Eltern
aus Sicht der Kursleitungen und Kursmerkmalen und
soziodemografischen Daten der Kurse 310

Tab. 87 – 15_42:
Korrelationen (≥ .30) zwischen den Erfolgskriterien für die Eltern
aus Sicht der Kursleitungen und Beurteilungen der Kursleitungen
an den drei Themenabenden Werte, Gefühlsäußerungen
und Problemlösungsfähigkeit 312

Tab. 88 – 15_43:
Korrelationen (≥ .30) zwischen den Erfolgskriterien für die Eltern
aus Sicht der Kursleitungen und den Prozessbeurteilungen
der Eltern am Kursabend zu den Werten 314

Tab. 89 – 15_44:
Korrelationen (≥ .30) zwischen den Erfolgskriterien für die Elten
aus Sicht der Kursleitungen mit den Prozessbeurteilungen
der Evaluatoren am Kursabend den Gefühlsäußerungen 316

Tab. 90 – 15_45:
Korrelationen (≥ .30) zwischen den Kurserfahrungen
und den Veränderungen der Eltern (vorher – nachher) 319

Tab. 91 – 15_46:
Korrelationen (≥ .30) zwischen den Erfolgskriterien für
die Eltern aus Sicht der Kursleitungen und den
Veränderungen der Eltern (vorher – nachher) 323

Tab. 92 – 15_47:
Korrelationen (≥ .30) zwischen den Erfolgskriterien für
die Eltern aus Sicht der Kursleitungen und den
Kurserfahrungen der Eltern 325

Tab. 93 – 15_48:
Die drei relativ besten bzw. relativ schwächsten Kurse
in vier verschiedenen Erfolgskriterien 327

Tabellen im Anhang:

Anh.-Tab. 1 – A 6_1:
Zusammensetzung der Eltern aus den Elternkursen 353
Anh.-Tab. 2 – A 6_2:
Zusammensetzung der Eltern aus Warte-/Kontrollgruppen 353
Anh.-Tab. 3 – A 6_3:
Zusammensetzung der Kinder aus den Elternkursen 354
Anh.-Tab. 4 – A 6_4:
Zusammensetzung der Kinder aus den Warte-/Kontrollgruppen 354
Anh.-Tab. 5 – A 7_1:
Teilnahme und Schwundquoten bei allen Eltern der
Elternkurse (ELEK) und der Wartegruppe (ELWG) 355
Anh.-Tab. 6 – A 7_2:
Zusammensetzung aller EK-Eltern mit vorher und nachher
Daten im Vergleich zu entsprechenden ausgeschiedenen Eltern 356
Anh.-Tab. 7 – A 7_3:
Zusammensetzung der Eltern aus echten EK mit
6–12 jährigen Kindern mit vorher und nachher Daten
im Vergleich zu entsprechenden ausgeschiedenen Eltern 357
Anh.-Tab. 8 – A 7_4:
Zusammensetzung der Eltern aus echten WG mit vorher und nachher
Daten im Vergleich zu entsprechenden ausgeschiedenen Eltern 358
Anh.-Tab. 9 – A 7_5:
Zusammensetzung aller EK-Eltern mit vorher, nachher
und Follow-up Daten im Vergleich zu entsprechenden
ausgeschiedenen Eltern 359
Anh.-Tab. 10 – A 7_6:
Zusammensetzung der Eltern aus echten EK mit 6–12jährigen
Kindern mit Daten aller drei Messzeitpunkte im Vergleich
zu entsprechenden ausgeschiedenen Eltern 360
Anh.-Tab. 11 – A 7_7:
Zusammensetzung der Eltern aus echten WG mit Daten
aller drei Messzeitpunkte im Vergleich mit entsprechenden
ausgeschiedenen Eltern 361
Anh.-Tab. 12 – A 7_8:
Zusammensetzung der EK-Kinder mit vorher und nachher
Daten im Vergleich zu entsprechenden ausgeschiedenen Kindern ... 362
Anh.-Tab. 13 – A 7_9:
Zusammensetzung der EK-Kinder aus echten EK-Kursen
mit vorher und nachher Daten im Vergleich zu
entsprechenden ausgeschiedenen Kindern 364

Anh.-Tab. 14 – A 7_10:
Zusammensetzung der WG-Kinder mit vorher und nachher
Daten im Vergleich zu entsprechenden ausgeschiedenen Kindern 366

Anh.-Tab. 15 – A 8_1:
Regressionsanalysen mit Kompetenzbeurteilungen aller
Eltern als Kriterium und den fünf entwicklungshemmenden
Erziehungsvariablen der Eltern als Prädiktoren 367

Anh.-Tab. 16 – A 8_2:
Regressionsanalysen mit Kompetenzbeurteilungen aller
Eltern als Kriterium und den fünf entwicklungsförderlichen
Erziehungsvariablen der Eltern als Prädiktoren 367

Anh.-Tab. 17 – A 8_3:
Regressionsanalysen mit Kompetenzbeurteilungen
der Eltern als Kriterien und sozialer Unterstützung
und Lebenszufriedenheit als Prädiktoren 368

Anh.-Tab. 18 – A 8_4:
Faktorenanalyse der Elternskalen zur Kinderbeurteilung
– nur Skalen Probleme und Schwächen von Goodman
(nur Ladungen ≥ .30) 368

Anh.-Tab. 19 – A 8_5:
Faktorenanalyse der Elternskalen zur Kinderbeurteilung
– nur Skalen Probleme und Schwächen von Goodman
(nur Ladungen ≥ .30) 368

Anh.-Tab. 20 – A 8_6:
Regressionsanalysen mit Kinderbeurteilungen als Kriterien
und Beurteilungen des elterlichen entwicklungsförderlichen
Erziehungsverhaltens durch die Kinder 369

Anh.-Tab. 21 – A 8_7:
Regressionsanalysen mit Kinderbeurteilungen als Kriterien
und Beurteilungen des elterlichen entwicklungshemmenden
Erziehungsverhaltens durch die Kinder 369

Anh.-Tab. 22 – A 8_8:
Regressionsanalysen mit Kinderbeurteilungen als Kriterien
und entwicklungsförderlichen und entwicklungshemmenden
Erziehungsvariablen der Eltern als Prädiktoren 370

Anh.-Tab. 23 – A 8_9:
Regressionsanalysen mit Kinderbeurteilungen als Kriterien
und Beurteilungen des elterlichen entwicklungsförderlichen
Erziehungsverhaltens durch die Kinder 370

Anh.-Tab. 24 – 9_1:
Korrelationen der Differenzen der Elternskalen in den EK
(nur signifikante und tendenziell signifikante Korrelationen) 371

Anh.-Tab. 25 – A 9_2:
Korrelationen zwischen Teilnahmestunden an den Kursen und
Veränderungen in den Eltern- und Kinderskalen
(nur signifikante und tendenziell signifikante Korrelationen) 372

Anh.-Tab. 26 – A 9_3:
Korrelationen von Kurserfahrungen der Eltern mit
Veränderungen in den Elternskalen (nur signifikante
und tendenziell signifikante Korrelationen) 372

Anh.-Tab. 27 – A 9_4:
Korrelationen von Kurserfahrungen der Eltern mit
Veränderungen der Kinderbeurteilungen durch die Eltern
(nur signifikante und tendenziell signifikante Korrelationen) 373

Anh.-Tab. 28 – A 9_5:
Univariater Vergleich der vorher Werte in den abhängigen
Variablen von Eltern aus echten EK mit 6–12 jährigen
Kindern mit denen entsprechender echter WG
(alle Eltern mit vorher und nachher Daten) 374

Anh.-Tab. 29 – A 9_6:
Vergleich der Mittelwerte vorher und nachher in den abhängigen
Variablen für Eltern mit 6–12 jährigen Kindern aus echten EK......................... 375

Anh.-Tab. 30 – A 10_1:
Vergleich der Mittelwerte vorher und nachher in den
abhängigen Variablen für alle Kinder aus echten EK... 376

Anh.-Tab. 31 – A 10_2:
Univariater Vergleich der vorher Werte in den abhängigen
Variablen von Kindern aus echten EK-Kursen mit denen der
entsprechenden WG (alle Kinder mit vorher und nachher Werten)................... 376

Anh.-Tab. 32 – A 11_1:
Zusammensetzung der Eltern aus echten EK mit 6–12 jährigen
Kindern, die selbst und deren Kinder vorher und nachher Daten
geliefert haben im Vergleich zu entsprechenden Eltern aus WG 377

Anh.-Tab. 33 – A 11_2:
Zusammensetzung der Kinder aus echten EK mit 6–12jährigen
Kindern, die selbst und deren Eltern vorher und nachher Daten
geliefert haben im Vergleich mit entsprechenden Kindern aus WG 378

Anh.-Tab. 34 – A 11_3:
Signifikante und tendenziell signifikante Korrelationen der
Veränderungen des Elternverhaltens aus Sicht der Eltern und
der Kinder (nur EK) 379

Anh.-Tab. 35 – A 11_4:
Signifikante und tendenziell signifikante Korrelationen aller
neun Beurteilungen der Kinder mit dem von den Kindern
beurteilten Erziehungsverhalten ihrer Eltern 379
Anh.-Tab. 36 – A 11_5:
Signifikante und tendenziell signifikante Korrelationen
aller zehn Erziehungsvariablen der Eltern mit den beiden
Selbstbeurteilungen der Kinder 380
Anh.-Tab. 37 – A 11_6:
Signifikante und tendenziell signifikante Korrelationen der
Veränderungen des Elternverhaltens aus Sicht der Eltern
und der Kinder (nur EK) 380
Anh.-Tab. 38 – A 13_1:
Verteilung der sechs Rater auf die vorher und die nachher
Ratingskalen der EK und der WG (N=72) 381
Anh.-Tab. 39 – A 13_2:
Univariater Vergleich der Ratingwerte der Rater vorher und nachher 381
Anh.-Tab. 40 – A 13_3:
Kennwerte aller Eltern und univariater Vergleich der vorher
Ratingskalen der Eltern aus echten EK mit denen der WG 383
Anh.-Tab. 41 – A 13_4:
Korrelationen zwischen den vorher Ratingsskalen von Eltern
und den Fragebogendaten der Kinder vorher (nur Skalen, die
alle Kinder beantwortet haben [N= 62]) 384
Anh.-Tab. 42 – A 13_5:
Korrelationen zwischen den vorher Ratingsskalen von Eltern
und den Fragebogendaten der 9–12jährigen Kinder vorher (N=32) 385
Anh.-Tab. 43 – A 13_6:
Vergleich der Mittelwerte vorher und nachher in den
Ratingskalen für die Eltern aus echten EK (N= 30; 23) 386
Anh.-Tab. 44 – A 15_1:
Übersicht über die wichtigsten Einzelaspekte des
Elternkurses aus Sicht von 18 Elternkursleitungen 387
Anh.-Tab. 45 – A 15_2:
Urteile über die Wichtigkeit und die Güte der
Realisierungen der Arbeitsformen im Elternkurs
aus Sicht der ersten und zweiten Elternkursleitung 388
Anh.-Tab. 46 – A 15_3:
Urteile über die Wichtigkeit und die Güte der
Realisierungen der Arbeitsformen im Elternkurs
aus Sicht der ersten und zweiten Elternkursleitung 389

Anh.-Tab. 47 – A 15_4:
Urteil der Kursleitungen und deren Differenzen zu Realisierungen
der Arbeitsformen und der erzielten Veränderungen 390

Anh.-Tab. 48 – A 15_5:
Urteile der beiden Elternkursleitungen über die Kursdurchführung
und über die Eltern an den drei Themenabenden Werte,
Gefühlsäußerungen und Problemlösungsfähigkeit 392

Anh.-Tab. 49 – A 15_6:
Urteile der beiden Evaluatoren über die Arbeitsformen
an den drei Themenabenden Werte, Gefühlsäußerungen
und Problemlösungsfähigkeit 393

Anh.-Tab. 50 – A 15_7:
Urteile der beiden Evaluatoren über die Eltern an den
drei Themenabenden Werte, Gefühlsäußerungen
und Problemlösungsfähigkeit 394

Anh.-Tab. 51 – A 15_8:
Korrelationen ($\geq$ .30) zwischen den Kursbeurteilungen
und den Elternerfahrungen am Kursabend zu den
Gefühlsäußerungen über die neun Kurse 395

Anh.-Tab. 52 – A 15_9:
Korrelationen ($\geq$ .30) zwischen den Kursbeurteilungen
und den Elternerfahrungen am Kursabend zur
Problemlösungsfähigkeit über die neun Kurse 396

Anh.-Tab. 53 – A 15_10:
Korrelationen ($\geq$ .30) zwischen den Kursleiterbeurteilungen
und den Beurteilungen der Evaluatoren am Kursabend
zu den Werten über die neun Kurse 397

Anh.-Tab. 54 – A 15_11:
Korrelationen ($\geq$ .30) zwischen den Kursleiterbeurteilungen
und den Beurteilungen der Evaluatoren am Kursabend
zur Problemlösungsfähigkeit über die neun Kurse 398

Anh.-Tab. 55 – A 15_12:
Korrelationen ($\geq$ .30) zwischen den Elternerfahrungen
und den Beurteilungen der Evaluatoren am Kursabend
zu den Werten über die neun Kurse 399

Anh.-Tab. 56 – A 15_13:
Korrelationen ($\geq$ .30) zwischen den Elternerfahrungen
und den Beurteilungen der Evaluatoren am Kursabend
zu den Gefühlsäußerungen über die neun Kurse 401

Anh.-Tab. 57 – A 15_14:
Korrelationen (≥ .30) zwischen den Elternerfahrungen und
den Beurteilungen der Evaluatoren am Kursabend zu
den Werten über die neun Kurse 403

Anh.-Tab. 58 – A 15_15:
Korrelationen (≥ .30) zwischen den Elternerfahrungen und
den Beurteilungen der Evaluatoren am Kursabend zu
den Gefühlsäußerungen über die neun Kurse 404

Anh.-Tab. 59 – A 15_16:
Korrelationen (≥ .30) zwischen den Elternerfahrungen und
den Beurteilungen der Evaluatoren am Kursabend zur
Problemlösungsfähigkeit über die neun Kurse 405

Anh.-Tab. 60 – A 15_17:
Univariate Varianzanalysen der Kurserfahrungen der
Eltern mit dem Faktor Kurszugehörigkeit 406

Anh.-Tab. 61 – A 15_18:
Korrelationen (≥ .30) zwischen den Kurserfahrungen der Eltern
und den Beurteilungen am Kursabend zu den Gefühlsäußerungen................. 407

Anh.-Tab. 62 – A 15_19:
Korrelationen (≥ .30) zwischen den Kurserfahrungen der Eltern
und den Beurteilungen am Kursabend zur Problemlösungsfähigkeit 408

Anh.-Tab. 63 – A 15_20:
Korrelationen (≥ .30) zwischen den Kurserfahrungen
der Eltern mit den Prozessbeurteilungen der Evaluatoren
am Kursabend zu den Werten 409

Anh.-Tab. 64 – A 15_21:
Korrelationen (≥ .30) zwischen den Kurserfahrungen der
Eltern mit den Prozessbeurteilungen der Evaluatoren am
Kursabend zur Problemlösungsfähigkeit.. 411

Anh.-Tab. 65 – A 15_22:
Univariate Varianzanalysen für alle Differenzen der
Fragebogendaten (vorher – nachher) mit dem Faktor
Kurszugehörigkeit (alle 10 Elternkurse) 413

Anh.-Tab. 66 – A 15_23:
Korrelationen (≥ .30) zwischen den Veränderungen der
Eltern (vorher–nachher) mit den Erfahrungen der Eltern
am Kursabend zu den Gefühlsäußerungen 414

Anh.-Tab. 67 – A 15_24:
Korrelationen (≥ .30) zwischen den Veränderungen der
Eltern (vorher – nachher) mit den Erfahrungen der Eltern
am Kursabend zur Problemlösungsfähigkeit 415

Anh.-Tab. 68 – A 15_25:
Korrelationen (≥ .30) zwischen den Veränderungen der Eltern
(vorher – nachher) bei den Kinderbeurteilungen mit den
Erfahrungen der Eltern am Kursabend zu den Gefühlsäußerungen.................. 416

Anh.-Tab. 69 – A 15_26:
Korrelationen (≥ .30) zwischen den Veränderungen der Eltern
(vorher – nachher) bei den Kinderbeurteilungen mit den
Erfahrungen der Eltern am Kursabend zur Problemlösungsfähigkeit 417

Anh.-Tab. 70 – A 15_27:
Korrelationen (≥ .30) zwischen den Veränderungen der Eltern
(vorher – nachher) und den Beurteilungen der Evaluatoren
am Kursabend zu den Werten 418

Anh.-Tab. 71 – A 15_28:
Korrelationen (≥ .30) zwischen den Veränderungen der Eltern
(vorher – nachher) und den Beurteilungen der Evaluatoren
am Kursabend zur Problemlösungsfähigkeit 420

Anh.-Tab. 72 – A 15_29:
Korrelationen (≥ .30) zwischen den Veränderungen der Eltern
in der Kinderbeurteilung (vorher – nachher) und den
Beurteilungen der Evaluatoren am Kursabend zu den Werten 422

Anh.-Tab. 73 – A 15_30:
Korrelationen (≥ .30) zwischen den Veränderungen der Eltern
in der Kinderbeurteilung (vorher – nachher) und den Beurteilungen
der Evaluatoren am Kursabend zur Problemlösungsfähigkeit 424

Anh.-Tab. 74 – A 15_31:
Korrelationen (≥ .30) zwischen den Erfolgskriterien für die Eltern
aus Sicht der Kursleitungen und den Prozessbeurteilungen der
Eltern am Kursabend zu den Gefühlsäußerungen 426

Anh.-Tab. 75 – A 15_32:
Korrelationen (≥ .30) zwischen den Erfolgskriterien für die Eltern
aus Sicht der Kursleitungen und den Prozessbeurteilungen der
Eltern am Kursabend zur Problemlösungsfähigkeit 427

Anh.-Tab. 76 – A 15_33:
Korrelationen (≥ .30) zwischen den Erfolgskriterien für die Elten
aus Sicht der Kursleitungen mit den Prozessbeurteilungen
der Evaluatoren am Kursabend zu den Werten 428

Anh.-Tab. 77 – A 15_34:
Korrelationen (≥ .30) zwischen den Erfolgskriterien für die Eltern
aus Sicht der Kursleitungen mit den Prozessbeurteilungen der
Evaluatoren am Kursabend zur Problemlösungsfähigkeit 429

Anhang A: Tabellen

Anh.-Tab. 1 – A 6_1:
Zusammensetzung der Eltern aus den Elternkursen

Land	Kursnummer	N-Anfang	N-Ende	Eltern Frageb. vorher	Eltern Frageb. nachher	Eltern Frageb. vor- u. nachher	Eltern 6-12 „echte" vorher	Eltern 6-12 „echte" nachher	Eltern 6-12 „echte" vor- u. nachher
Bayern	1011	12	12	11	08	08	05	04	04
Bayern	1021	12	09	07	04	04	---	---	---
Bayern	1031	10	10	09	09	08	---	---	---
Bremen	2031	15	09	08	06	05	---	---	---
Bremen	2041	---	---	---	---	---	---	---	---
Hamburg	3051	17	16	14	10	09	14	10	09
Hamburg	3061	14	10	12	09	07	07	03	02
NRW	4071	14	13	13	12	12	13	12	12
NRW	4081	13	10	11	09	09	11	09	09
Sachsen	5101	15	10	09	10	05	03	04	02
Sachsen	5111	15	10	10	08	08	10	08	08
Summe		137	109	104	85	75	63	50	46

Anh.-Tab. 2 – A 6_2:
Zusammensetzung der Eltern aus Warte-/Kontrollgruppen

Land	Kursnummer	N-Anfang	N-Ende	Eltern Frageb. vorher	Eltern Frageb. nachher	Eltern Frageb. vor- u. nachher	Eltern 6-12 „echte" vorher	Eltern 6-12 „echte" nachher	Eltern 6-12 „echte" vor- u. nachher
Bayern	1012	---	---	05	04	04	05	04	04
Bayern	1022	---	---	01	---	---	---	---	---
Bayern	1032	---	---	---	---	---	---	---	---
Bremen	2032	---	---	---	---	---	---	---	---
Bremen	2042	---	---	---	---	---	---	---	---
Hamburg	3052	---	---	06	05	05	06	05	05
Hamburg	3062	---	---	05	05	05	05	05	05
NRW	4072	---	---	08	07	07	08	07	08
NRW	4082	---	---	18	12	11	18	12	11
Sachsen	5102	---	---	04	04	03	03	02	02
Sachsen	5112	---	---	06	06	06	06	06	06
Summe				53	43	41	51	41	41

Anh.-Tab. 3 – A 6_3:
Zusammensetzung der Kinder aus den Elternkursen

Land	Kursnummer	N-Anfang	N-Ende	Kinder Frageb. vorher	Kinder Frageb. nachher	Kinder Frageb. vor- u. nachher	Kinder 6-12 „echte" vorher	Kinder 6-12 „echte" nachher	Kinder 6-12 „echte" vor- u. nachher
Bayern	1011	---	---	02	02	02	02	02	02
Bayern	1021	---	---	03	01	01	00	00	00
Bayern	1031	---	---	02	02	02	00	00	00
Bremen	2031	---	---	02	02	02	00	00	00
Bremen	2041	---	---	---	---	---	---	---	---
Hamburg	3051	---	---	13	10	08	13	10	08
Hamburg	3061	---	---	10	04	03	10	04	03
NRW	4071	---	---	12	10	10	10	10	10
NRW	4081	---	---	10	09	09	10	09	09
Sachsen	5101	---	---	03	02	02	03	02	02
Sachsen	5111	---	---	10	06	06	10	06	06
Summe				67	48	45	58	43	40

Anh.-Tab. 4 – A 6_4:
Zusammensetzung der Kinder aus den Warte-/Kontrollgruppen

Land	Kursnummer	N-Anfang	N-Ende	Kinder Frageb. vorher	Kinder Frageb. nachher	Kinder Frageb. vor- u. nachher	Kinder 6-12 „echte" vorher	Kinder 6-12 „echte" nachher	Kinder 6-12 „echte" vor- u. nachher
Bayern	1012	---	---	05	04	04	05	04	04
Bayern	1022	---	---	01	00	00	00	00	00
Bayern	1032	---	---	---	---	---	---	---	---
Bremen	2032	---	---	---	---	---	---	---	---
Bremen	2042	---	---	---	---	---	---	---	---
Hamburg	3052	---	---	07	06	06	07	06	06
Hamburg	3062	---	---	05	05	05	05	05	05
NRW	4072	---	---	07	07	07	07	07	07
NRW	4082	---	---	15	12	12	15	12	12
Sachsen	5102	---	---	03	02	02	03	02	02
Sachsen	5112	---	---	06	06	06	06	06	06
Summe				49	42	42	48	42	42

Anh.-Tab. 5 – A 7_1:
Teilnahme und Schwundquoten bei allen Eltern der Elternkurse (ELEK)
und der Wartegruppe (ELWG)

Variablen	ELEK N	Prozent	ELWG N	Prozent
Alle Teilnehmer zu Beginn (1)	137		55	
Alle Teilnehmer am Ende (2)	109		43	
in % von (1)		79,6%		78,2%
Abbrecherquote		20,4%		21,8%
Eltern mit Fragebogen vorher (3)	104		53	
in % von (1)		75,9%		96,4%
Eltern mit Fragebogen nachher (4)	85		43	
in % von (2)		88,0%		100%
in % von (3)		81,7%		81,1%
Eltern mit Fragebögen vorher und nachher (5)	75		41	
in % von (2)		68,8%		95,1%
in % von (1)		54,7%		74,5%
Eltern mit Fragebogen Follow-up (6)	46		24	
in % von (4)		54,1%		55,8%
in % von (5)		61,3%		58,5%
Eltern mit Fragebögen vorher, nachher und Follow-up (7)	23		24[1)]	
in % von (4)		30,6%		55,8%
in % von (5)		34,6%		58,5%

[1)] in die Analysen gehen nur 19 Elternteile ein, weil fünf vor dem Follow-up mit einem Elternkurs begonnenhaben [diese 19 sind 44,3% von (4) und 46,2% von (5)]

Anh.-Tab. 6 – A 7_2:
Zusammensetzung aller EK-Eltern mit vorher und nachher Daten
im Vergleich zu entsprechenden ausgeschiedenen Eltern

Variablen	(N=118) ELEK v.u.n.	(N=118) ELEK v.o.n.	Chi-Quadrat	Phi/ Kontingenz-koeffizient
Land*			.049	.27
NRW	28,0%	9,3%		
Generation*			n. s.	.14
Eltern	98,7%	97,6%		
Geschlecht			.036	.19
männlich	13,3%	29,3%		
Familienstatus*			n. s.	.13
alleinerziehend	26,7%	22,0%		
Anzahl Kinder*			n. s.	.19
Einzelkind	33,3%	36,6%		
Staatsangehörigkeit			n. s.	.02
nicht deutsch	4,1%	5,0%		
Bildungsabschluss*			.091	.28
Uni/ FH	26,7%	40,0%		
mind. FH-Reife	54,7%	57,5%		
Beruf*			n. s.	.18
ohne Beruf	28,0%	32,5%		
mit Uni-Abschluss	18,7%	30,0%		
Alter des Kindes in U.			.066	.32
6-8	48,9%	56,3%		
9-12	48,9%	31,3%		
Kind im Alter			n. s.	.14
6-12	73,3%	60,0%		

* bei mehrstufigen Variablen ausgewählte Extreme

Anh.-Tab. 7 – A 7_3:
Zusammensetzung der Eltern aus echten EK mit 6-12 jährigen Kindern mit vorher und nachher Daten im Vergleich zu entsprechenden ausgeschiedenen Eltern

Variablen	(N=68) ELEKecht v.u.n.	ELEKecht v.o.n.	Chi-Quadrat	Phi/ Kontingenz-koeffizient
Land*			.057	.32
HH	23,9%	54,5%		
NRW	45,7%	18,2%		
Generation*			n. s.	-
Eltern	100%	100%		
Geschlecht			n. s.	.19
männlich	15,2%	31,8%		
Familienstatus*			n. s.	.19
alleinerziehend	26,1%	18,2%		
Anzahl Kinder*			n. s.	.25
Einzelkind	21,7%	27,3%		
Staatsangehörigkeit			n. s.	.07
nicht deutsch	2,2%	4,5%		
Bildungsabschluss*			n. s.	.29
Uni/ FH	23,9%	31,8%		
mind. FH-Reife	60,9%	54,5%		
Beruf*			n. s.	.24
ohne Beruf	17,4%	36,4%		
mit Uni-Abschluss	19,6%	22,7%		
Alter des Kindes in U.			n. s.	.13
6-8	48,8%	64,3%		
9-12	51,2%	35,7%		
Kind im Alter			n. s.	-
6-12	100%	100%		

* bei mehrstufigen Variablen ausgewählte Extreme

Anh.-Tab. 8 – A 7_4:
Zusammensetzung der Eltern aus echten WG mit vorher und nachher
Daten im Vergleich zu entsprechenden ausgeschiedenen Eltern

Variablen	(N=52) ELWG v.u.n.	ELWG v.o.n.	Chi-Quadrat	Phi/Kontingenz-koeffizient
Land*			n. s.	.25
HH	25,0%	8,3%		
NRW	45,0%	75,0%		
Generation*			n. s.	-
Eltern	100%	100%		
Geschlecht			.005	.36
männlich	12,5%	50,0%		
Familienstatus*			n. s.	.23
alleinerziehend	32,5%	9,1%		
Anzahl Kinder*			n. s.	.19
Einzelkind	35,0%	54,5%		
Staatsangehörigkeit			.050	.26
nicht deutsch	2,5%	18,2%		
Bildungsabschluss*			n. s.	.29
Uni/ FH	33,3%	70,0%		
mind. FH-Reife	74,4%	90,0%		
Beruf*			.030	.42
ohne Beruf	10,0%	9,1%		
mit Uni-Abschluss	22,5%	45,5%		
Alter des Kindes in U.			n. s.	.01
6-8	48,7%	50,0%		
9-12	51,3%	45,5%		
Kind im Alter			n. s.	-
6-12	100%	100%		

* bei mehrstufigen Variablen ausgewählte Extreme

Anh.-Tab. 9 – A 7_5:
Zusammensetzung aller EK-Eltern mit vorher, nachher und Follow-up Daten im Vergleich zu entsprechenden ausgeschiedenen Eltern

Variablen	(N=118) ELEK v.n.f.	ELEK v.o.n.	Chi-Quadrat	Phi/ Kontingenz-koeffizient
Land*			n. s.	.13
Hamburg	30,0%	20,5%		
Geschlecht			.074	.17
männlich	10,0%	23,7%		
Familienstatus*			n. s.	.07
alleinerziehend	25,0%	25,0%		
Anzahl Kinder*			.044	.28
Einzelkind	22,5%	40,8%		
Staatsangehörigkeit			n. s.	.02
nicht deutsch	5,0%	4,1%		
Bildungsabschluss*			n. s.	.27
Uni/ FH	25,0%	34,7%		
mind. FH-Reife	70,0%	59,7%		
Beruf*			n. s.	.18
ohne Beruf	27,5%	30,7%		
mit Uni-Abschluss	15,0%	26,7%		
Alter des Kindes in U.			n. s.	.31
6-8	38,5%	64,9%		
9-12	61,5%	35,1%		
Kinder im Alter			n. s.	.10
6-12	75,0%	65,3%		

* bei mehrstufigen Variablen ausgewählte Extreme

Anh.-Tab. 10 – A 7_6:
Zusammensetzung der Eltern aus echten EK mit 6-12jährigen Kindern mit Daten aller drei Messzeitpunkte im Vergleich zu entsprechenden ausgeschiedenen Eltern

Variablen	(N=68) ELEK v.n.f.	ELEK v.o.n.	Chi-Quadrat	Phi/ Kontingenz-koeffizient
Land*			n. s.	.24
Bayern	15,4%	2,4%		
Geschlecht			n. s.	.18
männlich	11,5%	26,2%		
Familienstatus*			n. s.	.10
alleinerziehend	23,1%	23,8%		
Anzahl Kinder*			.063	.36
Einzelkind	15,4%	28,6%		
Staatsangehörigkeit			n. s.	.35
nicht deutsch	3,8%	2,4%		
Bildungsabschluss*			.084	.35
Uni/ FH	15,4%	33,3%		
mind. FH-Reife	73,1%	57,1%		
Beruf*			n. s.	.21
ohne Beruf	23,1%	23,8%		
mit Uni-Abschluss	11,5%	26,2%		
Alter des Kindes in U.			.087	.23
6-8	39,1%	62,5%		
9-12	60,9%	37,5%		

* bei mehrstufigen Variablen ausgewählte Extreme

Anh.-Tab. 11 – A 7_7:
Zusammensetzung der Eltern aus echten WG mit Daten aller drei Messzeitpunkte im Vergleich mit entsprechenden ausgeschiedenen Eltern

Variablen	(N=52) ELWG v.n.f.	ELWG v.o.n.	Chi-Quadrat	Phi/ Kontingenz-koeffizient
Land*			.004	.50
Hamburg	42,1%	9,1%		
Geschlecht			.033	.30
männlich	5,3%	30,3%		
Familienstatus*			n. s.	.20
alleinerziehend	31,6%	25,0%		
Anzahl Kinder*			.049	.43
Einzelkind	15,8%	53,1%		
Staatsangehörigkeit			n. s.	.19
nicht deutsch	0,0%	9,4%		
Bildungsabschluss*			n. s.	.37
Uni/ FH	27,8%	48,4%		
mind. FH-Reife	72,2%	83,9%		
Beruf*			.079	.38
ohne Beruf	10,5%	9,4%		
mit Uni-Abschluss	15,8%	34,4%		
Alter des Kindes in U.			n. s.	.12
6-8	42,1%	53,8%		
9-12	57,9%	46,2%		

* bei mehrstufigen Variablen ausgewählte Extreme

Anh.-Tab. 12 – A 7_8:
Zusammensetzung der EK-Kinder mit vorher und nachher Daten
im Vergleich zu entsprechenden ausgeschiedenen Kindern

Variablen		KIEKalle v.u.n.	KIEKalle v.o.n.	Chi-Quadrat	Phi/ Kontingenz-koeffizient	N
Land*				.035	.36	72
	HH	24,4%	55,6%			
	NRW	42,2%	11,1%			
Geschlecht				n. s.	.01	72
	männlich	48,9%	48,1%			
Fragebogenform*				.009	.38	72
	Vater 6-8	4,4%	25,0%			
	Mutter 9-12	42,2%	16,7%			
Familienstatus*				n. s.	.22	72
	alleinerziehend	33,3%	33,3%			
Geschwister*				n. s.	.19	72
	Einzelkind	22,9%	25,9%			
Alterskategorie				.057	.31	72
	6-8	48,9%	66,7%			
	9-12	48,9%	22,2%			
Staatsangehörigkeit				n. s.	.06	72
	nicht deutsch	4,4%	7,4%			
Bildungsabschluss Mutter*				n. s.	.19	64
	Uni/ FH	29,3%	30,4%			
	mind. FH-Reife	63,5%	52,1%			
Bildungsabschluss Vater*				n. s.	.45	18
	Uni/ FH	36,4%	28,6%			
	mind. FH-Reife	72,8%	57,2%			
Beruf Mutter*				.053	.36	64
	ohne Beruf	12,2%	39,1%			
	mit Uni-Abschluss	17,1%	21,7%			
Beruf Vater*				n. s.	.51	18
	ohne Beruf	18,2%	14,3%			
	mit Uni-Abschluss	45,5%	14,3%			

Variablen	KIEKalle v.u.n.	KIEKalle v.o.n.	Chi-Quadrat	Phi/Kontingenz-koeffizient			N
(N=72)	M_1	M_2	s_1	s_2	Homog.	Sign.	Eta^2
Alter Kind	8.76	7.59	1.93	2.10	n. s.	.019	.076

* bei mehrstufigen Variablen ausgewählte Extreme

Anh.-Tab. 13 – A 7_9:
Zusammensetzung der EK-Kinder aus echten EK-Kursen mit vorher
und nachher Daten im Vergleich zu entsprechenden ausgeschiedenen Kindern

Variablen	KIEKecht v.u.n.	KIEKecht v.o. n.	Chi-Quadrat	Phi/ Kontingenz-koeffizient	N
Land*			.011	.39	63
HH	27,5%	65,2%			
NRW	47,5%	13,0%			
Geschlecht			n. s.	.02	63
männlich	50,0%	52,2%			
Fragebogenform*			.007	.41	63
Vater 6-8	2,5%	30,0%			
Vater 9-12	40,0%	20,0%			
Familienstatus*			n. s.	.23	63
alleinerziehend	30%	30,4%			
Geschwister*			n. s.	.20	63
Einzelkind	20%	26,1%			
Alterskategorie			.093	.27	63
9-12	50%	26,1%			
Staatsangehörigkeit			n. s.	.14	63
nicht deutsch	2,5%	8,7%			
Bildungsabschluss Mutter*			n. s.	.18	56
Uni/ FH	27,0%	31,6%			
mind. FH-Reife	64,8%	57,9%			
Bildungsabschluss Vater*			n. s.	.44	16
Uni/ FH	30,3%	33,3%			
mind. FH-Reife	70,0%	66,6%			
Beruf Mutter*			.017	.42	56
ohne Beruf	10,8%	47,4%			
mit Uni-Abschluss	18,9%	21,1%			
Beruf Vater*			n. s.	.53	16
ohne Beruf	20,0%	16,7%			
mit Uni-Abschluss	40,0%	16,7%			

Variablen	KIEKecht v.u.n.	KIEKecht v.o.n.	Chi-Quadrat		Phi/Kontingenz-koeffizient		N
(N=63)	M_1	M_2	s_1	s_2	Homog.	Sign.	Eta^2
Alter Kind	8.73	7.87	1.85	2.05	n. s.	.095	.045

* bei mehrstufigen Variablen ausgewählte Extreme

Anh.-Tab. 14 – A 7_10:
Zusammensetzung der WG-Kinder mit vorher und nachher Daten
im Vergleich zu entsprechenden ausgeschiedenen Kindern

Variablen	KIWG v.u.n.	KIWG v.o.n.	Chi-Quadrat	Phi/ Kontingenz-koeffizient	N
Land*			n. s.	.10	48
HH	26,2%	16,7%			
Geschlecht			n. s.	.08	48
männlich	54,8%	66,7%			
Fragebogenform*			n. s.	.28	48
Vater 6-8	9,5%	33,3%			
Vater 9-12	45,2%	16,7%			
Familienstatus*			n. s.	.14	48
alleinerziehend	34,1%	16,7%			
Geschwister*			n. s.	.34	48
Einzelkind	34,1%	66,7%			
Alterskategorie			n. s.	.13	48
6-8	47,6%	66,7%			
9-12	52,4%	33,3%			
Staatsangehörigkeit			n. s.	.06	48
nicht deutsch	2,4%	0,0%			
Bildungsabschluss Mutter*			n. s.	.19	38
Uni/ FH	33,3%	50,0%			
mind. FH-Reife	69,4%	50,0%			
Bildungsabschluss Vater*			n. s.	.26	10
Uni/ FH	42,9%	66,7%			
mind. FH-Reife	100%	100%			
Beruf Mutter*			n. s.	.36	40
ohne Beruf	8,1%	33,3%			
mit Uni-Abschluss	16,2%	0,0%			
Beruf Vater*			n. s.	.34	10
ohne Beruf	14,1%	0,0%			
mit Uni-Abschluss	57,1%	66,7%			

Variablen	KIWG v.u.n.	KIWG v.o.n.	Chi-Quadrat		Phi/ Kontingenz-koeffizient		N
(N=48)	M_1	M_2	s_1	s_2	**Homog.**	**Sign.**	**Eta²**
Alter Kind	8.84	7.67	1.55	1.51	n. s.	n. s.	.030

* bei mehrstufigen Variablen ausgewählte Extreme

Anh.-Tab. 15 – A 8_1:
Regressionsanalysen mit Kompetenzbeurteilungen aller Eltern als Kriterium und den fünf entwicklungshemmenden Erziehungsvariablen der Eltern als Prädiktoren

Prädiktoren	Unzufriedenheit mit der Elternrolle r	beta
Inkonsistentes Elternverhalten	.45	.38
Strenge	.50	.23
Multiple Korrelation	**.50**	
Aufgeklärte Varianz	**25,1%**	

(nur signifikante Regressionsgleichung berücksichtigt mit Einzelkorrelationen und standardisierten beta-Koeffizienten)

Anh.-Tab. 16 – A 8_2:
Regressionsanalysen mit Kompetenzbeurteilungen aller Eltern als Kriterium und den fünf entwicklungsförderlichen Erziehungsvariablen der Eltern als Prädiktoren

Prädiktoren	erlebte Selbstwirksamkeit r	beta
Positives Elternverhalten	.29	.24
Klarheit	.30	.25
Multiple Korrelation	**.38**	
Aufgeklärte Varianz	**14,7%**	

(nur signifikante Regressionsgleichung berücksichtigt mit Einzelkorrelationen und standardisierten beta-Koeffizienten)

Anh.-Tab. 17 – A 8_3:
Regressionsanalysen mit Kompetenzbeurteilungen der Eltern als Kriterien
und sozialer Unterstützung und Lebenszufriedenheit als Prädiktoren

Prädiktoren	Unzufriedenheit		Erlebte Selbstwirksamkeit	
	r	beta	r	beta
Soziale Unterstützung	-.36	-.36	.35	.30
Zufriedenheit mit Lebenssituation			.31	.24
Multiple Korrelation	.36		.42	
Aufgeklärte Varianz	12,6		17,8	

(nur signifikante Regressionsgleichungen berücksichtigt mit Einzelkorrelationen und standardisierten beta-Koeffizienten)

Anh.-Tab. 18 – A 8_4:
Faktorenanalyse der Elternskalen zur Kinderbeurteilung –
nur Skalen Probleme und Schwächen von Goodman (nur Ladungen ≥ .30)

Variablen	1. Faktor	Kommunalitäten
Hyperaktivität	.60	.36
Emotionale Probleme	.69	.47
Verhaltensprobleme	.76	.58
Verhaltensprobleme mit Gleichaltrigen	.68	.46
Erklärte Varianz	**46,8%**	**46,8%**

Anh.-Tab. 19 – A 8_5:
Faktorenanalyse der Elternskalen zur Kinderbeurteilung –
nur Skalen Probleme und Schwächen von Goodman (nur Ladungen ≥ .30)

Variablen	1. Faktor	2. Faktor	Kommunalitäten
Hyperaktivität		.91	.82
Emotionale Probleme	.78		.64
Verhaltensprobleme	.39	.70	.64
Verhaltensprobleme mit Gleichaltrigen	.83		.69
Erklärte Varianz	**36,2%**	**33,7%**	**70,0%**

Anh.-Tab. 20 – A 8_6:
Regressionsanalysen mit Kinderbeurteilungen als Kriterien und Beurteilungen
des elterlichen entwicklungsförderlichen Erziehungsverhaltens durch die Kinder

Prädiktoren	(N=107) Prosoziales Verhalten	
	r	beta
Unterstützung, Wärme, Trost	.33	.25
Familienklima	.30	.21
Multiple Korrelation	.38	
Aufgeklärte Varianz	14,7%	

(nur signifikante Regressionsgleichung berücksichtigt mit Einzelkorrelationen
und standardisierten beta-Koeffizienten)

Anh.-Tab. 21 – A 8_7:
Regressionsanalysen mit Kinderbeurteilungen als Kriterien und Beurteilungen
des elterlichen entwicklungshemmenden Erziehungsverhaltens durch die Kinder

Prädiktoren	(N=106) Verhaltensprobleme mit Gleichaltrigen	
	r	beta
Einschränkung, Inkonsistenz	.24	.24
Tadel		
Multiple Korrelation	.24	
Aufgeklärte Varianz	5,6%	

(nur signifikante Regressionsgleichung berücksichtigt mit Einzelkorrelationen
und standardisierten beta-Koeffizienten)

Anh.-Tab. 22 – A 8_8:
Regressionsanalysen mit Kinderbeurteilungen als Kriterien und entwicklungsförderlichen und entwicklungshemmenden Erziehungsvariablen der Eltern als Prädiktoren

Prädiktoren	(N=104) Selbstbeurteilungen Kinder			
	Prosoziales Verhalten		Verhaltensprobleme mit Gleichaltrigen	
	r	beta	r	beta
Soziale Unterstützung	.33	.32	-.32	-.32
Einschränkung, Inkonsistenz				
Tadel	-.25	-.22		
Familienklima				
Multiple Korrelation	.40		.32	
Aufgeklärte Varianz	16,1%		10,4%	

(nur signifikante Regressionsgleichung berücksichtigt mit Einzelkorrelationen und standardisierten beta-Koeffizienten)

Anh.-Tab. 23 – A 8_9:
Regressionsanalysen mit Kinderbeurteilungen als Kriterien und Beurteilungen des elterlichen entwicklungsförderlichen Erziehungsverhaltens durch die Kinder

Prädiktoren	(N=49) Prosoziales Verhalten	
	r	beta
Unterstützung, Wärme, Trost		
Familienklima		
Kooperation	.44	.44
Hilfe		
Multiple Korrelation	.44	
Aufgeklärte Varianz	19,5%	

(nur signifikante Regressionsgleichung berücksichtigt mit Einzelkorrelationen und standardisierten beta-Koeffizienten)

Anh.-Tab. 24 – 9_1:
Korrelationen der Differenzen der Elternskalen in den EK (nur signifikante und tendenziell signifikante Korrelationen)

Variablen	Positives Elternverhalten Diff	Involviertheit Diff	Verantwortungsbewusstes Elternverhalten Diff	Geringes Monitoring Diff	Machtvolle Durchsetzung Diff	Körperliche Strafen Diff	Unterstützung Diff	Strenge Diff	Klarheit Diff	Unzufriedenheit Diff	Erlebte Selbstwirksamkeit Diff	Soziale Unterstützung Diff	Zufriedenheit mit Lebenssituation Diff
Inkonsistentes Elternverhalten Diff	-.21[1]					.27	.21[1]	.42		.31	.24		
Positives Elternverhalten Diff			.25			-.25	.44			-.23	.23		
Involviertheit Diff											.25		
Verantwortungsbewusstes Elternverhalten Diff										-.24	.34		
Machtvolle Durchsetzung Diff	.27	.30						.23[1]			.22[1]		
Körperliche Strafen Diff							-.33	.28			-.22[1]		
Unterstützung Diff									.25	-.23[1]	.27		.24
Strenge Diff										.37	-.31		
Klarheit Diff										.31	.22[1]		
Unzufriedenheit Diff											-.44	-.47	-.37
Erlebte Selbstwirksamkeit Diff												.29	

[1] tendenziell signifikant

Anh.-Tab. 25 – A 9_2:
Korrelationen zwischen Teilnahmestunden an den Kursen und Veränderungen in den Eltern- und Kinderskalen (nur signifikante und tendenziell signifikante Korrelationen)

Variablen	Fehlstunden insgesamt	Stunden Teilnahme	Anteil Teilnahme am Kurs
Positives Elternverhalten $_{Diff}$	-.20[1]		
Strenge $_{Diff}$	-.20[1]	.31	.24
Prosoziales Verhalten Kind $_{Diff}$	.20[1]	-.26	-.24
Hyperaktivität Kind $_{Diff}$	.44	-.29	-.44

[1] tendenziell signifikant

Anh.-Tab. 26 – A 9_3:
Korrelationen von Kurserfahrungen der Eltern mit Veränderungen in den Elternskalen (nur signifikante und tendenziell signifikante Korrelationen)

Variablen	Geringes Monitoring Diff	Unterstützung Diff	Strenge Diff	Klarheit Diff	Unzufriedenheit Diff	Erlebte Selbstwirksamkeit Diff	Soziale Unterstützung Diff	Zufriedenheit mit Lebenssituation Diff
Viel Neues gelernt								
Beziehung zum Kind verbessert			.27	.20[1]		-.25	-.22	
Wohlgefühlt in Elterngruppe		-.23		.22[1]			-.26	
Neugier war berechtigt	-.22[1]							.28
Atmosphäre in Familie verbessert			.24	.23[1]	-.22[1]	-.24	-.30	
Brauchbare Tipps							-.26	
Erziehungsvorstellungen besser verstanden				-.22[1]			-.25	
In schwierigen Situationen besser mit Kind				-.23[1]				
Selbsterfahrung gemacht	-.42						-.22[1]	
Sicherer im Umgang mit Kind				-.24			-.43	
Besser in Kind hinein versetzen				-.28			-.30	
Kind zufriedener mit Elternteil			.33					

[1] tendenziell signifikant

Anh.-Tab. 27 – A 9_4:
Korrelationen von Kurserfahrungen der Eltern mit Veränderungen der Kinderbeurteilungen durch die Eltern (nur signifikante und tendenziell signifikante Korrelationen)

Variablen	Prosoziales Verhalten Diff	Hyperaktivität Diff	Verhaltensprobleme Diff	Schwächen/ Probleme Diff	Positives Sozialverhalten Diff	Unrealistisches Selbstkonzept Diff
Beziehung zum Kind verbessert			.21[1]	.24	-.22[1]	.25
Wohlgefühlt in Elterngruppe		.20[1]		.21[1)]		
Neugier war berechtigt						
Atmosphäre in Familie verbessert	-.26		.22		-.20[1]	.26
Brauchbare Tipps	.21[1]					
Sicherer im Umgang mit Kind				.23		
Besser in Kind hinein versetzen			.22[1]	.23[1]		.30
Kind zufriedener mit Elternteil	-.20[1)]		.32		-.21[1]	.30

[1] tendenziell signifikant

Anh.-Tab. 28 – A 9_5:
Univariater Vergleich der vorher Werte in den abhängigen Variablen von
Eltern aus echten EK mit 6-12 jährigen Kindern mit denen entsprechender
echter WG (alle Eltern mit vorher und nachher Daten)

Variablen	(N=45-46) ELEKecht		(N=39-40) ELWG		Homog.	Sign.	Eta²
	M_v	s_v	M_v	s_v			
Inkonsistentes Elternverhalten	2.76	.58	2.76	.49			.000
Positives Elternverhalten	3.98	.49	4.08	.44			.011
Involviertheit	3.86	.49	3.91	.41			.002
Verantwortungsbew. Elternverhalten	3.36	.38	3.47	.40			.018
Geringes Monitoring	1.38	.28	1.48	.33			.028
Machtvolle Durchsetzung	3.15	.45	3.22	.42			.006
Körperliche Strafen	1.72	.72	1.63	.55			.004
Unterstützung	3.10	.60	3.23	.66			.011
Strenge	1.92	.57	1.89	.56			.001
Unzufriedenheit	2.70	.75	2.56	.69			.010
Erlebte Selbstwirksamkeit	4.16	.85	4.25	.66	.045		.004
Klarheit	4.66	.53	4.69	.48			.001
Soziale Unterstützung	3.79	.84	4.04	.60			.028
Zufriedenheit mit Lebenssituation	3.67	.78	3.59	.92			.002
Prosoziales Verhalten Kind	7.65	1.91	7.88	1.73			.004
Hyperaktivität Kind	3.96	2.33	3.78	2.66			.001
Emotionale Probleme Kind	2.78	2.45	2.52	2.17			.003
Verhaltensprobleme Kind	2.74	2.08	2.53	1.63			.003
Verhaltensprob. mit Gleichaltrigen	1.98	1.95	1.25	1.28	.044	.048	.046
Schwächen/ Probleme Kind	11.40	6.76	10.08	5.28	.028		.012
Positives Sozialverhalten Kind	3.57	.52	3.73	.48			.024
Unangepasstes Sozialverh. Kind	2.51	.73	2.08	.61			.003
Unrealistisches Selbstkonzept Kind	2.27	.48	2.34	.61	.047		.005

Anh.-Tab. 29 – A 9_6:
Vergleich der Mittelwerte vorher und nachher in den abhängigen Variablen
für Eltern mit 6-12 jährigen Kindern aus echten EK

Variablen	ELEKecht			(N=45 bis 46)				
	M_v	M_n	s_v	s_n	M_{Diff}	s_{Diff}	Sign.	Eta²	Korr.
Inkonsistentes Elternverhalten	2.76	2.49	.58	.48	.27	.44	.000	.269	.67
Positives Elternverhalten	3.98	4.18	.49	.33	-.20	.40	.002	.199	.57
Involviertheit	3.68	3.89	.49	.52	-.03	.34		.007	.78
Verantwortungsbewusstes Elternverhalten	3.36	3.46	.38	.31	-.09	.44		.043	.20
Geringes Monitoring	1.38	1.36	.28	.31	.01	.23		.003	.70
Machtvolle Durchsetzung	3.15	3.08	.45	.51	.07	.40		.028	.66
Körperliche Strafen	1.72	1.41	.72	.46	.30	.41	.000	.355	.84
Unterstützung	3.10	3.37	.60	.64	-.27	.47	.000	.246	.72
Strenge	1.92	1.66	.57	.43	.26	.51	.002	.205	.49
Unzufriedenheit	2.70	2.24	.75	.52	.46	.61	.000	.371	.59
Erlebte Selbstwirksamkeit	4.16	4.46	.85	.73	-.30	.85	.024	.110	.43
Klarheit	4.66	4.17	.53	.48	.48	.53	.000	.460	.46
Soziale Unterstützung	3.79	3.92	.84	.81	-.13	.55		.052	.78
Prosoziales Verhalten Kind	7.65	7.74	1.91	1.76	-.09	1.31		.004	.75
Hyperaktivität Kind	3.96	3.20	2.33	2.26	.76	1.82	.007	.152	.69
Emotionale Probleme Kind	2.78	2.09	2.45	2.18	.69	1.68	.008	.147	.74
Verhaltensprobleme Kind	2.74	2.07	2.08	1.55	.67	1.32	.001	.211	.78
Verhaltensprobleme mit Gleichaltrigen	1.98	1.67	1.95	1.89	.31	1.86		.028	.53
Schwächen/ Probleme Kind	11.40	8.93	6.76	6.08	2.47	4.15	.000	.266	.80
Positives Sozialverhalten Kind	3.57	3.76	.52	.49	-1.82	.40	.003	.178	.69
Unangepasstes Sozialverhalten Kind	2.15	1.91	.73	.54	.23	.40	.000	.256	.84
Unrealistisches Selbstkonzept Kind	2.27	2.18	.48	.43	.08	.41		.041	.60
Zufriedenheit mit Lebenssituation	3.67	3.68	.78	.85	-.01	.76		.000	.57

Anh.-Tab. 30 – A 10_1:
Vergleich der Mittelwerte vorher und nachher in den
abhängigen Variablen für alle Kinder aus echten EK

Variablen	KIEKecht									
	M_v	M_n	s_v	s_n	M_{Diff}	s_{Diff}	Sign.	Eta²	Korr.	N
Unterstützung, Wärme, Trost	2.39	2.51	.34	.37	-.12	.33	.028	.121	.56	39
Einschränkung, Inkonsistenz	1.54	1.49	.33	.40	.05	.39		.014	.43	39
Tadel	2.09	1.49	.44	.45	.12	.55		.049	.23	39
Familienklima	2.31	2.33	.40	.51	-.02	.55		.001	.28	40
Kooperation	2.36	2.47	.41	.39	-.12	.24	.043	.208	.83	19
Abweisung	1.34	1.37	.28	.29	-.03	.32		.007	.37	19
Restriktion	1.39	1.32	.39	.30	.08	.31		.063	.62	19
Hilfe	2.41	2.54	.39	.38	-.12	.30	.090	.152	.70	19
Prosoziales Verhalten	7.08	7.58	1.93	2.16	-.50	1.88		.068	.58	40
Verhaltensprobleme mit Gleichaltrigen	3.58	2.95	1.85	1.66	.625	1.705	.026	.121	.53	40

Anh.-Tab. 31 – A 10_2:
Univariater Vergleich der vorher Werte in den abhängigen Variablen von Kindern aus echten EK-Kursen mit denen der entsprechenden WG (alle Kinder mit vorher und nachher Werten)

Variablen	KIEKecht		KIWG		Homog.	Sign.	Eta²	N
	M_v	s_v	M_v	s_v				
Unterstützung, Wärme, Trost	2.39	.33	2.48	.27	.084		.024	82
Einschränkung, Inkonsistenz	1.54	.32	1.49	.28			.007	81
Tadel	2.09	.44	2.03	.38			.006	82
Familienklima	2.31	.40	2.52	.31		.010	.082	81
Kooperation	2.36	.41	2.59	.24	.009	.032	.118	39
Abweisung	1.34	.28	1.31	.23			.004	39
Restriktion	1.39	.39	1.41	.33			.001	39
Hilfe	2.41	.39	2.66	.32		.037	.112	39
Prosoziales Verhalten	7.08	1.93	7.39	1.64			.008	81
Verhaltensprobleme mit Gleichaltrigen	3.58	1.84	2.66	1.57		.019	.068	81

Anh.-Tab. 32 – A 11_1:
Zusammensetzung der Eltern aus echten EK mit 6-12 jährigen Kindern,
die selbst und deren Kinder vorher und nachher Daten geliefert haben
im Vergleich zu entsprechenden Eltern aus WG

Variablen	(N=76) ELEKecht v.u.n.	ELWG v.u.n.	Chi-Quadrat	Phi/ Kontingenz-koeffizient
Land*			n. s.	.11
NRW	51,4%	43,6%		
Geschlecht			n. s.	.01
männlich	13,5%	12,8%		
Familienstatus*			n. s.	.12
alleinerziehend	29,7%	33,3%		
Anzahl Kinder*			n. s.	.15
Einzelkind	21,6%	33,3%		
Staatsangehörigkeit			n. s.	.00
nicht deutsch	2,7%	2,6%		
Bildungsabschluss*			n. s.	.19
Uni/ FH	24,3%	34,2%		
mind. FH-Reife	64,9%	71,1%		
Beruf*			n. s.	.13
ohne Beruf	13,5%	10,3%		
mit Uni-Abschluss	18,9%	23,1%		
Alter des Kindes in U.			n. s.	.03
6-8	45,9%	48,7%		
9-12	54,1%	51,3%		

* bei mehrstufigen Variablen ausgewählte Extreme

Anh.-Tab. 33 – A 11_2:
Zusammensetzung der Kinder aus echten EK mit 6-12jährigen Kindern, die selbst und deren Eltern vorher und nachher Daten geliefert haben im Vergleich mit entsprechenden Kindern aus WG

Variablen	(N=76) KIEK v.u.n.	KIWG v.u.n.	Chi-Quadrat	Phi/ Kontingenz-koeffizient
Land*			n. s.	.11
NRW	51,4%	43,6%		
Geschlecht			n. s.	.08
männlich	48,6%	56,4%		
Fragebogenform*			n. s.	.12
Vater 6-8	2,7%	7,7%		
Vater 9-12	10,8%	7,7%		
Familienstatus*			n. s.	.14
alleinerziehend	29,7%	35,9%		
Geschwister*			n. s.	.15
Einzelkind	21,6%	33,3%		
Alterskategorie			n. s.	.03
6-8	45,9%	48,7%		
9-12	54,1%	51,3%		
Staatsangehörigkeit			n. s.	.00
nicht deutsch	2,7%	2,6%		
Bildungsabschluss Mutter*			n. s.	.15
Uni/ FH	26,5%	32,4%		
mind. FH-Reife	64,7%	67,8%		
Bildungsabschluss Vater*			n. s.	.68
Uni/ FH	22,2%	50,0%		
mind. FH-Reife	66,7%	100,%		
Beruf Mutter*			n. s.	.12
ohne Beruf	11,8%	8,6%		
mit Uni-Abschluss	17,6%	17,1%		
Beruf Vater*			n. s.	.45
ohne Beruf	22,2%	16,7%		
mit Uni-Abschluss	33,3%	66,7%		

* bei mehrstufigen Variablen ausgewählte Extreme

Anh.-Tab. 34 – A 11_3:
Signifikante und tendenziell signifikante Korrelationen der Veränderungen des Elternverhaltens aus Sicht der Eltern und der Kinder (nur EK)

Elternvariablen	Kindervariablen						
	Unterstützung, Wärme, Trost	Einschränkung, Inkonsistenz	Tadel	Familienklima	Abweisung	Restriktion	Hilfe
Verantwortungsbewusstes Elternverhalten			.18[1]	.16[1]	-.27[1]		
Körperliche Strafen	-.25					.32	-.25[1]
Klarheit			.20	.28			

[1] tendenziell signifikant

Anh.-Tab. 35 – A 11_4:
Signifikante und tendenziell signifikante Korrelationen aller neun Beurteilungen der Kinder mit dem von den Kindern beurteilten Erziehungsverhalten ihrer Eltern

Elternvariablen	Kindervariablen					
	Unterstützung, Wärme, Trost	Familienklima	Kooperation	Abweisung	Restriktion	Hilfe
Verhaltensprobleme	-.19				.35	-.26[1]
Verhaltensprobleme mit Gleichaltrigen		-.17[1]				
Schwächen und Probleme					.27[1]	
Positives Sozialverhalten			.28[1]		-.27[1]	
Unangepasstes Sozialverhalten					.25[1]	

[1] tendenziell signifikant

Anh.-Tab. 36 – A 11_5:
Signifikante und tendenziell signifikante Korrelationen aller zehn Erziehungsvariablen der Eltern mit den beiden Selbstbeurteilungen der Kinder

Elternvariablen	Kindervariablen	
	Prosoziales Verhalten	Verhaltensprob. mit Gleichaltrigen
Positives Elternverhalten	.25	-
Geringes Monitoring	-.17[1]	-
Körperliche Strafen	-.20	-
Strenge	-.24	-

[1] tendenziell signifikant

Anh.-Tab. 37 – A 11_6:
Signifikante und tendenziell signifikante Korrelationen der Veränderungen des Elternverhaltens aus Sicht der Eltern und der Kinder (nur EK)

Elternvariablen	Kindervariablen				
	Unterstützung, Wärme, Trost $_{Diff}$	Einschränkung, Inkonsistenz $_{Diff}$	Kooperation $_{Diff}$	Restriktion $_{Diff}$	Hilfe in Problemsituation $_{Diff}$
Inkonsistentes Elternverhalten $_{Diff}$			.37[1]	-.40[1]	
Positives Elternverhalten $_{Diff}$				-.38[1]	-.44
Geringes Monitoring $_{Diff}$	-.37				
Machtvolle Durchsetzung $_{Diff}$			.40[1]	.39[1]	
Körperliche Strafen $_{Diff}$		-.43			
Unterstützung $_{Diff}$				-.40[1]	
Strenge $_{Diff}$		-.33			

[1] tendenziell signifikant

Anh.-Tab. 38 – A 13_1:
Verteilung der sechs Rater auf die vorher und
die nachher Ratingskalen der EK und der WG (N=72)

Rater	vorher Rating		nachher Rating	
	EK	WG	EK	WG
1	19,4%	13,9%	19,4%	16,7%
2	16,7%	16,7%	13,9%	19,4%
3	19,4%	16,7%	16,7%	11,1%
4	16,7%	27,8%	25,0%	27,8%
5	19,4%	16,7%	16,7%	13,9%
6	8,3%	8,3%	8,3%	11,1%
Chi-Quadrat	p = .915		p = .954	
Cramer-V	.14		.12	

Anh.-Tab. 39 – A 13_2:
Univariater Vergleich der Ratingwerte der Rater vorher und nachher

Variablen	Rater vorher				Rater nachher			
	Homog.	Sign.	Eta²	Anzahl sign. Einzeilvergleiche (Bonferroni)	Homog.	Sign.	Eta²	Anzahl sign. Einzeilvergleiche (Bonferroni)
TANGRAM								
Kooperation – Dirigismus, Lenkung	.007		.123	0	.004		.101	0
Gelassenheit – Stress			.088	0			.112	0
Liebevolle Zuwendung und Achtung – Emotionale Kälte und Missachtung			.104	0	.086		.133	0
Starke kognitive Förderung – Mangel an kognitiver Förderung	.039	.028	.174	0		.085	.134	1

Variablen	Rater vorher				Rater nachher			
	Homog.	Sign.	Eta²	Anzahl sign. Einzeilvergleiche (Bonferroni)	Homog.	Sign.	Eta²	Anzahl sign. Einzeilvergleiche (Bonferroni)
SOZIALES PROBLEM								
Vollständiges, einfühlendes Verstehen – Mangel an einfühlendem Verstehen	.012		.045	0			.051	0
Liebevolle Zuwendung und Achtung – Emotionale Kälte und Missachtung			.088	0			.062	0
Kooperation – Dirigismus, Lenkung	.022		.097	0			.081	0
Verbindlichkeit, Grenzen, Struktur – Beliebigkeit, Chaos			.063	0		.040	.178	1

Anh.-Tab. 40 – A 13_3:
Kennwerte aller Eltern und univariater Vergleich der vorher Ratingskalen der Eltern aus echten EK mit denen der WG

Variablen	Alle Eltern			ELEK$_{echt}$		ELWG		Homog.	Sign.	Eta^2
	M$_v$	s$_v$	r$_{tt}$	M$_v$	s$_v$	M$_v$	s$_v$			
TANGRAM										
Kooperation – Dirigismus, Lenkung	4.14	1.43	.42	4.02	1.59	4.19	1.28	.040		.003
Gelassenheit – Stress	4.09	1.40	.32	4.00	1.46	4.17	1.36			.004
Liebevolle Zuwendung und Achtung – Emotionale Kälte und Missachtung	4.43	1.25	.54	4.35	1.37	4.50	1.13			.004
Starke kognitive Förderung – Mangel an kognitiver Förderung	3.87	1.53	.43	3.88	1.61	3.86	1.48			.000
SOZIALES PROBLEM										
Vollständiges, einfühlendes Verstehen – Mangel an einfühlendem Verstehen	4.37	1.59	.48	4.30	1.78	4.43	1.42			.002
Liebevolle Zuwendung und Achtung – Emotionale Kälte und Missachtung	4.83	1.38	.48	4.83	1.60	4.83	1.38	.080		.000
Kooperation – Dirigismus, Lenkung	4.60	1.40	.45	4.63	1.54	4.57	1.29			.000
Verbindlichkeit, Grenzen, Struktur – Beliebigkeit, Chaos	5.35	1.10	.28[1]	5.17	1.21	5.51	.98			.025

[1] nicht signifikant

Anh.-Tab. 41 – A 13_4:
Korrelationen zwischen den vorher Ratingsskalen von Eltern und den Fragebogendaten der Kinder vorher (nur Skalen, die alle Kinder beantwortet haben [N= 62])

Kindervariablen	TANGRAM					SOZIALES PROBLEM		
	Kooperation – Dirigismus, Lenkung	Gelassenheit – Stress	Liebevolle Zuwendung und Achtung – Emotionale Kälte und Missachtung	Starke kognitive Förderung – Mangel an kognitiver Förderung	Vollständiges, einfühlendes Verstehen – Mangel an einfühlendem Verstehen	Liebevolle Zuwendung und Achtung – Emotionale Kälte und Missachtung	Kooperation – Dirigismus, Lenkung	Verbindlichkeit, Grenzen, Struktur – Beliebigkeit, Chaos
Unterstützung, Wärme, Trost							-.22	
Einschränkung, Inkonsistenz					.19[1]			
Tadel	-.17[1]				-.17[1]	-.20[1]	-.17[1]	-.34
Familienklima								.22
Prosoziales Verhalten								
Verhaltensprobleme mit Gleichaltrigen							.18[1]	

[1] tendenziell signifikant

Anh.-Tab. 42 – A 13_5:
Korrelationen zwischen den vorher Ratingsskalen von Eltern und den Fragebogendaten der 9-12jährigen Kinder vorher (N=32)

Kindervariablen	TANGRAM					SOZIALES PROBLEM		
	Kooperation – Dirigismus, Lenkung	Gelassenheit – Stress	Liebevolle Zuwendung und Achtung – Emotionale Kälte und Missachtung	Starke kognitive Förderung – Mangel an kognitiver Förderung	Vollständiges, einfühlendes Verstehen – Mangel an einfühlendem Verstehen	Liebevolle Zuwendung und Achtung – Emotionale Kälte und Missachtung	Kooperation – Dirigismus, Lenkung	Verbindlichkeit, Grenzen, Struktur – Beliebigkeit, Chaos
Unterstützung, Wärme, Trost								
Einschränkung, Inkonsistenz								-.46
Tadel	-.34			-.30	-.33			-.33
Familienklima								
Kooperation	.34	.27[1]	.30		.36			
Abweisung	.27[1]	.33			.27[1]	.32	.35	
Restriktion		-.28[1]			-.36			-.28
Hilfe	.28[1]	.27[1]	.38		.23[1]	.25[1]		
Prosoziales Verhalten								.36
Verhaltensprobleme mit Gleichaltrigen								

[1] tendenziell signifikant

Anh.-Tab. 43 – A 13_6:
Vergleich der Mittelwerte vorher und nachher in den Ratingskalen
für die Eltern aus echten EK (N= 30; 23)

Variablen	ELEK$_{echt}$					
	M_v	M_n	s_v	s_n	Sign.	Eta²
TANGRAM						
Kooperation – Dirigismus, Lenkung	4.17	4.33	1.58	1.73		.013
Gelassenheit – Stress	4.10	4.20	1.45	1.40		.004
Liebevolle Zuwendung und Achtung – Emotionale Kälte und Missachtung	4.50	4.80	1.36	1.32		.060
Starke kognitive Förderung – Mangel an kognitiver Förderung	3.93	4.17	1.60	1.45		.023
SOZIALES PROBLEM						
Vollständiges, einfühlendes Verstehen – Mangel an einfühlendem Verstehen	4.39	4.48	1.83	1.38		.004
Liebevolle Zuwendung und Achtung – Emotionale Kälte und Missachtung	5.04	4.87	1.61	1.22		.020
Kooperation – Dirigismus, Lenkung	4.83	4.57	1.47	1.24		.041
Verbindlichkeit, Grenzen, Struktur – Beliebigkeit, Chaos	5.13	5.30	1.29	1.33		.019

Anh.-Tab. 44 – A 15_1:
Übersicht über die wichtigsten Einzelaspekte des Elternkurses
aus Sicht von 18 Elternkursleitungen

Inhalte	Anzahl
Kommunikationsregeln	11
Problemlösung	6
Selbstkenntnis	5
Werte/ Erziehungsziele	4
Gefühle	4
Ermutigung zu Neuem	4
Grenzen, Konsequenzen/ Struktur	3
Bedürfnisse	3
Positive Seiten des Kindes/ Selbstwertgefühl	2
Offenheit	2
Anleitende Erziehung	2
Umgang mit Wut	1
Austausch mit anderen Eltern	1
Rollenspiele	1
Wochenaufgabe	1
Verhaltensübungen	–
Summe	**50**

Anh.-Tab. 45 – A 15_2:
Urteile über die Wichtigkeit und die Güte der Realisierungen der Arbeitsformen im Elternkurs aus Sicht der ersten und zweiten Elternkursleitung

Variablen	Wichtigkeit 1. EKL			Wichtigkeit 2. EKL			Realisierung 1. EKL			Realisierung 2. EKL		
	M	s	N	M	s	N	M	s	N	M	s	N
Kurzvortrag	5.10	1.73	10	5.57	.98	7	5.90	.88	10	5.88	.84	8
Besprechung der Wochenaufgabe	5.50	1.72	10	5.88	.99	8	5.60	1.08	10	5.13	1.13	8
Einzelarbeit	4.60	2.07	10	4.00	1.52	8	4.86	1.22	7	5.50	1.23	6
Paararbeit mit Anleitung	4.67	2.12	9	6.00	.54	8	5.50	1.31	8	5.86	.38	7
Paararbeit ohne Anleitung	4.00	2.21	10	4.13	2.17	8	5.67	1.37	6	5.33	1.03	6
Kleingruppenarbeit mit Anleitung	5.30	1.42	10	6.25	1.04	8	6.13	.84	8	6.50	.54	8
Kleingruppenarbeit ohne Anleitung	4.67	2.29	9	4.25	2.25	8	5.86	1.68	7	4.80	1.30	5
Rollenspiel	5.60	1.43	10	6.13	.99	8	5.50	1.18	10	5.00	1.79	6
Gesamtdiskussion	6.00	1.05	10	6.00	1.20	8	6.30	.95	10	6.13	1.13	8
Zusammenfassung des Tagesthemas	4.80	.92	10	5.13	1.64	8	5.67	1.00	9	5.43	.62	7
Schlussritual	5.30	1.42	10	6.13	.64	8	5.20	1.55	10	6.13	.99	8

Anh.-Tab. 46 – A 15_3:
Urteile über die Wichtigkeit und die Güte der Realisierungen der Arbeitsformen im Elternkurs aus Sicht der ersten und zweiten Elternkursleitung

Variablen	Wichtigkeit 1. EKL			Wichtigkeit 2. EKL			Realisierung 1. EKL			Realisierung 2. EKL		
	M	s	N	M	s	N	M	s	N	M	s	N
Erziehungshaltung	6.33	1.00	9	6.25	1.39	8	5.56	.73	9	5.86	.90	7
Erziehungsziele	5.50	.97	10	4.75	1.83	8	5.56	.73	9	5.43	.79	7
Erziehungseinstellungen	6.10	.74	10	6.00	1.60	8	5.78	.83	9	5.71	.76	7
Erziehungsverhalten	6.30	.82	10	6.50	.76	8	5.56	.53	9	5.71	1.11	7
Wissenserwerb	4.78	1.09	9	5.50	1.07	8	5.33	1.00	9	5.43	1.13	7
Gewinn von Handlungsoptionen	6.60	.70	10	6.75	.46	8	5.78	.97	9	5.71	.95	7
Selbstreflexion	6.00	1.25	10	7.00	.00	8	5.67	.87	9	6.00	.58	7
Selbstvertrauen	6.60	.97	10	6.88	.35	8	5.67	1.23	9	5.86	.69	7
Nutzung von sozialen Netzwerken	5.90	.99	10	6.38	.74	8	4.89	1.62	9	5.14	.69	7
Erfolg des Kurses ganz global							5.80	.92	10	6.00	.57	8

Anh.-Tab. 47 – A 15_4:
Urteile der Kursleitungen und deren Differenzen zu Realisierungen der Arbeitsformen und der erzielten Veränderungen

Kurse	01			02			03			04			05			06			07			08			09			10		
Variablen	1	2	D	1	2	D	1	2	D	1	2	D	1	2	D	1	2	D	1	2	D	1	2	D	1	2	D	1	2	D
Kurzvortrag	5	5	0				7	7	0	5	5	0	6	6	0	7	7	0				6	6	0	5	6	1	6	5	-1
Wochenaufgabe	6	4	2				7	7	0	5	4	-1	5	5	0	6	6	0				6	4	-2	4	6	-2	4	5	-1
Einzelarbeit	-	6	-				6	6	0	3	3	0	-	-	-	6	6	0				-	-	-	4	6	-2	5	6	-1
Paararbeit mit Anl.	6	6	0				6	6	0	3	5	-2	-	-	-	6	6	0				6	6	0	6	6	0	4	6	-2
Paararbeit ohne Anl.	-	4	-				6	6	0	4	4	0	-	6	1	6	6	0				-	-	-	-	-	-	4	6	-2
Kleingruppenarbeit mit Anl.	5	6	-1				6	7	-1	5	6	-1	6	6	0	7	7	0				7	7	0	-	7	-	6	6	0
Kleingruppenarbeit ohne Anl.	-	4	0				6	-	-	3	4	-1	4	5	-1	7	7	0				-	-	-	-	-	-	7	4	3
Rollenspiel	5	3	2				5	-	-	5	5	0	5	-	-	6	7	-1				7	7	0	4	5	-1	4	3	1
Gesamtdiskussion	5	5	0				7	6	1	5	6	-1	5	4	1	7	7	0				7	7	0	7	7	0	7	7	0
Zusammenfassung	5	5	0				7	6	1	4	4	0	-	-	-	7	6	1				6	5	1	6	6	0	6	6	0
Schlussritual	6	6	0				7	7	0	2	4	-2	4	6	-2	7	7	0				6	6	0	6	6	0	5	7	-2
Summe absoluter Differenzen			5						3			8			5			2						3			6			1
Summe der Differenzen			+3						+1			-6			-1			0						+3			-6			3
Anzahl der Beurteilungsaspekte			9						9			1			7			1						8			8			1
																		1												1
Erziehungshaltung	5	5	0				5	6	-1	7	5	2	-	-	-	6	5	1				6	7	-1	5	7	-2	5	6	-1
Erziehungsziele	5	5	0				6	5	1	5	6	-1	-	-	-	5	5	0				7	7	0	5	5	0	6	5	1
Erziehungseinstellungen	5	5	0				7	6	1	7	5	2	-	-	-	5	5	0				6	6	0	6	7	-1	5	6	-1
Erziehungsverhalten	5	5	0				6	6	0	6	4	2	-	-	-	5	6	-1				6	7	-1	5	7	-2	6	5	1
Wissenserwerb	5	6	-1				5	5	0	4	3	1	-	-	-	6	6	0				6	6	0	4	6	-2	5	6	-1
Gewinn von Handlungsoptionen	5	5	0				5	6	-1	4	4	0	-	-	-	6	6	0				7	7	0	6	6	0	6	6	0
Selbstreflexion	5	6	-1				5	6	-1	5	6	-1	-	-	-	6	6	0				7	6	1	6	7	-1	5	5	0
Selbstvertrauen	5	6	-1				6	6	0	3	5	-2	-	-	-	6	6	0				7	6	1	5	7	-2	6	5	1

Kurse	01			02			03			04			05			06			07			08			09			10		
Variablen	1	2	D	1	2	D	1	2	D	1	2	D	1	2	D	1	2	D	1	2	D	1	2	D	1	2	D	1	2	D
Nutzung sozialer Netzwerke	4	6	-2		6		6	5	1	2	5	-3	-	-	-	5	5	0	7			5	5	0	3	4	-1	1	6	0
Summe absoluter Differenzen			5						6			1						2						4			11			6
Summe der Differenzen			-5						0			0						0						0			-11			0
Anzahl der Beurteilungsaspekte			9						9			9						9						9			9			9
Globaler Kurserfolg	5	5	0		6		6	7	-1	4	5	-1	5	6	-1	6	6	0	7			7	7	0	3	6	0	6	6	0
Absolute Differenz			0						1			1			1			0						0			0			0
Differenz			0						-1			-1			-1			0						0			0			0

Anh.-Tab. 48 – A 15_5:
Urteile der beiden Elternkursleitungen über die Kursdurchführung und über die
Eltern an den drei Themenabenden Werte, Gefühlsäußerungen und Problemlösungsfähigkeit

Variablen	Werte				Gefühlsäußerungen				Problemlösungen			
	1. EKL (8)		2. EKL (8)		1. EKL (9)		2. EKL (8)		1. EKL (9)		2. EKL (8)	
	M	s	M	s	M	s	M	s	M	s	M	s
Anzahl durchgeführter Teile	8.13	2.03	8.83	2.00	7.89	2.15	9.00	1.93	7.00	2.06	7.25	2.12
Anzahl ausgelassener Teile	1.88	2.03	1.63	2.00	2.89	2.15	1.75	1.58	2.00	2.06	1.75	2.12
Anzahl neu aufgenommener Teile	0.50	.76	.38	.74	0.89	1.69	0.25	.46	0.22	.44	0.25	.46
Zeit ausreichend	1.70	.48	1.80	.52	1.87	.50	1.77	.43	1.62	.54	1.79	.52
Verständnis	1.66	.64	1.55	.50	1.80	.56	1.69	.46	1.72	.68	1.56	.44
Akzeptanz	1.75	.44	1.66	.54	1.76	.55	1.74	.38	1.68	.47	1.59	.49
Engagement	2.17	.69	2.05	.93	1.61	1.10	1.31	.63	1.66	.66	1.68	.58
Konzeptgetreu durchgeführt	1.82	.69	1.80	.69	2.09	.96	2.19	.71	1.91	.72	1.70	.53

Anh.-Tab. 49 – A 15_6:
Urteile der beiden Evaluatoren über die Arbeitsformen an den drei
Themenabenden Werte, Gefühlsäußerungen und Problemlösungsfähigkeit

Variablen	Werte				Gefühlsäußerungen				Problemlösungsfähigkeit			
	1. Evaluator		2. Evaluator		1. Evaluator		2. Evaluator		1. Evaluator		2. Evaluator	
	M	s	M	s	M	s	M	s	M	s	M	s
Sitzungsdauer in Min.	116.78	18.63	116.44	18.93	132.67	19.91	131.67	18.58	129.11	16.01	125.13	14.18
Anzahl versch. Arbeitsformen	7.44	1.67	7.33	1.66	7.44	1.51	7.11	1.59	6.44	1.74	5.75	1.04
Dauer leitungsdominierter Arbeitsformen	44.33	22.14	36.00	18.90	47.00	17.92	40.56	14.14	42.11	25.26	43.13	17.76
Dauer beteiligungsorientierter Arbeitsformen	53.67	26.00	60.00	22.20	65.67	15.33	67.89	19.05	53.11	25.05	54.63	28.01
Dauer beteiligungsdominierter Arbeitsformen	10.78	17.61	14.00	18.16	12.67	17.83	15.44	18.02	23.33	24.0	17.00	17.25
Dauer Pause, Organisation	7.22	3.99	7.56	6.06	6.44	5.81	6.89	7.03	9.56	6.02	9.88	8.03
Anteil leitungsdominierter Arbeitsformen	.37	.15	.31	.15	.35	.09	.30	.07	.32	.19	.35	.14
Anteil beteiligungsorientierter Arbeitsformen	.47	.21	.52	.17	.51	.16	.52	.14	.42	.22	.44	.22
Anteil beteiligungsdominierter Arbeitsformen	.09	.14	.12	.15	.08	.12	.19	.12	.17	.17	.14	.14

Anh.-Tab. 50 – A 15_7:
Urteile der beiden Evaluatoren über die Eltern an den drei
Themenabenden Werte, Gefühlsäußerungen und Problemlösungsfähigkeit

Variablen	Werte				Gefühlsäußerungen				Problemlösungsfähigkeit			
	1. Evaluator		2. Evaluator		1. Evaluator		2. Evaluator		1. Evaluator		2. Evaluator	
	M	s	M	s	M	s	M	s	M	s	M	s
Leitungsdominierte Arbeitsformen												
Zeit	1.50	.55	1.43	.62	1.49	.71	1.65	.83	1.37	.34	1.38	.48
Verständnis	1.40	.47	1.29	.40	1.54	.61	1.60	.53	1.41	.46	1.44	.53
Akzeptanz	1.37	.23	1.30	.32	1.40	.53	1.50	.49	1.44	.48	1.41	.40
Beteiligungsorientierte Arbeitsformen												
Zeit	1.45	.50	1.32	.54	1.36	.47	1.48	.52	1.51	.51	1.53	.43
Verständnis	1.23	.24	1.22	.31	1.28	.48	1.65	.69	1.41	.51	1.35	.53
Akzeptanz	1.33	.28	1.33	.40	1.34	.47	1.64	.57	1.51	.57	1.63	.73
Engagement	1.90	.58	1.98	.40	1.99	.60	2.34	.54	2.33	.73	2.43	.47
Beteiligungsdominierte Arbeitsformen												
Zeit	1.67	.85	1.60	1.03	1.32	.29	1.52	.77	1.24	.42	1.36	.37
Verständnis	1.90	.89	1.75	1.16	1.17	.26	1.24	.42	1.48	.64	1.33	.52
Akzeptanz	1.73	.80	1.60	.85	1.34	.42	1.58	.79	1.41	.62	1.25	.42
Engagement	2.08	1.07	1.38	.74	1.22	.30	1.76	.68	1.69	1.33	1.50	.84

Anh.-Tab. 51 – A 15_8:
Korrelationen (≥ .30) zwischen den Kursbeurteilungen und den Elternerfahrungen am Kursabend zu den Gefühlsäußerungen über die neun Kurse

Elternvariablen	Kursleitervariablen						
	Anzahl durchge-führter Teile	Anzahl neuer Teile	Zeit ausreichend	Verständnis	Akzeptanz	Engagement	Konzepttreue
Vermittlung neuer Kenntnisse		-.46					
Vermittlung praktischer Fertigkeiten					-.54		
Verständnis	.61						
Verstehen, was wichtig in Erziehung ist	.37		.62		-.35		
Ermutigung zum Austausch	.33	-.32		.57	.44		
Praktische Alltagsbeispiele				.49	.65	.54	
Übung von Inhalten	.72	-.48	-.44				-.42
Güte der Kursanleitung	-.49	.43		-.55			.61
Hilfestellung Kursleitung bei Übungen	.62					.47	
Güte der Kursleitung als Vorbild	.46					.81	
Länge der Sitzung	.47						
Selbsterfahrung (Items 1, 2, 4)	.37		.34		-.40		
Arbeitserfahrungen (Items 3, 5 – 10)	.50			.32	.44	.55	
Kursleiterbeurteilung (Items 8 – 10)	.50					.59	

[1] signifikant

Anh.-Tab. 52 – A 15_9:
Korrelationen (≥ .30) zwischen den Kursbeurteilungen und den Elternerfahrungen am Kursabend zur Problemlösungsfähigkeit über die neun Kurse

Elternvariablen	Kursleitervariablen						
	Anzahl durchge-führter Teile	Anzahl neuer Teile	Zeit ausreichend	Verständnis	Akzeptanz	Engagement	Konzepttreue
Vermittlung neuer Kenntnisse							
Vermittlung praktischer Fertigkeiten							
Verständnis	.57	-.55	.50		-.36	.37	
Verstehen, was wichtig in Erziehung ist	.39			-.33			-.41
Ermutigung zum Austausch							
Praktische Alltagsbeispiele				-.32	-.34		
Übung von Inhalten	.49	-.82		-.33			
Güte der Kursanleitung	.64						-.49
Hilfestellung Kursleitung bei Übungen	.65				-.33		-.51
Güte der Kursleitung als Vorbild	.34		.33				
Länge der Sitzung	-.33	.45					
Selbsterfahrung (Items 1, 2, 4)							
Arbeitserfahrungen (Items 3, 5 – 10)	.35	-.30					-.30
Kursleiterbeurteilung (Items 8 – 10)	.56		.32				-.36

[1] signifikant

Anh.-Tab. 53 – A 15_10:
Korrelationen (≥ .30) zwischen den Kursleiterbeurteilungen und den Beurteilungen der Evaluatoren am Kursabend zu den Werten über die neun Kurse

Prozessbeurteilung der Evaluatoren - Werte -	Kursleitervariablen						
	Anzahl durchgeführter Teile	Anzahl neuer Teile	Zeit ausreichend	Verständnis	Akzeptanz	Engagement	Konzepttreue
Sitzungsdauer in Minuten		.64					
Anzahl verschiedener Arbeitsformen					.32		-.39
Dauer leitungsdominierter Arbeitsformen		.58	-.33			-.42	-.43
Dauer beteiligungsorientierter Arbeitsformen	.51	-.39					
Dauer beteiligungsdominierter Arbeitsformen	-.77	.56		.51	.47		
Dauer Pause/ Organisation	.44						
Anteil leitungsdominierter Arbeitsformen		.38	-.44	-.32		-.57	-.47
Anteil beteiligungsorientierter Arbeitsformen	.45	-.52					
Anteil beteiligungsdominierter Arbeitsformen	-.80	.38		.55	.48	.36	
Leitungsdominierte Arbeitsformen							
Zeit		-.32	.41				.43
Verständnis				.51	.32		.78[1]
Akzeptanz		-.36	.52			.32	.61
Beteiligungsorientierte Arbeitsformen							
Zeit				.53	.32		.66
Verständnis			-.39	.59			.68
Akzeptanz	.44	-.56	.33				.32
Engagement	-.58		.82	.69	.60	.57	.78
Beteiligungsdominierte Arbeitsformen							
Zeit			.69	.63	.52	.43	.70
Verständnis		-.36		.49	.51	.46	.41
Akzeptanz			-.46	.49	.42	.38	.46
Engagement			-.45			.56	-.37

[1] signifikant

Anh.-Tab. 54 – A 15_11:
Korrelationen (≥ .30) zwischen den Kursleiterbeurteilungen und den Beurteilungen der Evaluatoren am Kursabend zur Problemlösungsfähigkeit über die neun Kurse

Prozessbeurteilung der Evaluatoren - Problemlösungsfähigkeit -	Kursleitervariablen						
	Anzahl durchgeführter Teile	Anzahl neuer Teile	Zeit ausreichend	Verständnis	Akzeptanz	Engagement	Konzepttreue
Sitzungsdauer in Minuten						.32	
Anzahl verschiedener Arbeitsformen			-.41		-.33		-.38
Dauer leitungsdominierter Arbeitsformen			-.32				
Dauer beteiligungsorientierter Arbeitsformen		-.43		-.44		.34	
Dauer beteiligungsdominierter Arbeitsformen		.50		.64			
Dauer Pause/ Organisation		-.41					
Anteil leitungsdominierter Arbeitsformen			-.39				
Anteil beteiligungsorientierter Arbeitsformen		.40		-.42			
Anteil beteiligungsdominierter Arbeitsformen		.52		.64			
Leitungsdominierte Arbeitsformen							
Zeit	-.32		-.55	-.59	-.30	-.75	
Verständnis	-.43		-.40			-.56	
Akzeptanz			-.57	-.56	-.35	-.71	
Beteiligungsorientierte Arbeitsformen							
Zeit	-.39		-.41	-.55		-.65	
Verständnis	-.39				.45		.50
Akzeptanz	-.54	.61					
Engagement			-.57	.52	.53	.52	.35
Beteiligungsdominierte Arbeitsformen							
Zeit			-.30	-.37	-.30		-.33
Verständnis	-.79[1]	.37		.62	.74	.52	.79
Akzeptanz			-.37				
Engagement	.42						

[1] signifikant

Anh.-Tab. 55 – A 15_12:
Korrelationen (≥ .30) zwischen den Elternerfahrungen und den Beurteilungen der Evaluatoren am Kursabend zu den Werten über die neun Kurse

Prozessbeurteilung der Evaluatoren - Werte -	Elternvariablen											
	Vermittlung neuer Kenntnisse	Vermittlung praktischer Fertigkeiten	Verständnis	Verstehen, was wichtig in Erziehung ist	Ermutigung zum Austausch	Praktische Alltagsbeispiele	Übung von Inhalten	Güte der Kursanleitung	Hilfestellung Kursleitung bei Übungen	Güte der Kursleitung als Vorbild	Länge der Sitzung
Sitzungsdauer in Minuten	-.50		.38	-.55	-.49			-.40		-.59	
Anzahl verschiedener Arbeitsformen											
Dauer leitungsdominierter Arbeitsformen				-.47						-.40	
Dauer beteiligungsorientierter Arbeitsformen		.34		.51					.36	.35	.37
Dauer beteiligungsdominierter Arbeitsformen	-.69[1]	-.79[1]	-.38	-.82	-.56	-.50	-.62	-.49	-.59	-.65	-.54
Dauer Pause/ Organisation			.63			.31	.30				
Anteil leitungsdominierter Arbeitsformen											
Anteil beteiligungsorientierter Arbeitsformen	.31	.38	.38	.65	.32		.45	.37	.34	.50	.43
Anteil beteiligungsdominierter Arbeitsformen	-.68[1]	-.78[1]	-.40	-.75	-.49	-.44	-.59	-.43	-.53	-.56	-.51
Beteiligungsdominierte Arbeitsformen											
Zeit				.47			.49			-.48	
Verständnis			-.43	.47	.36	-.32	.41		-.33		
Akzeptanz				.39			.36				

Prozessbeurteilung der Evaluatoren - Werte -	Elternvariablen										
	Vermittlung neuer Kenntnisse	Vermittlung praktischer Fertigkeiten	Verständnis	Verstehen, was wichtig in Erziehung ist	Ermutigung zum Austausch	Praktische Alltagsbeispiele	Übung von Inhalten	Güte der Kursanleitung	Hilfestellung Kursleitung bei Übungen	Güte der Kursleitung als Vorbild	Länge der Sitzung
Beteiligungsorientierte Arbeitsformen											
Zeit	.32			.46			.32	.36		.32	.40
Verständnis	.36			.61	.36		.45	.32			.39
Akzeptanz	.59	.54		.83	.44		.45	.63		.66	.54
Engagement	-.45	-.59		-.33	-.42	-.56	-.31		-.51	-.36	
Leitungsdominierte Arbeitsformen											
Zeit					-.38			.43			.43
Verständnis	-.48	-.44		-.48	-.47	-.34	-.53				
Akzeptanz								.73[1]	.31	.57	.58
Engagement	-.31				.44						

[1] signifikant

Anh.-Tab. 56 – A 15_13:
Korrelationen (≥ .30) zwischen den Elternerfahrungen und den Beurteilungen der Evaluatoren am Kursabend zu den Gefühlsäußerungen über die neun Kurse

Prozessbeurteilung der Evaluatoren - Gefühlsäußerungen -	Elternvariablen										
	Vermittlung neuer Kenntnisse	Vermittlung praktischer Fertigkeiten	Verständnis	Verstehen, was wichtig in Erziehung ist	Ermutigung zum Austausch	Praktische Alltagsbeispiele	Übung von Inhalten	Güte der Kursanleitung	Hilfestellung Kursleitung bei Übungen	Güte der Kursleitung als Vorbild	Länge der Sitzung
Sitzungsdauer in Minuten	-.41	-.44		-.56	.47					-.32	
Anzahl verschiedener Arbeitsformen	-.47	-.34	.32		.30			-.46		-.40	.55
Dauer leitungsdominierter Arbeitsformen	-.50	-.38		-.49				.31	-.38	-.57	
Dauer beteiligungsorientierter Arbeitsformen	.50	.49		.36					.52	.49	
Dauer beteiligungsdominierter Arbeitsformen	-.62	-.58		-.45		.33			-.47	-.47	
Dauer Pause/ Organisation					.93	.46			.62	.43	
Anteil leitungsdominierter Arbeitsformen	-.47			-.35				-.35	-.57	.68	
Anteil beteiligungsorientierter Arbeitsformen	.55	.49		.43				.31	.46	.48	
Anteil beteiligungsdominierter Arbeitsformen	-.53	-.47		-.39					-.51	-.37	
Beteiligungsdominierte Arbeitsformen											
Zeit	.31	.45		.38	.58			-.44	.45	.69[1]	
Verständnis					.65	.39		-.40	.50	.71[1]	
Akzeptanz					.69[1]	.45			.55	.66[1]	

Prozessbeurteilung der Evaluatoren - Gefühlsäußerungen -	Elternvariablen										
	Vermittlung neuer Kenntnisse	Vermittlung praktischer Fertigkeiten	Verständnis	Verstehen, was wichtig in Erziehung ist	Ermutigung zum Austausch	Praktische Alltagsbeispiele	Übung von Inhalten	Güte der Kursanleitung	Hilfestellung Kursleitung bei Übungen	Güte der Kursleitung als Vorbild	Länge der Sitzung
Beteiligungsorientierte Arbeitsformen											
Zeit		.40						-.42	.52	.63	
Verständnis				.40	.38	.45		-.49		.58	
Akzeptanz				.69	.56			-.34	.57	.62	
Engagement		-.45		-.42	.84[1]	.75[1]			.47		
Leitungsdominierte Arbeitsformen											
Zeit	.48	.82[1]	-.45	.54	.42	-.49	-.39	-.57		.56	
Verständnis				.33	.40			-.53	-.55	-.54	
Akzeptanz	.65	.47	-.34	.35		-.53	-.56	-.56	.57		-.54
Engagement	.36	.70	-.49	.62	.36	-.34	-.84	-.41	-.87	.30	

[1] signifikant

Anh.-Tab. 57 – A 15_14:
Korrelationen (≥ .30) zwischen den Elternerfahrungen und den Beurteilungen der Evaluatoren am Kursabend zu den Werten über die neun Kurse

Prozessbeurteilung der Evaluatoren - Werte -	Elternvariablen		
	Selbsterfahrung	Arbeitserfahrung	Kursleitererfahrung
Sitzungsdauer in Minuten	-.44		-.39
Anzahl verschiedener Arbeitsformen			
Dauer leitungsdominierter Arbeitsformen			
Dauer beteiligungsorientierter Arbeitsformen	.36	.46	.37
Dauer beteiligungsdominierter Arbeitsformen	-.81[1]	-.77[1]	-.65
Dauer Pause/ Organisation			
Anteil leitungsdominierter Arbeitsformen			
Anteil beteiligungsorientierter Arbeitsformen	.46	.48	.44
Anteil beteiligungsdominierter Arbeitsformen	-.79[1]	-.71[1]	-.57
Leitungsdominierte Arbeitsformen			
Zeit			
Verständnis			
Akzeptanz			
Beteiligungsorientierte Arbeitsformen			
Zeit	.31		
Verständnis	.38		
Akzeptanz	.67	.49	.52
Engagement	.51	-.51	-.39
Beteiligungsdominierte Arbeitsformen			
Zeit			
Verständnis	-.49	-.41	
Akzeptanz			.55
Engagement			

[1] signifikant

Anh.-Tab. 58 – A 15_15:
Korrelationen (≥ .30) zwischen den Elternerfahrungen und den Beurteilungen der Evaluatoren am Kursabend zu den Gefühlsäußerungen über die neun Kurse

Prozessbeurteilung der Evaluatoren - Gefühlsäußerungen -	Elternvariablen		
	Selbsterfahrung	Arbeitserfahrung	Kursleitererfahrung
Sitzungsdauer in Minuten	-.48		
Anzahl verschiedener Arbeitsformen			
Dauer leitungsdominierter Arbeitsformen	-.48		-.45
Dauer beteiligungsorientierter Arbeitsformen	.53		.49
Dauer beteiligungsdominierter Arbeitsformen	-.62		-.44
Dauer Pause/ Organisation		.74	.58
Anteil leitungsdominierter Arbeitsformen	-.38	-.46	-.63
Anteil beteiligungsorientierter Arbeitsformen	.55		.45
Anteil beteiligungsdominierter Arbeitsformen	-.55		-.42
Leitungsdominierte Arbeitsformen			
Zeit	.49	.41	.43
Verständnis	.33	.57	.50
Akzeptanz		.62	.54
Beteiligungsorientierte Arbeitsformen			
Zeit	.34	.41	.51
Verständnis	.34	.44	.35
Akzeptanz		.68	.55
Engagement	-.40	.74	.43
Beteiligungsdominierte Arbeitsformen			
Zeit	.76		
Verständnis			-.45
Akzeptanz	.45		
Engagement	.68	-.41	-.62

[1] signifikant

Anh.-Tab. 59 – A 15_16:
Korrelationen (≥ .30) zwischen den Elternerfahrungen und den Beurteilungen der Evaluatoren am Kursabend zur Problemlösungsfähigkeit über die neun Kurse

Prozessbeurteilung der Evaluatoren - Problemlösungsfähigkeit -	Elternvariablen		
	Selbsterfahrung	Arbeitserfahrung	Kursleitererfahrung
Sitzungsdauer in Minuten	-.79[1]	-.57	-.67
Anzahl verschiedener Arbeitsformen	-.76[1]	-.53	-.53
Dauer leitungsdominierter Arbeitsformen	-.49		
Dauer beteiligungsorientierter Arbeitsformen	.43	.37	
Dauer beteiligungsdominierter Arbeitsformen	-.65	-.74[1]	-.52
Dauer Pause/ Organisation			
Anteil leitungsdominierter Arbeitsformen			
Anteil beteiligungsorientierter Arbeitsformen	.54	.46	.35
Anteil beteiligungsdominierter Arbeitsformen	-.58	-.69[1]	-.45
Leitungsdominierte Arbeitsformen			
Zeit			-.31
Verständnis	-.52	-.51	-.69
Akzeptanz			
Beteiligungsorientierte Arbeitsformen			
Zeit			
Verständnis			-.33
Akzeptanz		-.40	-.34
Engagement			
Beteiligungsdominierte Arbeitsformen			
Zeit	-.42		-.34
Verständnis	-.38	-.42	-.58
Akzeptanz	-.85[1]	-.67	-.74
Engagement			

[1] signifikant

Anh.-Tab. 60 – A 15_17:
Univariate Varianzanalysen der Kurserfahrungen der Eltern mit dem Faktor Kurszugehörigkeit

Variablen	(N=83-85)		
	Homog.	Sign.	Eta^2
Viel Neues gelernt		.001	.310
Beziehung zum Kind verbessert			.119
Wohlgefühlt in der Gruppe	.000	.010	.243
Neugier war berechtigt	.012	.009	.244
Atmosphäre in Familie verbessert	.040		.150
Brauchbare Erziehungstipps		.001	.296
Erziehungsvorstellungen besser verstanden		.003	.272
Auch in schwierigen Situationen besser mit Kind			.170
Selbsterfahrung		.022	.219
Sicherer im Umgang mit Kind			.143
Besser in Kind hineinversetzen	.031		.153
Kind zufriedener mit Elternteil	.000	.007	.256
Summe Erfahrungen kursbezogen		.000	.350
Summe Erfahrungen erziehungsbezogen		.018	.231

Anh.-Tab. 61 – A 15_18:
Korrelationen (≥ .30) zwischen den Kurserfahrungen der Eltern und den Beurteilungen am Kursabend zu den Gefühlsäußerungen

Beurteilung der Eltern am Kursabend - Gefühlsäußerungen -	Kurserfahrungen der Eltern											
	Viel Neues gelernt	Beziehung zum Kind verbessert	Wohlgefühlt in Elterngruppe	Neugier war berechtigt	Atmosphäre in Familie verbessert	Tipps helfen heute noch	Erziehungsvorstellungen besser verstanden	In schwierigen Situationen besser mit Kind	Erinnerung an Selbsterfahrung	Sicherer im Umgang mit Kind	Besser in Kind hineinversetzen	Kind zufriedener mit Elternteil
Vermittlung neuer Kenntnisse	-.83[1]	-.75[1]	-.72[1]	-.79[1]	-.75[1]	-.86[1]	-.49	-.58	-.69[1]	-.72[1]	-.51	-.74[1]
Vermittlung praktischer Fertigkeiten	-.64	-.49	-.52	-.57	-.35	-.63	-.35	-.52	-.35	-.53	-.47	-.42
Verständnis	-.40	-.50		-.48	-.43	-.41	-.55	-.40	-.68[1]	-.38	-.48	-.82[1]
Verstehen, was wichtig in Erziehung ist	-.65	-.54	-.41	-.67	-.58	-.72[1]	-.58	-.69	-.56	-.76[1]	-.56	
Ermutigung zum Austausch			-.37					.45				
Praktische Alltagsbeispiele			-.37				.37					
Übung von Inhalten										-.41	-.32	
Güte der Kursanleitung					.32	.32			.32	.50		.41
Hilfestellung Kursleitung bei Übungen	-.35		-.83[1]		-.54	-.42			-.30		-.54	-.35
Güte der Kursleitung als Vorbild	-.42	-.30	-.70[1]		-.74[1]	-.58		-.39	-.31	-.54	-.45	-.44
Länge der Sitzung			-.31						-.36		-.46	-.31
Selbsterfahrung (Items 1, 2, 4)	-.76[1]	-.62	-.65	-.72[1]	-.60	-.80[1]	-.50	-.62	-.57	-.71	-.60	-.87[1]
Arbeitserfahrungen (Items 3, 5 – 10)			-.60		-.51						-.35	
Kursleiterbeurteilung (Items 8 – 10)	-.39		-.81[1]		-.63	-.49			-.30		-.52	-.33

[1] signifikant

Anh.-Tab. 62 – A 15_19:
Korrelationen (≥ .30) zwischen den Kurserfahrungen der Eltern und den Beurteilungen am Kursabend zur Problemlösungsfähigkeit

Beurteilung der Eltern am Kursabend - Problemlösungsfähigkeit -	Kurserfahrungen der Eltern											
	Viel Neues gelernt	Beziehung zum Kind verbessert	Wohlgefühl in Elterngruppe	Neugier war berechtigt	Atmosphäre in Familie verbessert	Tipps helfen heute noch	Erziehungsvorstellungen besser verstanden	In schwierigen Situationen besser mit Kind	Erinnerung an Selbsterfahrung	Sicherer im Umgang mit Kind	Besser in Kind hineinversetzen	Kind zufriedener mit Elternteil
Vermittlung neuer Kenntnisse	-.68[1]	-.57	-.57	-.56	-.90[1]	-.76[1]	-.38	-.69[1]	-.55	-.78	-.46	-.57
Vermittlung praktischer Fertigkeiten	-.71[1]	-.60	-.64	-.51	-.88[1]	-.73[1]	-.36	-.74[1]	-.53	-.70	-.53	-.55
Verständnis	-.51	-.65	-.53	-.61	-.76[1]	-.55	-.70		-.81[1]	-.60		-.47
Verstehen, was wichtig in Erziehung ist	-.81[1]	-.72[1]	-.76[1]	-.63	-.79[1]	-.80[1]	-.44	-.71[1]	-.59	-.71	-.56	-.69
Ermutigung zum Austausch	-.51	-.40	-.48	-.52	-.58	-.55			-.35	-.47		-.40
Praktische Alltagsbeispiele	-.52	-.45	-.46	-.39	-.41	-.46		-.31				
Übung von Inhalten		-.41			-.34			-.43				
Güte der Kursanleitung	-.85[1]	-.85[1]	-.78[1]	-.74[1]	-.90[1]	-.88[1]	-.63	-.69[1]	-.84[1]	-.80	-.64	-.74[1]
Hilfestellung Kursleitung bei Übungen	-.78[1]	-.79[1]	-.70[1]	-.63	-.80[1]	-.76[1]	-.59	-.70[1]	-.69[1]	-.74	-.53	-.65
Güte der Kursleitung als Vorbild	-.67[1]	-.71[1]	-.50	-.64	-.92[1]	-.72[1]	-.59	-.61	-.70[1]	-.81	-.32	-.50
Länge der Sitzung	-.41	-.30		-.48	-.56	-.55	-.38	-.52	-.43	-.64	-.40	-.57
Selbsterfahrung (Items 1, 2, 4)	-.76[1]	-.65	-.69[1]	-.59	-.89[1]	-.79[1]	-.41	-.74[1]	-.57	-.76[1]	-.54	-.63
Arbeitserfahrungen (Items 3, 5 - 10)	-.77[1]	-.77[1]	-.67	-.72[1]	-.78[1]	-.74[1]	-.55	-.52	-.68[1]	-.67	-.33	-.57
Kursleiterbeurteilung (Items 8 - 10)	-.79[1]	-.80[1]	-.67[1]	-.68[1]	-.91[1]	-.81[1]	-.62	-.70[1]	-.76[1]	-.81	-.51	-.64

[1] signifikant

Anh.-Tab. 63 – A 15_20:
Korrelationen (≥ .30) zwischen den Kurserfahrungen der Eltern mit den Prozessbeurteilungen der Evaluatoren am Kursabend zu den Werten

Prozessbeurteilung der Evaluatoren - Werte -	Kurserfahrungen der Eltern											
	Viel Neues gelernt	Beziehung zum Kind verbessert	Wohlgefühlt in Elterngruppe	Neugier war berechtigt	Atmosphäre in Familie verbessert	Tipps helfen heute noch	Erziehungsvorstellungen besser verstanden	In schwierigen Situationen besser mit Kind	Erinnerung an Selbsterfahrung	Sicherer im Umgang mit Kind	Besser in Kind hineinversetzen	Kind zufriedener mit Elternteil
Sitzungsdauer in Minuten		.43		.57			.65		.54	.35		
Anzahl versch. Arbeitsformen											-.39	
Dauer leitungsdominierter Arbeitsformen					.41						-.31	
Dauer beteiligungsorientierter Arbeitsformen	-.37		-.54		-.53							
Dauer beteiligungsdominierter Arbeitsformen	.68[1]	.65	.58	.60	.56	.52	.56	.51	.49	.49		.52
Dauer Pause/ Organisation			-.49									
Anteil leitungsdominierter Arbeitsformen					.31							
Anteil beteiligungsorientierter Arbeitsformen	-.41	-.35	-.50	-.36	-.62	-.33			-.31	-.32		
Anteil beteiligungsdominierter Arbeitsformen	.68[1]	.62	.55	.54	.57	.54	.50	.64	.42	.54	.34	.55
Leitungsdominierte Arbeitsformen												
Zeit	-.35	-.35	-.46		-.41	-.36						-.32
Verständnis												
Akzeptanz					-.31							
Beteiligungsorientierte Arbeitsformen												
Zeit	-.32		-.36		-.75[1]	-.46		-.32	-.31	-.63		-.31
Verständnis	-.38		-.38	-.41	-.70[1]	-.47	-.31	-.32	-.34	-.57		-.39
Akzeptanz	-.67	-.66	-.43	-.76[1]	-.80[1]	-.63	-.70[1]	-.55	-.71[1]	-.69[1]		-.56
Engagement		.33					.37					

Prozessbeurteilung der Evaluatoren - Werte -	Viel Neues gelernt	Beziehung zum Kind verbessert	Wohlgefühlt in Elterngruppe	Neugier war berechtigt	Atmosphäre in Familie verbessert	Tipps helfen heute noch	Erziehungsvorstellungen besser verstanden	In schwierigen Situationen besser mit Kind	Erinnerung an Selbsterfahrung	Sicherer im Umgang mit Kind	Besser in Kind hineinversetzen	Kind zufriedener mit Elternteil
Beteiligungsdominierte Arbeitsformen												
Zeit		-.50			-.79[1]	-.47				-.54		
Verständnis												
Akzeptanz		-.38	-.34	-.37	-.60	-.37	-.50		-.65	-.36	-.30	
Engagement	.31				.38	.31		.63		.46		

[1] signifikant

Anh.-Tab. 64 – A 15_21:
Korrelationen (≥ .30) zwischen den Kurserfahrungen der Eltern mit den Prozessbeurteilungen der Evaluatoren am Kursabend zur Problemlösungsfähigkeit

Prozessbeurteilung der Evaluatoren - Problemlösungsfähigkeit -	Kurserfahrungen der Eltern											
	Viel Neues gelernt	Beziehung zum Kind verbessert	Wohlgefühl in Elterngruppe	Neugier war berechtigt	Atmosphäre in Familie verbessert	Tipps helfen heute noch	Erziehungsvorstellungen besser verstanden	In schwierigen Situationen besser mit Kind	Erinnerung an Selbsterfahrung	Sicherer im Umgang mit Kind	Besser in Kind hineinversetzen	Kind zufriedener mit Elternteil
Sitzungsdauer in Minuten	.66	.61		.58	.66	.62	.57	.87[1]	.46	.78[1]	.37	.53
Anzahl versch. Arbeitsformen			.35		.61					.33		
Dauer leitungsdominierter Arbeitsformen							-.33		-.29			
Dauer beteiligungsorientierter Arbeitsformen			-.37									
Dauer beteiligungsdominierter Arbeitsformen	.60		.53	.55	.52	.43	.38	.36	.39	.30		.38
Dauer Pause/ Organisation		-.51						.41		.31		
Anteil leitungsdominierter Arbeitsformen			-.48			-.53			-.44	-.31		
Anteil beteiligungsorientierter Arbeitsformen			-.38									
Anteil beteiligungsdominierter Arbeitsformen	.53	.45	.55	.48	.46	.36			.33			.32
Leitungsdominierte Arbeitsformen												
Zeit					.35					.30		
Verständnis	.43	.49	.35	.37	.66	.47		.37	.56	.40		
Akzeptanz			-.39			-.53						
Beteiligungsorientierte Arbeitsformen												
Zeit												
Verständnis	.48	.59		.51		.36	.37	.38	.53		.31	
Akzeptanz		.53		.45			.50		.55			
Engagement				-.41		-.30		-.37				

Prozessbeurteilung der Evaluatoren - Problemlösungsfähigkeit -	Kurserfahrungen der Eltern											
	Viel Neues gelernt	Beziehung zum Kind verbessert	Wohlgefühlt in Elterngruppe	Neugier war berechtigt	Atmosphäre in Familie verbessert	Tipps helfen heute noch	Erziehungsvorstellungen besser verstanden	In schwierigen Situationen besser mit Kind	Erinnerung an Selbsterfahrung	Sicherer im Umgang mit Kind	Besser in Kind hineinversetzen	Kind zufriedener mit Elternteil
Beteiligungsdominierte Arbeitsformen												
Zeit	.40	.33		.36	.67	.58	.45	.63	.51	.66	.60	.50
Verständnis	.70	.74		.50		.46	.60	.70	.52	.41	.51	.39
Akzeptanz	.35		.46		.52	.41		.43		.46		
Engagement	-.41			-.49	-.35	-.33	-.61	-.41	-.67	-.31	-.44	-.35

[1] signifikant

Anh.-Tab. 65 – A 15_22:
Univariate Varianzanalysen für alle Differenzen der Fragebogendaten
(vorher - nachher) mit dem Faktor Kurszugehörigkeit (alle 10 Elternkurse)

Variablen	(N= 65 - 75)		
	Homog.	Sign.	Eta²
Inkonsistentes Elternverhalten$_{Diff}$			.092
Positives Elternverhalten$_{Diff}$			.182
Involviertheit$_{Diff}$			.096
Verantwortungsbewusster Elternverhalten$_{Diff}$			.094
Geringes Monitoring$_{Diff}$			.142
Machtvolle Durchsetzung$_{Diff}$			.148
Körperliche Strafen$_{Diff}$			.082
Unterstützung$_{Diff}$	.065		.187
Strenge$_{Diff}$			.135
Klarheit$_{Diff}$			.143
Unzufriedenheit$_{Diff}$	.003	.03	.237
Erlebte Selbstwirksamkeit$_{Diff}$			.082
Soziale Unterstützung$_{Diff}$			.126
Zufriedenheit mit Lebenssituation$_{Diff}$	.021		.041
Prosoziales Verhalten Kind$_{Diff}$			.086
Hyperaktivität Kind$_{Diff}$			.162
Emotionale Probleme Kind$_{Diff}$			.113
Verhaltensprobleme Kind$_{Diff}$		.063	.222
Verhaltensprobleme mit Gleichaltrigen$_{Diff}$			.078
Schwächen/ Probleme Kind$_{Diff}$			.202
Positives Sozialverhalten Kind$_{Diff}$			.164
Unangepasstes Sozialverhalten Kind$_{Diff}$	.009		.138
Unrealistisches Selbstkonzept Kind$_{Diff}$			.060

Anh.-Tab. 66 – A 15_23:
Korrelationen (≥ .30) zwischen den Veränderungen der Eltern (vorher-nachher) mit den Erfahrungen der Eltern am Kursabend zu den Gefühlsäußerungen

Beurteilungen der Eltern - Gefühlsäußerungen -	Veränderungen der Eltern											
	Inkonsistentes Elternverhalten$_{Diff}$	Positives Elternverhalten$_{Diff}$	Involviertheit$_{Diff}$	Verantwortungsbewusstes Elternverhalten$_{Diff}$	Geringes Monitoring$_{Diff}$	Machtvolle Durchsetzung$_{Diff}$	Körperliche Strafen$_{Diff}$	Unterstützung$_{Diff}$	Strenge$_{Diff}$	Klarheit$_{Diff}$	Unzufriedenheit$_{Diff}$	Erlebte Selbstwirksamkeit$_{Diff}$
Vermittlung neuer Kenntnisse	.41				.45							
Vermittlung praktischer Fertigkeiten	.39		.39		.31							
Verständnis	-.37		-.68	.71[1]				.34	-.38		-.75	-.39
Verstehen, was wichtig in Erziehung ist					.46	-.51			-.46	-.32	-.40	.41
Ermutigung zum Austausch		.32	.44					.42			-.33	
Praktische Alltagsbeispiele	-.46	.37		.35		-.36		.68			-.55	
Übung von Inhalten								.61		-.40	-.48	
Güte der Kursanleitung	.62			-.58							.46	
Hilfestellung Kursleitung bei Übungen		.55	.36	.31				.69		-.31	-.61	
Güte der Kursleitung als Vorbild		.63	.40	.61		-.46		.32	.56			-.69
Länge der Sitzung			-.36	-.43	-.74			-.48	.30	-.56	-.67	
Selbsterfahrung (Items 1, 2, 4)							-.30				-.30	
Arbeitserfahrungen (Items 3, 5 – 10)		.50						.73[1]			-.64	
Kursleiterbeurteilung (Items 8 – 10)		.51	.36	.34		-.31		.33	.61		-.59	

[1] signifikant

Anh.-Tab. 67 – A 15_24:
Korrelationen (≥ .30) zwischen den Veränderungen der Eltern (vorher - nachher)
mit den Erfahrungen der Eltern am Kursabend zur Problemlösungsfähigkeit

Beurteilungen der Eltern - Problemlösungsfähigkeit -	Veränderungen der Eltern											
	Inkonsistentes Elternverhalten$_{Diff}$	Positives Elternverhalten$_{Diff}$	Involviertheit$_{Diff}$	Verantwortungsbewusstes Elternverhalten$_{Diff}$	Geringes Monitoring$_{Diff}$	Machtvolle Durchsetzung$_{Diff}$	Körperliche Strafen$_{Diff}$	Unterstützung$_{Diff}$	Strenge$_{Diff}$	Klarheit$_{Diff}$	Unzufriedenheit$_{Diff}$	Erlebte Selbstwirksamkeit$_{Diff}$
Vermittlung neuer Kenntnisse	.32										-.46	
Vermittlung praktischer Fertigkeiten	.43		.33			.30	.33				-.52	
Verständnis			.37					.33	.34	-.59	-.43	-.41
Verstehen, was wichtig in Erziehung ist	.37	.35	.45								-.40	
Ermutigung zum Austausch	.48		.36			.32					-.30	
Praktische Alltagsbeispiele	.66		.42		-.36	.59	.70[1]	-.34	.49	.30	-.37	
Übung von Inhalten	.35		.38	.57	-.47				.77[1]		-.53	
Güte der Kursanleitung				.45							-.53	
Hilfestellung Kursleitung bei Übungen		.38		.61							-.49	
Güte der Kursleitung als Vorbild				.42							-.42	
Länge der Sitzung					.44	-.41	-.39		-.60	-.40	-.39	.34
Selbsterfahrung (Items 1, 2, 4)		.39	-.43	.37							-.48	
Arbeitserfahrungen (Items 3, 5 – 10)	.42			.35		.37	.43		.47			-.37
Kursleiterbeurteilung (Items 8 – 10)				.52			.35				-.51	

[1] signifikant

Anh.-Tab. 68 – A 15_25:
Korrelationen (≥ .30) zwischen den Veränderungen der Eltern (vorher - nachher) bei den Kinderbeurteilungen mit den Erfahrungen der Eltern am Kursabend zu den Gefühlsäußerungen

Beurteilung der Eltern am Kursabend - Gefühlsäußerungen -	Veränderungen der Kinderbeurteilungen durch die Eltern								
	Prosoziales Verhalten Kind$_{Diff}$	Hyperaktivität Kind$_{Diff}$	Emotionale Probleme Kind$_{Diff}$	Verhaltensprobleme Kind$_{Diff}$	Verhaltensprobleme mit Gleichaltrigen$_{Diff}$	Schwächen/Probleme Kind$_{Diff}$	Positives Sozialverhalten Kind$_{Diff}$	Unangepasstes Sozialverhalten Kind$_{Diff}$	Unrealistisches Selbstkonzept Kind$_{Diff}$
Vermittlung neuer Kenntnisse	.37		.54		.38	.33			.36
Vermittlung praktischer Fertigkeiten			.49						.31
Verständnis	-.36							-.40	
Verstehen, was wichtig in Erziehung ist	.37				.32			-.32	
Ermutigung zum Austausch			-.40				-.38		.33
Praktische Alltagsbeispiele	.33	-.63	-.71	-.54	-.38	-.64		-.56	
Übung von Inhalten	-.50	-.53	-.39			-.36	.34		
Güte der Kursanleitung			.44	.69[1]		.42			
Hilfestellung Kursleitung bei Übungen		-.65				-.37	.33		.82[1]
Güte der Kursleitung als Vorbild	.63	-.72[1]				-.39	.34	-.36	.72[1]
Länge der Sitzung	-.38								
Selbsterfahrung (Items 1, 2, 4)	.36		.38		.31				.37
Arbeitserfahrungen (Items 3, 5 – 10)	.30	-.68[1]	-.47			-.51			.60
Kursleiterbeurteilung (Items 8 – 10)	.31	-.68[1]				-.37	.34		.79[1]

[1] signifikant

Anh.-Tab. 69 – A 15_26:
Korrelationen (≥ .30) zwischen den Veränderungen der Eltern (vorher - nachher) bei den Kinderbeurteilungen mit den Erfahrungen der Eltern am Kursabend zur Problemlösungsfähigkeit

Beurteilung der Eltern am Kursabend - Problemlösungsfähigkeit -	Veränderungen der Kinderbeurteilungen durch die Eltern								
	Prosoziales Verhalten Kind$_{Diff}$	Hyperaktivität Kind$_{Diff}$	Emotionale Probleme Kind$_{Diff}$	Verhaltensprobleme Kind$_{Diff}$	Verhaltensprobleme mit Gleichaltrigen$_{Diff}$	Schwächen/ Probleme Kind$_{Diff}$	Positives Sozialverhalten Kind$_{Diff}$	Unangepasstes Sozialverhalten Kind$_{Diff}$	Unrealistisches Selbstkonzept Kind$_{Diff}$
Vermittlung neuer Kenntnisse	.69	-.36		.36				-.49	.53
Vermittlung praktischer Fertigkeiten	.55	-.52						-.42	.69[1]
Verständnis					.51			-.34	.34
Verstehen, was wichtig in Erziehung ist	.39	-.37	.38						.66
Ermutigung zum Austausch	.59		.55		.58	.46	-.40		.31
Praktische Alltagsbeispiele	.33		.67	.38		.33			.31
Übung von Inhalten		-.32	.31	.60	.58				.52
Güte der Kursanleitung		-.40							.51
Hilfestellung Kursleitung bei Übungen		-.50						.38	.61
Güte der Kursleitung als Vorbild	.42	-.39		.47				-.51	.40
Länge der Sitzung	.54		-.40					-.58	
Selbsterfahrung (Items 1, 2, 4)	.56	-.44		.31				-.35	.65
Arbeitserfahrungen (Items 3, 5 – 10)			.51	.31	.50	.35			.47
Kursleiterbeurteilung (Items 8 – 10)		-.46		.31				-.35	.52

[1] signifikant

Anh.-Tab. 70 – A 15_27:
Korrelationen (≥ .30) zwischen den Veränderungen der Eltern (vorher - nachher) und den Beurteilungen der Evaluatoren am Kursabend zu den Werten

Prozessbeurteilung der Evaluatoren - Werte -	Veränderungen der Eltern											
	Inkonsistentes Elternverhalten_Diff	Positives Elternverhalten_Diff	Involviertheit_Diff	Verantwortungsbewusstes Elternverhalten_Diff	Geringes Monitoring_Diff	Machtvolle Durchsetzung_Diff	Körperliche Strafen_Diff	Unterstützung_Diff	Strenge_Diff	Klarheit_Diff	Unzufriedenheit_Diff	Erlebte Selbstwirksamkeit_Diff
Sitzungsdauer in Minuten		.38						.39	-.53	.32		.55
Anzahl verschiedener Arbeitsformen	-.59			.55		-.48		.34	-.52		-.35	.65
Dauer leitungsdominierter Arbeitsformen	-.32								-.43	.57		.76[1]
Dauer beteiligungsorientierter Arbeitsformen	.55	.44			-.40					-.35		-.42
Dauer beteiligungsdominierter Arbeitsformen	-.54	-.30	-.37						-.40			
Dauer Pause/ Organisation	.60	.45						.31				
Anteil leitungsdominierter Arbeitsformen	-.32				.34	.37				.50		.66
Anteil beteiligungsorientierter Arbeitsformen	.47	.35			-.36				.40	-.40		-.53
Anteil beteiligungsdominierter Arbeitsformen	-.46	-.40	-.42									
Leitungsdominierte Arbeitsformen												
Zeit	.53											
Verständnis					-.34							
Akzeptanz	.38									-.34		-.37

Prozessbeurteilung der Evaluatoren - Werte -	Veränderungen der Eltern											
	Inkonsistentes Elternverhalten$_{Diff}$	Positives Elternverhalten$_{Diff}$	Involviertheit$_{Diff}$	Verantwortungsbewusstes Elternverhalten$_{Diff}$	Geringes Monitoring$_{Diff}$	Machtvolle Durchsetzung$_{Diff}$	Körperliche Strafen$_{Diff}$	Unterstützung$_{Diff}$	Strenge$_{Diff}$	Klarheit$_{Diff}$	Unzufriedenheit$_{Diff}$	Erlebte Selbstwirksamkeit$_{Diff}$
Beteiligungsorientierte Arbeitsformen												
Zeit		.45	.43	-.44							-.44	
Verständnis		.33		-.35							-.31	
Akzeptanz											-.66	-.35
Engagement						.34						
Beteiligungsdominierte Arbeitsformen												
Zeit	-.35	.51		.52	-.49	-.37	.47				-.59	
Verständnis	-.78[1]		-.64	.33				.35	-.47		-.30	
Akzeptanz	-.52		-.57	.38	-.43		.49			-.84[1]	-.48	
Engagement		-.32		-.31	.38	.35				-.30		

[1] signifikant

Anh.-Tab. 71 – A 15_28:
Korrelationen (≥ .30) zwischen den Veränderungen der Eltern (vorher - nachher) und den Beurteilungen der Evaluatoren am Kursabend zur Problemlösungsfähigkeit

Prozessbeurteilung der Evaluatoren - Problemlösungsfähigkeit -	Veränderungen der Eltern											
	Inkonsistentes Elternverhalten$_{Diff}$	Positives Elternverhalten$_{Diff}$	Involviertheit$_{Diff}$	Verantwortungsbewusstes Elternverhalten$_{Diff}$	Geringes Monitoring$_{Diff}$	Machtvolle Durchsetzung$_{Diff}$	Körperliche Strafen$_{Diff}$	Unterstützung$_{Diff}$	Strenge$_{Diff}$	Klarheit$_{Diff}$	Unzufriedenheit$_{Diff}$	Erlebte Selbstwirksamkeit$_{Diff}$
Sitzungsdauer in Min.											.32	
Anzahl verschiedener Arbeitsformen		-.51		-.30	.61	.34	-.35	-.31			.36	
Dauer leitungsdominierter Arbeitsformen	-.31	-.60	-.35	-.39	.64			-.41			.30	
Dauer beteiligungsorientierter Arbeitsformen	.66	.38	.50	-.59					.37			-.32
Dauer beteiligungsdominierter Arbeitsformen	-.72[1]								-.36	.37		.49
Dauer Pause/ Organisation	.53		.54								-.32	-.49
Anteil leitungsdominierter Arbeitsformen	-.35	-.52	-.45		.71[1]		-.32	-.41				
Anteil beteiligungsorientierter Arbeitsformen	.64	.38	.41	-.58			.30		.35			-.33
Anteil beteiligungsdominierter Arbeitsformen	-.77[1]		-.32						-.38	.37		.54
Leitungsdominierte Arbeitsformen												
Zeit	.34		.34				-.46				.34	
Verständnis		.31					-.62					.37
Akzeptanz		-.36			.63		-.70[1]	-.33		-.39		

Prozessbeurteilung der Evaluatoren - Problemlösungsfähigkeit -	Veränderungen der Eltern												
	Inkonsistentes Elternverhalten$_{Diff}$	Positives Elternverhalten$_{Diff}$	Involviertheit$_{Diff}$	Verantwortungsbewusstes Elternverhalten$_{Diff}$	Geringes Monitoring$_{Diff}$	Machtvolle Durchsetzung$_{Diff}$	Körperliche Strafen$_{Diff}$	Unterstützung$_{Diff}$	Strenge$_{Diff}$	Klarheit$_{Diff}$	Unzufriedenheit$_{Diff}$	Erlebte Selbstwirksamkeit$_{Diff}$
Beteiligungsorientierte Arbeitsformen												
Zeit	.47		.39									
Verständnis		.62	.47	.31	-.47	-.52	-.42	.34				
Akzeptanz		.49				-.41	-.40		-.57	.34		.67[1]
Engagement	-.61		-.58			-.60		.55		-.72[1]	-.51	
Beteiligungsdominierte Arbeitsformen												
Zeit	.86[1]	-.40	.70		-.39	.88[1]	.38	-.49	.61	.61	.69	
Verständnis				-.43								
Akzeptanz		-.53	-.38	-.87[1]	.73		-.44		-.37	-.37	.41	
Engagement	-.46		-.80[1]		.74	-.46	-.41		-.35	-.88[1]		

[1] signifikant

Anh.-Tab. 72 – A 15_29:
Korrelationen (≥ .30) zwischen den Veränderungen der Eltern in der Kinderbeurteilung (vorher - nachher) und den Beurteilungen der Evaluatoren am Kursabend zu den Werten

Prozessbeurteilung der Evaluatoren - Werte -	Veränderungen der Kinderbeurteilungen durch die Eltern								
	Prosoziales Verhalten Kind$_{Diff}$	Hyperaktivität Kind$_{Diff}$	Emotionale Probleme Kind$_{Diff}$	Verhaltensprobleme Kind$_{Diff}$	Verhaltensprobleme mit Gleichaltrigen$_{Diff}$	Schwächen/Probleme Kind$_{Diff}$	Positives Sozialverhalten Kind$_{Diff}$	Unangepasstes Sozialverhalten Kind$_{Diff}$	Unrealistisches Selbstkonzept Kind$_{Diff}$
Sitzungsdauer in Minuten		-.44	-.31		-.76[1]	-.65	.70[1]		
Anzahl versch. Arbeitsformen	-.43		-.55	-.60	-.67	-.57	.47		-.35
Dauer leitungsdominierter Arbeitsformen				-.50	-.82[1]	-.58	.73[1]		-.36
Dauer beteiligungsorientierter Arbeitsformen		-.37	.32	.54	.51				.87
Dauer beteiligungsdominierter Arbeitsformen			-.55	-.59	-.59	-.41			-.66
Dauer Pause/ Organisation		-.33		.45					.83[1]
Anteil leitungsdominierter Arbeitsformen				-.41	-.59	-.35	.59		-.50
Anteil beteiligungsorientierter Arbeitsformen	.31		.35	.53	.73[1]	.40			.75[1]
Anteil beteiligungsdominierter Arbeitsformen				-.47	-.45	-.45			-.69[1]
Leitungsdominierte Arbeitsformen									
Zeit	.56		.42		.46	.39	-.36		.50
Verständnis	.63				.69	.33	-.52		
Akzeptanz	.49				.62	.42	-.60		.41

Prozessbeurteilung der Evaluatoren - Werte -	Veränderungen der Kinderbeurteilungen durch die Eltern								
	Prosoziales Verhalten Kind$_{Diff}$	Hyperaktivität Kind$_{Diff}$	Emotionale Probleme Kind$_{Diff}$	Verhaltensprobleme Kind$_{Diff}$	Verhaltensprobleme mit Gleichaltrigen$_{Diff}$	Schwächen/Probleme Kind$_{Diff}$	Positives Sozialverhalten Kind$_{Diff}$	Unangepasstes Sozialverhalten Kind$_{Diff}$	Unrealistisches Selbstkonzept Kind$_{Diff}$
Beteiligungsorientierte Arbeitsformen									
Zeit	.77[1]	-.40			.58			-.57	.48
Verständnis	.70[1]				.69[1]		-.36	-.43	.47
Akzeptanz			.36		.77[1]	.53	-.38	-.38	.38
Engagement	.69[1]		-.31	-.42			-.42	-.50	
Beteiligungsdominierte Arbeitsformen									
Zeit	.74[1]	-.56	-.36	-.34	.40			-.70	.48
Verständnis			-.64	-.58	-.43	-.41		-.57	-.35
Akzeptanz			-.40					.59	
Engagement	.71[1]	.34					-.32	.49	

[1] signifikant

Anh.-Tab. 73 – A 15_30:
Korrelationen (≥ .30) zwischen den Veränderungen der Eltern in der Kinderbeurteilung (vorher - nachher) und den Beurteilungen der Evaluatoren am Kursabend zur Problemlösungsfähigkeit

Prozessbeurteilung der Evaluatoren - Problemlösungsfähigkeit -	Veränderungen der Kinderbeurteilungen durch die Eltern								
	Prosoziales Verhalten Kind$_{Diff}$	Hyperaktivität Kind$_{Diff}$	Emotionale Probleme Kind$_{Diff}$	Verhaltensprobleme Kind$_{Diff}$	Verhaltensprobleme mit Gleichaltrigen$_{Diff}$	Schwächen/ Probleme Kind$_{Diff}$	Positives Sozialverhalten Kind$_{Diff}$	Unangepasstes Sozialverhalten Kind$_{Diff}$	Unrealistisches Selbstkonzept Kind$_{Diff}$
Sitzungsdauer in Minuten	-.45				-.36			.49	
Anzahl versch. Arbeitsformen	-.78[1]				-.40			.42	-.68[1]
Dauer leitungsdominierter Arbeitsformen	.37	.69[1]				.34	-.55		-.75[1]
Dauer beteiligungsorientierter Arbeitsformen		-.41		.58					.79[1]
Dauer beteiligungsdominierter Arbeitsformen			-.66	-.71[1]	-.66	-.60			-.66
Dauer Pause/ Organisation				.39			-.38	.36	.56
Anteil leitungsdominierter Arbeitsformen		.65				.36	-.44		-.70
Anteil beteiligungsorientierter Arbeitsformen		-.42	.34	.57					.79[1]
Anteil beteiligungsdominierter Arbeitsformen			-.66	-.75[1]	-.65	-.61			-.65
Leitungsdominierte Arbeitsformen									
Zeit		.38	.40	.37	.31	.35		.44	
Verständnis		.35						.42	
Akzeptanz	-.50	.53	.32	.32	.33	.50			

Prozessbeurteilung der Evaluatoren - Problemlösungsfähigkeit -	Veränderungen der Kinderbeurteilungen durch die Eltern								
	Prosoziales Verhalten Kind$_{Diff}$	Hyperaktivität Kind$_{Diff}$	Emotionale Probleme Kind$_{Diff}$	Verhaltensprobleme Kind$_{Diff}$	Verhaltensprobleme mit Gleichaltrigen$_{Diff}$	Schwächen/ Probleme Kind$_{Diff}$	Positives Sozialverhalten Kind$_{Diff}$	Unangepasstes Sozialverhalten Kind$_{Diff}$	Unrealistisches Selbstkonzept Kind$_{Diff}$
Beteiligungsorientierte Arbeitsformen									
Zeit	.34		.42	.33	.32				.37
Verständnis	.39		-.41						.33
Akzeptanz	.60		-.33	-.45		-.46			
Engagement		-.30	-.57	-.34				-.71[1]	
Beteiligungsdominierte Arbeitsformen									
Zeit	-.34	.32	.44	.53				.90[1]	
Verständnis	.42		-.39	-.46		-.53			
Akzeptanz	-.55	.66						-.43	-.63
Engagement	-.46							-.40	

[1] signifikant

Anh.-Tab. 74 – A 15_31:
Korrelationen (≥ .30) zwischen den Erfolgskriterien für die Eltern aus Sicht der Kursleitungen und den Prozessbeurteilungen der Eltern am Kursabend zu den Gefühlsäußerungen

Beurteilung der Eltern am Kursabend - Gefühlsäußerungen -	Beurteilungen der Kursleitung nachher									
	Erziehungshaltung	Erziehungsziele	Erziehungseinstellungen	Erziehungsverhalten	Wissenserwerb	Gewinn von Handlungsoptionen	Selbstreflexion	Selbstvertrauen	Nutzung von sozialen Netzwerken	Erfolg des Kurses ganz global
Vermittlung neuer Kenntnisse	.76[1]	.71		.41						
Vermittlung praktischer Fertigkeiten	.67	.71[1]		.52	.43	.67	.52	.39		.35
Verständnis		-.46	.49		-.54	-.32			-.75	-.35
Verstehen, was wichtig in Erziehung ist	.77[1]	.55		.40		.35	.65		-.41	
Ermutigung zum Austausch					-.58	-.61			-.44	-.35
Praktische Alltagsbeispiele	-.50	-.57		.84[1]	-.79[1]	-.97[1]	-.63	-.86	-.49	-.91
Übung von Inhalten		-.78[1]		-.42	-.63	-.55	-.43	-.55	-.62	-.53
Güte der Kursanleitung					.39			.30	.64	
Hilfestellung Kursleitung bei Übungen		-.48		-.60	-.64	-.66	-.39	-.73	-.50	-.63
Güte der Kursleitung als Vorbild				-.50	-.58	-.45	-.40	-.77	-.49	-.62
Länge der Sitzung		-.51	.41		-.35	-.36			-.55	
Selbsterfahrung (Items 1, 2, 4)	.82[1]	.70		.50	.46	.54				
Arbeitserfahrungen (Items 3, 5 – 10)		-.44		-.72[1]	-.86[1]	-.92[1]	-.61	-.91	-.56	-.81[1]
Kursleiterbeurteilung (Items 8 – 10)		-.34		-.69	-.69	-.68	-.56	-.86	-.45	-.69

[1] signifikant

Anh.-Tab. 75 – A 15_32:
Korrelationen (≥ .30) zwischen den Erfolgskriterien für die Eltern aus Sicht der Kursleitungen und den Prozessbeurteilungen der Eltern am Kursabend zur Problemlösungsfähigkeit

Beurteilung der Eltern am Kursabend - Problemlösungsfähigkeit -	Beurteilungen der Kursleitung nachher									
	Erziehungshaltung	Erziehungsziele	Erziehungseinstellungen	Erziehungsverhalten	Wissenserwerb	Gewinn von Handlungsoptionen	Selbstreflexion	Selbstvertrauen	Nutzung von sozialen Netzwerken	Erfolg des Kurses ganz global
Vermittlung neuer Kenntnisse	.59	.46			-.42			-.50	-.36	-.36
Vermittlung praktischer Fertigkeiten	.47				-.40			-.56	-.35	-.45
Verständnis	.51		.61		-.72	-.33		-.49	-.69	
Verstehen, was wichtig in Erziehung ist	.57	.38						-.31		
Ermutigung zum Austausch	.74[1]	.90	.33	.42						
Praktische Alltagsbeispiele		.50					-.31		.37	
Übung von Inhalten	.45									
Güte der Kursanleitung	.45				-.57			-.53	-.63	-.36
Hilfestellung Kursleitung bei Übungen	.44				-.34			-.43	-.41	
Güte der Kursleitung als Vorbild	.54				-.58			-.57	-.46	-.33
Länge der Sitzung	.59	.44	.36				.46		-.47	
Selbsterfahrung (Items 1, 2, 4)	.57	.37			-.35			-.48	-.34	-.34
Arbeitserfahrungen (Items 3, 5 – 10)	.65	.48								
Kursleiterbeurteilung (Items 8 – 10)	.48				-.52			-.55	-.52	-.35

[1] signifikant

Anh.-Tab. 76 – A 15_33:
Korrelationen (≥ .30) zwischen den Erfolgskriterien für die Elten aus Sicht der Kursleitungen mit den Prozessbeurteilungen der Evaluatoren am Kursabend zu den Werten

Prozessbeurteilung der Evaluatoren - Werte -	Beurteilungen der Kursleitung nachher									
	Erziehungshaltung	Erziehungsziele	Erziehungseinstellungen	Erziehungsverhalten	Wissenserwerb	Gewinn von Handlungsoptionen	Selbstreflexion	Selbstvertrauen	Nutzung von sozialen Netzwerken	Erfolg des Kurses ganz global
Sitzungsdauer in Minuten	-.68	-.51	-.84[1]	-.73					-.54	-.49
Anzahl versch. Arbeitsformen	-.45	-.61								
Dauer leitungsdominierter Arbeitsformen	-.59	-.39	-.76[1]	-.30						
Dauer beteiligungsorientierter Arbeitsformen	.49									
Dauer beteiligungsdominierter Arbeitsformen	-.72[1]	-.40		-.33			-.46	-.39		
Dauer Pause/ Organisation							.31		.30	
Anteil leitungsdominierter Arbeitsformen	-.34		-.54		.30	.30				
Anteil beteiligungsorientierter Arbeitsformen	.68	.42	.36							
Anteil beteiligungsdominierter Arbeitsformen	-.65	-.37					-.47	-.39		
Leitungsdominierte Arbeitsformen										
Zeit	.67	.74[1]	.31	.33			.51			
Verständnis	.71[1]	.81[1]	.34	.35			.42			
Akzeptanz	.58	.61	.47				.40			
Beteiligungsorientierte Arbeitsformen										
Zeit	.61	.55			-.44			-.50		
Verständnis	.78[1]	.68	.40							
Akzeptanz	.90[1]	.51	.71[1]	.40			.46		-.34	
Engagement				-.36	-.56	-.67	-.39	-.54		-.48

Prozessbeurteilung der Evaluatoren - Werte -	Beurteilungen der Kursleitung nachher									
	Erziehungshaltung	Erziehungsziele	Erziehungseinstellungen	Erziehungsverhalten	Wissenserwerb	Gewinn von Handlungsoptionen	Selbstreflexion	Selbstvertrauen	Nutzung von sozialen Netzwerken	Erfolg des Kurses ganz global
Beteiligungsdominierte Arbeitsformen										
Zeit	.36			-.34	-.73	-.60	-.31	-.76	-.48	-.54
Verständnis	-.47	-.59		-.49	-.64	-.72	-.45	-.53	-.54	-.66
Akzeptanz		-.35	.63		-.77	-.55		-.50	-.78[1]	-.44
Engagement		-.38	.36							

[1] signifikant

Anh.-Tab. 77 – A 15_34:
Korrelationen (≥ .30) zwischen den Erfolgskriterien für die Eltern aus Sicht der Kursleitungen mit den Prozessbeurteilungen der Evaluatoren am Kursabend zur Problemlösungsfähigkeit

Prozessbeurteilung der Evaluatoren - Problemlösungsfähigkeit -	Beurteilungen der Kursleitung nachher									
	Erziehungshaltung	Erziehungsziele	Erziehungseinstellungen	Erziehungsverhalten	Wissenserwerb	Gewinn von Handlungsoptionen	Selbstreflexion	Selbstvertrauen	Nutzung von sozialen Netzwerken	Erfolg des Kurses ganz global
Sitzungsdauer in Minuten	-.59	-.40					-.31			
Anzahl versch. Arbeitsformen	-.36	-.36		.34	.31	-.33		.51		.37
Dauer leitungsdominierter Arbeitsformen			.62	.61				.33		.39
Dauer beteiligungsorientierter Arbeitsformen									.42	

Prozessbeurteilung der Evaluatoren - Problemlösungsfähigkeit -	Beurteilungen der Kursleitung nachher									
	Erziehungshaltung	Erziehungsziele	Erziehungseinstellungen	Erziehungsverhalten	Wissenserwerb	Gewinn von Handlungsoptionen	Selbstreflexion	Selbstvertrauen	Nutzung von sozialen Netzwerken	Erfolg des Kurses ganz global
Dauer beteiligungsdominierter Arbeitsformen	-.75[1]	-.51	-.37	-.41		-.43	-.47			
Dauer Pause/ Organisation						-.32				
Anteil leitungsdominierter Arbeitsformen	.35		.59	.66				.34		.40
Anteil beteiligungsorientierter Arbeitsformen									.39	
Anteil beteiligungsdominierter Arbeitsformen	-.71[1]	-.50	-.39	-.42		-.41	-.45			-.32
Leitungsdominierte Arbeitsformen										
Zeit	.45	.58		.60	.84[1]	.85[1]	.75[1]	.78[1]	.53	.76[1]
Verständnis				.39	.78[1]	.58	.61	.73[1]	.47	.59
Akzeptanz	.51		.38	.74[1]	.55	.74[1]	.89[1]	.77[1]		.68[1]
Beteiligungsorientierte Arbeitsformen										
Zeit	.48	.63		.34	.67	.66	.64	.51	.49	46
Verständnis										
Akzeptanz			-.55							
Engagement		-.37	.52		-.77[1]	-.65		-.55	-.76[1]	-.51
Beteiligungsdominierte Arbeitsformen										
Zeit	-.36				.57	.30	-.38	.43	.89[1]	.52
Verständnis						-.43	-.43			
Akzeptanz			.43	.37			.30	.50		.32
Engagement		-.38	.59		-.38		.44		-.73[1]	

[1] signifikant

Anhang B: Ratingskalen

I TANGRAM

Kooperation – Dirigismus, Lenkung

Unter Kooperation soll verstanden werden, dass M/V mit dem Kind gemeinsam eine Aufgabenlösung sucht, das Kind erst probieren lässt, das Kind zu eigenen Handlungen ermuntert, auf die Lösungsversuche des Kindes eingeht, Vorschläge des Kindes ernst nimmt, dem Kind immer wieder Zeit und Gelegenheit zur Lösungsfindung gibt, ihm Hilfen bei der Lösungsfindung anbietet, dem Kind die eigenen Lösungsvorschläge dosiert mitteilt und auf Alternativen verweist, die Überlegungen des Kindes erfragt, Lösungsschritte mit ihm gemeinsam erarbeitet, auf Hilfeersuchen des Kindes angemessen eingeht, ein gutes Team mit dem Kind bildet.

7	M/V zeigt dem Kind, wie wichtig seine eigenen Lösungsversuche sind, ermuntert es zu Lösungsschritten, berücksichtigt den Lösungsstand des Kindes, gibt Freiraum für Lösungssuche des Kindes, beteiligt das Kind an der Lösungsfindung, macht deutlich, wie wichtig die Handlungen des Kindes sind, mutet dem Kind zu selbst etwas auszuprobieren, versteht die Lösungsschritte des Kindes und deren Intention, geht behutsam mit Fehlern des Kindes um, ist interessiert an den Überlegungen des Kindes, berücksichtigt diese bei eigenen Lösungsvorschlägen, begründet die eigene Meinung, lässt dem Kind Zeit zur Erwiderung.

6	M/V und Kind suchen gemeinsam nach Lösungen, M/V ermuntert das Kind auszuprobieren, Kind darf selbst handeln, das Kind wird bei der Lösungssuche stark mit einbezogen, M/V nimmt sich selbst zurück und lässt dem Kind Zeit für Lösungsschritte, versucht die Überlegungen des Kindes zu verstehen, fragt interessiert nach, Vorschläge sind offen und begründet, Überlegungen des Kindes werden gehört und erst genommen, durch fehlende Rückmeldung des Kindes kann nicht eindeutig beurteilt werden, ob die Kooperation „ankommt".

5	M/V hört ihm zu und fragt nach den Lösungsschritten, das Kind darf auch allein handeln, gibt dem Kind Zeit für die Lösung, M/V macht konkrete Vorschläge und geht auf Lösungsschritte des Kindes ein, M/V zeigt sich lösungsinteressiert.

4	Weder Kooperation noch Dirigismus, Lenkung, Kooperation und Dirigismus halten sich die Waage, Kind und M/V versuchen sich gegenseitig zu lenken, handeln wenig gemeinsam.
3	Lösungsschritte von M/V wiegen mehr als die des Kindes, M/V lenkt die Handlungen des Kindes, ist eher weniger geduldig bei den Lösungsschritten des Kindes, Meinung des Kindes ist nur bedingt wichtig, Tendenz zu Vorschriften und Belehrungen, M/V bringt teilweise eigene Handlungen gegen die Vorschläge des Kindes ein.
2	M/V hat Kontrolle über die Lösungssuche, übernimmt aktiv selbst Lösungsschritte, M/V weiß es besser, gibt Richtung vor, macht Vorschriften, nimmt Vorschläge des Kindes nicht ernst und wehrt sie teilweise ab, tut nur so als ob das Kind selbst etwas Gutes leistet, die eigenen Lösungsversuche von M/V treten in den Vordergrund.
1	M/V manipuliert das Kind, lässt das Kind mit seinen Bemühungen ins Leere laufen, greift ungeduldig ein, übernimmt Führung bei der Aufgabenlösung, ignoriert Kooperationsbemühungen des Kindes, drängt auf schnelle Lösung, übernimmt die Kontrolle über die Handlung, stellt sofort klar, was falsch ist, geht nur zum Schein auf Lösungsschritte des Kindes ein, schiebt Teile in die Lösungsfigur, sagt alles vor, fordert das Kind zu bestimmten Handlungen auf, macht Vorgaben ohne Kompromisse, lenkt nie von sich aus ein, verhält sich fordernd.

Unter Dirigismus, Lenkung soll verstanden werden, dass M/V dem Kind Lösungen vorgibt, selbst eingreift, Teile selbst legt, dem Kind Teile wegnimmt, bis in die Einzelheiten hinein alles festlegt, dem Kind dauernd sagt, was es tun soll, Lösungswege des Kindes abblockt, dem Kind keinen Raum und keine Zeit zur Lösungsfindung lässt, nur eigene Lösungswege verfolgt, das Kind belehrt und überprüft, auf Hilfeersuchen des Kindes nur mit fertigen Lösungen reagiert, Lösungen ohne echte Begründung vorgibt, Mitentscheidungen des Kindes ausschließt, alles besser weiß als das Kind.

Liebevolle Zuwendung und Achtung – Emotionale Kälte und Missachtung

Unter Liebevoller Zuwendung und Achtung soll verstanden werden, dass M/V das Kind sehr mag, seine Persönlichkeit achtet, ihm Anerkennung gibt, auch wenn die Lösungsschritte nicht zielführend sind, ihm positive Gefühle zeigt, sich um es sorgt, wenn es nicht weiter weiß, ihm mit Herzlichkeit begegnet, Anteilnahme an ihm zeigt, mit ihm mitleidet, es ermutigt, seine Möglichkeiten und Fähigkeiten achtet, es vollständig respektiert, auch wenn die Handlungen nicht zur Lösung führen Vertrauen, in seine Handlungen und Vorschläge zeigt, den Wert des Kindes als Person betont, partnerschaftlichen, gleichwertigen Umgang mit ihm pflegt.

7	M/V zeigt starke Zuneigung in Mimik und Gestik, hält Blickkontakt zum Kind, ist körperlich zugewandt, nimmt Körperkontakt des Kindes an, zeigt positive Gefühle für das Kind, äußert sich anerkennend, freut sich über Fortschritte des Kindes bei der Lösungssuche, schenkt dem Kind Geltung, öffnet sich selbst dem Kind gegenüber, zeigt Achtung vor den Lösungsschritten des Kindes, ermutigt es vertrauensvoll zu eigenen Vorschlägen und Lösungen, nimmt das Kind in seinen Handlungen ernst, entschuldigt sich für eigene Fehler, spricht mit dem Kind auf einer Augenhöhe.
6	M/V zeigt Zuneigung in Mimik und Gestik, hält Blickkontakt und ist dem Kind meist zugewandt, zeigt positive Gefühle für das Kind, M/V erkennt die Fortschritte des Kindes bei der Lösungssuche an und ermutigt es, M/V nimmt Lösungsvorschläge des Kindes weitgehend an, ist sehr bemüht eigene Vorschläge verständlich zu machen - was überwiegend gelingt - und entschuldigt sich für eigene Fehler.
5	M/V hält Blickkontakt und ist dem Kind überwiegend zugewandt, zeigt manchmal positive Gefühle für das Kind, versucht das Kind bei seinen Handlungen ernst zu nehmen und zu achten, reagiert nur zum Teil positiv auf die Lösungsschritte des Kindes, Vorschläge und Lösungen des Kindes werden beachtet, akzeptiert die Fehler des Kindes nur teilweise achtungsvoll, die Vorschläge von M/V überwiegen aber, M/V versucht sich selbst verständlich zu machen, spürt Umgangsfehler/ Übertritte und kann sich entschuldigen.
4	Weder liebevolle Zuwendung und Achtung noch emotionale Kälte und Missachtung, positive und negative Aspekte halten sich die Waage, die Wortwahl von M/V gegenüber dem Kind ist zum Teil partner-

	schaftlich – zum Teil dominant, Unsicherheit von M/V bringt undeutliche Signale hervor.
3	Eingeschränkter Blickkontakt, M/V ist körperlich leicht abgewandt, zweifelt Sinn der Handlungen des Kindes an, zeigt sich skeptisch, M/V stellt sich selbst und die eigenen Handlungen in den Vordergrund, ist wenig offen für die Überlegungen des Kindes, die Wortwahl ist eher wenig angemessen, um Zuneigung gegenüber dem Kind zum Ausdruck zu bringen (z. B. Ironie), geht nur zum Schein auf die Lösungsschritte des Kindes ein, die Interaktion ist dennoch im Fluss, die Grundstimmung eher noch positiv.
2	Kaum Blickkontakt, M/V ist eher abgewandt, M/V traut dem Kind wenig zu, ist sehr skeptisch gegenüber den Lösungsversuchen des Kindes, der Umgang mit dem Kind ist eher hierarchisch als partnerschaftlich, M/V zeigt Ansätze negativer Gefühle, lässt Respekt vermissen, wirkt kühl und distanziert.
1	M/V zeigt abwertende Haltung in Mimik und Gestik, hat keinen Blickkontakt zum Kind, wehrt Körperkontakt des Kindes ab, wirkt emotional distanziert, reagiert negativ auf Fehler des Kindes, schüttelt den Kopf bei Fehlern, ignoriert Fortschritte des Kindes, gibt dem Kind ein Gefühl von Unwichtigkeit, zeigt nur aufgesetztes Lächeln, betrachtet das Kind sehr skeptisch, akzeptiert die Lösungsversuche des Kindes nicht, misstraut den Lösungen des Kindes, ignoriert angemessene Hilfeanfragen des Kindes, nimmt Kind nicht ernst, ignoriert die emotionalen Bedürfnisse des Kindes, M/V belehrt, weiß alles besser.

Unter Emotionaler Kälte und Missachtung soll verstanden werden, dass M/V das Kind ablehnt, lieblos behandelt, unfreundlich, herzlos mit ihm umgeht, keine Hilfe und Unterstützung anbietet, das Kind teilnahmslos behandelt, das Kind entmutigt, ihm nichts zutraut, die Möglichkeiten und Fähigkeiten des Kindes ignoriert, seine Persönlichkeit unberücksichtigt lässt, sich distanziert und verschlossen verhält, abwertende Urteile abgibt, Fehler des Kindes belächelt, das Kind von oben herab behandelt, das Kind als nicht gleichwertig ansieht, den Entwicklungsstand des Kindes nicht wertschätzen/ würdigen/ anerkennen kann.

Gelassenheit – Stress

Unter Gelassenheit soll verstanden werden, dass M/V in der Situation emotional entspannt wirkt, in sich ruht, dem Kommenden erwartungsfroh entgegen sieht, den ablaufenden Prozess auf sich wirken lässt, beruhigend auf das Kind wirkt, sich nicht durch Fehler aus der Fassung bringen lässt.

7	M/V wirkt in seiner ganzen Haltung und seinem ganzen Ausdruck deutlich entspannt und offen gegenüber der Aufgabenstellung, wartet ruhig auf die Versuche des Kindes, strahlt Zutrauen in das Können des Kindes aus, bleibt auch bei Fehlern des Kindes ruhig und ermutigend, lässt sich von dessen Unruhe nicht anstecken, falls M/V das Lösungsblatt nutzt, wird dieses ruhig und gelassen betrachtet, dann richtet M/V die Konzentration wieder auf das Kind, beruhigt das Kind durch das eigene Vorbild.
6	M/V wirkt entspannt und offen, wartet auf die Versuche des Kindes, kann Fehler zulassen und ermutigt das Kind, lässt sich von der kindlichen Unruhe nicht anstecken, wirkt vertrauensvoll, falls M/V das Lösungsblatt nutzt, wird dieses ruhig betrachtet, dann richtet M/V die Konzentration auf das Kind, aber auch auf die Lösung.
5	M/V wirkt weitgehend entspannt, reagiert auf Fehler, leitet Korrektur ein, lässt sich zum Teil von der kindlichen Unruhe anstecken, aber versucht ruhig zu erklären und kann Kind dadurch beruhigen, lässt dann das Kind weiter agieren, die tatsächliche Lösung rückt mehr in den Vordergrund.
4	Weder Gelassenheit noch Stress. Gelassenheit und Stress halten sich die Waage.
3	M/V wirkt eher etwas hektisch und angespannt, gleicht unruhig mit der Lösungsvorlage ab, beobachtet mit kritischem Blick und weist eher angespannt auf Fehler hin und korrigiert gegebenenfalls, behält Zeit und Lösung im Blick, versucht das Kind gewähren zu lassen, im Ganzen entsteht der Eindruck einer Prüfungssituation.

2	M/V reagiert hektisch und aufgeregt, ist vermehrt mit der Lösungsvorlage beschäftigt, reagiert sichtlich unruhig auf Fehler und greift ein, erzeugt Leistungsdruck, der sich auf das Kind überträgt, hat wenig Vertrauen in die Fähigkeiten des Kindes, gibt eigenen Stress an das Kind weiter, M/V ist erleichtert, wenn die Situation überstanden ist.

1	M/V ist deutlich hektisch und aufgeregt, schaut immer wieder fahrig auf die Lösungsvorlage, lässt sich von der Unruhe des Kindes anstecken, will möglichst jeden Fehler schon im Keim ersticken, will sich nicht blamieren, ist mehr mit sich selbst als mit dem Kind beschäftigt, überträgt eigenen Stress, fühlt sich erkennbar unwohl in der Situation.

Unter Stress soll verstanden werden, dass M/V aufgeregt ist, die Aufgabe als Herausforderung für sich selbst betrachtet, angespannt jede Handlung des Kindes wahrnimmt, eigene Hektik auf das Kind überträgt, bei Fehlern des Kindes noch aufgeregter wird, überfordert wirkt.

Starke kognitive Förderung – Mangel an kognitiver Förderung

Unter Starker kognitiver Förderung soll verstanden werden, dass M/V dem Kind hilft, selbst Aufgaben und Probleme zu lösen, ihm dosierte entwicklungsangemessene Angebote und Anregungen gibt, das Kind ermutigt eigene Lösungswege zu versuchen, seine Bemühungen unterstützt, die Aufgabenstruktur verdeutlicht, Fehler als Lernerfahrungen rückmeldet, das Kind zu eigener Überprüfung anregt, exploratives Verhalten des Kindes unterstützt, Hilfe zur Selbsthilfe gibt.

7	M/V gibt ausschließlich Strukturierungshilfen, Anregungen für nächste Schritte, weist verbal auf Probleme hin, berücksichtigt das Verständnis des Kindes, gibt in angemessener Weise Rückmeldungen, unterstützt das explorative Verhalten, regt das Kind zu eigenen Überlegungen an, nutzt Fehler für produktives Nachdenken, weist auf Diskrepanzen hin, ohne sie selbst zu lösen.
6	M/V gibt viele Strukturierungshilfen und Anregungen für nächste Schritte, weist meist verbal auf Probleme hin, unterstützt größtenteils das explorative Verhalten und versucht das Kind zu eigenen Überlegungen anzuregen, erklärt auf Nachfragen des Kindes die Aufgabenstellung, ist behilflich bei Fehlern und Diskrepanzen ohne sie selbst zu lösen.
5	M/V gibt weniger Strukturierungshilfen, weist manchmal verbal auf Probleme hin, regt das Kind zu eigenen Überlegungen an, ermutigt zum Teil zur selbstständigen Lösungsfindung, Rückmeldungen geben aber teilweise nächste Lösungsschritte vor, ist bemüht, die Überlegungen und Lösungsversuche des Kindes zu unterstützen, weist auf Fehler und Diskrepanzen hin und arbeitet durchaus selbst an der Lösung mit.
4	Mittleres Ausmaß an kognitiver Förderung – die förderlichen und die nicht förderlichen Verhaltensweisen halten sich etwa die Waage.
3	M/V gibt wenig Strukturierungshilfen, überlässt Kind überwiegend sich selbst, ohne das kindliche Verständnis zu berücksichtigen, Hinweise sind meist sehr konkret und schränken die Überlegungen des Kindes ein, M/V bringt sich selbst stärker in die Lösung ein, Kind kommt seltener zum Zug, M/V weist auf Diskrepanzen hin.

2	M/V beobachtet Versuchs- und Irrtumsverhalten ohne Hinweise oder Strukturierungshilfen zu geben, auf Hilfeanfragen des Kindes gibt M/V die Antwort vor, M/V übernimmt wesentliche Bestandteile der Aufgabe, Kind kommt kaum zum Zug, M/V lässt von der Lösungsvorlage abgucken oder legt Teile selbst, statt dem Kind Anregungen zu geben.

1	M/V gibt konkret Lösungsschritte vor, ermuntert zum Schummeln (z.B. Ablage der Teile auf der Vorlage), verstärkt unangemessene Hilfeanfragen des Kindes, übernimmt die Aufgabenlösung, handelt für das Kind, unterbricht und ignoriert Bemühungen und Lösungsversuche des Kindes, legt Teile einfach hin ohne Erklärung, lässt Kind eine Nebenrolle spielen, lässt das Kind die Lösungsvorlage sehen.

Unter Mangel an kognitiver Förderung soll verstanden werden, dass M/V dem Kind die Aufgaben und Probleme abnimmt, anstelle des Kindes handelt, keine Gedanken und Handlungen des Kindes unterstützt, seine Bemühungen ignoriert, bei Fehlern sofort eingreift, selbst ohne erkennbare Struktur handelt, eigene Handlungen nicht erklärt.

II Soziales Problem

Verbindlichkeit, Grenzen, Struktur – Beliebigkeit, Chaos

Unter Verbindlichkeit, Grenzen, Struktur soll verstanden werden, dass M/V in der Situation klar zum Ausdruck bringt, welche Regeln vereinbart sind, dass Regeln eingehalten werden sollen, dass ihre Veränderung einer neuen Verhandlung bedarf, M/V auf das Wesentliche der Aufgabe achtet, das Ziel immer im Auge behält, konsequent bleibt, Vereinbarungen selbst durchhält, sich selbst auch an Regeln hält, Regeln sinnvoll auf die Situation anwendet, deutlich zur Elternrolle steht.

7	M/V gibt klare und präzise Angaben zu vereinbarten Regeln, stellt Lösungsmöglichkeiten in einen größeren Regelzusammenhang, macht deutlich wie dem Kind bei der Lösungssuche geholfen werden kann, wendet die Regeln sinnvoll auf die Lösungssuche an, verfolgt das Ziel, bleibt beim Thema (da sind wir, was wollen wir?, wie kommen wir dahin?), beteiligt sich an der Entscheidungsfindung, achtet auf zielorientierte Bearbeitung, erklärt Regeln und begründet diese verständlich, macht deutlich welche Grenzen nicht überschritten werden, ist verbindlich und vereinbart gemeinsam Konsequenzen, steht deutlich zur Elternrolle.
6	M/V weist auf bestehende Regeln hin und erläutert diese teilweise, schlägt Lösungsmöglichkeiten vor und versucht deutlich zu machen, wie dem Kind bei der Lösungssuche geholfen werden kann, behält Ziel im Auge, bleibt beim Thema, achtet auf zielorientierte Bearbeitung, erklärt Regeln, legt fest welche Grenzen nicht überschritten werden, ist verbindlich und vereinbart Konsequenzen, steht zur Elternrolle.
5	M/V weist auf vereinbarte Regeln hin, stellt Lösungsmöglichkeiten nur zum Teil in einen größeren Zusammenhang, M/V hat weniger Regeln und Vorgaben, die nicht durchgehend konsequent angewandt und eingehalten werden, behält Ziel im Auge, kommt auf das Thema zurück, ein Regelübertritt zieht meistens, aber nicht immer eine vereinbarte Konsequenz nach sich, jedoch wirken die getroffenen Vereinbarungen unverbindlicher, da sie meist nicht begründet werden.
4	Weder Verbindlichkeit noch Beliebigkeit, Verbindlichkeit und Beliebigkeit halten sich die Waage.

3	M/V weist auf Grenzen hin, M/V gelingt es nur bedingt die Thematik zu strukturieren und eigene Ansichten klar darzustellen, verliert innerhalb der Diskussion Ziel aus den Augen, verhält sich passiv, ist unkonzentriert, wirkt abgespannt, ist aber bemüht den Überblick zu behalten, Konsequenzen bei Regelbruch werden vernachlässigt, Vereinbarungen werden nicht bzw. nur diffus erklärt, M/V steht nicht deutlich zur Elternrolle.
2	Eigene Ansichten sind intransparent, Argumente werden nicht verdeutlicht, M/V verliert durch fehlende Strukturierung und Beliebigkeit Ziel aus dem Auge, vermeidet klare Entscheidungen, wirkt orientierungslos, vergisst selbst die vereinbarten Regeln und hält sie nicht ein, Vereinbarungen sind unverbindlich, Kind gewinnt an Dominanz.
1	M/V ignoriert vereinbarte Regeln, eigene Ansichten bleiben unklar, Argumente springen hin und her, gibt keine Orientierung für Gesprächsverlauf und Regeln, verliert das Ziel des Ganzen aus dem Auge, mag nicht entscheiden, hat Schwierigkeiten Grenzen zu begründen und Grenzen zu setzen, lässt sich vom Kind einwickeln, kann sich nicht durchsetzen, kann nicht klar begründen, zeigt keine Konsequenzen auf, wirkt hilflos im Konflikt, wirkt überfordert, macht sich selbst zum Kind.

Unter Beliebigkeit, Chaos soll verstanden werden, dass M/V im Konflikt überfordert scheint, die eigenen Ziele aus dem Auge verliert, vereinbarte Regeln selbst verletzt, sich inkonsequent verhält, je nach Stimmungslage unterschiedlich handelt, Entscheidungsunlust zeigt, sich vom Kind vorführen lässt, das Kind immer dominanter werden lässt, keine klare Linie erkennen lässt, keine Grenzen setzt, für das Kind unkalkulierbar ist, sich auf der Nase herumtanzen lässt.

Vollständiges einfühlendes Verstehen – Mangel an einfühlendem Verstehen

Unter Vollständigem einfühlenden Verstehen soll verstanden werden, dass M/V sich in die Situation des Kindes hineinversetzt, die Gedanken und Gefühle des Kindes voll versteht, seine Bedürfnisse nachvollzieht, sich für die innere Welt des Kindes sehr interessiert, sensitiv auf die Äußerungen des Kindes hört, die Bedeutung auf sich wirken lässt, die wahrgenommene Welt des Kindes nicht wertet, kaum artikulierte Bedürfnisse des Kindes wahrnimmt, geduldig und einfühlsam auf das Kind wirkt, dem Kind die eigene Wahrnehmung sensibel und nicht wertend mitteilt, dem Kind das erfahrene Verständnis rückmeldet und dessen Richtigkeit erfragt, in sozial reversibler Weise mit dem Kind spricht.

7	M/V versteht vollständig wie das Kind sich momentan fühlt, hört intensiv zu mit Blicken der Anteilnahme oder Ermutigung, reagiert auf nonverbale Signale, hält Blickkontakt, ist dem Kind körperlich zugewandt, nimmt einen Perspektivwechsel vor, gibt Äußerungen des Kindes in eigenen Worten wieder, benutzt selbst Ich-Aussagen, achtet bei den Äußerungen des Kindes vor allem auf den Selbstoffenbarungsaspekt, vergewissert sich ob das Kind richtig verstanden worden ist, zeigt dem Kind uneingeschränkte Aufmerksamkeit, lässt Kind Gedanken zu Ende formulieren, fragt das Kind, wie es aus seiner Sicht weitergehen kann, paraphrasiert Gedanken und Gefühle des Kindes, M/V hört aktiv zu.

6	M/V erklärt einfühlsam die Situation ohne zu werten, hält überwiegend Blickkontakt, gibt den Wunsch des Kindes in eigenen Worten wieder, benutzt Ich-Aussagen, fragt nach Bedürfnissen, fragt nach und drückt sich selbst klar aus, zeigt dem Kind ungeteilte Aufmerksamkeit und hört zu, lässt es Gedanken zu Ende formulieren, geduldige Gesprächsführung, paraphrasiert überwiegend Gedanken und Gefühle des Kindes, versucht das Kind beim Entwickeln seiner Gedanken zu unterstützen.

5	M/V erklärt die Situation ohne zu werten, hält Blickkontakt, versucht den Wunsch des Kindes wiederzugeben, hört geduldig zu und fragt nach, hat aber Probleme, das Gesagte nachzuvollziehen, versucht das Kind zu verstehen, lässt sich auf das Kind ein, bringt jedoch zunehmend eigene Intentionen ein.

4	Mittleres Ausmaß – das einfühlende Verstehen und das nicht einfühlende Verstehen halten sich in etwa die Waage.

3	M/V hält Blickkontakt, setzt Wünsche des Kindes herab, fragt nach, bringt Gegenargumente, M/V zeigt bedingt/ oberflächlich Interesse an den Gedanken des Kindes, Kind wird unterbrochen, geht nur teilweise auf den eigentlichen Beweggrund des Kindes ein, das Gesprächsklima ist kaum einfühlend sondern überwiegend sachlich, es geht eher um die Regeln als um das Kind, M/V argumentiert auf der „Erwachsenenebene" und führt das Gespräch.

2	M/V ist Ich-bezogen, verteidigt eigene Meinung ohne auf das Kind einzugehen, moralisiert, belehrt, spricht mit ironischem Unterton, hat oft eine Gegenmeinung und führt das Kind vor, geht nicht auf den eigentlichen Beweggrund des Kindes ein, unterbricht das Kind in seinen Gedanken und Ausführungen, fragt zwar nach, ist oft wertend, urteilt eher negativ, Gespräch basiert nicht auf Verstehen sondern eher auf Verhandeln, hat wenig Vertrauen in das Kind, in sein Verhalten und in seine Fähigkeiten, M/V benutzt häufig Du-Aussagen.

1	M/V nimmt nur auf, was in die eigene Vorstellungswelt passt, drängt das Kind in eine Position, die ein negatives Urteil beinhaltet, weist das Kind zurecht ohne seine Gefühle zu beachten, M/V drückt sich ungenau aus, moralisiert, predigt oder belehrt das Kind, bagatellisiert Befindlichkeit des Kindes, zeigt kaum Aufmerksamkeit für das Kind, Kind wird ungeduldig in seinen Äußerungen unterbrochen, M/V hat sofort eine Gegenmeinung, vergewissert sich nicht, ob alles verstanden wurde, benutzt Du-Aussagen.

Unter Mangel an einfühlendem Verstehen soll verstanden werden, dass M/V die Situation des Kindes ignoriert, das Kind deutlich anders versteht als dieses sich selbst, die gefühlsmäßigen Erlebnisinhalte des Kindes nicht wahrnimmt, weit davon entfernt ist, was das Kind denkt und sagt, selbst Oberflächengefühle des Kindes nicht aufnimmt, kein Interesse an der inneren Welt des Kindes zeigt, alle eigenen Äußerungen nur auf konkretes Handeln bezieht, die eigene Wahrnehmung nicht zum Ausdruck bringt, kein Verständnis für das Kind zeigt, das Kind zum Schweigen bringt, schnell Wertungen vornimmt.

Kooperation – Dirigismus, Lenkung

Unter Kooperation soll verstanden werden, dass M/V mit dem Kind gemeinsam eine Lösung sucht, das Kind teilhaben lässt an der Entscheidungsfindung, das Kind zu eigenen Vorschlägen und Handlungen ermuntert, auf die Bedürfnisse und Interessen des Kindes eingeht, Vorschläge des Kindes ernst nimmt, dem Kind Zeit und Gelegenheit zur Selbstentfaltung gibt, ihm Hilfen bei der Aushandlung anbietet, dem Kind die eigenen Ideen anbietet und auf Alternativen verweist, die Interessen des Kindes erfragt, Regeln mit ihm gemeinsam erarbeitet, ein gutes Team mit dem Kind bildet.

7	M/V zeigt dem Kind wie wichtig seine Meinung ist, ermuntert es zur Meinungsäußerung, berücksichtigt die Position des Kindes, gibt Freiraum für Lösungssuche des Kindes, beteiligt das Kind an den Entscheidungen, macht deutlich, wie wichtig die Beteiligung des Kindes ist, mutet dem Kind zu selbst etwas auszuprobieren, versteht die Intention des Kindes, geht behutsam mit Fehlern des Kindes um, ist interessiert an den Überlegungen des Kindes, berücksichtigt diese bei eigenen Lösungsvorschlägen, begründet die eigene Meinung, lässt dem Kind Zeit zur Erwiderung.
6	M/V ermuntert das Kind sich zu äußern und fragt interessiert nach, sucht gemeinsam mit dem Kind nach Lösungen, das Kind wird bei der Lösungssuche mit einbezogen, darf mit entscheiden, Beweggründe des Kindes werden gehört und ernst genommen, durch fehlende Rückmeldung des Kindes kann nicht eindeutig beurteilt werden, ob die Kooperation „ankommt", Entscheidungen beispielsweise bleiben dadurch eher offen, M/V versucht die Intention des Kindes zu verstehen, Vorschläge sind offen und begründet, nimmt sich selbst und lässt dem Kind Zeit für Argumente und Überlegungen, ist kompromissbereit.
5	M/V hört dem Kind zu und fragt nach, Kind wird bei der Lösungssuche mit einbezogen, M/V macht konkrete Vorschläge und geht auf Verhandlungen ein, nimmt sich Zeit für das Kind, zeigt sich kompromissbereit.
4	Weder Kooperation noch Dirigismus, Lenkung, Kooperation und Dirigismus halten sich die Waage, Kind und M/V versuchen sich gegenseitig zu lenken, reden aneinander vorbei.

3	Argumente von M/V wiegen mehr als die des Kindes, Meinung des Kindes ist nur bedingt wichtig, Tendenz zu Vorschriften und Belehrungen, M/V bringt teilweise Gegenargumente auf die Vorschläge des Kindes, lenkt das Gespräch, ist selten kompromissbereit.
2	Ein gewisses Grundinteresse am Kind und seinen Vorschlägen ist vorhanden – dies tritt jedoch in den Hintergrund, M/V nimmt Vorschläge des Kindes nicht ernst und wehrt sie teilweise ab, macht Vorschriften, bringt sofort ein Gegenargument, weiß es meist besser, geht mitunter nur zum Schein auf Wünsche und Argumente des Kindes ein, die eigenen Bedürfnisse von M/V treten in den Vordergrund, M/V gibt Richtung vor, hat Kontrolle über das Gespräch, ist kaum bis gar nicht kompromissbereit.
1	M/V manipuliert das Kind, übernimmt Führung bei der Aufgabenlösung, sagt alles vor, übernimmt die Kontrolle über die Handlung bzw. den Gesprächsverlauf, ignoriert Kooperationsbemühungen des Kindes, lenkt nie von sich aus ein, stellt harte Bedingungen, verhält sich fordernd, fordert das Kind zu bestimmten Handlungen oder Zusagen auf, lässt das Kind mit seinen Bedürfnissen ins Leere laufen, geht nur zum Schein auf Wünsche und Argumente des Kindes ein, greift ungeduldig ein, drängt auf schnelle Lösung, macht Vorgaben ohne Kompromisse.

Unter Dirigismus, Lenkung soll verstanden werden, dass M/V dem Kind Lösungen vorschreibt, bis in die Einzelheiten hinein alles festlegt, dem Kind Vorschriften macht, Vorschläge des Kindes abblockt, dem Kind keinen Raum und keine Zeit zur Meinungsfindung lässt, nur eigene Ziele und Interessen verfolgt, das Kind belehrt und überprüft, alles verbietet was das Kind möchte, Regeln ohne echte Begründung vorgibt, Mitentscheidungen des Kindes ausschließt, alles besser weiß für das Kind.

Liebevolle Zuwendung und Achtung – Emotionale Kälte und Missachtung

Unter Liebevoller Zuwendung und Achtung soll verstanden werden, dass M/V das Kind sehr mag, seine Persönlichkeit achtet, ihm Anerkennung gibt, ihm positive Gefühle zeigt, sich um es sorgt, ihm mit Herzlichkeit begegnet, Anteilnahme an ihm zeigt, mit ihm mitleidet, es ermutigt, seine Möglichkeiten und Fähigkeiten achtet, es vollständig respektiert, Vertrauen in seine Handlungen und Vorschläge zeigt, das Kind als Mensch mit gleichen Rechten sieht, den Wert des Kindes als Person betont, partnerschaftlichen, gleichwertigen Umgang mit ihm pflegt.

7	M/V zeigt starke Zuneigung in Mimik und Gestik, hält Blickkontakt zum Kind, ist körperlich zugewandt, nimmt Körperkontakt des Kindes an, zeigt positive Gefühle für das Kind, äußert sich anerkennend, freut sich über Fortschritte des Kindes, schenkt dem Kind Geltung, öffnet sich selbst dem Kind gegenüber, zeigt Achtung vor den Überlegungen des Kindes, ermutigt es vertrauensvoll zu eigenen Vorschlägen und Lösungen, zeigt Respekt vor dem Eigen-Sinn des Kindes, nimmt das Kind in seinen Äußerungen und Handlungen ernst, entschuldigt sich für eigene Fehler, spricht mit dem Kind auf einer Augenhöhe.
6	M/V zeigt Zuneigung in Mimik und Gestik, hält Blickkontakt und ist dem Kind meist zugewandt, zeigt positive Gefühle für das Kind, M/V erkennt die Überlegungen und Fortschritte des Kindes an und ermutigt es, M/V nimmt die Gefühle und Wünsche des Kindes weitgehend ernst und achtet den Eigen-Sinn des Kindes, ist sehr bemüht, sich selbst verständlich zu machen - was überwiegend gelingt - und entschuldigt sich für eigene Fehler.
5	M/V hält Blickkontakt und ist dem Kind überwiegend zugewandt, zeigt manchmal positive Gefühle für das Kind, versucht das Kind in seinen Gefühlen und Wünschen ernst zu nehmen und zu achten, erfasst aber nicht alle Aspekte, geht nur zum Teil auf die Wünsche des Kindes ein, Vorschläge und Lösungen des Kindes werden gehört, die Vorschläge von M/V überwiegen aber, M/V versucht sich selbst verständlich zu machen, spürt Umgangsfehler/ Übertritte und kann sich entschuldigen.

4	Weder liebevolle Zuwendung und Achtung noch emotionale Kälte und Missachtung, positive und negative Aspekte halten sich die Waage, die Wortwahl von M/V gegenüber dem Kind ist zum Teil partnerschaftlich – zum Teil dominant, Unsicherheit von M/V bringt undeutliche Signale hervor.
3	Eingeschränkter Blickkontakt, M/V ist körperlich leicht abgewandt, zweifelt Aussagen des Kindes an, zeigt sich skeptisch, M/V stellt sich selbst und die eigenen Bedürfnisse in den Vordergrund, ist nicht offen für das Thema/ die Wünsche des Kindes, führt es vor, geht nur zum Schein auf das Kind ein, Wortwahl ist teilweise unangemessen um Zuneigung gegenüber dem Kind zum Ausdruck zu bringen (z. B. Ironie), das Gespräch ist dennoch im Fluss, die Grundstimmung eher noch positiv.
2	Kaum Blickkontakt, M/V ist eher abgewandt, M/V traut dem Kind wenig zu, ist sehr skeptisch gegenüber der guten Absicht des Kindes, Umgang und Wortwahl sind eher hierarchisch als partnerschaftlich, zeigt Ansätze negativer Gefühle, lässt Respekt vermissen, wirkt kühl und distanziert.
1	M/V zeigt abwertende Haltung in Mimik und Gestik, hat keinen Blickkontakt zum Kind, wehrt Körperkontakt des Kindes ab, wirkt emotional distanziert, reagiert negativ auf Fehler des Kindes, schüttelt den Kopf bei Fehlern, M/V ignoriert Fortschritte des Kindes, gibt dem Kind ein Gefühl von Unwichtigkeit, zeigt nur aufgesetztes Lächeln, betrachtet das Kind sehr skeptisch, misstraut den Lösungen des Kindes, ignoriert angemessene Hilfeanfragen des Kindes, akzeptiert die Vorschläge des Kindes nicht, glaubt der guten Absicht des Kindes nicht, will Kind im eigenen Sinne verändern, M/V nimmt Kind nicht ernst, wehrt seine Wünsche und Vorstellungen ab, ignoriert die emotionalen Bedürfnisse des Kindes, M/V belehrt, weiß alles besser.

Unter Emotionaler Kälte und Missachtung soll verstanden werden, dass M/V das Kind ablehnt, lieblos behandelt, unfreundlich, herzlos mit ihm umgeht, keine Hilfe und Unterstützung anbietet, das Kind teilnahmslos behandelt, das Kind entmutigt, ihm nichts zutraut, die Möglichkeiten und Fähigkeiten des Kindes ignoriert, seine Persönlichkeit unberücksichtigt lässt, sich distanziert und verschlossen verhält, abwertende Urteile abgibt, Fehler des Kindes belächelt, Misstrauen zum Ausdruck bringt, das Kind von oben herab behandelt, das Kind als nicht gleichwertig ansieht, den Entwicklungsstand des Kindes nicht wertschätzen/ würdigen/ anerkennen kann.

ERZIEHUNG SCHULE GESELLSCHAFT

herausgegeben von
Winfried Böhm – Wilhelm Brinkmann
Jürgen Oelkers – Michel Soëtard – Michael Winkler

Informationen zu Band 1-21 finden Sie unter http://www.ergon-verlag.de

Band 22
Coriand, Rotraud
Karl Volkmar Stoy und die Idee der Pädagogischen Bildung
2000. 370 S. – 155 x 225 mm. Kt.
€ 49,00
ISBN 978-3-933563-85-9

Band 23
Hofer, Christine
Die pädagogische Anthropologie Maria Montessoris – oder: Die Erziehung zum neuen Menschen
2001. 231 S. – 155 x 225 mm. Kt.
€ 32,00
ISBN 978-3-933563-92-7

Band 24
Hopfner, Johanna (Hrsg.)
Schleiermacher in der Pädagogik
2001. 195 S. – 155 x 225 mm. Kt.
€ 29,00
ISBN 978-3-935556-94-1

Band 25
Erdélyi, Andrea
Ungarische Heilpädagogik im Wandel
Entwicklung und Situation der Heilpädagogik in Ungarn angesichts des politischen Systemwandels unter besonderer Berücksichtigung der Geistigbehindertenpädagogik
2002. 487 S. – 155 x 225 mm. Kt.
€ 59,00
ISBN 978-3-89913-251-9

Band 26
Schulz-Gade, Herwig Heinrich
Erziehungswissenschaftliche Theorie und pädagogisches Ethos
Studien zur Pädagogik Albert Rebles
2003. 174 S. – 155 x 225 mm. Kt.
€ 24,00
ISBN 978-3-89913-279-3

Band 27
Schäfer, Ramona
Trennungs- und Scheidungsmediation als organisierte Verständigung zur Konfliktregelung
Ein sozialpädagogisches Angebot der Kinder- und Jugendhilfe am Beispiel der Thüringer Jugendämter
2003. 405 S. – 155 x 225 mm. Kt.
€ 48,00
ISBN 978-3-89913-296-0

Band 28
Nießeler, Andreas
Formen symbolischer Weltaneignung
Zur pädagogischen Bedeutung von Ernst Cassirers Kulturphilosophie
2003. 363 S. – 155 x 225 mm. Kt.
€ 44,00
ISBN 978-3-89913-307-3

Band 29
Klepper, Beate
Gnade und Erziehung
Historisch-systematische Untersuchungen zu einer pädagogischen Kontingenzbewältigungsstrategie
2003. 169 S. – 155 x 225 mm. Kt.
€ 22,00
ISBN 978-3-89913-309-7

ERGON VERLAG · WÜRZBURG

ERZIEHUNG SCHULE GESELLSCHAFT

herausgegeben von
Winfried Böhm – Wilhelm Brinkmann
Jürgen Oelkers – Michel Soëtard – Michael Winkler

Band 30
Lüpke, Friedemann
Pädagogische Provinzen für verwahrloste Kinder und Jugendliche
Eine systematisch vergleichende Studie zu Problemstrukturen des offenen Anfangs der Erziehung. Die Beispiele Stans, Junior Republic und Gorki-Kolonie.
2004. 287 S. – 155 x 225 mm. Kt.
€ 39,00
ISBN 978-3-89913-350-9

Band 31
Mit Beiträgen von M. Heitger, A. Hügli, L. Koch, J. Ruhloff, A. Schirlbauer und einem Vorwort von W. Böhm
Kritik der Evaluation von Schulen und Universitäten
2004. 88 S. – 155 x 225 mm. Kt.
€ 18,00
ISBN 978-3-89913-352-3

Band 32
Weigand, Gabriele
Schule der Person
Zur anthropologischen Grundlegung einer Theorie der Schule
2004. 430 S. – 170 x 240 mm. Kt.
€ 44,00
ISBN 978-3-89913-356-1

Band 33
Reder, Judith
Bildung als Selbstverwirklichung
Zur Rehabilitierung eines postmodernen Bildungsbegriffs
2004. 266 S. – 170 x 240 mm. Kt.
€ 32,00
ISBN 978-3-89913-372-1

Band 34
Lindner, Joachim
Paradigmata
Über die fragwürdige Verwendung eines Begriffs in der Erwachsenenbildung
2004. VI/190 S. – 170 x 240 mm. Kt.
€ 28,00
ISBN 978-3-89913-381-3

Band 35
Böhm, Winfried (Hrsg)
Aurelius Augustinus und die Bedeutung seines Denkens für die Gegenwart
2004. 97 S. – 170 x 240 mm. Kt.
€ 15,00
ISBN 978-3-89913-413-1

Band 36
Nießeler, Andreas
Bildung und Lebenspraxis
Anthropologische Studien zur Bildungstheorie
2005. 145 S. – 170 x 240 mm. Kt.
€ 26,00
ISBN 978-3-89913-422-3

Band 37
Hoch, Christian
Zur Bedeutung des ‚Pädagogischen Bezuges' von Herman Nohl für die Identitätsbildung von Jugendlichen in der Postmoderne
Eine erziehungsphilosophische Reflexion
2005. 196 S. – 170 x 240 mm. Kt.
€ 29,00
ISBN 978-3-89913-429-2

ERGON VERLAG · WÜRZBURG

ERZIEHUNG SCHULE GESELLSCHAFT

herausgegeben von
Winfried Böhm – Wilhelm Brinkmann
Jürgen Oelkers – Michel Soëtard – Michael Winkler

Band 38
Rätz-Heinisch, Regina
Gelingende Jugendhilfe bei „aussichtslosen Fällen"!
Biographische Rekonstruktionen von Lebensgeschichten junger Menschen
2005. 346 S. – 170 x 240 mm. Kt.
€ 39,00
ISBN 978-3-89913-430-8

Band 39
Busche, Sinja-Mareike
Die Entwicklung des Jugendmedienschutzes in Deutschland
2005. 271 S. – 170 x 240 mm. Kt.
€ 32,00
ISBN 978-3-89913-457-5

Band 40
Schreyer, Udo
Kind-Sein und Lebensalter
Eine pädagogisch-anthropologische Untersuchung
2006. XIII / 443 S. – 170 x 240 mm. Kt.
€ 45,00
ISBN 978-3-89913-467-4

Band 41
Behnisch, Michael
Pädagogische Beziehung
Zur Funktion und Verwendungslogik eines Topos der Jugendhilfe
2005. 274 S. – 170 x 240 mm. Kt.
€ 34,00
ISBN 978-3-89913-483-4

Band 42
Eykmann, Walter – Böhm, Winfried (Hrsg.)
Die Person als Maß von Politik und Pädagogik
2006. 205 S. – 170 x 240 mm. Kt.
€ 29,00
ISBN 978-3-89913-503-9

Band 43
Erhardt, Matthias
Perspektiven für das bayerische Gymnasium im 21. Jahrhundert durch strukturelle Veränderungen.
Eine Untersuchung zur Umsetzung gymnasialer Bildungsvorstellungen in Bayern unter besonderer Berücksichtigung der Oberstufe.
2006. 173 S. – 170 x 240 mm. Kt.
€ 25,00
ISBN 978-3-89913-506-0

Band 44
Schotte-Grebenstein, Evelin
Vermittelter Fremdsprachenerwerb im Elementarbereich: Englisch als 1. Fremdsprache im Kindergarten
2006. 227 S. – 170 x 240 mm. Kt.
€ 28,00
ISBN 978-3-89913-511-4

Band 45
Wulf Rauer
Elternkurs Starke Eltern – Starke Kinder®: Wirkungsanalysen bei Eltern und ihren Kindern in Verknüpfung mit Prozessanalysen in den Kursen – eine bundesweite Studie
2009. 447 S. – 170 x 240 mm. Kt.
€ 44,00
ISBN 978-3-89913-509-1

ERGON VERLAG · WÜRZBURG

ERZIEHUNG SCHULE GESELLSCHAFT

herausgegeben von
Winfried Böhm – Wilhelm Brinkmann
Jürgen Oelkers – Michel Soëtard – Michael Winkler

Band 46
Brinkmann, Wilhelm J. – Schulz-Gade, Herwig – unter Mitarbeit von Markus Böschen
Erkennen und Handeln. Pädagogik in theoretischer und praktischer Verantwortung. Albert Reble (1910-2000) zum Gedenken.
2007. 237 S. – 170 x 240 mm. Fb.
€ 29,00
ISBN 978-3-89913-542-8

Band 47
Kahl-Popp, Jutta
Lernen und Lehren psychotherapeutischer Kompetenz am Beispiel der psychoanalytischen Ausbildung
2007. 264 S. – 170 x 240 mm. Kt.
€ 32,00
ISBN 978-3-89913-560-2

Band 48
Handwerker, Martin
Heilpädagogik und Bioethik im Lichte der Person
2007. 425 S. – 170 x 240 mm. Kt.
€ 44,00
ISBN 978-3-89913-576-3

Band 49
Muhl, Gabriela
Kevin. Eine theaterpädagogische Fallstudie über einen auffälligen Schüler.
2007. 217 S. – 170 x 240 mm. Kt.
€ 28,00
ISBN 978-3-89913-579-4

ERGON VERLAG · WÜRZBURG